Nikolaus Werz

Lateinamerika

D1924371

Schriftenreihe Band 1073

Nikolaus Werz

Lateinamerika

Eine Einführung

bpb:
Bundeszentrale für politische Bildung

Prof. Dr. Nikolaus Werz, geboren 1952, ist seit 1994 Inhaber des Lehrstuhls für Vergleichende Regierungslehre am Institut für Politik- und Verwaltungswissenschaften der Universität Rostock.

Diese Veröffentlichung stellt keine Meinungsäußerung der Bundeszentrale für politische Bildung dar. Für die inhaltlichen Aussagen trägt der Autor die Verantwortung.

Bonn 2010
Lizenzausgabe für die Bundeszentrale für politische Bildung
Adenauerallee 86, 53113 Bonn

© Nomos Verlagsgesellschaft, Baden-Baden, 2. Auflage 2008

Umschlaggestaltung: Michael Rechl, Kassel
Umschlagabbildung: © Robert Tixador / eyedea / laif

ISBN 978-3-8389-0073-5

www.bpb.de

Inhaltsverzeichnis

Abbildungsverzeichnis

Vorwort

Für Ingrid, Katharina und Theresa

Ganz unterschiedliche Erfahrungen und Personen haben zu diesem Buch beigetragen.

Der besondere Dank gilt Simone Winkens, M.A., die das Vorhaben zunächst als studentische Hilfskraft und später in Seminarveranstaltungen mit großem Einsatz und in ihrer freundlichen Art unterstützt hat. Dr. Peter Birle (Ibero-Amerikanisches Institut) war über viele Jahre in Rostock und Berlin ein wichtiger Gesprächspartner. Sorgfältig hat er eine erste Fassung gelesen und hilfreiche Kommentare zum Aufbau des Textes gegeben. Kirsten Hahn hat große Teile der Erstfassung geschrieben und für den weiteren Ablauf der vielfältigen Arbeiten am Lehrstuhl für Vergleichende Regierungslehre gesorgt.

Stefan Knüppel (Hans-Fallada-Museum, Carvitz) und Elisabeth Strupp (Rostock) danke ich für die genaue Lektüre und die Anmerkungen.

Dr. Michelle Becka und Stefanie Hoppe (Adveniat, Essen), Prof. Dr. Detlef Nolte (Institut für Iberoamerika-Kunde, Hamburg) und Klaus Schaeffler (2sp, Caracas) haben einzelne Kapitel gelesen und kritisch kommentiert.

In der Bibliothek des Ibero- Amerikanischen Instituts (IAI), Berlin konnten viele der erwähnten Titel eingesehen werden. Den MitarbeiterInnen sei herzlich gedankt. Gerne denke ich an die Gespräche mit Dr. Patricia Cerda-Hegerl, Dr. Enrique Fernández und anderen in diesem veritablen „Büchertempel" zurück. Hubertus Kieselbach und Prof. Dr. Reinhard Singer (Humboldt Universität) waren auch in Berlin meine guten Freunde. Die Bibliotheksbestände im Institut für Iberoamerika-Kunde (IIK) in Hamburg, im Arnold-Bergstraesser-Institut (ABI) in Freiburg und im Institut für Politik- und Verwaltungswissenschaften (IPV) in Rostock waren für die Studie wichtig. In Vorlesungen und Seminaren in Rostock sowie bei den Lateinamerikagesprächen in Weingarten/Oberschwaben wurden Teile dieses Buches vorgetragen, für die Anregungen in den Diskussionen danke ich den Kommilitonen und Zuhörern.

Erste Erfahrungen in der Region konnte der Autor während seiner Kindheit und Jugend in Kolumbien und Argentinien machen. Während des Studiums in Freiburg hat mir die studentische Gruppe „Aktion Lateinamerika“ (ALA) einen neuen Blick auf den Halbkontinent und die Möglichkeit eröffnet, engagierte und talentierte Menschen aus verschiedenen süd- und mittelamerikanischen Ländern kennen zu lernen. Stellvertretend für die Freunde seien Dr. Pedro Rupilius (Nicaragua), Marilin Rigat-Pflaum (Argentinien) und Dr. Tino Thun (Freiburg) genannt. Zu unseren damaligen Weggefährten und heutigen Vorbildern zählen Claudio Zieschank (ermordet 1976 in Argentinien), Tonio Pflaum (ermordet 1983 in Nicaragua) und PD. Dr. Leopoldo Mármora (gestorben 1993).

Am ABI in Freiburg konnte ich in den 1980er Jahren Dank der Förderung durch Prof. Dr. Dr. h.c. Dieter Oberndörfer, Prof. Dr. Heribert Weiland, Prof. Dr. Hans F. Illy, Ulrich Fanger u.a meine Kenntnisse zu Lateinamerika wissenschaftlich vertiefen. Von den „guten Geistern“ in Bibliothek und Verwaltung seien stellvertretend Ilse Buschmann, Steffi Gerum, Margarete Panther und Frau Wunderle genannt. Mit Prof. Dr. Jürgen Rüland kann ich nun schon über viele Jahre einen fruchtbaren und freundschaftlichen Austausch über Herrschaft und Entwicklung in den südlichen Ländern führen.

Wissenschaftler und Professoren gelten zuweilen als eigenwillige Zeitgenossen. Möglicherweise weil die Zahl derer, die sich mit Lateinamerika befassen, relativ klein ist, hat der Autor eigentlich nur positive Erfahrungen mit den späteren Kollegen gemacht. Die ProfessorInnen Hanns-Albert Steger, Manfred Mols, Ernesto Garzón Valdés, Gerd Kohlhepp, Dieter Nohlen, Horst Pietschmann, Peter Hünermann, Peter Waldmann, Andreas Boeckh, Klaus Bodemer, Dirk Messner, Walther L. Bernecker, Hartmut Sangmeister, Hans-Jürgen Puhle, Ottmar Ette, Botschafter Mario Fernández B., Andrea Pagni, Barbara Potthast sowie Günther Maihold und Rafael Sevilla gehören zu den vielen, die mich in der einen oder anderen Form unterstützt haben, mit denen eine Kooperation erfolgte oder von deren Wissen ich lernen konnte.

Aus der venezolanischen Zeit am *Centro de Estudios del Desarrollo* seien Barbara und Prof. Dr. Friedrich Welsch, Dr. Karl-Rudolf Hübner, Prof. Dr. Heinz Rudolf Sonntag und alle Mitglieder der Arbeitsgruppe für sozio-politische Fragen beim CENDES genannt sowie die Freunde beim Institut für Politikwissenschaft an der *Universidad Simón Bolívar*. Mitarbeiter der Friedrich-Ebert- und der Konrad-Adenauer-Stiftung sowie des DAAD haben mich bei vielen Auslandsaufenthalten in Lateinamerika tatkräftig unterstützt.

Aus Rostock seien Prof. Dr. Diony Durán, Dr. Svend Plesch, Mattias Dewey, Viviana Uriona und Prof. Dr. Jakob Rösel genannt.

Vielleicht wird sich der eine oder andere Leser fragen, warum der Autor bei so vielen klugen Bekannten nicht ein interessanteres Buch geschrieben hat. Diese Frage vermag er natürlich nicht zu beantworten, aber jeder Leser kann an den Kenntnissen der Genannten teilhaben, indem er die in dem folgenden Studienbuch zitierten Studien liest oder eine Chance erhält, ihre Vorträge zu hören bzw. sie persönlich kennen zu lernen.

Rostock, Februar 2005 *Nikolaus Werz*

Vorwort zur 2. Auflage

Die 1. Auflage hat eine überwiegend wohlwollende Aufnahme gefunden. Kenntnisreich haben die Rezensenten einzelne Aspekte vermerkt, die sich in vier Punkten zusammenfassen lassen:

Das Fehlen einer Karte und eines Registers wurden zu Recht bemängelt. In dieser durchgesehenen und ergänzten Auflage ist beides enthalten.

Es wurde auf dic teilweise schon in die Jahre geratene Literatur hingewiesen. Neuere Titel wurden in diese Auflage aufgenommen. Nicht wenige ältere Bücher sind gleichwohl auch in dieser Version enthalten. Zwei Gründe gaben dafür den Ausschlag: a) Auch bei der neueren Entwicklung zeigen sich Konstanten lateinamerikanischer Politik, die bereits in früheren Schriften festgestellt wurden. b) Die Einführung möchte gerade deutschsprachige Titel erwähnen. Es dürfte klar sein, dass auf dieser Basis eine Beschäftigung mit der jüngsten spanisch- und englischsprachigen Literatur erfolgen sollte.

Von einzelnen Rezensenten wurde auf die neuere Linksentwicklung in Lateinamerika hingewiesen. Dieser wurde in der 1. Auflage insofern bereits Rechnung getragen, als sie nachdrücklich auf die Bedeutung des Populismus in Lateinamerika hingewiesen hat. Der Populismus enthält dort (und anderswo) sowohl linke als auch rechte Elemente.

Die Bedeutung der *cultural studies*: Mit Blick auf einen der Regionalforschung (*area studies*) verpflichteten Ansatz waren sie bereits in der vorigen Fassung enthalten. Einzelne neuere Studien wurde aufgenommen, die politikwissenschaftliche Ausrichtung sollte indes erhalten bleiben.

Für die Unterstützung bei der Aktualisierung des Buches danke ich Martin Koschkar, B.A., Manuel Paulus, M.A. und Cynthia Mora, M.A. Die Diskussionen im Graduiertenkolleg „Kulturkontakt und Wissenschaftsdiskurs" an der Universität Rostock unter der Leitung von Prof. Dr. Gesa Mackenthun ab 2006 waren eine zusätzliche Anregung.

Rostock, März 2008 *Nikolaus Werz*

KARTE

Mittel- und Südamerika

Entnommen aus: Landeszentrale für politische Bildung Baden-Württemberg (Hrsg.): Der Bürger im Staat, 32. Jahrgang, Heft 1, März 1982. S. 5.

Chronologie

1492	Entdeckung/Eroberung Amerikas durch Kolumbus
1519	Cortés erobert Mexiko mit 600 Bewaffneten
1535	Pizarro beendet die Eroberung des Inka-Reiches
1538	die ersten Sklaven werden von Afrika nach Lateinamerika gebracht
1545	Silberfunde in Cerro Rico, Potosí
1690f	Goldrausch in Minas Gerais/Brasilien
1808-26	politische Unabhängigkeit Lateinamerikas; Großbritannien wird zum wichtigsten Handelspartner
1899	die *United Fruit Company* errichtet ein Monopol über die zentralamerikanische Bananenproduktion
1910-17	Mexikanische Revolution
1920	Berichte von ersten Armutsvierteln in Rio de Janeiro
1922f	Ölfunde in Venezuela
1926	Augusto César Sandino beginnt in Nicaragua Guerillakampf gegen US-Truppen
1929	Weltwirtschaftskrise; die lateinamerikanischen Länder verstärken die Anstrengungen zur Industrialisierung
1930f	Urbanisierung und Industrialisierung fördern die Entstehung neuer politischer Parteien, die zumeist von Populisten geführt werden; Zunahme von Armutsvierteln um die großen Städte
1938	Nationalisierung der mexikanischen Ölindustrie
1945f	nach dem 2. Weltkrieg werden die USA zur Vormacht auf dem Kontinent
1946	Juan Domingo Perón wird zum Präsidenten Argentiniens gewählt
1948	Costa Rica schafft die Armee ab
1950	41% der Lateinamerikaner leben in Städten
1952	mit der bolivianischen Revolution erfolgen Maßnahmen zur Verbesserung der Lage der indigenen Bevölkerung
1958	die wichtigsten Parteien Kolumbiens und Venezuelas beschließen Paktsysteme zur Stabilisierung der Demokratie
1959	Einzug der Revolutionäre in Havanna; die kubanische Revolution führt zum Aufschwung der Guerilla zunächst in Südame-

	rika; für die US-Regierung und die Militärs in Lateinamerika gelten sie als Teil einer kommunistischen Verschwörung
1961	Washington startet die „Allianz für den Fortschritt" als Reaktion auf die Revolution in Kuba
1964	die Streitkräfte übernehmen für 25 Jahre die Macht in Brasilien; Beginn der neuen Militärregime in Südamerika
1967	Erschießung von Ernesto Che Guevara in Bolivien
1968	Bischofskonferenz in Medellín/Kolumbien: „bevorzugte Option für die Armen"
	Ausbreitung von Freikirchen und sog. Sekten in Mittel- und Südamerika
1970	Bewegung „Leuchtender Pfad" in Peru gegründet
	Wahlsieg von Salvador Allende in Chile
1973	Allende stirbt bei einem Staatsstreich; General Pinochet übernimmt die Herrschaft
1973/74	Vervierfachung der Ölpreise; Kreditschwemme für lateinamerikanische Länder und Beginn der Verschuldung
1976	Machtübernahme des Militärs in Argentinien
	Ende 1976 leben zwei Drittel der Lateinamerikaner unter Diktaturen
1979	der Aufstand der Sandinisten (FSLN) markiert den zweiten Sieg einer Guerillabewegung in Lateinamerika
1980	Gründung des *Frente Farabundo Martí de Liberación Nacional* (FMLN) in El Salvador
	Ermordung von Bischof Oscar Romero in El Salvador
1982	Argentinien verliert den Krieg um die Falklands/Malwinen; Niedergang der Militärdiktatur, Prozesse gegen Generäle
1982	Verschuldungskrise; Beginn der zwei Jahrzehnte andauernden neoliberalen Reformen
	Gabriel García Márquez erhält den Nobelpreis für Literatur (Hundert Jahre Einsamkeit)
1984	*Movimento dos Trabalhaldores Rurais Sem Terra* (Landlosen-Bewegung) in Brasilien gegründet
1989	die chilenischen Christdemokraten führen eine Koalition an, die einen Wahlsieg über die Pinochet-Diktatur herbeiführt
	Ende des Kalten Krieges: das Militär verliert externe Rechtfertigung, Identitätskrise der Linken
1990	Sandinisten verlieren die Wahlen in Nicaragua
	General Pinochet legt als letzter Militärdiktator sein Amt nieder

1992	Friedensabkommen in El Salvador Indigene Gruppen verurteilen die Feierlichkeiten anlässlich von 500 Jahren Entdeckung/Eroberung Rigoberta Menchú (Guatemala) erhält den Friedensnobelpreis
1994	Beginn des *North American Free Trade Agreement* (NAFTA); Aufstand der Zapatisten (EZLN) in Mexiko
1995	Beginn des Mercosur (Gemeinsamen Südamerikanischen Marktes) mit Argentinien, Brasilien, Uruguay und Paraguay
1996	90 % aller Lateinamerikaner haben Zugang zum Fernsehen
1998	Hugo Chávez wird zum Präsidenten Venezuelas gewählt
2000	die PRI verliert die Wahlen nach 71jähriger Herrschaft in Mexiko
2002	Lula und die brasilianische Arbeiterpartei (PT) gewinnen die Wahlen
2003f	Beginn des Rohstoffpreisbooms als Folge starker Nachfrage in China und Asien
2005	alle lateinamerikanischen Länder außer Haiti und Kuba werden von demokratisch gewählten Präsidenten regiert
2006	Evo Morales wird zum ersten indigenen Präsidenten Boliviens gewählt
2008	der frühere „Bischof der Armen“ Fernando Lugo wird zum Präsidenten Paraguays gewählt und beendet die Herrrschaft der seit 61 Jahren regierenden *Colorados*

Quelle: Duncan Green, *Faces of Latin America,* New York 2006, S. 219ff.

Einführung in das Studienbuch

Wo liegt Lateinamerika? Diese Frage scheint berechtigt, denn so selbstverständlich, wie sich der Begriff zur Bezeichnung einer kontinentalen Einheit eingebürgert hat, so vielfältig sind die Bedeutungen, die mit ihm verbunden werden. Unter geographischen Gesichtspunkten unterscheidet man zwischen Süd- und Mittelamerika sowie der Karibik, weitere Untergliederungen sind möglich (Andenraum, Amazonasgebiet etc.). Unter einer politischen und kulturellen Perspektive stand *Lateinamerika* für die Kultur, die das romanisch sprechende katholische Europa auf die neue Welt projizierte. Die USA reagierten darauf und auf den englischen Handel mit der Monroe-Doktrin (1823) und regten mit *Panamerika* eine Gemeinschaft für den gesamten Kontinent an, woraus sich ab Ende des 19. Jhs. ein Vorherrschaftsanspruch entwickelte. Die Spanier bevorzugen ihrerseits den Begriff *Iberoamerika*, um damit auf die historische Verbindungen der iberischen Länder und ihre erneuerten Beziehungen mit dem Halbkontinent nach dem Ende der Diktaturen in Portugal und Spanien Mitte der 1970er Jahre zu verweisen.

Alle drei Bezeichnungen unterstreichen die hohe Bedeutung, die die Außenwelt und die Kontakte zu Europa bzw. Nordamerika für das im Unterschied zu anderen Ländern der südlichen Hemisphäre mehrheitlich schon Anfang des 19. Jhs. unabhängig gewordene Lateinamerika besitzen. Sowohl die lateinamerikanischen Eliten als auch die Mittelschichten orientieren sich an den europäischen Ländern und den USA, der Lateinamerikanismus (*latinoamericanismo*) oder Dritte-Weltismus (*tiersmondisme, Third Worldism*) spielen eine geringere Rolle. Aufgrund guter Entwicklungschancen und einer verglichen mit anderen Regionen niedrigen Bevölkerungszahl galt Lateinamerika lange als Kontinent der Zukunft und international als „Mittelschicht der Nationen". Dieser Zuordnung, der die lateinamerikanischen Mittelschichten gerne folgten, entspricht partiell das erste Erscheinungsbild vieler Länder: Entgegen europäischen Projektionen lebt die große Mehrheit der Bevölkerung längst in (Groß-) Städten. Die Medienproduktion und der Kulturkonsum orientieren sich zwar an nordamerikanischen Mustern, besitzen aber eigene Züge. Neben der Wirklichkeit in den Metropolen mit ihren ausgedehnten Armutsvierteln steht das auf Photos gerne abgelichtete Leben der Landbevölkerung oder der

Indigenen. Zu der Verteilung zwischen Stadt und Land, die u.a. von dem Modernisierungsgrad der jeweiligen Gesellschaft abhängt, kommen die unterschiedliche ethnische Zusammensetzung der Bevölkerung und die geographischen Ausprägungen in den einzelnen Staaten. Auch die Regierungssysteme und die Politik weisen neben Gemeinsamkeiten länderspezifische Besonderheiten auf. Deshalb wird von Einheit und Vielfalt Lateinamerikas gesprochen.

Zu Lateinamerika werden allgemein die 18 spanischsprachigen Länder der Westlichen Hemisphäre, das portugiesischsprachige Brasilien sowie das französisch bzw. kreolischsprachige Haiti gezählt. In den in englischer Sprache publizierten Büchern gehört auch die Karibik dazu bzw. das Interamerikanische System, d.h. 35 Staaten. Dort ist von *Latin America and the Caribbean* die Rede, wobei *the Circum-Caribbean* ebenfalls die zentralamerikanischen Länder umfasst.

Das Studienbuch ist in Anlehnung an die durchschnittliche Veranstaltungszahl eines Semesters in 15 Kapitel untergliedert. Einzelne Kapitel können übersprungen oder als Hintergrundinformation gelesen werden (z.B. Kap. 3 „Zur Lateinamerikaforschung"). Das 1. Kap. enthält einen allgemeinen Überblick über „Land und Leute", erwähnt geographische und demografische Merkmale, verweist auf Entwicklungsprobleme und -chancen, um schließlich die politische und gesellschaftliche Wirklichkeit Lateinamerikas als Einheit und Vielfalt zu umschreiben. Kap. 2 geht auf den gesellschaftlichen Wandel, die sozialen Schichten und die Rolle der Frauen sowie der indigenen Bevölkerung ein. Ein Blick auf Veröffentlichungen zu Lateinamerika und die Regionalforschung im 3. Kap. unterstreicht das Zusammenwirken von externen/globalen bzw. internen/regionalen Faktoren. Bei dieser Gelegenheit werden die wichtigsten Institute, Bibliotheken und wissenschaftlichen Hilfsmittel vorgestellt. Es wird zumindest angedeutet, dass politische Beobachter und Wissenschaftler in Lateinamerika, den USA und im deutschsprachigen Raum zuweilen einen unterschiedlichen Blick auf ein und dieselben Phänomene werfen, wofür die Erfahrungen im eigenen Land mitverantwortlich sein dürften. In der Regel fällt die Sichtweise in Nord- und Südamerika optimistischer aus als im deutschsprachigen Kontext.

Die eigentümliche Mischung zwischen ausländischen und einheimischen Faktoren gilt auch für Merkmale des politischen Prozesses. Sie lassen sich teilweise aus der Geschichte erklären: Nach der frühen Unabhängigkeitsbewegung entstand in den neu gegründeten Nationalstaaten eine Kluft zwischen Verfassung und Verfassungswirklichkeit (Kap. 4). Die am

Ausland orientierten Eliten gaben ihren Ländern moderne Verfassungen und erbauten Kongressgebäude, die sich an fortschrittlichen Vorbildern in Europa und den USA ausrichteten. Allerdings blieb die gesellschaftliche Realität weit hinter diesen Vorgaben zurück, ein Widerspruch, der die Geschichte bis in die Gegenwart durchzieht. Im 19. Jh. bildeten lokale und regionale *Caudillos* (Anführer) ein erstes politisches Strukturprinzip. Mit der oligarchischen Herrschaft der Großgrundbesitzer und der kleinen auslandsorientierten Oberschicht in den Städten standen sie in einem komplizierten Verhältnis. Gegen Ende des 19. Jhs. etablierten sich in einigen Ländern zentralisierende Diktaturen; in den Städten begannen sich oppositionelle Kräfte in Parteien und Gewerkschaften zu formieren.

Zu den Besonderheiten Lateinamerikas gehört der *Populismus* (Kap. 5). Aufgrund der geringen Mitgliederzahl von Parteien und Gewerkschaften begünstigte das Aufkommen von Massendemokratien in den 1940er Jahren den Aufstieg von Populisten, die in Argentinien, Brasilien und Mexiko längere Zeit regierten. Die Verbindung zwischen Nationalismus und gemäßigtem Anti-Imperialismus verwandelte die lateinamerikanische Version des Populismus in eine wichtige politische Kraft. In der geführten Kontroverse um *Reform* und – nach dem Sieg der Rebellen um Fidel Castro in Kuba 1959 – *Revolution* spielten neben den Parteien auch Guerillagruppen eine Rolle. Eine Reaktion auf die starke Politisierung und Radikalisierung der 1960er Jahre waren die sog. *technokratischen Militärregime* (Kap. 6). Beginnend mit dem Putsch in Brasilien 1964 übernahmen die Streitkräfte zunächst als Institution die Macht und versuchten ihre Herrschaft mit technokratischen Entwicklungsvorstellungen zu rechtfertigen. Repressive Regime herrschten u.a. in Chile (ab 1973) und in Argentinien (ab 1976). Ende der 1970er Jahre begann die Rückkehr zur Demokratie, weshalb in Südamerika von einer *Re-Demokratisierung* gesprochen wird.

Im Hauptteil werden die Merkmale politischer Systeme zwischen Transformation und Konsolidierung behandelt: Die Kirche wurde seit der Konferenz von Medellín 1968 und der dort beschlossenen „vorrangigen Option für die Armen“ unter den autoritären Regimen zu einem politischen Akteur. Einiges deutet darauf hin, dass die *katholische Kirche* an Einfluss verliert, gleichzeitig aber Freikirchen, Pfingstler und „Sekten“ Anhänger gewinnen (Kap. 7). In Lateinamerika, vermeintlich der katholische Kontinent, entsteht ein religiöser Pluralismus, der Auswirkungen auf die Politik hat.

Die *wirtschaftliche Entwicklung* und die *gesellschaftliche Modernisierung* weisen Höhen und Tiefen auf (Kap. 8): Noch in der ersten Hälfte des

20. Jhs. hatte Argentinien teilweise einen höheren Entwicklungsstand als westeuropäische Länder und nach dem Zweiten Weltkrieg emigrierten Menschen z.B. von Spanien und Portugal nach Venezuela. Neben einer fortgeschrittenen Modernisierung in einigen Bereichen weisen fast alle Länder als Kehrseite Formen der Unterentwicklung auf. Die in den 1960er Jahren formulierten *Dependencia*-Ansätze betrachten diese Merkmale als Ergebnis einer von den Industrienationen abhängigen Entwicklung. Lateinamerika besitzt darüber hinaus die ungerechteste Einkommensverteilung aller Weltregionen. Das Kapitel geht auf die Debatte um Modernisierung – Abhängigkeit – Befreiung ein und skizziert den Stellenwert der Volkswirtschaften im Zeichen der Globalisierung. Eine wichtige Rolle spielte zumindest in der Vergangenheit die lateinamerikanische Wirtschaftskommission *Comisión Económica para América Latina y el Caribe* (CEPAL) mit Sitz in Santiago de Chile, die einen höheren Stellenwert erlangte als vergleichbare Regionalorganisationen in anderen Weltgegenden.

Nach dem historischen Überblick und den Ausführungen zu Religion und Wirtschaft werden Akteure und Charakteristika politischer Systeme dargestellt. Dazu zählen ein paternalistisch auftretender *Staat* und ein die Fixierung auf Personen fördernder *Präsidentialismus*, beides hat in vielen Ländern zur Einschränkung der Rechtsstaatlichkeit beigetragen (Kap. 9). Die *Parteien* sind – teilweise als Folge längerer Diktaturen – vergleichsweise schwach und klientelistisch ausgerichtet (Kap. 10). Auch wenn sich die Qualität der *Wahlen* und der Wahlorganisation in den letzten Jahren weiter verbessert hat, ist die Konsolidierung der Demokratie nicht gesichert. Zum einen sind bei freien Wahlen seit den 1990er Jahren verstärkt Outsider, Neopopulisten und sog. Anti-Politiker gewählt worden, zum anderen haben in einzelnen Ländern Ex-Militärs nach Wahlen die Regierung übernommen (Venezuela 1999, Ecuador 2002) und erneut eine Politisierung der Streitkräfte eingeleitet (Kap. 11). Ein struktureller Grund für die Schwäche von Parteien und Gewerkschaften und die Wiederkehr von populistischen Politikern sind die *diffuse soziale Schichtung* und der breite informelle Sektor (Kap. 12). Nach wie vor mangelt es an genauen Studien zu den sozialen Schichten, den Interessengruppen und der Zivilgesellschaft, auch wenn über Ausmaß und tatsächliche Bedeutung der *sociedad civil* (Zivilgesellschaft) eine intensive Debatte erfolgte. Mit dem *Latinobarómetro* liegen neben einer langen Tradition kultureller Selbstbeschreibung und Identitätssuche in Form von Essays mittlerweile empirische Ergebnisse zu den politischen Einstellungen vor. Sie zeigen zwar eine Politikverdrossenheit, aber keine Demokratiemüdigkeit. Die seit 1995 regelmäßig durchgeführten Umfragen erlauben mittlerweile Aussagen sowohl zu einzelnen Ländern als auch in vergleichender Perspektive (Kap. 13).

Zwischen dem wirtschaftlichen Entwicklungsstand und dem außenpolitischen Handlungsspielraum besteht ein Wechselverhältnis (Kap. 14). Eine zentrale Rolle, die bereits in der historischen Einführung erwähnt wird, spielen dabei das Verhalten und die *Außenpolitik* der USA. Sie reicht von der direkten Intervention in der Karibik und in Mittelamerika bis hin zu mehr oder weniger indirekten Formen der Einflussnahme. Erst spät haben lateinamerikanische Länder eine größere politische Autonomie erlangt; sie konnten bis 1989 auch in Form eines atlantischen Dreiecks von speziellen Beziehungen zu den USA und Europa profitieren. In den 1990er Jahren haben im Kontext der neuen Globalisierung die *Integrationsbestrebungen* einen Aufschwung genommen.

Kap. 15 enthält eine zusammenfassende Darstellung *lateinamerikanischer Politik* als Ergebnis historischer Tradition, sozialen Problemdrucks, äußerer Handlungszwänge sowie eigener Stärken und Schwächen. Auch wenn die Region eine Verlängerung des Westens darstellt, weist der politische Prozess Besonderheiten auf. Gleichzeitig spiegeln sich in Lateinamerika die Probleme zwischen Erster und Dritter Welt.

Innerhalb der sog. Dritten Welt nimmt die Region einen bevorzugten Platz ein. Die Gründe dürften in der kulturellen Nähe zum Westen und dem leichteren sprachlichen Zugang liegen. Trotz großer Einkommensunterschiede und sozialer Probleme gilt Lateinamerika als *lo simpático*; die dortige Populärkultur übt eine erhebliche Anziehungskraft aus, ausländische Beobachter, Wissenschaftler, Reisende und Zuwanderer werden zumeist offen aufgenommen und entwickeln ihrerseits eine Empathie für die Länder und Menschen. Dies sei auch deswegen eingangs erwähnt, weil im Folgenden immer wieder von Problemen die Rede sein wird.

Die einzelnen Kapitel bauen in chronologischer und systematischer Hinsicht aufeinander auf. Sie können jedoch auch für sich gelesen werden. Deshalb lassen sich einzelne Redundanzen und Querverweise nicht völlig ausschließen.

Das vorliegende Studienbuch versucht wichtige deutschsprachige und internationale Beiträge zu Lateinamerika zu berücksichtigen, in den Anmerkungen und am Ende der jeweiligen Kapitel finden sich weiterführende Hinweise. Auf entsprechende Fachdebatten wird verwiesen, sie können indessen nicht im Detail präsentiert werden.

Vorab sei darauf hingewiesen, dass die Literatur zu einigen Themen außerordentlich umfangreich ausfällt und dass die Rede von Lateinamerika eine Vereinfachung darstellt. In Kap. 3 „Zur Lateinamerikaforschung" sowie an anderen Stellen wird auch ältere Literatur herangezogen, bei den Literaturhinweisen besteht – mit Blick auf den leichteren Zugang – eine gewisse Präferenz für deutschsprachige Veröffentlichungen und Übersetzungen, ohne indessen die internationale Debatte zu vernachlässigen. An vielen Stellen findet der Leser Internet-Adressen, auch auf Belletristik und einige Filme wird verwiesen.

1. Wo liegt Lateinamerika?

Lateinamerika wurde auch als *Extrême Occident* bezeichnet, d.h. als eine kulturelle Verlängerung Europas im südlichen Amerika, sozusagen als „äußerster Westen".[1] Nirgendwo dauerte die 1492 einsetzende europäische Kolonisation so lange wie dort. Dagegen weisen die USA eine vergleichsweise kurze koloniale Phase von 1607 bis 1776 auf, also rund 160 Jahre. Die Region gilt als Teil der Westlichen Hemisphäre, unabhängig davon, dass in einzelnen Ländern auch Bezeichnungen wie *Indoamérica*[2] und in jüngerer Zeit Afroamerika[3] verwendet wurden. Nur ein Land wird zu den am wenigsten entwickelten Ländern (*Least Developed Countries,* LDC) gezählt – nämlich Haiti. In Afrika sind es 34, in Asien und Ozeanien 15. Was die zunehmende Berücksichtigung der Rechte von Minderheiten anbelangt, lassen sich Ähnlichkeiten mit neueren Entwicklungen in den USA feststellen. In den Zeiten des „Nord-Süd-Konflikts",[4] d.h. vor allem in den 1970er Jahren, nahm Lateinamerika eine mittlere Position zwischen den Industrienationen und der Blockfreienbewegung ein. Erleichtert wurde dies durch eine vergleichsweise lange demokratische Tradition. Nach dem Ende des Ost-West-Konflikts hat diese Vermittlerrolle an Bedeutung verloren. Die engen Beziehungen zum Westen zeigen sich bei der Bevölkerung, dem Staatsaufbau, den Entwicklungsvorstellungen und bei der Kultur. Gemäß dem Selbstverständnis vieler Lateinamerikaner und der dortigen Eliten zählt der Halbkontinent also nicht zur Dritten Welt und den Entwicklungsländern,[5] was der Realität in Teilen einiger Länder indessen nicht entspricht.

1 Alain Rouquié, *Amérique Latine. Introduction á l'Extrême Occident*, Paris 1987.
2 Die Bezeichnung Indoamerika wurde in den 1930er Jahren von dem peruanischen Denker und Antiimperialisten Haya de la Torre geprägt.
3 In den USA ist die Bezeichnung „afrikanische Amerikaner" üblich, in Lateinamerika „Schwarze" eher die Regel. Lioba Rossbach de Olmos/Bettina E. Schmidt (Hrsg.), *Ideen über Afroamerika-Afroamerikaner und ihre Ideen*, Göttingen 2001.
4 Solche und andere Begriffe können in: Dieter Nohlen (Hrsg.), *Lexikon Dritte Welt*, Reinbek bei Hamburg 2002 nachgeschlagen werden.
5 Grundlegend: Franz Nuscheler, *Entwicklungspolitik. Lern- und Arbeitsbuch*, Bonn 2004 (5. Aufl.). Das auch als Nachschlagewerk geeignete Buch kann nur am Rande auf einzelne Regionen und deren spezifische Probleme eingehen. Es behandelt das Politikfeld Entwicklungspolitik in fünf umfangreichen Teilen (Nord-Süd-Problem, Armut – Unterentwicklung – Entwicklung, zentrale Welt- und Entwicklungsprobleme, Akteure der Entwicklungspolitik, Bilanz und Perspektiven).

Die Orientierung nach Westen bedeutet nicht, dass die politischen Institutionen – trotz mancher Ähnlichkeiten mit den politischen Systemen Westeuropas – mit ihnen identisch wären. So orientierten sich z.B. die Parteien zwar an den europäischen Parteienfamilien, was ihr Funktionieren anbelangt, weisen sie indessen manche Übereinstimmungen mit den nordamerikanischen Parteien auf. Und auch der lateinamerikanische Populismus unterscheidet sich von den im Verlaufe der 1990er Jahre in Europa aufkommenden Varianten.

In Zeiten der Globalisierung gewinnen Lateinamerika und die *Latinos* eine neue Bedeutung. Dass nach dem Chinesischen, dem Englischen und dem Hindi die spanische Sprache an vierter Stelle in der Welt steht, liegt vor allem an der demografischen und kulturellen Entwicklung des Halbkontinentes und einer neueren Tendenz, von einer Einwanderungs- zu einer Auswanderungsregion zu werden. Schon ist Spanisch die am meisten studierte Sprache an den nordamerikanischen Universitäten und auch in Europa verzeichnen Spanischkurse einen starken Zulauf. Als eine Folge des MERCOSUR, d.h. des gemeinsamen Marktes des Südens, hat die brasilianische Regierung 2004 den obligatorischen Spanischunterricht an den Schulen erlassen, was die Zahl der potenziellen Spanischsprechenden um 50 Mio. Jugendliche erhöhen kann.

1.1 Einheit und Vielfalt Lateinamerikas

Die Idee einer Einheit Lateinamerikas tauchte bereits in den Vorstellungen des Befreiers Simón Bolívar (1783-1830) auf. Seitdem gehört das Ideal eines einigen Halbkontinents als Gegengewicht zu den USA zum Standardrepertoire von Nationalisten und Antiimperialisten, ohne dass es bislang umgesetzt werden konnte. Realistischerweise soll daher im Folgenden von *Gemeinsamkeiten* gesprochen werden.
Sie zeigen sich in der Kolonialgeschichte (rund 300 Jahre), die mit der Ausnahme Brasiliens und einiger karibischer Staaten eine gemeinsame Sprache und die Prägung durch den Katholizismus brachte. Hinzu kamen ähnliche Strukturen in der Verwaltung und bei den politischen Traditionen. Die Unabhängigkeitsbewegung stellt ein weiteres verbindendes Element dar. Dies gilt auch unter einem eher negativen Vorzeichen für Teile des 19. Jhs. mit Zügen des Staatszerfalls und des Caudillismus.

Hinzu treten gemeinsame Entwicklungsprobleme: Analphabetismus, das Latifundium vor allem in der ersten Hälfte des 20. Jhs., Marginalität und Informalität, Unterentwicklung bzw. Fehlentwicklung etc., schließlich die neueren Militärdiktaturen. Neben autoritären Merkmalen stehen positive Gemeinsamkeiten wie die Demokratisierungswellen (zuletzt in den 1980er Jahren), die Integrationsbestrebungen und eine idealistische Tradition. Verglichen mit Europa fällt die geringe Zahl von zwischenstaatlichen Kriegen und totalitären Regimen auf.

Die *Vielfalt* bestand schon in der vorkolonialen Zeit. Bei den indianischen Völkern gab es Unterschiede zwischen Hochkulturen und unterworfenen Völkern. Während der spanischen Herrschaft war das Ausmaß kolonialer Durchdringung unterschiedlich ausgeprägt. Aufgrund gesellschaftlicher Merkmale, der jeweiligen Zusammensetzung der Bevölkerung und spezifischer politischer Kulturen verläuft der Prozess der Demokratisierung nicht einheitlich. Einige Länder können auf eine vergleichsweise lange demokratische Tradition zurückblicken (Costa Rica, Uruguay), einzelne Staaten hatten eine längere Phase populistischer Herrschaft (Argentinien, Brasilien), andernorts fällt diese Zeit sehr kurz aus (Chile). Die spanische Sprache weist in den einzelnen Ländern Besonderheiten auf, hinzu treten als Ergebnis nationalstaatlicher Entwicklung spezifische politische Stile und Verhaltensweisen. Die Dominanz der katholischen Kirche wird langsam durch eine religiöse Pluralisierung abgelöst.

Dieses Spannungsverhältnis zwischen Einheit/Gemeinsamkeiten und Vielfalt gilt es bei der Lektüre der folgenden Kapitel zu berücksichtigen. Wie in Europa finden wir in Lateinamerika Besonderheiten auf der Ebene von Ländern und Regionen sowie in den unterschiedlichen sozialen Schichten und Milieus. Vor Verallgemeinerungen sei also gewarnt.

1.2 Land und Leute

Die sichtbare und bewachte Grenze zwischen der anglo- und der iberoamerikanischen Welt verläuft am Rio Grande im Norden Mexikos. Seit 2003 die Hispanics oder Latinos in den USA die größte Minderheit vor den Afroamerikanern stellen, fällt die Grenzziehung indessen schwerer. Aber für die Vergangenheit und noch für weite Strecken des 20. Jhs. kann davon ausgegangen werden, dass hier zwei „Kulturerdteile" aneinander grenzten.[6] Das in den gemäßigten Breiten gelegene Nordamerika wurde zum bevorzugten Einwanderungsland von Nordeuropäern, die tropischen Gebiete Südamerikas dagegen vor allem von den romanischen Völkern

6 Dazu und zum folgenden: Herbert Wilhelmy, *Lateinamerika: Ein Halbkontinent zwischen Tradition und Fortschritt*, in: *Der Bürger im Staat,* 32(1982)1, S. 3-13.

Schaubild 1: "Einheit" und Vielfalt Lateinamerikas

Gemeinsamkeiten	Vielfalt
rund 300 Jahre Kolonialgeschichte	viele indianische Völker
gemeinsame Sprache (mit Ausnahme Brasiliens, der Karibik und einzelner Landesteile)	unterschiedliche Zusammensetzung der Bevölkerung und länderspezifische Formen des Spanischen
katholische Religion	Regionale und lokale Traditionen/ Freikirchen/Kulte
frühe Unabhängigkeit (Ausnahmen Brasilien und Kuba)	intern: soziale Ungleichheit
19. Jh.: Staatszerfall, Caudillismus, zentralistische Diktaturen	Ausnahmen wie Brasilien und Chile
20. Jh.: politische Demokratisierung, klassischer Populismus, Militärregime, Re-Demokratisierung 1980er Jahre Neuer Populismus ab Ende 1990	vom etatistischen Wirtschaftskonzept zu den wirtschaftlichen Anpassungsprogrammen
kaum zwischenstaatliche Kriege	interne Konflikte
gemeinsame Entwicklungsprobleme	Entwicklungspole und -gefälle, Schwellenländer
Integrationsbemühungen	Nationalismus Grenzstreitigkeiten

Südeuropas kolonisiert. Dies schlägt sich in dem Namen Lateinamerika nieder, der auf diese Verbindung verweist. Einen wichtigen Unterschied markiert die ausgeprägtere „Rassenmischung". Nur im Südzipfel (Argentinien, Chile, Uruguay) hat sich eine vergleichbare Dominanz der Weißen durchgesetzt, wie sie für Nordamerika galt.

Ein geographischer Überblick ergibt folgendes Bild: Das an die USA angrenzende Mexiko bildet mit 104 Mio. Einwohnern das größte spanischsprachige Land der Erde. Darüber hinaus gehört Mexiko mit Brasilien zu den Staaten, die traditionell eine Führungsposition auf dem Halbkontinent beanspruchen. Die 1.800 Kilometer lange zentralamerikanische Landbrücke verbindet Nord- und Südamerika. Die sieben Kleinstaaten Zentralamerikas wurden als Bananenrepubliken und Kaffeeländer bezeichnet, im Spanischen spricht man auch von *economías del postre*, weil hier vor allem solche Lebensmittel hergestellt werden, die man zum Nachtisch isst. Man unterscheidet zwischen der *tierra caliente*, d.h. dem tropischen Gebiet, der zwischen 800 und 1.500 Meter gelegenen *tierra templada*, d.h. der gemäßigten Region, wo vor allem der Kaffee wächst, und dem sich anschließenden kalten Land (*tierra fría*), wo Mais, Bohnen und Weizen in Landwechselwirtschaft angebaut werden.

Auch im 21. Jh. sind die Verkehrsverhältnisse schwierig. Eine durchgehende Autostraße, die *Panamericana*, gibt es zwar, sie weist jedoch im Grenzgebiet zwischen Panama und Kolumbien eine Unterbrechung von rund 160 Kilometern auf. Diese Nord-Süd-Achse Amerikas durchquert auf rund 30.000 Kilometern 17 Staaten. Eine 1962 gebaute Stahlbrücke (*Puente de las Américas*) verbindet in Panama beide Hälften des Kontinentes. Der zunächst von den USA geführte Panama-Kanal ging nach dem Vertragsabschluss 1977 zum Jahresende 1999 an Panama über, womit sich eine langjährige Forderung lateinamerikanischer Nationalisten und Antiimperialisten erfüllte.

Südamerika gliedert sich unter geographischen Gesichtspunkten in drei Großräume: den 15.000 Kilometer langen Hochgebirgszug der Anden im Westen, die vom Amazonasbecken über den Gran Chaco und die Pampa bis Patagonien reichenden zentralen Tiefländer und das Brasilianische Bergland im Osten. Südamerika besteht aus neun spanischsprachigen Staaten, die zu Beginn des 19. Jhs. unabhängig wurden. Brasilien, das von manchen auch als eigener Kontinent bezeichnet wird, blieb nach der Loslösung von Portugal (1822) als Einheitsstaat bestehen. Amtssprache ist das brasilianische Portugiesisch; das Sprachgebiet umfasst ca. 8,4 Mio. Quadratkilometer und ist damit annähernd so groß wie der spanischsprachige Raum Südamerikas. In den Guayanas und Surinam sind Französisch bzw. Niederländisch sowie Formen des Kreolischen die vorherrschenden Sprachen. Von den insgesamt 35 Staaten, d.h. ohne abhängige Territorien, liegen 20 in Zentralamerika und der Karibik. Gerade die ehemaligen Kolonialgebiete der Karibik weisen eine Vielzahl von Sprachen und Kulturen auf. Wer das Spanische besser beherrscht, wird einen Argentinier, Mexikaner oder Peruaner unschwer an der Aussprache erkennen können. Bei manchen Übersetzungen belletristischer Texte findet sich deshalb der Zusatz: Übersetzt aus dem chilenischen oder uruguayischen Spanisch. Auch innerhalb der Einzelstaaten finden sich regionale und sprachliche Unterschiede.

Es sind andere Untergliederungen möglich z.B. in ein indianisches Lateinamerika (Mittelamerika und Teile der Andenländer), dem schwarzen (im Nordosten und der Karibik) und dem weißen Südamerika (im gemäßigten Süden). Regionale Unterscheidungen finden sich auch in der Politik und lagen konzeptionell sogar der Außenpolitik der Bundesregierung zugrunde. Die Schröder/Fischer-Regierung kündigte im Jahr 2000 fünf „subregionale Strategien“ zur deutschen Außenpolitik in der Region an und zwar: MERCOSUR-Staaten und Chile, Andenstaaten, Karibik und Mittelamerika und Mexiko – mittlerweile wurde dieser Ansatz wieder aufgegeben. Im Oktober 2004 wurden vom Auswärtigen Amt (AA) allgemeine Leitlinien für Lateinamerika ins Netz gestellt.[7]

In vielerlei Hinsicht sind die Spuren der Geschichte noch heute sichtbar: Die kolonialen Stadtgründungen folgten kolonialen bzw. politischen Interessen. So konzentrierten sich die Spanier zunächst auf die Andenländer, weil sie von dort die Edelmetalle extrahierten. Die Kolonisation war punktueller Natur, langsam und teilweise erst im 19./20. Jh. begann die Inbesitznahme und Besiedlung des Hinterlandes und des Landesinneren, das man als *interior* bezeichnet. Die Hauptstädte haben ihre Dominanz über die Jahrhunderte sogar verstärkt. Hier befinden sich die wichtigen politischen und wirtschaftlichen Institutionen, die bedeutenden Universitäten und Forschungseinrichtungen. Es erfolgt ein *brain drain* aus den Provinzen in die Metropole/en. Verglichen mit Deutschland, das über eine ziemlich ausgewogene Struktur von Klein- und Mittelstädten verfügt, fällt die räumliche Bevölkerungsverteilung ungleich und unter wirtschaftlichen Gesichtspunkten ungünstig aus. Bis auf ganz wenige Ausnahmen – wie Brasília (Brasilien) und Quito (Ecuador) – stellen Hauptstadt und Regierungssitz jeweils auch die wirtschaftlich wichtigste Stadt des Landes dar.

Lateinamerika hat sich lange Zeit als „Kontinent der Zukunft“ verstanden und wurde auch im Ausland so gesehen. Die Gründe liegen in einem auffälligen Fortschrittsoptimismus, der Jugendlichkeit seiner Bevölkerung und der unerschütterlichen Annahme von unerschöpflichen Bodenschätzen. Teil dieses Selbstverständnisses war die Vorstellung einer geglückten Synthese zwischen autochthonen und iberisch-europäischen Kultureinflüssen. Nach dem gewaltsamen Zusammenstoß zwischen indianischer und europäischer Kultur in der Kolonialzeit habe sich, so lautete die Geschichtserzählung der nationalen Regierungen im 20. Jh., etwas Neues ergeben. Die Vorteile lagen nicht zuletzt in den menschlichen Fähigkeiten seiner durch „Rassenmischung“ (*mestizaje*) gekennzeichneten Bewohner. Europäische Flüchtlinge vor dem Nationalsozialismus waren fasziniert von dem friedlichen Zusammenleben ganz unterschiedlicher Menschen. Stefan Zweig, der nach Brasilien ins Exil ging, wo er 1942 in Petrópolis bei

7 http://www.auswaertiges-amt.de/diplo/de/Aussenpolitik/RegionaleSchwerpunkte/Lateinamerika/Leitlinien,navCtx=32974.html

Rio de Janeiro sein Leben beendete, nahm einen Vergleich zwischen dem Aufnahmeland und seiner Heimat vor:

> „Denn seiner ethnologischen Struktur gemäß müsste, sofern es den europäischen Nationalitäten- und Rassenwahn übernommen hätte, Brasilien das zerspaltendste, das unfriedlichste und unruhigste Land der Welt sein . . . Zum größten Erstaunen wird man nun gewahr, dass all diese schon durch die Farbe sichtbar voneinander abgezeichneten Rassen in vollster Eintracht miteinander leben und trotz ihrer individuellen Herkunft einzig in der Ambition wetteifern, die einstigen Sonderheiten abzutun, um möglichst rasch und möglichst vollkommen Brasilianer, eine neue und einheitliche Nation zu werden."[8]

In Lateinamerika gäbe es zwar gesellschaftliche Barrieren, aber keine „Rassenschranken" und keine Apartheid. Im Vergleich mit anderen Weltregionen fällt tatsächlich die geringe Zahl an manifesten ethnischen Konflikten auf. Diese Annahme geriet allerdings im Zuge der Diskussion um den *Quinto Centenario*, d.h. dem 500ten Jahrestag der Entdeckung/Eroberung Lateinamerikas, ins Wanken. Der 12. Oktober 1492, d.h. der Tag, an dem Christoph Columbus in Amerika landete, wurde lange Zeit als *Día de la Raza* oder als Folge eines spanischen Vorschlages von 1915 als *Día de la Hispanidad* und damit als Feiertag begangen. Mittlerweile wurde er in einigen Ländern umbenannt, er heißt z.B. in Costa Rica *Día de las Culturas,* in Chile noch *Día del Descubrimiento.* Unter dem Eindruck neuer indigener Bewegungen hat ein Umdenken eingesetzt. So wird der langjährige gewaltsame Konflikt in Guatemala mittlerweile unter einem ethnischen Blickwinkel betrachtet (vgl. Kap. 2.2 *Indigene Bevölkerung*).

Der Begriff *raza* hat in Lateinamerika eine andere, weitaus weniger negative Konnotation als in der deutschen Geschichte des 20. Jhs. Entgegen dem idealisierten Bild, das aus dem Zitat von Stefan Zweig spricht, findet durchaus eine Ausgrenzung der farbigen bzw. dunkelhäutigen Bevölkerung aus gewissen Clubs, Wohnvierteln und gesellschaftlichen Positionen statt. Gleichzeitig lässt sich eine Tendenz feststellen, die eigene Hautfarbe „aufzuweißen". Dieser Vorgang, der in Brasilien als *abranquecimiento* bezeichnet wird, sollte historisch durch die Immigration von Europäern und durch gezielte Heiratspolitik mit dem Ziel, die Haut zu „reinigen" (*limpar a pele*), erfolgen. In den meisten Ländern zeigt die Werbung im Fernsehen vor allem weiße Menschen. Dies erfolgt unabhängig von

8 Stefan Zweig, *Brasilien. Ein Land der Zukunft*, Frankfurt a. M., 1997 (6. Aufl.)., S. 12f.

dem politischen System. Im kubanischen Zensus von 1981 wurden z.B. 66 % als „Weiße“, 12 % als „Schwarze“, 21,9 % als „Mulatten“ sowie 0,1 % als „Chinesen“ erfasst. Die Befragten konnten selbst die Hautfarbe nennen, was das Ergebnis beeinflusst haben dürfte, denn in Kuba wird von 60 % Nachkommen von Afrikanern ausgegangen.[9]

1.3 Bevölkerungsentwicklung

In Lateinamerika leben ca. 8,5 % der Weltbevölkerung, im Jahr 2005 ging man von 556 Mio. Lateinamerikanern aus (Tab. 1). Verglichen mit anderen Weltregionen ist der Halbkontinent nicht überbevölkert, die Population ist allerdings als Ergebnis kolonialer und wirtschaftlicher Abhängigkeit sowie interner Migration sehr ungleich verteilt.

Im 20. Jh. hat sich die Zahl der Lateinamerikaner um das Siebenfache erhöht, also von rund 74 Mio. (1900) auf 515 Mio. Menschen (2000). Für das Jahr 2050 wird eine Bevölkerungszahl von 767 Mio. prognostiziert.[10] Ein Blick auf die durchschnittliche Wachstumsrate zeigt, dass ab 1950 eine fallende Tendenz zu beobachten ist. In den vergangenen Jahrzehnten sind die Sterbeziffern gesunken und gleichzeitig die Geburtenziffern verhältnismäßig hoch geblieben. Ausschlaggebend dafür sind die Verbesserung der medizinischen und hygienischen Versorgung sowie die Verstädterung. 1980 lag die Säuglingssterblichkeitsziffer bei 35 Todesfällen je 1.000 Lebendgeburten vor Vollendung des ersten Lebensjahres, sie sank auf 16 Todesfälle je 1.000 Lebendgeburten im Jahr 2000. Auch die Fertilitätsrate, d.h. die durchschnittliche Zahl der Kinder, die Frauen dort zur Welt bringen, ging zurück. Im Jahr 1960 brachten Frauen in Lateinamerika noch durchschnittlich sechs Kinder zur Welt, bis 1980 sank die Fertilitätsrate auf 5,25 und betrug zehn Jahre später nur noch 3,1.[11] Es wird damit gerechnet, dass bis zum Jahr 2050 jede Frau im Durchschnitt nur noch 1,9 bis 2 Kinder zur Welt bringen wird. Allerdings nimmt die Bevölkerung wegen des niedrigen Durchschnittsalters trotz rückläufiger Fertilitätsraten weiter zu. In den kommenden vier Jahrzehnten dürfte sowohl eine Alterung der Bevölkerung (Tab. 2) als auch eine Erhöhung der Lebenserwartung (Tab. 3) erfolgen.

9 Michael Zeuske, *Kleine Geschichte Kubas*, München 2002 (2. Aufl.), S. 200.
10 Hartmut Sangmeister, *Lateinamerikas Bevölkerung altert*, in: *Brennpunkt Lateinamerika*, (2003)17, S. 171.
11 Ebenda, S. 171f.

Tabelle 1: Die Bevölkerung Lateinamerikas (in Millionen)

	1975[a]	2005[b]	2015[b] (Projektion)
Argentinien	26,0	38,7	42,7
Bolivien	4,8	9,2	10,9
Brasilien	108,1	186,6	210,0
Chile	10,3	16,3	17,9
Costa Rica	2,1	4,3	5,0
Dominikanische Republik	5,0	9,5	10,9
Ecuador	6,9	13,1	14,6
El Salvador	4,1	6,7	7,6
Guatemala	6,0	12,7	16,2
Guyana	0,7	0,7	0,7
Haiti	4,9	9,3	10,8
Honduras	3,0	6,8	8,3
Jamaika	2,0	2,7	2,8
Kolumbien	25,4	44,9	50,7
Kuba	9,3	11,3	11,3
Mexiko	59,1	104,3	115,8
Nicaragua	2,5	5,5	6,3
Panama	1,7	3,2	3,8
Paraguay	2,7	5,9	7,0
Peru	15,2	27,3	30,8
Uruguay	2,8	3,3	3,4
Venezuela	12,7	26,7	31,3
Lateinamerika und die Karibik*	317,9	556,6	626,5

* enthält nicht aufgeführte Länder

Quellen:

a UN, *World Population Prospects 1950-2050: The 2002 Revision.* Database. Department of Economic and Social Affairs, Population Division, New York 2003. Entnommen aus: *Human Development Report 2003* [http://hdr.undp.org/reports/global/2003/indicator/index.html].

b United Nations Development Programme, *Human Development Report 2007/2008*, New York 2007. Entnommen aus: [http://hdr.undp.org/en/media/hdr_20072008_en_complete.pdf]

Tabelle 2: Lateinamerika und die Karibik: Bevölkerung über 60 Jahre und älter (in %)

	2000	2025	2050
Argentinien	13,3	16,7	24,2
Brasilien	7,9	15,6	25,6
Chile	10,2	18,2	24,1
Costa Rica	7,6	15,7	26,4
Ecuador	6,9	12,6	22,6
Guatemala	5,3	6,9	14,4
Kolumbien	6,9	13,5	21,9
Mexiko	6,9	13,5	25,1
Peru	7,1	12,4	21,9
Uruguay	17,2	19,7	25,4
Venezuela	6,6	13,2	22,1
Gesamte Region	8,0	14,1	23,4

Quelle: Celade, UNO

Tabelle 3: Lebenserwartung (Durchschnittsalter)

1975-1980	2000-2005	2025-2030	2045-2050
63,4	71,9	76,7	79,3

Quelle: Cepal, *Demographic Bulletin*, No.73, Santiago de Chile 2004.

Lateinamerika ist zwar weniger stark von der HIV/Aids-Epidemie betroffen als andere südliche und östliche Regionen, dennoch hat sie Auswirkungen auf die demografische Entwicklung; das Bevölkerungswachstum fällt deswegen um 2 % geringer aus. Die HIV/Aids-Infektionsrate der weiblichen Bevölkerung im Alter von 15 bis 24 Jahren liegt im lateinamerikanischen Durchschnitt bei 0,3 % (im Afrika südlich der Sahara bei 9,2 %). Haiti ist das am stärksten betroffene Land, in dem im Jahr 2001 etwa 5 % der weiblichen Bevölkerung zwischen 15 und 24 Jahren HIV-positiv waren.[12] Auch in einigen anderen Ländern (darunter Bahamas, Belize und Brasilien) wird der Bevölkerungsanstieg dadurch verlangsamt.

12 Ebenda, S. 177.

Das Bevölkerungswachstum vollzieht sich überproportional in den unteren Schichten.[13] Lateinamerika ist ein junger Kontinent, was im Selbstverständnis der Länder eine Rolle spielt. Etwa die Hälfte der Lateinamerikaner ist jünger als 20 Jahre! Damit bildet es nach Afrika die zweitjüngste Weltregion, während das „alte" Europa tatsächlich die älteste darstellt. Die jüngste Bevölkerung lebt in Guatemala, 43,1 % sind unter 15 Jahre alt. Es folgen Honduras (40 %), Bolivien (38,1 %) und Haiti (38 %). Auf diese Länder kommen in den nächsten Jahren besondere Herausforderungen zu, was die Integration von jungen Leuten in den Arbeitsmarkt anbelangt. Während Argentinien, Brasilien und Chile einen Rückgang der Fertilitätsraten verzeichnen, bleibt in den Ländern des Andenraums und denen mit einem hohen indigenen Anteil die Zahl der Kinder vergleichsweise hoch.

Das Durchschnittsalter der Lateinamerikaner, das 1995 bei ca. 26 Jahren lag, wird sich bis 2020 auf rund 32 Jahre, bis 2050 auf rund 40 Jahre erhöhen. Die aktuelle Lebenserwartung von 69 Jahren dürfte dann 78 Jahre betragen. Einige Länder werden sich im Zuge des gesellschaftlichen Wandels dann sowohl mit den Herausforderungen der Integration von jungen Menschen als auch mit den Problemen der Alterung auseinandersetzen müssen. Um das Jahr 2000 kamen noch auf jede Person über 60 rund zehn Personen im arbeitsfähigen Alter.[14]

1.4 Urbanisierung

Wer in einem der modernen Stadtteile der Mittelschicht von Caracas nach einer Adresse fragt, dem kann es passieren, dass er folgende Antwort erhält: „Gehe eine *cuadra* (d.h. einen Straßenblock) nach oben, bis dahin, wo der Lebensmittelladen war, und dann zwei *cuadras* nach rechts, bis zu dem Ort, an dem früher der große Baum stand." Dort befinden sich mittlerweile eher gesichtslose Hochhäuser, aber im Bewusstsein älterer Anwohner leben diese Orientierungspunkte als historische Referenzen fort.

In keiner anderen Weltregion hat ein so rasanter Urbanisierungsprozess stattgefunden. Zum Ende des Zweiten Weltkriegs lebte der überwiegende Teil der Bevölkerung noch auf dem Lande. Mittlerweile wohnen bzw. hau-

13 Manfred Wöhlcke, *Das Bevölkerungswachstum in Lateinamerika. Regionale und überregionale Konsequenzen*, SWP-AP 3106, Ebenhausen 1999, S. 34.

14 Inter-American Development Bank, *Development Beyond Economics. 2000 Report. Economic and Social Progress in Latin America,* Washington 2000.

sen 75 % der Lateinamerikaner in städtischen Agglomerationen, die Urbanisierungsrate entspricht der Nordamerikas und Europas oder liegt sogar darüber. Drei von vier Lateinamerikanern sind Stadtbewohner. Dagegen leben in Asien noch zwei Drittel der Bevölkerung auf dem Lande (siehe Tab. 4 und 5).

Die kolonialen Städte zeichneten sich mit ihrer Aufteilung in Quadrate wie bei einem Schachbrett durch ihre Überschaubarkeit aus. Eine reiche Metropole wie Buenos Aires konnte sich schon Anfang des 20. Jhs. einen modernen U-Bahnbau und repräsentative Bauten leisten. Gerne vergleichen die *porte-os*, wie sich die stolzen Bewohner der argentinischen Kapitale nennen, ihre Stadt mit Paris.[15] Dieses europäische Modell einer Stadt, das von Homogenität und öffentlichen Räumen ausging, war dem schnellen Wandel nicht überall gewachsen. In vielen Städten fiel die historische Bebauung einem unkoordinierten Bauboom zum Opfer, die öffentlichen Plätze verkamen oder wurden privatisiert. Urbanisierung bedeutet deshalb in Lateinamerika nur teilweise Modernisierung, allerdings eröffnen sich für viele Zuwanderer trotz der Armutsviertel neue Chancen für eine Verbesserung ihrer Lebensverhältnisse, so dass der Zuzug in die Städte anhält.

In den 1950/60er Jahren setzten sich die moderne Architektur und der Städtebau durch. Monumentale Werke einer eigenständigen Moderne entstanden, wie die um 1960 erbaute neue Hauptstadt Brasília sowie die Nationale Autonome Universität von Mexiko (*Universidad Nacional Autónoma de México,* UNAM)). Bald prägten jedoch informelle und improvisierte Stadtrandsiedlungen das Bild der Städte. Diese Slums und Squatter-Siedlungen tragen in den einzelnen Ländern unterschiedliche Namen: *tugurios*, *ranchos*, *barriadas*, *favelas, villas miserias*, *colonias populares* oder *barrios*.[16] Die besseren Wohnviertel werden als *zonas residenciales* oder an manchen Orten als *urbanizaciones* bezeichnet. In ihnen wohnen die Wohlhabenden teilweise in regelrechten Luxusghettos, von Sicherheitspersonal beschützt mit Dienstleistungen, die weitgehend unabhängig vom staatlichen Sektor funktionieren. Diese privaten Inseln bilden fast so etwas wie Exklaven. Auch die Mittelschicht wählt die Wohnviertel unter den Aspekten Sicherheit und Verkehrsanbindung. Dagegen folgt die unkontrollierte Verstädterung mit Spontan- und Elendssiedlungen nicht den

15 *Buenos Aires-Ein Reisebegleiter*, (von Sieglinde Oehrlein), Frankfurt a.M./Leipzig 2006.

16 Kosta Matheý/Eckhart Ribbeck, *Architektur und Städtebau*, in: Nikolaus Werz (Hrsg.), *Handbuch der deutschsprachigen Lateinamerikakunde*, Freiburg 1992, S. 55ff.

Gesichtspunkten des Wohnungsbaus und der Stadtplanung. Man hat es auch als „Bauen ohne Architekten“ (Eckhart Ribbeck) bezeichnet. Anfangs waren es teilweise ganze Gruppen, die vom Land in die Städte wanderten. Wegen dieser ruralen Prägung ging man von dem Dorf in der Stadt aus und erklärte die Erfolge einzelner Populisten und Ex-Diktatoren bei Wahlen in den ärmeren Wohngebieten mit der Herkunft der Zuwanderer und ihrem paternalistischen Erwartungshorizont. Nach den unerfahrenen Zuwanderern lebt unterdessen bereits eine zweite bzw. dritte Generation in den Städten, die in jahrzehntelangen Überlebensstrategien geübt ist. Städtische Basisbewegungen entstanden, sog. *movimientos populares urbanos*. Die Vorstellung, wonach Arme und Reiche völlig voneinander getrennt leben, trifft so nicht zu: Zum einen kann in den vormaligen Wellblechvierteln innerhalb einer Generation ein gewisser Aufstieg erfolgen, zum anderen können die Innenstadtviertel einen Niedergang erfahren (vgl. in Kap. 2.1 *Marginalgruppen*). Mit dem Bau von geteerten Straßen, von Kanalisation und der Einrichtung von öffentlichen Plätzen wird mit unterschiedlichem Erfolg versucht, solche Gebiete in das städtische Leben zu integrieren. In den großen Städten finden sich moderne Hochhausviertel und Installationen (z.B. U-Bahnen, Karten- und mittlerweile Mobiltelefone) neben Armutsvierteln. Das politische Leben ist längst städtisch geprägt. Dies hat zur Folge, dass Demonstrationen und Rebellionen in den Hauptstädten mittlerweile noch stärkere Auswirkungen haben können als in der Vergangenheit. Die Bevölkerung nimmt am medialen Massenkonsum teil, die Regierungschefs, die Parteien und andere politische Akteure müssen sich dieser Medien bedienen.

Die Inbesitznahme neuer Wohnflächen findet häufig auf illegale oder außerlegale Weise statt. Unter dem Gesichtspunkt der persönlichen Sicherheit und ökologischer Schäden sind die Besetzungen problematisch, weil sich die neuen Stadtbewohner auch auf abschüssigen Flächen niederlassen, bei denen es in der Regenzeit zu Überschwemmungen und anderen Naturkatastrophen kommen kann. Solche Landbesetzungen, die in einigen Ländern durch das Hissen der jeweiligen Nationalfahne abgesichert werden, um dadurch die Räumung durch die Staatsmacht zu vereiteln, sind Teil des politischen Prozesses. Gewählte Politiker bemühen sich um einen gewissen Ausgleich mit den unangemeldeten Zuwanderern. Aus manchen Gebieten haben sich die Polizeikräfte zurückgezogen, um Konfrontationen zu vermeiden.

In den 1980er Jahren haben nach einem vorangegangenen Modernisierungsschub viele Städte eine Verarmung erlebt. Nach Einbruch der Dunkelheit und an Wochenenden nimmt die Gewalt zu. Mehrfach kam es zu Plünderungen von Geschäften und zu regelrechten Aufständen in den Städten – entweder nach politischen Vorfällen wie dem *Bogotazo* 1948 oder dem *Caracazo* 1989, der auf eine dilettantisch durchgeführte Preiserhöhung im Nahverkehr folgte. Damals wurde in Venezuela das Militär in die Hauptstadt gebracht, um die Proteste zu unterdrücken, es kam zu Hunderten von Toten. Eine Folge der unkontrollierten Verstädterung können Formen des Zerfalls von Staatlichkeit und Anomie (Regellosigkeit) sein.[17]

Großstädte werden immer wichtiger für die Politik und das Wirtschaftsleben. In der Region bestanden 1990 schon 40 Millionenstädte. Ab 5 Mio. spricht man von Metropolisierung, bei über 8 Mio. Einwohnern von Megastädten – Mexiko Stadt, São Paulo, Buenos Aires, Rio de Janeiro (Tab. 5). Mehr als 130 Mio. Lateinamerikaner leben in Megastädten. Luftverschmutzung und Lärmbelästigung erreichen ein in Deutschland schwer vorstellbares Ausmaß, an einigen Orten werden täglich im Radio Warnmeldungen über den Stand der Smoggefahr gegeben. Um den Zustrom von Automobilen zu begrenzen, ging man versuchsweise dazu über, an einigen Orten einmal in der Woche Fahrverbote für gewisse Autonummern zu erlassen. Wohlhabende legten sich darauf zuweilen einen weiteren PKW zu, um so das Fahrverbot zu umgehen. Ein wirkungsvolleres Mittel stellt der Bau von U-Bahnen bzw. die Einrichtung von Metrobussen auf eigens eingerichteten Fahrspuren wie in Quito oder Bogotá dar. Einzelne Städte wie Belo Horizonte waren Vorreiter bei solchen Modellversuchen. In der kolumbianischen Hauptstadt wurden in den letzten Jahren sogar Fahrradwege eingerichtet – ein Novum in Lateinamerika.

Mit dem Einflussverlust der Nationalstaaten im Zuge der neuen Globalisierung haben sich sog. *Global Cities* als Zentralen transnationaler Unternehmen und Einrichtungen sowie als Bezugspunkte weltweiter Wanderungs- und Kapitalströme und Kulturkontakte etabliert.[18] Dieser Typus von städtischer Agglomeration findet sich auch in den USA, z.B. in Los Angeles, und die dort auftretenden Konflikte und Formen des Wohnens sind mit

17 Ein Überblick dazu bei: Peter Waldmann, *Der anomische Staat*, Opladen 2002. Auf den Zusammenhang mit der neoliberalen Wirtschaftspolitik verweist: Margarita López Maya (Hrsg.), *Lucha popular, democracia, neoliberalismo: Protesta popular en América Latina en los años de ajuste*, Caracas 1999.

18 Vgl. Saskia Sassen, *Metropolen des Weltmarktes. Die neue Rolle der Global Cities*, Frankfurt a.M. 1996. Es ist kein Zufall, dass in Ausstellungen und bei kulturellen Großereignissen vermehrt die Ähnlichkeiten und Beziehungen zwischen Metropolen herausgestellt werden. Nach dem Vergleich europäischer Städte nun: *Berlin-Buenos Aires. Buenos Aires-Berlín,* Berlin 2004.

denen in Lateinamerika durchaus vergleichbar. Einiges deutet darauf hin, dass die im Zuge der Privatisierungsprozesse geschwächten Nationalstaaten an Einfluss verlieren und gleichzeitig die städtischen Agglomerationen an Bedeutung gewinnen: Auf den Großraum São Paulo, den man wegen der vielen Auslandsinvestitionen als „größte deutsche Industriestadt" bezeichnet hat, entfiel in den 1990er Jahren fast 40 % des brasilianischen Inlandsprodukts. Trotz ihrer Größe handelt es sich nur bei wenigen um Weltstädte (*Global Cities*) im Sinne einer Steuerungsfunktion auf globaler Ebene. Die stärkste globale Vernetzung besitzen São Paulo und Mexiko-Stadt. Allerdings basiert die Mehrzahl der Flugreisen zwischen Mexiko und dem Ausland „auf Heimatbeziehungen der Migrantenfamilien und nicht auf hochzentralen Geschäftsbeziehungen".[19]

In den karibischen und mittelamerikanischen Kleinstaaten war die Hauptstadt stets eine Art Wasserkopf. Da es sich um koloniale Gründungen handelt, liegen sie meist an der Küste. Sie dienten der Verwaltung des Territoriums und zur Ausfuhr der in den Ländern abgebauten Rohstoffe. Als Folge von Kolonialzeit und wirtschaftlicher Abhängigkeit war das Verkehrsnetz einseitig auf die Haupt- und/oder Hafenstädte ausgerichtet, die Querverbindungen innerhalb der Länder sind nur schwach ausgebaut. Deshalb unternahm man mehrfach den Versuch, die Hauptstadt ins Landesinnere zu verlegen, was allerdings nur im Fall von Brasília (erbaut ab 1956) gelang. In Argentinien wurde der Parlamentsbeschluss von 1987, die Hauptstadt nach Viedma, d.h. in den kühlen Süden des Landes zu verlagern, nicht realisiert.

1.5 Modernisierung und Entwicklung

Nach der Unabhängigkeit strebten die Politiker und Eliten eine schnelle Modernisierung an, zu Vorbildern avancierten die USA und die fortschrittlichen europäischen Staaten, Spanien rückte bis zum Ende des 19. Jhs. in den Hintergrund. „Seien wir die Vereinigten Staaten," lautete ein Satz des argentinischen Präsidenten Domingo F. Sarmiento (1811-88). Als Mittel galten ihm und anderen Liberalen die Einwanderung von Europäern, ein zügiger Ausbau der Infrastruktur und des Erziehungswesens sowie eine freiheitliche Regierung: „Wenn es eine aufgeklärte Regierung gäbe, die sich um die Interessen der Nation kümmerte. Was für Unternehmungen,

19 Rainer Wehrhahn, *Global Cities in Lateinamerika?* in: *Geographische Rundschau,* 56(2004)4, S. 40-46.

Tabelle 4: Die urbane Bevölkerung (in % der Gesamtbevölkerung)

	1975	2005	**2015** (Projektion)
Argentinien	81,0	90,1	91,6
Bolivien	41,3	64,2	68,8
Brasilien	61,7	84,2	88,2
Chile	78,4	87,6	90,1
Costa Rica	41,3	61,7	66,9
Dominikanische Republik	45,7	66,8	73,6
Ecuador	42,4	62,8	67,6
El Salvador	41,5	59,8	63,2
Guatemala	36,7	47,2	52,0
Guyana	30,0	28,2	29,4
Haiti	21,7	38,8	45,5
Honduras	32,1	46,5	51,4
Jamaika	44,1	53,1	56,7
Kolumbien	60,0	72,7	75,7
Kuba	64,2	75,5	74,7
Mexiko	62,8	76,0	78,7
Nicaragua	48,9	59,0	63,0
Panama	49,0	70,8	77,9
Paraguay	39,0	58,5	64,4
Peru	61,5	72,6	74,9
Uruguay	83,4	92,0	93,1
Venezuela	75,8	93,4	95,9
Lateinamerika und die Karibik*	61,2	77,4	80,6

* enthält nicht aufgeführte Länder

Quelle:
UN, *World Urbanization Prospects, The 2005 Revision*, Department of Economic and Social Affairs, New York 2006. Entnommen aus: [http://www.un.org/esa/population/publications/WUP2005/2005wup.htm]

was für eine industrielle Dynamik würde sich dann einstellen!“[20] Ähnliche Äußerungen ließen sich im Zeichen von Liberalismus und Positivismus von zahlreichen anderen lateinamerikanischen Politikern und politischen

20 Domingo F. Sarmiento, *Facundo (Edición anotada y comentada por Jorge Luís Borges)*, Buenos Aires 1974, S. 257. Endlich ist eine von Berthold Zilly besorgte exzellente Übersetzung erschienen, überraschenderweise mit umgedrehten Titel: *Zivilisation und Barbarei. Das Leben des Facundo Quiroga,* Frankfurt a.M. 2007.

Tabelle 5: Die 30 größten urbanen Agglomerationen der Welt, 2005

Rang	*	Ballungszentrum, Staat	**Bevölkerung** (in Mio.)
1	/	Tokio, Japan	35,2
2	/	Mexiko Stadt, Mexiko	19,4
3	/	New York, USA	18,7
4	/	São Paulo, Brasilien	18,3
5	/	Bombay, Indien	18,2
6	+3	Delhi, Indien	15,0
7	/	Shanghai, China	14,5
8	-2	Kalkutta, Indien	14,2
9	+3	Jakarta, Indonesien	13,2
10	-2	Buenos Aires, Argentinien	12,6
11	+5	Dhaka, Bangladesh	12,4
12	-2	Los Angeles, USA	12,3
13	+5	Karachi, Pakistan	11,6
14	/	Rio de Janeiro, Brasilien	11,5
15	-4	Osaka/Kobe, Japan	11,3
16	-1	Kairo, Ägypten	11,1
17	+7	Lagos, Nigeria	10,9
18	-5	Peking, China	10,7
19	/	Manila, Philippinen	10,7
20	-3	Moskau, Russ. Föderation	10,7
21	/	Paris, Frankreich	9,8
22	+1	Istanbul, Türkei	9,7
23	-3	Seoul, Süd-Korea	9,6
24	+1	Chicago, USA	8,8
25	+1	London, Großbritannien	8,5
26	n	Guangdong, China	8,4
27	+3	Bogotá, Kolumbien	7,7
28	/	Teheran, Iran	7,3
29	n	Shenzhen, China	7,2
30	-3	Lima, Peru	7,2

*: Veränderung im Vergleich zu 2000;/= keine Veränderung; n = Neu in der Liste)

Quelle: UN, *World Urbanization Prospects, The 2005 Revision*, Department of Economic and Social Affairs, New York 2006. Entnommen aus: [http://www.un.org/esa/population/publications/WUP2005/2005wup.htm]

Essayisten des 19. und 20. Jhs. anführen. Auch die „wissenschaftliche Soziologie", die sich in den 1940er Jahren zunächst in Argentinien und Mexiko und nachfolgend an den meisten großen Universitäten etablierte, stellte die Modernisierung in den Vordergrund. Es waren u. a. europäische Flüchtlinge vor dem Totalitarismus, die zum Aufbau der soziologischen Institute beitrugen. Erwähnt seien der spanische Soziologe José Medina Echavarría (1903-1977), der 1940 mit anderen die Übersetzung von Max Webers „Wirtschaft und Gesellschaft" in Mexiko realisierte, sich an der Gründung der *Revista Mexicana de Sociología* beteiligte und später bei der CEPAL (gegr. 1948) sowie der Lateinamerikanischen Fakultät für Sozialwissenschaften *(Flacso, Facultad Latinoamericana de Ciencias Sociales)* in Santiago de Chile arbeitete. In Argentinien war es Gino Germani (1911-79), der die erste größere Arbeit zur Sozialstruktur Argentiniens (1955) sowie eine Soziologie der Modernisierung (1969) veröffentlichte. Es war sicherlich kein Zufall, dass die Ansätze zur Modernisierung vor allem in diesem südamerikanischen Land aufkamen, zu dessen Selbstverständnis es frühzeitig gehörte, ein modernes Land zu sein.[21]

Deshalb wurde auch eine „Entwicklung als Nachahmung" konstatiert, für eine „kritische Theorie der Modernisierung" müssten zusätzliche Aspekte mit berücksichtigt werden.[22] Bei der in Europa in den 1970er Jahren begonnenen Rezeption der *Dependencia*-Ansätze wurden möglicherweise die lateinamerikanischen Versuche, zu einem eigenen Entwicklungsweg und eventuell sogar zu einer Dissoziation vom Weltmarkt zu gelangen, weit überschätzt. Mittlerweile wird darüber nachgedacht, den Begriff „Dritte Welt" aufzugeben.[23]

Gemessen an dem Entwicklungsstand der sog. Ersten Welt stellt sich mit Blick auf den amerikanischen Halbkontinent die Frage, ob man von einer Krisenüberwindung oder eher einer Zunahme der Krise sprechen muss.[24] Die nach dem Zweiten Weltkrieg übliche Einteilung in Erste, Zweite und Dritte Welt erscheint nach 1989 und im Zuge fortschreitender Globalisie-

21 Nikolaus Werz, *Das neuere politische und sozialwissenschaftliche Denken in Lateinamerika,* Freiburg 1992, S. 153ff.

22 Dazu: Hugo C.F. Mansilla, *Entwicklung als Nachahmung*, Meisenheim am Glan 1978. Ders., *Die Trugbilder der Entwicklung in der Dritten Welt*, Paderborn 1986.

23 Dieter Nohlen/Franz Nuscheler, *„Ende der Dritten Welt?"*, in: Dies. (Hrsg.), *Handbuch der Dritten Welt*, Bd. 1, Bonn 1993, S. 14-30.

24 Manfred Wöhlcke, *Der Fall Lateinamerika: Die Kosten des Fortschritts*, München 1989.

rung in einem neuen Licht.[25] Denn zum einen ist die sog. Zweite Welt des Staatssozialismus nicht mehr vorhanden, zum anderen lehnt es die Mehrheit der Eliten und Akademiker in Lateinamerika ab, überhaupt zur Dritten Welt gezählt zu werden.

„Morbus Latinus. Die hausgemachte Unterentwicklung", so hat – in durchaus polemischer Absicht – Manfred Wöhlcke ein wichtiges Teilkapitel seines Buches überschrieben. Er geht davon aus, „dass die externe Abhängigkeit (wohlgemerkt tendenziell, also nicht in jedem einzelnen Fall) wesentlich zu einer ungünstigen Entwicklung beitragen kann",[26] die Hauptadressaten einer entwicklungspolitischen Kritik müssten jedoch die jeweiligen Eliten sein. Wöhlcke nennt zehn Merkmale dieser „Krankheit", die hier leicht gekürzt wiedergegeben werden:[27]

1. die entwicklungshemmende, ungleiche und ungerechte Wirtschafts-, Sozial- und Machtstruktur;
2. der Einsatz der Ressourcen nach Produzenteninteressen, die in erster Linie den Export und den gehobenen Konsum im Inland befriedigen;
3. die Zerstörung regionaler Selbständigkeit und Überlebensfähigkeit;
4. die verbreitete Misswirtschaft, Korruption und Fehlplanung sowie eine paternalistische und personalistische politische Kultur;
5. eine ineffiziente, komplizierte und schwerfällige Bürokratie;
6. die Erosion der öffentlichen Moral zulasten des Gemeinwohls;
7. der konsumtive und häufig unproduktive Charakter der Eliten;
8. die starke „Internationalisierung" der Eliten;
9. eine unkontrollierte Bevölkerungsentwicklung und chaotische Verstädterung;
10. die Umweltzerstörung und Ressourcenplünderung.

Er konzediert selbst eine überspitzte Charakterisierung und sieht in Teilen des politischen Systems, der Kultur und der Wissenschaft sowie internationalen Organisationen und Bürgerinitiativen mögliche Gegenkräfte. Eine solche Bestandsaufnahme rückt die sozialen und ökologischen Probleme in den Vordergrund, der Handlungsspielraum von politischen

25 Andreas Boeckh geht sogar davon aus, „dass die Dritte Welt nicht nur aufgehört hat zu existieren; es hat sie vermutlich nie gegeben in dem Sinne, dass man ihr gemeinsame Strukturmerkmale, Entwicklungsvoraussetzungen und eine ähnliche Entwicklungsdynamik je hätte unterstellen könne." Andreas Boeckh, *Entwicklungstheorien: Eine Rückschau*, in: Nohlen/Nuscheler (Hrsg.), *Handbuch der Dritten Welt*, Bd. 1, S. 111.

26 Wöhlcke, *Der Fall Lateinamerika*, S. 18.

27 Ebenda, S. 19f.

Akteuren und die Tatsache, dass erhebliche Landesteile z.B. in Brasilien, Costa Rica und Venezuela unter Naturschutz stehen, finden allenfalls am Rande Erwähnung.

Das Revolutionsjahr 1989 markierte zeitlich das „Ende" der Dritten Welt nach dem Auslaufen des Blockgegensatzes und den Beginn einer neuen Phase von „Reformen" internationaler Entwicklungsorganisationen, die auf innenpolitische Reformen im Zuge einer weltweiten Demokratisierungswelle hinauslaufen. Gerade im angelsächsischen Sprachraum finden sich Autoren, die auf interne und entwicklungshemmende Faktoren verweisen. Sie gehen davon aus, dass Lateinamerika auf einer feudalen, oligarchischen, autoritären und elitären Grundlage entstand,[28] die Nachwirkungen seien noch spürbar. Diese Sichtweise impliziert, dass Kulturen den Fortschritt prägen und entwicklungsfördernd oder aber retardierend wirken können.[29]

Die Debatte über Modernisierung verläuft in Lateinamerika keineswegs einheitlich. Dem europäischen Beobachter mag auffallen, dass sie in geringerem Maße als bei uns unter entwicklungspolitischen Gesichtspunkten erfolgt. Entwicklung und Unterentwicklung werden als kombinierter Prozess einer ungleichen Modernisierung erfahren und verstanden. Für den teilindustrialisierten Großstaat Brasilien sind beispielsweise Beiträge zur Entwicklungsdebatte aus Bolivien von geringem Interesse; Intellektuelle in Chile interessieren sich ihrerseits mehr für ökonomische Schriften aus den USA oder kulturtheoretische Debatten aus Europa als für die Beiträge aus den Nachbarstaaten. Gleichzeitig bestehen Diskussionen und einzelne entwicklungspolitische Maßnahmen, die von kontinentalen bzw. internationalen Organisationen ausgehen. Hier wären die lateinamerikanische Wirtschaftskommission (CEPAL) mit Sitz in Chile, die PNUD (*Programa de las Naciones Unidas para el Desarrollo*) oder zunehmend auch die Organisation Amerikanischer Staaten (OAS), spanisch OEA (*Organización de los Estados Americanos*), zu nennen.

1.6 Kultur – Politik – Modernität

Für den mexikanischen Schriftsteller Carlos Fuentes (geb. 1928) sind die Erfolge der Kultur Lateinamerikas eine „Kompensation der Fehler der

28 Vor allem bei Howard Wiarda, *The Soul of Latin America: the Cultural and Political Tradition*, New Haven 2001.

29 Vgl. die Beiträge in: Lawrence E. Harrison/Samuel P. Huntington (Hrsg.), *Streit um Werte. Wie Kulturen den Fortschritt prägen*, Hamburg 2002.

Geschichte."[30] Stichwortartig sei an einige Beiträge zur Kunst und Kultur des 20. Jhs. erinnert, die meist auch eine politische Konnotation aufweisen. Auf ältere Perioden – z.B. den lateinamerikanischen Barock[31] – kann nicht eingegangen werden. Die Wahrnehmung in Europa steht hier im Vordergrund. In diesem Zusammenhang sei darauf verwiesen, dass sich „Lateinamerika" gerade in einer Exilsituation oder beim Blick aus dem Ausland konstituiert. Nicht wenige Lateinamerikaner haben erst im Exil intensiver über Lateinamerika nachgedacht. Eine gewisse Ausnahme bildet Mexiko, wo man nach der Revolution an den Universitäten eine gesamtlateinamerikanische Sichtweise anstrebte, so wie es etwa in den spezialisierten Instituten und Studiengängen zu Lateinamerika in den USA und einzelnen europäischen Ländern geschieht.

Kunst, Malerei, Fotografie

Die Kunst Lateinamerikas zeichnet sich durch starke Mischungen und eine z.T. sehr vitale Farbgebung aus.[32] Der mexikanische Muralismus, d.h. die in der Nachfolge der Revolution entstandene sozial und politisch engagierte großflächige Wandmalerei, entfaltete sowohl in den USA als auch in Europa sowie in verschiedenen staatssozialistischen Ländern eine erhebliche Wirkung.[33] Bei den bildenden Künstlern zeigte sich schon in den 1920er Jahren eine globale Ausrichtung: Meist gingen sie zum Studium ins Ausland und das hieß damals vor allem Frankreich oder die USA, danach kehrten sie in ihre Länder zurück und wirkten mit Sujets aus ihrem Umfeld auf den internationalen und europäischen Markt zurück. Fernando Botero aus Kolumbien lebte 13 Jahre in New York, sein Durchbruch erfolgte allerdings erst in den fünfziger Jahren nach längeren Studien im Prado, Louvre und den Uffizien. Der Schriftsteller Mario Vargas Llosa attestierte ihm eine „schöpferische, kannibalische Verarbeitung der europäischen Kunst."[34] In den letzten beiden Jahrzehnten erlangte sie einen größeren Bekanntheitsgrad durch Ausstellungen zur mexikanischen,

30 Carlos Fuentes, *Kulturelle Identität und Revolution in Lateinamerika*, in: *L' 80*(1983), S. 12-28.
31 Pedro Morandé, *Cultura y modernización en América Latina*, Santiago de Chile 1984.
32 Als erster Überblick: Edward Lucie-Smith, *Die Kunst Lateinamerikas,* München 1997.
33 Imagen de Mexico, *Der Beitrag Mexikos zur Kunst des 20. Jahrhunderts*, Schirnkunsthalle Frankfurt 1988.
34 Zit. in: W. Spies, *Der Maler, der sein Modell verspeist*, in: *FAZ*, 19.4.2002.

lateinamerikanischen und kubanischen Kunst in Deutschland.[35] Als eines der sinnvolleren Ergebnisse des sog. Kolumbusjahres 1992 wurde die Ausstellung „Lateinamerikanische Kunst im 20. Jahrhundert“ bezeichnet.[36] Zu einzelnen Perioden,[37] Ländern[38] und anlässlich von Biennalen fanden Ausstellungen statt.[39] Eindrücke vom Alltagsleben und den Modernisierungsprozessen können Fotografien vermitteln, die Aufarbeitung dieser Bilderwelten steht erst am Anfang.[40] Spektakuläre Erfolge lateinamerikanischer Maler seit den 1980er Jahren haben aber auch mit der massenmedialen Vermittlung und einem gewissen Bedarf an Mythen zu tun. Das bekannteste Beispiel dafür ist die sog. Fridomania, d.h. der Kult um die mexikanische Malerin Frida Kahlo (1910-54) und ihre Lebensgeschichte. Mittlerweile sollen die Preise für ihre Bilder bei 5 Mio. US $ liegen.[41]

Chroniken, Literatur

Der Beginn der hispanoamerikanischen Literatur wird in der Regel mit dem „Bordbuch“ und den Briefen des Kolumbus datiert, auf die altamerikanischen Literaturen wird verwiesen.[42] Bei den Chroniken aus der Kolonialzeit lassen sich drei Etappen unterscheiden:

In der Gründungsphase der Kolonialgesellschaft dominierten die Chroniken, d.h. die Berichte von Konquistadoren, Mönchen und Kartographen, die ein Bild der „neuen Welt“ zu liefern versuchten und dabei nicht vor Übertreibungen zurückschreckten. Ein erstes Beispiel ist das „Bordbuch“, mit dem sich Columbus an seine Auftraggeber richtete, um sie von dem Erfolg seiner Mission zu überzeugen.

Eine zweite Phase setzte Ende des 16. Jhs. ein, als die Eroberung abgeschlossen war. Wir finden nun Ausführungen über die Beschaffenheit der Länder, Reisebeschreibungen und geographische Untersuchungen. Hinzu

35 Nikolaus Werz, *Auswärtige Kulturpolitik und die kulturelle Präsenz Lateinamerikas in Deutschland*, in: *Lateinamerika Jahrbuch 1995*, S. 48-78.

36 *Lateinamerikanische Kunst im 20. Jahrhundert* (anlässlich der Ausstellung des Museums Ludwig, Köln/München 1993). Die Besprechung erschien in: *SZ*, 17.2.1993.

37 Museum Bochum, *Lateinamerika und der Surrealismus*, Bochum 1993.

38 Städtische Kunsthalle Düsseldorf, *Kuba o.k.*, Düsseldorf 1990.

39 Haus der Kulturen der Welt, *Havanna/São Paulo-Junge Kunst aus Lateinamerika,* Berlin 1995.

40 Kunsthaus Zürich, *Fotografie Lateinamerika 1860 bis 1980,* Zürich 1981.

41 Zur Einführung: Linde Salber, *Frida Kahlo,* Reinbek bei Hamburg 2003 (4. Aufl.).

42 Michael Rössner, *Die Hispanoamerikanische Literatur,* in: *Kindlers Neues Literatur Lexikon*, München 1992, Bd. 20, S. 40-56.

kommen Berichte, die von christianisierten Indoamerikanern geschrieben wurden. Das berühmteste Werk stammt von Garcilaso de la Vega (1539-1616), genannt *El Inca*, und erschien 1608/09 unter dem Titel „Königliche Kommentare, die von der Herkunft der Inkas handeln". Das Inkareich erschien bei ihm in einem positiven Licht.[43] Der Text entfaltete bei seinen amerikanischen Lesern offenbar eine gefährliche identitätsstiftende Wirkung. Der Mestize José Gabriel Condorcanqui (1740-81), selber ein Nachkomme der Inka, nahm den Namen Tupac Amaru II an und startete einen kühnen Befreiungsversuch gegen die Kolonialherren. Dazu hatte ihn unter anderem die Lektüre der „Königlichen Kommentare" ermuntert. 1782 wurde das angeblich antispanische und rebellische Werk für einige Zeit vom Hofe aus dem Handel gezogen.

Eine dritte Phase setzte Mitte des 17. Jhs. ein. Sie wird allgemein als die Ära des Barock bezeichnet, und einige Autoren vertreten die Meinung, dass in diesem Zeitraum Iberoamerika am klarsten zu sich selbst gefunden hätte. Die Barockkunst erreichte in Amerika ihre volle Ausbildung erst im 18. Jh. und dies vor allem in der Architektur (Kirchenbau) und der sakralen Kunst. Die Barockdichtung kulminierte in Sor Juana Inés de la Cruz (1648-95).[44] Nachdem sie immer wieder in Konflikt mit ihrer Umwelt geriet, wurde sie Nonne und zog sich in ein Kloster zurück, wo sie sogar ein dreimonatiges Schreibverbot erhielt.

In Europa hat die Literatur mit dem sog. Lateinamerika-Boom zwischen 1950 und 1975 den Durchbruch erzielt.[45] Diese Sichtweise kann dazu führen, Wegbereiter der modernen Literatur wie den Argentinier Jorge Luis Borges (1899-1986) zu übersehen. Damals war der Zugang über die iberische Halbinsel durch Diktaturen erschwert, denn die lateinamerikanischen Schriftsteller, aber auch die Philosophen und Sozialwissenschaftler vertraten modernere Ansätze und progressivere Ideen, als sie die in Spanien oder Portugal lebenden Intellektuellen äußern konnten oder wollten. Für nicht wenige in Europa wurde der Halbkontinent erst nach dem Sturz der Regie-

43 Inca Garcilaso de la Vega, *Die Königlichen Kommentare*, in: Emir Rodríguez Monegal (Hrsg.), *Die neue Welt: Chroniken Lateinamerikas; von Kolumbus bis zu den Unabhängigkeitskriegen*, Frankfurt a.M. 1982, S. 197.

44 Sor Juana Inés De la Cruz, *Eine polemische Autobiographie. Brief der Sor Juana an den Bischof von Puebla*, in: ebenda, S. 364. Dazu und zum Barock in Lateinamerika: Octavio Paz, *Sor Juana oder die Fallstricke des Glaubens*, Frankfurt a.M. 1991, S. 11-96.

45 Eine Vorreiterrolle spielten die Bücher von Günter W. Lorenz, *Dialog mit Lateinamerika. Panorama einer Literatur der Zukunft*, Tübingen/Basel 1970, Ders., *Die zeitgenössische Literatur in Lateinamerika. Chronik einer Wirklichkeit. Motive und Strukturen*, Tübingen/Basel 1971.

rung der Volkseinheit unter Präsident Salvador Allende 1973 in Chile sichtbar; Impulse für das lesende Publikum im deutschsprachigen Raum gingen von der Frankfurter Buchmesse 1976 aus, die Lateinamerika gewidmet war. Dem Zeitgeist entsprechend stand zunächst eine revolutionäre Wahrnehmung des Kontinentes im Vordergrund, hinzu trat besonders die Frage nach der Identität. Nun setzte eine anhaltende Rezeption der lateinamerikanischen Literatur und Essayistik ein, die sich um die Zauberformel des magischen Realismus (*realismo mágico*) und des Wunderbar Wirklichen Amerikas (*real maravilloso americano*) rankten. Der Kubaner Alejo Carpentier (1904-80) ging im Vorwort des Buches *El reino de este mundo* (Das Reich von dieser Welt) von 1949 davon aus, dass die Europäer und der Surrealismus, den er bei einem Aufenthalt in Paris kennen gelernt hatte, ausgefallene Details erfinden mussten, während die Lateinamerikaner aus dem Vollen schöpfen können.[46] Die Vorstellung von Amerika als einer Projektion Europas bzw. der westlichen Welt findet hierin teilweise eine Fortsetzung; sie kommt nicht zuletzt darin zum Ausdruck, dass nicht wenige der bekannten Schriftsteller in Europa bzw. den USA leben, hin und wieder nach Süd- und Mittelamerika reisen und ihre Erfolgsgeschichten dort handeln lassen. Der Argentinier Julio Cortázar wurde 1914 in Brüssel geboren und starb 1984 mit einem französischen Pass in Paris, der Peruaner Mario Vargas Llosa besitzt auch einen spanischen Ausweis und lebt hauptsächlich in Europa. Die jüngeren AutorInnen des Post-Booms profitieren von dieser Lage, manche sind in Europa bekannter als in ihren Herkunftsländern. Sie zählen zu den „privilegierten Heimatlosen."

Um ein Bild von Geschichte und Politik der Länder zu erhalten, empfiehlt es sich, das eine oder andere Werk der jeweiligen „Nationalliteratur" zu lesen. Wegen des Engagements vieler Schriftsteller bedeutet die Beschäftigung mit der Literatur auch eine Einführung in die politische Geschichte.[47]

Musik

Tango, Rumba, Chachacha, Reggae und Salsa prägen das europäische Bild der lateinamerikanischen Musik.[48] Es bestehen indessen vielfältige For-

46 Rössner, a.a.O., S. 53.

47 Dies scheint gut gelungen in: Michael Rössner (Hrsg.), *Lateinamerikanische Literaturgeschichte*, Stuttgart 2002 (2. Aufl.).

48 Ein allgemeiner Überblick bei: Claus Schreiner, *Musica Latina. Musikfolklore zwischen Kuba und Feuerland,* Frankfurt a.M. 1982.

men, die sich aus der Mischung indianischer, afrikanischer und europäischer Elemente ergaben. Auch religiöse und spirituelle Tänze und Musik spielen eine Rolle. Ende des 19. Jhs. erfolgte ein Übergang von der Musikfolklore zur städtischen Populärmusik, die zunächst jedoch national bzw. regional begrenzt blieb. Der neuere Aufschwung der lateinamerikanischen Musik setzte im Zuge sich wandelnder Reisegewohnheiten und der allgemeinen Tanzbarkeit ein.[49] Zwar brachte die kurzlebige Ära engagierter Kunst der 1970/80er Jahre einen Aufschwung politischer Folklore, die Breitenwirkung resultiert jedoch aus *salsa*,[50] *merengue* und sogar dem Tango, der besonders bei den ebenso melancholischen wie mittlerweile netzorientierten Finnen zutiefst rätselhafte Erfolge feiert. Berlin gilt mittlerweile als wichtigste Tango-Stadt in Europa. Die Rezeption lateinamerikanischer Musik steht im Zusammenhang mit einer sog. Ethno-Welle. Zurzeit findet die Vermittlung von *Latino*-Musik nicht zuletzt über MTV und damit über die USA statt. Die Verbindung von Körperbetonung und visuellen Effekten (Video-Kultur) prädestinieren sie dazu.

Geisteswissenschaften

Oft gerät in Vergessenheit, dass die Kultur- und Geistesgeschichte der lateinamerikanischen Länder und ihrer Universitäten eine wesentlich längere Tradition hat als die Nordamerikas. Zur Internationalisierung hat im vergangenen Jahrhundert das spanische und europäische Exil in Mexiko und andernorts beigetragen. Mexiko-Stadt und Buenos Aires waren wichtige Verlagsorte, sie leisteten im Zeitalter von Diktatur und Totalitarismus in Europa einen universellen Beitrag zum Bestand von Literatur und Kultur. Das europäische Exil hat dort zur Begründung der modernen Sozialwissenschaften an den Universitäten geführt. Schon 1940 erschien in Mexiko, wo die Veröffentlichung von europäischen Autoren von staatlichen Kultureinrichtungen gefördert wurde, eine Übersetzung von Max Webers „Wirtschaft und Gesellschaft" ins Spanische, d.h. vor einer englischen oder französischen Fassung. Dagegen war die Wirkung der lateinamerikanischen Sozialwissenschaften und theologisch-philosophischen Beiträge in Europa im Zeichen von *dependencia* (Abhängigkeit) und *liber-*

49 Zur traditionellen Populärmusik vgl. das Nachschlagewerk von Egon Ludwig, *Música Latinoamericana. Das Lexikon der lateinamerikanischen Volks- und Populärmusik*, Berlin 2001. Zum Tango: Ders., *Tango-Lexikon: der Tango rioplatense*, Berlin 2002.

50 Hernando Calvo Ospina, *Salsa*, Stuttgart 1997.

ación (Befreiung) relativ kurzlebig. Die Unterentwicklung wurde aus der Jahrhunderte langen Abhängigkeit von den späteren Industrienationen erklärt und die Forderung nach nationaler und gesellschaftlicher Befreiung aufgestellt. Die jüngeren Erfolge kulturwissenschaftlicher Ansätze (*estudios culturales*) reflektieren mindestens ebenso stark den weltweiten Einfluss des angelsächsischen Wissenschaftsbetriebs wie eigene Originalität. Durch das schnelle Wachstum des spanischsprachigen Bevölkerungsanteils in den USA entstehen neuartige Akkulturations- und Transkulturationsformen bis hin zu einer zweisprachigen zwischennationalen Literatur.[51]

Architektur, Film, Medien

Die Architektur sollte zumindest erwähnt werden, wobei die Innovationen bei der modernen Architektur[52] liegen, was auf einem Kontinent mit mehreren Mega-Städten nicht verwundern sollte. Und schließlich seien Theater[53] und vor allem der Film genannt, die immer wieder Werke von Bedeutung hervorbringen.[54] In den 1960/70er Jahren erlangte das politische Kino eine hohe Bedeutung.[55] Es wurde auch in Deutschland rezipiert, die kommerzielle Produktion geriet darüber in Vergessenheit. Lateinamerika hat nicht nur mit der *telenovela* (Fernsehnovelle) ein eigenes Genre hervorgebracht, das mittlerweile sowohl in den südlichen und östlichen Ländern starken Zuspruch erfährt und zu einem kleinen Exportschlager geriet. Das Fernsehen war von den Anfängen in den 1940er Jahren weitgehend in privaten Händen und stark kommerzialisiert. Vor allem in Mexiko, Brasilien und Venezuela bestehen große Fernsehgesellschaften. In den Programmen

51 Zur Einführung: Dietrich Briesemeister, *Kultur*, in: *Handbuch der Geschichte Lateinamerikas*/hrsg. von Walther L. Bernecker ... Bd. 3, Stuttgart 1996, S. 229-255, hier S. 230.

52 Manuel Cuadra, *Architektur in Lateinamerika. Die Andenstaaten im 19. und 20. Jahrhundert,* Darmstadt 1991.

53 Don Rubin/Carlos Solórzano, *The World Enciclopedia of Contemporary Theatre. The Americas*, London/New 2001.

54 John King, *Magical Reels. A History of Cinema in Latin America*, London 2000 (2. Aufl.); Bettina Bremme, *Movie-mientos: der lateinamerikanische Film,* Stuttgart 2000; Dies., *Film als Rebellion. Der lateinamerikanische Film,* in: Rainer Rother (Hrsg.), *Mythen der Nationen. Völker im Film,* Berlin 1998, S. 185-200 darin weitere Beiträge zu Kuba und Mexiko.

55 Peter B. Schumann, *Historia del cine latinoamericano,* Buenos Aires 1987; zu neueren Tendenzen: Claudius Armbruster, *Film und Literatur in Lateinamerika*, in: Bernecker u. a. (Hrsg.), a. a. O., S.249-263 und Daniela Ingruber/Ursula Prutsch (Hrsg.), *Imágenes – Bilder und Filme aus Lateinamerika,* in: *Atención!* Jahrbuch des Österreichischen Lateinamerika-Instituts, Bd. 11 (2007).

wurden vielfach nordamerikanische Produktionen übernommen, die auch als *enlatados* (Konserven) bezeichnet werden. Mittlerweile entstand eine eigene Produktion, die Filme werden meist in der besten Sendezeit ausgestrahlt. Der Fernsehkonsum ist hoch. In der Re-Demokratisierung der 1980er Jahre erlangten die Medien und einzelne kritische Journalisten hohe Popularität. Dies schlug sich auch in den Ergebnissen des *Latinobarómetro* nieder, wo den Medien eine hohe Glaubwürdigkeit attestiert wurde. Die Besitzer der Kanäle können über die Nachrichtensendungen und politischen *Talk Shows* Einfluss nehmen. Dieses komplizierte Verhältnis wurde bislang wenig untersucht, dies gilt auch für den Journalismus in Lateinamerika.[56] Die Präsidenten können ihrerseits über die Staatskanäle bzw. durch Ansprachen, die von allen Programmen ausgestrahlt werden müssen, in Venezuela werden sie *cadenas* genannt, ihren politischen Kurs darlegen.

Kultur im Wandel

Da sowohl das politische Denken als auch die künstlerische Produktion mit den Strömungen des Westens verbunden blieben, bildet der Halbkontinent keine Ausnahme von universalen Tendenzen. Nicht wenige Bücher und Bildbände tragen den Zusatz „Der lateinamerikanische oder der mexikanische Beitrag zur Kunst des 20. Jhs.“. In einigen Staaten erlangte der Bildungsgedanke Anfang des 20. Jhs. einen mit Frankreich und Deutschland vergleichbaren Stellenwert. Gedacht ist vor allem an Argentinien, Chile, Costa Rica, Uruguay und das städtische Mexiko, aber auch in anderen Ländern besaßen und besitzen das Erziehungssystem und der Zugang zu den Universitäten Priorität für die aufsteigenden Mittelschichten.

Bildung und Kunstrezeption waren auf die *ciudad letrada* bezogen,[57] d.h. die vor allem in den Hauptstädten mögliche Aneignung des europäischen und nationalen Bildungsgutes durch Bücher, Zeitungen und klassische Musik. Gerade in den Ländern des *cono sur*, d.h. des Südzipfels des amerikanischen Kontinents, entstand eine Form der Kaffeehauskultur und der literarischen Öffentlichkeit, in der es unter Akademikern zum guten Ton gehörte, internationale Neuerscheinungen zu debattieren. Diese Phase

56 Vgl. Paul Linnarz, *„Hummer oder Hamburger“- Die Medien in Lateinamerika in der Produktivitätsfalle,* in: *KAS/Auslandsinformationen,* (2004)8, S. 21-35. Kritisch zum Journalismus: Leonardo Ferreira, *Centuries of Silence. The Story of Latin American Journalism,* Westport 2006.

57 Angel Rama, *La ciudad letrada*, Hanover NH 1984.

einer von Modernisierung und Internationalität geprägten Kultur, die von 1870 bis 1929 reichte, wurde durch eine nationalistische Phase abgelöst. Nicht selten waren ihre Vertreter Autodidakten. Radio und Film begannen eine Rolle zu spielen, die von den populistischen Regimen der 1940/50er Jahre auch politisch genutzt wurde. Die 1960er Jahre stellten in Südamerika und Mexiko nochmals eine kurzlebige und konfliktreiche Blütezeit dar, die sich in einem Aufschwung der Buchproduktion sowie dem Aufkommen von neuen und teilweise radikalen politischen und kulturellen Reformideen manifestierte.

In der zweiten Hälfte des 20. Jhs. setzte ein Kulturwandel ein, der sowohl aus dem frühzeitig privatisierten Fernsehen, aber auch aus der Öffnung des Bildungssystems und einer keineswegs kontinuierlichen Verbreiterung der Mittelschichten resultierte. Zur Hochkultur trat eine Populärkultur, die sich von den „authentischen Wurzeln" zunehmend einer globalisierten Unterhaltungskultur angenähert hat, ohne dabei regionale Bezüge aufzugeben. Neuere Studien zur Kommunikation stellen fest: Die Massenmedien nehmen mittlerweile die zentrale Rolle ein. Eine kleine Ober- und Mittelschicht partizipiert an Formen der klassischen Kultur (Theater, Oper, Konzert, Ballett), die Mehrheit der Lateinamerikaner konsumiert Kultur über die Massenmedien. Die starke Zunahme des Fernseh- und Medienkonsums bedeutet indessen nicht, dass es zu einer Homogenisierung kommt; es zeigen sich vielmehr sehr unterschiedliche Präferenzen der (Video-) Konsumenten und Spezifika der Medienproduktion in den einzelnen Ländern. Diese Form des weitgehend medial vermittelten Kulturkonsums hat Auswirkungen auf die Umgangsformen und die politische Kultur.[58] Noch mehr Zeit als bei uns wird mit Fernsehen verbracht, direkte personale Kontakte nehmen auch im *continente de la palabra* (Kontinent des Wortes) ab. Die größtenteils privatisierten Medien informieren nicht nur in ziemlich oberflächlicher und sensationalistischer Weise, sondern greifen in die Politik ein und übernehmen teilweise die traditionellen Aufgaben von Parteien, Kirchen und Politikern. Einen zusätzlichen Wandel bringt das Internet. In Argentinien sollen 2 Mio. Personen einen Internetanschluss haben, 1997 waren es erst 70.000; 68 % gaben an, jeden Tag das Netz aufzusuchen. An erster Stelle stehen dabei Informationen über Reisen

58 Zur Rolle der Medien: Jürgen Wilke (Hrsg.), *Massenmedien in Lateinamerika,* Bd.1: Argentinien, Brasilien, Guatemala, Kolumbien, Mexiko; Bd. 2: Chile, Costa Rica, Ecuador, Paraguay, Bd. 3: Bolivien, Peru, Uruguay, Venezuela, Frankfurt a.M. 1992, 1994 und 1996.

und Tourismus.[59] Beim Kinobesuch lässt sich in Buenos Aires in den 1990er Jahren ein Rückgang im Stadtzentrum konstatieren und ein Zuwachs in den neuen, auswärts gelegenen Wohnvierteln der Mittelschicht. Gleichzeitig wird in Argentinien und anderen Ländern von einem Kinosterben berichtet und einer Zunahme des Filmkonsums per Video. Hierbei dürfte neben der Wirtschaftskrise die Sicherheitslage in vielen Städten eine Rolle spielen. Diese Faktoren tragen zu einem Wandel der politischen Öffentlichkeit bei.[60]

In Zeiten der Globalisierung erfolgt eine rasante Zunahme von Kulturkontakten unabhängig vom jeweiligen Nationalstaat und damit in de-territorialisierter und transnationaler Form. Globalisierung ist insofern ein vielschichtiger Prozess mit kulturellen Rückwirkungen nicht nur in Lateinamerika, sondern auch in den Industrieländern.[61] Zu dem nationalen Rahmen tritt ein globales Referenzsystem, wobei die Auslandsorientierung bei den oberen und mittleren Schichten in Lateinamerika aufgrund der spezifischen Geschichte schon früh vorhanden war. Bei der breiten Bevölkerung hat sie sich im Zuge des Aufschwungs der Massenkommunikationsmittel nach dem Zweiten Weltkrieg und der neueren Reise und Migrationsbewegungen durchgesetzt. Mittlerweile reisen nicht mehr allein die Eliten nach Europa und in die USA, in zunehmenden Maße ziehen Angehörige der Mittel- und Unterschichten dorthin und übernehmen teilweise Arbeiten, die die Bewohner der Industrienationen nicht mehr ausführen möchten.

Im Weltmaßstab sind Produktion und Export von Gütern der Kulturindustrie sehr ungleich verteilt. In den USA macht der hauptsächlich audiovisuelle Sektor fast 6 % des BSP aus und beschäftigt 1,3 Mio. Personen, in Frankreich sollen es immerhin noch über 3 % des BSP sein. Und Brasilien, das bei der Produktion von Schallplatten an sechster Stelle liegt, soll 1998 mehr als 800 Mio. US-Dollar durch den Verkauf von *musicals*, Bild- und Tonträgern eingenommen haben. Damit erzielen die USA 55 % der weltweiten Gewinne, es folgt die EU mit 25 %, vor Japan und Asien mit 15 % und den iberoamerikanischen Ländern mit 5 %. Es handelt sich um einen dynamischen Prozess: Im Bereich der Medien, Verlage, Banken und Flug-

59 Ana Wortman, *Globalización cultural, consumos y exclusión social*, in: *Nueva Sociedad,* (2001)175, S. 134-142.

60 Sérgio Costa, *Der Kampf um die Öffentlichkeit: Begriffe, Akteure, politische Dynamiken,* in: *Jahrbuch Lateinamerika. Analysen und Berichte 28(2004) (Medien und ihre Mittel), S.* 13-32.

61 Joana Breidenbach/Ina Zukrigel, *Tanz der Kulturen. Kulturelle Identität in einer globalisierten Welt,* Hamburg 2000, S. 102.

linien nahm Spanien in den großen und mittelgroßen lateinamerikanischen Ländern 1999 mit 28 % die zweite Stelle bei den Investitionen ein; in Argentinien lag es sogar an erster Stelle.[62]

UNESCO-Schätzungen belegen, dass 1996/97 die entwickelten Länder, die über 22 % der Weltbevölkerung und über 61 % des Bruttosozialproduktes verfügen, mehr als 94 % der weltweiten Ausgaben für wissenschaftliche und experimentelle Forschung aufbringen. Anders gewendet: Die sog. Entwicklungsländer, die 78 % der Weltbevölkerung und 39 % des gesamten BSP ausmachen, erbringen nur 16 % der weltweiten finanziellen Ausgaben für Forschung. Allerdings ist ihr Anteil an der Zahl der Forscher – wahrscheinlich aufgrund der schlechteren Bezahlung – höher und liegt bei 28 %.[63]

Wie fällt der Anteil Lateinamerikas aus? Lateinamerika und die Karibik hatten 1996/97 487 Mio. Einwohner (8,9 % der Weltbevölkerung) und erwirtschafteten 9,2 % des weltweiten Sozialprodukts, ihr Anteil an den Ausgaben lag bei 3,1 %. Per Einwohner gaben sie 1996/97 ganze 34 US$ für wissenschaftliche und experimentelle Forschung aus, in den USA waren es 708 US$, in der EU 370 US$. Bei den prozentualen Ausgaben lagen Lateinamerika und die Karibik zwar hinter den asiatischen Schwellenländern und China, aber noch vor Indien, der Russischen Föderation und Afrika. Der Großteil der Forschungsförderung kommt von staatlicher Seite bzw. aus externen Quellen. 1990 lag der lateinamerikanische Anteil an Veröffentlichungen zu Wissenschaft und Technologie bei 1,4 % und 1997 bei 1,8 %. Er war 1990 mit knapp 40 % wiederum in den USA am höchsten, vor Europa mit 34 %; 1997 lag er in den USA und Europa jeweils bei rund 37 %. Im Unterschied zur Russischen Föderation ist der Anteil in Lateinamerika in den letzten Jahren leicht gestiegen, bei den High-Tech-Produkten ist der Halbkontinent allerdings nur schwach vertreten.

Periodisierung des politischen Denkens und der kulturellen Selbstreflexion

Zwischen dem oben nur ansatzweise geschilderten Kulturwandel und den nachfolgend genannten Etappen im politischen Denken sowie der kulturellen Selbstreflexion lateinamerikanischer Intellektueller und Eliten besteht

62 Néstor García Canclini, *Por qué legislar sobre industrias culturales*, in: *Nueva Sociedad,* (2001)175, S. 60-69. Ders., *Latinoamericanos buscando lugar en este siglo*, Buenos Aires 2002.

63 UNESCO, *The State of science and Technology in the World 1996-1997*, Paris 2001.

ein Zusammenhang. Gerade im Ausland wurde in den 1980er Jahren angenommen, die Hauptaufgabe der lateinamerikanischen Intellektuellen läge in der Suche nach und dem Ringen um eine eigene Identität. Da frühzeitig moderne Verfassungen und politische Institutionen übernommen wurden, gelte es nun, die Diskrepanz zwischen den fortschrittlichen Texten und Ordnungsvorstellungen sowie einer vermeintlich ganz anderen gesellschaftlichen Wirklichkeit zu überwinden. Identität und Modernität gerieten aus dieser Perspektive zu Gegensätzen.[64] Dadurch wurde verkannt, dass sich die Eliten, Künstler und Literaten in ihrer Mehrheit dem Westen zugehörig fühlten. Zwar kam es nach dem lyrischen Kontinentalismus der Vorreiter der Unabhängigkeitsbewegung von Spanien, besonders deutlich bei dem Venezolaner Simón Bolívar (1783-1830) und – in abgeschwächter Form – bei dem Argentinier José San Martín (1778-1850),[65] im 20. Jh. zu einem auch die Massen ergreifenden Nationalismus sowie eines vor allem gegen die USA gerichteten kulturellen Antiimperialismus. Wie beim politischen Denken entlang der Begriffe Abhängigkeit *(dependencia)* und Befreiung (*liberación*) manifestierte sich darin aber auch der Wunsch nach Anerkennung und nach einer Überwindung von Unterentwicklung (*subdesarrollo*).

Vereinfachend können im 20. Jh. drei Phasen bzw. Haupttendenzen festgehalten werden:

1. Das 19. Jh. und der Beginn des 20. Jh.s stehen unter dem Signum des Liberalismus bzw. des lateinamerikanischen Positivismus und einer starken Orientierung am Ausland. Diese Ausrichtung zeigt sich in den Verfassungsvorbildern, der Architektur und Stadtplanung, dem Erziehungswesen und der Wirtschaftspolitik.
2. Dagegen formieren sich – beginnend im Jahr 1900 mit dem Erscheinen von José Enrique Rodos „Ariel"[66] – kulturnationalistische Strömungen, die seit den 1930er Jahren ihren Niederschlag in den Geschichtsinterpretationen fanden und zu einer partiellen Revision der bis dahin vorherrschenden liberalen Historiographie führten. Ihren politischen

64 Vgl. Leopoldo Zea, *The Latin-American Mind*, Oklahoma 1963, Ders., *Signale aus dem Abseits. Eine lateinamerikanische Philosophie der Geschichte*, München 1989.

65 Er lebte ab 1824 in einem selbst gewählten Exil in Frankreich.

66 In dem kulturphilosophischen Werk werden die aus Shakespeares Drama „Der Sturm" übernommenen Figuren dem angloamerikanischen bzw. dem lateinamerikanischen Kulturraum zugeordnet. Caliban steht für den Utilitarismus Nordamerikas („Ich bewundere sie, aber ich liebe sie nicht"), Ariel für das griechisch-lateinische Bildungsideal. José Enrique Rodó, *Ariel*, (Übersetzt, herausgegeben und erläutert von Ottmar Ette), Mainz 1994.

Ausdruck kann man in nationalistischen und antiimperialistischen Bewegungen, im Populismus lateinamerikanischer Prägung und im Wirtschaftskonzept der Importsubstitution (besonders in Argentinien und Brasilien) erkennen. Auch die *Dependencia*-Ansätze sowie die Philosophie und Theologie der Befreiung der 1960/70er Jahre können noch dieser Phase zugeordnet werden.

3. In den 1980er Jahren haben Formen des postmodernen, fragmentierten und liberalen Denkens an Einfluss gewonnen. Die kaum noch zu überblickende Zahl der Beiträge firmiert unter den Sammelbezeichnungen Postmodernität und *estudios culturales*, auch die Kommunikationswissenschaften sind daran beteiligt. Zeitlich korrespondieren sie mit einer Öffnung der Außenwirtschaftspolitik und einer Annäherung an die USA; gleichzeitig enthalten einige – u.a. die *estudios subalternos* – aber auch eine Globalisierungskritik, die sich ebenfalls der neuen Medien bedient.

Schaubild 2: Perioden auf dem Weg zur Modernität in Lateinamerika

1. Von der Unabhängigkeit bis 1900: oligarchische Modernisierung
2. Von 1900 bis 1945: Krisenperiode – Ende der oligarchischen Herrschaft und Aufstieg des historischen Populismus
3. 1945 bis 1970: Expansionsphase nach dem Zweiten Weltkrieg – Desarrollismus (*desarrollismo*) und „Entwicklung nach innen“ durch Importsubstitution
4. 1970 bis 1990: Krisenperiode – Militärdiktaturen und die „verlorene Dekade“ der 1980er
5. 1990 bis 2000: Wirtschaftlicher Neoliberalismus und politische Demokratie
6. Ab 2000: Krisenmomente in der neoliberalen Ausrichtung/neuer Populismus

Zusammengestellt nach: Jorge Larraín, *Modernity and Identity: Cultural Change in Latin America,* in: Robert N. Gwynne/Cristóbal Kay (Hrsg.), *Latin America Transformed. Globalization and Modernity,* London 2004, S. 23.

Zusammenfassend lassen sich die jeweils dominierenden Strömungen im politischen Denken Lateinamerikas im 20. Jh. in einem Dreischritt festhalten: Positivismus und Modernisierung – Nationalismus/Abhängigkeit/

Befreiung – Liberalismus und Postmoderne.[67] Dabei überlagern sich die verschiedenen Strömungen: Neben den *Dependencia*-Ansätzen der 1960/70er Jahre hat es auch liberale Interpretationen gegeben und neben den Anhängern der Postmoderne finden sich weiterhin Vertreter einer traditionellen und am nationalstaatlichen Rahmen ausgerichteten Ideengeschichte. In den neueren Schriften ist allerdings nicht von einer lateinamerikanischen Identität die Rede, sondern von Gruppenidentitäten oder Identifikationsmöglichkeiten.

Literatur-Empfehlungen

Nachschlagewerke zur „Dritten Welt" und zu Lateinamerika

BMZ, *Medienhandbuch Entwicklungspolitik 2006/2007*, Berlin 2006 liefert Fakten über die Probleme der Entwicklungsländer und die Merkmale der deutschen Entwicklungspolitik (mit Adressen).

Dieter Nohlen (Hrsg.), *Lexikon Dritte Welt. Länder, Organisationen, Theorien, Begriffe, Personen*, Reinbek 2002 ist als erstes Nachschlagewerk sehr empfehlenswert.

Dieter Nohlen (mit Rainer Olaf-Schultze), *Diccionario de Ciencia Política,* Mexiko 2005. Die beiden Bände enthalten wichtige „lateinamerikanische" Ergänzungen gegenüber dem deutschsprachigen Lexikon der Politikwissenschaft.

Ricardo Nudelman, *Diccionario de politica latinoamericana del siglo XX*, Mexiko 2007 enthält z.B. die Namen und Regierungsperioden aller Präsidenten.

South America, Central America and the Caribbean 2008, London/New York 2007. Das umfangreiche Nachschlagewerk enthält nach einem kürzeren allgemeinen Teil ausführliche Länderartikel sowie Informationen zu regionalen Organisationen.

Einführende Literatur zu Lateinamerika

Plinio Apuleyo Mendoza/Carlos Alberto Montaner/Álvaro Vargas Llosa, *El regreso del idiota,* Barcelona 2007. Der von drei liberalen Schriftstellern verfasste Essay kann als Gegentext zu nationalistischen, kontinentalistischen und antiimperialistischen Darstellungen gelesen werden (z.B. zu Eggers-Brass u.a. oder Galeano).

67 Werz, *Das neuere politische und sozialwissenschaftliche Denken in Lateinamerika*, 1992, S. 346ff. Vgl. dazu ferner: Jorge Larrain, *Identity and Modernity in Latin America*, Cambridge 2000.

Bundeszentrale für politische Bildung (Hrsg.), *Lateinamerika II: Politische Entwicklung seit 1945,* (Informationen zur politischen Bildung, Heft 244), Bonn 1994. Politische Gemeinsamkeiten nach 1945 werden am Beispiel ausgewählter Länder untersucht und Vergleiche gezogen. Neben den Militärregimen steht die Re-Demokratisierung im Vordergrund.

Bundeszentrale für politische Bildung (Hrsg.), *Lateinamerika I: Geschichte, Wirtschaft, Gesellschaft*, (Informationen zur politischen Bildung, Heft 226), Bonn 2000 beschäftigt sich mit der Geschichte seit 1492, der wirtschaftlichen Entwicklung und Merkmalen der Gesellschaft. Ein neues Einzelheft zu Lateinamerika wird Ende 2008 erscheinen.

Teresa Eggers-Brass/Marisa Gallego/Fernanda Gil Lozano, *Historia Latinoamericana 1700-2005: sociedades, culturas, procesos políticos y económicos*, Ituzaingó 2006. Der politisch pointierte Text berücksichtigt auch kulturelle Aspekte. Zu jedem der 15. Kapitel findet sich eine Auswahl von Quellentexten. Die Autorinnen gehen auf die Ansätze von *desarrollismo* und *dependencia,* zum Lateinamerikanismus und Befreiungsdenken bis hin zu neuen indigenen und sozialen Bewegungen ein.

Carlos Fuentes, *Der vergrabene Spiegel. Die Geschichte der hispanischen Welt,* Frankfurt a.M. 2003 (3. Aufl.). In dem 1992 zuerst erschienenen Buch des mexikanischen Romanciers geht es um Übereinstimmungen und Divergenzen zwischen der Alten und der Neuen Welt unter besonderer Berücksichtigung Spaniens. Mit Blick auf die 500 Jahre in Lateinamerika geht es ihm auch um die Frage: „Warum sind unsere Künstler und Schriftsteller nur so phantasievoll gewesen und unsere Politiker nicht?" (S.357)

Eduardo Galeano, *Die offenen Adern Lateinamerikas*, Wuppertal 2007. Das Buch erscheint in der 19. Aufl., bisher wurden rund 300.000 Exemplare in Deutschland verkauft. Es schildert in essayistischer Form die Entwicklung des Halbkontinents als Geschichte der Ausbeutung. Gegenüber der spanischsprachigen Erstauflage von 1971 hat es lediglich 1978 eine Ergänzung gegeben, bei allen statistischen Angaben ist es völlig veraltert.

Duncan Green, *Faces of Latin America,* London 2006 (3. Aufl.) vermittelt in fünf Kapiteln eine Einführung in ökonomische, politische und kulturelle Aspekte.

Henri Favre, *Lateinamerika*, Bergisch Gladbach 2000 gibt auf knappem Raum einen Überblick über die Entwicklungsprobleme aus soziologischer Sicht.

Handbuch der Dritten Welt (hrsg. von Dieter Nohlen/Franz Nuscheler), Bd. 2, *Südamerika*, Hamburg 1992 (3. Aufl.) enthält Länderartikel zu allen südamerikanischen Staaten. Das Standardwerk wird mit HDW abgekürzt.

Handbuch der Dritten Welt (hrsg. von Dieter Nohlen/Franz Nuscheler), Bd. 3, *Mittelamerika*, Hamburg 1992 (3. Aufl.) enthält Länderartikel zu allen mittelamerikanischen Staaten.

Richard S. Hillman (Hrsg.), *Understanding Contemporary Latin America,* London 2001. Der Band enthält Artikel verschiedener Autoren zu Politik, Wirtschaft, Religion und Kultur.

Randall Hansis, *The Latin Americans. Understanding their Legacy*, New York 1997 schildert historische und aktuelle Merkmale des Halbkontinentes im Stile einer Einführung und mit vielen Vergleichen zur nordamerikanischen Gesellschaft.

Walther L. Bernecker/Martina Kaller-Dietrich/Barbara Potthast/Hans Werner Tobler (Hrsg.), *Lateinamerika. 1870-2000 Geschichte und Gesellschaft*, Wien 2007. Der Sammelband versucht eine Gesamtschau des Halbkontinentes, er behandelt u.a. Geschichte, Bevölkerungsentwicklung, indigene Bewegungen sowie Film und Literatur.

José del Pozo, *Historia de América Latina y del Caribe 1825-2001,* Santiago de Chile 2002. Das Buch gibt in fünf Kapiteln/Epochen einen Überblick über Geschichte und Gesellschaft unter Berücksichtigung wirtschaftlicher Abhängigkeit.

Angel Rama, *Einleitung: Ein Volk auf dem Weg*, in: Angel Rama (Hrsg.), *Der lange Kampf Lateinamerikas: Texte und Dokumente von José Martí bis Salvador Allende*, Frankfurt a. M. 1982. Auf eine lesenswerte Einleitung folgen Schlüsseltexte, der Schwerpunkt liegt auf nationalistischen und antiimperialistischen Schriften.

The Cambridge History of Latin America. Vol. X. Latin America since 1930: Ideas, Culture and Society, Cambridge/New York 1995. Der vorletzte Band der Gesamtreihe behandelt kulturelle Fragen bis hin zum Film und den Medien.

Harry E. Vanden/Gary Prevost u.a., *Politics of Latin America. The Power Game,* Oxford 2006 (2. Aufl.) Nach einer Einführung zum Studium lateinamerikanischer Politik werden in zehn Kapiteln wichtige Themen behandelt (Gesellschaft, Religion, Politik), es folgen neun Länderanalysen.

Homepage des Iberoamerikanischen Instituts Berlin: www.iai.spk-berlin.de.

Homepage des Iberoamerikanischen Instituts Hamburg: www.duei.de/IIK/.

Homepage des Lehrstuhls für Politikwissenschaft mit Lateinamerikaschwerpunkt am Institut für Politikwissenschaft in Tübingen: www.uni-tuebingen.de/uni/spi/latino.html.

Zu Bevölkerung und Urbanisierung

Alan Gilbert, *The Latin American City,* London 1998. Das Buch gibt einen Überblick über Entstehung, Entwicklung und Politik in den lateinamerikanischen Städten.

Vergleiche den Förderschwerpunkt „Forschung für die nachhaltige Entwicklung der Megastädte von morgen“ des BMBF
www.emerging-megacities.org

Beim Ibero-Amerikanischen Institut besteht auch ein Archiv für Bildtonträger. Es kann recherchiert werden unter http://www.iai.spk-berlin.de/webpac/wgbroker.exe?new+-access+top.German.iai.

El viaje/Die Reise, Argentinien 1990, Direktor: Fernando A. Solanas, trigon – film dvd-edition 4, 140 Minuten. Solanas, der in den 1970er Jahren ein Manifest für ein „Kino der Dekolonisation" verfasste, beschreibt die Reise des 17jährigen Martin Nunca von Ushuaia im kalten Süden Argentiniens durch Lateinamerika bis nach Mexiko. In der Suche nach dem Vater spiegelt sich die Frage der Identität des Halbkontinentes. In dem Film tauchen wirkliche und erfundene Personen auf. Der Film karikiert die wirtschaftlichen Privatisierungsprogramme der Regierungen seit den späten 1980er Jahren und kritisiert den Einfluss der USA.

Die Liebe in Zeiten der Cholera, ist 2007 von dem englischen Erfolgsregisseur Mike Newell in internationaler Besetzung verfilmt worden. Dem 139 Minuten langen Film liegt das gleichnamige, berühmte Buch des kolumbianischen Literaturnobelpreisträgers Gabriel García Márquez zugrunde – eine der schönsten Liebesgeschichten der Welt. Die Kinofassung erreicht nicht den Zauber und die Qualität des umfangreichen Romans. Die Filmmusik ist u.a. von dem kolumbianischen Popstar Shakira. Diese und andere Literaturverfilmungen (u.a. *Das Geisterhaus* von Isabel Allende) vermitteln nur einen ersten und eher schwachen Eindruck der lateinamerikanischen Erfolgsliteratur und des sog. magischen Realismus.

Worüber es zu diskutieren lohnt

- über Zusammensetzung und Verteilung der Bevölkerung und ihre Konsequenzen
- über die Bezeichnungen Lateinamerika, Mittel- und Südamerika, Iberoamerika
- über den Beitrag Lateinamerikas zu Kunst und Kultur des 20. Jhs.
- über Tradition, Modernisierung und Modernität Lateinamerikas
- über unterschiedliche Phasen der Ideengeschichte Lateinamerikas und deren Beziehungen mit der Politik
- darüber welche Faktoren für eine Einheit, welche Faktoren für die Vielfalt Lateinamerikas sprechen

2. Gesellschaftsstruktur, soziale Schichten und Gruppen

Trotz des Einflusses marxistischer und soziologischer Ansätze während der 1970er Jahre in Lateinamerika liegen nur wenige ergiebige Studien zu den sozialen Klassen und Schichten vor.[1] Die Gründe müssen zum einen in der schwierigen statistischen Lage in Zeiten rasanten sozialen Wandels gesehen werden, zum anderen in einer gewissen Zurückhaltung bei der Durchführung einer Schichtenanalyse unter Benennung der herrschenden Kreise. Da Volkszählungen meist nur alle zehn Jahre stattfinden, ging man dazu über, Informationen durch Befragungen zu erheben. Viele Menschen antworten in Interviews jedoch ausweichend, da sie gegenüber dem Staat keine Angaben machen wollen oder sich vor potentiellen Einbrechern fürchten. Detaillierte Studien zu sozialen Milieus liegen nicht vor, in Untersuchungen in den Ländern werden die sozialen Schichten teilweise in A, B und C aufgegliedert.

2.1 Gesellschaftlicher Wandel

Unabhängig von der ungenauen Datenlage kann man feststellen, dass sich die Gesellschaften in den vergangenen Jahrzehnten stark verändert, die Einkommensunterschiede teilweise sogar noch verschärft haben. Lateinamerika gilt als „der ungerechte Kontinent".[2] Von allen Regionen der Welt weist es die ungünstigste Einkommensverteilung auf. Beim GINI-Koeffizient liegt Lateinamerika bei fast 0,50, der negativste Fall würde sich auf 1,00 belaufen,[3] in der Bundesrepublik sind es ca. 0,30. Auch bei dem Quintilenmaß, d.h. der Frage, welcher Prozentsatz des Volkseinkommens

1 Als Einstieg: Andreas Boeckh, *Sozialstrukturen/Soziale Ungleichheit/Lateinamerika,* in: *Lexikon der Politik/Bd. 4.* hrsg. von Dieter Nohlen, München 1997, S. 544-548.

2 Vgl. Manfred Mols/Rainer Öhlschläger (Hrsg.), *Lateinamerika: die ungerechte Gesellschaft*, Stuttgart 1997 und Peter Waldmann, *Gesellschaftliche Ungleichheit und gesellschaftliche Machtverhältnisse*, in: Wolfgang Hirsch-Weber/Detlef Nolte (Hrsg.), *Lateinamerika: ökonomische, soziale und politische Probleme im Zeitalter der Globalisierung*, Hamburg 2000, S. 53ff.

3 Der GINI-Koeffizient wird herangezogen, um die personelle Einkommensverteilung eines Landes mit Hilfe der Lorenz-Kurve auszudrücken. Vgl. Nohlen (Hrsg.), *Lexikon Dritte Welt*, S. 329.

auf das ärmste, das zweitärmste Fünftel der Bevölkerung bis hin zu den 20 % der Wohlhabendsten entfällt, schneidet der Halbkontinent sehr schlecht ab. Die 20 % Bedürftigsten erhalten im Durchschnitt nicht einmal 5 % des Gesamteinkommens, während das reichste Fünftel über die Hälfte des Volkseinkommens (52 %) für sich beansprucht.

Die Armut stellt kein Randphänomen dar. Jeder zweite Lateinamerikaner zählt zu den Armen und nahezu jeder fünfte zu den extrem Armen.[4] In den 1990er Jahren lässt sich zunächst ein wirtschaftliches Wachstum feststellen, das eine Reduzierung der Armut ermöglichte. Zwischen 1990 und 1997 ging die in Armut lebende Bevölkerung um fast 5 % zurück (43,5 %), sie nahm bis 1999 jedoch wieder leicht zu (43,8 %). Die extreme Armut sank von 1990 (22,5 %) auf 18,5 % (1999), allerdings nur in relativen Zahlen, in absoluten Zahlen stieg sie zwischen 1990 und 1999 um fast 11 Mio. Auch in den Jahren 2000-02 hat sich dieser Trend fortgesetzt. Um das auf dem Millenniums-Gipfel der Vereinten Nationen 2000 aufgestellte Ziel zu erreichen, nämlich die extreme Armut bis 2015 zu halbieren, müsste Lateinamerika ein Pro-Kopf-Wachstum von 3,5 % erzielen.[5] Bei der Armutsbekämpfung konnte Lateinamerika in den vergangenen Jahren Erfolge verzeichnen. Zwar lebten im Jahr 2006 noch 36,5 % der Menschen in Lateinamerika in Armut, 13,4 % davon in extremer Armut, jedoch bei der Betrachtung der Armutsentwicklung von 1990 bis 2006 bleibt festzuhalten, dass die Armut insgesamt um 11,8 % zurückgegangen ist und die extreme Armut um 9,1 % reduziert wurde. 2006 lebten erstmals seit 1990 wieder weniger als 200 Millionen Menschen in Armut.

Auffällig ist vor allem die ungleiche Einkommensverteilung. Neue Zahlen der Weltbank ergeben folgendes Bild:

In den 1990er Jahren ist die Zahl der Menschen mit einer höheren Qualifikation wesentlich schneller gestiegen (7,5 %) als die der geringer qualifizierten Bevölkerung in Stadt und Land (3,1 %). Dabei wuchs besonders die Zahl der qualifizierten Frauen, was zu weiteren Veränderungen im Rollenverhalten und der Politik führen dürfte. Die wirtschaftliche und soziale Entwicklung Lateinamerikas hat sich erst in den letzten fünf Jahren etwas gebessert. Im Zeitraum von 2003 bis 2007 ist das Bruttoinlandsprodukt (pro Kopf) jährlich um mehr als 3 % gestiegen. Auch die Prognosen für die

4 So: Heinrich-W. Krumwiede, *Soziale Ungleichheit und Sozialstruktur in Lateinamerika*, in: Petra Bendel/Michael Krennerich (Hrsg.), *Soziale Ungerechtigkeit. Analysen zu Lateinamerika*, Frankfurt a.M. 2002, S. 60.

5 CEPAL, *Social Panorama of Latin America 2001-2002*, Santiago de Chile 2002, S. 16.

Schaubild 3: Ungleichheit in Lateinamerika und der Karibik
Anteil des Einkommens der oberen zehn Prozent in ausgewählten Ländern

Brasilien	47,2	Argentinien	38,9
Chile	47,0	Dom. Rep.	38,6
Guatemala	46,8	Uruguay	33,5
Kolumbien	46,5	Costa Rica	34,8
Mexiko	43,1	USA	31,0

Quelle: Weltbank, zit. nach *LAWR*, 8.4.2004, S. 7.

kommenden Jahre gehen von einer Fortsetzung des jährlichen Wachstums von über 3 % aus.[6]

Historischer Rückblick

Der kulturelle Zusammenstoß bei der Eroberung führte zu einem Massensterben der indigenen Bevölkerung. Um Ersatz bei den Arbeitskräften zu schaffen, wurden Sklaven aus Afrika importiert. Auch aufgrund der Tatsache, dass vor allem Männer dorthin gelangten, kam es zu einer stärkeren Vermischung, wodurch sich die Entwicklung von der in den USA unterscheidet. Zwar finden sich in der lateinamerikanischen Geschichte Formen des Rassismus und der Abschottung, sie waren jedoch weniger ausgeprägt als in den USA. Die spanische Herrschaft war durch ein Kasten- und Klassensystem gekennzeichnet, das nach der Unabhängigkeit zwar formal aufgehoben wurde, tatsächlich jedoch noch länger Bestand hatte. In der Vergangenheit verlief die quasi feudale Struktur auch entlang ethnischer Spaltung: Die Weißen standen oben, die Indianer und die Schwarzen waren unten. Anfang des 21. Jhs. stellt sich die Schichtenstruktur und die Organisation der Interessen komplizierter dar. Neben den Interessenorganisationen der Ober- und Mittelschichten bestehen Gewerkschaften sowie eine Vielzahl von sozialen Bewegungen und NGOs, die u.a. im Zuge von indigenen und geschlechtsspezifischen Forderungen aufkamen.

Nach der Unabhängigkeit von Spanien setzte weder ein kontinuierlicher Modernisierungsprozess noch eine gleichmäßigere Verteilung von Kapital und Einkommen ein. Die Abhängigkeits- und Komplementärbeziehungen

6 The World Bank, *Global Economic Prospects* 2008.

zu Europa im 19. Jh. förderten Monokultur und Kapitalkonzentration. Das unter der Kolonialherrschaft zum Teil geschützte indianische Gemeineigentum wurde nach und nach privatisiert. Die seit der zweiten Hälfte des 19. Jhs. in Südamerika eingewanderten europäischen Arbeiter waren ihrerseits am eigenen sozialen Aufstieg interessiert und weniger an einer Solidarisierung mit der einheimischen Bevölkerung.

Damals lagen die Probleme im ländlichen Bereich: Die *hacienda* (Landgut, Großgrundbesitz) etablierte sich als Wirtschaftsform. Häufig setzten die in der Hauptstadt lebenden Besitzer einen Verwalter (*mayordomo*) ein, der die Geschäfte vor Ort führte. Die Arbeitskräfte waren an die *hacienda* gebunden, der Geldverkehr partiell außer Kraft gesetzt und durch Tausch- und Abhängigkeitsverhältnisse ersetzt. Dabei stellte die *hacienda* ein eigenes System dar, das manche sogar in den Rang eines Idealtypus lateinamerikanischer Synthese erheben wollten, in dem die Arbeit als eine Art Buße erfolgte, die *hacienda*-Besitzer eine paternalistische Rolle einnahmen und Austauschverhältnisse jenseits der Marktwirtschaft bestanden.[7] Damit wird auf die enge Verbindung von Religiosität mit dem Großgrundbesitz verwiesen sowie auf das Gegenüber von einfacher Lebensform für die Arbeitenden einerseits und der herausgehobenen Existenz im Herrenhaus, in der Hauptstadt oder sogar in Europa andererseits. In der anthropologischen Abhandlung von Gilberto de Melo Freyre „Herrenhaus und Sklavenhütte. Ein Bild der brasilianischen Gesellschaft" (1933) werden diese Verhältnisse verklärt. Ausländische Beobachter haben das *hacienda*-System, das im Verlaufe des gesellschaftlichen Wandels im 20. Jh. an Bedeutung verlor, als zentrales Entwicklungshindernis ausgemacht. Sowohl die Mexikanische Revolution (1910-17) als auch die Bolivianische Revolution (1952) richteten sich gegen die *hacienda*, die indessen stärker auf Selbstversorgung und einen lokalen bzw. regionalen Markt ausgerichtet war als andere Besitzformen.

Dagegen bildete die *Plantage* eine exportorientierte landwirtschaftliche Unternehmensform. Sie besteht eher in den tropischen Gebieten oder in Mittelamerika, d.h. im Anbau von Zucker, Bananen, Baumwolle und Kaffee. Der Anteil an ausländischem Kapital fällt hier höher aus, die Arbeitsdisziplin ist ausgeprägter als in der traditionellen *hacienda*.

Der Gegentypus zur *hacienda* und zur *Plantage* ist das Minifundium (*minifundio*), d.h. der Kleinbesitz. Häufig müssen sich die Kleinbesitzer

7 Pedro Morandé, *Synkretismus und offizielles Christentum in Lateinamerika*, München 1982, S. 158f.

als Wanderarbeiter verdingen und sind von einem Großgrundbesitzer abhängig.

Diese Dominanz des ländlichen Sektors gilt nur für das 19. und die erste Hälfte des 20. Jhs. In diesem Zeitraum nahmen wichtige politische Ereignisse die Form von Bauernrevolutionen und Aufständen der *campesinos* an. Wenn man von den kleineren und mittleren Ländern absieht, dann haben die ländlichen Eigentumsformen im Verlaufe des 20. Jhs. stark an Bedeutung verloren. Das politische Geschehen spielt sich vorwiegend in den Städten ab. Tausende von demonstrierenden Bauern in der Hauptstadt entfalten eine erhebliche Wirkung, während sie im ländlichen Bereich weitgehend unbemerkt bleiben können. Eine gewisse Ausnahme bildet die Landlosen-Bewegung MST (*Movimento dos Sem Terra*) in Brasilien. Unter Präsident Lula wurde 2002 eine Kampfgefährtin des 1988 ermordeten Regenwald-Aktivisten Chico Mendes und ehemalige Kautschuksammlerin zur Umweltministerin ernannt. Allerdings bleibt deren Einfluss aufgrund der Macht der Großgrundbesitzer (*fazendeiros*) und der internationalen Holzfirmen begrenzt. Im Februar 2005 wurde die 73jährige nordamerikanische Missionarin Dorothy Stang, deren Name schon vor Jahren auf den Listen von Auftragskillern aufgetaucht war, im Urwald-Bundesstaat Pará im Norden Brasiliens erschossen.[8]

Als Folge der schlechten Datenlage fällt es schwer, die wichtigsten Klassen/Schichten in Lateinamerika zu beschreiben.[9] Wegen des informellen Charakters lateinamerikanischer Gesellschaften und Politik wird generell eher von Schichten (*capas*) oder *clases medias*, d.h. Mittelschichten gesprochen. Kennzeichnend bleibt deren strukturelle Heterogenität, ein Schlüsselbegriff zur Analyse lateinamerikanischer Gesellschaften. Im internen Bereich erklärt sich der Begriff *strukturelle Heterogenität* im Unterschied zu dem der Homogenität, wie er in der Vergangenheit zur Beschreibung der Realität industrialisierter Gesellschaften möglich war. In Gesellschaften struktureller Heterogenität existieren verschiedene Produktionsweisen nebeneinander. Der aus den *Dependencia*-Ansätzen stammende Begriff beinhaltet eine Absage an die Vorstellung eines kontinuierlichen Übergangs von der traditionellen zur modernen Gesellschaft, wie ihn die Modernisierungstheorien angenommen hatten. Entwicklung und Unterentwicklung, so die These der *Dependencia*, seien vielmehr zwei Seiten ein und derselben Medaille, d.h. Tradition und Moderne können

8 *Die Welt*, 19.2.2005.

9 Peter Waldmann, *Gesellschaftliche Ungleichheit und gesellschaftliche Machtverhältnisse*, in: Hirsch-Weber/Nolte (Hrsg.), *Lateinamerika*, 2000, S. 53ff.

nebeneinander bestehen, was im äußeren Erscheinungsbild lateinamerikanischer Großstädte zum Ausdruck kommt.

Ein weiteres Kriterium zur Einschätzung der Ober- und Mittelschichten bildet deren Verhältnis zum Ausland. Zum einen resultiert die Bedeutung externer Akteure für die soziale Schichtung daraus, dass ein Teil der wirtschaftlichen Macht in den Händen ausländischer Unternehmen liegt, z.B. den Zinn- und Kupfergesellschaften Boliviens und Chiles in der Vergangenheit oder bei den großen multinationalen Unternehmungen bzw. den globalen internationalen Akteuren wie dem IWF und der Weltbank in der Gegenwart. Sie können mit ihren Auflagen Einfluss auf die Innenpolitik nehmen. Hinzu kommt schließlich die Auslandsorientierung der Ober- und Mittelschichten, was sich in ihren Verhaltens- und Lebensmustern niederschlägt. Die Verhaltensformen der oberen Schichten und ihre Auslandsorientierung sind deshalb Zielscheibe der Kritik antiimperialistischer Bewegungen und/oder populistischer Führer. Das Ausland und das gespaltene Verhältnis zu ihm haben in der lateinamerikanischen Politik stets eine wichtige Rolle gespielt.

Oligarchie und Oberschicht

Der Begriff der *Oligarchie* (griech. = Herrschaft der Wenigen) bezieht sich im lateinamerikanischen Kontext vorwiegend auf die Schicht der Großgrundbesitzer des 19. Jhs. Sie war mehrheitlich auslandsorientiert und trat für die Eingliederung in den Weltmarkt ein. In einigen zentralamerikanischen und karibischen Ländern verbindet sich die herrschende Klasse eines Landes über weite Strecken des 20. Jhs. mit dem Namen einzelner Familien.

Ihren Reichtum bezogen diese Familien aus der Bewirtschaftung und dem Monopol über ein Exportprodukt – z.B. Kakao/Kaffee (deshalb Kaffee- oder Kakaooligarchie). Bis zur Weltwirtschaftskrise von 1929/30 wird von oligarchischer Herrschaft gesprochen.[10] Das Monopol der Oligarchie wurde durch die mexikanische Revolution, das Aufkommen von reformorientierten Massenparteien und den klassischen Populismus gebrochen. Zur alten Oligarchie sind in einigen Ländern neue Einflussgruppen hinzugekommen, die außerhalb des legalen Rahmens agieren. Hier seien die Drogenmafia in Kolumbien und in einzelnen zentralamerikanischen Län-

10 Eine gute Darstellung bei Claudia Gerdes, *Eliten und Fortschritt. Zur Geschichte der Lebensstile in Venezuela 1908-1958,* Frankfurt a.M. 1992.

dern erwähnt, denen es nicht an Geld, wohl aber an formaler Akzeptanz mangelt. In diesem Zusammenhang verdient Erwähnung, dass ein bekannter Drogenbaron Kolumbiens die Bezahlung der gesamten Auslandsschuld des Landes im Gegenzug für die eigene gesellschaftliche Anerkennung in Aussicht gestellt haben soll.

Darüber hinaus dient der „Oligarchie“-Vorwurf zur Diskreditierung des politischen Gegners: Juan Domingo Perón, populistischer Präsident Argentiniens, hat in der Endphase seiner Amtszeit Mitte der 1950er Jahre seine Gegner als Oligarchen verdammt und darunter u.a. oppositionelle Parteien, die Kirche und Teile der Unternehmer subsumiert. Und der seit 1999 amtierende venezolanische Präsident Hugo Chávez zählt die Parteienherrschaft, Teile der Mittel- und Oberschichten sowie der Presse zur Oligarchie, was unter rein zahlenmäßigen Gesichtspunkten dem Gedanken der „Wenigen“ widerspricht und belegt, dass es sich auch um eine Art Kampfbegriff handelt.

Die Vorherrschaft der Oligarchie wurde seit den 1930er Jahren durch die Existenz einer moderneren Oberschicht abgelöst bzw. ergänzt, die in einigen Ländern rund 3 % der Bevölkerung umfassen kann. Das Vorhandensein dieser Oberschicht, die kein einheitliches Bild abgibt, bedeutet nicht, wenn man von einzelnen zentralamerikanischen Ländern absieht, dass sie auch die politische Macht ausüben. Entweder regieren demokratisch gewählte Politiker oder es herrschten Militärdiktatoren, die in der Regel nicht aus der traditionellen Oberschicht stammen. Häufig handelte es sich um Offiziere aus der Mittelschicht, die die Politik als eine Art Aufstiegskanal betrachteten.

Die Zugehörigkeit zur Oberschicht hängt nicht mehr allein vom Landbesitz ab. Teilweise haben ihre Mitglieder Industrie- und Dienstleistungsunternehmen erworben oder sind im Import- und Exportgeschäft tätig, als Ergebnis ihrer Reisetätigkeit und Weltgewandtheit verfügen sie über die notwendigen Beziehungen zum Ausland.

Industrielle und nationale Bourgeoisie

Die Industriellen und Unternehmer schienen zunächst eine Art Gegenpol zur Landoligarchie zu bilden. Der Gegensatz war indessen nie sehr ausgeprägt, zumal die Mitglieder der landbesitzenden Oligarchie meist in den Hauptstädten wohnten. Politisch sind die Industriellen und vor allem die nationale Bourgeoisie weit unter ihren „historischen Aufgaben“ geblieben, d.h. den ökonomischen Wandel zu tragen und einen Beitrag zur Modernisierung leisten. Dies lag auch daran, dass Industrieunternehmen häufig eine Verbindung mit ausländischen Konsortien eingingen, was ihre Selbständigkeit und innenpolitische Wirkungskraft schmälerte.[11]

Die Möglichkeiten der *nationalen Bourgeoisie* waren damit begrenzt. Nur in den Groß- und Mittelstaaten erlangte sie eine politische Bedeutung. Sie ging in Argentinien, Brasilien, Mexiko und Venezuela eine mehr oder weniger offene Allianz mit populistischen Regimen ein, was ihren Wirkungsgrad einschränkte. Einen erheblichen Teil ihres Vermögens legte sie im Ausland an. Nicht umsonst wird Miami als heimliche Hauptstadt Mittelamerikas und der Karibik bezeichnet und gilt als ein bevorzugter Aufenthaltsort der neureichen Mittel – und Oberschichten.

Mittelschichten

In den frühen 1960er Jahren wurde dem Konzept einer *clase media*, d.h. einer nicht genau spezifizierten Mittelklasse, in der modernisierungstheoretischen Literatur eine große entwicklungspolitische Bedeutung beigemessen. John J. Johnson prognostizierte den Aufstieg der Mittelschichten und beeinflusste mit seinem Buch die 1961 von den USA als Entwicklungsprogramm für Lateinamerika konzipierte „Allianz für den Fortschritt“. Er konstatierte:[12] Die Mittelschicht habe im 20. Jh. kontinuierlich an Bedeutung gewonnen, diese ökonomische Position werde ihr auch eine politische Rolle verleihen und sie in den Motor der ökonomischen und sozialen Modernisierung verwandeln. Deshalb könnten die Militärs nicht mehr die Macht usurpieren und ohne die Zivilisten regieren. Auch wenn sich nur sechs Jahre später – beginnend mit dem Militärputsch in Brasilien 1964 – der Mantel der Diktatur über die südamerikanischen Staaten zu legen begann, sind einige seiner Annahmen nicht von der Hand zu weisen.[13] Zumindest in Argentinien, Chile und Uruguay übernahmen ab 1916 Parteien und Politiker aus der Mittelschicht die Regierung. Als Folge der europäischen Einwanderung und einer rasanten Urbanisierung nahmen diese Gesellschaften, was die Verteilung der sozialen Schichten anbe-

11 Thomas Fischer (Hrsg.), *Ausländische Unternehmen und einheimische Eliten in Lateinamerika: Historische Erfahrungen und aktuelle Tendenzen,* Frankfurt a.M. 2001.

12 John J. Johnson, *Political Change in Latin America. The Emergence of the Middle Sectors*, Stanford 1958, S. 192ff.

13 Vgl. dazu den Aufsatz von Ernesto Garzón Valdés, *La paradoja de Johnson: Acerca del papel socio-político de las clases medias en América Latina*, in: Derselbe, *Derecho, etica y política*, Madrid 1993, S. 791-810.

langte, die Form einer Zwiebel an. Im Bereich der Kultur – etwa bei der Alphabetisierungsrate – wiesen die südamerikanischen Länder viele Übereinstimmungen mit den südeuropäischen Staaten auf, zumal die ökonomischen Wachstumsraten teilweise über denen in Europa lagen. Aus der Mittelschicht kamen auch die mittleren und unteren Offiziersränge, die seit den 1940er Jahren zunehmend politische Ambitionen zeigten. 1966 sprach die lateinamerikanische Wirtschaftskommission CEPAL in einer Bestandsaufnahme über den sozialen Wandel von „Neuen städtischen Gruppen: Die Mittelklassen". Als Aufgaben der Mittelschichten nannte sie u.a. den Willen zu ökonomischer Tätigkeit, Unabhängigkeit vom Staat und sozialer Transformation.[14] Für Ignacio Sotelo bilden die Mittelschichten „ein ziemlich heterogenes Konglomerat, das letztlich aus seinem Gegensatz zu den Unter- und Oberschichten der Gesellschaft heraus definiert wird".[15]

Im Konzept der *clase media* resultierte ihre Bedeutung weniger aus empirischen Befunden, sondern aus ihren vermeintlichen entwicklungspolitischen Aufgaben. Denn die Mittelschichten sollten den demokratischen Wandel in Lateinamerika fördern und die alte Ordnung hin zu mehr Demokratie öffnen. Es erscheint sinnvoller, von *den* Mittelschichten als von *der* Mittelschicht zu sprechen. Kennzeichnend für die „alten und neuen" Mittelschichten ist ihre Zwischenposition zwischen der Oberschicht und den Unterschichten. Von daher und aufgrund der spezifischen Beschäftigungsstruktur Lateinamerikas sind sie schwerer einzugrenzen als die beiden entgegengesetzten Pole Ober- und Unterschicht.

Als Aufstiegskanäle der Mittelschichten dienten die Universitäten und Parteien. Zwischen 1960 und 1980 setzte an den Hochschulen eine beispiellose Expansionsphase ein, es erfolgte der Übergang von der Elite- zur Massenuniversität. Die Matrikel wuchs von 567.000 (1960) auf 4.852.000 (1980), d.h. um 756 %.[16] Die Immatrikulation von Frauen stieg bis 1985 auf 45 %, etwa 75 % der Studierenden kamen nach Schätzungen aus den Mittelschichten. Teilweise wird davon ausgegangen, dass rund 40 % der Bevölkerung in einigen Ländern zu den Mittelschichten gezählt werden kann. Noch stärker ausgeprägt ist jedoch das Bewusstsein, selber zur Mittelschicht zu gehören. In der Werbung, den *telenovelas* (Fernsehnovellen)

14 Vgl. CEPAL (Hrsg.), *El desarrollo social de América Latina en la postguerra*, Buenos Aires 1966, S. 85ff.

15 Ignacio Sotelo, *Soziologie Lateinamerikas. Probleme und Strukturen*, Stuttgart 1973, S. 147.

16 Dietmar K. Pfeifer, *Hochschulen in Lateinamerika. Bestandsaufnahme und Tendenzen zu Beginn der 90er Jahre*, Münster 1990, S. 3.

und im Schulunterricht werden die Wertvorstellungen der Mittelschicht propagiert.

Politisch haben die Mittelschichten eine ambivalente Rolle eingenommen, d.h. sie können sich sowohl der Rechten wie auch der Linken anschließen, was sich bei der kubanischen Revolution 1959 und der Regierung der Volkseinheit in Chile 1970-73 zeigte. Bei geringen sozialen und politischen Konflikten befürworten sie eine Form der Demokratie. In Krisensituationen (Guerilla, Landbesetzungen, Streiks, Kriminalität) oder unter dem Eindruck einer Linksregierung (Chile von 1970-73 oder Venezuela unter einer linkspopulistischen Regierung ab 1999) plädieren Teile der Mittelschichten für einen Machtwechsel.

Unterschichten

Die große Mehrheit der Lateinamerikaner lebt nicht mehr auf dem Land sondern in urbanisierten Gebieten. Die Unterschichten und Marginalgruppen machen die Mehrheit der Bevölkerung aus. Nur wenige Staaten, wie Costa Rica und Uruguay, die auch in historischer Perspektive eine ausgeglichene Sozialstruktur aufweisen, bilden hier eine Ausnahme. Kennzeichnend ist die soziale Heterogenität. Zu den Unterschichten zählen die Arbeiter, die in den Produktionsprozess integriert sind und vor allem die breite Masse Arbeitsloser, Teilzeit- oder Unterbeschäftigter, die als informeller Sektor gelten. Der Einkommensanteil dieser Gruppen lässt sich nur sehr schwer quantifizieren. Sie werden auch als *cuenta propistas* bezeichnet, d.h. sie arbeiten auf eigene Rechnung. Nach einer neueren Interpretation bildet der breite und in den 1990er Jahren weiter expandierende informelle Sektor eine Reaktion auf den Zentralismus sowie die starke Verregelung durch den Staat. Wer überhaupt wirtschaftlich tätig werden will, so die Annahme des Peruaners Hernando de Soto, werde praktisch in den informellen Sektor gedrängt, da er sonst gar keine Existenzchancen habe.[17] Für ihn sind Kleinproduzenten und Straßenhändler deshalb keine Betreuungsfälle, sondern fähige Unternehmer, deren ökonomisches Potenzial durch die Beseitigung von bürokratischen Hürden gefördert werden solle.

Mit der neoliberalen Wende hat die Beschäftigung beim Staat nachgelassen und die Unsicherheit bei den Arbeitsverhältnissen insgesamt zugenommen. So stieg die Zahl der in der informellen Ökonomie tätigen

17 Hernando de Soto, *Marktwirtschaft von unten. Die unsichtbare Revolution in Entwicklungsländern*, Zürich 1992. Die spanischsprachige Ausgabe erschien 1986.

Bevölkerung von ca. 43 % im Jahr 1990 auf 47 % im Jahr 2000, was eine Zunahme von rund 20 Mio. Menschen bedeutet. Zur informellen Ökonomie gehören u.a. unbezahlte Arbeitskräfte in Familienbetrieben, Dienstpersonal und Mikrounternehmen mit nicht mehr als fünf Mitarbeitern. In solchen Mikrounternehmen werden teilweise 90 % des Einkommens in der formalen Ökonomie erreicht, allerdings hat die Mehrheit der dort Tätigen keinen Vertrag, keine Krankenversicherung oder Altersvorsorge.[18]

Straßenkinder

Zu den Unterschichten gehören auch die Straßenkinder. Einzelne Autoren haben sie unter der Perspektive einer Kinder- und Jugendbewegung betrachtet.[19] Seit der zweiten Hälfte der 1990er Jahre haben sich Jugendliche in Zentralamerika jedoch zunehmend in Banden organisiert, die in Guatemala, Honduras, El Salvador, Nicaragua und Mexiko mittlerweile ein politisches Problem darstellen. Indirekt sind sie eine Folge transnationaler Migration, denn die Anfänge gehen auf Gangs unter den *hispanics* in Los Angeles zurück. Nach dem Ende der Bürgerkriege in Mittelamerika setzte eine Rückwanderung ein und eine erstaunlich schnelle Ausbreitung dieser Organisationen in den betroffenen Ländern. Die beiden verfeindeten *maras* MS (*Mara Salvatrucha*) und die 18 (*Mara Dieciocho*) bekämpfen sich gegenseitig. Der Name *mara,* den die Gruppen zur Selbstbezeichnung in Mittelamerika wählen und der dort sogar Eingang in Gesetzestexte gefunden hat, stellt offenbar eine Kurzform von *marabuntes* dar, einer in der Amazonasregion vorkommenden Ameisenart, die in ein Gebiet einfällt und alles zerstört.[20] Wie bei europäischen Jugendbanden tragen sie kurz geschorene Haare oder Glatzen, sind weitgehend männerbündisch organisiert und tätowiert. Drogenkonsum ist Bestandteil der in Cliquen auftretenden Mitglieder. In El Salvador wird die Hälfte aller Straftaten den *maras* angelastet, was dort und in anderen Ländern zu drakonischen Gesetzen

18 Peadar Kirby, *Introduction to Latin America,* London 2003, S. 115.

19 In den wenigen deutschsprachigen Studien zum Thema wird auf die unterschiedliche Ausprägung der Kinder- und Jugendphase in Lateinamerika im Vergleich zu den Industrienationen hingewiesen: Manfred Liebel, *Mala Onda – Wir wollen nicht überleben, sondern leben. Jugend in Lateinamerika,* Frankfurt a.M. 1990. Ders., *Wir sind die Gegenwart. Kinderarbeit und Kinderbewegungen in Lateinamerika,* Frankfurt/M. 1994, S. 11.

20 So Peter Peetz, *Zentralamerikas Jugendbanden. „Maras" in Honduras, El Salvador und Guatemala,* in: *Brennpunkt Lateinamerika,* (2004)5, S. 51.

geführt hat, die in El Salvador vorsahen, dass Zwölfjährige strafrechtlich als Erwachsene behandelt werden können.

Marginalgruppen

Die Marginalen, die vor allem in den Armutsvierteln der Städte leben müssen, sind kein feststehender Sektor. Sie bilden in einigen Gesellschaften eine Durchgangsstation, denn zumindest in Zeiten wirtschaftlichen Wachstums ist die Zugehörigkeit zum marginalen Sektor nicht definitiv. In den *barrios* um Caracas, wie die Armutsviertel in Venezuela genannt werden, hockt die reichste Armut Lateinamerikas, hieß es während des Ölbooms der 1970er Jahre. Noch in ein und derselben Generation konnten die Armutsviertelbewohner damals rapide soziale Verbesserungen erleben. Dazu gehörten asphaltierte Straßen, Kanalisation und feste Häuser in den älteren Abschnitten der Armutsviertel, Fernsehgeräte, Kühlschränke und Fahrzeuge für einen Teil der dort lebenden Menschen. Die Parteien führen Wahlkämpfe in diesen Vierteln und versprechen im Gegenzug für Wählerstimmen Verbesserungen.[21] Deshalb trifft die Vorstellung, dass die Armutsregionen außerhalb des politischen Systems liegen und die Marginalen gemeinsame Interessen hätten, die im diametralen Gegensatz zu den wohlhabenderen Schichten stünden, so nicht zu. Aus den Armuts- und Elendsvierteln fahren morgens viele Menschen in die besseren Wohnviertel, wo sie als Dienstmädchen, Gärtner oder Lohnarbeiter tätig sind. Dennoch unterscheiden sich diese Viertel nicht nur durch fehlenden Wohlstand von denen der Mittel- und Oberschichten: Spätestens nach Einbruch der Dunkelheit steigt die Unsicherheit rapide an, aber auch tagsüber kann eine Art Wegezoll erhoben werden, teilweise treten an die Stelle der Polizei Banden als „Ordnungskräfte" und Institutionenersatz.

An sozialen Zielsetzungen ausgerichtete Marginalgruppen sehen ihren Wirkungskreis durch bewaffnete (Drogen-) Banden begrenzt. In einzelnen Armutsvierteln übernehmen sie eine Rolle als de facto Ordnungsmacht, z.B. in Rocinha, einem Elendsviertel am Rande von Rio de Janeiro. Mit offiziell knapp 60.000, vermutlich aber etwa 120.000 Einwohnern gilt es als größte *favela* Südamerikas. Dort versuchte in der Osterwoche 2004 ein Drogenboss mit dem Namen Dudu, der bis zu seiner Inhaftierung 1995 als unumstrittener Beherrscher des Viertels galt, erneut die Macht zu übernehmen, nachdem er nach einem Freigang nicht ins Gefängnis zurückgekehrt

21 Detlev Ullrich, *Barriopolitik in Caracas (Venezuela),* Frankfurt a.M. 1984.

war. In den früher von ihm kontrollierten öffentlichen Verkaufsstellen von Kokain und Marihuana hatten sich mittlerweile die Anhänger des Bandenführers mit dem Namen Lulu festgesetzt. Da er armen Familien mit Geld aushalf, besaß er eine gewisse Popularität bei den Bewohnern. Er lebte mitten in dem Armutsviertel, umgeben von Leibwächtern, in einer Villa mit Sauna und Schwimmbad. Die Polizei rückte mit 1.200 Bewaffneten in das Viertel ein und erschoss Lulu. Ungewiss bleibt, wer nach dem Rückzug der Polizei die Herrschaft in dem Viertel übernimmt.[22] Zwischen 1980 und 2000 sollen in den Armutsvierteln Brasiliens bis zu 30.000 Personen im Jahr gewaltsam zu Tode gekommen sein, d.h. insgesamt fast 600.000 Menschen.[23]

2.2 Indigene Bevölkerung

Der „aussterbende" Indianer sei ein europäisches Klischee, heißt es in einer Studie aus den 1980er Jahren,[24] tatsächlich steigt die Zahl der Indigenen wesentlich schneller als die übrige Bevölkerung. 2002 lebten nach Schätzungen 43 Mio. indigene Menschen in Lateinamerika, d.h. rund 8 % der Gesamtbevölkerung, zu Beginn der Eroberung 1492 sollen es 112 Mio. gewesen sein. Manche sehen darin eine Bestätigung des Aymara-Häuptlings Tupaq Katari, der 1781 vor seiner Hinrichtung durch die spanischen Kolonialherren sagte: „Ich werde sterben, doch ich werde wieder auferstehen und Millionen sein."[25] Die Schwerpunkte der indigenen Bevölkerung entsprechen nach wie vor der historischen Verteilung. In Mexiko geht man mittlerweile von 13 Mio., in Peru von mehr als 10 Mio., in Guatemala von rund 6,5 Mio., in Bolivien von etwa 6 Mio. und in Ecuador von rund 4,6 Mio. aus (vgl. Tab. 6).[26] Während die Indianer in einigen Ländern – wie in den USA – zahlenmäßig eine kleine Minderheit bilden (Argentinien, Brasilien) stellen sie in anderen Staaten die Mehrheit der Bevölkerung (Guatemala, sowie im Andenraum).

Aus verschiedenen Gründen bleiben die Angaben ungenau. Auf Länderebene sind die Zahlen veraltet, und es besteht kein Konsens bei den ver-

22 Thomas Schmidt, *Dudu gegen Lulu*, in: *Die Zeit*, Nr. 19, 29.4.2004.
23 *El País*, 17.4.2004.
24 So Wolfgang Lindig/Mark Münzel, *Die Indianer. Bd.2: Mittel- und Südamerika*, München 1985, S. 10ff.
25 Phillip Wearne, *Die Indianer Amerikas*, Göttingen 1996, S. 16f.
26 Phillip Wearne, *Indigenous People in Latin America in the 21st Century*, in: *South America, Central America and the Caribbean 2004*, London/New York 2003, S. 44-48.

Tabelle 6: Indigene Bevölkerung in Lateinamerika (um 1990)

	indigene Bevölkerung	Anteil an der Gesamtbevölkerung (in %)
Argentinien	350.000	1,0
Bolivien	4.900.000	71,0
Brasilien	300.000	0,2
Chile	1.000.000	8,0
Costa Rica	30.000	1,0
Ecuador	3.800.000	38,0
El Salvador	400.000	7,0
Guatemala	5.300.000	66,0
Honduras	700.000	15,0
Kolumbien	600.000	2,0
Mexiko	12.000.000	14,0
Nicaragua	160.000	5,0
Panama	140.000	6,0
Paraguay	100.000	3,0
Peru	9.300.000	47,0
Venezuela	140.000	0,9

Quelle: Teresa Valdés/Enrique Gomáriz (Koord.): *Latin American Women. Compared Figures*, Santiago de Chile 1995, S. 51.

schiedenen Volkszählungen, wer und nach welchen Kriterien als Indigener gilt. In Ecuador war die Zahl derer, die sich selbst als Indigene bezeichneten, geringer als die im Zensus ausgewiesene. Allerdings scheint die Tendenz zuzunehmen, sich selbst als Indigener zu verstehen.

Ähnlich diffus fallen die Bezeichnungen der indigenen Bevölkerung aus. Der Begriff *indio* wäre nur mit Blick auf die autochthonen Stammesvölker noch eindeutig, also eine Art Idealtypus, ansonsten besitzt er einen pejorativen Unterton. Um dies zu vermeiden, hat sich der Begriff von den indigenen bzw. indianischen Völkern *(pueblos indígenas)* eingebürgert. Dem Begriff indigenistisch wird auch als Folge der Erfahrungen mit dem historischen *indigenismo* eine paternalistische Einstellung gegenüber den Nachkommen der präkolumbianischen Völker unterstellt, während indianistisch von einer auf Emanzipation ausgerichteten Politik dieser Völker ausgeht.[27]

Allgemein wird zwischen Hochland- und Tieflandindianern unterschieden. Die Tieflandvölker bilden weniger als fünf Prozent der indigenen Bevölkerung des Kontinents, aber rund 80 % der ca. 800 bekannten ethnolinguistischen Gruppen.[28] Eine andere Unterscheidung geht von dem Ausmaß des kulturellen Zusammenstoßes mit den Spaniern aus. Die in Peru und Mexiko lebenden indianischen Völker sahen sich einer besonders heftigen Unterdrückung ausgesetzt. Die am Rande der spanischen Extraktionsinteressen lebenden Völker blieben eher unbehelligt. Deshalb, so eine Annahme, hätten die im Amazonasgebiet, im Süden Zentralamerikas und im *Cono Sur* lebenden Guaranies, Tobas, Kunas, Miskitos, Waraos und andere Gruppen ihre Identität in stärkerem Maße bewahren können.

Es bestehen ca. 800 verschiedene ethno-linguistische Gruppen und 917 lebende indigene Sprachen in Lateinamerika, die meisten davon in Brasilien. Allein in Mexiko zählt man 56 indigene Völker. Die Verteilung nach Sprachgruppen sieht folgendermaßen aus: Etwa 13 Mio. Menschen sprechen *ketchua*, d.h. in Peru, Bolivien, Ecuador, dem Süden Kolumbiens und Teilen von Chile und Argentinien. Die *maya*-Sprachen werden von etwa neun Mio. Menschen in Mexiko, Guatemala, Belize und Honduras gesprochen, wobei es rund 30 unterschiedliche Sprachen gibt. *Aymara* verwenden rund zwei Mio. Menschen um den Titicacasee als Verständigungsmittel. In Mexiko Stadt und Zentralmexiko trifft man auf das *nahuatl*, die Sprache der Azteken.

Die iberische Kolonisation in Amerika galt als eine mit „Rassenmischung", während die angloamerikanische als Verdrängungskolonisation bezeichnet wurde. Diese Unterscheidung beinhaltet jedoch nur die halbe Wahrheit, betrachtet man das im Zuge des auch kulturellen Konfliktes ausgelöste Massensterben. Darüber hinaus hat es nach der Unabhängigkeit z.B. in Argentinien regelrechte Feldzüge gegen die Indianer gegeben; dem dafür verantwortlichen General hat man in der Hauptstadt sogar ein Denkmal gesetzt. Nach der Unabhängigkeit verbesserte sich die Lage der Indigenen nicht, sie waren sogar stärker als zuvor den Marktgesetzen ausgesetzt und spielten politisch eine untergeordnete Rolle. Eine Ausnahme ist der mexikanische Nationalheld Benito Juárez. Als Führer der radikalen

27 Manfred Wöhlcke, *War Chiapas nur ein Vorspiel?* SWP-AP 2882, Ebenhausen 1995, S. 27.
28 Ebenda, S. 16f.

Liberalen verwirklichte er die Verfassung von 1857, wurde zum Präsidenten gewählt und leitet die Reformära ein.

Im 20. Jh. hat die indigene Bevölkerung, wenn man von der Revolution in Mexiko ab 1910 absieht, keine Protagonistenrolle übernommen. Die in der Nachfolge der mexikanischen Revolution von fast allen Regierungen propagierte Vorstellung war die des *mestizaje*, d.h. einer „Rassenmischung" und damit einer Integration und Assimilation der indianischen Gemeinschaften in die Nationalstaaten. José Vasconcelos, Kultusminister in Mexiko, verfasste 1925 ein Buch mit dem Titel „Die kosmische Rasse", in dem er davon ausging, dass in Lateinamerika die Mischung der Zukunft entstehen werde, die aus allen vorherigen Kulturen die besten Elemente miteinander verbinden könne.[29] Mit verschiedenen Initiativen in der Nachfolge der mexikanischen Revolution, etwa der bevorzugten Darstellung der indianischen Bevölkerung in den Wandmalereien der Muralisten, wurde der *indigenismo* zur erzieherischen Aufgabe, er diente im Zeitraum von 1920 bis 1970 in einigen Staaten u.a. zur Begründung eines nationalen Populismus. Dem Indigenismus ging es nicht um den Erhalt der vorhandenen indianischen Kulturen, sondern die Schaffung einer neuen im Zeichen der *integración nacional* (nationalen Integration). Gedacht war an die Konstruktion eines Nationalbewusstseins (*lo mexicano, lo peruano*), die Vorstellung des *mestizaje* oder *mesticagem* wies Ähnlichkeiten mit der Idee des *melting pot* in den USA auf, die anderen Ethnien sollten sich sowohl im biologischen als auch im kulturellen Sinne auflösen.

Zumindest die auf dem Lande oder in entlegenen Regionen lebende indigene Bevölkerung identifiziert sich mehr mit ihrem näheren Umfeld und mit ihren Angehörigen als mit der Nation. Die Frauen sind in ihrer Kleidung stärker traditionellen Bräuchen verhaftet als die Männer. Grundlage der unterschiedlichen Gemeinschaften bildet die Familie, die im Schnitt sechs Personen umfasst. Lange Zeit galt die indigene Bevölkerung in der Mehrheit als katholisch, allerdings spielten Aberglauben und Wunderheiler (*curanderos*) eine Rolle. In den letzten Jahren haben auch Freikirchen und sog. Sekten Zuspruch vonseiten der indigenen Bevölkerung erhalten.

Das Vorhandensein von ethnischen Spannungen und Konflikten wurde negiert. Die autochthone indigene Bevölkerung war nicht Bestandteil des politischen Systems, sondern allenfalls der Folklore, lange Zeit interessier-

29 Auszüge finden sich in: José Vasconcelos, *Die kosmische Rasse* (1925), in: Rama (Hrsg.), *Der lange Kampf Lateinamerikas*, S. 140-160.

ten sich vorzugsweise ausländische Missionare und Anthropologen für sie. Seit den 1970er Jahren setzte ein Wandel ein. Die internationale Umweltbewegung entdeckte in den *indigenas* einen Verbündeten im Kampf für den Erhalt der Natur und des tropischen Regenwaldes. Beeinflusst von der Theologie der Befreiung gewann die Indianerpastoral in der katholischen Kirche an Bedeutung. Mit der Rückerinnerung an die 500 Jahre zurückliegende Entdeckung/Eroberung des Kontinentes 1992 verstärkte sich die Besinnung auf das indianische Erbe, zusätzlich gefördert von ausländischen Gruppen.[30] In Ecuador blockierten mehrfach Tausende von Indianern Straßen oder besetzten Plätze in der Hauptstadt, eine „Revolution der *ponchos*" leitete 2000 sogar die Absetzung eines Präsidenten ein. Ein ähnlicher Vorgang mit Präsidentenwechsel wiederholte sich in Bolivien 2003. Der indigene Abgeordnete Felipe Quispe, genannt *Mallku* (Condor), legte 2004 sein Parlamentsmandat nieder, um den bewaffneten Kampf zur Befreiung von Qíullasuyo anzukündigen. Er ist gleichzeitig Anführer der *Confederación Sindical Unica de Trabajadores Campesinos de Bolivia* (CSUTCB), d.h. einer Bauerngewerkschaft. In Mexiko begannen die Zapatisten zum 1.1.1994 in Chiapas einen spektakulären Aufstand, der in stärkerem Maße in die Weltöffentlichkeit geriet, als die von großer Gewalt gekennzeichnete Lage in den beiden Jahrzehnten zuvor in Guatemala. Ein 1996 abgeschlossener Friedensvertrag markierte dort das Ende eines 36 Jahre dauernden Konflikts, der insgesamt 200.000 Menschenleben kostete. Der Friedensvertrag unterstreicht die Identität der indigenen Völker, verweist auf den Kampf gegen Diskriminierung und betont ihre kulturellen Rechte. Er hat über das mittelamerikanische Land hinaus an Bedeutung gewonnen. In fast allen Staaten wurde in den letzten Jahren der Verweis auf die Indigenen in die Verfassung aufgenommen, mittlerweile ist in nahezu allen Konstitutionen von einer multikulturellen Zusammensetzung der Bevölkerung die Rede.

Es lassen sich noch andere Gründe für verstärkte Aktivitäten nennen: Neben der politischen Demokratisierung stellt die Zunahme indianischer Organisationen eine Reaktion auf die weitere Ausdehnung staatlicher und multinationaler Firmen in Gebiete dar, die bislang als indianische Reservate galten. Die Nutzbarmachung von Territorien, in denen Gold, Erdöl

30 Utta von Gleich (Hrsg.), *Indigene Völker in Lateinamerika. Konfliktfaktor oder Entwicklungspotenzial?*, Frankfurt a.M. 1997. Ergebnisse eines neueren Forschungsprojektes zu multikulturellen Autonomien in: Leo Gabriel/Latautonomy (Hrsg.), *Politik der Eigenständigkeit. Lateinamerikanische Vorschläge für eine neue Demokratie*, Wien 2005.

oder andere Naturschätze vermutet werden, stößt mittlerweile auf größeren Widerstand, zumal sie durch die Medien sowie internationale Hilfsorganisationen schnell bekannt wird. Darüber hinaus hatten Bürgerkriege oder bürgerkriegsähnliche Zustände in Mittelamerika und Peru in den 1980er Jahren Teile der indigenen Bevölkerung in die Auseinandersetzung mit einbezogen und damit politisiert.

Unter Berücksichtigung ökonomischer und politischer Elemente kann man den Übergang vom Indigenismus zu den neueren indianischen Bewegungen im Zusammenhang mit der Schwächung des Nationalstaates und der Globalisierung sehen. Während der Indigenismus mit dem nationalstaatlichen Projekt in der Ära der Importsubstitution verbunden war, tauchen die neuen Bewegungen mit ihrer Betonung der Differenz als Ausdruck der Fragmentierung und des staatlichen Bedeutungsverlustes in Zeiten des wirtschaftlichen Neoliberalismus auf.[31]

Das indianische Denken ist nicht einheitlich. Eine wichtige Frage für die indigenen Gruppen und Parteien, die mittlerweile in zahlreichen Parlamenten vertreten sind, stellt das Thema Identitätspolitik dar. Man beruft sich auf die eigenen Rechte und fordert die Wiedererlangung der Wertschätzung. Ein wichtiges Wort ist *pachakuti*, ein Wort aus dem Ketschua, das so viel wie Umkehr der Welten bedeutet.

Wer sind und was wollen die neueren indianischen Gruppen? Zunächst muss festgehalten werden, dass sie außerordentlich vielfältig sind. Sie möchten selber definieren, wer sie sind und was ihre Identität ausmacht. Auch wollen sie Rechte auf Land und Territorium erhalten. Dazu gehören eine Neudefinition von Nation bzw. Nationalität und eine Sicherung von Gewohnheitsrechten. Bislang wurde dieser Begriff, wie in Europa, auf den Nationalstaat bezogen. Viele der indigenen Gruppen gehen davon aus, dass er ethnisch bzw. territorial beschrieben werden sollte.

Die indigenen Gruppen haben in den vergangenen Jahren eine Umformulierung der Verfassungen erreicht und – zum Teil mit internationaler Hilfe und Rechtsprechung – eine Ausweitung ihrer Schutzrechte. Indianische Vertreter haben internationale Präsenz und hohe politische Positionen erlangt. Weltweit bekannt wurde Rigoberta Menchú, eine 1959 geborene Quiché-Indianerin, d.h. eine Nachkommin der Mayas. Sie waren neun Kinder in ihrer Familie, ihr Vater, ein Gewerkschaftsführer, wurde bei der Besetzung und nachfolgenden Erstürmung der spanischen Botschaft in Guatemala-Stadt durch das Militär getötet. Ihre Mutter Juana wurde im

31 José Bengoa, *La emergencia indígena en América Latina*, Santiago de Chile 2000.

gleichen Jahr von Soldaten vergewaltigt und getötet. Rigoberta Menchú flüchtete 1981 nach Mexiko und diktierte eine Art Lebensbericht „Rigoberta Menchú – Leben in Guatemala", der für Aufsehen und Kontroversen sorgte. 1992 erhielt sie den Friedensnobelpreis und tritt international als eine Fürsprecherin der indigenen Bevölkerung auf.[32]

Víctor Hugo Cárdenas wurde 1993 Vize-Präsident in Bolivien und hielt seine Antrittsrede im Kongress in Aymara, Guaraní und Ketschua, den drei wichtigsten indigenen Sprachen des Landes, in Peru regierte 2001-06 mit Alejandro Toledo ein Politiker indianischer Herkunft. Auch auf der Ebene der Bürgermeister haben die indigenen Gruppen in den letzten Jahren Erfolge erringen können.

Ohne Zweifel kann man von einer indianischen Renaissance sprechen, deren Folgen noch nicht abschätzbar sind: Zum einen ist es nicht ungewöhnlich, dass auch neopopulistische oder sogar autoritäre Führer die Vergabe von Rechten an indigene Gruppen mit der Sicherung der eigenen Machtstellung verbinden. Zum anderen entsteht in einzelnen Staaten ein Gegensatz zwischen den berechtigten Ansprüchen der indigenen Menschen und denen anderer Gruppen, wie z.B. den Schwarzen. Dies hat zumindest in Brasilien auch zu Kontroversen über den jeweiligen Stellenwert der indianischen bzw. der afrikanischen Bevölkerung geführt.

Die neuen indianischen Bewegungen und die Verfassungsänderungen stellen die bisherige Interpretation Lateinamerikas als Kontinent des *mestizaje*, der „Rassenmischung" in Frage. Statt auf die Idee eines *crisol de razas (melting pot)* setzen sie auf Differenz, Unterstützung erhalten sie dabei von Teilen der katholischen Kirche und von Anthropologen, die Akkulturation teilweise als Ethnozid betrachten.[33] Von der Vorstellung der Rassenmischung *(mestizaje)* und eines Nationalismus der Synthese ist man zumindest auf dem Papier zu der einer multiethnischen Nation mit einer Gleichberechtigung aller Volksgruppen übergegangen. In Bolivien werden sie *pueblos originarios* genannt.

Gleichzeitig markiert die Anerkennung der multiethnischen Zusammensetzung in fast allen Verfassungen das Ende der Assimilationspolitik der liberalen Republiken und des entwicklungsorientierten Populismus. Die

32 Menchú wurde vorgeworfen, in dem Lebensbericht übertrieben zu haben. Vgl. dazu Berthold Molden, *Die Debatte um David Stolls Menchú-Kritik: Vom US-Akademiker-Streit zur geschichtspolitischen Kontroverse in Guatemala*, in: *Lateinamerika Analysen*, (2004)7, S. 3-28.

33 Michiel Baud, *Intelectuales y sus utopías: indigenismo y la imaginación de América Latina,* Amsterdam 2003. Henri Fauvre, *L'indigénisme,* Paris 1996, S. 112ff.

Ergebnisse der jüngeren Innovationen sind widersprüchlich:[34] So wurde zwar 1992 in Mexiko festgehalten, dass das Land eine plurikulturelle Zusammensetzung habe, gleichzeitig wurde der Art. 27 der Verfassung von 1917 so modifiziert, dass der Schutz des kommunalen Landes (*ejidos*) vor Veräußerung praktisch aufgehoben wurde.

2.3 Frauen

In den Ländern des Südkegels gab es schon Anfang des 20. Jhs. Ansätze zu einer Frauenbewegung, die mit dem Ziel der Etablierung des Frauenwahlrechtes zwischen 1919 und 1930/32 in Argentinien aufkam. Frauenrechtlerinnen forderten eine Ausweitung des Wahlrechtes, die Sozialistische Partei Argentiniens gründete 1918 eine Frauenunion.[35] Die Frauenbewegungen entstanden dort, wo ein relativ modernes Erziehungssystem beiden Geschlechtern offen stand. Anfangs war sie deshalb in Lateinamerika vor allem ein Mittel- und Oberschichtenphänomen. Im Unterschied zur europäischen oder nordamerikanischen Frauenbewegung nimmt die Mutterrolle einen höheren Stellenwert ein.[36] Seit Mitte des 20. Jhs. wurde die Frauenbewegung zunächst von den Mittelschichten und seit den 1980er Jahren verstärkt von den Unterschichten getragen. Gerade in den neuen sozialen Bewegungen spielen Frauen eine wichtige Rolle.

Auch wenn die Einführung des Frauenwahlrechtes eine schon länger erhobene Forderung war, erfolgte sie erst um die Mitte des 20. Jhs. und fiel mit der Ära des historischen Populismus zusammen.

In Belgien, Frankreich, Italien und der Schweiz wurde das Wahlrecht für Frauen übrigens erst nach dem Zweiten Weltkrieg eingeführt. Unterdessen ist der Frauenanteil in gewählten Positionen in der Region aufgrund von Quotierungen gestiegen.[37] Nach Angaben der *Inter-Parliamentary Union* rangiert Lateinamerika hinter den in dieser Hinsicht führenden skandinavischen Ländern (41,6 %) an zweiter Stelle (19,4 %), knapp vor den europäischen Staaten (www.ipu.org).

34 Die Gesetzestexte bzw. Entwürfe von 16 Staaten finden sich in: Gisela González Guerra (Komp.), *Derechos de los pueblos indígenas: Legislación en América Latina*, Mexiko 1999.

35 Barbara Potthast, *Von Müttern und Machos. Eine Geschichte der Frauen Lateinamerikas*, Wuppertal 2003, S. 257.

36 Ebenda, S. 270.

37 Zur Wirkung der Quotierung und dem politischen Aufstieg der Frauen: Peter H. Smith, *Democracy in Latin America,* Oxford 2005, S. 244ff.

Tabelle 7: Einführung des Frauenwahlrechts

Ecuador	1929	Costa Rica	1949
Brasilien	1932	Guatemala	1950
Uruguay	1932	Haiti	1950
Kuba	1934	Bolivien	1952
El Salvador	1939	Mexiko	1952
Dom. Republik	1942	Kolumbien	1954
Panama	1946	Peru	1955
Venezuela	1947	Honduras	1958
Argentinien	1947	Paraguay	1959
Chile	1949	Nicaragua	1963

Quelle: Göran Thorborn, *The Travail of Latin American Democracy*, in: *New Left Review*, (1979)113-114, S. 90.

Das Zusammenleben von Frauen und Männern erfolgt in Lateinamerika in weniger ausgeprägtem Maße als in Europa in Form der „Hausfrauenehe". Verwandte, Nachbarn und unterschiedliche Familientypen spielen eine Rolle. Im Zeichen der neoliberalen Wirtschaftspolitik stieg die Erwerbsquote von Frauen, die kleine Kinder zu betreuen haben, erheblich: 1999 waren über 30 % der aktiven Bevölkerung Frauen (vgl. Tab. 8.1). Rund 20 % aller Haushalte in Lateinamerika werden von Frauen geführt. Bei den informell Beschäftigten liegt der Frauenanteil höher als der der Männer.[38]

Die meisten weiblichen Arbeitsplätze finden sich im Dienstleistungssektor (vgl. Tab. 8.2). Hierzu zählen vor allem die Hausmädchen, es sind gerade Einwanderinnen, die hier arbeiten. Darüber hinaus sind meist Frauen in der *maquila* tätig, d.h. den Fabriken in den Freihandelszonen. Die Differenz zwischen den Löhnen für Frauen- und Männerarbeitsplätzen soll immer noch ca. 40 % betragen.[39] Sowohl an den sozialen Bewegungen als auch den transnationalen Migrationsbewegungen sind Frauen mittlerweile in stärkerem Maße beteiligt als Männer.

38 Marianne Braig, *Frauen in Lateinamerika – ein ungenutztes Potential?* in: Dieter Nohlen/Hartmut Sangmeister (Hrsg.), *Macht, Markt, Meinungen. Demokratie, Wirtschaft und Gesellschaft in Lateinamerika,* Wiesbaden 2004, S. 152ff.

39 Vgl. die Beiträge in: *Geschlecht und Macht*, in: *Jahrbuch Lateinamerika. Analysen und Berichte 24*, Münster 2000.

Tabelle 8.1: Anteil der weiblichen Arbeitskräfte (in %)

	1980	1994	1999	2005*
Argentinien	28	30	33	40
Bolivien	33	37	38	38
Brasilien	28	34	35	43
Chile	26	31	33	34
Kolumbien	25	35	38	39
Costa Rica	21	29	31	33
Kuba	-	-	-	39
Dom. Republik	25	29	30	40
Ekuador	20	26	28	34
El Salvador	27	33	36	35
Guatemala	22	25	28	28
Honduras	25	28	31	30
Mexiko	27	32	33	36
Nicaragua	28	36	35	38
Panama	30	33	35	37
Paraguay	26	28	30	28
Peru	24	28	31	40
Uruguay	31	40	42	45
Venezuela	27	33	34	38

- keine Daten

Entnommen aus: Sylvia Chant, *Urban livelihoods, employment and gender*, in: Robert N. Gwynne/Cristóbal Kay (Hrsg.), *Latin America Transformed*, London 2004, S. 222.; *: Cepal, *Statistisches Jahrbuch Lateinamerika 2006.*

Ein Thema in Lateinamerika und nicht nur dort ist der *machismo*.[40] Zum Schutz von Frauen vor zudringlichen Männern wurden 2008 in Mexiko-Stadt Busse nur für weibliche Fahrgäste eingesetzt. Unabhängig von der vergleichsweise hohen Bedeutung des *machismo* nimmt die Frau und Mutter in der lateinamerikanischen Kultur eine enorm wichtige Rolle ein. Die

40 Im Wörterbuch heißt es: *Macho*: 1. männliches Tier, Männchen; 2. kräftig, tapfer. Mit dieser Übersetzung ist der Bedeutungsgehalt des *machismo* (Männlichkeitskultes) jedoch nur sehr unvollständig umschrieben.

Tabelle 8.2: Anteil von Frauen nach Beschäftigungsfeldern und Sektoren

	Anteil (in %) der Frauen an Gesetzgebern, höheren Beamten, Managern 1991-2000	technischen Berufen und Angestellten 1991-2000	Beschäftigung von Frauen nach Sektor (in %) 2005* Agrar	Indus-trie	Dienst-leistung
Argentinien	-	-	0,6	11,0	88,4
Bolivien	36	40	32,1	11,4	56,5
Brasilien	-	62	15,5	13,3	71,2
Chile	26	52	6,3	11,5	82,2
Kolumbien	38	49	7,4	16,7	75,9
Costa Rica	33	46	4,7	12,6	82,7
Kuba	-	-	-	-	-
Dom. Rep.	31	49	3	14,8	82,2
Ekuador	28	47	25,4	10,1	64,5
El Salvador	33	47	3,3	21,6	75,1
Guatemala	-	-	13,9	20,1	66,0
Honduras	36	51	8,4	25,4	66,1
Mexiko	24	41	7,3	17,6	75,1
Nicaragua	-	-	10,0	16,9	73,1
Panama	33	46	6,9	10,9	82,3
Paraguay	23	54	22,0	9,1	69,0
Peru	28	39	33,4	7,7	58,8
Uruguay	36	54	1,5	12,8	85,7
Venezuela	24	58	2,0	11,2	86,8

- keine Daten

Entnommen aus: Sylvia Chant, *Urban livelihoods, employment and gender*, in: Robert N. Gwynne/Cristóbal Kay (Hrsg.), *Latin America Transformed*, London 2004, S. 222.; *: Cepal, *Statistisches Jahrbuch Lateinamerika 2006.*

Erziehung der Kinder wird in noch stärkerem Maße als in den zeitgenössischen europäischen Gesellschaften von Frauen geleistet, durch die Abwesenheit der Männer und die größere Zahl von unehelichen Kindern kommt den Frauen ohnehin eine entscheidende Funktion zu. Trotz oder gerade wegen der vor allem in der Vergangenheit schlechten Behandlung von Frauen besitzt die *madre* (Mutter) im Selbstverständnis lateinamerikanischer Gesellschaften einen hohen Stellenwert.

Die Chancen von Frauen hängen mit der Schichtenzugehörigkeit zusammen. Als Folge der frühzeitigen Ausdehnung des Dienstleistungsbereiches können Frauen aus der Mittel- und besonders der Oberschicht die Betreuung der Kinder und die Führung des Haushaltes an Dienstmädchen vergeben. Dies erklärt u.a., warum die Zahl der berufstätigen Frauen vergleichsweise hoch ist. Ein weiterer Grund ist die schlechtere Bezahlung im Erziehungs- und Bildungsbereich. An den Schulen und Universitäten ist die Frauenquote wesentlich höher als in der Bundesrepublik Deutschland. Mittlerweile studieren genauso viele Frauen wie Männer.

Nur wenige Frauen erreichten bislang das Präsidentenamt. María Isabel Martínez de Perón, die zweite Frau von Perón, regierte nach dem Tode ihres Mannes von 1974 bis 1976 in Argentinien, sie war 1973 zur Vize-Präsidentin gewählt worden. 1979-80 amtierte Lidia Gueiler einige Monate als Interimspräsidentin in Bolivien. Violeta Barrios de Chamorro war von 1990 bis 1997 Präsidentin Nicaraguas. Von 1999 bis 2004 amtierte Mireya Moscoso als Präsidentin Panamas, ihr Mann Arnulfo Arias Madrid war dreimal Staatspräsident des Landes gewesen. 2006 gewann Michelle Bachelet die Präsidentschaftswahlen in Chile, 2007 wurde Christina Fernandez de Kirchner zur Regierungschefin Argentiniens gewählt. Mittlerweile bestehen in den meisten Kongressen und bei der Kandidatennominierung der Parteien Frauenquoten, die Zahl der von Frauen eingenommenen Ministerämter ist gestiegen.

2.4 Perspektiven

Die Analyse der sozialen Schichten und Strukturen ist seit der Wende hin zum wirtschaftlichen Neoliberalismus nicht einfacher geworden, die Heterogenität und der informelle Sektor in den Gesellschaften nahmen weiter zu. Die hohen Erwartungen, die in die Zivilgesellschaft gesetzt wurden, haben sich nur teilweise bestätigt. Soziale Bewegungen können nur partiell die Aufgaben von Parteien übernehmen.

Verändert haben sich auch die Forschungsansätze. Genderfragen, Minderheiten, Lebensstilansätze und ethnische Aspekte gewinnen an Bedeutung. Ein Teil der Analysen geht über den nationalstaatlichen Rahmen hinaus. Damit ist die Frage der Relevanz solcher Ansätze zumindest für die Politikwissenschaft noch nicht beantwortet, da die Politik nach wie vor im nationalstaatlichen Rahmen erfolgt.

Literatur-Empfehlungen

Soziale Schichten

Patricia Fernández-Kelly/Jon Shefner (Hrsg.), *Out of the Shadows: Political Action and the Informal Economy in Latin America,* Pennsylvania State University 2006. Der Sammelband behandelt mit der informellen Ökonomie ein wenig erforschtes Gebiet; er weist u.a. auf die Bedeutung der Haushalte hin und neue Arrangements in den Patron-Klient-Beziehungen im Zuge der Globalisierung.

Ignacio Sotelo, *Soziologie Lateinamerikas,* Stuttgart 1973. Der mittlerweile veralterte Essay enthält immer noch wichtige Aussagen zur Schichtenbildung in Süd- und Mittelamerika.

Nikolaus Werz, *Das Konzept der „clase media" und die Mittelschichten in Lateinamerika,* in: Bert Becker/Jürgen Rüland/Nikolaus Werz (Hrsg.), *Mythos Mittelschichten,* Bonn 1999, S. 120-159. Der Aufsatz beschreibt die Geschichte und diskutiert den Umfang der Mittelschichten in Lateinamerika sowie ihre Rolle im internationalen Vergleich.

Indigene Bevölkerung

Richard E.W. Adams/Murdo J. MacLeod (Hrsg.), *The Cambridge History of the Native Peoples of the Americas,* Cambridge 2000 vermittelt einen historischen Überblick.

Christian Büschges/Joanna Pfaff-Czarnecka (Hrsg.), *Die Ethnisierung des Politischen. Identitätspolitiken in Lateinamerika, Asien und den USA,* Frankfurt/New York 2007 geht auf das neue Verhältnis von Ethnizität und Politik vor allem in Mexiko, Peru und Guatemala ein.

Jahrbuch INDIANA. Das am Ibero-Amerikanischen Institut in Berlin 1973 als „Beiträge zur Völker- und Sprachenkunde, Archäologie und Anthropologie des indianischen Amerika" gegründete Jahrbuch versteht sich mittlerweile als Forum für alle, die sich der Erforschung der indigenen und multiethnischen Gesellschaften und Kulturen Lateinamerikas und der Karibik in Vergangenheit und Gegenwart widmen.

Frank Semper, *Die Rechte der indigenen Völker in Kolumbien*, Hamburg 2003. Der Autor untersucht die vergleichsweise fortschrittliche Rechtssituation in dem Andenstaat und kontrastiert sie mit der Lebenswirklichkeit der Indigenen.

Juliana Ströbele-Gregor, *Zukunft gestalten: Herausforderungen an die indigenen Bewegungen in Lateinamerika,* in: *Indiana* 17/18(2002), S. 9-29. Es handelt sich um den einleitenden Aufsatz zu dem Dossier „Neue Tendenzen indigener Bewegungen in den Andenländern und Guatemala zu Beginn des neuen Jahrtausends".

Juliana Ströbele-Gregor, *Indigene Emanzipationsbewegungen in Lateinamerika,* in: *APUZ* (2006) 51-52, S. 5-11, geht auf den politischen Gehalt der Begriffe *indio* und *indígena* ein sowie auf die Entwicklung in Bolivien und Ecuador.

Phillip Wearne, *Die Indianer Amerikas. Die Geschichte der Unterdrückung und des Widerstandes*, Göttingen 2003. Das gut geschriebene Buch des Journalisten schildert die Geschichte, die kulturelle Vielfalt und das indigene Erwachen der Völker in Nord-, Zentral- und Südamerika (mit Zeittafel und einer Liste der indigenen Völker Amerikas).

Deborah J. Yashar, *Contesting Citizenship in Latin America. The Rise of Indigenous Movements and the Postliberal Challenge,* Cambridge 2005. Während früher die Indigenen in die korporatistischen Systeme integriert werden sollten, appellieren sie mittlerweile an internationale Normen und fordern eine differenzierte Staatsbürgerschaft in multikulturellen Gesellschaften.

Filme/Videos

Amores/perros Mexiko 2001. WB Verleih, ca. 148 Minuten. Ein Autounfall in Mexiko-Stadt verbindet drei Lebens- und zumindest im Film scheiternde Liebesgeschichten aus unterschiedlichen sozialen Milieus. Octavio gerät in die Welt der illegalen Hundekämpfe, mit dem dabei erzielten Geld will er mit der Frau seines später bei einem Banküberfall getöteten Bruders die Metropole verlassen. Der Verleger Daniel verlässt Frau und Familie, um mit dem Supermodel Valeria und ihrem Hündchen zusammen zu ziehen. *El Chivo* (Der Bärtige), vormals ein erfolgreicher Unternehmer und späterer Revolutionär, zieht mit Hunden als vermeintlicher Penner durch die Hauptstadt und führt Auftragsmorde durch. Gewalt und Misstrauen bei einem gleichzeitigen Wunsch nach Liebe kennzeichnet die Beziehungen der Charaktere. Der Film lässt offen, ob es den Personen gelingt, sich aus ihren Verstrickungen und Lebensumständen zu lösen. Der Film öffnete Alejandro González Inárritu den Weg nach Hollywood, wo er *21 Gramm* (2003) und *Babel* (2006) produzierte.

Domésticas/Maids, Brasilien 2003, Regie: Fernando Meirelles/Nando Olival, trigon-film dvd-edition 10, 90 Minuten. Der Film handelt von Hausangestellten (*domésticas*) in São Paulo. In Form einer Komödie werden am Beispiel von sechs Personen ihre Lebensumstände, Probleme und Träume dargestellt. Die Haus- und Autobesitzer tauchen in dem Film gar nicht auf.

Worüber es zu diskutieren lohnt

- über den Begriff der „strukturellen Heterogenität“ und seine Auswirkungen auf die Schichtenstruktur
- über die Rolle der Mittelschichten in Lateinamerika
- über die Grenzen der traditionellen Politik der Integration und des *mestizaje*
- über die sich wandelnde Position der Frauen in den lateinamerikanischen Gesellschaften

3. Zur Lateinamerikaforschung (vor allem im deutschsprachigen Raum)

Neben der Behandlung universeller Themen in der Politikwissenschaft und den Sozialwissenschaften hat sich nach dem Zweiten Weltkrieg die sog. Regionalforschung herausgebildet. In Deutschland wurden entsprechende Studien früher als Übersee- oder Auslandswissenschaften bezeichnet, der neuere Begriff der Regionalforschung orientiert sich an dem nordamerikanischen Konzept der *area* oder *regional studies*. Diese regionale Ausrichtung beinhaltet einen landeskundlichen und sprachlichen Teil (*the land and the people*), ferner werden kulturelle und historische Aspekte berücksichtigt. Zwischen Generalisten und Regionalexperten bestehen zuweilen deutliche Unterschiede, geht es doch nicht zuletzt um theoretisch-methodische Fragen. Während die an der Weltpolitik oder der Globalisierung interessierten Autoren übergreifende Probleme in den Vordergrund rücken, verteidigen die Regionalisten die Besonderheiten ihres Forschungsgebietes. Sie werden in weitaus stärkerem Maße Sprach- und Landeskenntnisse betonen, als dies die an globalen Fragen orientierten Wissenschaftler tun werden.

In den 1970er Jahren kam in Deutschland die Dritte-Welt-Forschung auf. Das *Handbuch der Dritten Welt* in acht Bänden zeugt von einem umfangreichen Kenntnisstand in dieser Hinsicht, wobei Lateinamerika bis Anfang der 1990er Jahre einen breiten Raum einnahm. Nach 1989 haben andere Weltregionen und Europa wieder einen höheren Stellenwert erlangt, gleichzeitig sind mit dem Islamismus und Terrorismus Herausforderungen aufgetaucht, die jenseits von Lateinamerika erfolgen. Weltpolitische Themen unterliegen gewissen Zyklen der Aufmerksamkeit; es besteht die Gefahr, dass andere Weltregionen je nach vorherrschendem Thema an Bedeutung verlieren bzw. durch diese Brille betrachtet werden. Insgesamt hat das Interesse an Lateinamerika zu Beginn des 21. Jhs. etwas nachgelassen, da die Krisenherde sich in anderen Weltgegenden befinden. Länderexperten und Regionalforscher versuchen jedoch unabhängig von solchen Konjunkturen weiter zu ihren Gebieten zu arbeiten.

3.1 Allgemeiner Überblick: Übersee- und Regionalforschung, globale Studien

Schon im 19. Jh. – oder sogar noch früher in Form von Reisebeschreibungen und ersten ethnologischen Berichten – setzten naturwissenschaftliche Erkundungen und Untersuchungen in Amerika ein. Wichtige Expeditionen und Forschungsreisen nach Übersee, wie die südlichen Regionen genannt wurden und zu deren Erforschung z.B. in der Handelsstadt Hamburg sog. Überseeinstitute gegründet wurden, waren Anfang des 20. Jhs. bereits erfolgt. 1917 wurde das *Ibero-Amerikanische Institut* ins Leben gerufen. Hintergrund für diese Gründungen war ein verstärkter Informationsbedarf, bedingt durch verbesserte Handelsbeziehungen und die gestiegene Zahl deutscher Auswanderer.

Sowohl Naturwissenschaftler als auch Romanisten hatten sich schon länger mit dem Halbkontinent beschäftigt, bevor die Sozialwissenschaften mit systematischen Untersuchungen begannen. Der Bekannteste war Alexander von Humboldt (1769-1859), der genaue Ortsbestimmungen und Höhenmessungen vornahm und u.a. die Temperatur des später nach ihm benannten Humboldtstroms maß. Mit seiner Heimkehr 1804 nach vierjähriger Forschungsreise begann sozusagen die „zweite Entdeckung Lateinamerikas“; viele Straßen, Plätze und sogar Hochhäuser tragen dort seinen Namen.[1]

Verschiedene Bezeichnungen waren und sind für die Untersuchungen in früher sehr viel ferneren Ländern im Umlauf: Übersee-, Auslands- und Regionalforschung sowie Lateinamerikakunde. Nach dem Zweiten Weltkrieg hat sich in Anlehnung an die in den USA üblichen *area studies* die Vorstellung von der Regional- bzw. in diesem speziellen Fall von der Lateinamerikaforschung durchgesetzt. Mit diesem Ziel wurde 1964 die *Arbeitsgemeinschaft Deutsche Lateinamerika-Forschung* (ADLAF) gegründet. Getragen wird sie mit wechselndem Vorsitz von den auf Lateinamerika spezialisierten Instituten, einzelnen Lehrstühlen an den Universitäten und den Parteienstiftungen. Ihr Ansatz ist interdisziplinär, ihr gehören Wissenschaftler unterschiedlichster Fächer und Institutionen an. Sie veröffentlicht das ADLAF-Info (www.adlaf.de) und führt Jahrestagungen

1 200 Jahre nach seiner Rückkehr scheint auch die Wiederentdeckung Alexander von Humboldts in Deutschland eingesetzt zu haben. Sein Werk *Ansichten der Kordilleren und Monumente der eingeborenen Völker Amerikas* erschien erstmals 2004 in deutscher Sprache. Vgl.: www.humboldt-portal.de und die Titelgeschichte „Das Abenteuer und die Poesie der Wissenschaft“, in: *Der Spiegel*, (2004)38.

durch. Ein Handbuch vermittelt einen Überblick über die auf Lateinamerika bezogene Forschung in den verschiedenen Disziplinen von der Alt-Amerikanistik bis zur Zoologie.[2] Die Namen und Adressen von Wissenschaftlern und Einrichtungen, die zu diesen Bereichen arbeiten, enthält ein in Hamburg herausgegebenes Kompendium.[3] Das *Centre for Latin American Research and Documentation* (CEDLA) (www.cedla.uva.nl) veröffentlicht ein *Who is Who* der europäischen Lateinamerikaforschung.[4]

Mittlerweile sind die Bestände der beiden wichtigsten Bibliotheken zu Lateinamerika im Netz zugänglich. An erster Stelle muss das *Ibero-Amerikanische Institut/Preußischer Kulturbesitz* (IAI), Berlin, genannt werden (www.iai.spk-berlin.de).[5] Am Potsdamer Platz gelegen verfügt es über die umfangreichste Bibliothek zu Iberoamerika in Europa – einen veritablen Bücherschatz. Neben Monographien (800.000 Bände) findet der Leser Zeitschriften (27.000 davon 4.500 laufende), Karten (66.000), Bildbände, Phonothek (ca. 25.000 Tonträger, d.h. auch Filme) etc. Das Institut hat eine Publikationsreihe und führt selbst wissenschaftliche Veranstaltungen durch. Mit dem Wechsel der Hauptstadt 1999 hat es noch an Bedeutung gewonnen, zumal eine Reihe wissenschaftlicher Beratungsinstitute, wie die *Stiftung Wissenschaft und Politik* (SWP) und die parteinahen Stiftungen, sich nach dem Ende des Kalten Krieges in Berlin niedergelassen haben. Durch die Nähe zu den Botschaften und eine auf ca. 10.000 Personen geschätzte „Kolonie" von Lateinamerikanern bildet die neue Hauptstadt einen wichtigen Bezugspunkt der Lateinamerikanistik in Europa.[6]

Hamburg muss aus den bereits erwähnten historischen Gründen und aufgrund des 1962 gegründeten *Instituts für Iberoamerika-Kunde* (IIK) an zweiter Stelle erwähnt werden. Das IIK bildet gemeinsam mit vier anderen Regionalinstituten und der Übersee-Dokumentation den *Verbund Deutsches Übersee-Institut* (DÜI) in Hamburg. 2006 wurde das DÜI im Rah-

2 Nikolaus Werz (Hrsg.), *Handbuch der deutschsprachigen Lateinamerikakunde,* Freiburg 1992. Eine etwas impressionistische Darstellung neuerer Beiträge bei: Susanne Weiss u.a., *Wissenschaft und Wirtschaft in der Globalisierung. Regionalstudien in Deutschland,* Berlin 2007, S. 132-181.

3 Wolfgang Grenz (Hrsg.), *Deutschsprachige Lateinamerika-Forschung. Institutionen, Wissenschaftler und Experten in Deutschland, Österreich und der Schweiz. Neuere Veröffentlichungen*, Frankfurt a.M. 1993. Es erfolgte eine Neubearbeitung, die von der DFG gefördert wird und beim ILAS/GIGA-Hamburg im Netz steht.

4 CEDLA (Hrsg.), *Latinoamericanistas en Europa,* Amsterdam 2002.

5 Zu den Anfängen vgl.: Reinhard Liehr/Günther Maihold/Günter Vollmer (Hrsg.), *Ein Institut und sein General*, Frankfurt a.M. 2003.

6 Vgl. auch die Schilderungen lateinamerikanischer Schriftsteller, z.B. João Ubaldo Ribeiro, *Ein Brasilianer in Berlin*, Frankfurt a.M. 1994.

men eines Restrukturierungsprozesses zum *German Institute for Global Area Studies* (GIGA; www.giga-hamburg.de). Das 1962 gegr. *Institut für Iberoamerika-Kunde* heißt seit 2007 *Institut für Lateinamerika-Studien* (ILAS), ausgestattet mit einer Fachbibliothek und einer Datenbank zur Lateinamerika-Forschung.

In der Bundesrepublik Deutschland wird die Lateinamerikaforschung an den Universitäten weitgehend von einzelnen Lehrstühlen getragen. Deshalb entstanden z.B. in Heidelberg (Prof. Dr. Dieter Nohlen, Em.) und Mainz (Prof. Dr. Manfred Mols, Em.) in den vergangenen drei Jahrzehnten politikwissenschaftliche Schwerpunkte zu Lateinamerika. Bei den Besetzungen seit den 1990er Jahren spielen allerdings andere Kriterien eine Rolle: Zum einen rücken empirische Fragestellungen bei der Innenpolitik und im außenpolitischen Bereich die Beschäftigung mit den großen Industrienationen bzw. regionalen Zusammenschlüssen in den Vordergrund, zum anderen werden Asien und Osteuropa bevorzugt. Damit besteht die Gefahr, dass die Lateinamerikaforschung aus den Universitäten abwandert und sich an den bereits erwähnten Spezialinstituten bzw. bei den Parteienstiftungen konzentriert. Während die auf Lateinamerika bezogenen Forschungen in den 1980er Jahren eine Hochphase erlebten, ergaben sich nach 1989 andere Prioritäten in der deutschen und europäischen Außenpolitik. Die Parteienstiftungen, die eine wichtige Hilfe bei der Etablierung der Lateinamerikaforschung in Deutschland waren, haben die vormals staatssozialistischen Länder als Aufgabenfeld entdeckt und ihre personelle Präsenz in Lateinamerika ebenso reduzieren müssen wie die Goethe-Institute (www.goethe.de). Die auswärtige Kulturpolitik, zu deren Gegenstand auch die Förderung von Kulturbeziehungen gehört, befindet sich im Umbruch.[7]

Nur einige Hochschulorte mit einer Spezialisierung auf Lateinamerika können hier genannt werden. Im Vergleich zu den USA und mittlerweile auch England fällt die quantitativ geringe personelle Ausstattung auf:

Die Iberische und Lateinamerikanische Abteilung des Historischen Seminars ist ein Hochschulinstitut der Universität zu Köln. Mit bis zu der Zeit vor dem Ersten Weltkrieg zurückreichenden Vorläufern wurde es 1961 gegründet. Derzeit verfügt es über zwei Professorenstellen, einen Bücherbestand von ca. 50.000 Monographien und 130 laufende Fachzeitschriften (www.uni-koeln.de/phil-fak/histsem/ibero).

7 Günther Maihold (Hrsg.), *Ein „freudiges Geben und Nehmen"? Stand und Perspektiven der Kulturbeziehungen zwischen Lateinamerika und Deutschland*, Frankfurt a.M. 2001.

1970 wurde im Zuge der Hochschulreform das Lateinamerika-Institut (LAI) der Freien Universität (FU) Berlin gegründet. Dort beschäftigen sich sechs wissenschaftliche Disziplinen mit folgenden Schwerpunkten: Alt-Amerikanistik und Lateinamerikanistik als Vollstudiengang sowie Geschichte, Soziologie, Politik- und Wirtschaftswissenschaft (www.fu-berlin.de/lai). In den 1960/70er Jahren bestand am Institut teilweise eine starke Politisierung, seit den 1990er Jahren war es von Kürzungen betroffen. Seit 2002 ist Marianne Braig Professorin für Politikwissenschaft am Lateinamerika Institut (LAI) in Berlin.

An der Katholischen Universität Eichstätt erfolgte 1985 die Gründung des Zentralinstituts für Lateinamerika-Studien (ZILAS). Es entstand ein Studien- und Forschungsschwerpunkt zu Lateinamerika, der verschiedene Fächer (besonders Geschichte und Romanistik) umfasst (www1.ku-eichstaett.de/Forschungseinr/ZILAS).

Am Institut für Politikwissenschaft der Universität Tübingen besteht schließlich seit 1992 ein Lehrstuhl zur Politik in Lateinamerika in der Bundesrepublik. Auf der Website von Prof. Dr. Andreas Boeckh finden sich weiterführende Literaturhinweise (www.uni-tuebingen.de/uni/spi/latino.html).

An der Universität Hamburg wurden 2001 ein Lateinamerika-Zentrum und der Studiengang Lateinamerikastudien (LASt) ins Leben gerufen.[8]

Erwähnt seien hier noch Einrichtungen, die sich mit wirtschaftswissenschaftlichen und entwicklungspolitischen Aspekten beschäftigen. Das 1964 gegr. Deutsche Institut für Entwicklungspolitik (DIE) mit Sitz in Bonn führt auf Grundlage unabhängiger wissenschaftlicher Forschung Beratungs- und Ausbildungsaufgaben durch. Dort findet sich auch eine Lateinamerikaabteilung, die sich u.a. mit Staats- und Verwaltungsreform sowie mit weiteren praktischen Fragen der Entwicklungszusammenarbeit auseinandersetzt (www.die-gdi.de). Das Statistische Bundesamt veröffentlicht Länderberichte auch zu Lateinamerika, die aber nur teilweise im Netz zugänglich sind (www.destatis.de). Die Dresdner Bank Lateinamerika AG publiziert vierteljährlich „Perspektiven Lateinamerika“ (www.dbla.de).

Die Regionalforschung, die sich nach dem Zweiten Weltkrieg etablierte, fiel in der BRD und der DDR aufgrund des Systemgegensatzes unterschiedlich aus.[9] Nach 1989 nahmen globale und vergleichende Studien zu. Weltprobleme, *global governance,* transnationale Kulturstudien und Mig-

8 Vgl. die anlässlich der Eröffnung gehaltenen Beiträge im *Jahrbuch für Geschichte Lateinamerikas* (JbLA), 39(2002), S. 395-418.

ration avancierten zu Forschungsthemen. Die neueren Ansätze zur Transformation, zum Systemwechsel und zur Demokratieforschung beruhen auf dem Vergleich von Staaten mit ganz unterschiedlicher Geschichte, Kultur und ökonomischem Entwicklungsstand. Ein Beispiel dafür ist der *Bertelsmann Index of Development and Transformation* (BTI), der Staaten nach Expertenurteil und gewissen Indikatoren auf einer Rangliste verortet (vgl. Kap. 11.4). Der zunächst unter dem Eindruck des Kalten Krieges entstandene *Freedom House Index* (www.freedomhouse.org) bildete in gewisser Hinsicht einen Vorläufer. Teil dieser internationalen Leistungsschau ist auch der *Korruptionsindex*.

Diese internationalen Vergleiche sind Ausdruck eines neuen Demokratieoptimismus. Gegen überzogene Erwartungen hat es Vorbehalte gegeben, verwiesen wurde auf historische, länderspezifische und regionalen Ansätze.[10] Derzeit findet eine Debatte statt, ob die Erkenntnisse der Regionalforschung (*area studies*) noch sinnvoll sind – gerade mit Blick auf die Entwicklung in Osteuropa und den postkommunistischen Staaten seit 1989. Der Einwand von Historikern und Regionalexperten lautet: Schon immer war die soziale und politische Wirklichkeit in den mittlerweile 185 Ländern der Erde viel zu komplex, um sie auf einen generellen Trend festzulegen. Sie verweisen auf die Kraft historischer Traditionen und Legate, auf die Merkmale politischer Kultur und die schwer berechenbare Wirkung von Ideologien, von religiösen und fundamentalistischen Bewegungen. Hinter dem schönen Schein moderner Verfassungen verberge sich eine ganz anders gelagerte Verfassungswirklichkeit, die politische Kultur verharre vielerorts in autoritären oder semi-demokratischen Mustern, hinter der „Davos-Kultur“[11] internationaler Eliten lauern vormoderne und paternalistische Muster.

Die Regionalforschung hat sich in Deutschland nicht in dem Ausmaß etablieren können wie in den USA und England, wo ein sehr viel größerer Personenkreis zu solchen Themen forscht und gleichzeitig die Übergänge

9 Eine Aufarbeitung der Lateinamerikawissenschaften der DDR ist noch nicht erfolgt. Dörte Ahrendt-Völschow, *Die Lateinamerikawissenschaften an der Universität Rostock von 1958 bis 1995*, in: Rostocker Informationen zu Politik und Verwaltung (2004)23 (http://www.wiwi.uni-rostock.de/~polreg/download/RIPV23.pdf).

10 Lateinamerika Historiker haben frühzeitig Vergleiche gezogen und zunächst Unterschiede bzw. „Abweichungen“ zur europäischen Entwicklung benannt. Siehe: Richard Konetzke, *Einige Grundzüge der geschichtlichen Besonderheit Lateinamerikas auf der westlichen Hemisphäre,* in: *Historische Zeitschrift,* (1967)204, S. 1-78.

11 In Davos/Schweiz findet im Winter ein hochrangiges Treffen von Ökonomen, Politikern und Unternehmern statt, gegen das in den letzten Jahren Globalisierungskritiker demonstrierten.

zwischen Wissenschaft und Praxis fließender sind.[12] Dies liegt an der geringeren Zahl der Universitäten und einer gewissen Neigung zu Ganzheitsbetrachtungen im deutschsprachigen Raum unter Berücksichtigung von Sprache und Kultur, was den gängigen Spezialisierungen und Modetrends in den Sozialwissenschaften widersprechen kann.[13]

Zwischen regionalen und universalen bzw. globalen Ansätzen besteht nicht erst seit den 1990er Jahren, als der Terminus Globalisierung aufkam, ein Spannungsverhältnis. Von den Vertretern weltumspannender Ansätze sind detaillierte und differenzierende Aussagen nicht zu erwarten. Nach 1989 besteht darüber hinaus ein Bedarf nach neuen Weltinterpretationen: Samuel P. Huntington stellte die These von einem Zusammenstoß der Kulturen auf, womit er u.a. auf die Notwendigkeit einer internationalen Wertediskussion in Zeiten eines Nachlassens der Bindekraft übergreifender Religionen und weltumspannender Kulturmuster verweisen wollte.[14] Kulturelle Interpretationen können ein Merkmal globaler Sichtweise sein, ein anderes Charakteristikum ist die Konzentration auf Ökonomie und Handelsströme, wie in einigen der Schriften zur Globalisierung. So erblicken Befürworter der Globalisierung einen welthistorischen Megatrend, bei dem Marktwirtschaft und Globalisierung Hand in Hand gehen und zum universellen Leitbild avancieren. Andere, die Marktwirtschaft und Kapitalismus kritischer gegenüberstanden, sehen ein Informationszeitalter hereinbrechen, in dem eine Opposition zwischen dem „Netz und dem Ich" entsteht und die traditionellen Nationalstaaten verschwinden.[15] Einige sprechen von einer „Globalisierungsfalle" oder konstatieren die Möglichkeit einer Erosion der in nationalstaatlichen und damit umgrenzten Räumen verfassten Demokratie und damit die Gefahr einer autoritären Rückentwicklung im 21. Jh.[16] Die Kritiker eines globalen Liberalisierungsdogmas fordern die Rückkehr zum Begriff Internationalismus, der vorhandene Identitäten und organisierte Gesellschaften respektiert und mit den Grundsätzen

12 Vgl. dazu den Themenschwerpunkt: *Braucht Politik Beratung?,* in: *E+Z,* 45(2004)1, S. 12-23.

13 Vgl. dazu: Manfred Mols, *Was sind und zu welchem Ende betreiben wir Regionalwissenschaften?,* in: *WeltTrends,* 10(2002)37, S. 97-105.

14 Der Titel lautet in der deutschen Übersetzung: Samuel P. Huntington, *Kampf der Kulturen. Die Neugestaltung der Weltpolitik im 21. Jahrhundert,* München/Wien 1996. Lateinamerika kommt in dem Buch nur am Rande vor. Vgl. dazu: Lawrence E. Harrison/Samuel P. Huntington, *Streit um Werte,* mit mehreren Beiträgen zu Lateinamerika. Die Taschenbuchausgabe erschien 2004.

15 So das in Lateinamerika einflussreiche Werk von Manuel Castells, *Das Informationszeitalter,* 3 Bde., Opladen 2001-03.

16 Eine Darstellung der unterschiedlichen Ansätze in Marianne Beisheim/Franz Nuscheler, *Demokratie und Weltgesellschaft,* in: *Globale Trends 2004/2005,* Bonn 2003, S. 31-48.

politischer Demokratie übereinstimmt.[17] Da in Lateinamerika Strukturen der Abhängigkeit bestehen und trotz politisch günstiger Bedingungen für eine Regionalisierung der Nationalstaat von Bedeutung bleibt, empfiehlt sich eine die historische Dimension mitberücksichtigende Betrachtungsweise.[18]

Zwischen universalen Interpretationen, die früher wegen ihrer Nähe zu den Modernisierungstheorien kritisiert wurden, und der Regionalforschung muss kein Widerspruch bestehen. Vielmehr sind die sog. globalen Studien[19] auf die Ergebnisse und Kenntnisse von Regionalforschern angewiesen. Der Fall Lateinamerika kann dazu beitragen, vorschnelle Annahmen einer weltweiten Demokratisierungswelle und anhaltender Transformationsprozesse mit nüchternen Augen zu betrachten. Denn die Staaten Lateinamerikas und der Karibik stellen nach dem Zweiten Weltkrieg so etwas wie ein Laboratorium für unterschiedliche politische Entwürfe dar, deren sorgfältige Analyse möglicherweise auch Rückschlüsse auf Reformversuche und Entwicklungsstrategien in anderen Weltgegenden zulässt. Schließlich hat sich die Frage, wie Formen liberaler Demokratie mit vormodernen Strukturen in Übereinstimmung gebracht werden können, dort seit dem 19. Jh. gestellt. Modernisierungstheoretiker haben unterschiedliche Akteure ausgemacht, die den erhofften Wandel bewerkstelligen sollten: Die Mittelschichten, die politischen Parteien, die Technokraten, eine „Reform in Uniform“ durch progressive Militärs bis hin zur jüngeren Diskussion um ein *political engineering*, d.h. einer Stabilisierung politischer Systeme durch institutionelle und rechtsstaatliche Reformen.

3.2 Sozial- und politikwissenschaftliche Forschungen zu Lateinamerika

Eine Zunahme lässt sich in den 1960er Jahren feststellen, wobei ein Zusammenhang mit der Vergabe von Entwicklungshilfe durch die Bundesrepublik Deutschland bestand. Damals erkannten einzelne Gelehrte die

17 Hermann Scheer, *Globalisierung – Zur ideologischen Transformation eines Schlüsselbegriffs,* in: Le Monde diplomatique (Hrsg.), *Atlas der Globalisierung,* Berlin 2003. S. 6-8. Der Atlas enthält eine Vielzahl von graphisch aufgearbeiteten Informationen und geht auch auf einzelne Weltregionen ein (vgl. Aufl. 2007).

18 Allgemein dazu: Jürgen Osterhammel/Niels P. Petersson, *Geschichte der Globalisierung,* München 2007 (4. Aufl.).

19 Die globalen Studien werden von einigen Autoren als neuer Ansatz verstanden, unabhängig vom Rechts-Links-Schema sowie unter Berücksichtigung anthropologischer und kultureller Aspekte. Vgl. etwa: Sheldon Smith, *Latin America in Transition. The Influence of Culture on Ecology, Power and Diversity*, Lanham 2003.

Bedeutung der sog. Entwicklungsländer, wie Richard F. Behrendt (1908-1973), der zunächst in Bern und später in Berlin wirkte, Arnold Bergstraesser (1896-1964) in Freiburg (www.arnold-bergstraesser.de) und Peter Heintz (1920-83) in der Schweiz, der für die UNESCO vor allem in Lateinamerika tätig war und die *Facultad Latinoamericana de Ciencias Sociales* (FLACSO) mit aufbaute. Mitte der 1960er Jahre wurde an der Universität Münster mit Unterstützung der Westdeutschen Rektorenkonferenz eine Lateinamerika-Abteilung gegründet (www.uni-muenster.de/CeLA). Der Schelsky-Schüler Hanns Albert Steger (1923) begann dort mit seinen kultursoziologischen Arbeiten, die er ab 1970 auf einem Lehrstuhl für Auslandswissenschaften in Nürnberg fortsetzte. Unter seinem Nachfolger Walther L. Bernecker haben sie eine stärker historische und zeitgeschichtliche Komponente erhalten.

Die Auf- und Ausbauphase endete Anfang der 1980er Jahre, die meisten Veröffentlichungen erschienen in dem genannten Jahrzehnt. Auffallend bleibt, dass nach in den 1970er Jahren kaum noch Gesamtdarstellungen verfasst wurden.[20] Die Studien begannen sich nach einzelnen Ländern bzw. Themen zu differenzieren. Ein Grund dafür war sicherlich der enorme Nachholbedarf, denn noch in den 1970er Jahren lag zu vielen Staaten keine Ländermonographie in deutscher Sprache vor. Hinzu kamen Motive, die sich nicht unmittelbar aus der Wissenschaft herleiten lassen. Eine Reihe von Teilnehmern der 68er-Bewegung und den in den 1970er Jahren politisch aktiven lateinamerikanischen Studentengemeinschaften *(Asociación de Estudiantes Latinoamericanos,* AELA), entdeckten ihren Enthusiasmus für den Subkontinent. Meist folgten längere Aufenthalte vor Ort und eine etwas einseitige Rezeption der *Dependencia*-Ansätze. Deshalb sind auch die Unterschiede zwischen der Soziologie und der Politikwissenschaft bei einem Teil der Publikationen der 1970er und frühen 80er Jahre nicht leicht zu erkennen. Soziologische Dissertationen haben historische und politische Probleme behandelt, während die Politologen meist auch soziale Aspekte bzw. die Frage der Ungleichheit aufgegriffen haben. Nur in der Anfangszeit gelang es, die politik- und sozialwissenschaftlichen

20 Statt anderer: Gerhard Sandner/Hanns Albert Steger, *Fischer-Länderkunde. Lateinamerika*, Frankfurt a.M. 1973. Ignacio Sotelo, *Soziologie Lateinamerikas*, Stuttgart 1973. Wolf Grabendorff (Hrsg.), *Lateinamerika. Kontinent in der Krise*, Hamburg 1973. Hinzu kommen Übersetzungen, die mittlerweile teilweise veraltert sind: Victor Alba, *Die Lateinamerikaner,* Zürich und Freiburg i.Br. 1969. Germán Arciniegas, *Geschichte und Kultur Lateinamerikas,* München 1978 (erweiterte Taschenbuchausgabe).

Beiträge in Sammelbänden zusammenzufassen.[21] Die Auswahl der Themen war nicht zuletzt durch politische Anlässe motiviert: Die kubanische Revolution 1959, das Aufkommen der Theologie der Befreiung, die Regierung der Volkseinheit in Chile 1970-73, die Guerilla-Bewegungen in Süd- und später in Zentralamerika, der Sieg der Sandinistischen Befreiungsfront (*Frente Sandinista de Liberación Nacional*, FSLN) 1979 in Nicaragua und später die sozialen Bewegungen fanden ihren Niederschlag in den sozialwissenschaftlichen Beiträgen. Manches wurde mit schneller Nadel und heißem Herzen gestrickt.

Seit den 1980er Jahren entstanden neue Schwerpunkte, die Politikwissenschaftler gewannen ein stärkeres Profil:[22] Regimewechsel und Re-Demokratisierung, Transformation, Integrationstheorien, die Debatte um Präsidentialismus und Parlamentarismus, Wahlen und politisches Denken gehören zu den in der Folgezeit behandelten Themen. Die auf dem Höhepunkt der *Dependencia*-Rezeption feststellbare Tendenz, stets die gesamte Gesellschaft des betreffenden Landes erklären zu wollen, setzte sich nicht fort. Der Streit zwischen den Anhängern der Modernisierungstheorien und der *Dependencia*-Literatur flaute ab.

Während der Zeit der autoritären Regime begann eine Kooperation mit unabhängigen Forschungsinstituten. Hierzu gehörten vor allem die Kontakte zur *Facultad Latinoamericana de Ciencias Sociales* (FLACSO) in Chile, Argentinien und Ecuador. Die *Ford-Foundation* und die *VW-Stiftung* haben Forschungsvorhaben im Prozess der Re-Demokratisierung finanziert. Zunehmend entstanden Projekte aus der Kooperation zwischen lateinamerikanischen und deutschen Sozialwissenschaftlern. Mit der 1978 gegründeten *Nueva Sociedad* (www.nuevasoc.org.ve) in Caracas (seit 2004 in Buenos Aires) hat sich ein mit Mitteln der Friedrich-Ebert-Stiftung finanzierter Verlag bzw. eine gleichnamige Zeitschrift etabliert. Die Konrad-Adenauer-Stiftung hat 1983 mit der Zeitschrift *Contribuciones* in Buenos Aires ein Projekt mit einem ähnlichen Ansatz ins Leben gerufen. Auch die Friedrich-Naumann-Stiftung und die Hanns-Seidel-Stiftung wurden in den 1980er Jahren in vielen Ländern aktiv. Verschiedene Stipendienwerke

21 Etwa in: Klaus Lindenberg (Hrsg.), *Lateinamerika: Herrschaft, Gewalt und internationale Abhängigkeit*, Bonn 1982. Jetzt wieder in Festschriften: Peter Birle/Detlef Nolte/Hartmut Sangmeister (Hrsg.), *Demokratie und Entwicklung in Lateinamerika, (für Klaus Bodemer zum 65. Geburtstag),* Frankfurt a.M. 2006.

22 Eine Bestandsaufnahme bis Anfang der 90er Jahre vermitteln: Peter Birle/Manfred Mols, *Politikwissenschaft*, in: Werz (Hrsg.), *Handbuch der deutschsprachigen Lateinamerikakunde*, S. 515-558 und Achim Schrader, *Soziologie*, in: Ebenda, S. 609-636.

führen Nachkontaktseminare in Lateinamerika durch (www.daad.de/www.kaad.de).

Insgesamt hat das Wissen über die Region enorm zugenommen. Die Zahl der spezialisierten Forschungsinstitute in Latein- und Nordamerika stieg, viele Wissenschaftler aus lateinamerikanischen Ländern arbeiten in den USA und Kanada. Lateinamerika-Institute wurden auch in Süd- und Mittelamerika gegründet. Allerdings muss man berücksichtigen, dass die Neigung, den Halbkontinent als eine Einheit zu betrachten, im Ausland ausgeprägter ist als vor Ort. Ein Charakteristikum sowohl der sozialwissenschaftlichen Forschung als auch der akademischen Kontakte mit Lateinamerika ist ihre Vielseitigkeit. Schon lange reicht es nicht mehr aus, allein die deutschsprachigen Beiträge zu kennen, die Studien in englischer und spanischer Sprache müssen ebenfalls herangezogen werden. Übergreifende Darstellungen zur Politik Lateinamerikas sind im deutschsprachigen Raum eher selten, was auch aus der Einsicht resultiert, dass die Geschichte der jeweiligen Länder voneinander abweicht. Dort, wo Gesamtdarstellungen bzw. Studien mit einem systematischen Ansatz vorliegen, werden sie in diesem Studienbuch jeweils in den einzelnen Kapiteln aufgeführt.

Aufsätze und Diskussionen über die Lateinamerikaforschung sind im deutschsprachigen Raum Mangelware, in den USA bzw. im angelsächsischen Raum dagegen recht verbreitet. Dort liegen auch Forschungen über die Forschung vor.[23] Einen Aufschwung erlebten die Lateinamerika-Studien durch die kubanische Revolution, weshalb der langjährige Direktor der spanischsprachigen Abteilung der *Library of Congress* Howard Cline 1964 den nicht ganz ernst gemeinten Vorschlag machte, die *Latin American Studies Association* solle Fidel Castro ein Denkmal als „entferntem Gottvater“ errichten.[24] Während die lateinamerikanischen Historiker lange Zeit von der eher essayistischen französischen Schule geprägt waren, zeichneten sich ihre angelsächsischen Kollegen durch intensiveres Quellenstudium aus. Wenn nordamerikanische Historiker ihren Kollegen vorhielten, sie würden Theorien ohne Fakten vortragen, konterten die Lateinamerikaner mit dem Vorwurf von „Fakten ohne Theorie.“ Als Resultat einer gestiegenen Präsenz von Lateinamerikanern an den nordamerikanischen Universitäten haben die Unterschiede stark nachgelassen. In den 1970er Jahren setzten sich unter den Historikern dort und in Europa Ansätze zur Sozialgeschichte durch, die an die Stelle der bis dahin vorherrschenden Analyse

23 Vgl. dazu die Literatur-Empfehlungen.

24 Zitiert in: Thomas E. Skidmore, *Studying the History of Latin America: A Case of Hemispheric Convergence,* in: *Latin American Research Review,* 33(1998)1, S. 108.

von Institutionen und Eliten traten. Neben die hohe Politik rückte die Alltagsgeschichte, linksliberale Wissenschaftler behandelten die „Geschichte der Besiegten", daneben ging es um Fragen der Hegemonie und der politischen Akteure. Der Zusammenhang von Gesellschaft und Politik wurde betont. Nachdem zunächst ökonomische Aspekte dominierten, wurden kulturelle Fragen immer wichtiger und Diskussionen über die Postmoderne bzw. eine lateinamerikanische Version der Moderne. Es kamen sogar Stimmen auf, die vor einem kulturellen Reduktionismus warnten und davor, dass die Historiker über alles sprechen würden, aber nicht über Geschichte.[25]

Die Frage der Re-Demokratisierung bzw. der Konsolidierung der Demokratie stand im Vordergrund.[26] Davor hatten der Zusammenbruch der Demokratien und die autoritären Regime die Wissenschaftler beschäftigt. Die im deutschen Kontext aufgekommene Debatte um einen Systemwechsel bzw. die Transformationsforschung besitzen durchaus eigene Züge. Sowohl in den USA als auch in Lateinamerika werden Versuche, zu einer Theorie des Systemwechsels zu gelangen, zurückhaltender eingeschätzt[27] (vgl. Kap. 11).

3.3 Zur wechselseitigen Perzeption und Rezeption

Das Bild Amerikas in Europa war von Entdeckungen und Erfindungen geprägt. Die Wirkung der Weltkarte des Freiburger Kartographen Martin Waldseemüller (um 1475-1521) von 1507 belegt eindrucksvoll, dass „Amerika" von Anfang an mit falschen Vorstellungen und Projektionen verbunden war. Zur Erinnerung: Der Dichter Matthias Ringmann (1482-1511), Verfasser des Begleittextes zu der Karte, stand ganz unter dem Eindruck der Reiseberichte Amerigo Vespuccis und hielt den Florentiner offenbar für den Entdecker. Er „sehe nicht ein, warum nicht (dieser Erdteil) nach dem Entdecker Amerigo, einem Mann von klugem Geist, 'Amerige, also das Land des Americus, oder 'America genannt, werden soll: denn sowohl Europa als auch Asia sind Namen, die sich von Frauen ablei-

25 Emilia Viotti da Costa, *New Publics, New Politics, New Histories: From Economic Reductionism to Cultural Reductionism – in Search of Dialectics*, in: Gilbert M. Joseph (Hrsg.), *Reclaming the Political in Latin American History*, Durham/London 2001, S. 24.

26 Einen Überblick vermittelt: Martín Lauga, *Demokratietheorie in Lateinamerika. Die Debatte in den Sozialwissenschaften,* Opladen 1999.

27 Wolfgang Merkel, *Systemtransformation. Eine Einführung in die Theorie und Empirie der Transformationsforschung*, Opladen 1999.

ten."[28] Alle Bemühungen Waldseemüllers bis zu seinem Tode, den neuen Kontinent „Brazilien" oder „Papageienland" zu nennen, waren vergeblich. So geht der Name des Kontinents auf einen Irrtum zurück. Die Karte gilt als Amerikas „Geburtsurkunde" und war eines der berühmtesten deutschen Kulturgüter. Sie wurde 2001 von dem deutschen Besitzer verkauft und mit einer Sonderausfuhrgenehmigung der Bundesregierung in die Washingtoner Kongressbibliothek gebracht.

Da Deutsche nur indirekt an der Inbesitznahme Amerikas beteiligt waren – als Soldaten, Matrosen und Kartographen –, liegen nur wenige Reiseberichte vor. Die stärkste Wirkung ging von Hans Stadens Bericht *Die wahrhaftige Historie der wilden, nackten, grimmigen Menschenfresser-Leute* (1557) aus. Der Text und die Skizzen Stadens (etwa 1525-76) über seine zehnmonatige Gefangenschaft bei den Indianern dienten dem Zeichner Thédore de Bry (1528-98) als Vorlage für seine Illustrationen über „America" – mit der Darstellung der Gräueltaten der Eroberer –, die unter anderem den Ausgangspunkt für die „schwarze Legende" über Spanien bildeten.[29]

Unter „Amerika" wurden bis ins Zeitalter der Aufklärung sowohl der Norden wie auch der Süden des Kontinents verstanden. Die Vorstellung vom späteren „Latein"-Amerika war in Europa von dem ab 1550 weitgehend negativen Spanien-Bild mitgeprägt. Erst im 18. Jh. setzte eine Veränderung ein: Mit dem Mythos vom „guten Wilden" wurde das spätere Lateinamerika aufgewertet, gleichzeitig begann sich die Synonymie „Amerikas" mit den „Vereinigten Staaten" durchzusetzen.[30] Im 19. und 20. Jh. entwickelten sich dann die Bilder von Nord- und Südamerika auseinander.[31]

Frühzeitig wurden in Lateinamerika wichtige Texte der deutschen Sozialwissenschaften rezipiert. Der 1934 gegründete Verlag *Fondo de Cultura Económica* begann Werke deutscher Soziologen und Philosophen in spanischer Übersetzung zu publizieren. 1940 wurde die *Revista Mexicana de Sociología* (www.unam.mx/udual/Cjacetas/resejul.htm) gegründet, die

28 Der Rektor der Albert-Ludwigs-Universität (Hrsg.), *AMERICA,* Freiburg i.Br. 1986, S. 6.

29 In einem 1914 erschienenen Buch untersucht Julian Juderias, *La leyenda negra* das Bild von Spanien und den Spaniern in Europa, das lange von dem Gräuel der Inquisition und der *Conquista* geprägt war.

30 Gustav Siebenmann, *Die Bilder Spaniens und Lateinamerikas in den Köpfen der Deutschen*, in: Ders., *Essays zur spanischen Literatur*, Frankfurt a.M. 1989, S. 55-84.

31 Nikolaus Werz, *500 Jahre Wahrnehmung Amerikas in Deutschland*, in: *Zeitschrift für Kulturaustausch,* (1993)3, S. 311-319.

älteste bis heute erscheinende soziologische Zeitschrift Lateinamerikas. Neben den bekannten Philosophen haben in der Nachkriegszeit marxistische Ansätze bis hin zur Frankfurter Schule einen Einfluss entfaltet.

Von ähnlicher Bedeutung war die Wirkung deutscher Theologie. Außer den Werken von Karl Rahner und Johan B. Metz, die auf eine politische Theologie hinausliefen, waren dies verschiedene von den Tübinger Theologen initiierte Projekte. Teilweise fand die Rezeption zeitversetzt statt, d.h. in Deutschland begann man sich erst dann mit lateinamerikanischen Debatten zu beschäftigen, wenn sie dort schon fast der Vergangenheit angehörten.

Gerade bei Fragen der Philosophie richten sich die Augen immer wieder auf Deutschland. Angesichts einer großen Tradition wird von der deutschen Philosophie nach wie vor ein wichtiger Beitrag zur Welterkenntnis erwartet. Dies zeigt sich in der Rezeption von Jürgen Habermas und Niklas Luhmann.

Von den Werken der genannten Philosophen und Sozialwissenschaftler liegen spanische Übersetzungen vor. In den Estudios Alemanes erschienen Veröffentlichungen deutscher Autoren, die Reihe wurde allerdings aus schwer verständlichen Gründen im Jahr 2000 eingestellt. Die in Tübingen seit 1992 publizierte Zeitschrift *Diálogo Científico* (dc) versucht diese Tradition ansatzweise mit einem ausführlichen Rezensionsteil neuerer deutscher Literatur fortzusetzen.

Seit den 1970er Jahren erfolgte im deutschsprachigen Raum eine Rezeption der Dependencia-Ansätze. Sie fanden starken Anklang bei den damaligen Studenten und Assistenten, während die Fachwissenschaftler ihnen relativ reserviert begegneten. Eine negative Begleiterscheinung war die Tendenz, die in den 1960er Jahren begonnenen Studien zum entwicklungspolitischen Wandel nicht fortzusetzen. Frühe Arbeiten, die sowohl die Modernisierungstheorie als auch die Dependencia-Ansätze berücksichtigten,[32] wurden erst mit Verzögerung zur Kenntnis genommen. Begriffe wie Dependencia, Marginalität fanden in der Folgezeit Eingang in die entwicklungspolitische Diskussion.

Das *Internationale Soziologenlexikon* nannte über 140 Personen, die in dieser Richtung in Lateinamerika tätig waren oder sind.[33] In den 1970er Jahren erschienen die Werke einiger lateinamerikanischer Soziologen in

32 Einen konzisen Überblick vermitteln: Wolfgang Geiger/H.C.F. Mansilla, *Unterentwicklung. Theorien und Strategien zu ihrer Überwindung*, Frankfurt a.M. 1984.

33 Wilhelm Bernsdorf/Horst Knospe (Hrsg.), *Internationales Soziologenlexikon*, 2 Bde., Stuttgart 1980 und 1984.

deutscher Sprache. Dazu gehörten von Cardoso/Faletto *Abhängigkeit und Entwicklung in Lateinamerika* 1973 sowie von Darcy Ribeiro *Der zivilisatorische Prozeß* 1971. In den 1980er Jahren wurde z.B. der peruanische Marxist Carlos Mariátegui (1894-1930) entdeckt und übersetzt. Das liberale Denken wurde bislang kaum analysiert; in der Schweiz wurde das Buch von Hernando de Soto, *El otro sendero*, 1992 unter dem Titel „Marktwirtschaft von unten" übersetzt.

Das Jahr 1992, als die Entdeckung/Eroberung Amerikas 500 Jahre zurücklag, brachte noch einmal ein starkes wie wohl teilweise vordergründiges Interesse an dem Halbkontinent.[34] Insgesamt war eine Versachlichung festzustellen. An die Stelle von Aussagen quer über den ganzen Kontinent hinweg traten Analysen zur Regionalforschung bzw. zu den Kulturbeziehungen mit den Ländern.[35] Mit den neuen Populisten hat auch die Neigung zu politischen Projektionen wieder zugenommen.

In den 1970/80er Jahren war ein Bemühen erkennbar, von einer folkloristischen oder touristischen Sichtweise abzurücken. Bevorzugt wurden die gehobene Belletristik, lateinamerikanische Werke zur Sozialwissenschaft und Theologie sowie insgesamt autochthone Beiträge übersetzt und gelesen. Die populäre Kultur, die Massenmedien und die Unterhaltungsmusik erhielten zunächst weniger Beachtung. Dem damaligen Zeitgeist entsprechend, wurden der politische Veränderungswille und der Wunsch nach einem eigenen lateinamerikanischen Weg etwas überschätzt. Unterdessen setzte ein Wandel ein: Im Zuge eines breiteren Kulturverständnisses und eines sinkenden Interesses an theoretischen und politischen Fragen wurden die hybriden Formen der Kultur, die modernen Tänze und die Lebensformen stärker berücksichtigt.

3.4 Hilfsmittel und spezialisierte Zeitschriften

Eine erste Informationsquelle bleiben die gedruckten und audiovisuellen Medien. Seit den 1990er Jahren hat die Präsenz Lateinamerikas in der deutschsprachigen Qualitätspresse nachgelassen. Nur wenige der großen Tageszeitungen unterhalten einen oder zwei Korrespondenten vor Ort. Ver-

34 Einen guten Überblick über die deutschsprachigen Forschungen in: Wolfgang Reinhard/Peter Waldmann (Hrsg.), *Nord und Süd in Amerika*, 2 Bde., Freiburg 1992.

35 In den beim IAI herausgebrachten Bänden zu einzelnen Ländern sind entsprechende Aufsätze enthalten. Als Beispiel: Dietrich Rall/Marlene Rall, *Deutschland und Mexiko. Geschichte ihrer Beziehungen,* in: Walther L. Bernecker u.a. (Hrsg.), *Mexiko heute. Politik-Wirtschaft-Kultur,* Frankfurt a.M. 2004, S. 87-116. Unter dem Gesichtspunkt sozialwissenschaftlicher Forschung: Peter Birle/Enrique Fernández (Hrsg.), *Chile en las ciencias sociales alemanas 1970-2001,* Concepción 2003.

lässliche Hintergrundinformationen liefert die *Neue Zürcher Zeitung* (NZZ), wenn auch nicht immer tagesaktuell. Auch die *Frankfurter Allgemeine Zeitung* (FAZ) informiert regelmäßig und mit mehr als einem Korrespondenten. Bei der *Süddeutschen Zeitung* (SZ) besitzt die Region nicht mehr den Stellenwert wie in den 1970/80er Jahren, als bekannte Journalisten von dort berichteten. *Die Welt* und die *Frankfurter Rundschau* (FR) informieren regelmäßig. Hin und wieder veröffentlicht *Das Parlament* Sonderausgaben, zuletzt mit Blick auf den EU-Lateinamerika-Gipfel in Lima 2008 (14.1.2008) oder in der Beilage *APUZ* (Aus Politik und Zeitgeschichte). Wer spanisch lesen kann, dem sei die in Madrid erscheinende Tageszeitung *El País* empfohlen. Auch die Zeitungen lateinamerikanischer Länder sind im Netz zugänglich. Eine sinnvolle Auswertung der dort wie in den USA stark personalisierten Meinungskommentare kann allerdings nur dann erfolgen, wenn man die Presselandschaft und die meinungsbildenden Autoren etwas kennt.

Hintergrundinformationen sind dem Latin American Weekly Report (LAWR) zu entnehmen (www.latinnews.com). Da die Gebühr für den Netzzugang vergleichsweise hoch ist, empfiehlt sich die Lektüre in einer Bibliothek, zumal die Texte jeweils Verweise auf vorangegangene Ausgaben enthalten. Es erscheinen auch sog. Special Reports sowie Ausgaben für einzelne Regionen (z.B. *Brazil&Southern Cone*, d.h. für Südamerika). Zu einzelnen Personen kann man aktuelle Informationen im teilweise kostenpflichtigen *Munzinger Online Archiv* erhalten (www.munzinger.de).

In den politik- und sozialwissenschaftlichen Fachzeitschriften erscheinen selten Aufsätze zu lateinamerikanischen Themen. Einzelne regionale Fachzeitschriften sind mittlerweile im deutschsprachigen Raum vorhanden. Seit dem Jahr 2001 geben das IAI Berlin, das IIK Hamburg und der Verlag Vervuert Frankfurt die interdisziplinäre und referierte Zeitschrift *Iberoamericana. América Latina – Espana – Portugal. Ensayos sobre letras, historia y sociedad. Notas. Rese-as iberoamericanas* mit vier Nummern im Jahr heraus. Vorher erschienen das *Ibero-Amerikanische Archiv*/ Berlin zunächst von 1924 bis 1944 und dann als (N.F. seit 1975) sowie Iberoamericana/Frankfurt. Diese Neue Folge/Nueva época der Iberoamericana (ab 2001) zeichnet sich u.a. dadurch aus, dass sie in spanischer, portugiesischer bzw. englischer Sprache erscheint (www.iberoamericana.de). Neben allgemeinen Artikeln und Essays findet man jeweils ein Dossier und einen ausführlichen Rezensionsteil. In den Nummern werden sowohl literarische, historische als auch sozialwissenschaftliche Themen behandelt.

Die Lateinamerika-Analysen (http://www.giga-hamburg.de/iik/shop/analysen) erscheinen seit 2002 in deutscher, spanischer und englischer Sprache und waren stärker an politik- und sozialwissenschaftlichen Themen ausgerichtet. Damit wurde die dort seit 1984 publizierte Zeitschrift *Lateinamerika. Analysen – Daten – Dokumentation* (1984 bis 2001) neu konzipiert. Neben einem offenen, nicht-themengebundenen Teil finden sich in der einzigen referierten sozialwissenschaftlichen Zeitschrift im deutschsprachigen Raum zu Lateinamerika jeweils ein Schwerpunkt sowie ein Abschnitt mit Rezensionen. Der zweimal im Monat publizierte Informationsdienst *Brennpunkt Lateinamerika* erschien 1999 bis 2005 und ab 2006 als GIGA Focus mit relativ kurzen *Policy-Papers*. Ab 2009 wird das *Journal of Politics in Latin America* (JPLA) herauskommen, das keine deutschsprachigen Texte mehr enthalten wird.

Aus der Solidaritätsbewegung mit Chile in den 1970er Jahren gingen zunächst die *Chile-Nachrichten* hervor, die später zu den *Lateinamerika-Nachrichten* wurden. Berichtet wird monatlich in Form von Themenheften aus der Sicht von sozialen Bewegungen und der politischen Linken; hilfreich ist u.a. ein Service-Teil, der Hinweise auf Fernseh- und Hörfunksendungen enthält. 1975 wurde die *ila-Informationsstelle Lateinamerika* gegründet, seit 1976 erscheint die gleichnamige Zeitschrift zehnmal im Jahr.

Erwähnt seien auch Jahrbücher: Das *Jahrbuch für Geschichte Lateinamerikas* wurde 1964 als *Jahrbuch für Geschichte von Staat, Wirtschaft und Gesellschaft Lateinamerikas* (Band 1-34) gegründet. Im Jahrbuch (JbLA) werden Originalbeiträge zur Geschichte und Gegenwart Lateinamerikas in verschiedenen Sprachen publiziert, z.T. als Themenschwerpunkte.

Seit 1977 erscheint das *Jahrbuch Lateinamerika.* Analysen und Berichte. Das Herausgebergremium stand in der Tradition der 68er-Bewegung und versuchte Themen aufzugreifen, die in den hergebrachten Wissenschaftsbetrieb wenig behandelt wurden.[36] Das Jahrbuch steht jeweils unter einem Oberthema, in den Länderanalysen werden ausgewählte Staaten behandelt (www.jahrbuch-lateinamerika.de).

Umfangreiche Informationsmöglichkeiten zu Süd- und Mittelamerika sowie der Karibik bestehen im englischen Sprachraum. Nicht alle Zeitschriften können erwähnt werden:

36 Zu den Anfängen und dem LAI in Berlin vgl. Urs Müller-Plantenberg, *Lateinamerika an der Freien Universität Berlin*, in: Ders., *Nachschläge: Ausgewählte politisch-soziologische Arbeiten 1977-2001*, Münster 2002, S. 123.

The Hispanic American Historical Review (HAHR) erscheint seit 1920 (www.hahr.umd.edu). Neben einem Teil mit wissenschaftlichen Aufsätzen und Nachrichten aus der akademischen Welt enthält jedes Heft einen ausführlichen Rezensionsteil, in dem auch lateinamerikanische und europäische Bücher zu dieser Thematik besprochen werden.

Latin American Research Review (LARR) entstand zeitgleich mit der *Latin American Studies Association* (LASA) im Jahr 1965 und kann insofern als Organ der Vereinigung für lateinamerikanische Studien in den USA gelten (larr.lanic.utexas.edu). Im 50. Jahrgang erscheint *Latin American Politics and Society* (früher *Journal of Interamerican Studies and World Affairs*), die Ausgaben enthalten Artikel zu Politik und Gesellschaft Lateinamerikas und den Beziehungen mit den USA (www.rienner.com/laps.htm). Die seit 1973 veröffentlichten *Latin American Perspectives* (wizard.ucr.edu/lap), die sich selbst einer progressiven politischen Richtung zuordnen, stehen hingegen meist unter einem thematischen Schwerpunkt. Die Zeitschriften weisen ein breites Spektrum auf: Während einige sich eher an die etablierte akademische Welt wenden, haben andere mehr die Solidaritätsbewegung im Blick. Da die Zahl der Studiengänge zu Lateinamerika und insgesamt das Interesse an der Region bzw. der *Latino*-Kultur in den USA zunimmt, finden sich an vielen Universitäten entsprechende Studienangebote.

Wenn Sie allererste Grundlageninformationen zu einem lateinamerikanischen Land oder z.B. einer Regionalorganisation suchen, dann empfiehlt sich der Griff zum *Lexikon Dritte Welt*.[37] Einzelne Fachbegriffe werden in systematischer Hinsicht im *Lexikon der Politik, Bd. 4* vertieft.[38] Hilfreich ist nach wie vor das *Politische Lexikon Lateinamerika*, wenn auch leicht veraltert. Die *Dresdner Bank Lateinamerika AG* veröffentlichte monatlich einen Bericht zur Lage von Wirtschaft und Finanzen, der allerdings Ende 2005 eingestellt wurde.

Im englisch- und spanischsprachigen Raum liegt eine noch weitaus größere Zahl von Nachschlagewerken vor (siehe unten).

37 Dieter Nohlen (Hrsg.), *Lexikon Dritte Welt*, Hamburg 2002.

38 *Lexikon der Politik, Bd. 4*. Die östlichen und südlichen Länder/hrsg. von Dieter Nohlen u.a. 1997.

Literatur-Empfehlungen

CEPAL Review erscheint dreimal im Jahr in spanischer und englischer Sprache (www.eclac.org). Die Berichte der *Economic Commission for Latin America and the Caribbean* befassen sich mit wirtschaftlichen und sozialen Fragen.

Deutsche Stiftung für internationale Entwicklung (DSE) (Hrsg.), *Institutionen der Entwicklungszusammenarbeit*, Bonn 2002 (8. Aufl.) vermittelt einen Überblick über 325 ausgewählte Einrichtungen, die im Bereich der Entwicklungszusammenarbeit tätig sind (www.dse.de/izep).

Gregor Wolff (Hrsg.), *Die Berliner und Brandenburger Lateinamerikaforschung in Geschichte und Gegenwart: Personen und Institutionen*, Berlin 2001. In verschiedenen Aufsätzen werden Beiträge zur Lateinamerikaforschung an Berliner und Brandenburger Universitäten, Instituten und alternativen Einrichtungen präsentiert.

InWEnt, *Fachkräfte für die Entwicklungszusammenarbeit. Ein Wegweiser*, Bonn 2003 (www.inwent.org/izep) enthält Hinweise auf Organisationen der Entwicklungszusammenarbeit, die Fachkräfte vermitteln und auf Dachorganisationen, die Praktika für Studierende und Jugendliche anbieten.

Allgemeine Nachschlagewerke zur Politik in Lateinamerika

Robert J. Alexander (Hrsg.), *Biographical Dictionary of Latin American and Caribbean Political Leaders,* New York 1988. Das Buch enthält 450 Porträts von politischen Figuren aus dem 19. und 20. Jahrhundert mit weiterführenden Literaturhinweisen sowie eine Chronologie der wichtigsten historischen Ereignisse.

Diana Kapiszewski (Hrsg.), *Encyclopedia of Latin American Politics,* Westport/London 2002. Nach einem relativ kurzen historischen Abriss enthalten die Länderartikel jeweils Hinweise auf wichtige Personen, Parteien und Bewegungen.

Klaus Stüwe/Stefan Rinke (Hrsg.), *Die politischen Systeme in Nord- und Lateinamerika. Eine Einführung*, Wiesbaden 2008 enthält 22 Einzelbeiträge zu den politischen Systemen Latain- und Nordamerikas.

South America, Central America and the Caribbean 2004, London 2003. Nach einem relativ kurzen Abschnitt mit Artikeln zu aktuellen Fragen enthält das 1000seitige Buch Aufsätze zu allen lateinamerikanischen und karibischen Staaten mit umfangreichem Zahlenmaterial.

Zu den politischen Systemen Lateinamerikas bzw. allgemeine Einführungen

Manuel Alcántara Saez, *Sistemas políticos de América Latina, (Vol. 1 América del Sur, Vol. 2 México. Los países del Caribe y de América Central*), Madrid 1989/90. Das

Buch des spanischen Lateinamerikaforschers enthält ca. 20seitige Überblickartikel zu den Ländern der Region.

Joe Foweraker/Todd Landman/Neil Harvey, *Governing Latin America,* Cambridge 2003. In dem Buch steht das Regieren im Vordergrund.

Robert N. Gwynne/Cristóbal Kay (Hrsg.), *Latin America Transformed. Globalization and Modernity,* London 2004 (2. Aufl.). Der Sammelband beschreibt die Transformation Lateinamerikas im Zuge der Globalisierung, wobei stärker die gesellschaftlichen als die politischen Veränderungen berücksichtigt werden.

Peadar Kirby, *Introduction to Latin America. Twenty-First Century Challenges,* London 2003. Die Einführung geht im Hauptteil von der neoliberalen Wende aus und beschreibt anschließend die Reaktionen der Bevölkerung.

Howard J. Wiarda/Harvey F. Kline (Hrsg.), *Latin American Politics and Development*, Boulder/Oxford 1996. Auf einen Artikel der Herausgeber zur lateinamerikanischen politischen Tradition folgen Beiträge verschiedener Autoren zu den einzelnen politischen Systemen, am Ende steht ein kurzer Ausblick.

Zur Lateinamerikaforschung

Peter Birle/Barbara Göbel/Johannes Specht, *Situation und Perspektiven der wirtschafts-, sozial- und geisteswissenschaftlichen Lateinamerikaforschung in Deutschland,* Berlin 2008. Die vom Ibero-Amerikanischen Institut in Berlin durchgeführte Studie ist die neueste Bestandsaufnahme zu 13 Disziplinen und analysiert die Lage der Lateinamerika-Studien in Zeiten der BA und MA-Studiengänge. Sie zeigt eine vergleichsweise gute Ausstattung bei der Geschichte und eine schlechte Stellenlage bei der Politikwissenschaft und Soziologie (www.adlaf.de).

The Cambridge History of Latin America. Vol. XI. Bibliographical Essays, Cambridge 1995. Der abschließende Band enthält bibliographische Essays auch zu älteren Beiträgen. Es kann sich also lohnen, diese Aufsätze zusätzlich zu den bereits erschienenen Artikeln des Handbuches zu lesen.

David W. Dent, *Handbook of Political Science Research on Latin America. Trends from the 1960s to the 1990s,* New York/Westport 1990. Nach einer Einführung schildern die Beiträge den Forschungsstand zu einzelnen Ländern, den auswärtigen Beziehungen und nennen Adressen von Forschungseinrichtungen in Lateinamerika.

Gerhard Drekonja-Kornat (Hrsg.), *Lateinamerikanistik. Der österreichische Weg,* Wien/Münster 2005. Der Band geht auf Vorraussetzungen, Disziplinen und Themen der Lateinamerikastudien in Österreich ein; eine besondere Konzentration auf kulturelle Aspekte ist festellbar.

@ Empfehlungen zu relevanten Internetseiten

Amnesty International
http://www.amnesty.org/
Central Intelligence Agency (CIA) World Factbook
http://www.cia.gov/cia/publications/factbook/index.html
Das *Factbook* enthält Informationen zu einzelnen Ländern und Themen.

Cibera
http://www.cibera.de
Seit 2003 erstellen das IAI Berlin, das IIK Hamburg und die SuU Bremen die Virtuelle Fachbibliothek Ibero-Amerika *Cibera*.

Datenbank „Deutschsprachige Lateinamerika-Forschung"
http://www.rrz.uni-hamburg.de/IIK/laf/

Facultad Latinoamericana de Ciencias Sociales (FLACSO)
http://www.flacso.org
Die 1956 mit Unterstützung der UNESCO und einiger Regierungen gegründete „Lateinamerikanische Fakultät für Sozialwissenschaften" unterhält in zehn Ländern Niederlassungen. Neben Forschungsarbeiten und wissenschaftlichen Publikationen bietet sie ein Doktoranden- und Magistrandenprogramm an.

Human Rights Watch
http://www.igc.org/hrw/
Die Nicht-Regierungs-Organisation veröffentlicht Informationen zu Menschenrechtsfragen und -verletzungen.

Inter-American Development Bank (IDB)
http://www.iadb.org/exr/ENGLISH/index_english.htm
Enthält sozioökonomische Statistiken sowie Zahlen zum Bevölkerungswachstum, der Armut, der Verschuldung etc.

International Monetary Fund (IMF)
http://www.imf.org/
Die Website enthält Hinweise auf die Geschichte und Funktion des Internationalen Währungsfonds (IWF) sowie die neuesten Publikationen.

Internet Resources for Latin America
http://lib.nmsu.edu/subject/bord/laguia/
Sammlung von englisch- und spanischsprachigen Links zu Lateinamerika von der New Mexico State University Library.
Latin American Data Base (LADB)
http://ladb.unm.edu/
Seit 1986 bietet LADB Internet-Nachrichten an.

Latin American Network Information Center (LANIC)
http://lanic.utexas.edu/
Die von der University of Texas at Austin zusammengestellten Informationen enthalten Aussagen zu ausgewählten Themen sowie zu Geschichte und Gegenwart einzelner Länder.

Latin American Newsletters
http://www.latinnews.com
Unter dieser Adresse finden Sie z.B. auch den *Latin American Weekly Report* (LAWR), allerdings sind nur die Kurznachrichten frei zugänglich.

Latin World
http://www.latinworld.com
Englisch- und spanischsprachige Suchmaschine zu Lateinamerika und der Karibik.

Library of Congress Country Studies
http://rs6.loc.gov/frd/cs/

Organization of American States (OAS)
http://www.oas.org
Die Zusammenstellung informiert über die politischen und kulturellen Aktivitäten der OAS.

Political Database of the Americas
http://www.georgetown.edu/pdba/
Die Datenbank der Georgetown University enthält Informationen und Hinweise auf Exekutive, Legislative und Justiz der Regierungen.

Red de Revistas Científicas de América Latina y el Caribe, Espana y Portugal
http://www.redalyc.org

Political Resources on the Net
http://www.politicalresources.net/
Sammlung politikbezogener Links, u.a. zu Lateinamerika und der Karibik.

Revista Desarrollo Humano
www.revistadesarrollohumano.org
Von dieser Homepage haben Sie Zugriff auf verschiedene *Human Development Reports* in Lateinamerika.

United Nations – Economic Commission for Latin America and the Caribbean (ECLAC)
http://www.eclac.org
Enthält u.a. die übergreifenden und die länderbezogenen Berichte der lateinamerikanischen Wirtschaftskommission.

Weltpolitik.net
http://www.weltpolitik.net/Regionen/Nord- %20und %20Lateinamerika/ Gesamtregion/Links.html
Linksammlung zum Region Nord- und Lateinamerika

World Bank
http://www.worldbank.org

Worüber es zu diskutieren lohnt

- über das Verhältnis von Regionalforschung und Universalwissenschaft
- über die Vor- und Nachteile von National-, Regional- und Globalgeschichte
- über die wechselnden Gründe für das Interesse an einzelnen Regionen in der deutschen und internationalen Öffentlichkeit

4. Der Weg ins 20. Jahrhundert: Unabhängigkeitsbewegung, Modernisierung und Herrschaftsformen

Obwohl Lateinamerika in Europa meist zur sog. Dritten Welt gezählt wird, weist es Besonderheiten und Unterschiede zu anderen südlichen Ländern auf. Die spanische und portugiesische Kolonialzeit kann mit dem Kolonialismus anderer europäischer Nationen nur begrenzt verglichen werden. Sie dauerte zum einen wesentlich länger, ließ aber gleichzeitig eine höhere „Rassenmischung" als in den USA und auch eine vergleichsweise große Autonomie von den Kolonialmächten zu. Schon Anfang des 19. Jhs. und damit lange vor der sog. Epoche der Entkolonialisierung nach dem Zweiten Weltkrieg wurden die Länder unabhängig. Sie orientierten sich zunächst an anderen europäischen Staaten bzw. den USA, erst nach dem von Spanien verlorenen Krieg gegen die USA um Kuba 1898 setzte wieder eine Rückbesinnung auf das iberische Europa ein.

Nach der frühen Unabhängigkeit verläuft die Geschichte zunächst wenig erfolgreich und mit deutlichen Unterschieden zwischen den Staaten. Einige der schwach bevölkerten südamerikanischen Länder wurden Ende des 19. Jhs. zu Einwanderergesellschaften, wodurch sich der europäische Einfluss verstärkte und sowohl sozialistische als auch liberale Ideen an Bedeutung gewannen. Erst mit der Weltwirtschaftskrise von 1929/30 kam es zu nationalistischen Reaktionen.

Trotz der europäischen und nordamerikanischen Einflüsse entwickelten die Länder eigene Merkmale. Dies gilt für die politisch-programmatischen Strömungen und für Besonderheiten wie den lateinamerikanischen Caudillismus und Populismus. Gerade wegen der frühen Einbindung in den Weltmarkt und der nur partiell erfolgten Staatsbildung blieb der Nationalismus bedeutsam. Die Vorstellung, dass Lateinamerika einen linearen Modernisierungsprozess durchlaufen würde, hat sich nur teilweise bestätigt. In einigen und zwar nicht den ärmsten Ländern kam es zu Rückschritten im Prozess von Modernisierung und Demokratisierung. Es zeigte sich, dass historische Prägungen und Traditionen durchaus eine wichtige und anhaltende Rolle spielten.

4.1 Kolonialzeit und spanisches Erbe

Nach Ansicht der spanischen Kolonisatoren handelte es sich um herrenloses Gebiet (*res nullius*), das dem zufalle, der es auffinde und besetze.[1] Zum wichtigsten Rechtstitel für die Spanier wurden die päpstlichen Verleihungen aus dem Jahre 1493 durch Papst Alexander VI, die die von Christoph Columbus (1451-1506) entdeckten Ländereien den Herrschern von Kastilien zuerkannten. Daneben diente die Mission der Heiden zur Begründung der europäischen Besitznahme in der Neuen Welt. Im Vertrag von Tordesillas 1494 teilten Spanien und Portugal das neu entdeckte Territorium untereinander auf.

Auf die ersten Entdeckungsfahrten des Kolumbus folgte die sog. Zeit der Konquistadoren/Eroberer, die etwa von 1510 bis 1550 dauerte. Diese „Berufsentdecker" betrachteten ihre Feldzüge durchaus als persönliche Abenteuerfahrten, die sie auch mit dem Ziel individueller Bereicherung unternahmen. Deshalb kam es in vielen Fällen zum Konflikt mit der Krone, weil die *Conquistadores* die eroberten Ländereien quasi als Feudalbesitz behalten wollten, was die Zentralgewalt jedoch nicht akzeptierte.[2]

Der Verlauf der Eroberung kann hier nicht im Detail geschildert werden: Auf die Inbesitznahme der Landenge von Panama – am 25. September 1513 wurde erstmals der Pazifische Ozean erreicht – folgte die Eroberung Mexikos (1517/1519-21) durch Hernán Cortés (1485-1547) mit einer Streitmacht von nur 500 Mann. Bei dem späteren Mexiko handelte es sich um ein dicht besiedeltes Land, wobei die unterworfenen Völker die Aztekenherrschaft offenbar als Tyrannei empfanden, was den Vormarsch der Spanier erleichterte.

Weitgehend unbekannt blieb der Eroberer Brasiliens Pedro Álvares Cabral (1467-1529). Am 23. April 1500 entdeckte er das sog. Papageienland. Portugal kümmerte sich zunächst nicht sonderlich um das Gebiet, das 15 Adelsfamilien als Lehen erhielten. Im 17. Jh. gelang es der holländischen Westindischen Kompanie, einen Teil des heutigen Brasiliens zu übernehmen, erst die Funde von Gold und Edelsteinen Mitte des 17 Jhs. lösten ein erneutes Interesse Portugals aus. 1762 wurde es zum Vize-Königreich ernannt und Rio de Janeiro zur Hauptstadt.

1 Armin Bollinger, *Spielball der Mächtigen. Geschichte Lateinamerikas*, Stuttgart 1972, S. 16.

2 Horst Pietschmann, *Die staatliche Organisation des kolonialen Iberoamerika*, Stuttgart 1980, S. 27.

In der Gier nach den sagenumwobenen Goldschätzen vollzog sich die Eroberung eines halben Kontinents mit großer Geschwindigkeit: Ab 1532 unterwarf Francisco Pizarro (1475-1541) das Inka-Reich mit seinem Sitz im späteren Peru. Er nutzte den Kampf der Söhne der Inkas um die Herrschaft aus und nahm den letzten Kaiser Atahualpa gefangen. Dieser wurde 1533 trotz seines Übertritts zum Christentum und der Zahlung eines hohen Lösegeldes hingerichtet. Wenig später endete die Eroberung des Südens Amerikas, als 1535 am „Silberfluss", dem Rio de la Plata, Buenos Aires gegründet wurde.

Lange Zeit standen in den Darstellungen die Eroberer im Vordergrund. Der spanische Historiker Luis Arranz Márquez schreibt in „Entdeckung und Eroberung einer neuen Welt":

> „Von allen Faktoren, die bei den ersten Geschehnissen auf dem amerikanischen Kontinent eine Rolle spielten, wurde dem Eroberer besondere Aufmerksamkeit zuteil. Es war die so umstrittene Persönlichkeit jener Männer, die grausam, energisch, impulsiv, ungeschlacht, ehrgeizig, uneigennützig, zäh und menschlich waren und zum Extrem neigten; die eine unaufhaltsame und deshalb überraschende Naturkraft in sich bargen; die zu allem bereit und zu Gesten fähig waren, die durch ihre überschäumende Vitalität blendeten. Sie waren Helden fast mythischer Taten, die den Heldensagen der Antike oder den Ritterromanen entnommen zu sein schienen. Dieser Eroberer, der zugleich Entdecker, Erforscher oder Besiedler sein konnte, war der Exponent einer überaus widersprüchlichen Gesellschaft."[3]

Das Zitat ist nicht untypisch für die Ansichten einiger spanischer Autoren bis in die 1980er Jahre. Die Ausstellung führte zu einem kleineren diplomatischen Eklat, als der damalige spanische Botschafter in der Bundesrepublik und Mitglied der sozialdemokratischen PSOE, Eduardo Foncillas, eine Stunde vor der Einweihung auf einen Alternativkatalog und eine Gegenausstellung aufmerksam wurde und darauf drängte, die eine schließen zu lassen und den anderen aus dem Verkehr zu ziehen. In der linksliberalen Tageszeitung *El País* hieß es: „Als Botschafter konnte ich die Verdrehung der Geschichte nicht zulassen, die in dieser Schrift zum Ausdruck kam, die von Studenten zusammengestellt worden war."[4]

3 In: *Gold und Macht. Spanien in der Neuen Welt*. Eine Ausstellung anlässlich des 500. Jahrestages der Entdeckung Amerikas (Haus der Kunst München), München 1987, S. 1.

4 *El País*, 13.9.1987.

Nach Schätzungen lebten zur Zeit der *conquista* (Eroberung) in Südamerika etwa 15 Millionen und in Mexiko etwa 6 Millionen Indios.[5] Ab 1503 begann die Zwangsarbeit. Sie führte besonders zwischen 1504 und 1511 zu einem Massensterben unter der indianischen Bevölkerung. Neben der unmenschlichen Behandlung auf den Landgütern und in den Gold- und Silberminen haben zahlreiche Epidemien die Einheimischen dezimiert.

Der Arbeitszwang war bei einem großen Teil der Naturvölker unbekannt. „In manchen indianischen Sprachen ist damals der bisher unbekannte Ausdruck für 'arbeiten' bezeichnenderweise durch Zusammensetzung mit dem Verb 'sterben' gebildet worden."[6] Diese menschliche Tragödie und demografische Katastrophe, nämlich die rapide Dezimierung der zum Arbeitsdienst gezwungenen indianischen Bevölkerung, führte bis zum 17. Jh. zu Veränderungen in der Landwirtschaft. An die Stelle der Agrikultur trat zunehmend die Viehzucht, die indianische Dorfgemeinschaft wurde immer mehr durch Großgrundbesitz in spanischen Händen verdrängt.[7] So entstanden die *haciendas* und *estancias* (Landgüter), die im 19. und 20. Jh. die Strukturen auf dem Land prägen sollten.

Der Aufstieg und der Niedergang von Städten und Regionen in der Kolonialzeit, aber auch in der nachkolonialen Ära wurden häufig durch ein einziges lukratives Exportprodukt bestimmt. Gold, Silber, Kupfer, Nickel sowie später Kakao, Kaffee, Rinderzucht und Erdöl machten den zumeist vorübergehenden Wohlstand einzelner Regionen und später der unabhängigen Nationalstaaten aus. In dem Buch des uruguayischen Schriftstellers und Journalisten Eduardo Galeano, „Die offenen Adern Lateinamerikas" (zuerst auf deutsch 1976) ist dies glänzend beschrieben worden. Unter statistischen, methodischen und wirtschaftlichen Gesichtspunkten ist der Bestseller, auch wegen seiner quasi romanhaften Form, allerdings problematisch.

Die Frage der Rechtmäßigkeit der Kolonialherrschaft wurde in Spanien heftig diskutiert, denn gegen die Übergriffe auf die Indianer wurden innerhalb der Kirche bald Gegenstimmen laut. Auf der Insel Hispaniola eröffnete Pater Antonio de Montesinos 1511 den Siedlern in einer Adventspredigt: „Ihr seid alle in Todsünde und lebt und sterbt in ihr, wegen der Grausamkeit und Tyrannei, die ihr gegen diese unschuldigen Menschen

5 Peter Waldmann, *Spanische Kolonialherrschaft*, in: *Lateinamerika I* (Informationen zur politischen Bildung 226, Aufl. 2000), S. 6.
6 Bollinger, *Spielball der Mächtigen,* S. 54.
7 Tulio Halperin Donghi, *Geschichte Lateinamerikas*, Frankfurt a.M. 1994, S. 23f.

gebraucht . . ."[8] Diese Predigt rief Empörung unter den Konquistadoren hervor und leitete eine Rechtsdebatte ein. 1512 entstanden daraus die sog. Gesetze von Burgos – ein erster Ansatz zu einer Indianer-Schutz-Politik. Ihren intellektuellen Höhepunkt fand diese Kontroverse 1550, in dem Disput zwischen Bartolomé de Las Casas (1474-1566) und Juan Ginés de Sepúlveda (1490-1573) über die Rechte der amerikanischen Indianer. Folge dieser kolonialethischen Erörterungen waren die Schutzmaßnahmen für Indianer des 16. Jhs., auch wenn die Einhaltung weit hinter den Gesetzestexten zurückblieb. Im Unterschied zu späteren kolonialen und imperialistischen Expansionen vertraten die spanischen Scholastiker keine „Kolonialvolk-Ideologie."[9] Zu den Erlassen und Maßnahmen gehörten unter anderem:

- Ein Erlass aus dem Jahre 1503, wonach die kriegerischen Kariben versklavt werden durften, führte zu häufigem Missbrauch. 1530 erfolgte ein völliges Verbot der Indianersklaverei.
- Stattdessen kam es zum Aufbau des Systems der *encomienda*, wohl am besten mit Auftrag zu übersetzen. Der *encomendero* wurde beauftragt, für seine indianischen „Schützlinge" und ihre religiöse Unterweisung zu sorgen. Dazu gehörte unter anderem die Schaffung von Dörfern mit Kirche, der Waffendienst wurde erst 1720 abgeschafft.

In dem späteren Lateinamerika wurde ab 1764 das Intendantensystem nach französischem Vorbild eingeführt, in den Stadtverwaltungen wurden sog. *cabildos* eingerichtet. Allerdings blieb die vor Ort ansässige Beamtenschaft gering. Die Kontrolle in den entfernten Besitzungen suchte die Zentralgewalt Spaniens durch die Institutionen der *visita* und *residencia* auszuüben. In die höheren Regierungsämter wurden nahezu ausschließlich Personen aus der Metropole berufen. Gleichwohl lebten bei der Unabhängigkeitswerdung Anfang des 19. Jhs. nur ca. 200.000 in Europa geborene Spanier in der Region.

Von der amerikanischen Urbevölkerung liegen keine Originaldokumente vor. In vorspanischer Zeit gab es rudimentäre Schriftsysteme, aber kein geschlossenes System mit festem Zeichensatz. Dennoch wäre es unzutreffend, alle Ereignisse im spanischen Amerika nur im Zusammenhang mit dem „Mutterland" zu betrachten. Seit seiner Entdeckung beherrschte Amerika die dort geschriebene und veröffentlichte Literatur, während univer-

8 Zitiert in: Bollinger, *Spielball der Mächtigen,* S. 55.

9 Joseph Höffner, *Kolonialismus und Evangelium. Spanische Kolonialethik im Goldenen Zeitalter*, Trier 1969, S. 414. Die erste Auflage erschien 1947 unter dem Titel *Christentum und Menschenwürde*.

sale Fragestellungen selten waren. „Schon lange vor der Unabhängigkeit sind die Schriften, die Themen behandeln, die sich nicht auf Amerika beziehen, eine Minderheit", konstatierte der Uruguayer Alberto Zum Felde in seiner Geschichte der hispanoamerikanischen Literatur, und er fügte hinzu: „Die historische Anziehungskraft des Kontinents war so stark, dass wir sagen können, die Eroberer werden erobert, und das bedeutet, Amerika hispanisiert sich, während sich gleichzeitig der Europäer amerikanisiert."[10] Andere Interpreten gelangen zu dem Ergebnis, dass „die offizielle Politik im kulturellen Bereich nicht bloß repressiv war, sondern im Gegenteil kreativ und stimulierend."[11] Diese zunächst überraschende Aussage erscheint insofern verständlich, wenn man sich vergegenwärtigt, dass Teile des Klerus, dem das gesamte Bildungswesen in diesem Zeitraum unterstand, nicht nur Wörterbücher für zahlreiche indianische Sprachen anfertigte, sondern auch regelrechte Schutzgebiete für Indianer anlegten, um sie vor den Übergriffen von Konquistadoren oder vor Händlern zu schützen. Unter dem Aspekt der Beherrschung und der ökonomischen Abhängigkeit handelte es sich zweifellos um Kolonien. Der spanische Staat bezeichnete jedoch die überseeischen Gebiete als Vizekönigreiche und gründete schon 1538 in Santo Domingo, um 1551 in Mexiko und Lima die ersten Universitäten, auf die allerdings schon wenig später die Einrichtung von Inquisitionstribunalen folgte (1571 und 1570).

4.2 Die Unabhängigkeitsbewegung und das 19. Jahrhundert

Auf die frühe Unabhängigkeit wird häufig Bezug genommen: Denkmäler der beiden großen Figuren der zunächst kontinentalen Unabhängigkeitsbewegung, des Venezolaners Simón Bolívar und des Argentiniers San Martín finden sich auf zentralen Plätzen. Bis in die Gegenwart nehmen in der Geschichtsschreibung und im Schulunterricht ihre Taten eine herausragende Rolle ein. Auch im 21. Jh. beruft man sich nach wie vor auf Personen, die ihre Taten Anfang des 19. Jhs. vollbracht haben. Venezuela heißt seit 1999 Bolivarische Republik Venezuela. 2010 wird mit großem Aufwand das 200. Jubiläum gefeiert werden; in Mexiko fällt es mit dem Jahrestag des Beginns der Revolution 1910 zusammen.

10 Alberto Zum Felde, *Indice crítico de la literatura hispanoamericana. Los ensayistas.* Mexiko 1954, S. 23.

11 Jacques Lafaye, *Literature and Intellectual Life in Colonial Spanish America*, in: Leslie Bethell (Hrsg.), *The Cambridge History of Latin America. Bd. 2: Colonial Latin America*, Cambridge 1984, S. 673.

Für das Verständnis der politischen Geschichte Lateinamerikas gewinnt der Charakter der Unabhängigkeitsbewegung (1810-25) eine zentrale Bedeutung. Die neu entstehenden Staaten wurden aus dem geschlossenen merkantilen Wirtschaftssystem der Kolonialzeit mit seinem Zentrum in Spanien herausgelöst, es begann eine Phase politischer Krisen und wirtschaftlicher Umorientierungen. Bezeichnend ist ferner, dass der Zeitpunkt der Unabhängigkeit weniger auf die innere Dynamik zurückging, sondern vielmehr europäische Ereignisse ihren Ausgang bestimmten. Erst die napoleonische Invasion in Spanien führte zu einer Verstärkung der amerikanischen Unabhängigkeitsbestrebungen, als deren Träger sich die Kreolen (*creoles*) erwiesen. Diesen in Amerika geborenen weißen Abkömmlingen der Spanier blieb aufgrund ihrer amerikanischen Herkunft der Aufstieg in die hohen geistlichen und weltlichen Ämter verwehrt, sie wollten aber stärker als bisher am von den Spaniern (*peninsulares*) monopolisierten Handel partizipieren. Die zumeist aus der grundbesitzenden Oberschicht stammende Führungsgruppe der Unabhängigkeitsbewegungen besaß eine eher konservative Grundhaltung, die von der Übernahme des Ideenguts der französischen und nordamerikanischen Revolution nur oberflächlich überlagert wurde. Die Beschränkung der aktiven Teilnahme auf eine Minderheit der Bevölkerung entzog den Unabhängigkeitskämpfen darüber hinaus eine integrierende Wirkung für die spätere Entwicklung. Den unabhängig gewordenen Staaten gelang es nicht, eine eigene wirtschaftliche Dynamik zu entfalten, auch wenn sich die politisch-institutionellen Formen und ihr internationaler Status veränderten. Die Bildung von Nationalstaaten unterscheidet sich also in mehrfacher Hinsicht von der in Europa: Die Außenwirkung bei der Unabhängigkeit führte dazu, dass sie sich formal konstituierten, bevor sich die Nation als Einheit herausbildete und auch nur ansatzweise ein gemeinsames Staatsbewusstsein entstehen konnte. Von einem nationalen Militär konnte über weite Strecken des 19. Jhs. nicht gesprochen werden, es handelte sich vielmehr um Gefolgschaften einzelner militärische Führer oder Provinzcaudillos. Eine sog. Professionalisierung, d.h. der Aufbau von Streitkräften mit Wehrpflicht und einheitlicher Ämterlaufbahn, setzte erst um die Wende zum 20 Jh. ein.

Entgegen den Vorstellungen Bolívars kam es zur Desintegration Lateinamerikas, wobei man bei der Festlegung der Staatsgrenzen weitgehend der kolonialen Provinzeinteilung folgte. Ansätze zur späteren Aufteilung lagen bereits in der Kolonialherrschaft, die sich auf die städtischen Zentren konzentrierte und ihren Einfluss nicht in systematischer Weise auf das Landesinnere ausdehnte. So entstanden die *patrias chicas* (kleinen Vaterländer),

der Traum von der *patria grande* (dem großen Vaterland) taucht jedoch immer wieder im politischen Denken auf.

Vielerorts folgten auf die Unabhängigkeit interne Auseinandersetzungen zwischen Personen und Regionen. In diesem Kontext war die Übernahme der an französischen und nordamerikanischen Vorbildern orientierten Verfassungen wenig geeignet, um in den heterogenen Gesellschaften stabile Regierungen zu ermöglichen. Die kreolischen Eliten, die teilweise längere Zeit im europäischen Ausland gelebt oder studiert hatten, übernahmen liberal-republikanische Verfassungen. Damit hatte die spanische Kolonialherrschaft mit ihrem zentralistischen Aufbau und der mangelnden Selbstverwaltung die Bevölkerung nicht nur schlecht auf eine Selbstregierung vorbereitet, die modernen Verfassungstexte, die nach Simón Bolívar gleichsam „Republiken im luftleeren Raum" schufen,[12] standen auch im Widerspruch zu den politischen Traditionen und den sozioökonomischen Strukturen Anfang des 19. Jhs. So tat sich eine Kluft zwischen demokratisch-republikanischen Gesetzestexten und formalen Institutionen einerseits und der wirtschaftlichen Grundlage andererseits auf, was zur Instabilität führte, die lange Zeit ein Merkmal dieser Staaten blieb. Zwischen 1826 und 1836 hatte Peru zehn Präsidenten, und in den Jahren von 1840 bis 1849 wurden 68 Putsche und Putschversuche in Bolivien gezählt.

Etwas anders verlief die Entwicklung in Brasilien, das seine Unabhängigkeit indirekt ebenfalls Napoleon verdankte. Als die französischen Truppen 1807 auf Lissabon vorrückten, begab sich die gesamte königliche Familie und ihre auf 10.000 Personen geschätzte Entourage auf englischen Schiffen nach Rio de Janeiro. Erst als Napoleon in St. Helena im Gefängnis saß, kehrte König Johann VI 1821 nach Portugal zurück. Sein 23jähriger Sohn Dom Pedro I übernahm die Regentschaft und erklärte 1822 die damit auf friedlichem Wege erreichte Unabhängigkeit Brasiliens. Sein Nachfolger Dom Pedro II regierte fast 50 Jahre, seine Regentschaft bezeichnet man als die Goldenen Jahre des jungen Brasiliens. Erst 1889 wurde der aufgeklärte Monarch zur Abdankung und damit ins Exil getrieben.

Das 19. Jahrhundert: Caudillismus und Diktatur

In den Jahren von 1830 bis 1870 beherrschten die *Caudillos*, in etwa mit Anführer zu übersetzen, die zumeist durch kriegerische Handlungen oder

12 *Die Denkschrift Bolívars vom 15. Dezember 1812* und andere erhellende Textauszüge finden sich in: Richard Konetzke, *Lateinamerika seit 1492*, Stuttgart 1971, hier S. 58.

Putsche an die Macht gelangten, das politische Geschehen in den neuen Staaten. Lediglich Brasilien, das von 1822 bis 1889 eine monarchische Staatsform aufwies, und Chile bildeten eine Ausnahme. Nach dem Wegfall der Kolonialherrschaft als zentraler Autorität brachen die Spannungen zwischen lokalen Oligarchien und unterschiedlichen Regionen offen aus. Wirtschaftliche Stagnation und Mangel an Finanzen bei den entstehenden Regierungen vergrößerten das politische Vakuum. In weiten Landesteilen war entweder die Herrschaft einzelner Großgrundbesitzer maßgebend, oder es bestanden noch Formen indianischen Gemeineigentums. Vorübergehend verlagerte sich das politische Leben von der Stadt aufs Land, wo sich das *Hacienda*-System als Machtzentrum etablierte und regionale Allianzen zwischen verschiedenen Familien und lokalen Führern das Geschehen bestimmten. Den Caudillismus, der in den stark von wirtschaftlichen Abhängigkeiten und persönlichen Loyalitäten geprägten Gesellschaften einen ersten Institutionenersatz bildete, kann man folgendermaßen definieren: „Caudillismo soll heißen ein Typus autoritärer Herrschaft, der nicht institutionell verankert ist, sondern primär auf den persönlichen Führungsqualitäten des bzw. der Herrschenden beruht.“[13] Bei dieser „personenzentrierten politischen Weisungs- und Gefolgschaftsbeziehung“ lassen sich drei Merkmale unterscheiden:

1. Die Autorität eines *Caudillo* beruhte nicht ausschließlich auf Gewalt, sondern teilweise auf der freiwilligen Anerkennung seiner Anhänger und Gefolgsleute. Ein solches Verhältnis beinhaltete Elemente einer gegenseitigen Hilfsverpflichtung, die in den isolierten Regionen, wo die in der Hauptstadt dekretierten Gesetze einflusslos blieben und keine Rechtsgarantien bestanden, große Bedeutung gewannen.
2. Neben gewissen charismatischen Elementen basierte die Macht eines *Caudillo* auf einem Patronage- und Klientelsystem. Er musste seine Leute mit Nahrung und Geld versorgen und eventuell die Möglichkeit zu Plünderungen bieten. Bei einem Nachlassen der Patronagefunktion konnte es zu einem Überwechseln seiner Gefolgschaft kommen, wie die Fluktuationen der Anhängerschaften von *Caudillos* belegen.
3. Charakteristisch ist das geringe Ausmaß an Institutionalisierung dieses Herrschaftsprinzips und der gewaltsame Machttransfer. In Abwesenheit von institutionellen Kontrollen lebte der *Caudillo* praktisch im permanenten Ausnahmezustand. Meist konnte er sich nur auf engste Familienangehörige und Vertrauensmänner (*hombres de confianza*) verlas-

13 Peter Waldmann, *Caudillismo als Konstante der politischen Kultur Lateinamerikas?*, in: *JbLA,* 15(1978), S. 194.

sen. Selten gelang es schon zu Lebzeiten, einen Nachfolger zu finden, häufig entluden sich die Gegensätze nach dem Ableben des Diktators in Auseinandersetzungen rivalisierender *Caudillos*.

„Despotismus und Großgrundbesitz bedingen einander" lautet ein Satz des mexikanischen Kulturphilosophen José Vasconcelos (1882-1959). Die kaum in den Wirtschaftsmarkt integrierte Landbevölkerung spielte eine marginale Rolle. In diesem Kontext blieben die Wahlen ohne größere Bedeutung, zumal das Wahlrecht bis ins 20. Jh. fast überall von Besitzkriterien abhängig war und lediglich für Männer und Alphabeten galt. Die Verfassungstexte waren weit davon entfernt, eine verbindliche Rechtsgrundlage zu schaffen und wurden häufig von Alleinherrschern verändert. Weitere Faktoren begrenzten den staatlichen Einfluss: Das Fehlen eines organisierten Militärs, die relativ späte Einführung einer einheitlichen Landeswährung, der mangelnde Ausbau der Verwaltung und eines Steuersystems kennzeichneten die fehlende zentrale Befehlsgewalt des Staates, während Privatarmeen, unkontrollierter Waffenbesitz und schlechte Verkehrsbedingungen die Autonomie einzelner Regionen und die Stärke lokaler Machtallianzen favorisierten. Während des Zeitraums bestand kein organisiertes Militär, sondern Privatarmeen und regelrechte Banden. Die Mitte des 19. Jhs. in fast allen Ländern aufkommenden Parteien, die für eine einheitliche Staatsform plädierenden *Konservativen* einerseits und die eher dem Föderalismus verpflichteten *Liberalen* andererseits, stellten zunächst keine Alternative dar.

Die Überwindung des Zustandes politisch-institutioneller Anarchie erfolgte in den meisten Staaten durch zentralisierende Diktaturen. Der mexikanische Diktator Porfirio Díaz (geb. 1830), der mit seinem venezolanischen Kollegen Juan Vicente Gómez (geb. 1857) als Prototyp einer solchen vereinheitlichenden Autokratie gilt, beherrschte die Methode personeller Kooptation und selektiver Repression wie kein anderer. Bis zu seiner Machtübernahme, die er zur langjährigen Diktatur (1876-1910) ausbaute, dauerten die Regierungen im Durchschnitt ein Jahr lang. Díaz festigte zunächst seine Herrschaft durch persönliche Beziehungen mit lokalen Führern, um sie durch die Vergabe von wirtschaftlichen Konzessionen in Instrumente seiner Zentralregierung zu verwandeln. Oppositionellen ließ er die „Brot oder Knüppel" Behandlung angedeihen: Entweder sie passten sich an oder es drohte ihnen Verfolgung, Gefängnis und schlimmstenfalls der Tod. Díaz starb 1915 in Paris.

Der als „Tyrann der Anden" in die Geschichte eingegangene Juan Vicente Gómez in Venezuela unterwarf zunächst als Vizepräsident einen

Großteil der Provinz-*Caudillos*, nutzte schließlich eine Auslandsreise des amtierenden Präsidenten, um die Macht zu ergreifen und leitete während seiner Herrschaft (1908-35) eine Zentralisierung des Staates ein. Er beendete damit eine turbulente Periode der venezolanischen Geschichte, in der es zwischen 1830 und 1902 allein 55 bewaffnete Auseinandersetzungen und Erhebungen gegeben hatte. Ausgestattet mit umfangreichen finanziellen Ressourcen aus der beginnenden Ölförderung, deren Ausbeutung zu günstigen Konzessionen ausländische Konsortien übernahmen, etablierte er eine Art „Petroleum-Diktatur", deren Rückhalt die neu aufgebauten nationalen Streitkräfte bildeten.

4.3 Professionalisierung des Militärs und Urbanisierung

Anfang des 20. Jhs. setzten sich zunächst in den südamerikanischen Groß- und Mittelstaaten demokratische Regierungsformen durch, und vorübergehend herrschten Diktatoren und Militärs nur noch in wenigen Ländern. Zwei Faktoren begünstigten diese Entwicklung: Zum einen die vorangegangene Professionalisierung des Militärs, die zwischen 1890 und 1920 in den Groß- und Mittelstaaten unter dem Einfluss europäischer Berater erfolgte. Mit der Einführung der allgemeinen Wehrpflicht um 1900 und der waffentechnischen Modernisierung entstanden erstmals nationale Streitkräfte. Im Unterschied zu den vorherigen auf Gefolgschaftsbeziehungen basierenden Privatarmeen zeichneten sie sich durch eine stärker geregelte Ämterlaufbahn, mehr oder weniger regelmäßige Besoldung und eine hierarchisch organisierte Befehlsstruktur aus. Die Streitkräfte erhielten den Auftrag, die staatliche Souveränität gegen äußere Angriffe zu verteidigen und waren damit nicht mehr unmittelbar partikularen Interessen verpflichtet. Allgemein steht der *Caudillismus* im 19. Jh. für einen durch Desintegration und Regionalismus gekennzeichneten Zustand, während der Epoche der *Militärherrschaft* eine stärkere nationale Integration und Zentralisierung der Staaten vorausging. Längerfristig brachte die sog. Professionalisierung nämlich kein „apolitisches" Militär hervor, d.h. die Armeen beschränkten sich nicht auf ihre Verteidigungsaufgaben. Mit der Bildung relativ gut organisierter Streitkräfte, geführt von einem Offizierskorps mit elitärem Bewusstsein, schuf sie die Voraussetzungen für die ab 1930 in ihrer Frequenz ansteigenden Interventionen und späteren Phasen direkter Militärherrschaft. Gleichzeitig begann der Einfluss ausländischer Militärberater. Zunächst waren es vor allem Militärmissionen aus Deutschland (in Argentinien und Chile) und Frankreich (in Brasilien und Peru), seit dem

Zweiten Weltkrieg nahmen die USA die dominierende Rolle bei der Ausbildung und Ausrüstung der Streitkräfte ein.[14]

Zum zweiten änderten sich mit steigender Urbanisierung, verkehrstechnischer Erschließung und einer sich ausdifferenzierenden Sozialstruktur auch die politischen Akteure. In den Städten entstand eine Mittelschicht. Besonders in den südlichen Einwanderungsländern des Kontinents, wo die wirtschaftliche Entwicklung am weitesten fortgeschritten war, kam es nach der Ausweitung des Wahlrechts zur Demokratisierung. Die von bürgerlichen Schichten getragenen sog. *Radikalen* Parteien unternahmen in Argentinien, Chile und Uruguay den Versuch, mit einem antiklerikalen Liberalismus und durch Wahlrechts- und Staatsreform das Monopol der Oligarchie aus Großgrundbesitzern in der öffentlichen Verwaltung, Wirtschaft und Regierungsführung einzuschränken.

In den Ländern, wo sie an die Regierung gelangten, gingen die Sozialreformen allerdings kaum über Ansätze hinaus, und die Einbürgerung demokratischer Institutionen blieb mit der Ausnahme von Chile und Uruguay oberflächlicher Natur. Anfang der 1930er Jahre übernahm in vielen Staaten im Zuge einer mit der Weltwirtschaftskrise 1929 einhergehenden innenpolitischen Destabilisierung das Militär die Macht.

4.4 Kriege und Konflikte

Entgegen dem Bild eines Kontinentes der „Putsche und Generäle“ wurden in Lateinamerika weniger Kriege geführt als in anderen Weltgegenden. Auch haben sich die Grenzen in den vergangenen fast 200 Jahren im Unterschied zu Europa kaum verändert. Bei einem Vergleich zwischen Nord- und Südamerika relativiert sich indessen die Vorstellung von einer friedlichen Entwicklung in Lateinamerika etwas. Beim Unabhängigkeitskampf um Haiti (1791-1803) starben rund 350.000 Personen, beim Unabhängigkeitskrieg der USA (1775-83) mussten unter Berücksichtigung beider Seiten 65.000 Menschen ihr Leben lassen. Im Zuge der Unabhängigkeitsbewegung von Spanien soll die Bevölkerung von Ecuador, Mexiko und Venezuela um 25 % zurückgegangen sein. Der blutigste Krieg in

14 Jürgen Schäfer, *Deutsche Militärhilfe an Südamerika. Militär- und Rüstungsinteressen in Argentinien, Bolivien, Chile vor 1914*, Düsseldorf 1974. Walther L. Bernecker/Hans Werner Tobler, *Einleitung*, in: *Handbuch der Geschichte Lateinamerikas/* hrsg. von Walther L. Bernecker, *Bd.3. Lateinamerika im 20. Jahrhundert,* Stuttgart 1996, S. 65.

Lateinamerika war der der Tripelallianz (1864-70), bei dem Paraguay rund 60 % seiner 525.000 Einwohner verlor.[15]

Die meisten Kriege fanden im 19. Jh. statt, sie konzentrierten sich auf das La-Plata-Becken und den pazifischen Raum um Chile. Das Bild fällt etwas anders aus, wenn man interne Kriege und bürgerkriegsähnliche Zustände mitberücksichtigt. Vereinfachend lassen sich folgende Typen interner Konflikte festhalten:[16]

1. Im 19. Jh. ging es vor allem um die Frage, wer regieren und wie sich das Verhältnis zwischen den Provinzen und der Hauptstadt gestalten solle. Ausnahmen bildeten Brasilien und Chile.
2. Formen des Bürgerkrieges, wozu die in den 1940er Jahren in Kolumbien einsetzende *violencia* (Gewalt) gehört.
3. Ethnische Konflikte waren weniger häufig als in anderen Weltregionen.
4. Soziale und politische Konflikte, Revolutionen: Hier geht es um die Verteilung des Einkommens und die Machtausübung. Neben der mexikanischen Revolution 1910 und der kubanischen Revolution 1959 zählen dazu die castro-guevaristische Guerilla.

Was waren die Gründe für die vergleichsweise friedliche zwischenstaatliche Entwicklung? Eine Erklärung lautet, dass in Lateinamerika der Elitenpakt und die Elitenkonspiration überwiegen. Mit anderen Worten: Regierungswechsel werden in einem kleinen Zirkel ausgemacht, der klassische und eher unblutige Putsch ist Ausdruck dieser Elitenpolitik. Erwähnt seien die vergleichsweise homogene Kultur und die gemeinsame Sprache auf dem Halbkontinent, die Kriege verhindert hat. Eindeutiger nachzuweisen sind folgende Faktoren:

1. Die geographischen Entfernungen und die vergleichsweise dünne Besiedlung weiter Landesteile ermöglichen Pufferzonen, darüber hinaus sind traditionelle Militäraktionen in den Anden oder den Urwaldregionen kaum durchführbar.
2. Das *uti possidetis juris*, das die unter spanischer Herrschaft gezogenen Grenzen nach der Unabhängigkeit in internationale Grenzen verwandelte, und gewisse Garantien der europäischen Mächte wirkten sich als konfliktmindernde Faktoren aus.

15 Robert L. Scheina, *Latin America's Wars. The Age of the Caudillo, 1791-1899, Bd. 1*, Washington 2003, S. XIIIff.

16 Miguel Angel Centeno, *War in Latin America: The Peaceful Continent?*, in: Julio López-Arias/Gladys M. Varona Levy (Hrsg.), *Latin America. An Interdisciplinary Approach*, New York 1999, S. 121-136.

3. Die Abwesenheit von Krieg über einen längeren Zeitraum förderte friedliche Verhaltensweisen – etwa das Fehlen von Feindbildern gegenüber den Nachbarstaaten und die geringere Bereitschaft, eine Rüstungsspirale in Gang zu setzen.
4. Die Ausdifferenzierung der Eliten und das Ausbleiben einer wirklichen nationalstaatlichen Integration begrenzte ein Machtstreben nach außen.
5. Die internen wirtschaftlichen Grundlagen für externe Kriege waren nicht gegeben. Zugespitzt kann man sagen: Ohne starke Staaten sinkt zumindest in Lateinamerika die Zahl der zwischenstaatlichen Kriege.
6. Die geringe Zahl der Konflikte zwischen den Staaten bildet lediglich die äußere Seite der zahlreichen internen Auseinandersetzungen. Die Gewalttätigkeit erfolgt in den Ländern und nicht zwischen ihnen.

4.5 Formen der Diktatur und autoritäre Regime

In den 1960/70er Jahren galt Lateinamerika als Region der Putschgeneräle und Militärherrscher. Nach der kubanischen Revolution 1959, die zur Entstehung von Guerillabewegungen und zur Krise fragiler Demokratien führte, übernahmen die Militärs in den meisten Ländern die Regierung. Es lassen sich unterschiedliche Typen von Diktaturen, Ausnahmeherrschaft und autoritären Regimen unterscheiden.

Diktatur

Diktaturen und Formen der Ausnahmeherrschaft tauchen zu verschiedenen historischen Momenten auf. Die uneingeschränkte Herrschaft einer Person oder Gruppe über den Staat kann von einer konstitutionellen (Ausnahmezustand) bis hin zu Formen einer totalen Diktatur reichen. Die Vielfalt der Ausnahmeregime erschwert genaue Eingrenzungen, hinzu tritt die Fehleinschätzung von „revolutionären" Diktatoren durch Intellektuelle im 20. Jh.

Auf die Epoche des Faschismus in Europa[17] folgte weltweit ein Demokratieoptimismus. Die vor allem im nachkolonialen Afrika an die Stelle parlamentarischer Regierungsformen getretenen Einparteiensysteme galten in den Entwicklungstheorien zunächst als Übergangserscheinungen. In Lateinamerika etablierte sich nur in Mexiko über Jahrzehnte ein erweitertes Einparteienregime. Später vertraten Autoren in Ost und West die Vor-

17 Ernst Nolte, *Der Faschismus in seiner Epoche. Action française, Italienischer Faschismus, Nationalsozialismus*, München 1963.

stellung einer Entwicklungsdiktatur, die mit Hilfe eines starken Staates erst die Grundlagen für eine moderne Gesellschaft schaffen sollte. Damit wurde der herrschaftssoziologische Aspekt ausgeklammert und das vermeintliche Ziel des „Entwicklungsregimes" vorübergehend zum wichtigsten Beurteilungskriterium.[18] Solche Überlegungen wurden angesichts hoher wirtschaftlicher Wachstumsraten von Militärdiktaturen in Brasilien und Chile vorgetragen.

Während des Kalten Krieges erfolgte die Einschätzung von Diktaturen im Zusammenhang mit der Blockbildung. Wichtig für die Beurteilung eines Herrschers aus der Sicht der Großmächte war sein Abstimmungsverhalten in der UNO. Im Zeichen der Bipolarität galt zum einen der Feind des Feindes als Freund, zum anderen wurden – besonders von der westeuropäischen Linken – utopische Hoffnungen und Erwartungen auf Revolutionsregime in der südlichen Hemisphäre projiziert. Erst seit dem Ende des Ost-West-Konflikts bestehen Chancen für eine nüchterne Betrachtungsweise, zumal die Informationsmöglichkeiten auch über sich abschottende Systeme dank neuer Kommunikationsmittel und größerer landeskundlicher Kenntnisse gestiegen sind.

Typen von Diktaturen

Mit Diktatur wird landläufig eine Form von persönlicher Herrschaft verbunden. Charakteristische Beispiele wären Personal- bzw. Familiendiktaturen in mittelamerikanischen und karibischen Kleinstaaten, die aufgrund ihrer antikommunistischen Haltung von den USA gestützt wurden. Berüchtigt waren die Diktaturen von Rafael Trujillo (1930-38, 1942-52 de facto bis zu seiner Ermordung 1961) in der Dominikanischen Republik, von Jean-Claude Duvalier, genannt *Baby Doc* (1971-86) in Haiti und Anastasio Somoza, genannt *Tachito* (1967-72, 1974-79) in Nicaragua. Unter umgekehrten Vorzeichen kann es ein vorübergehend am sozialistischen Lager ausgerichteter Alleinherrscher wie Fidel Castro in Kuba seit 1959 bzw. sein Bruder Rául seit 2006 sein, der sich auf ein revolutionäres Credo beruft. Eine Reihe von berühmten Schriftstellern begründete damals das Genre der Diktatorenromane – u.a. Miguel Angel Asturias mit *Der Herr Präsident*, dt. 1956, Gabriel García Márquez mit *Der General in seinem*

18 Jürgen Rüland/Nikolaus Werz, *Von der „Entwicklungsdiktatur" zu den Diktaturen ohne Entwicklung – Staat und Herrschaft in der politikwissenschaftlichen Dritte Welt-Forschung*, in: Franz Nuscheler (Hrsg.), *Dritte Welt-Forschung. Entwicklungstheorie und Entwicklungspolitik*, Opladen 1985, S. 211-232.

Labyrinth, dt. 1980 und Augusto Roa Bastos mit *Ich der Allmächtige*, dt. 1977. Dennoch war das Bild von dem Halbkontinent der Staatsstreiche (*golpes*) und Diktatoren vereinfacht. Zum einen gab es unterschiedliche Formen von Diktaturen und autoritärer Regime, zum anderen bestanden neben den Ausnahmeregimen auch demokratische Regierungen.

Präsidenten, die in der Zeit des klassischen Populismus regierten (1940-60), haben europäische Ideologien (Faschismus, Sozialismus) sowie Organisationsmuster von Massenbewegungen des 20. Jhs. aufgegriffen und mit einheimischen Elementen verknüpft. Unter Berufung auf Nationalismus, Antiimperialismus und Sozialismus haben sie Ansätze zur Mobilisierung der Bevölkerung mit der Repression von politischen Gegnern, die als Oligarchen, Volksfeinde und Konterrevolutionäre galten, verbunden.[19] Hierbei gilt es allerdings zu beachten, dass sowohl Juan Domingo Perón in Argentinien als auch Getúlio Vargas in Brasilien in freien Wahlen an die Regierung gelangten. Die seit den 60er Jahren aufkommenden militärischen Diktaturen waren insofern *neueren* Typs, als sie sich zumeist nicht auf den Status quo beriefen, sondern auf ein Ziel gerichtet waren[20] und eine Veränderung der gesellschaftlichen Verhältnisse ankündigten. Mittlerweile gehört die im Zeichen der Blockbildung getroffene, politisch motivierte Unterscheidung zwischen reaktionären und progressiven Diktaturen, der auch eine geschichtsphilosophische Sichtweise zugrunde lag, der Vergangenheit an.

Die Ausprägung der Diktaturen kann nach Ländern variieren. Folgende allgemeine Unterscheidungen sind möglich:

- *Personalistische Diktaturen* stellen einen eher traditionellen Typus dar. Die Armee besitzt die Funktion einer Prätorianergarde, die auf den amtierenden Diktator eingeschworen ist. Seit den 1960er Jahren wurden Personaldiktaturen durch Militärjuntas abgelöst, in denen die Streitkräfte als Institution die Macht übernahmen oder aber von revolutionären Aufstandsbewegungen gestürzt wurden. Der bekannteste Fall war die Sandinistische Revolution in Nicaragua 1979 gegen Somoza, der 1980 im paraguayischen Exil ermordet wurde (Kap. 5.2).
- *Militärregime bzw. Militärdiktaturen* hat es in fast allen lateinamerikanischen Ländern gegeben. Als vermeintlich am besten organisierte und

19 Barry M. Rubin, *Modern Dictators. Third World Coup Makers, Strongmen, and Populist Tyrants*, New York 1987, S. 10.

20 Carl Schmitt, *Die Diktatur. Von den Anfängen des modernen Souveränitätsgedankens bis zum proletarischen Klassenkampf*, Berlin 1994 (6. Aufl., zuerst erschienen1921).

disziplinierte Organisation besaßen die Streitkräfte bei der Machtübernahme nach einer krisenhaften innenpolitischen Situation zunächst durchaus Sympathien im In- und Ausland. Es lassen sich Militärdiktaturen mit konservativen und einzelne mit gesellschaftsverändernden Absichtserklärungen unterscheiden (Kap. 6.1), zumeist sind die Ergebnisse ähnlich schlecht gewesen.

- *Kommunistische Diktaturen* orientierten sich entweder am sowjetischen oder maoistischen Vorbild. Bis 1989/90 lebte ca. ein Drittel der Weltbevölkerung in Systemen, die den Kommunismus aufbauen wollten. In Lateinamerika gehörte nur Kuba dazu. Das 1961 erfolgte Bekenntnis zum sozialistischen Lager war vor allem taktischer Natur. Seit der Implosion des Staatssozialismus in Osteuropa rückte neben den gegen die USA gerichteten Antiimperialismus der kubanische Nationalismus und die Berufung auf den Unabhängigkeitshelden José Martí (1853-95) in den Vordergrund.
- *Einparteienstaaten* streben im Unterschied dazu nicht eine völlige Indoktrination und Erfassung der Bevölkerung an; als Rechtfertigungsversuch können der Antiimperialismus und Spielarten eines entwicklungsorientierten Sozialismus bzw. Nationalismus dienen. Einen erweiterten Einparteienstaat hat es nur unter der PRI-Herrschaft in Mexiko gegeben.

Auf die frühe Unabhängigkeit Anfang des 19. Jhs. von Spanien und später von Portugal folgte eine durch Machtzerfall, interne Kriege und die Vorherrschaft regionaler Anführer (*Caudillos*) gekennzeichnete Periode, die ab 1870 von zentralisierenden Diktaturen abgelöst wurde. Ein „demokratischer Caesarismus" sollte zur Rechtfertigung eines „notwendigen Gendarmen" dienen, der über eine Entwicklungsdiktatur die Grundlagen der Tyrannei beseitigen wollte.[21] Mit Beginn des 20. Jhs. entstanden im Zuge der nationalstaatlichen Konsolidierung in Südamerika demokratische Regierungen, daneben gab es Militärregime sowie in Mittelamerika und der Karibik personalistische Diktaturen. Populistische Regime in Argentinien und Brasilien griffen in den 1940/50er Jahren vorübergehend zu Ausnahmemaßnahmen. Beginnend mit dem Staatsstreich 1964 in Brasilien etablierten sich in fast allen südamerikanischen Staaten längerfristig konzipierte Militärdiktaturen, die sich u.a. gegen die castristische Guerilla rich-

21 So Laureano Vallenilla Lanz, *Cesarismo democrático. Estudio sobre las bases sociológicas de la Constitución efectiva de Venezuela*, Caracas 1961 (6. Aufl., zuerst erschienen 1919).

teten und als neue „technokratische Militärherrschaft" galten. Nun übernahmen die Streitkräfte als Institution die Macht, es kam zu dem sog. *Junta*-Phänomen (*junta* = Regierungsrat).

Eine Militärjunta besteht in der Regel aus den drei Waffengattungen Heer, Marine und Luftwaffe, in manchen Ländern war auch die Polizei daran beteiligt. Die Militärs versprachen Fortschritt durch Entwicklung und versuchten unter Berufung auf eine antikommunistische „Doktrin der nationalen Sicherheit" missliebige zivile Kräfte längerfristig auszuschalten. Es lassen sich Formen zwischen der *dictadura* und *dictablanda*, d.h. ein verschiedenes Ausmaß an Unterdrückung, unterscheiden. In den frühen 1980er Jahren begann in Südamerika eine Re-Demokratisierung. Aufgrund massiver Menschenrechtsverletzungen und ungelöster sozioökonomischer Probleme waren Militärdiktaturen diskreditiert. Die Ausnahmeherrschaft schien bis auf Kuba unter Fidel Castro und in Kleinstaaten wie Haiti der Vergangenheit anzugehören.

Einige Merkmale von Diktatoren

Sozialwissenschaftliche Studien erforschen vor allem die ökonomischen und politischen Ursachen von Diktaturen, weniger die Person des jeweiligen Gewaltherrschers oder das Verhalten seiner Anhänger. Eine Ausnahme bilden Untersuchungen zu den berüchtigten Diktatoren des 20. Jhs. Hitler und Stalin sowie zur Massenpsychologie des Faschismus. Selten sind Studien zu autoritären Strukturen in der sog. Dritten Welt, da man von Übergangsregimen ausging. Die dort stärkere Ausprägung patriarchalischer und autoritärer Muster sowie die hohe Bedeutung personaler Beziehungen gehen u.a. darauf zurück, dass allenfalls rudimentäre Formen des Rechtsstaates vorhanden sind. Nach wie vor bilden Klientelismus, Patronage oder ethnische Beziehungen in manchen Gesellschaften eine Art Institutionenersatz.

Da die Zivilgesellschaft schwach ist, eine lange Tradition des Liberalismus fehlt und sich die Politik vielerorts instabil gestaltet, wird eine starke Führung weniger skeptisch beurteilt als in konsolidierten westlichen Demokratien. Deshalb konnte der Gedanke einer kommissarischen und entwicklungsorientierten Diktatur auch in intellektuellen Kreisen Rückhalt finden. Es lassen sich einige gemeinsame Merkmale von Diktatoren festhalten:[22]

22 Erich Follath, *Die letzten Diktatoren. Als Reporter bei den Tyrannen unserer Zeit*, Hamburg 1991, S. 386f.

- Verblüffend sind Ähnlichkeiten in den Lebensläufen: Geburt in Armut, früher Abschied aus familiärer Geborgenheit, Entdeckung einer Ideologie und/oder einer politischen Gruppierung, Kompensation des erlittenen „Unrechts" in der Jugend, politischer Aktivismus und Gefängnis, skrupellose Machtübernahme in der Partei, Aufbau eines eigenen Sicherheitsapparates, Ausschalten von Gegnern.
- Einmal an der Macht zeigt sich ein Hang zu Größenwahn und Personenkult, der in den Regimen am ausgeprägtesten war, die sich auf eine kommunistische oder nationalkommunistische Ideologie beriefen und somit in Lateinamerika selten der Fall war. Bei den Alleinherrschern, die nicht auf eine vermeintlich emanzipatorische Ideologie rekurrierten, ist die Tendenz zur Selbstbereicherung und -beweihräucherung evident. Das Land galt ihnen als Privatbesitz.
- In eine zunehmende Isolation geraten und umgeben von Günstlingen treten Realitätsverluste sowie eine Überschätzung der eigenen außenpolitischen Möglichkeiten ein. Bei amtierenden Diktatoren fällt ein zunehmend krankhaftes Misstrauen gegenüber der Umgebung auf, z.T. verstärkt durch Beobachtungen beim Sturz anderer despotischer Herrscher.
- Interne Probleme sollen durch nationalistische bzw. antiimperialistische Appelle, durch einen „Befreiungsschlag" nach außen oder durch die (Rück-) Eroberung umstrittener Grenzregionen überdeckt werden. Das Anzetteln von Kriegen hat mehrfach den Sturz von Diktatoren eingeleitet (Deutschland und Japan) und – wie in Argentinien 1983 nach dem verlorenen Waffengang um die Falklands/Malwinen im Südatlantik – eine Re-Demokratisierung ermöglicht.

Autoritäre Regime

In der Lehre von den Herrschaftsformen hat sich mit Blick auf Südeuropa (Portugal, Spanien in den 1970er Jahren) und insgesamt die südlichen Regionen der Begriff autoritäre Regime eingebürgert, der in dieser Form auf Juan J. Linz zurückgeht. Autoritäre Regime liegen zwischen den wissenschaftlichen Idealtypen Demokratie und Totalitarismus und sind durch folgende Merkmale gekennzeichnet:[23]

1. Limitierter Pluralismus im Unterschied zu dem weitgehenden Pluralismus der Demokratien und dem Monismus totalitärer Regime;

23 Einen Überblick bei: Hans-Joachim Lauth, *Regimetypen: Totalitarismus – Autoritarismus – Demokratie*, in: Ders. (Hrsg.), *Vergleichende Regierungslehre. Eine Einführung*, Wiesbaden 2006, S. 91-112, (2., durchgesehene Auflage).

2. begrenzte politische Partizipation (Depolitisierung) und Ausbleiben einer intensiven Massenmobilisierung;
3. im Unterschied zum Totalitarismus fehlt eine ausgearbeitete und leitende Ideologie;
4. ein Führer oder eine kleine Gruppe üben die Macht innerhalb formal kaum definierter, aber tatsächlich recht gut vorhersagbarer Grenzen aus.[24]

Dieser Definitionsversuch stieß vor allem in den 1970/80er Jahren auf Interesse, als in vielen Regionen der sog. Dritten Welt diktatoriale oder pseudodemokratische Regime vorherrschten. Mit der in Lateinamerika schon vor der Implosion des Staatssozialismus einsetzenden Re-Demokratisierungswelle hat die Diskussion über autoritäre Regime an Bedeutung verloren. Es lohnt sich dennoch, die damals u.a. auch mit Blick auf Lateinamerika entwickelte Begrifflichkeit zu analysieren, da einige dieser Merkmale weiter bestehen bzw. mit den neuen populistischen Regimen der 1990er Jahre erneut die Gefahr einer autoritären Involution auftrat.

Linz spricht von autoritären Regimen (*regimes*) statt von autoritären Regierungen (*governments*), um auf die relativ geringe Bedeutung von Institutionen in diesen Gesellschaften hinzuweisen. Die politische Macht muss nicht legal gegenüber dem Bürger verantwortet werden, da die autoritären Regime zumeist nicht von der Unterstützung der Wähler abhängig sind. Hier sind allerdings im lateinamerikanischen Kontext gewisse Ergänzungen zu dem Konzept erforderlich, da sowohl in Mexiko als auch in einigen südamerikanischen Militärdiktaturen der 1970er Jahre die Wahlen eine Eigendynamik im Hinblick auf eine Demokratisierung entfalteten. Zur Bestimmung autoritärer Regime bevorzugt Linz den Begriff Mentalität statt Ideologie. Es handelt sich also weniger um ausgearbeitete Programme und Gedankensysteme als um formlose und fließende Mentalitäten. Darin unterscheiden sie sich von den ideologischen Glaubenssystemen im Totalitarismus.

Gegenüber älteren Ansätzen von den Herrschaftsformen besitzt das Autoritarismus-Konzept den Vorzug, dass es verschiedene Entwicklungsmöglichkeiten im Hinblick auf eine demokratische Öffnung oder diktatoriale Verhärtung berücksichtigt. Ein solcher multidimensionaler Ansatz hat den Vorteil, Entwicklungen in beide Richtungen (Demokratisierung oder

24 Juan J. Linz, *Totalitäre und autoritäre Regime*, Berlin 2000, S. 129. Die erste Definition ist in einem Aufsatz aus dem Jahr 1964 zu Spanien enthalten.

diktatoriale Involution) offen zu lassen und präsidentielle Regierungssysteme mit einzuschließen.

Die Annahme, dass autoritäre Regime vor allem eine Entpolitisierung anstreben, trifft auf die Situation in den 1980er Jahren in Lateinamerika zu, als die Militärs nach einer Phase starker Politisierung eine Friedhofsruhe verordnen wollten. Bemerkenswert ist die Rolle der Opposition in autoritären Regimen. Es kann zu Formen der geduldeten bzw. der Semi-Opposition kommen, man kann also von einer Mehrdeutigkeit der Opposition ausgehen. In den späten 1990er Jahren, als einzelne der neuen Populisten autoritäre Züge entwickelten, haben sie teilweise eine Mobilisierung in Richtung auf Formen plebiszitärer Demokratie betrieben.

Die „bürokratisch-autoritären" Regime

Mitte der 1970er Jahre wurde der Begriff bürokratisch-autoritäre Regime zur Charakterisierung der südamerikanischen Militärdiktaturen verwendet. Der Begriff findet sich zunächst in einem Buch des argentinischen Politikwissenschaftlers Guillermo O'Donnell. Dort stellte er die These auf: Autoritarismus und nicht Demokratie sei die häufigste Begleiterscheinung eines relativ hohen gesellschaftlichen Modernisierungsgrades in den südamerikanischen Gesellschaften. Damit formulierte er die lange Zeit vorherrschende „optimistische Gleichung" (erst Wachstum, dann Demokratisierung) um: „more socio-economic development = more political pluralisation".[25] Ein höheres Maß an politischer Differenzierung müsse nicht notwendigerweise zur Demokratie führen.

Die Grundlagen für die Krise, die dann die bürokratisch-autoritären Regime hervorbrachte, lagen in der Ära des historischen Populismus. Die Ausdehnung des inneren Marktes und die Industrialisierung stießen an Grenzen und machten Stabilisierungsprogramme erforderlich, die einschneidende soziale und politische Maßnahmen beinhalteten. Da diese Wirtschaftsprogramme eine Reduzierung des Konsumniveaus und der Partizipation eines erheblichen Teils der Bevölkerung mit sich brachten, kam es von der *incorporation* im historischen Populismus zu der *exclusion* unter den bürokratisch-autoritären Regimen. Während die Bezeichnung dieser Herrschaftssysteme als autoritär sich aus ihrer Ablehnung von Wah-

25 Guillermo A. O'Donnell, *Modernization and bureaucratic authoritarianism. Studies in South American Politics*, Berkeley 1973. Zu O'Donnell: Hans-Joachim Lauth, *Der Staat in Lateinamerika. Die Staatskonzeption von Guillermo O'Donnell*, Saarbrücken 1985.

len und dem Verbot von Parteien und Gewerkschaften ergibt, bezieht sich der Zusatz „bürokratisch" auf die Allianz zwischen zivilen und militärischen Technokraten. Die Übertragung des technischen Know-hows aus den fortgeschrittenen Industriestaaten habe zu einer Annäherung zwischen diesen Rollenträgern geführt.

Im Unterschied zu dem Autoritarismus-Konzept von Juan Linz und in Anlehnung an den Modernisierungstheoretiker David Apter[26] verbindet O'Donnell die Frage des Autoritarismus mit dem Problem der Modernisierung. Während er also – wie Linz – diese Regime in einer mittleren Position zwischen den Idealtypen Demokratie und Totalitarismus ansiedelt und auf das Fehlen einer kohärenten Ideologie sowie auf die Entpolitisierung und De-Mobilisierung der Bevölkerung hinweist, stellt er – im Unterschied zu Linz – die Frage nach den Zielen und der *raison d'être* dieser Regime. Er betrachtet sie dabei – in Anlehnung an Barrington Moore – neben der bürgerlichen und der kommunistischen Revolution als eine mögliche dritte Variante auf dem Weg zur Modernisierung.

O'Donnell verbindet in seinen Schriften unterschiedliche Ansätze. Anders als viele lateinamerikanische Autoren, die in den 1970er Jahren die Modernisierungstheorie ablehnten, übernimmt er einige Annahmen der Theorien des sozialen Wandels, da sie seiner Meinung nach trotz ihrer Schwächen den Vorteil besitzen, eine Antwort auf die Träger dieses Prozesses und dessen Richtung zu geben.[27] Neben der Rezeption von Modernisierungstheoretikern wie Samuel Huntington integriert er in seiner Analyse Begriffe, die auf Max Weber zurückgehen. Eine so freizügige Übernahme von Begriffen, die aus ganz verschiedenen Denktraditionen und Theorien stammen, muss zu gewissen Unschärfen führen. So fällt auf, dass O'Donnell einzelne Begriffe von Weber aufgreift – etwa den der Herrschaft –, gleichzeitig aber den Aspekt der Legitimität vernachlässigt bzw. darauf hinweist, dass der bürokratisch-autoritäre Staat unfähig sei, eine demokratische Legitimität zu erzielen. Unberücksichtigt bleibt, dass zum einen die neueren Militärregime nicht nur in der Anfangsphase durchaus Unterstützung innerhalb der Bevölkerung besaßen, zum anderen die neuen Demokratien seit den 1980er Jahren eine Wirtschaftspolitik verfolgten, die sich nur in wenigen Aspekten von der der Militärdiktaturen unterschied.

26 Der Hinweis auf Linz und Apter bei O'Donnell, *Modernization and bureaucratic authoritarianism*, S. 94. Er bezieht sich dabei auf den Begriff „bürokratisches System" bei Apter.

27 Guillermo O'Donnell, *Reflexiones sobre las tendencias de cambio del Estado burocrático-autoritario*, in: *Revista Mexicana de Sociología*, (1977)2, Bd. 1, S. 10.

Die Originalität von O'Donnell beruhte darauf, dass er in unorthodoxer Weise verschiedene Ansätze miteinander verband. Auch schien er auf den ersten Blick eine Erklärung für die politischen Ursachen des „neuen Autoritarismus in Lateinamerika“[28] zu geben.

Allerdings weist der Ansatz einige Leerstellen auf. So wird zwar eine Reihe von triftigen Gründen für das Entstehen bürokratisch-autoritärer Regime genannt, es gibt aber wenig Hinweise auf deren Funktionieren und zeitliche Dauer. Die innere Kohärenz dieser Systeme und ihre Lebensdauer wurden erheblich überschätzt. Die Hypothesen O'Donnells von einem mehr oder weniger direkten Zusammenhang zwischen Stufen der Unterdrückung, Entpolitisierung, Wirtschaftspolitik und Elitenkonstellation können durch empirisches Material nur für relativ kurze Zeiträume gestützt werden und besitzen keine Aussagekraft für künftige Entwicklungen. Einige der Gründe für das Aufkommen der bürokratisch-autoritären Regime, vor allem die schlechte wirtschaftliche Lage, haben sich in den 1980er gegenüber den 1960er Jahren sogar akzentuiert, als es zur Re-Demokratisierung kam. Schließlich werden die politischen Akteure und ihre Handlungsmöglichkeiten nur am Rande behandelt.

Literatur-Empfehlungen

Geschichte

Peter Bakewell, *A History of Latin America: c. 1450 to the Present*, Oxford 2004 (2. Aufl.). Während die 1. Aufl. am ausführlichsten auf das 16. Jh. einging, behandelt die Neuausgabe auch das 20. Jh.

Tulio Halperín Donghi, *Geschichte Lateinamerikas von der Unabhängigkeit bis zur Gegenwart,* Frankfurt a.M. 1994. Die umfang- und detailreiche Darstellung des renommierten argentinischen Historikers stellt die Geschichte bis Ende der 1980er Jahre dar. Die Taschenbuchausgabe besitzt keine Bibliographie, das Buch besteht aus drei großen Teilen und ist kaum untergliedert.

Handbuch der Geschichte Lateinamerikas, hrsg. v. Walther L. Bernecker u.a., 3 Bände, Stuttgart 1992-1996; *Bd. 1 Mittel-, Südamerika und die Karibik bis 1760,* hrsg. v. Horst Pietschmann; *Bd. 2 Lateinamerika von 1760 bis 1900,* hrsg. v. Raymond Th. Buve u. John R. Fisher; *Bd. 3 Lateinamerika im 20. Jahrhundert,* hrsg. v. Hans Werner Tobler u. Walther L. Bernecker. Die drei Bände geben einen

28 So der Buchtitel von David Collier (Hrsg.), *The New Authoritarianism in Latin America*, Princeton 1979.

Überblick über die lateinamerikanische Geschichte und auf den jeweiligen Forschungsstand. Bd. 3 behandelt nach einem Überblicksartikel die Geschichte in den einzelnen Ländern.

Richard Konetzke, *Süd- und Mittelamerika I. Die Indianerkulturen Altamerikas und die spanisch-portugiesische Kolonialherrschaft,* Frankfurt a.M. 1976 (5. Aufl.). Das Buch schildert die Eingliederung der altamerikanischen Reiche der Inkas und Azteken in das Imperium der spanischen und portugiesischen Krone unter Berücksichtigung kultureller, wirtschaftlicher und politischer Aspekte.

Hans-Joachim König, *Kleine Geschichte Lateinamerikas,* Stuttgart 2006. Auf 800 Seiten beschreibt das Buch eines Historikers den Weg von den Kolonien zu den Nationalstaaten. Der Schwerpunkt liegt auf dem 19. Jh., der Text gibt einen gelungenen Gesamtüberblick und geht auf die Besonderheiten einzelner Staaten und Regionen ein.

Emir Rodríguez Monegal (Hrsg.), *Die Neue Welt. Chroniken Lateinamerikas von Kolumbus bis zu den Unabhängigkeitskriegen,* Frankfurt a.M. 1982. Der Band enthält nach einer ausführlichen Einleitung Quellentexte von Kolumbus bis Túpac Amaru.

Renate Pieper, *Geschichte Lateinamerikas. Eine Einführung,* 2008. Behandelt werden die Rolle der indigenen Gesellschaften, die Stellung der Kolonien in der Atlantischen Welt sowie der Prozess der Staatsbildung.

Angel Rama (Hrsg.), *Der lange Kampf Lateinamerikas. Texte und Dokumente von José Martí bis Salvador Allende,* Frankfurt a.M. 1982. Nach einer vorzüglichen Einführung versammelt der Band Schlüsseltexte des politischen Denkens.

The Cambridge History of Latin America, hrsg. v. Leslie Bethell, 11 Bände, Cambridge u.a. 1984-1995. Es handelt sich um das ausführlichste Handbuch zur lateinamerikanischen Geschichte. Zu den teils thematischen, teils nach Ländern präsentierten Aufsätzen kommen Artikel zum jeweiligen Forschungsstand.

Nikolaus Werz (Hrsg.), *Populisten, Revolutionäre, Staatsmänner. Politiker in Lateinamerika*, Frankfurt a.M. 2008. Auf eine Einführung folgen Porträts lateinamerikanischer Politiker von San Martín über Getulio Vargas bis zu Hugo Chávez.

Diktatur und Militär, autoritäre Regime und Re-Demokratisierung

Jorge I. Domínguez (Hrsg.), *Authoritarian and Democratic Regimes in Latin America, (Essays on Mexico, Central and South America. Scholarly Debates from the 1950s to the 1990s, Vol. 2)*, New York/London 1984. Der Sammelband vereinigt wichtige Aufsätze zu demokratischen und autoritären Regimen und zur Frage des Niedergangs von Demokratien (sog. *break-down*-Forschung).

Ernesto Garzón Valdés, *Caudillos und Diktatoren in Lateinamerika. Ein Klassifizierungsvorschlag,* in: *Iberoamericana,* 11(1980), S. 3-28. Der Aufsatz unterscheidet zwischen regionalen Caudillos, traditionellen und neueren Diktatoren.

Juan J. Linz/Alfred Stepan (Hrsg.), *The Breakdown of Democratic Regimes*, Baltimore/London 1980 (2. Aufl.). Der Band vergleicht den Niedergang demokratischer Systeme in Europa in den 1930er Jahren mit den Entwicklungen in Lateinamerika seit 1960. Mit ihm begann die sog. *break-down*-Forschung, die in den 1980er Jahren von der Transitionsforschung abgelöst wurde.

James M. Malloy (Hrsg.), *Authoritarianism and Corporatism in Latin America,* Pittsburgh 1977. Der Sammelband enthält wichtige Texte der besonders in den 1980er Jahren geführten Korporatismus-Debatte.

Militär in Lateinamerika: Themenschwerpunkt von *Welt Trends* (2005/2006), 49. Das Sonderheft ist die aktuellste Zusammenstellung eines in der Forschung derzeit kaum behandelten Bereichs.

Worüber es zu diskutieren lohnt

- über die Frage, ob es sich beim Caudillismus um eine abgeschlossene Phase im 19. Jh. oder um eine Konstante lateinamerikanischer Politik handelt
- über die Unterschiede in der Entwicklung Brasiliens und Chiles im 19. Jh. im Vergleich zu anderen lateinamerikanischen Staaten
- über die unterschiedlichen Typen von Diktaturen in Lateinamerika
- über die Merkmale personalistischer Diktaturen und autoritärer Regime im Unterschied zum Totalitarismus

5. Nationalpopulismus, Revolution, Reform

Im 20. Jh. veränderten sich mit der Urbanisierung und der beginnenden Industrialisierung die gesellschaftlichen Rahmenbedingungen. Während bis dahin die eher schwache Arbeiterbewegung aus Einwanderern bestand, die sich an den Traditionen und Zielen der europäischen Gewerkschaften orientierten, strömten nun Landbewohner in die Städte. Diese Zuwanderer waren politisch und gewerkschaftlich ungebunden und für den Diskurs neuer Politiker empfänglich.

Angesichts der schwachen Verbreitung von sozialistischen und kommunistischen Ideen avancierte der Nationalismus zur wichtigsten Ideologie. Die wenigen wirklichen Revolutionen, die dort im 20. Jh. stattfanden, beriefen sich vor allem auf einen nationalen Antiimperialismus. Die mexikanische Revolution (1910-17), die erste große Revolution im 20. Jh., und die Revolution in Bolivien (1952) gelten als Versuche zur nationalen Integration und Identitätsfindung, auch bei der Revolution in Kuba (1959) und der in Nicaragua (1979) lautete die Parole u.a. „Vaterland oder Tod" (*patria o muerte*).

Die Frage nach Nation und Nationalität war eng verbunden mit der nach Identität und sozioökonomischer Modernisierung. Seit den 1920er Jahren gewann der ökonomische Nationalismus immer mehr an Bedeutung. Die Bildung eines starken Staates und die Nationalisierung der in ausländischer Hand befindlichen Industrien und Unternehmen wurden als Entwicklungsstrategie propagiert. Deshalb galt der Nationalismus lange Zeit als ein progressives Element.[1] Lateinamerikaner verweisen gerne darauf, dass der Nationalismus in ihren Länder defensiver Natur sei und lediglich eine Reaktion auf den Imperialismus und den Machtanspruch der USA darstelle. In politische Bedrängnis geratene Präsidenten und Populisten haben den Nationalismus allerdings auch zur Ablenkung von internen Problemen verwendet.

5.1 Nationalpopulismus

Im 19. Jh. orientierten sich die Eliten nach der Unabhängigkeit bei den Verfassungen und politischen Vorstellungen an fortschrittlichen Vorbil-

1 Hans-Jürgen Puhle, *Nationalismus in Lateinamerika*, in: Heinrich August Winkler (Hrsg.), *Nationalismus*, Königstein 1978, S. 265-286.

dern. Liberalismus und danach eine lateinamerikanische Variante des Positivismus wurden zu den bestimmenden Ideenströmungen. Vorbild waren die europäischen Länder und die USA, das spanische Erbe wollte man rasch überwinden. Die Frage nach der kulturellen und religiösen Identität wurde nicht gestellt, schließlich sollte sich das neue Staatsvolk als Ergebnis von „Revolution" und liberalen Erziehungsmaßnahmen erst noch konstituieren. Auch aus diesem Grunde wurde die Einwanderung systematisch gefördert. Von „Gehirnwäsche und Bluttransfusion" hat der Kulturphilosoph Leopoldo Zea mit Blick auf die Vorstellungen gerade der mexikanischen Positivisten gesprochen. Sie wurden als die *científicos* („Wissenschaftler") bezeichnet und bildeten einen Beraterkreis um den Diktator Pofirio Díaz (Kap. 4.2).

Um 1900 setzte die Epoche des Nationalismus ein. Sie begann als eine kulturnationalistische Reaktion auf den stärker empirisch ausgerichteten Liberalismus und Positivismus und beinhaltete eine Betonung der Lateinamerika-Idee. Ging es im 19. Jh. vor allem um die Integration in das internationale System, so rückte nun die Frage nach der Eigenständigkeit und Originalität Lateinamerikas in den Vordergrund.

Folgenreich war das Aufkommen nationalistischer Geschichtsinterpretationen, die eine Revision der bis dahin liberalen Historiographie und Entwicklungsideologie forderten. Politische Ereignisse verliehen dem entstehenden nationalistischen Bewusstsein kontinentale Dimensionen: Die mexikanische Revolution (1910-17), die Universitätsreform von Córdoba in Argentinien (1918) und die Gründung der *Alianza Popular Revolucionaria Americana,* APRA (1924) durch Raúl Haya de la Torre in Peru stellten wichtige historische Referenzpunkte dar. Der Nationalismus erfasste nun die Massen, die verstärkt in die Politik eintraten. Nach außen präsentierte sich der Nationalismus als gemäßigter, gegen die USA gerichteter Antiimperialismus; innenpolitisch propagierten die seit den 1930er Jahren in den südamerikanischen Staaten aufkommenden populistischen Regime Reformen zugunsten der Unterschichten und eine breite Allianz verschiedener Klassen zur Erlangung der Regierungsmacht. Im Mittelpunkt der populistischen Entwürfe stand die Vorstellung eines paternalistischen Staates, der ökonomische und soziale Ungleichheiten beseitigen und nach außen protektionistisch wirken sollte. Deshalb weist das politische Denken einen etatistischen Grundzug auf, der im Widerspruch zu rein marktwirtschaftlichen Ansätzen steht.

Die bekanntesten Nationalpopulisten waren Juan Domingo Perón, argentinischer Präsident von 1946-55 bzw. 1973-74, Getúlio Vargas,

Regierungschef in Brasilien von 1930-45 und von 1950-54 sowie Präsident Lázaro Cárdenas 1934-40 in Mexiko. Unter dem Nationalpopulismus bzw. historischen Populismus versteht man Bewegungen und Regime, die sich durch folgende Merkmale auszeichnen:

1. Im Gegensatz zu den relativ kleinen und häufig von europäischen Einwanderern getragenen Mittelschicht- und Arbeiterparteien, die bis 1930 entstanden, verfügten sie über eine Massenbasis bei den vom Lande zugewanderten Unterschichten.
2. Träger populistischer Bewegungen waren ferner Teile der Mittelschichten, der staatlichen Angestellten sowie sozialreformerisch orientierter nationalistischer Offiziere. Als Resultat dieses breiten Interessenspektrums hatten populistische Bewegungen keine klar definierte ideologische Position, sondern sprachen von „national-revolutionären" Reformen oder einem Dritten Weg zwischen Kapitalismus und Sozialismus.
3. In der Wirtschaft strebten sie eine Industrialisierung, Schutzzölle und gerechtere Einkommensverteilung an, ohne die Besitzverhältnisse im Agrarbereich grundlegend ändern zu wollen. Sie förderten den Ausbau des staatlichen Sektors und vertraten einen gegen England und die USA gerichteten gemäßigten Antiimperialismus.
4. Populistische Bewegungen fanden ihre Personifikation in einer Führergestalt. Charismatische und demagogische Elemente bei der Mobilisierung der Anhängerschaft sowie ein autoritär-paternalistischer Führungsstil in der Regierung waren die Regel, die innere Homogenität populistischer Parteien blieb gering.[2]

Die Herrschaftstechniken populistischer Regime kann ein kurzer Blick auf den argentinischen Peronismus verdeutlichen:[3] Als Mitglied einer nationalistischen Offiziersgruppe putschte Juan D. Perón (1895-1974) zunächst gegen die amtierende Regierung, wurde dann aber 1946 in freien Wahlen zum Präsidenten gewählt. Mit dem Aufbau eines umfassenden Sozialsystems, Kündigungsschutz und Einführung des Frauenwahlrechts erlangten seine viel umjubelte erste Frau Eva (1919-52), Evita genannt, und er schnell eine Massenbasis. Abgesichert wurde sie durch den Aufbau einer starken, zunehmend peronisierten Einheitsgewerkschaft (*Confederación General de Trabajadores*, CGT), der Gründung einer peronistischen Partei sowie durch die auf Massenveranstaltungen hergestellte direkte akklamatorische Identifikation mit den ärmeren Bevölkerungsschichten,

2 Nikolaus Werz, *Alte und neue Populisten in Lateinamerika,* in: Ders. (Hrsg.), *Populismus. Populisten in Übersee und Europa*, Opladen 2003, S. 48f.

3 Peter Waldmann, *Der Peronismus. 1943-1955,* Hamburg 1974.

den sog. Hemdlosen (*descamisados*). Die prosperierende Entwicklung in der Nachkriegszeit ließ zunächst eine progressive Lohnerhöhung und gleichmäßigere Verteilung des gesellschaftlichen Reichtums zu, ohne die bestehenden Besitzverhältnisse anzutasten.

Der Versuch, die Unterstützung möglichst vieler Interessengruppen und sozialer Schichten zu gewinnen, führte zu dem Kompromiss- und Koalitionscharakter populistischer Bewegungen. Die Notwendigkeit, abweichende Interessen zu harmonisieren, hing einerseits von der persönlichen Integrationskraft des populistischen Führers ab, andererseits von weltwirtschaftlichen Entwicklungen. Beides machte populistische Regierungen zu fragilen politischen Konstruktionen: als in den 1950er Jahren die nationale Industrialisierungspolitik durch Importsubstitution, d.h. die Ersetzung der Importe durch im Lande gefertigte Güter, stockte, kam es zur Krise des Populismus, die schließlich mit dem Sturz Peróns 1955 endete.

Über die Einordnung des Populismus gehen die Meinungen auseinander. Während einige im Peronismus eine Spielart des Faschismus sahen[4] und Perón „Mussolini der Pampa" nannten, interpretierten andere den Populismus als eigenständigen Reformismus und nationalistischen Modernisierungsversuch unter gewissen soziokulturell bedingten autoritären Vorzeichen.[5] Aufgrund der mangelnden politischen Integration der Zuwanderer in den Städten wurde von einer Form des neuen Caudillismus, einem „populären Nationalismus" (Gino Germani) gesprochen. Die soziale Mobilisierung und Integration sei – im Unterschied zu Europa – weniger durch Parteien und Gewerkschaften erfolgt, sondern durch eine spezifische Allianz der Massen mit einem politischen Führer.[6] Tatsächlich enthielten diese Bewegungen einen Widerspruch, während der Populismus den Eintritt breiterer Bevölkerungsschichten in das politische Leben zahlreicher südamerikanischer Länder bedeutete, und häufig die Durchsetzung sozialstaatlicher Maßnahmen beinhaltete, wies er gleichzeitig autoritär paternalistische Züge einer „Politik von oben" auf. Die populistischen Führer gaben vor ein nationales Projekt (*proyecto nacional*) zu besitzen. Dies und die Tatsache, dass sich die Ära des historischen Populismus in der Rückschau als eine Phase relativer Prosperität erweist, hat dazu geführt, dass die

4 Seymour M. Lipset, *Der „Faschismus", die Linke, die Rechte und die Mitte*, in: *Kölner Zeitschrift für Soziologie und Sozialpsychologie,* 11(1959), S. 401, 444.

5 So damals H.C.F. Mansilla, *Der südamerikanische Reformismus. Nationalistische Modernisierungsversuche in Argentinien, Bolivien und Peru,* Rheinstetten 1977, S. 46.

6 Torcuato S. di Tella, *Latin American Politics: a Theoretical Approach,* Austin 2001.

Populisten in einigen Ländern einen geradezu mythischen Stellenwert erlangten.

5.2 Revolution

Revolución ist in Lateinamerika ein häufig verwendetes Wort. Meist wird dabei gar nicht an einen grundsätzlichen Umsturz gedacht, sondern an einen schnellen gesellschaftlichen Wandel. Die „Sehnsucht nach Revolution“[7] gehört zum politischen Stil der Region. Unabhängig von der politischen Ausrichtung wurden viele Staatsstreiche, Putsche (*golpes*) und Erhebungen (*pronunciamientos*) als Revolution ausgegeben. Wollte man diesem Sprachgebrauch folgen, dann wären allein in Südamerika im 19. Jh. 115 Revolutionen erfolgt.[8] Charakteristisch für den Halbkontinent sind „unvollständige Revolutionen“, hinter denen sich eine erstaunliche Kontinuität der gesellschaftlichen Machtverhältnisse verbirgt. Eine „echte“ Revolution beinhaltet erstens Veränderungen in der Staatsform, der personellen Zusammensetzung der Regierung, der sozialen Strukturen und der Legitimationsideologie. Zweitens impliziert sie Gewalt „von unten“, d.h. gegen die Herrschenden, wodurch sie sich von Reformen unterscheiden. Drittens müssen eine Revolution Folgen und die „revolutionären Errungenschaften“ einen gewissen Bestand haben.

Wenn wir diese Kriterien zugrunde legen, fällt im Unterschied zu seiner inflationären Verwendung die tatsächliche Zahl der Revolutionen gering aus. Zu den wirklichen Revolutionen gehören die in Mexiko (ab 1910) und Kuba (1959). Die Ergebnisse der bolivianischen Revolution (1952) und der sandinistischen Revolution in Nicaragua (1979) wurden partiell rückgängig gemacht. Weitaus häufiger als die „Revolution von unten“ ist in Lateinamerika die „Revolution“ von oben, zu der z.B. die Reformphase des peruanischen Militärregimes (1968-75) gezählt wird (Kap. 6.1).[9]

Die mexikanische Revolution 1910-1940

Sie gilt als erste große Revolution im 20. Jh. und besaß eine kontinentale Ausstrahlungskraft. Ihre genaue Dauer und Periodisierung bleibt in der

7 Hans-Jürgen Puhle, *Sehnsucht nach Revolution*, in: Klaus Lindenberg (Hrsg.), *Politik in Lateinamerika*, Hannover 1971, S. 13-32.

8 Peter Wende, *Einleitung*, in: Ders. (Hrsg.), *Große Revolutionen der Geschichte*, München 2000, S. 12ff.

9 Hans-Jürgen Puhle, *„Revolution“ von oben und Revolution von unten in Lateinamerika*, in: *Geschichte und Gesellschaft,* (1976)2, S. 43, 159.

Forschung umstritten. Denn obwohl Hunderttausende Bauern an ihr teilnahmen, kam es zunächst kaum zu Änderungen auf dem Lande. Erst 24 Jahre nach dem Ausbruch der Revolution begannen 1934 unter Präsident Cárdenas umfangreiche Agrarreformen.

Vorangegangen war die lange Herrschaft von Porfirio Díaz, das sog. *porfiriato*, die mit vierjähriger Unterbrechung von 1876 bis 1911 andauerte. Sie brachte eine Befriedung des Landes und eine hohe Regierungsstabilität. Die an ausländischen Vorbildern geschulten *científicos* („Wissenschaftler"), die sich an der Lehre des französischen Positivisten Auguste Comte orientierten, stiegen ab 1893 in hohe Positionen des Staates auf. Ihrer Meinung nach konnte sich Mexiko nur unter einer starken Regierung durch Auslandsinvestitionen und großzügige Vergabe von Konzessionen entwickeln. Der bäuerliche Kleinbesitz galt ihnen als Hindernis beim gesamtwirtschaftlichen Fortschritt. Zentrale Begriffe in ihrem Denken waren: Frieden, Ordnung, Fortschritt, Sicherheit, Prosperität und Stabilität. Wegen seiner nur teilweise erfolgreichen Öffnungspolitik nannten die Gegner den Präsidenten auch „Mutter der Ausländer" und „Stiefmutter der Mexikaner".

1910 lebten noch über 70 % der Bevölkerung (15 Mio.) auf dem Lande, die Analphabetenrate lag bei über 70 %. Die Lage der *campesinos* und der *indigenas* hatte sich seit der Unabhängigkeit eher verschlechtert. Viele ländliche Gemeinden mit indianischem Gemeineigentum waren im Verlaufe des 20. Jhs. zu *hacienda*-Dörfern geworden und damit in Abhängigkeit geraten. Einem Landbesitzer gehörte praktisch der flächenmäßig größte Bundesstaat Chihuahua. Während der Revolution rebellierten meist nicht die Landarbeiter (*peones*), sondern die noch auf Gemeineigentum in freien Dörfern lebenden Kleinbauern.

Zum Kristallisationspunkt des Unmutes gegen die Díaz-Regierung wurden die Wahlen des Jahres 1910. Hoffnungen auf einen Wechsel hatte der greise Diktator selbst mit einem Interview in einer nordamerikanischen Zeitschrift genährt, als er behauptete, er würde eine Oppositionspartei, so sie entstehen würde, fördern. Nun rückte der Rechtsanwalt Francisco Madero mit seinem Buch *„Die Präsidentennachfolge 1910"* in das Zentrum des Geschehens. Bei den Wahlen erlangte die von ihm geführte *Nationale Partei gegen die Wiederwahl* aufgrund eklatanter Wahlfälschung nur wenige Stimmen, während Díaz 99 % zugesprochen wurden. Madero, der sich mit dem Posten eines Vizepräsidenten begnügt hätte, erklärte die Wahlen für ungültig, proklamierte sich selbst zum Präsidenten und rief die bewaffnete Erhebung aus. Die mexikanische Revolution hatte begonnen.

Folgende Faktoren trugen zu ihrem Ausbruch bei:

1. Die Undurchlässigkeit der überalterten Díaz-Regierung, die als „voller Wagen“ bezeichnet wurde – gleichsam ein Gefährt, in dem kein Platz für neue Gesichter war.
2. Die Vernichtung der Subsistenzlandwirtschaft durch expandierende *haciendas* (Großgrundbesitz) führte zum Protest der Landbevölkerung.
3. Die zunehmende Abhängigkeit vom Auslandskapital weckte Unmut in den Kreisen des Bürgertums, die nicht mit den *científicos* liiert waren und förderte nationalistische Bestrebungen.
4. Die selektive Prosperität beschränkte sich auf die Städte, während es auf dem flachen Lande wiederholt zu Unruhen kam.

Zu denen, die dem Aufruf Folge leisteten, gehörten Francisco *Pancho* Villa im Norden und Emiliano Zapata in der Provinz Morelos, der die Forderung nach „Rückerlangung der Ländereien“ für die *ejidos* (indianisches Gemeineigentum) erhob. Bei den Wahlen 1911 siegte Madero, es kam jedoch bald zu Streitigkeiten zwischen den Revolutionären. Zapata, dessen Truppen die Waffen nicht niedergelegt hatten, verkündete den „Plan de Ayala“, der eine sofortige Landverteilung vorsah. Unterschiedliche Gruppierungen entstanden, 1913 wurden Madero und sein Vizepräsident auf dem Weg zum Gefängnis ermordet. Gegen die Präsidentschaft des Generals Victoriano Huerta bildete sich eine Allianz nördlicher und südlicher Revolutionsbewegungen. Sie bestand aus einem radikalen (Villa, Zapata) und einem gemäßigten (Carranza) Flügel. Auf dem „Konvent von Aguascalientes“ 1914 versuchten sich die Gruppen zu einigen, ein provisorischer Präsident wurde ernannt. Nachdem Carranza die Entscheidung nicht anerkannte, entbrannte der Bürgerkrieg. Die Hauptstadt wechselte mehrfach den Besitzer. Die Revolutionsführer Villa und Zapata kämpften gegen den zum verfassungsmäßigen Präsidenten aufgestiegenen Carranza; 1919 wurde Zapata erschossen, 1920 Carranza und 1923 Villa.

Obwohl in der offiziellen Interpretation die Revolution als ein nicht abgeschlossener, andauernder Prozess dargestellt wurde, kann man sie zwischen 1910-40 eingrenzen:

1. Die maderistische Etappe der Revolution, die von 1910 bis 1913 reichte, d.h. bis zur Ermordung Maderos.
2. Die durch den Putsch von General Huerta gegen Madero eingeleitete zweite Phase, die durch Ausweitung der Revolutionsbewegung, das verstärkte Auftauchen sozialer Reformforderungen und die Auswechselung der alten Machtelite gekennzeichnet war.

3. Trotz gewisser Bedenken kann man die Verfassung von 1917 als Beginn einer dritten Phase bezeichnen, auch wenn die kriegerischen Auseinandersetzungen noch bis 1920 andauerten. Danach begann die Zeit der „revolutionären" Regierungen.
4. Zu einer Wiederaufnahme der Inhalte der Revolution kam es unter der Regierung von Lázaro Cárdenas (1934-40). Viele der revolutionären Forderungen wurden erst in diesem Zeitraum annähernd verwirklicht.

Zunächst spielten Akademiker in der Revolution keine entscheidende Rolle, auch wenn einzelne Dorfschullehrer Berater von Revolutionsführern waren. Auffallend war die Programmlosigkeit der Revolution, Parteien blieben in den ersten Jahren bedeutungslos. Die Revolutionsarmeen bildeten sich um einzelne Anführer und Generäle. Besonderen Rückhalt besaß die Revolution in den Gebieten, wo noch Dorfgemeinschaften vorhanden waren.

Große Bekanntheit erlangte die 1917 erlassene „Politische Verfassung der Vereinigten Mexikanischen Staaten, welche die vom 5. Februar 1857 reformiert". Sie galt als fortschrittlichste Verfassung der Welt, auch wenn die meisten Punkte zunächst nicht umgesetzt wurden. Art. 3 postulierte die Freiheit der Erziehung, den religiösen Vereinigungen wurde der Einfluss auf die schulische Ausbildung untersagt. Nach Art. 27 gehörten alle Bodenschätze dem Land, Art. 123 enthielt ein abgeschlossenes Arbeitsgesetzbuch. Wichtige Bestandteile der Revolution wurden erst in den 1930er Jahren „von oben" durchgesetzt.

Im kulturellen Bereich entfaltete die Revolution, die über eine Million Menschenleben kostete, eine erhebliche Ausstrahlungskraft. José Vasconcelos, der bis 1923 Erziehungsminister war, hatte sein Programm mit den Worten „Brot, Seife, Alphabet" umschrieben. Damals begannen die großen Wandmalereien mit politischen Inhalten und die Förderung der drei Muralisten Diego Rivera, José Clemente Orozco und David Alfaro Siquieros. 1929 wurde die *Nationale Revolutionspartei* (PNR) gegründet. Die politische Stabilität dieser Jahre, in der die institutionellen Voraussetzungen des postrevolutionären Mexikos gelegt wurden, war durch „eine Massenmobilisierung unter gleichzeitiger Massenkontrolle"[10] gekennzeichnet. Unter Cárdenas wurde die PNR in PRN umgetauft und eine Nationale Bauernkonföderation gegründet. Die PRN wurde dank dieser Umwandlung von

10 Hans Werner Tobler, *Die mexikanische Revolution*, Frankfurt a.M.1992. Ein Gesamtüberblick bei Manfred Mols, *Mexiko im 20. Jahrhundert*, Paderborn 1981.

1937 zu einer auf 4. Mio. Mitglieder geschätzten Massenpartei. Cárdenas verstaatlichte die Eisenbahnen und ausländischen Ölgesellschaften und legte die Grundlagen für die Industrialisierung. Außenpolitisch verfolgte er einen unabhängigen Kurs. Mexiko unterstützte im spanischen Bürgerkrieg die Republikaner und nahm viele Flüchtlinge vor dem europäischen Faschismus auf.

Unter der Herrschaft der *Partido Revolucionario Institucional* (PRI, Partei der institutionellen Revolution) geriet die revolutionäre Ideologie zur Legitimationsgrundlage des politischen Systems. Diese Geschichtserzählung knüpfte an den Indianismus an, zog die historische Linie über die Vorkämpfer der Unabhängigkeitskriege, den „Vater der Nation" Benito Juárez (1806-72), Madero und die Revolutionshelden einschließlich Cárdenas. In den 1980er Jahren setzten Öffnungsprozesse ein und die Oppositionsparteien gewannen Gouverneursposten in einzelnen Bundesstaaten; 2000 konnte der PAN (Partido Acción Nacional) schließlich die nationalen Wahlen für sich entscheiden. In wirtschaftlicher Hinsicht haben die neueren mexikanischen Regierungen eine Annäherung an den nordamerikanischen Markt gesucht. Einige Prämissen der Revolution sind hinfällig, über das Selbstverständnis des Landes wird neu nachgedacht.

Die Revolution in Bolivien 1952

Der Name des Landes geht auf Simón Bolívar zurück. Deshalb hat man Bolivien als „Wiege der Freiheit" bezeichnet, die Entwicklung seit der Unabhängigkeit verlief indessen wenig erfolgreich. Zur wirtschaftlichen Stagnation und Machtzersplitterung trat die Niederlage im Pazifik Krieg 1879-83 gegen Chile und der Verlust des Meereszuganges. Damit entstand ein Dauerthema, das die Landesgeschichte seitdem begleitet.[11]

Ab 1880 setzten Modernisierungsmaßnahmen ein. Die drei größten Bergbauunternehmer, die die Zinnproduktion kontrollierten (Patino, Aramayo und Hochschild) bildeten mit den Großgrundbesitzern eine Oligarchie, die das Land praktisch bis 1952 beherrschte. Die negativen Auswirkungen der Weltwirtschaftskrise von 1929 und die territorialen Verluste im Chaco-Krieg gegen das kleinere Paraguay (1932-35) führten zur Entstehung einer nationalistischen Oppositionsbewegung, die sich aus den städtischen Mittelschichten und der Bergbauarbeiterschaft rekrutierte. Durch

11 León E. Bieber, *Bolivien*, in: Bernecker u.a. hrsg., *Handbuch der Geschichte Lateinamerikas*, Bd. 3, S. 821-845.

den Chaco-Krieg war die indigene Bevölkerung als Akteur in die Politik eingetreten. Unter dem Eindruck des verlorenen Krieges formierte sich eine Gruppe jüngerer Offiziere, sie bildeten eine Geheimorganisation und forderten eine Reform des Landes.

Ab 1936 begann die Oligarchie im Zuge mehrerer Regierungswechsel an Einfluss zu verlieren, verschiedene Gewerkschaften wurden gegründet. Das Wahlrecht der 3,1 Mio. Bolivianer blieb eingeschränkt, nur ca. 200.000 Personen waren überhaupt wahlberechtigt. Als die Republikaner sich nach den Wahlen von 1951 weigerten, die Regierung an die Sieger vom *Movimiento Nacionalista Revolucionario* (MNR, Nationalistisch-Revolutionäre Bewegung) zu übergeben, nahm die Unruhe, die sich traditionell anlässlich der Verteilung der Gewinne aus der Zinnproduktion ergab, zu. Der 1941 gegründete MNR vollzog nach einem dreitägigen Aufruhr unter dem Druck bewaffneter Arbeiter und Bauern einen Machtwechsel und leitete tief greifende soziale, politische und wirtschaftliche Reformen ein. 1952 wurden die Bergwerke verstaatlicht und der *Corporación Minera de Bolivia* (COMIBOL, Minengesellschaft Boliviens) übertragen. Damit entwickelte sich die *Central Obrera Boliviana* (COB, Gewerkschaftsdachverband) zu einer Säule der MNR-Regierungen. 1953 wurde ein Gesetz zur Agrarreform verabschiedet, es folgten die Verstaatlichung der Eisenbahnen und die Gewährung des Wahlrechts an Analphabeten.

Die Revolution dauerte in ihrer gewalttätigen Phase nur drei Tage, sie konzentrierte sich auf La Paz und das Minengebiet Oruro. Sie beendete zunächst einmal die Vorherrschaft der Oligarchie, brachte die Nationalisierung der Rohstoffvorkommen und führte vorübergehend zur Auflösung der Armee. Die Regierungsphase unmittelbar nach der Revolution weist autoritäre Züge auf.

Relativ bald wurden die Maßnahmen der Revolution jedoch wieder revidiert und schon 1953 ein Wirtschaftsabkommen mit den USA abgeschlossen. Innerhalb des MNR kam es zu Flügelkämpfen und zum Bruch mit den Gewerkschaften. Die Streitkräfte wurden wieder aufgebaut, und als in den 60er Jahren die Guerilla aktiv wurde, flossen finanzielle Mittel aus den USA. Ab 1964 wurde das Militär zum dominierenden politischen Machtfaktor und verdrängte den MNR. Für kurze Zeit gelangte 1970 eine linksorientierte Militärjunta an die Macht, 1971 folgte ein blutiger Putsch rechtsgerichteter Kräfte um Oberst Hugo Banzer. Man hat mit Blick auf Bolivien von einer „unvollendeten Revolution" gesprochen.[12] Nach der

12 James M. Malloy, *Bolivia: The Uncompleted Revolution*, Ann Arbor 1989.

Rückkehr zur Demokratie 1982 regierten mit Hernán Siles Zuazo (1982-85) und Victor Paz Estenssoro (1985-89) zwei Veteranen der Revolution. Mit Gonzalo Sánchez de Lozada gewann 1993 erneut ein Kandidat des MNR und versuchte eine zunächst im Ausland hoch gelobte Reform der „nationalen Revolution“ einzuleiten.[13] Der mit englischem Akzent spanisch sprechende Unternehmer amtierte regulär bis 1997 und wurde 2002 mit nur ca. 23 % der Stimmen in einer zersplitterten Parteienlandschaft erneut zum Präsidenten gewählt. In der Stichwahl lag er nur knapp vor dem Führer der Coca-Bauern Evo Morales. Nach Massenprotesten trat er im Oktober 2003 zurück und setzte sich mit seiner Familie und einigen Vertrauten nach Miami ab. 2005 gewann Morales mit seinem *Movimiento al Socialismo* (MAS) – Bewegung zum Sozialismus – mit absoluter Mehrheit. Die MAS nahm dabei Forderungen von sozialen Bewegungen zur Neuordnung und Re-Nationalisierung sowie zur Legalisierung des Kokaanbaus auf. Einige wurden partiell umgesetzt, wie die Erhöhung des staatlichen Anteils am Erdgas- und Erdölsektor. Die Tätigkeit der Verfassungsgebenden Versammlung und die Diskussion um regionale Autonomie haben zur Polarisierung im Lande beigetragen. Die MAS vertritt eine Mischung aus „traditionell indigenen Vorstellungen, Marxismus, Che Guevara Ideen und Ideen aus der Befreiungstheologie“.[14] Derzeit spielt die Berufung auf indigene Wurzeln eine größere Rolle als die Bezugnahme auf die Revolution von 1952.

Die kubanische Revolution 1959

Am späten Abend des 1. Januar 1959 verkündete der damals 32jährige Fidel Castro in Santiago de Cuba den Sieg der Revolution. Sechs Tage später zogen er und seine Mitstreiter in den olivgrünen Uniformen in Havanna ein, wo sie Hunderttausende begeisterte Menschen erwarteten.

Die Gründe für die Euphorie über den Sieg einer Revolution, deren Ziele im In- und Ausland damals kaum bekannt waren, liegen in der Geschichte der Karibikinsel.[15] Was die formale Unabhängigkeit anbelangte, war Kuba ein Nachzügler, denn die Emanzipation von Spanien

13 Stefan Jost, *Bolivien: Politisches System und Reformprozess 1993 – 1997*, Opladen 2003.

14 Roberta Rice, *Die Evolution indigener Politik in Bolivien*, in: *PROKLA*, 36(2006)1, S. 55.

15 Einen umfangreichen (1.700 Seiten!) und glänzend recherchierten Gesamtüberblick liefert: Hugh Thomas, *Cuba or The Pursuit of Freedom*, New York 1998 (aktualisierte Taschenbuchausgabe).

erfolgte erst Ende des 19. Jhs. 1895 starb im sog. zweiten Unabhängigkeitskrieg der Dichter und spätere Nationalheld José Martí. Im spanisch-amerikanischen Krieg 1898 befreite sich das Land von der Kolonialherrschaft, geriet allerdings in Abhängigkeit von Nordamerika. Mit dem bis 1934 gültigen Platt-Amendment sicherten sich die USA ein Recht auf Intervention, wann immer der nordamerikanische Präsident dies „im Interesse des kubanischen Volkes" als notwendig erachtete. Erst spät konstituierte sich das Land formal als Nationalstaat: Nach einer nordamerikanischen Militärregierung wurde 1902 die Republik Kuba gegründet. Obwohl Kuba u.a. als Folge nordamerikanischer Investitionen, der günstigen Zuckerrohrpreise und des Ausbaus einer Vergnügungsindustrie beim Pro-Kopf-Einkommen lateinamerikanischer Länder einen vorderen Platz einnahm, konnte die Demokratie kaum Wurzeln schlagen. Seit Mitte der 1930er Jahre wurde Fulgencio Batista zur bestimmenden Figur, gegen ihn richteten sich die von Studentengruppen und Fidel Castro begonnenen militärischen Aktivitäten.

Durch den Überfall auf die Moncada-Kaserne 1953 machten die Rebellen erstmals von sich reden. Später wählten sie den Tag dieses Überfalls zum Namen ihrer „Bewegung des 26. Juli", die in Kuba kurz als „M-26-7" bezeichnet wird. Das verstiegene Vorhaben scheiterte zunächst, und Castro wurde noch im gleichen Jahr im Justizpalast von Santiago de Cuba angeklagt. Er nutzte seine Verteidigung zur Anklage der Regierung und dazu, den Angriff und seine Bewegung in die Tradition Martís zu stellen. Seine Rede beendete er mit dem legendär gewordenen Satz: „Verurteilt mich, es ist mir egal, die Geschichte wird mich freisprechen!".[16]

Schon 1955 kam er bei einer Generalamnestie frei. Mit seinen Anhängern ging er nach Mexiko, wo sie sich für eine bewaffnete Rückkehr auf die Insel vorbereiteten. Zu seinen Kampfgefährten gehörte auch der 1928 geborene Argentinier Ernesto *Che* Guevara. 1956 landete eine Gruppe von 82 Männern mit dem Schiff *Granma* im Süden Kubas. Bis auf ca. 12 Überlebende wurden alle bei der Ankunft von Regierungstruppen erschossen. Castro und seine wenigen Kampfgefährten zogen sich in die Sierra Maestra zurück, wo sie mit Hilfe eines einflussreichen Bergbanditen Gefolgsleute finden und Unterkünfte aufbauen konnten. U. a. durch eine geschickte Pressepolitik gegenüber einem Reporter der *New York Times* gelang es, die Zahl der Guerilleros mächtig zu erhöhen. Damit kam der Mythos von der Guerilla in den Bergen auf. Die Guerilleros hatten beschlossen, sich bis

16 Abgedruckt in: Rama (Hrsg.), *Der lange Kampf Lateinamerikas*, S. 317-334.

zum Sturz von Batista nicht zu rasieren. Deshalb wurden sie und generell später die Anhänger Castros auch als die „Bärtigen" (*barbudos*) bezeichnet, lange Haare und Bärte avancierten zum internationalen Protestsymbol.

Mit einer vergleichsweise kleinen Rebellenarmee von ca. 3.000 Mitstreitern in der Endphase gelang es, das unpopuläre und marode Batista-Regime zu stürzen. Anfangs besaß die Revolution einen starken Rückhalt. Nach der Korruption und den politischen Enttäuschungen der vorangegangenen Jahre galt Castro nicht nur als Befreier von Batista, sondern von allen Übeln, zumal die Maßnahmen der Anfangszeit – Lohnerhöhungen, Senkung der Mietpreise, Nationalisierungen, Agrarreform – in diese Richtung deuteten. Auch im Ausland schlug den Rebellen eine Welle der Sympathie entgegen.

Zunächst galt Castro als Nationalist, der eine Art „humanistische Revolution" durchführen wollte. Revolutionstheoretiker sprechen von einer antiimperialistischen und demokratischen Revolution, die im April 1961 in eine zweite Etappe überging, als Castro unter dem Eindruck der Invasion in der Schweinebucht erklärte: „Dies ist die sozialistische und demokratische Revolution der Armen durch die Armen für die Armen."[17] Was als eine nationale und demokratische Revolution begann, erhielt später einen „sozialistischen und internationalen" Charakter. Man hat sie auch als eine „charismatische Minderheitenrevolution" bezeichnet, zumal sich im Castro-Regime Elemente von Caudillismus und Populismus zeigen. Nach dem Sturz Batistas lag die Macht bei Castro, der nach sechs Wochen das Amt des Premierministers übernahm. Öffentliche Gerichtsverfahren und ca. 500 Erschießungen (*paredón* genannt) führten zur ersten Auswanderungswelle. Noch 1959 wurde das erste Agrarreformgesetz erlassen. Die Castristen wählten den Weg einer Massenmobilisierung und Umverteilung zugunsten der Unterschichten.[18] Auch der Wechsel hin zur sozialistischen Revolution ging von der Spitze aus, nachdem Castro unter dem Eindruck des Kalten Krieges erklärte, er werde sein ganzes Leben lang Marxist bleiben.[19]

Der *máximo líder* stützte sich auf seine charismatische Ausstrahlung. Seine Reden betrachtete er als Unterhaltung mit dem Publikum, oft dienten sie zur Akklamation der von ihm getroffenen Entscheidungen. Zu den Besonderheiten der Revolution gehören das Fehlen einer revolutionären

17 Zitat in: Nikolaus Werz, *Die kubanische Revolution 1958/59*, in: Wende (Hrsg.), *Große Revolutionen der Geschichte*, S. 286.

18 Michael Zeuske, *Kleine Geschichte Kubas*, München 2000, S. 188f.

19 Zur Person: Volker Skierka, *Fidel Castro*, Berlin 2001.

Partei in der Umbruchphase und der bis in die 1970er Jahre geringe Grad an Institutionalisierung und Formalisierung politischer Herrschaft. Nach der späten Gründung der Kommunistischen Partei 1965 sollte es noch zehn Jahre dauern, bis überhaupt der erste Parteikongress stattfand. Erst 1976 wurde eine sozialistische Verfassung verabschiedet. In den 1960er Jahren entwickelten sich die *Comités de Defensa de la Revolución* (CDR, Komitees zur Verteidigung der Revolution) zur wichtigsten Organisation. Sie sollten zur Abwehr einer drohenden Intervention aus den USA dienen, tatsächlich übernahmen sie zunehmend eine Überwachungs- und Kontrollfunktion. So trug das Feindbild USA zur Stabilisierung der Revolution bei.

Die Revolution hatte starke interne und externe Auswirkungen. Innerhalb Kubas kam es zu einem Auswechseln der alten Führungsschicht, die sich vor allem in Miami niederließ. Schätzungen gehen davon aus, dass zehn Prozent der Bevölkerung das Land verließen. Durch Sozial- und Agrarreformen sowie eine Alphabetisierungskampagne gelang es, die kubanische Gesellschaft zu verändern. Außenpolitisch entfaltete die Revolution eine enorme Wirkung, weil zum einen nur knapp hundert Kilometer vor der nordamerikanischen Küste ein sog. befreites Territorium von Amerika entstand, das – wie die Position Castros in der Raketenkrise 1962 zeigte – die kubanische Führung mit allen Mitteln verteidigen wollte, zum anderen weil Castro und der Argentinier Ernesto *Che* Guevara in den 1960er Jahren Guerilla-Bewegungen in Lateinamerika und später in Afrika förderten. Das in Kuba erfolgreiche Guerilla-Konzept, das davon ausging, dass man nur ein Streichholz benötige, um einen Art Steppenbrand auszulösen, wurde verabsolutiert und auf andere Länder übertragen. Das Scheitern von *Che* Guevara in Bolivien 1967 zeigt, dass dieses foquistische Revolutionsmodell Grenzen hatte. Erst in Nicaragua 1979 konnten die Revolutionäre, die zum Teil in Kuba ausgebildet worden waren, erneut daran anknüpfen.

Als 1989 die Berliner Mauer fiel, wickelte Kuba über 80 % seines Außenhandels mit Ländern des RGW ab. Der Inselstaat reagierte auf den Zusammenbruch des Staatssozialismus mit einer Betonung des Martianismus, der Vorkämpfer der Unabhängigkeit José Martí (1853-95) ist Nationalheld, und der Ankündigung einer „Spezialperiode in Friedenszeiten". Die Auseinandersetzung darüber, ob „Arbeit auf eigene Rechnung" zulässig sei, führte 1994 sogar zu Straßenkrawallen in Havanna und zu einer erneuten Massenauswanderung in notdürftig hergerichteten Booten (sog. Balsero-Krise). Aufgrund der hohen Rücküberweisungen von Geld aus den USA (remesas) erweist es sich mittlerweile von Vorteil, wenn man Verwandte im Ausland hat. Umstritten ist die nordamerikanische und europäische Politik zur „Demokratieförderung" in Kuba, zumal die Insel in Lateinamerika aufgrund der neueren politischen Entwicklung längst nicht mehr isoliert ist.[20]

2006 musste Fidel Castro nach 47jähriger Herrschaft krankheitsbedingt die Macht für 18 Monate an seinen Bruder Raúl übergeben, 2008 erklärte er dann den endgültigen Verzicht auf seine Führungsämter. Eine Stabilisierung der Revolution gelang auch Dank der großzügigen Öllieferungen aus dem von Präsident Chávez regierten Venezuela. Unter dem nur unwesentlich jüngeren Raúl Castro (geb. 1931) dürfte der Versuch unternommen werden, langsame und von oben kontrollierte Reformen einzuleiten.

Bereicherungsdiktatur, Volksaufstand und Sandinistische Revolution in Nicaragua 1979

Von dem Volksaufstand 1979 bis zum Wahlverlust der Sandinisten 1990 nahm Nicaragua eine Rolle in der Weltöffentlichkeit ein, die im krassen Gegensatz zu der Bedeutungslosigkeit stand, die das Land davor und unter der jahrzehntelangen Somoza-Diktatur besaß. Der Kampf der Bevölkerung und des *Frente Sandinista de Liberación Nacional* (FSLN, Sandinistische Befreiungsfront) in den 1970er Jahren gegen den Diktator, die Teilnahme von Christen und Priestern an den oppositionellen Bewegungen und die Milde der siegreichen Revolutionäre nach dem Machtwechsel gegenüber Anhängern des vorherigen Regimes brachten der neuen Regierung weltweite Sympathien ein. Die Revolution galt als Alternative und als mögliches Modell für die Nachbarstaaten in Mittelamerika, von denen die meisten durch Armut gekennzeichnet sind. Darüber hinaus markierte der Sturz des Somoza-Regimes einen Einschnitt zumindest in der Geschichte Mittelamerikas: Wie die kubanische Revolution 1959 und der Sieg des 1970 in Chile in freien Wahlen zum Präsidenten gewählten Salvador Allende, schien die Revolution in Nicaragua den Niedergang der konservativen Militärregime zu signalisieren. Die USA haben in Mittelamerika und der Karibik die Rolle einer Großmacht eingenommen, die soweit ging, Regierungen zu stürzen und einzusetzen. In besonderem Maße gilt dies für Nicaragua, dessen Geschichte eng mit den USA verknüpft war und ist. Mitte

20 Susanne Gratius, *Kuba unter Castro-Das Dilemma der dreifachen Blockade. Die kontraproduktive Politik der „Demokratieförderung" seitens der USA und der EU*, Opladen 2003.

des 19. Jhs. konzentrierte sich das nordamerikanische Interesse auf den möglichen Bau eines Kanals zwischen Atlantik und Pazifik. In der Folgezeit übten nordamerikanische Bergwerks- und Bananengesellschaften de facto die Kontrolle über das Land aus, das bis 1926 von US-Marine-Infanteristen besetzt blieb. 1914 wurden Verträge geschlossen, die festlegten, dass die Regierung den Präsidenten nur nach Absprache mit den USA bestimmt, ferner erhielten die USA die Rechte für einen Kanalbau.

Gegen die Okkupation durch die Marine-Infanteristen bildete sich eine Rebellenbewegung. Während einige einem Friedensvertrag mit den USA zustimmten, setzte eine Gruppe unter Augusto César Sandino (1895-1934) den Kampf fort. Mit seinem „Verteidigungsheer der nationalen Souveränität von Nicaragua“ gewann er die Kontrolle über Teile des Landes und erlangte internationale Bekanntheit. Der französische Schriftsteller Henri Barbuse bezeichnete ihn als den „General der freien Menschen“. Er war kein Theoretiker, sondern ein Mann der Praxis. Seine politischen Vorstellungen muss man seinen Aufrufen und Briefen entnehmen.[21] Demnach ist die Ideologie des Sandinismus nationalistisch, antiimperialistisch und enthält gewisse antikapitalistische Ideen.

1932 zogen die nordamerikanischen Soldaten aus Nicaragua ab, davor war allerdings eine Nationalgarde aufgebaut worden. Diese Garde verhaftete 1934 Sandino und erschoss ihn sowie zahlreiche seiner Anhänger. Der Oberbefehlshaber dieser Nationalgarde, Anastacio *Tacho* Somoza, stürzte 1936 den gewählten Präsidenten, damit begann die Diktatur der Somozas, die über vierzig Jahre dauern sollte.

Um ihre Herrschaft zu beschreiben, hat man von Familiendiktatur oder von Somoza-Dynastie gesprochen, denn nachdem der erste Somoza 1956 auf einem Empfang von einem als Kellner verkleideten jungen Dichter erschossen wurde, übernahmen seine Söhne das Präsidentenamt. Wahrscheinlich trifft der Begriff „Bereicherungsdiktatur“ am besten die Tätigkeiten des Clans. Im Ergebnis historischer Erfahrungen entstand im Lande ein gegen die USA gerichteter nationalistischer Antiimperialismus, gleichzeitig war mit Sandino eine Integrationsfigur des Kampfes gegen externe Bevormundung und für nationale Souveränität vorhanden, an die die Sandinistische Befreiungsfront anknüpfen konnte.

Der FSLN entstand 1961 aus dem Zusammenschluss verschiedener kleinerer Guerilla-Bewegungen, erst in den 1970er Jahren konnte er zur

21 Sergio Ramírez, *Viva Sandino! – Leben und Tod des ersten lateinamerikanischen Guerilla-Führers,* Wuppertal 1976. Zu seinem hundertsten Geburtstag erschien von Volker Wünderich, *Sandino: eine politische Biographie,* Wuppertal 1995.

Machtalternative heranwachsen. 1972 zerstörte ein Erdbeben die Hauptstadt Managua, über zehntausend Menschen starben. Von den etwa 500 Mio. Dollar Spendengeldern aus dem Ausland sollen die Hälfte in die Taschen der Somozas und ihrer Gefolgsleute geflossen sein. Dies führte zur Zunahme der Oppositionsbewegungen, bei denen der Anti-Somozismus im Vordergrund stand und nicht der Sozialismus. Als 1978 der Direktor der Tageszeitung *La Prensa*, Pedro Joaquín Chamoro, erschossen wurde, schlossen sich Teile der bürgerlichen Opposition mit anderen Kräften zur *Frente Amplio de Oposición* (FAO, Breite Oppositionsfront) zusammen. Verschiedene Versuche aus dem Ausland und den USA, einen „Somozismus ohne Somoza" einzuleiten, scheiterten, zumal die Sandinistische Befreiungsfront weite Teile des Landes erobert hatte. Am 19. Juli 1979 feierte die Bevölkerung auf einem Platz in der Hauptstadt, der später „Platz der Revolution" heißen sollte, den Sieg des bewaffneten Aufstandes. Zusammenfassend kann festgehalten werden:

1. Im Unterschied zu anderen mittelamerikanischen Ländern bestand in Nicaragua eine vereinigte Opposition.
2. Angesichts des rücksichtslosen Vorgehens der Nationalgarde gegen die Landbevölkerung und die Abneigung der Somozas gegen eine Lockerung der Diktatur lief alles auf eine bewaffnete Lösung hinaus. Die gemäßigten Oppositionskräfte verloren an Einfluss, die Führungsrolle fiel einer politisch-militärischen Organisation, der FSLN zu.
3. Durch den Volksaufstand hatte die FSLN zunächst eine starke Legitimitätsgrundlage. Da es innerhalb der Befreiungsfront keine charismatische Führerfigur gab, setzte sich anfangs das Prinzip der kollektiven Führung durch.

Zunächst übernahm eine „Regierung des Nationalen Wiederaufbaus" die Macht, die wichtigsten Ministerien wurden von den Sandinisten eingenommen, darunter das Innen- und Verteidigungsministerium. Die USA stellten 1981 alle Kredite für Nicaragua ein, die Katholische Kirche, die in einem ersten Hirtenbrief die Revolution begrüßt hatte, warnte nun vor einer totalitären Entwicklung. Es traten Konflikte zwischen den Bischöfen und der Revolutionsregierung auf, in der mehrere Priester Ministerämter übernommen hatten. 1979 hatte die Regierung vier Grundprinzipien aufgestellt: Demokratie und politischer Pluralismus, Entwicklung und gemischte Wirtschaft, soziale Wohlfahrt und Partizipation, nationale Souveränität und Blockfreiheit. 1984 fanden Wahlen zu einer Verfassungsgebenden Versammlung statt, die 1986 eine neue Verfassung verabschiedete.

Die *Coordinadora Democrática*, d.h. die Koordination der Opposition, nahm nicht an der Wahl teil. Ab 1985 war Daniel Ortega, der zuvor als Regierungskoordinator wirkte, Präsident des Landes.

Der Somoza-Besitz ging an den Staat über. Jedoch begannen die Landverteilungen langsam, denn es handelte sich weitgehend um moderne Betriebe, die für den Export produzierten. Die Partizipation der Bevölkerung wurde zum Teil in Komitees und Einrichtungen zur politisch-militärischen Mobilisierung umgesetzt, die sich am kubanischen Vorbild orientierten. Ab 1982 verschlechterte sich die wirtschaftliche Lage im Zuge des internen Konfliktes mit der von den USA geförderten *contra*, der sog. Konterrevolution.

Die USA warfen Nicaragua vor, sich zu einem Satelliten der Sowjetunion und Kubas zu entwickeln. Berichte über sowjetische Militäreinrichtungen im Lande konnten nicht belegt werden, zweifellos waren Hunderte von militärischen und geheimdienstlichen Beratern aus Kuba, Bulgarien und der DDR in Nicaragua tätig. Unklar bleibt, in welchem Maße die Verwirklichung der ursprünglichen Ziele der Revolution durch äußere Einflussfaktoren und die US-Politik verhindert wurden. US-Präsident Ronald Reagan bezeichnete diejenigen, die ab 1981 mit der Waffe in der Hand gegen die Revolutionsregierung antraten, als Freiheitskämpfer. Bis 1988 wuchs die Zahl der *contras* auf ca. 24.000 Mann an. In dem neuerlichen Bürgerkrieg starben rund 50.000 Menschen. Unter dem Druck der *contra* und der USA kam es auf Initiative des costaricanischen Präsidenten Oscar Arias zu Verhandlungen. Die Sandinisten verpflichteten sich, bis 1990 vorgezogene Präsidentschafts- und Parlamentswahlen, eine umfassende Amnestie und eine Wahlgesetzreform durchzuführen.

Als Avantgarde-Partei und berauscht von einem Antiimperialismus, glaubten die Sandinisten, die Mehrheit der Bevölkerung stünde hinter ihnen. Allerdings hatte der Einkommensverlust von rund einem Drittel in den 1980er Jahren, der lang andauernde Krieg sowie die Pflicht zum Militärdienst und/oder Arbeitseinsatz bei der Bevölkerung zu Ermüdungserscheinungen geführt. Bei den 1990 durchgeführten Wahlen verloren die Sandinisten fast allen Prognosen überraschend deutlich gegenüber der *Unión Nacional Opositora* (UNO, Oppositionsallianz) (55 % zu 41 %). Angesichts starker internationaler Wahlbeobachtung (u.a. durch Ex-Präsident Jimmy Carter) wurde das Ergebnis akzeptiert.

Die neu gewählte Regierung um Violeta Chamorro ging nicht auf direkten Konfrontationskurs zu den Sandinisten, sondern beließ einzelne – darunter Verteidigungsminister Humberto Ortega – in den Ämtern. So wurde die Armee zwar wesentlich reduziert (von 80.000 auf 21.000 Personen), dies geschah jedoch stets mit Beteiligung der Sandinisten. In verschiedenen Streikbewegungen hatten diese darüber hinaus gezeigt, dass sie nach wie vor die stärkste Kraft im Lande sind.

War die Revolution damit beendet? Die antiimperialistische und in Ansätzen sozialistische Phase mit Sicherheit. Aber die Sandinisten blieben die stärkste und bestorganisierte Kraft im Lande. Ein Teil des staatlichen Eigentums ging in der sog. pi-ata, eigentlich eine vorweihnachtliche Bescherung, in die Hände verdienter Revolutionäre über.[22] Bei den Wahlen 2001 wurde die FSLN, die sich zu einer demokratischen Linkspartei zu entwickeln versucht, mit ca. 45 % der Stimmen zur zweitstärksten Kraft. Die Hoffnungen von Daniel Ortega sahen sich bei den Wahlen 2006 bestätigt. Ortega wurde nach drei erfolglosen Anläufen zum Präsidenten gewählt, nachdem er im Wahlkampf sogar mit der in seiner ersten Amtszeit (1979-90) bekämpften Kirchenhierarchie paktiert hatte. Eine bizarre Allianz aus Kirche und Politik führte zu einem verschärften Abtreibungsgesetz, dem auch Abgeordnete der FSLN zustimmten. Die innenpolitische Kehrtwendung von Ortega folgte dem Kalkül von Machterwerb und Machterhalt. Außenpolitisch ist er eine Allianz mit dem finanzstarken venezolanischen Präsidenten Chávez eingegangen.

5.3 Reform

Die Literatur zum Thema Reform fällt spärlicher aus. In den Lexika in Lateinamerika kommt allenfalls Reformismus vor bzw. kurze Angaben zur Agrar- bzw. der Universitätsreform von 1918 in Córdoba/Argentinien.[23] Dieser erste Eindruck trügt indessen: In dem gleichen Nachschlagewerk werden durchaus eigenständige Reformbewegungen behandelt – wie der Aprismus (*aprismo*) in Peru oder der argentinische Radikalismus (*radicalismo argentino*), womit die von der Radikalen Bürgerunion initiierte und geleitete Bewegung zu Beginn des 20. Jhs. gemeint ist. Die Distanz gegenüber der Reform hat zum einen mit der Vorliebe für die Bezeichnung *revolución* zu tun, zum anderen damit, dass die Reformbewegungen, die auf

22 Sergio Ramírez, *Adios, Muchachos! Eine Erinnerung an die sandinistische Revolution*, Wuppertal 2001, S. 219. Es handelt sich um die politisch-persönlichen Erinnerungen des ehemaligen Vizepräsidenten (1984-90), der 1995 die Bewegung für Sandinistische Erneuerung (MRS) gründete. Mit Blick auf die *piñata* ähnlich kritisch: Ernesto Cardenal, *Im Herzen der Revolution*, Wuppertal 2004.

23 Torcuato S. Di Tella (Hrsg.), *Diccionario de ciencias sociales y políticas*, Buenos Aires 1989, S. 507-509.

eine langsame Veränderung der Gesellschaft setzten, meist auch mit den USA und/oder Internationalen Parteienverbünden zusammenarbeiteten. Es wurde ihnen also nicht nur – z.B. von den Guerillabewegungen der 1960/70er Jahre – vorgehalten, nicht ausreichend revolutionär zu sein, sondern auch nationale Interessen zu vernachlässigen.

Dennoch ist die Geschichte der politischen Reformbewegungen vergleichsweise lang.[24] Liberal-radikale Bewegungen, wie die 1891 in Argentinien entstandene UCR, formierten sich aus einer Mischung einheimischer liberaler Traditionen und europäischer Modelle. Sie traten für Laizismus, unentgeltliche staatliche Erziehung, Demokratisierung und Elemente sozialer Gesetzgebung ein. Eine ähnliche Partei entstand in Chile, in Uruguay (*Colorado*-Partei) und auch die kolumbianische Liberale Partei enthielt sozialreformerische Elemente.

Politisch einflussreicher waren populistische Gruppen und sozialdemokratisch ausgerichtete Parteien. Diese sozialdemokratischen Gruppierungen, die nach der Weltwirtschaftskrise aufkamen, bezeichneten sich selbst gerne als „national-revolutionär", was auf eine Vorreiterrolle der peruanischen APRA verweist und mit einem gemäßigten Antiimperialismus dem damaligen Zeitgeist entsprach. Wichtig bleibt, dass diese Parteien sich nach gewissen marxistischen Ursprüngen – etwa bei der venezolanischen *Acción Democrática* (AD, Partei der Demokratischen Aktion) – zur repräsentativen Demokratie bekannten und vergleichsweise gute Beziehungen zu den USA unterhielten. Im Unterschied zu den populistischen Bewegungen wurden sie in der Opposition oder im Exil gegründet, ein Teil dieser Parteien durchlief später eine populistische Phase. Die Unterscheidung zwischen „Reformismus und Populismus" ist schwierig und zuweilen verwirrend.[25]

Zu den Reformkräften gehörten neben den sozialdemokratisch orientierten auch die christlich-sozialen Parteien. Sie wuchsen nach dem Zweiten Weltkrieg von zunächst teilweise falangistischen Ursprüngen unter dem Einfluss der katholischen Soziallehre und einzelner begabter Politiker zu Massenparteien heran. Der Gedanke eines maßvollen und kontrollierten sozialen Wandels setzte sich nach der III. Weltkonferenz der Christdemokratie 1961 in Santiago bei allen christdemokratischen Parteien Lateinamerika-

24 Die Literatur dazu fällt eher kurz aus. Zu den Ausnahmen gehört: Demetrio Boersner, *Repräsentative Demokratie und soziale Reform in Lateinamerika*, in: Klaus Lindenberg (Hrsg.), *Politik in Lateinamerika*, Hannover 1971, S. 45-60.

25 Vgl. etwa bei H.C.F. Mansilla, *Der südamerikanische Reformismus*, Rheinstetten 1977, S. 46.

amerikas durch. In Chile unter Präsident Eduardo Frei Montalva (1964-74) und in Venezuela unter der ersten Präsidentschaft von Rafael Caldera (1969-74) leiteten der *Partido Demócrata Cristiano* (PDC, Christlich-Demokratische Partei) und das *Comité de Organización Política Electoral Independiente* (COPEI, Komitee der unabhängigen politischen Wahlorganisation) einen Reformprozess ein. Dies erfolgte in Chile unter der Bezeichnung „Revolution in Freiheit", womit sie sich einerseits von den traditionell-konservativen Kräften, andererseits von der sozialistischen Linken abzusetzen versuchten. Sie wollten auch eine Alternative zur kubanischen Revolution bilden. Im Regierungsprogramm tauchte der Gedanke einer beschleunigten wirtschaftlichen Entwicklung, einer gerechteren Einkommensverteilung, einer Ausweitung der Kontrolle über die nationalen Bodenschätze, einer „Chilenisierung" des Kupfers, einer Agrarreform, sozialer Wohnungsbau und einer Ausweitung des Bildungswesens auf.[26] In Venezuela war das Reformprogramm weniger ausgeprägt als in Chile,[27] mit der sog. Pazifizierung (*pacificación*) der linken Guerilla, d.h. ihrer Reintegration in das politische System, leistete Caldera damals immerhin einen Beitrag zu dessen Stabilität.

Sowohl die ursprünglich national-revolutionären und später sozialdemokratisch ausgerichteten als auch die christlich-sozialen Parteien wurden im Rahmen der „Allianz für den Fortschritt" als Träger der Modernisierung betrachtet. Die Allianz wurde unter dem US-Präsidenten John F. Kennedy als Entwicklungsprogramm für die Region konzipiert, um weiteren Revolutionen, wie der in Kuba, vorzubeugen. Zu den Zielen der 1961 in Punta del Este Uruguay von allen Mitgliedstaaten der OAS unterzeichneten „Erklärung an die Völker Amerikas" gehörten: Stärkung der Demokratie, Förderung der Integration und privater Unternehmen, Agrarreform, Ausbau des Gesundheitswesens etc. Parteien wie die AD in Venezuela und der *Partido Liberación Nacional* (PLN, Partei der nationalen Befreiung) in Costa Rica galten in diesem Kontext als demokratische Linksparteien, die eine „demokratische Revolution" anstrebten – im Unterschied zu der marxistischen in Kuba. Gemäßigte Parteien und Gewerkschaften wurden gefördert. Das Programm der „Allianz für den Fortschritt" lief Ende der 1960er Jahre aus. Es brachte einen Zufluss von rund 10,2 Mrd. US-Dollar für Gesundheit, Bildung und Wohnungsbau, die ebenfalls vorgesehene

26 Wilhelm Hofmeister, *Chile: Option für die Demokratie*, Paderborn 1995, S. 62.
27 Vgl. Nikolaus Werz, *Parteien, Staat und Entwicklung in Venezuela*, München 1983, S. 175-198.

Agrar- und Steuerreform scheiterte indessen an mangelnder Initiative der Regierenden.

Erst ab Mitte der 1970er Jahre kam ein neues Interesse für Reformkräfte auf. 1976 öffnete sich die Sozialistische Internationale (SI) in der „Konferenz von Caracas" gegenüber sozialdemokratisch ausgerichteten Parteien in Lateinamerika und der Dritten Welt. Unter dem SI-Vorsitz von Willy Brandt wurden die Aktivitäten in den südlichen Regionen verstärkt, teilweise als Reaktion auf die krisenhafte Lage in Mittelamerika. Dort leisteten auch die christdemokratischen Parteien einen Beitrag zur Konfliktlösung.

Im Zuge der Re-Demokratisierung der 1980er Jahre gewannen erneut Reformansätze an Bedeutung. Sie gingen allerdings weniger von den Parteien aus, sondern von den Regierungen und Akademikern, die in Beraterfunktionen aufstiegen. Internationale Organisationen wie die Weltbank und der Internationale Währungsfond (IWF) profilierten sich ebenfalls als Reformmotoren. In Zeiten von Privatisierungsprogrammen erhielt die Bezeichnung Reform eine neue Konnotation. Nun waren damit eine Verschlankung des Staates und eine Effizienzsteigerung im Dienstleistungsbereich gemeint. Auch die Initiatoren von Reformen veränderten sich. Sie müssen neben den Regierungen, vor allem in internationalen Organisationen und einzelnen Think Tanks vor Ort gesucht werden.[28] Wie in Europa bezieht sich das Wort Reform vor allem auf die Modernisierung von Staat und Wirtschaft, innerhalb der sozialen Bewegungen und bei einem Teil der Bevölkerung besitzt es deswegen einen eher negativen Klang.

Als erfolgreichste neuere Reformregierung kann die der *Concertación* in Chile gelten. Es handelt sich um eine Kooperation der Sozialistischen Partei, der Christdemokraten und von drei kleineren Parteien. Präsident Ricardo Lagos amtierte von 2000-06, er erzielte noch zum Ende seiner Amtszeit mit die höchsten Zustimmungswerte eines Politikers in Lateinamerika. Seine Nachfolgerin Michelle Bachelet war die erste aus direkten Wahlen hervorgegangene Präsidentin Südamerikas. Sie setzt den Modernisierungskurs Chiles fort und versucht, die soziale Ungleichheit zumindest zu korrigieren. Reformen hat sie u.a. beim Scheidungsgesetz und im öffentlichen Nahverkehr eingeleitet, wobei es bei der Einführung in ökologischer Hinsicht sinnvollen Verkehrsverbundsystems *Transantiago* zu Anfangsschwierigkeiten kam. Als Vorbild diente der *Transmilenio* in

28 Vgl. etwa mit Unterstützung der Interamerikanischen Entwicklungsbank: Eduardo Lora (Hrsg.), *The State of State Reform in Latin America,* New York 2007 untersucht u.a. Fortschritte bei der Dezentralisierung, der Steuer- und Haushaltsreform.

Bogotá. In der kolumbianischen Hauptstadt gelang unbeschadet der konfliktreichen Lage in Teilen des Landes eine Verbesserung der Verkehrssituation. Dies trifft trotz der nach wie vor erheblichen Probleme für eine Reihe insbesondere von mittleren Städten in Lateinamerika zu. An verschiedenen Stellen ist die Entwicklung dort sowie in prosperierenden Regionen weiter fortgeschritten, als die gesamtwirtschaftlichen Zahlen auf nationaler Ebene suggerieren. Neben Chile kann Brasilien mit Präsident Fernando Henrique Cardoso (1995-2002) und „Lula" da Silva (seit 2003) recht erfolgreiche demokratische Reformer vorweisen.[29]

5.4 Die Linke in Lateinamerika

Ein gängiges Bild von Lateinamerika in Europa ging und geht davon aus, dass es dort die Pflicht eines jeden Intellektuellen sei, politisch auf der linken Seite zu stehen. „Vom guten Wilden zum guten Revolutionär", so hatte Carlos Rangel sein 1977 damals bereits in der neunten Auflage erschienenes Buch genannt. Die Vorstellung, dass der Kontinent nicht nur reif für die Revolution sei, sondern auch schon revolutionär gestimmt, geriet fast zur Konvention, so dass sich lateinamerikanische Schriftsteller und Sozialwissenschaftler bei ihren Auftritten in Europa darauf einzustellen hatten. Ein solches Bild war von partieller Information, Projektionen und falschen Hoffnungen geprägt.

In den 1960/70er Jahren plädierten viele lateinamerikanische Sozialwissenschaftler für radikale Veränderungen. Seit den 1980er Jahren fällt es leichter, die wissenschaftlichen Beiträge der Linken unabhängig von politischen Gegensätzen mit den USA und vorübergehenden revolutionären Konjunkturen zu behandeln. Die Vorstellung von einer „Perestroika in Lateinamerika" ab 1989/90 ist allerdings unzutreffend, denn die Metamorphose von der Revolution zur Demokratie begann bereits Anfang der 1980er Jahre.[30] Eine Beschreibung, wer und was in Vergangenheit und Gegenwart zur Linken in Lateinamerika gehört, fällt schwer. Am einfachsten wäre es, sie auf die kommunistischen und sozialistischen Parteien zu

29 Dazu als Gesamtüberblick: Michael Reid, *Forgotten Continent,* Bury St Edmunds 2007, S. 179ff. Zu einzelnen Aspekten von Reformen und dem Vergleich mit Europa: Klaus Bodemer/Fernando Carrillo Flórez (Hrsg.), *Gobernabilidad y reforma política en América Latina y Europa,* La Paz 2007.

30 Den Sinneswandel hat treffend der 2004 in Chile verstorbene Politikwissenschaftler Norbert Lechner beschrieben. Vgl.: Ders., *De la révolution à la démocratie. Le débat intellectuel en Amérique du Sud*, in: *Esprit,* (1986)116, S. 1-13.

beschränken.[31] Tatsächlich gehören teilweise auch national-revolutionäre bzw. populistische Parteien und ihre Vordenker dazu. Populistische Parteien übernahmen auch einzelne Ideen aus der marxistischen bzw. der planwirtschaftlichen Tradition.

Eine weitere Schwierigkeit liegt darin, dass sich einige politische Begriffe nur schwer bestimmten Lagern zuordnen lassen. Lange war der gesamte Halbkontinent von einer progressiven Rhetorik geprägt. Dies galt für die inflationäre Verwendung des Begriffes *revolución* und für die weite Verbreitung des Begriffes *pueblo*. Die von dem Peruaner Haya de la Torre (1895-1979) im mexikanischen Exil gegründete *Alianza Popular Revolucionaria Americana* (APRA, Revolutionäre Amerikanische Volksallianz) formulierte 1926 in ihrem internationalem Programm fünf Punkte:

„1. Gegen den Yankee-Imperialismus.
2. Für die politische Einheit Lateinamerikas.
3. Für die Verstaatlichung von Ländereien und Industrie.
4. Für die Internationalisierung des Panamakanals.
5. Für die Solidarität mit allen unterdrückten Völkern und Klassen der Welt.“[32]

In seinen frühen Schriften sprach Haya de la Torre von den „antiimperialistischen Völkern“, die über die Zukunft entscheiden müssten, und nicht die Oligarchien, die „Vaterlandsverschacherer“ seien. Eine ähnliche Trennung erfolgte zwischen Nationalisten und Antiimperialisten im Inneren und den feindlichen gesinnten Mächten im Äußeren. Neben dem Peruaner hat beispielsweise der Parteigründer der venezolanischen AD und spätere Präsident Rómulo Betancourt (1959-64), Bücher vorgelegt, die die politische Diskussion in seinem Lande prägen sollten. Dazu gehören *Venezuela: Política y petróleo* (1956), das eine Bestandsaufnahme der Abhängigkeit vom Öl liefert. Gemeinsam ist diesen Texten der Antiimperialismus, ein gemäßigter und gegen die USA gerichteter Nationalismus sowie die Idee eines Staates, der zugunsten der armen Bevölkerung wirken sollte.

Sowohl die national-revolutionäre bzw. national-populistische Linke als auch die Kommunisten griffen nur in Ausnahmefällen zu revolutionären Mitteln. Die sog. neue Linke, die in der Nachfolge der kubanischen Revo-

31 Alan Angell, *The Left in Latin America since 1920*, in: Leslie Bethell (Hrsg.), *Latin America since 1930. Economy, society and politics* (The Cambridge History of Latin America; Bd. 6), 1994, S. 163.

32 Raúl Haya de la Torre, *Was ist die APRA?* (1926), in: Rama (Hrsg.), *Der lange Kampf Lateinamerikas*, S. 193.

lution 1959 auftauchte, ging anders vor und trug zu einer Radikalisierung des politischen Geschehens bei.

Welche Entwicklung zeigt sich bei der lateinamerikanischen Linken?

Nach dem Scheitern der castro-guevaristischen Guerilla der 1960/70er Jahre und nach den negativen Erfahrungen mit den Militärdiktaturen setzte in den 1980er Jahren eine gewisse Renaissance des Liberalismus ein. Er erfasste zunächst einzelne Essayisten und Schriftsteller, in der Folgezeit wandten sich auch viele Sozialwissenschaftler dem politischen (Links-) Liberalismus zu.

Die Situation in den 80er Jahren: Scheitern, Selbstreflexion und Neubeginn

In den vergangenen 40 Jahren scheiterten verschiedene Reform- und Revolutionsversuche. Lange Zeit hat man die Gründe dafür in der Repression durch die Militärdiktaturen und im Verhalten der USA gesehen. Folgende Ereignisse seien hier aufgeführt:

- der Sturz der Regierung der Volkseinheit in Chile 1973
- die Niederlage diverser Guerillabewegungen in den 1970er Jahren
- der Zusammenbruch der sog. peruanischen Revolution 1978
- die ausbleibende Reaktion des sozialistischen Lagers nach der US-Invasion in Grenada 1983
- der Abbruch der sandinistischen Revolution durch freie Wahlen im Februar 1990.[33]

Eine Folge dieser Ereignisse war zunächst eine weitere Fragmentierung der linken Bewegungen in Lateinamerika. So hatte sich das Spektrum marxistischer und linker Kräfte seit den 1960er Jahren stark aufgesplittert:

- Traditionelle kommunistische Parteien mit prosowjetischer Orientierung erzielten in den 1980er Jahren mit 6,5 % (1985) in Mexiko mit der *Partido Socialista Unificado de México* (PSUM) das beste Wahlergebnis. Seit den 1990er Jahren sind diese Parteien vom Mitgliederschwund betroffen.
- Bewaffnete marxistische Befreiungsbewegungen und Guerilla-Gruppen verloren an Bedeutung. Auffällig ist eine Verselbständigung von den

33 Ulrich Fanger, *Der Sozialismus in Lateinamerika unter dem Einfluss der marxistischen Systemkrise*, in: Klaus Lange (Hrsg.), *Die Krise des Sozialismus und ihre Auswirkungen auf die Dritte Welt*, München 1991, S. 53.

ideologischen Wurzeln und die Entwicklung zu rein an der Gewalt orientierter Gruppen (Beispiele: Kolumbien und Peru).

- Eine Gruppe von Parteien und Bewegungen, die auf den Marxismus bzw. den *Tercermundismo* (Dritte Welt-Ideologie) zurückgehen, sich aber unabhängig von sowjetischem Einfluss entwickelt haben. Als frühes Beispiel sei das *Movimiento al Socialismo* (MAS, Bewegung zum Sozialismus) in Venezuela erwähnt, das 1971 nach einem längeren Diskussionsprozess aus der Kommunistischen Partei Venezuelas hervorging. Hierzu zählen später die brasilianische *Partido Trabalhista* (PT, Arbeiterpartei), die *Causa R* in Venezuela u.a.
- Nach wie vor bestehen linke Bewegungen innerhalb der Kirche und kulturphilosophischer Zirkel. Hier sind genaue Angaben wegen ihres Bewegungscharakters bzw. ihrer Konzentration auf den kirchlichen Bereich schwierig. Ihr Einfluss ist indessen nicht zu unterschätzen, wie der Aufstand der Zapatisten in Mexiko ab 1994 zeigt. Durch eine Reihe von Zeitschriften, Seminarveranstaltungen und Netzwerken entstand ein Kontaktsystem, das relativ unberührt vom Niedergang des Staatssozialismus blieb.

Bis in die 1970er Jahre war die Meinung innerhalb der lateinamerikanischen Linken vorherrschend, dass jede Regierung, die wirkliche gesellschaftliche Reformen vornehmen würde, durch in- und ausländische Kräfte gestürzt werde. Als Beispiele galten Guatemala 1954, Brasilien 1964 und Chile 1973, wo die USA einen Regimewechsel gefördert hatten. Eine andere Form der Nicht-Anerkennung von Wahlsiegen der Linken waren z.B. die Wahlfälschungen in der Dominikanischen Republik 1964 und in Mexiko 1988. Die Bedeutung der Linken und ihr moralisch gerechtfertigtes Anliegen wurden aus der Tatsache begründet, dass Diktaturen vorherrschten und Parteienverbote bestanden.

Während der Militärdiktaturen und als eine Folge des Exils setzte unter den lateinamerikanischen Intellektuellen ein Wandel von der Revolution zur Demokratie ein. Nach 1989 verstärkte sich dieser Trend. 1990 gab die FSLN in Nicaragua als erste und einzige Befreiungsbewegung nach einer verlorenen Wahl die Macht ab.

Bevor die Frage „Was tun?“, gestellt wurde, dachten lateinamerikanische Intellektuelle darüber nach, was die Linke eigentlich getan hatte. Eine solche Diskussion fand in den 1970er Jahren bereits in Venezuela statt,[34]

34 Werz, *Parteien, Staat und Entwicklung in Venezuela*, S. 207ff.

und auch der französische Ex-Revolutionär Régis Debray hatte in seiner „Kritik der Waffen. Wohin geht die Revolution in Lateinamerika?" (1975) verschiedene Aspekte vorweggenommen. Dennoch beschäftigt sich erst nach 1989 ein größeres Publikum mit solchen Texten. Vergleichsweise intensiv wurde die Debatte zunächst in Chile geführt, zum einen wegen der traditionell starken Linken, zum anderen weil die Rückkehr zur Demokratie erst 1990 erfolgte.[35] In anderen lateinamerikanischen Staaten fiel die Rückschau übrigens kritischer aus. Bücher wie die von José Rodriguez Elizondo, „La crisis de las izquierdas en América Latina" (1990) oder von Carlos Castaneda, „La utopia desarmada. Intrigas, dilemas y promesa de la izquierda en América Latina" (1993) zeigen eine schonungslose Auseinandersetzung mit der eigenen Vergangenheit; diese Texte sind in Deutschland kaum bzw. mit Verzögerung zur Kenntnis genommen worden.[36]

Die Linke nahm gemäßigte Positionen ein und näherte sich sozialdemokratischen Einstellungen an. Von vielen neuen Links- bzw. Basisgruppen wurde das Thema der Korruption aufgegriffen, die lokale Demokratie und die kommunale Ebene wurden zum Hauptansatzpunkt. Zunehmend treten linke Parteien als Verfechter des Rechtsstaates auf. Sie plädierten für Modifikation des Wahlrechts, Rechenschaftspflicht, den Rechtsstaat und für Verwaltungsreformen. In seinem viel beachteten Buch „Die entwaffnete Utopie" oder „Die demontierte Utopie" vertritt Castañeda die Ansicht, die lateinamerikanische Linke solle für eine Form des sozialen Wohlfahrtsstaates eintreten, Steuerreformen fördern und eine nationale Industrialisierungsstrategie mit Blick auf die Außenwirtschaftspolitik verfolgen.

Er u.a. gelangten zu dem Ergebnis, dass sich für die politische Linke nach 1989 günstige Möglichkeiten eröffnen, da die ideologische Bindung an das sozialistische Lager bzw. die Dritte-Welt-Bewegung und der ohnehin weitgehend rhetorische Antiamerikanismus nun wegfallen. Nach Castañeda verfüge die Linke über eine „paradigmatische Autonomie", d.h. sie kann sich praktisch ihre Programmatik selbst zusammenstellen – eine Argumentation, die fast schon postmodern anmutet.

Zumindest die über 40-jährigen Sozialwissenschaftler hatten sich mehrheitlich einer postsozialistischen Position angeschlossen. Der Antiimperia-

35 Ingrid Wehr, *Zwischen Pinochet und Perestroika. Die chilenischen Kommunisten und Sozialisten 1973-1994,* Freiburg 1996.

36 Albert Sterr (Hrsg.), *Die Linke in Lateinamerika*, Köln/Zürich 1997. Stephan Scheuzger, *„What is left?" Zur historischen Entwicklung und gegenwärtigen Situation der Linken in Lateinamerika*, in: *Lateinamerika Jahrbuch 2004*, S. 9-40.

lismus und der auf einer importsubstituierenden Entwicklungsstrategie beruhende Nationalismus schienen Mitte der 1990er Jahre der Vergangenheit anzugehören. Einige avancierten vorübergehend sogar zu Anhängern sog. neoliberaler Wirtschaftskonzeptionen. Soziale Fragen und die Situation der Armen wurden eher von kirchlichen oder kulturphilosophischen Kreisen diskutiert. Die „Linke" gibt es nicht mehr, sie findet sich teils in Parteien und sozialen Bewegungen, teils innerhalb einer Strömung der katholischen Kirche oder in einzelnen populistischen Bewegungen. Allerdings liegt im Nationalismus ein Potential für Populisten und Ex-Militärs, die die Entstaatlichung und De-Nationalisierung von Industrien im Neoliberalismus für ihre politischen Zwecke aufzugreifen versuchen.

Ein gewichtiger Faktor für eine gewisse Heimatlosigkeit der Linken liegt schließlich darin, dass der wichtigste Gegner nicht mehr so eindeutig festzulegen ist. Die USA und der Imperialismus, deren Existenz lange Zeit als einigendes Band linker und nationalistischer Kräfte diente, haben an negativer Integrationskraft verloren. In dieser Hinsicht zeigte sich die akademische Linke erstaunlich flexibel, was im Ausland auch auf Kritik stieß. Bei den meisten sei die „Demokratie in den Köpfen" vorhanden mit dem Ergebnis, dass die Frage nach den ökonomischen Rahmenbedingungen ausgeblendet bleibe. „Dieses Verhalten entsprach der wohlbekannten Neigung vieler Intellektueller, taktische Wendungen und neue Teilerkenntnisse sofort ins prinzipielle zu heben und eine veränderte Weltdeutung zu versuchen, um damit auch den eigenen Standortwechsel zu rechtfertigen."[37] In noch schärferer Form trug der nordamerikanische Marxist James Petras diesen Einwand vor,[38] als er von einer „Metamorphose der Intellektuellen" sprach.

Ende des 20. Jhs. präsentierte sich auch in Lateinamerika die Linke politisch fragmentiert, ideell heterogen und inhaltlich weitgehend ratlos. In den 1980er Jahren lag eine ihrer größten Stärken im Bekenntnis und der Aktivität zugunsten der Demokratie, zumal ein Teil der Rechten in dieser Frage in der Vergangenheit eine wankelmütige Position einnahm. Auf dem Gebiet der Wirtschaftspolitik hatte die Linke ihre frühere Meinungsführerschaft vorübergehend eingebüßt. Fragen wie Modernisierung des Staates, Privatisierung und Weltmarktintegration fanden ohne ausführliche pro-

37 Klaus Meschkat, *Einleitung*, in: Ingo Bultmann u.a. (Hrsg.), *Demokratie ohne soziale Bewegung? Gewerkschaften, Stadtteil- und Frauenbewegungen in Chile und Mexiko*, Unkel 1995, S. 21.

38 James Petras, *La metamorfosis de los intelectuales latinoamericanos*, in: *Brecha*, 7.10.1988.

grammatische Debatten statt. Sie wurden und werden eher von äußeren Agenturen (Weltbank, IWF) betrieben als von internen Interessengruppen. Eine Lücke entsteht dadurch, dass kaum gangbare Konzepte zum Erhalt und der Reform des Staates bzw. für Formen sozialer Marktwirtschaft vorhanden sind. Diese Ausgangslage ist einer der Gründe dafür, dass Populisten, die in Amerika stets auch soziale Forderungen artikulieren, erneut an Bedeutung gewannen.

5.5 Alte und neue Guerillabewegungen

Guerilla heißt im Spanischen kleiner Krieg oder Kleinkrieg. Darunter versteht man den Kampf „irregulärer militärischer oder paramilitärischer Verbände gegen eine Besatzungs- oder Kolonialmacht oder [...] gegen die politische Herrschaftsordnung im Lande."[39] Obwohl die militärisch folgenreichsten Guerillakämpfe in Asien stattfanden, wird meist Lateinamerika damit in Verbindung gebracht. Guerilla- und Banditentraditionen reichen bis Anfang des 19. Jhs. zurück. Die Trennlinie zwischen den unpolitischen *Bandolero*, der aus eigenem Antrieb und auf eigene Rechnung aktiv wird und dem *Guerillero*, der mit vergleichbaren Mitteln ein politisches Ziel verfolgt, lässt sich nicht immer klar ziehen.[40] So verliefen die von *Caudillos* geführten Auseinandersetzungen im Zuge des Unabhängigkeitskampfes nicht eindeutig entlang der Konfliktlinie zwischen Patrioten und Anhängern der Krone. Einzelne Bauernrebellionen richteten sich etwa in Venezuela und Süd-Chile gegen die kreolischen Grundbesitzer, die gegen Spanien auftraten.

Die kubanische Revolution 1959 und charismatische Erscheinungen wie Fidel Castro und Ernesto *Che* Guevara (1928-67) machten die Guerilla als Kampfform international und im studentischen Protestmilieu der 1968er Bewegung in westlichen Industriegesellschaften bekannt. Beim Guerillakampf handelt es sich um eine militärische Strategie, in der die Guerilleros den Status von Kombattanten und „befreite Gebiete" erzielen wollen. Terrorismus ist dagegen eine auf die Städte konzentrierte und eher symbolische Strategie, die nicht Raumgewinne erlangen möchte, sondern in einer auch als kommunikative Gewalt bezeichneten Kampfform, Angst und Hysterie erzeugen möchte. Nach Peter Waldmann treten in Lateinamerika historisch eher Guerillaorganisationen auf, in Europa nehmen sie terroristi-

39 Manfred G. Schmidt, *Wörterbuch zur Politik*, Stuttgart 2004 (2. Aufl.), S. 292.
40 Fritz René Allemann, *Macht und Ohnmacht der Guerilla*, München 1974, S. 20.

sche Ausprägungen an.[41] Seit den frühen 1960er Jahren hat sie in Lateinamerika verschiedene Phasen durchlaufen, zunächst mit dem Übergang von der Land- zur Stadtguerilla und später im Wechsel von einer ursprünglich politisch-ideologischen Guerilla zu Narco- und Drogenguerilla mit Formen des Terrorismus. Mittlerweile fällt – besonders in Peru und auch Kolumbien – die Unterscheidung zwischen Guerilla und Terrorismus schwer.

Historische Vorläufer hat die Guerilla in einigen mystisch überhöhten Figuren der kontinentalen bzw. nationalen Geschichte. Da war der Brasilianer Luis Carlos Prestes (1898-1990), der ab 1925 einen „langen Marsch" oder genauer einen „langen Ritt" über 25.000 km durch dreizehn Provinzen seines Landes unternahm, um schließlich mit ca. 600 Überlebenden seiner Kolonne 1927 Asyl in Bolivien zu suchen. Eine ähnliche Bedeutung erlangte Augustin Farabundo Martí, der 1893 als sechstes von vierzehn Kindern seiner Eltern in El Salvador geboren wurde. In Guatemala und Mexiko schloss er sich linken Bewegungen an, nach der Rückkehr in sein Heimatland gründete er dort die Kommunistische Partei (PCS) und war 1932 einer der Anführer eines Aufstandes, der zwischen 5.000 bis 30.000 Menschenleben gekostet haben soll. Farabundo Martí und andere Mitglieder der PCS wurden gefangen genommen und erschossen. Im *Frente Farabundo Martí para la Liberación Nacional* (FMLN) schlossen sich 1980 mehrere kleine Linksparteien zusammen. Ein weiteres bekanntes Beispiel ist der bereits erwähnte Augusto Cesar Sandino in Nicaragua (Kap. 5.2). Es kommt aber auch vor, dass sich Guerillabewegungen auf Simón Bolívar oder auf Vorkämpfer der Unabhängigkeitsbewegung von Spanien berufen.

Seit 1959 lassen sich drei Wellen von Guerillabewegungen unterscheiden:[42]

Die erste Welle (1959-75)

Die kubanische Revolution trug zum Wiederaufschwung des Guerillakampfes als politischer Strategie bei. Verglichen mit anderen Rebellionen und Aufstandsversuchen war sie zunächst eine „kleine Revolution", die aber eine enorme Wirkung entfaltete, denn sie leitete 1959 die jahrzehnte-

41 Peter Waldmann, *Terrorismus und Guerilla. Ein Vergleich organisierter antistaatlicher Gewalt in Europa und Lateinamerika*, in: *Jahrbuch Extremismus & Demokratie*, 5(1993), S. 69-103.

42 Timothy P. Wickham-Crowley, *Guerillas and Revolution in Latin America*, Princeton 1992 und: Albert Sterr, *Guerillakampf und Befreiungsbewegungen in Lateinamerika*, in: Ders. (Hrsg.), *Die Linke in Lateinamerika: Analysen und Berichte*, Köln/ Zürich 1997, S. 230-269.

lange Herrschaft von Fidel Castro ein. Fast ebenso stark waren die internationalen Auswirkungen: Der Aufstieg eines kritisch gegenüber den USA eingestellten Regimes in unmittelbarer Nachbarschaft der Weltmacht förderte Nachahmer in zahlreichen Ländern. Kuba betrieb in den 1960er Jahren den Revolutionsexport – besonders ins benachbarte Venezuela und nach Bolivien. Der Erfolg der kubanischen Revolution beruhte auf dem Zusammenwirken der Guerilla in den Bergen, einzelnen Streiks in den Städten und den Auflösungserscheinungen des Batista-Regimes. Nicht die Kommunistische Partei, sondern unabhängige Rebellen hatten die Revolution zum Sieg geführt.

In der Folgezeit wurde das in Kuba aus dem Zusammenfall der oben genannten Gründe erfolgreiche Guerillakonzept verabsolutiert und in den 1960er Jahren unkritisch auf andere Länder übertragen. Einen hohen Stellenwert gewannen die Ausstrahlung und die Schriften von Ernesto *Che* Guevara, in denen er die Zwangsläufigkeit einer militärischen Lösung betonte. Die Vernichtung der Unterdrücker sei notwendig, die Lage der Bauern quasi revolutionär und der Ansatz kontinental auszurichten. „Der Kampf ist der große Lehrmeister“.[43] Im Unterschied zu klassischen marxistischen Theorien ging er vom Individuum als entscheidendem Faktor der Revolution aus. „In der Haltung unserer Kämpfer zeigt sich bereits der Mensch der Zukunft“.[44] Seine Thesen von der Reife der lateinamerikanischen Länder für eine sozialistische Revolution tauchten in radikalisierter und verallgemeinerter Form in den Schriften des Sartre-Schülers und vorübergehenden Berufsrevolutionärs Régis Debray (1940 geb.) auf, der später Berater des französischen Präsidenten Francois Mitterand werden sollte. Von 1965-67 lebte er zunächst in Kuba, ging dann nach Bolivien, wo er nach seiner Inhaftierung kurz vor der Erschießung von Che Guevara bis 1971 im Gefängnis saß. In einer verallgemeinernden Betrachtungsweise quer über den ganzen Kontinent hinweg wurden die auslösenden Momente der Revolution von den sozioökonomischen Faktoren auf subjektiv-voluntaristische Momente und das entschiedene Handeln einer kleinen Gruppe von Berufsrevolutionären verlagert. Gegenüber ideologischer Vermittlung und politischer Aufklärung erhielt die militärische Aktion absoluten Vor-

43 Ernesto Che Guevara, *Guerillakrieg: Eine Methode* (1963), in: Ders., *Politische Schriften. Eine Auswahl*, Berlin 1979, S. 28.; 2007, d.h. 40 Jahre nach seiner Ermordung in Bolivien, erschienen zahlreiche Bücher über ihn.

44 Ernesto Che Guevara, *Der Sozialismus und der Mensch in Kuba*, in: Ebenda, S. 93. Zur Person des Revolutionärs liegen verschiedene Bücher vor. Schwer zu übertreffen: Jon Lee Anderson, *Che. Die Biographie*, München 1999 (2. Aufl.). Ferner: Jorge G. Castañeda, *Che Guevara. Eine Biographie*, Frankfurt a.M. 1998.

rang. Verbunden mit dieser Überlegung war eine vehemente Kritik der Politiker aus den vorhandenen Linksparteien und die Behauptung, der Guerillakampf forme die Aktivisten schneller als jede marxistische Kaderschulung.[45]

Die Theorie des Guerillafokus, wonach ein Funke gleichsam einen Steppenbrand auslösen könne, implizierte die Negation des marxistisch-leninistischen Parteiaufbaus. Nach Debray würde die Partei erst im Verlaufe der bewaffneten Auseinandersetzung entstehen. Die von ihm geforderte Fusion politischer und militärischer Leitungen sollte einer Verbürgerlichung der Politiker entgegenwirken und begründete die schwärmerische Glorifizierung revolutionärer Leitfiguren, „die die echte Tradition des Caudillismo wieder aufnehmen und einer nationalen Organisation ihren Stempel aufprägen, nachdem sie ihre Probe vor den Augen aller Kämpfer geliefert haben".[46]

Die Guerilla-Gruppen der ersten Welle kamen überwiegend aus der männlichen städtischen Mittelschicht und der radikalisierten Jugend, so dass man auch von einer „Studentenguerilla" sprach. In Venezuela gingen sie für einige Monate in die „Berge" und kehrten später in die Hauptstadt zurück. Dieser Vorgang ist eindrucksvoll beschrieben in dem Buch einer der damals noch seltenen Guerillakämpferinnen, Angela Zago, die nach einjährigem Aufenthalt in den Bergen nach Caracas zurückkehrte: „Ich sah meine eigene Stadt. Meine Stadt ohne Krieg. Und ich dachte, bevor ich wieder ein Teil von ihr wurde: Hier ist nichts geschehen."[47] In Venezuela begann schon ab 1969 mit der Pazifizierungspolitik des christdemokratischen Präsidenten Rafael Caldera die Reintegration von bekannten Guerilleros in das politische System. Unter der zweiten Präsidentschaft Calderas (1994-99) wurde das vormalige Mitglied des Politbüros der PCV, Teodoro Petkoff, der nach einer Auseinandersetzung mit Fidel Castro über den Kurs der venezolanischen Kommunisten mit dem *Movimiento al Socialismo* (MAS, Bewegung zum Sozialismus) 1970 eine Art „eurokommunistische" Partei gegründet hatte, Planungsminister. Diese und andere Parteigründungen waren das Ergebnis der Spaltung innerhalb mehrerer kommunistischer Parteien als Ergebnis des Konfliktes zwischen dem damaligen

45 Régis Debray, *Revolution in der Revolution?*, in: Giangiacomo Feltrinelli (Hrsg.), *Lateinamerika. Ein zweites Vietnam?*, Hamburg 1968, S. 194.

46 Régis Debray, *Der Castrismus: Lateinamerikas „langer Marsch"*, in: Ebenda; S. 224.

47 Angela Zago, *Tagebuch einer Guerilla-Kämpferin*, Wuppertal 1977, S. 215. Der deutsche Titel ist unglücklich gewählt. Wörtlich übersetzt heißt der Roman: „Hier ist nichts geschehen".

kontinentalistischen Ansatz des Castrismus, d.h. der Anhänger Fidel Castros und dem eher verhaltenen Kurs der prosowjetischen lateinamerikanischen KPs, die zunächst zur Abspaltung der radikalisierten Parteijugend auch bei sozial-demokratisch ausgerichteten Parteien führte, die sich in einigen Ländern – wie Bolivien und Chile – den Namen *Movimiento de Izquierda Revolucionaria* (MIR, Bewegung der Revolutionären Linken) gab.

Die foquistische Landguerilla scheiterte in allen Staaten. Ende der 1960er Jahre tauchte, z.T. inspiriert von dem „Handbuch der Stadtguerilla" des Brasilianers Carlos Marighela (1911-69),[48] in Argentinien, Brasilien, Uruguay und mit deutlichen Abstrichen Chile eine Guerilla auf, die in unabhängig voneinander agierenden Kleingruppen den Gegner in den urbanen Zentren zu treffen versuchte. Sie überfielen Banken und erpressten Schutzgelder als „revolutionäre Zwangslauflage". Großes Aufsehen erregte die Entführung von ausländischen Diplomaten und Militärberatern, von denen einzelne ermordet wurden. Die bekannteste Gruppe waren die *Tupamaros* in Uruguay, das wegen seiner gefestigten Demokratie und seiner Rolle als Bankenplatz, als die „Schweiz Südamerikas" galt. Der Name *Tupamaros* erinnerte an die irregulären *Gaucho*-Reiter, die den von General José Artigas (1764-1850) zunächst gegen die Spanier, die Portugiesen und dann die Argentinier geführten Unabhängigkeitskampf fortsetzten. Zu ihren Kampfformen gehörten „Robin-Hood-Aktionen", bei denen Lebensmittel in Armutsvierteln verteilt wurden. In Argentinien entstand mit den linksperonistischen *Montoneros*, die an Reiterhorden im 19. Jh. erinnerten, und dem trotzkistisch inspirierten „Revolutionären Volksheer" (ERP, *Ejercito Revolucionario del Pueblo*) die damals stärkste Guerilla Südamerikas. Den Streitkräften dienten die bewaffneten Aktionen als Vorwand, um sich an die Macht zu putschen, wobei die USA die neuen Militärjuntas im Namen des Kampfes gegen den Kommunismus und mit Hilfe von *counterinsurgency*-Programmen stärkten. Bis Mitte der 1970er Jahre war die erste Welle von Guerilla-Gruppen, die nach castristischem Vorbild entstanden, gescheitert.

Wer waren die Guerilleros der ersten Welle? Zumeist handelte es sich – erstens – um relativ junge Männer zwischen 18 und 28 Jahren, wobei die Anführer etwas älter waren. Der Anteil der Frauen begann in den 1970er Jahren leicht anzusteigen, blieb allerdings gering. Zweitens: In der Startphase und während der Rekrutierung in den Städten stammten sie vorwie-

48 Carlos Marighela, *Handbuch des Stadtguerillero*, o.O. 1996.

gend aus den mittleren und teilweise sogar den oberen Schichten. In Venezuela und Guatemala, wo es zu linken Militärrevolten kam, waren auch jüngere Offiziere daran beteiligt. Drittens: In einer nachfolgenden Phase nahm die Zahl der Bauern etwas zu, das Kommando blieb indessen in den Händen der Guerilleros mit höherem Status und mehr Bildung. Dabei stellten – viertens – die Revolutionären Streitkräfte Kolumbiens (FARC, *Fuerzas Armadas Revolucionarias Colombianas*), insofern eine Abweichung dar, da sie an die Tradition der bäuerlichen Selbstverteidigungsgruppen anknüpften, ein höheres Durchschnittsalter besaßen und enge Beziehungen zur prosowjetischen Kommunistischen Partei Kolumbiens unterhielten. Fünftens: Mit der partiellen Ausnahme von Guatemala und Peru waren ethnische Gruppen in der Guerilla stark unterrepräsentiert.[49]

Die zweite Welle ab 1975

Régis Debray verabschiedete sich mit seinem Buch „Kritik der Waffen" (1975) von der Guerilla und plädierte für einen politischen Weg. Der Übergang von der ersten zur zweiten Welle war indessen fließend. Mitte der 1970er Jahre begannen sich in Guatemala, El Salvador und Kolumbien Organisationen eines neuen Typs zu bilden. Zum Katalysator der zweiten Welle wurde der Sturz Somozas am 19. Juli 1979 und die Machtübernahme der FSLN, womit die zweite Revolution in der Nachkriegszeit gelungen zu sein schien.[50] Bis Anfang der 1980er Jahre kam es zu einem Aufschwung revolutionärer Bewegungen, die ihren Mittelpunkt nun in Zentralamerika hatten.

Was ihre Herkunft anbelangte, wiederholten sich die Rekrutierungsmechanismen der vorangegangenen Welle nur teilweise. Mehrere der *Comandantes* und Politiker der Sandinisten kamen aus den besseren Familien in Nicaragua und/oder wurden an der Universität der Jesuiten ausgebildet. Der Frauenanteil in der Guerilla war höher als in der Vergangenheit.[51] Dort und in Guatemala, El Salvador und Kolumbien waren die Guerillabewegungen eine Reaktion auf den Fortbestand alter Regime oder der Herrschaft von Familienclans bzw. Proporzregelungen (etwa *Frente Nacional* in Kolumbien). In Nicaragua erhielt die Erhebung – im Unterschied zu den späteren Revolutionsversuchen in den Nachbarländern – eine stärker natio-

49 Wickham-Crowley, *Guerillas and Revolution in Latin America*, S. 29.
50 Sterr, *Guerillakampf und Befreiungsbewegungen in Lateinamerika*, S. 240.
51 Dazu: Karen Kampwirth, *Women and Guerilla Movements: Nicaragua, El Salvador, Chiapas, Cuba*, Pennyslvania 2002, S. 134f.

nalistische und demokratische Komponente. Wie schon in Kuba waren in Nicaragua die Parteien schwach und der Professionalisierungsgrad der Streitkräfte gering. In beiden Gesellschaften fehlte eine Reformbewegung aus der Mittelschicht. Offensichtlich lässt sich eine Anfälligkeit der Diktaturen karibischen und mittelamerikanischen Typs für Aufstandsbewegungen feststellen, die bis in die 1980er Jahre anhält. Die Revolutionsversuche richteten sich gegen Patrimonial- und Familiendiktaturen sowie einen Machtbereich, „der sich im wesentlichen aus Oligarchie, Armee und US-Botschaft zusammensetzte".[52] Die für die damalige US-Regierung traumatische Befürchtung, dass im eigenen Hinterhof ein zweites Kuba entstehen könne, führte zur Militarisierung und Internationalisierung des Mittelamerika-Konfliktes. Deshalb wurde die US-Militärhilfe in der Region ausgebaut, und die Truppenstärke der mittelamerikanischen Armeen vervierfachte sich von 45.000 (1980) auf 165.000 (1990). Ab Mitte der 1980er Jahre begannen mit lateinamerikanischer und europäischer Beteiligung Verhandlungsbemühungen, die schließlich zu Friedensabschlüssen in El Salvador 1992 und Guatemala 1996 führten.

Die Guerilla in Kolumbien und Peru weicht von dieser Entwicklung ab. Versuche zu Friedensverträgen hat es zwar in *Kolumbien* mehrfach gegeben, sie wurden jedoch nicht eingehalten. Ein Teil der Guerilla kehrte mit der „Patriotischen Union" (UP) schon in den 1980er Jahren in die Politik zurück; die M-19 (*Movimiento 19 de Abril*) gab 1990 die Waffen ab. Der Name nimmt Bezug auf die Präsidentschaftswahlen vom 19. April 1970, die die Anhänger des Ex-Generals Rojas Pinilla knapp und aus ihrer Sicht durch Wahlfälschung verloren. Die drei Gruppen FARC, ELN (*Ejército de Liberación Nacional*) und die Reste der EPL bilden die *Coordinadora Guerillera Simón Bolívar* (CGSB, Guerillakoordination Simón Bolívar). Vorübergehend beherrschte die Guerilla ein Gebiet von der Größe der Schweiz. Die bereits 1964/66 gegründete FARC ist mit rund 12.000 Mitgliedern die stärkste Guerillagruppe Lateinamerikas. Da die Guerilla sich nach dem Zusammenbruch des staatssozialistischen Lagers weitgehend selbst finanzieren muss, geht vor allem die ELN fragwürdige Allianzen mit der Drogenmafia ein, d.h. sie bewacht für eine Schutzsteuer Koka- und Mohnfelder bzw. greift u.a. zu Entführungen. Das prominenteste Opfer ist die 2002 entführte Präsidentschaftskandidatin des *Partido Verde Oxígeno* Ingrid Betancourt.[53] Während der ersten Welle war der Aufenthalt bei den

52 Ebenda, S. 245.
53 Karin Ceballos Betancur, *Die Hölle ist grün*, in: *Die Zeit*, 28.2.2008.

Aufständischen eher kurz. Mittlerweile kommt es in Kolumbien zum Phänomen des *enmontañarse*, d.h. sich in den Bergen einrichten, manche Guerilleros werden in der Guerilla alt. *Tirofijo* (= Blattschuss), wie der Gründer und Chefkommandant der FARC Manuel Marulanda genannt wird, ist 74 Jahre alt.

Verschiedene Friedensverhandlungen, bei denen Präsident Andrés Pastrana (1998-2002) der FARC ein größeres Gebiet (*zona de distensión*) einräumte und sich zweimal u.a. zu Verhandlungen in Europa mit dem Guerillaführer Marulanda traf, scheiterten. Im *Plan Colombia* und in enger Kooperation mit den USA waren bis 2006 rund 1 Mio. US$ vorgesehen. Unter den in Umfragen hohe Zustimmungswerte erzielenden Präsidenten lvaro Uribe, der seit 2002 regiert, wird die Guerilla massiv bekämpft, bis hin zur Aufgreifung und Entführung von Mitgliedern im benachbarten Venezuela. Sie ist im Lande wegen der Geiselnahme von 700 Menschen höchst umstritten. Anfang 2008 demonstrierten über 1. Million Menschen gegen die FARC und für den Frieden in Kolumbien. Die Tötung des zweithöchsten FARC-Kommandeurs Raúl Reyes 2008 durch kolumbianische Streitkräfte auf ecuadorianischem Staatsgebiet führte zu einer außenpolitischen Krise zwischen Kolumbien, Ecuador und Venezuela.

Gegen die Guerilleros haben sich die Paramilitärs formiert, die mit Killerkommandos, d.h. sog. *sicarios*, die für einen niedrigen Preis für Mordtaten gedungen werden können, Guerilleros bzw. den legalen Ableger *Unión Patriótica* (UP) bekämpfen und ihrerseits Schutzfunktionen für die Drogenbosse übernehmen.[54]

Peru stellt mit der Radikalität der Guerilla und dem Übergang zur terroristischen Organisation einen Sonderfall dar. Zwei Gruppen traten dort hervor: Die 1984 gegründete „Revolutionäre Bewegung Túpac Amaru" (MRTA, *Movimiento Revolucionario Túpac Amaru*), die aus der guevaristischen Tradition stammte, einen eher städtischen Ursprung besaß und in den 1980er Jahren etwa 1.000 Bewaffnete hatte. 1997 erlangte sie mit der mehrmonatigen Besetzung der Residenz des japanischen Botschafters in Lima internationale Bekanntheit. Sie endete mit der Erstürmung und Erschießung der MRTA-Guerilleros.

Abimael Guzmán (geb. 1934) galt als treibende Kraft einer ab 1974 *Por el Sendero Luminoso de Mariátegui* genannten Gruppe. Sie berief sich auf den peruanischen Marxisten Carlos Mariátegui (1890-1930), der einen

54 Zum Hintergrund: Ciro Krauthausen, *Moderne Gewalten. Organisierte Kriminalität in Kolumbien und Italien*, Frankfurt a.M. 1997.

unabhängigen Kurs sowohl von der APRA als auch der kommunistischen Partei Perus verfolgt hatte. Guzmán lehrte an der Nationaluniversität in Ayacucho Philosophie und seit 1963 auch Maoismus. Die Nähe zwischen der Velasco-Regierung (1968-75) und der Sowjetunion wurde von dem prochinesischen Flügel der peruanischen Linken ebenso kritisiert wie die mangelnde Berücksichtigung der lokalen Ebene. 1976 gründete der *Sendero Luminoso* (SL) die erste Zelle in der Hauptstadt und 1980 eine Schule zur militärischen Ausbildung. Obwohl sich die Bewegung auf die Tradition der Inkas berief, lehnten sie Weihnachtsfeiertage und indianische Feste ab, stattdessen wurden die Geburtstage von Guzmán und Mariátegui begangen. Im Unterschied zu Mariátegui ging jedoch Guzmán nur wenig auf das indianische Element ein, seine Lehre war dogmatisch und einem orthodoxen Marxismus-Maoismus verhaftet.

In der Hochphase soll der *Sendero Luminoso* 23.430 bewaffnete Mitglieder gehabt haben. Die meisten Anhänger rekrutierte er unter Studenten und Lehrern, denen sie in den von ihnen beherrschten Gebieten deutlich mehr zahlten als die Regierung. Die Organisation blieb auf den Führer bezogen, besaß eine machistische Ausrichtung und wurde 1992 nach der Ermordung der ehemaligen Vorsitzenden des Frauenbundes Maria Elena Mogano auch von der Frauenbewegung scharf kritisiert. Bereits achtjährige Jugendliche wurden zum militärischen Training gezwungen. Die *Sendero*-Mitglieder sprachen die Studenten und Schüler in ihrer Sprache an, allerdings übernahmen sie nicht die Denkwelt der Indianer. Der SL wollte den Staat zerschlagen und die Macht an sich reißen. Seit 1980 wurden sukzessive fünf Phasen des Kampfes entfaltet, die zu vielen bewaffneten Aktionen und Ermordungen führten. Vor allem um 1990 wurde mit außerordentlicher Brutalität vorgegangen, es kam u.a. zu Ermordungen und Autobomben in Lima. Ein im Jahr 2003 von einer Wahrheitskommission vorgelegter Bericht geht von fast 70.000 Toten und Verschwundenen aus, 54 % davon wurden dem SL zur Last gelegt. 75 % der Opfer waren Bauern. Nach der Festnahme von Guzmán 1992 brach die Organisation zusammen.[55]

Eine dritte Welle ab 1994?

Die EZLN (*Ejercito Zapatista de Liberación Nacional* = Zapatistische Armee der Nationalen Befreiung) trat am 1. Januar 1994 und zwar zeit-

55 James F. Rochlin, *Vanguard Revolutionaries in Latin America. Peru, Colombia, Mexico*, Boulder 2003, S. 23-86.

gleich mit dem Inkrafttreten des nordamerikanischen Freihandelsabkommens NAFTA in Erscheinung. Sie besetzten sechs Bezirkshauptstädte in Chiapas – darunter den bekannten Touristenort San Cristóbal de las Casas. Nach zehn- bis zwölftägigen Kämpfen trat ein Waffenstillstand in Kraft, der im Grunde bis heute anhält. Anführer der Zapatisten ist der sagenumwobene *Subcomandante* Marcos, der ausschließlich mit einer schwarzen Wollmütze auftritt. Den Kampf für die Interessen der Indigenas verbindet er mit Kritik an Globalisierung und Neoliberalismus. Von Beginn an erzielte er eine starke Medienpräsenz vor allem im Ausland, in Chiapas empfängt er häufig internationale Gäste. Nach Berichten soll es sich um Rafael Guillén handeln, Sohn eines Möbelhändlers aus Tampico, der Soziologie und Philosophie in Mexiko-Stadt studiert hat.[56]

Nach dem kurzen Auftaktgefecht hat es keine direkten bewaffneten Konfrontationen mehr gegeben, allerdings wurden bei Landkonflikten in Chiapas zahlreiche Menschen getötet.[57] Deshalb wurde behauptet, es handele sich gar nicht um eine wirkliche, sondern um eine virtuelle, postkommunistische und postmoderne Guerilla. Sie wolle Politik machen, ohne die Macht zu übernehmen. Zwar benutze sie die äußeren Symbole der lateinamerikanischen Guerilla, u.a. die Farben rot und schwarz, verzichte aber auf die bewaffnete Auseinandersetzung.[58] Als Beleg dafür werden neben dem Ausbleiben militärischer Aktivitäten der Marsch der Zapatisten nach Mexiko-Stadt 2001 und die Rede von Marcos im Kongress genannt, beides sei mit der Regierung ausgehandelt gewesen. Die internationalen Gäste und die Medien würden sozusagen ein Schutzschild um Marcos bilden und seine Botschaften in die ganze Welt transportieren.

Das Ende der politischen Guerilla? Zusammenfassung und Ausblick

Rückblickend sind folgende Aussagen möglich:[59]

1. „Das vereinte Volk wird niemals besiegt" (*El pueblo unido jamás será vencido*). Dieser Satz aus der linken Bewegung Lateinamerikas lässt sich nur auf wenige Revolutionen anwenden. Sowohl die mexikanische als auch die bolivianische Revolution wiesen auch populistische Züge

56 Manuel Vázquez Montalbán, *Marcos: Herr der Spiegel*, Berlin 2001, S. 64.

57 Wolfgang Grabbert, *Der Aufstand der Zapatisten in Chiapas 1994. Vorbedingungen und Folgen,* in: Bernecker u.a., *Mexiko heute,* 363-384.

58 Ferran Cabrero, *La revolución pactada. Globalización y transformación de la guerrilla en América Latina*, Barcelona 2002.

59 Wickham-Crowley, *Guerillas and Revolution*, S. 313ff.

auf und konnten auf die Unterstützung von Teilen der Mittel- und sogar Oberschicht bauen, gleichzeitig war „das Volk“ auch bei Revolutionsversuchen und Aufständen nur vorübergehend einer Meinung.

2. Die externe Unterstützung bzw. Bekämpfung kann entscheidend für die Guerilla sein. Eine Gegenposition wurde sowohl von der Reagan-Regierung vertreten, die hinter allem den sowjetischen Einfluss vermutete, als auch von Sympathisanten der Revolutionäre, die für ihr Scheitern vor allem die Unterdrückung durch die USA verantwortlich machten.
3. Tatsächlich ermöglicht meist erst die Schwäche der Herrschenden bzw. das Zusammenwirken von Guerillakampf, Aufstand in den Städten und Entzug der externen Unterstützung für das Regime eine Revolution.
4. Das Konzept des Guerillafokus scheint hinfällig. Wichtige Faktoren für den Erfolg einer Revolution sind das Verhalten der Landbevölkerung, die Form und Akzeptanz des politischen Regimes, das Ausmaß an Unterstützung für die amtierende Regierung durch die USA und die Stärke der Guerilla. Nach einer längeren Phase demokratischer Wahlen und Entwicklung (vgl. Kap. 11) verliert die Guerilla an Bedeutung.

5.6. Der neuere Linksruck in Lateinamerika

In den 1990er Jahren begann eine Renaissance der „Linken“. Auf kommunaler Ebene konnte sie schon seit einiger Zeit Erfolge verbuchen, nachdem in verschiedenen (Haupt-)Städten linke Bürgermeister Wahlen für sich entscheiden konnten. Sie wurden nicht nur von traditionellen Parteien, sondern auch von sozialen Bewegungen getragen. Mittlerweile regieren in den meisten Staaten links-populistische bzw. gemäßigte linke Präsidenten. Mit Hugo Chávez amtiert seit 1999 in Venezuela eine schillernde Figur, die sowohl bei Teilen der Bevölkerung lateinamerikanischer Länder als auch bei den Resten der europäischen Solidaritätsbewegung trotz der militärischen Herkunft einen bemerkenswerten Zuspruch erfährt. Zu der Linken mit nationalistisch-antiimperialistischen Tönen werden darüber hinaus gezählt: der seit 2006 in Bolivien amtierende Evo Morales, Rafael Correa, seit 2007 Regierungschef Ecuadors, und der ab 2007 wieder in Nicaragua regierende Daniel Ortega. Zur sozialdemokratischen Linken gehören: In Chile wurde 2000 Ricardo Lagos von der Sozialistischen Partei Präsident, seine ruhige und zielorientierte Amtszeit reicht bis 2006, es folgte Michelle Bachelet von der gleichen Partei. Luiz Inácio Lula da Silva amtiert seit 2003 als Präsident Brasiliens und wurde bereits wiedergewählt. Mit ihm ist ein Vertreter der 1980 gegründeten Arbeiterpartei PT Präsident des größten und bevölkerungsreichsten Landes Lateinamerikas geworden. Von 2003-2007 war Néstor Kirchner Präsident Argentiniens. Er stammt aus der progressiven Richtung der peronistischen Partei und vertritt nach außen zuweilen einen links-populistischen Kurs. Seine Nachfolgerin als gewählte Präsidentin ist Christina Fernández de Kirchner. 2004 kam es zu einem historischen Wahlsieg der Linken in Uruguay, wo das Linksbündnis *Encuentro Progresista – Frente Amplio – Nueva Mayoría* die absolute Mehrheit der Sitze in beiden Kammern des Parlaments erringen konnte und damit die seit 174 Jahren bestehende Dominanz der beiden traditionellen Parteien *Partido Colorado* und *Partido Nacional* oder *Blanco* beendete. Im Vergleich zu den 1970er streben die „Linken" keinen Systemwechsel an, auch wenn Präsident Chávez gerne vom „Sozialismus des 21. Jahrhunderts" spricht. Vor allem die nationalistisch-antiimperialistische Linke gruppiert sich um charismatische Führerpersönlichkeiten, die Formen einer plebiszitären Demokratie ankündigen. Es findet keine Umverteilungspolitik statt, die Zuwendungen für die Armen erfolgen aus den derzeit aufgrund der hohen Rohstoffpreise gut gefüllten Staatskassen. Im Unterschied zur Vergangenheit wird die indigene Frage stärker aufgegriffen, es bestehen Kontakte mit der internationalen globalisierungskritischen Gruppen.

Die neuen linken Präsidenten gingen – mit der Ausnahme von Argentinien, Brasilien und Chile – nicht aus den bereits vorhandenen Parteien hervor, sondern aus militärisch-zivilen Bündnissen (Venezuela) bzw. sozialen und indigenen Bewegungen (Bolivien, Ecuador) oder es handelte sich um vormalige Aufstands- und Befreiungsbewegungen (FSLN in Nicaragua). Zum Teil resultierten sie aus der globalisierungskritischen Bewegung und dem Weltsozialforum, zum Teil werden die neuen Bündnisse von den gewählten Präsidenten quasi „von oben" mitinitiiert und finanziell gefördert. Der Linkstrend fällt zusammen mit einer sich abzeichnenden Wachablösung in Kuba und der Erkrankung von Fidel Castro. Unklar ist, ob und gegebenenfalls wer, zur Leitfigur der Linken avancieren kann. Ein Prätendent ist Hugo Chávez in Venezuela, der jedoch vor allem bei der antiimperialistisch-nationalistischen Linken Zuspruch findet, d.h. den Anfang 2008 in Bolivien, Ecuador und Nicaragua amtierenden Regierungen. Gleichzeitig sinkt der politische Einfluss der USA auf dem Subkontinent, während sich außenpolitisch in einer polyzentrischen Welt neue Optionen für Lateinamerika abzeichnen. Dazu zählen das gestiegene Interesse Chinas an dem Halbkontinent und eine gewisse Rückbesinnung auf die Kontakte mit

Europa, die in Zeiten der wirtschaftsliberalen Öffnung etwas an Bedeutung verloren hatten. Zum Teil haben die sozialen und indigenen Bewegungen von links wieder parteiähnliche Formen angenommen (vgl. 10.5 und 10.6).

Literatur-Empfehlungen

Populismus

Georg Eickhoff, *Das Charisma der Caudillos: Cárdenas, Franco, Perón,* Frankfurt a.M. 1999. Der Autor vergleicht zwei Massenführer aus Lateinamerika mit dem spanischen Diktator Franco unter dem Gesichtspunkt charismatischer Herrschaft, ein solcher Vergleich ist unter lateinamerikanischen Wissenschaftlern nicht üblich.

Gino Germani, *Authoritarianism, Fascism, and National Populism,* New Brunswick/New Jersey 1978. Der italo-argentinische Sozialwissenschaftler analysiert den europäischen Faschismus und den nationalen Populismus Lateinamerikas.

Wilhelm Hofmeister (Hrsg.), *Politische Führung in Lateinamerika: „Gebt mir einen Balkon und das Land ist mein“*, Frankfurt a.M. 2002 schildert die Rolle einzelner Politiker und Populisten in lateinamerikanischen Ländern.

Torcuato S. di Tella, *Latin American Politics: a Theoretical Approach,* Austin 2001. Der argentinische Soziologe betrachtet den Populismus als Ausdruck der mangelnden Integration der breiten Bevölkerung in die politischen Systeme und insofern als strukturelles Problem.

Carlos de la Torre, *Populist Seduction in Latin America: the Ecuadorian Experience,* Ohio 2000. Am Beispiel Ecuadors zeigt das Buch kulturelle, machtpolitische und wirtschaftliche Aspekte auf, die die Dauerhaftigkeit des Populismus erklären können.

Nikolaus Werz, *Alte und neue Populisten in Lateinamerika,* in: Ders. (Hrsg.), *Populismus. Populisten in Übersee und Europa,* Opladen 2003, S. 45-64. Der Aufsatz unterscheidet zwischen dem historischen Populismus und den neueren (Neo-) Populisten.

Revolution und Guerilla

Vgl. die entsprechenden Länderartikel zu Bolivien, Kuba und Mexiko in *Handbuch der Geschichte Lateinamerikas*, Bd. 3, hrsg. von Walter L. Bernecker u.a.

Jorge Castaneda, *Utopia Unarmed. The Latin American Left after the Cold War,* Vintage 1994. Der mexikanische Sozialwissenschaftler und ehemalige Außenminister analysiert die Lage der lateinamerikanischen Linken in den 1990er Jahren und nach dem Scheitern verschiedener Revolutionsversuche

Anne Huffschmid, *Diskursguerilla: Wortergreifung und Widersinn. Die Zapatistas im Spiegel der mexikanischen und internationalen Öffentlichkeit*, Heidelberg 2004. Das Buch behandelt die nationalen und internationalen Strategien der „Zapatisten" zur Darstellung und Legitimation ihrer Bewegung im Ausland.

Rafael Sevilla/E. Torres Rivas (Hrsg.), *Mittelamerika – Abschied von der Revolution?* Unkel 2002. Verschiedene Beiträge schildern den Übergang von der Revolution zur Befriedung.

Albert Sterr (Hrsg.), *Die Linke in Lateinamerika: Analysen und Berichte*, Köln/ Zürich 1997. Der Band enthält eine Bestandsaufnahme aus der Sicht der 1990er Jahre und Länderartikel.

Neuer Linksruck

Cynthia J. Arnson with José Raúl Perales, *The 'New Left' and Democratic Governance in Latin America,* Woodrow Wilson International Center for Scholars 2007 enthält Aufsätze von nord- und lateinamerikanischen Autoren.

Herbert Berger/Leo Gabriel (Hrsg.), *Lateinamerika im Aufbruch. Soziale Bewegungen machen Politik,* Budapest 2007. Der Sammelband analysiert den Linksruck in den jeweiligen Ländern aus der Sicht der Bewegungsforschung, um anschließend auf Aspekte wie Solidarwirtschaft, pluriethnische Autonomien und partizipative Demokratie einzugehen.

Die lateinamerikanische Linke und die Globalisierung (Themenschwerpunkt), in: *Lateinamerika Analysen* 17(2007). Sondernummer zur Frage Binnenorientierung versus offener Regionalismus und Länderanalysen zu Argentinien, Brasilien, Uruguay u.a. Ländern.

Lateinamerika hat die Wahl. Vom Neoliberalismus zur Neuen Linken (Sondernummer in deutscher Sprache von *Nueva Sociedad* 2006) mit Artikeln lateinamerikanischer Autoren zu den Wahlen 2005/06.

Neue Optionen lateinamerikanischer Politik, in: *Jahrbuch Lateinamerika* 29(2005) analysiert den Beginn des Linkstrends.

Sozialismus des 21. Jahrhunderts in Lateinamerika? (Sondernummer der *Neuen Gesellschaft/Frankfurter Hefte* 12/2007) unterscheidet zwischen einer populistischen und einer sozialdemokratischen Linken.

Filme/Videos

„Viva Zapata!" Drehbuch: John Steinbeck, Regie: Elia Kazan. USA 1952. Der anderthalbstündige Schwarz-Weiß-Film zeigt Leben und Tod des legendären Bauernführers Zapata. Mit den Hauptdarstellern Marlon Brando und Anthony Quinn steht er in der Tradition von Hollywood, er vermittelt gleichwohl einen Eindruck von den Widersprüchen und Konflikten in der Anfangsphase der mexikanischen Revolution. Er verweist auch auf die Gefolgschaftsbeziehungen zwi-

schen den Campesinos und Revolutionären sowie auf herkömmliche Männerrollen.

Sowohl zu Ernesto Che Guevara als Fidel Castro sind verschiedene Filme erschienen (vgl. etwa die Hinweise bei Wikipedia).

Worüber es zu diskutieren lohnt

- über die Frage, ob der historische Populismus in Lateinamerika als Reformbewegung oder als autoritäres Regime einzuschätzen ist
- über die Merkmale der „Revolutionen von oben“ (wie im Populismus) und der Revolution von unten
- über das Verhältnis von Nationalismus, Populismus, Sozialismus und Marxismus in Lateinamerika
- über die Metamorphose der Linken in Lateinamerika seit den 1980er Jahren
- über das Konzept des Guerillafokus

6. Die technokratischen Militärregime ab 1964 und die Re-Demokratisierung in den 1980er Jahren

Im 20. Jh. haben die Streitkräfte wechselnde Funktionen eingenommen, wobei sie ab Mitte des Jahrhunderts in der sog. Dritten Welt in weitaus stärkerem Maße als in den Industrienationen in der Innenpolitik aktiv waren. Samuel Huntington hat allgemein für das Verhalten des Militärs in den südlichen Ländern festgestellt: „In der oligarchischen Gesellschaft ist das Militär radikal, in der Mittelklassengesellschaft ist es Teilnehmer und Schlichter und wenn die Massengesellschaft am Horizont auftaucht, wird es zu einem konservativen Wächter der existierenden Ordnung".[1] Für Lateinamerika gilt dies mit gewissen Einschränkungen: Während der Phase der oligarchischen Herrschaft bis in die 1920er Jahre war das Militär nur in ganz wenigen Fällen radikal, meist agierte es als Garant der herrschenden Ordnung. Erst nach der vorangegangenen Professionalisierung wurden die Voraussetzungen für ein selbständigeres politisches Auftreten geschaffen, das dann seit den 1930er Jahren und in der Ära des Populismus sichtbar wurde. Teile des Militärs drängten nun auf eine Überwindung der oligarchischen Herrschaft und Reformen. Im Kontext einer politischen Radikalisierung nach der kubanischen Revolution 1959 nahmen die Streitkräfte in den meisten Ländern dann eine konservativ-reaktionäre Haltung ein.

Am Anfang der neuen Militärherrschaft steht die Machtübernahme der Streitkräfte in Brasilien 1964, der langjährige Militärdiktaturen in Südamerika folgten. Im Jahre 1963 stellten zivile Präsidenten noch in allen südamerikanischen Ländern die Regierung, dagegen herrschten Mitte 1979 Generäle und Obristen in acht von zehn Staaten Südamerikas. Trotz länderspezifischer Merkmale, die zu unterschiedlichen Ausformungen der Militärregime führten, lagen der Entwicklung einige gemeinsame Faktoren zugrunde: Anfang der 60er Jahre stieß die importsubstituierende, nationalistische Wirtschaftspolitik an ihre Grenzen, was politische Veränderungen nach sich zog. Innerhalb der Trägerschichten populistischer Regierun-

1 Samuel Huntington, *Political Order in Changing Societies,* New Haven/Yale 1968, S. 221.

gen zeigten sich Differenzen und Gegensätze. Mit der kubanischen Revolution verschob sich das politische Klima nach links. Fast überall entstanden von Kuba geförderte Guerillabewegungen, die zunächst auf dem Lande und später in den Städten agierten. Vor allem in Argentinien und Uruguay wurde die schlagkräftige Stadtguerilla zu einer Herausforderung. In Bolivien 1971 und unter der Regierung der Volkseinheit in Chile (1970-73) gewannen linke Gruppen und Basisorganisationen an Einfluss und stellten damit tradierte in- und ausländische Machtinteressen in Frage. Auf diesen Anstieg gesellschaftsverändernder Kräfte im kontinentalen Maßstab folgte ab Mitte der 1960er Jahre die sukzessive Machtübernahme als eine Reaktion des Militärs. Das Ausmaß der vorausgegangenen Krise und der Zwang zu unpopulären Maßnahmen bei der Durchsetzung eines auf liberalen Annahmen basierenden Wirtschaftskonzeptes ließen ein kurzes militärisches Intermezzo nach traditionellem Muster nicht zu. An die Stelle einer korrektiven Intervention und vorübergehender Ausnahmeregierung trat nun eine längerfristig angelegte Militärherrschaft.

Die Offiziere verfügten allerdings zu diesem Zeitpunkt weder über ein politisches Programm noch war ihre Position einheitlich: In Brasilien wanderten Offiziere, die mit der vorherigen Regierung sympathisierten, ins Gefängnis oder wurden vom Dienst suspendiert; in Chile kam es vor und nach dem 11. September 1973 zu Säuberungen in regierungstreuen Truppenteilen, ein Indiz dafür, dass die Spannungen quer durch die Reihen der Streitkräfte verliefen. Ein weiterer Unterschied zu bisherigen Militärregierungen bildet der Kreis der betroffenen Länder. Mit Chile und Uruguay fanden sich Staaten darunter, in denen Militärherrschaft eine Ausnahmeerscheinung in der Geschichte des 20. Jhs. war.

6.1 Die neuen Militärregime

Im Unterschied zu älteren Formen der Diktatur übernahmen nun die Streitkräfte als Institution die Macht und regierten mit einer Militärjunta *(Junta Militar)*, d.h. eines Rates der drei Waffengattungen (Heer, Marine und Luftwaffe) an dem vielerorts, z.B. in Chile 1973, der Chef der Polizei als vierte Macht beteiligt war. Sie kündigten auch nicht die Wiederherstellung der alten Verhältnisse an, sondern beriefen sich auf Wachstum und Entwicklung. Gerade das Militär, so der Begründungsversuch, sei in der Lage, ohne Partikularinteressen der Nation zu dienen und nach technokratischen bzw. überparteilichen Gesichtspunkten zu handeln. Deshalb sprach man auch von neuen Militärregimen oder bewaffneten Technokraten.[2] Während demokratische Regierungen ihre Legitimation aus Wahlen beziehen, versuchten sich die neuen Diktaturen durch die Beendigung von konfliktreichen innenpolitischen Zuständen (Chile, Argentinien), der Ankündigung von wirtschaftlichen Leistungen sowie insgesamt durch eine Ordnungsfunktion zu rechtfertigen. Im Unterschied zu den autoritären bzw. totalitären Regimen in Europa zwischen 1920 und 1945 wollten sie jedoch keine völlig „neue Ordnung“ aufbauen.[3]

Ende der 1970er Jahre zerfiel der Subkontinent von den Herrschaftsformen her in zwei Regionen: Während sich im Südzipfel eine Reihe von konservativen Militärregimen etablierten, bestanden neben den mittelamerikanischen Diktaturen im karibischen Raum in einer Reihe von Inselstaaten sozialdemokratische oder sozialistische Regierungen. Es lassen sich unterschiedliche Formen und Ergebnisse von Militärherrschaft konstatieren.

Brasilien: Wachstum und militärische Technokratie (1964-85)

Brasilien hatte nach 21jähriger Militärherrschaft und fünffachem innermilitärischem Präsidentenwechsel im Fünf-Jahres-Rhythmus den höchsten formalen Institutionalisierungsgrad unter den neuen Ausnahmeregimen erreicht. Die lange Dauer war 1964, als die Militärs gegen die „linkspopulistische“ Regierung von Joâo Goulart (1961-64) unblutig putschten, keineswegs abzusehen. Erst in der Folgezeit setzte sich der Trend von der Intervention zur langfristigen Militärherrschaft durch, wobei die an der Militärakademie (ESG, *Escola Superior de Guerra*) in Rio de Janeiro kursierenden strategischen und politischen Konzeptionen eine wichtige Rolle spielten. In der Parole „Ordnung und Entwicklung“ (*ordem e progresso*) verband man die traditionelle Rolle des Militärs als Garant und Bewahrer des Status quo mit einer entwicklungsorientierten Zielsetzung und dem Streben nach nationaler Größe. Der Staat garantierte eine freie und unkontrollierte wirtschaftliche Entfaltung im Inneren, während die Außenpolitik eine nationalistische und geopolitisch expansive Komponente aufwies.[4]

2 Vgl. Ignacio Sotelo, Klaus Eßer, *Die bewaffneten Technokraten. Militär und Politik in Lateinamerika,* Hannover 1975. Klaus Lindenberg, *Über die militärische Besetzung der Politik in Lateinamerika*, in: Friedemann Büttner et al (Hrsg.), *Reform in Uniform? Militärherrschaft und Entwicklung in der Dritten Welt,* Bonn 1976, S. 361-482.

3 Alain Rouquié, *The Military and the State in Latin America*, Berkeley 1987.

4 Wolf Grabendorff/Manfred Nitsch, *Brasilien – Entwicklungsmodell und Außenpolitik*, München 1977.

Seit 1964 wurde mit der Umwandlung des institutionellen Rahmens sowie der Etablierung einer aus Militärs und Technokraten bestehenden Führungsschicht das alte politische System modifiziert, ohne allerdings eine völlig andere Herrschaftsordnung an seine Stelle zu setzen. Die Einzelstaaten wurden in ihren Kompetenzen eingeschränkt, die Zentralgewalt ausgebaut. Diese Verlagerung zugunsten einer zentral ausgerichteten Exekutive sicherten neu geschaffene Planungsbehörden, wie der *Serviço Nacional de Informações* (SNI, Nationaler Informationsdienst) und der nationale Sicherheitsrat, dem die Aufgabe zukam, Ziele und Grundlagen der Politik zu definieren. Komplementär erfolgte der Abbau rechtsstaatlicher Elemente sowie der Aufbau eines Repressionsapparates und der Militärgerichtsbarkeit. Allerdings kam es nicht zum Massenmord wie im Nachbarland Argentinien. Die spätere Aufarbeitung ergab, dass zwischen 1964 und 1979 125 Menschen verschwanden. Der umgestaltete Kongress und ein kontrolliertes Zweiparteiensystem ermöglichten der Regierung eine reibungslose Gesetzgebung. Während die *Alianza Renovadora Nacional* (ARENA, Nationale Erneuerungsallianz) regierungstreue Kräfte vereinigte, sammelten sich in dem *Movimento Democrático Brasileiro* (MDB, Demokratische Bewegung Brasiliens) die tolerierte und nicht direkter politischer Verfolgung ausgesetzte Opposition. Später entwickelte sich der MDB von der verordneten Opposition zu einem einflussreichen Sammelbecken von Regimekritikern. Allerdings blieb der Handlungsspielraum der Opposition gering: Durch formale Restriktionen und politischen Druck wurden die Wahlen häufig zu ungunsten der MDB manipuliert, u.a. 1978, als die ungerechte Wahlkreiseinteilung einen Sieg der Oppositionspartei verhinderte. Das verordnete Parteiensystem ermöglichte es den Militärs bis zu einem gewissen Grade, die Unzufriedenheit zu kanalisieren und oppositionelle Strömungen frühzeitig zu erkennen.

Nach 1964 durchlief Brasilien mehrere Phasen zwischen diktatorialer Verhärtung und vorsichtiger Öffnung, was im Lande als *decompressao* (Druck ablassen) bezeichnet wurde. Mit dem institutionellen Akt Nr. 5, der wie andere institutionelle Akte Modifikationen der Verfassung brachte, begann eine repressive Phase des Militärregimes (1969-74), der Studentenunruhen und spektakuläre Entführungen durch die Stadtguerilla vorausgingen. Für Stabilität sorgte in diesem Zeitraum auch das sog. brasilianische Wirtschaftswunder mit Zuwachsraten von bis zu 10 %. Die von vielen politischen Beobachtern zum Modellfall hochstilisierte forcierte Industrialisierung und wirtschaftliche Expansion stieß allerdings mit der Energiekrise 1974 an ihre Grenzen. Bereits vorher war deutlich geworden, dass die

Prosperität vor allem einer dünnen Schicht zugute kam, während Armut und Marginalität der Mehrheit weiter anstieg. So geriet Brasilien für die einen zum Modellfall nachholender Industrialisierung, für andere aber als ein Negativbeispiel für ungleiche Entwicklung unter Nichtberücksichtigung sozialer Indikatoren. Zu den frühen Kritikern des „brasilianischen Entwicklungsmodells" gehörten Teile der katholischen Kirche (Kap. 7.2).

Mit einem begrenzten Öffnungs- und Liberalisierungsprozess verbesserten sich die Artikulationsmöglichkeiten demokratischer Bewegungen. Konzentrationstendenzen, die multinationale Unternehmen und die staatlichen Firmen einseitig begünstigten, hohe Auslandsverschuldung, Lohnunzufriedenheit und Inflation führten dazu, dass sich der Protest der wieder erstarkten Gewerkschaften in Streikbewegungen manifestierte und auch in den Mittelschichten der Wunsch nach Partizipationsrechten und einem Wechsel der Wirtschaftspolitik aufkam. Die Transition in Brasilien begann 1982 mit Parlamentswahlen, 1985 folgten Präsidentschaftswahlen, der eine breite Massenbewegung unter der Forderung *diretas já* (Direktwahlen sofort) vorausging. 1988 wurde eine neue Verfassung verabschiedet. Es handelte sich um einen kontrollierten Rückzug der Militärs aus der Regierung. Die Streitkräfte hatten in dieser Zeit Brasilien zu einem Rüstungsexporteur vor allem in südliche Länder gemacht, eine Flugzeugindustrie aufgebaut und ein Atomprogramm entwickelt, das zu Spannungen zwischen den USA und Deutschland führen sollte.

Peru (1968-1975): Reform in Uniform?

Das sozialreformerische Militärregime in Peru, wo die Streitkräfte 1968 eine Zivilregierung absetzten, galt manchen als Gegenmodell zu dem stark am Weltmarkt ausgerichteten, assoziierten brasilianischen Wirtschaftskonzept. In Anlehnung an den Ägypter Gamal Abdel-Nasser, der 1952 eine national-revolutionäre Offiziersvereinigung gegründet hatte und von 1954-70 Staats- und Ministerpräsident war, sprach man auch von einem Nasserismus in Lateinamerika.[5] Eine Agrar-, Industrie-, Fischerei- und Finanzreform sowie die unmittelbar nach dem Staatsstreich durchgeführte Verstaatlichung eines nordamerikanischen Erdölkonzerns gaben dem Regime eine antiimperialistische und – durch die Betonung des *peruanismo* – nationa-

5 Ein ansatzweise vergleichbares Regime bestand unter Hauptmann Omar Torrijos in Panama von 1972-78. Er strebte soziale Reformen und die volle Souveränität über den Panamakanal an. 1981 starb er bei einem Flugzeugabsturz. Sein Sohn Martín Torrijos wurde 2004 zum Präsidenten gewählt.

listische Komponente. Angesichts des Scheiterns ziviler Reformversuche avancierte Peru vorschnell zum Prototyp einer „Reform in Uniform" und als Beispiel für einen dritten Weg zwischen Marktwirtschaft und Sozialismus. Die Militärs erhielten Entwicklungshilfegelder westeuropäischer Länder. Einfluss auf die politischen Vorstellungen der Militärs hatte die Ausbildung an der Militärschule in Lima *Centro de Altos Estudios Militares* (CAEM) genommen, deren Lehrangebot auch volkswirtschaftliche und sozialwissenschaftliche Fächer beinhaltete. Die bewaffnete Auseinandersetzung mit der Guerillabewegung in den 1960er Jahren machte die Offiziere darüber hinaus mit den durch Großgrundbesitz und rückständige Sozialstrukturen gekennzeichneten Problemen des Andenstaates vertraut. Militär-technokratisches Denken prägte die peruanische Revolution allerdings von Anfang an: die Offiziere hatten eine „Revolution von oben" beabsichtigt, indem sie strukturelle Veränderungen und neue Eigentumsformen ohne die Mobilisierung breiter Schichten dekretierten und erst später Versuche unternahmen, die Partizipation der Bevölkerung auf paternalistische Weise zu institutionalisieren. Der Versuch, dabei regierungsnahe Gewerkschaften und Organisationen aufzubauen, stieß bald auf die Ablehnung etablierter Interessengruppen. So kam es 1975 nach einer anhaltenden Wirtschaftskrise, dem Fehlschlagen nationaler Entwicklungsprojekte und im Zuge galoppierender Inflation zu einer Umorientierung des vorherigen Reformkonzeptes, nachdem ein *autogolpe* (Selbstputsch), d.h. ein Machtwechsel innerhalb des Militärs, die Regierung Velasco Alvarado (1968-75) ablöste.[6] In der Folgezeit stoppten die Generäle die Reformen, leiteten eine Reprivatisierung der größtenteils verstaatlichten Wirtschaft ein und gaben die autozentrierte und protektionistische Wirtschaftspolitik zugunsten einer Reintegration in den Weltmarkt auf. Zahlungsunfähigkeit und Auslandsverschuldung zwangen Peru zur Aufnahme von Krediten und zur Annahme von strengen Bedingungen des Internationalen Währungsfonds, die zu einer harten Austeritätspolitik führten, deren Folge wiederum eine innenpolitische Verhärtung war.

Unter dem Strich liefen die Ergebnisse der „peruanischen Revolution" – Ausbau des staatlichen Sektors, Abschaffung der landbesitzenden Agraroligarchie, Reorganisation der Industriebetriebe und die Durchsetzung einiger dringend notwendiger Strukturreformen – eher auf eine Modernisierung hinaus als auf eine profunde Systemveränderung. Die autoritären

6 Velasco Alvarado gilt als eines der Vorbilder für den 1998 in Venezuela bei freien Wahlen zum Präsidenten gewählten Ex-Oberstleutnant und ehemaligen Putschisten Hugo Chávez Frías.

Tendenzen des Militärregimes und eine starke Aufrüstung u.a. mit sowjetischen Panzern und Flugzeugen zeigten, dass nicht nur in der Wirtschaftspolitik eine Annäherung an die konservativen Militärregierungen in den Nachbarländern stattgefunden hatte.

Chile (1973-89): Revolution und Konterrevolution

Bei der blutigen Machtübernahme des Militärs in Chile stand zunächst die auf Wiederherstellung des Status quo ante ausgerichtete Komponente im Vordergrund. Als die Generäle am 11. September 1973 dem chilenischen Weg eines friedlichen Überganges zum Sozialismus ein radikales Ende setzten, ging es allerdings nicht nur darum, die Mobilisierung und den unter der Allende-Regierung einsetzenden Revolutionsprozess rückgängig zu machen: die Militärdiktatur bedeutete vielmehr einen Bruch mit dem bereits 1964 unter christdemokratischen Regierungen begonnenen Reformprozess, der im ökonomischen Bereich einen ausgedehnten Sektor sozialen Eigentums und die Einführung sozialstaatlicher Elemente hervorbrachte sowie eine anwachsende, auf soziale Partizipation und gesamtgesellschaftliche Transformation abzielende politische Dynamik entfaltete.[7] Folgerichtig zielte die Anfangsphase der Diktatur auf die Umkehrung der Strukturveränderungen ab: Reprivatisierung des öffentlichen Wirtschaftssektors und der Banken, Teilrückgabe der verstaatlichten oder von Bauern besetzten Ländereien an die vormaligen Besitzer und Zahlung einer Entschädigungssumme an die unter Allende nationalisierten nordamerikanischen Kupferunternehmen leiteten die Rückkehr zu traditionellen Verhältnissen ein. Ein hohes Ausmaß an Repression, obwohl es in Chile im Unterschied zu Argentinien keine Guerilla gab, die Errichtung von Gefangenenlagern, die militärische Intervention weiter Bereiche des gesellschaftlichen Lebens und die neue Wirtschaftspolitik brachten nicht nur eine Isolierung der Militärjunta, sondern reduzierten anfangs auch den internen politischen Rückhalt der Diktatur. Die Christdemokraten und Interessengruppen wie Lastwagenfahrer und Kleinhändler, die der Militärjunta zunächst wohlwollend gegenüberstanden oder sogar mit zum Sturz der Allende-Regierung beigetragen hatten, gingen auf Distanz zu dem Regime.

7 Dieter Nohlen, *Feuer unter der Asche. Chiles gescheiterte Revolution*, Baden-Baden 1975.

Mit der ab 1975 umgesetzten wirtschaftlichen Schocktherapie, bei der die Bekämpfung des Haushaltsdefizits und der Inflation durch Kürzung öffentlicher Ausgaben Priorität erhielt, begann ein Umschwung. Ergebnis des Wirtschaftsliberalismus, dessen Implementierung einer kleinen, wegen ihrer Ausrichtung an den Theorien des nordamerikanischen Wirtschaftswissenschaftlers Milton Friedman als *Chicago Boys* bezeichneten Technokratengruppe oblag, waren eine sich 1978 abzeichnende Kontrolle der Inflation und eine positive Zahlungsbilanz. Diese „Schockpolitik" wurde als technokratische Lösung und Ausfluss einer „wertneutralen" Wissenschaft ausgegeben.[8]

Die von den Militärs konzipierten institutionellen Vorstellungen sahen nur eine minimale Beteiligung der Zivilisten vor. In der 1974 veröffentlichten *Declaración de Principios* war von einer neuen Institutionalität die Rede, die interne Spannungen überwinden sollte, um über die sog. Gremien und andere intermediäre Organisationen ein „organisches, soziales und partizipatorisches System" zu schaffen. Die bei der Formulierung mit eingeflossenen korporativen Elemente, die gewisse Parallelen zum franquistischen Spanien aufwiesen (von 1939 bis 1975 herrschte Francisco Franco als Generalissimus und Staatsoberhaupt), wurzelten in einer langen Tradition innerhalb der chilenischen Rechten. Institutionellen Ausdruck fanden diese Bemühungen in dem 1976 gegründeten Staatsrat, in dem alle Ex-Präsidenten (der Christdemokrat Frei hatte eine Teilnahme abgelehnt) und Vertreter von Jugend-, Wirtschafts-, Erziehungs- und Gewerkschaftsorganisationen vertreten sein sollten. Hauptaufgabe des Gremiums, das lediglich beratende Funktion hatte, war die Erarbeitung eines neuen Verfassungsprojektes, um so eine neue Institutionalität zu schaffen. Damit versuchten die Militärs, an die legalistische Tradition des Landes anzuknüpfen. Zunächst regierte die Junta vermittels einer Unmenge von Dekreten, die einschneidende Veränderungen im politisch-institutionellen System Chiles nach sich zogen.

Anfang der 1980er Jahre begann der Mythos vom „chilenischen Wirtschaftswunder" vorübergehend zu verblassen. Unter Einbeziehung der Arbeitsbeschaffungsprogramme stieg die Arbeitslosigkeit auf rund 30 %.[9] Dies führte u.a. nach landesweiten Protesten der Gewerkschaft der Kupferbergarbeiter zur Aufgabe des ultraliberalen Modells, ab 1984 gelang die

8 Reinhard Friedmann, *Chile unter Pinochet. Das autoritäre Experiment (1973-1990)*, Freiburg 1990, S. 55f.

9 Ebenda, S. 67f.

Rückkehr zu Wachstum, in der Folgezeit kam es sogar zu einem Exportboom.

Statt einer kollegialen Regierungsweise setzte sich ein Ein-Personen-Regime unter Pinochet durch. Ein 1980 durch Volksabstimmung sanktioniertes Staatsgrundgesetz sah die Möglichkeit eines Plebiszits vor. 1988, als die Re-Demokratisierung in den Nachbarländern schon relativ weit fortgeschritten war, brachte ein im Oktober durchgeführter Volksentscheid eine Niederlage für den Diktator (55 % gegen und nur 43 % für Pinochet). Ende 1989 konnten die Chilenen dann ihren ersten Präsidenten seit 1970 und den ersten Kongress seit 1973 wählen.[10] Ein Parteienbündnis für Demokratie (*Concertación de los Partidos por la Democracia)*, das von den Christdemokraten und den sozialistischen Parteien getragen wurde, entschied die Wahlen mit 55 % für sich, Hernán Büchi, Finanzminister unter Pinochet, erzielte nur 29 %. Die Wahlbeteiligung lag bei über 90 % der registrierten Wahlberechtigten. Damit war der Übergang zur Demokratie (*transición*) abgeschlossen, die Kontroverse um ein definitives Amnestiegesetz (*Ley de Punto Final*) und die Rolle des Militärs in der Gesellschaft dauerte indessen an.[11]

Argentinien (1976-83): Von der Dauerkrise zur Militärdiktatur

Seit Mitte der 1950er Jahre befand sich das einstmals reichste Land Lateinamerikas in einer Dauerkrise, die schließlich über eine Spirale zunehmender politischer Gewalt 1976 in einer Militärdiktatur endete. Der letzte Regierungswechsel zwischen zwei gewählten Präsidenten hatte im Jahr 1928 stattgefunden. Nach 1930 hat das Militär sechsmal direkt in die Politik eingegriffen, und – mit Ausnahme des Staatsstreiches von 1943 – trugen alle Interventionen einen konservativen Charakter.[12] Argentinien war darüber hinaus das südamerikanische Land, wo nach geschlossener Militärherrschaft eine Rückkehr zu zivilen Regierungsformen eintrat. In der sog. „argentinischen Revolution" (1966-73)[13] versuchten die Streit-

10 Alan Angell, *Chile seit 1920*, in: *Handbuch der Geschichte Lateinamerikas*, Bd. 3, S. 875ff. Carlos Huneeus, *The Pinochet regime,* Boulder 2007.

11 Kritisch zur Rolle des Militärs bei gleichzeitiger Annahme eines anhaltenden starken Einflusses: Michael Radseck, *Verfassungswächter in Uniform? Militär und Politik im Chile der neunziger Jahre,* Freiburg 2002.

12 Alain Rouquié, *Pouvoir militaire et société politique en República Argentine*, Paris 1978.

13 Tilman Evers, *Militärregierung in Argentinien. Das politische System der „argentinischen Revolution"*, Frankfurt a.M. 1972.

kräfte – beeinflusst von der Entwicklung im Nachbarland Brasilien – den Zustand gesamtwirtschaftlicher Stagnation mit der Durchsetzung eines, auf schnelle ökonomische Modernisierung abzielenden Wirtschaftskonzeptes zu überwinden. Das Ergebnis der Militärherrschaft war negativ: trotz anfänglicher Zustimmung vieler Machtgruppen gelang es den Streitkräften nur vorübergehend, innermilitärische Differenzen beizulegen, und die beabsichtigte Einführung des eine konservativ-katholische Komponente aufweisenden „Partizipationismus" war nicht geeignet, um eine neue institutionelle Ordnung herzustellen. Zum eigentlichen Stolperstein für die Militärs geriet der Widerstand gegen die unpopuläre Wirtschaftspolitik, der sich schließlich in einem Volksaufstand in der zweitgrößten Industriestadt des Landes, dem sog. *Cordobazo* (1969), Luft machte.

Die zwischenzeitliche Lockerung der autoritären Herrschaft und die Regierungsübergabe an die mit großer Mehrheit als Sieger aus den Wahlen hervorgegangene peronistische Partei, die nach dem Tod des für eine gewisse innere Homogenität sorgenden Parteiführers Perón 1974 in zahlreiche, zum Teil gewaltsam rivalisierende Gruppierungen zerfiel, begünstigte eine Radikalisierung (Streiks, Fabrikbesetzungen) und Brutalisierung des politischen Geschehens bei gleichzeitigem rapidem Verfall der Wirtschaft. Mit den linksperonistischen *Montoneros* und dem trotzkistisch ausgerichteten *Ejercito Revolucionario del Pueblo* (ERP, Revolutionäre Volksarmee) entstand die stärkste Stadtguerilla Lateinamerikas, und aus dem Konflikt mit den Streitkräften und paramilitärischen Verbänden entwickelte sich ein kaum verhüllter Bürgerkrieg. 1975 beauftragte die Regierung Isabel de Perón die Streitkräfte mit der Bekämpfung der Guerilla, deren Höhepunkt damals schon überschritten schien. Die interne Lage war Mitte der 1970er Jahre von einem hohen Maß an Gewalttätigkeit gekennzeichnet und politisch so verfahren, dass viele gesellschaftliche Gruppen und ein erheblicher Teil der Bevölkerung die Machtergreifung des Militärs gleichgültig hinnahmen oder sogar befürworteten. Im März 1976 übernahmen die Streitkräfte die Regierung und kündigten einen „Prozess der nationalen Reorganisation" an. So erklärten die Militärs die Befriedung des Landes, das ihrer Meinung nach in einen schmutzigen Krieg mit „unargentinischen Elementen" verwickelt war, zum vordringlichsten Ziel. Opfer der politischen Verfolgung waren allerdings nicht nur die Mitglieder der vorherigen peronistischen Regierung, sondern generell anders denkende Politiker und neben den Mitgliedern der Guerillabewegungen nahezu alle oppositionellen Gruppen, darunter Universitäten, Gewerkschaften und Kirchen. Die anhaltenden Menschenrechtsverletzungen, auch nach der Zerschlagung der Guerilla, führten zur Verschlechterung der Beziehungen und Stornierung aller offiziellen Kredite vonseiten der USA. Die bis 1983 andauernde Militärherrschaft, die die schlimmste Ausprägung des Staatsterrorismus innerhalb der neueren lateinamerikanischen Geschichte darstellt, wird in der argentinischen Öffentlichkeit als der *proceso* bezeichnet.

Durch ein zunächst vorhandenes Wirtschaftswachstum (1979 = 7,5 %), dem publizistischen Erfolg der 1978 von den Gastgebern gewonnenen Fußballweltmeisterschaft und das repressive Vorgehen gegen die Guerilla gelang es der Diktatur, bis Anfang der 1980er Jahre ohne größere innenpolitische Proteste auszukommen. Die schon damals bekannten Zahlen der *desaparecidos* (Verschwundenen) drangen erst Anfang 1980 durch *Amnesty International* und einen Bericht der interamerikanischen Menschenrechtskommission langsam in das Bewusstsein einer breiteren Öffentlichkeit.

Die Wirtschaftspolitik der Militärs bevorzugte den Finanzsektor gegenüber dem produktiven Bereich. Hinzu kam eine Außenöffnung im Unterschied zur davor betriebenen Strategie der Importsubstitution. Eine Folge war die De-Industrialisierung. Anfang 1980 kam es zu ersten Spekulationsskandalen, Zusammenbrüchen in der Industrie und einem Anwachsen der Auslandsschuld. Außer den Menschenrechtsorganisationen (darunter die bereits 1976 gegründeten *Madres de la Plaza de Mayo*, die einmal in der Woche auf dem Platz vor dem Regierungssitz auf das Schicksal der Verschwundenen aufmerksam machten) existierte keine Oppositionsbewegung. Erst 1981 formierte sich im Zeichen der Wirtschaftskrise die *multipartidaria*, ein Zusammenschluss der größten Parteien mit dem Ziel, einen Regierungswechsel herbeizuführen. Der wirtschaftliche Niedergang hielt an. Somit war die Besetzung der Falklands/Malwinen im April 1982 auf Befehl von General Galtieri Ausdruck einer Krisensituation. Nur vorübergehend gelang es den Generälen, die Bevölkerung mit diesem nationalen Anliegen hinter sich zu einen. Die militärische Niederlage im Südatlantik gegen England beschleunigte den Niedergang der Diktatur. Neben dem Scheitern in der Wirtschaftspolitik und den massiven Menschenrechtsverletzungen hatten die Streitkräfte nun auch auf militärischem Gebiet versagt.

Nach dem Malwinen-Abenteuer wurde General Bignone Chef einer Übergangsregierung. Die Junta wünschte eine *concertación* (Übereinkunft) mit den Zivilisten, diese misslang jedoch trotz Vermittlungsbemühungen der Kirche. Angesichts des Prestigeverlustes des Militärs waren die argentinischen Parteien – im Unterschied zu Brasilien und Uruguay –

nicht zu Kompromissen bereit. Hinzu kam, dass die drei Waffengattungen untereinander zerstritten waren. Das Ausmaß der jeweiligen Beteiligung an den Menschenrechtsverletzungen und die Verantwortung für die Niederlage im Malwinenkrieg waren der Anlass dafür.

So erscheint die Rückkehr zur Demokratie in Argentinien vor allem als das Ergebnis des Scheiterns der Militärs. Die Parteien hielten sich allerdings im Prozess des Übergangs, der *transición*, bei der Mobilisierung zurück. Der Wahlsieg 1983 von Raúl Alfonsín von der Radikalen Partei UCR (*Unión Civica Radical*), der zunächst als Außenseiter galt, belegte die Präferenz innerhalb der Bevölkerung für einen politischen Wandel. Alfonsín, der von 1984 bis 1989 als Präsident amtierte, repräsentierte innerhalb der UCR den Flügel für „Erneuerung und Wandel" und stellte damit einen gewissen Bruch mit der traditionellen Politik der Radikalen dar. Themen wie Menschenrechte, Festigung der liberalen Demokratie, Modernisierung und Erneuerung des Landes spielten eine zentrale Rolle in seinen Reden. So deutete das Wahlergebnis mit knapp 52 % der Stimmen für Alfonsín darauf hin, dass die Mehrheit der Argentinier nicht zu den Konflikten der Vergangenheit zurückkehren wollte, sondern dem Politiker die Stimme gab, der am deutlichsten den Aufbruch zu personifizieren schien. Dies gilt gerade für die Frage der Menschenrechtsverletzungen: Hätte der peronistische *Frente Justicialista de Liberación* (FREJULI, Justizialistische Befreiungsfront) die Wahl gewonnen, wären wahrscheinlich allenfalls Verfahren gegen die Verantwortlichen für die Niederlage im Krieg um die Falklands/Malwinen eröffnet worden.

6.2 Die „Doktrin der nationalen Sicherheit"

Berührungsängste mit dem Begriff *Geopolitik* bestehen in den südamerikanischen Großstaaten nicht. Texte zur Geopolitik lateinamerikanischer Länder gehören zur Pflichtlektüre an den Militärakademien. Dabei liegt dem Begriff ein anderes Verständnis zugrunde als im europäischen und besonders im deutschen Kontext. Die Übergänge zwischen Politik, politischer Geographie, Futurologie und Entwicklungsplanung sind fließend. Geopolitische Annahmen dienen einmal dazu, die Situation der lateinamerikanischen Groß- und Mittelstaaten im internationalen System zu bestimmen. Überschneidungen mit den nationalistischen Ansätzen der *Dependencia*-Schule und den Forderungen nach einer Weltwirtschaftsordnung oder einem veränderten internationalen Seerecht haben hier ihren Ursprung. Auffallend waren auch die Berührungspunkte zwischen der Debatte über

Entwicklung/Unterentwicklung, Raumdenken und nationalen Zukunftsprojektionen. Gerade in den südamerikanischen Großstaaten schienen Anleihen aus dem geopolitischen Arsenal eine adäquate Erklärung für die künftige Entfaltung dieser Nationen zu geben. Aus den noch ungenutzten natürlichen Ressourcen, den weiten Räumen sowie einer, im Vergleich zur dichten Besiedlung in Europa, geringen Bevölkerung wurde eine optimistische Prognose abgeleitet und mit der Vorstellung verbunden, die Zukunft lasse sich mit Hilfe von geopolitischen Überlegungen planen und steuern.

Trotz der unterschiedlichen Voraussetzungen des geopolitischen Denkens in Lateinamerika waren die fatalen Konsequenzen unübersehbar. Die Geopolitik war ein Wegbereiter der Doktrin der nationalen Sicherheit südamerikanischer Militärdiktaturen in den 1960/70er Jahren, denn die Generäle versuchten, damit ihre Ausnahmeherrschaft und das repressive Vorgehen gegenüber der Opposition zu rechtfertigen. Die sog. Doktrin der nationalen Sicherheit avancierte zur Ideologie der Militärregime. Sie wurde in den Studienzentren der Streitkräfte verschiedener Länder erarbeitet, wobei die 1949 in Brasilien gegründete *Escola Superior de Guerra* (ESG, Kriegshochschule) eine Vorreiterrolle übernahm. Dennoch bestehen unterschiedliche Traditionen in den einzelnen Ländern. Es lassen sich vereinfacht drei Merkmale festhalten:[14]

1. Verallgemeinernde Vorstellungen von der – äußeren und inneren – Sicherheit als oberstem Ziel für Staat und Politik.
2. Übernahme von Teilen der französischen und nordamerikanischen *counter-insurgency*-Doktrin zur Durchsetzung der inneren Sicherheit.
3. Übertragung von militärischen Leitlinien auf die Politik – im Sinne einer hierarchischen Unterteilung der Gesellschaft, der Parteienverbote und der Auffassung vom Staat als einem lebenden Organismus.

Trotz einer gewissen Tradition geopolitischen Denkens blieb der Eigenwert dieser Beiträge gering. Denn die geopolitischen Texte mit ihrer scheinbaren Genauigkeit aus Kräftekoordinaten, Pfeilen und Raumdiagrammen enthielten nur ungenaue Angaben über die tatsächlichen Möglichkeiten der Staaten. Die Gleichung, dass aufgrund der territorialen Ausdehnung, der vorhandenen natürlichen Ressourcen und einer vergleichsweise geringen Bevölkerung in naher Zukunft eine rasche Entfaltung dieser Nationen erfolgen müsse, entsprach der Wirklichkeit des internatio-

14 Vgl. dazu: *Doktrin der nationalen Sicherheit*, in: Nohlen (Hrsg.), *Lexikon Dritte Welt*, S. 191f. Ausführlicher vom Autor des Lexikonartikels: Mario Fernández Baeza, *Nationale Sicherheit in Lateinamerika*, Heidelberg 1981.

nalen Systems nicht. Allenfalls Brasilien gelang es, seine Machtambitionen in Ansätzen zu verwirklichen.

Die Doktrin förderte den Einfluss militärischen Denkens und schwächte pluralistische Konzepte. Mit der Verbreitung der Doktrin der nationalen Sicherheit und der Einrichtung eines nationalen Sicherheitsrates in vielen Ländern wurde die ohnehin nur schwach ausgeprägte Gewaltenteilung aufgehoben und die Gesellschaft dem staatlichen Zugriff ausgesetzt. Die nationale Sicherheit wurde als ein Ziel angesehen, das mit technokratischen Mitteln erreicht werden könne und nicht über einen Prozess der Interessenaggregation und Konsensbildung.

Warum spielte dieses Begründungsmuster eine so wichtige Rolle im Selbstverständnis und bei den Rechtfertigungsversuchen der neueren Militärregime? Die Doktrin der nationalen Sicherheit verschaffte den Streitkräften eine vermeintliche Legitimation als letztgültiger Hüter und Retter der Nation angesichts einer Krise, die – in den 1960/70er Jahren – den u.a. vom Militär aufrecht erhaltenen gesellschaftlichen Status Quo in Frage zu stellen begann.

6.3 Militärpotenzial, Rüstungstendenzen und Rüstungsproduktion seit den 1950er Jahren

Nach dem Zweiten Weltkrieg wurde der Einfluss der deutschen und französischen Militärberater weitgehend durch nordamerikanische militärische Missionen abgelöst. Bis Ende der 1960er Jahre erlangten die USA eine bestimmende Rolle bei der Ausbildung und Ausrüstung der Armeen. Zu diesem Zweck wurde u.a. in der Panama-Kanal-Zone 1946 das *American Training Center* eingerichtet, das später in *US-Army School of the Americas* umbenannt wurde. Allein bis 1970 wurden 25.000 lateinamerikanische Offiziere und Soldaten an dieser Einrichtung ausgebildet.[15] Das Training beinhaltete eine Schulung in *counter insurgency*, d.h. einer Unterweisung im Anti-Guerilla-Kampf und Programme der *civic action*, d.h. zivile Entwicklungsprojekte. Dadurch sollte die Teilnahme von Bauern an Guerilla-Bewegungen verhindert werden.

Diese Ausrichtung der Armeen auf interne Ordnungs- und Stabilisierungsfunktionen hatte zur Folge, dass hauptsächlich kleinere und leichte Waffen (bewegliche Fahrzeuge, Helikopter) oder aber veraltete Rüstungs-

15 Brian Loveman/Tomas M. Davies (Hrsg.), *The Politics of Antipolitics. The Military in Latin America,* London 1978, S. 151.

güter aus dem Zweiten Weltkrieg nach Süd- und Mittelamerika geliefert wurden. Bis Mitte der 1960er Jahre konnten die USA aufgrund ihrer monopolartigen Stellung als Waffenlieferant den Rüstungsstand der Streitkräfte beeinflussen.

Die südamerikanischen Generäle begannen jedoch immer lauter den Wunsch nach einer besseren technologischen Ausstattung und einer größeren Unabhängigkeit im militärstrategischen Bereich zu äußern. So wollten die peruanischen Militärs 1965 ihre Flugzeuge aus dem Zweiten Weltkrieg durch moderne nordamerikanische Kampfflieger ersetzen. Als die damalige US-Regierung ablehnte, da sie die Lieferung von hochmodernen Waffen zu verhindern trachtete, erwarb die peruanische Luftwaffe französische Mirage-Überschalljäger und beendete damit die fast 20jährige nordamerikanische Vorherrschaft bei der waffentechnologischen Ausstattung südamerikanischer Armeen.

In der Folgezeit lösten die europäischen Staaten, die Sowjetunion und später auch Israel die USA vorübergehend als Hauptlieferanten Lateinamerikas ab. Wenn man die Waffenlieferungen im Zeitraum von 1967 bis 1976 untersucht, so ergibt sich folgendes Bild: Die USA waren nach wie vor der größte Einzellieferant, da etwa ein Drittel der Waffen aus den Vereinigten Staaten stammten. Dahinter kamen jedoch Frankreich, die Sowjetunion, Großbritannien und mit einem leichten Abstand die Bundesrepublik Deutschland, Kanada, Italien und Israel.[16] Nach Angaben des Stockholmer Jahrbuchs für Abrüstung SIPRI konnte die Sowjetunion im Zuge größerer Waffenlieferungen an Kuba und Peru zwischen 1975 und 1978 vorübergehend sogar an die erste Stelle bei der Rüstungsversorgung rücken.[17] Im Unterschied zu den USA, die die Rüstungsverkäufe stets eng mit eigenen sicherheitspolitischen Interessen und ihrem selbst ernannten Anspruch auf eine regionale Vormachtstellung in ganz Amerika verbanden, waren die europäischen Staaten aufgrund des verschärften Wettkampfes im internationalen Waffengeschäft von Anfang an bereit, modernste Ware zu liefern. Damit ebneten sie den Weg für eine zunehmende Kommerzialisierung des Rüstungsgeschäftes.

Besonders deutlich wurde dies während der Amtszeit von US-Präsident Jimmy Carter. Im Zuge der von ihm propagierten „neuen Moral“ in der Außenpolitik erhielten südamerikanische Militärdiktaturen wie Argentinien und Brasilien aufgrund schwerer Menschenrechtsverletzungen vorü-

16 Heliodoro Gonzalez, *U.S. Arms Transfer Policy in Latin America: Failure of a Policy*, in: *Inter American Economic Affairs,* 32(1978)2, S. 68.

17 *SIPRI Yearbook 1982*, S. 396.

bergehend nicht nur keine offizielle US-Militärhilfe mehr, es wurde nordamerikanischen Firmen auch untersagt, Waffen in diese Länder zu verkaufen. In der Rückschau wird deutlich, dass gerade von 1978 bis 1980 die Waffenproduzenten aus Europa Verkaufserfolge erzielen konnten. Nach dem Regierungswechsel in den USA 1981 änderte sich diese Rüstungspolitik wieder, und es wurden moderne nordamerikanische Überschalljäger an Venezuela und Mexiko geliefert.

Als direkte Folge der Diversifizierung der Rüstungslieferanten gelangten immer modernere und teurere Waffen nach Südamerika. Mit diesen integrierten Waffensystemen erhöhten sich die Anschaffungs- und Unterhaltskosten, die teilweise schon zur Hälfte auf Unterstützungskomponenten wie Infrastruktur, Ersatzteilen, technischen Bauten und zusätzlicher Ausbildung entfallen. Dies ist ein Grund, warum die Militärausgaben zwischen 1968 und 1977 um 170 % stiegen, Lateinamerika hatte in dem Zeitraum in etwa die gleichen Zuwachsraten wie Asien, blieb aber weit hinter Afrika und dem Nahen Osten. Neben den Rüstungsausgaben stieg auch die Truppenstärke, die sich von 1960 bis 1980 verdoppelte.[18]

Wo lagen die Einflussfaktoren für die zunehmende Aufrüstung südamerikanischer Staaten in den 1970er Jahren?

1. Im Unterschied zu den auf den Anti-Guerilla-Kampf abgestellten Waffen der 1960er Jahre wurden vor allem hochwertige offensive und defensive Waffensysteme angeschafft. Diese Ankäufe standen im Zusammenhang mit der länger andauernden Militärherrschaft.
2. Ideologisch versuchten die Militärdiktaturen die Aufrüstung mit der sog. Doktrin der nationalen Sicherheit und dem Kampf gegen den Kommunismus zu begründen.
3. Der im geopolitischen Denken angelegte Expansionsdrang bewirkte zusammen mit dem Versuch der Diktaturen, interne Schwierigkeiten durch außenpolitischen Aktivismus zu verschleiern, ein Wiederaufleben alter Grenzkontroversen. Zu diesen latenten Konflikten gehörte die ins 19. Jh. zurückreichende Auseinandersetzung zwischen Bolivien, Peru und Chile um einen bolivianischen Meereszugang, der mittlerweile beigelegte argentinisch-chilenische Streit um den Beagle-Kanal und die unterdessen klar zugunsten Brasiliens entschiedene Rivalität mit Argentinien um die regionale Vorherrschaft in Südamerika.
4. An den gestiegenen finanziellen Aufwendungen waren die einzelnen Waffengattungen nicht in gleicher Weise beteiligt. Im Unterschied zu

18 Ebenda, S. 397.

dem Jahrzehnt von 1955 bis 1965, als das Heer im Zuge der Anti-Guerilla-Maßnahmen die meisten Gelder erhielt, wurden in den 1970er Jahren die Luftwaffe und Marine mit modernem Kriegsgerät ausgestattet.

Der Aufbau eigener Rüstungsindustrien in Südamerika

Die Streitkräfte kauften zum einen militärische Spitzentechnologie ein, zum anderen unternahmen sie den Versuch, von den Industrieländern unabhängiger zu werden. Als Folge des Imports von Fertigungsstätten, Kooperationsverträgen mit europäischen Firmen sowie einer steigenden Eigenproduktion nahm die Waffenherstellung zu.

In *Argentinien* gehen die Bestrebungen zur Eigenversorgung mit Waffen auf die erste Regierung Perón zurück, die den Aufbau einer nationalen Rüstungsindustrie im Zuge ihrer Politik der Importsubstitution vorantrieb. Nach dem Zweiten Weltkrieg waren auch einige Konstrukteure (Messerschmidt) und Flieger (Galland, Rudel) der deutschen Wehrmacht für die argentinische Luftwaffe tätig. Seit den 1970er Jahren exportierte Argentinien Flugzeuge. Mit den *Fabricaciones Militares* verfügte das Land über ein Werk, das Panzer herstellte. Ab 1977 wurde der *Tanque Argentino Mediano* (Tam) produziert. Es handelte sich um eine Koproduktion mit der Firmengruppen Thyssen-Henschel auf der Basis eines modifizierten Fahrgestells des Schützenpanzers Marder. Argentinien betrieb darüber hinaus eine eigene Weltraumforschung und hatte damals das am weitesten fortgeschrittene Atomenergieprogramm Lateinamerikas.

Zum größten Waffenproduzenten der gesamten sog. Dritten Welt avancierte jedoch *Brasilien*. In der Liste der Waffen exportierenden Länder soll es vorübergehend an sechster Stelle gerückt sein.[19] Die Produktion eigener Waffen wurde als Beitrag zur nationalen Unabhängigkeit und als Bestandteil der Außenpolitik verstanden. Während Brasilien noch in den 1960er Jahren den größten Teil der Rüstung einführte, wurden 1982 rund 60 % der Waffen im eigenen Land gefertigt.[20] Die Hersteller hatten sich auf die Produktion von leichten Panzerfahrzeugen und Flugzeugen spezialisiert, zwei Waffensorten, für die in anderen südlichen Ländern rege Nachfrage bestand. Besonders interessant für die Abnehmerländer war die Tatsache, dass für die in Brasilien produzierten Waffen ein hoher Anteil im normalen

19 Die brasilianischen Angaben wurden im Ausland als übertrieben angesehen. Vgl.: Latin American Newsletters, Special Report: *The Latin American Arms Trade*, London 1984, S. 4.

20 *SIPRI Yearbook 1982*, S. 405.

Handel erhältlicher und relativ einfacher Einzelteile verwendet wurde. Günstige Absatzmärkte für die beweglichen Panzerfahrzeuge vom Typ *Cascavel* und *Sucurui* stellten verschiedene Staaten im Nahen und Mittleren Osten dar. Für die Produktion von Flugzeugen war die Staatsfirma *Embraer* zuständig. Sie hatte u.a. Kooperationsverträge mit *Aerospatiale* und *Rolls Royce* abgeschlossen.

Zum großen „Abrüster" in den späten 1980er Jahren gerieten die Re-Demokratisierung, die Wirtschaftskrise und die außenpolitische Annäherung der südamerikanischen Länder an die USA. In Argentinien wurde das nationale Raketen- und Nuklearprogramm aufgegeben, im Zuge der Haushaltseinsparungen schien sich das Militär fast zu einem „Sozialfall" zu entwickeln.[21] Die nationalen Rüstungsindustrien wurden teilweise privatisiert, in zunehmendem Maße bestehen die Rüstungsgüter aus internationalen Komponenten, so dass sich ihre genaue Herkunft immer schwerer bestimmen lässt.

Konflikte und Rüstung

Die Kriegsgefahren, die von in innenpolitische Bedrängnis geratenen südamerikanischen Militärregimen ausgehen, wurden mit dem Konflikt um die Falklands/Malwinen 1982 deutlich. Unter der argentinischen Militärdiktatur begann eine schnelle Aufrüstung. Zunächst war sie scheinbar gegen das Nachbarland Chile gerichtet, mit dem es 1980 starke Spannungen gegeben hatte. Schließlich kam es anders. Angesichts einer tiefgehenden Wirtschaftskrise und wachsender innenpolitischer Opposition startete General Galtieri (1981-82) eine Invasion der Inseln im Südatlantik, um die es seit 1833 Streit zwischen Großbritannien und Argentinien gibt. Mit dieser Aktion gelang es den Generälen noch einmal für einige Wochen, die eigene Bevölkerung hinter sich zu bringen. Denn sie und die meisten Lateinamerikaner waren und sind der Überzeugung, dass die Inseln rechtmäßig zu Argentinien gehören. So entwickelte sich ein anachronistischer Krieg im Südatlantik zwischen der antikommunistischen Junta, die bis dahin Militärausbilder nach El Salvador und Guatemala gesandt hatte, und der Regierung Thatcher in Großbritannien, die bis dahin mit den argentinischen Streitkräften zusammengearbeitet hatte. Auch wenn Argentinien den Krieg gegen die Seemacht England unter erheblichen Verlusten verlor, zeigte

21 Michael Radseck, *Das argentinische Militär: Vom Machtfaktor zum Sozialfall?*, in: Klaus Bodemer/Andrea Pagni/Peter Waldmann (Hrsg.), *Argentinien heute*, Frankfurt a.M. 2002, S. 83-104.

besonders die Luftwaffe, dass südamerikanische Großstaaten modernstes Kriegsgerät einsetzen (u.a. Exocet-Raketen) und damit konventionelle Kriege führen können. Der Konflikt im Südatlantik förderte zunächst die Anschaffung neuer Waffen. Noch 1982 wurden für eine Milliarde US-Dollar Waffenkäufe geordert, um die abgeschossenen Mirage-Flugzeuge durch modernere Ausführungen zu ersetzen. Ab 1983 begannen die Rüstungsausgaben der südamerikanischen Staaten zu sinken. Eine Rolle spielten dabei die hohe Verschuldung und die Re-Demokratisierung.

In Mittelamerika und der Karibik hatte der Rüstungsanstieg andere Ursachen. Krasse soziale Ungleichheit und politische Unterdrückung führten 1979 zum Sturz der Familiendiktatur der Somozas in Nicaragua durch einen Volksaufstand. Den regierenden Sandinisten erwuchsen jedoch ab 1981 bewaffnete Gegner im In- und Ausland, die den Sturz der Revolutionsregierung betrieben. Als Reaktion darauf begann eine starke Aufrüstung, mit dem Ergebnis, dass das kleine Nicaragua vorübergehend über die stärkste Landarmee in Zentralamerika verfügte. Ab 1983 herrschte die allgemeine Wehrpflicht, nach kubanischem Vorbild entstanden Volksmilizen.

Auch in den Nachbarstaaten setzte eine Aufrüstung ein. Das Volumen der Waffenkäufe stieg in den 1970er Jahren, die Truppenstärke verdreifachte sich vorübergehend. Gleichzeitig nahm der technologische Standard der Bewaffnung zu. Die mittelamerikanischen Staaten verfügten nun über Düsenflugzeuge, Panzer und Raketensysteme. Auch wenn die USA und die Sowjetunion die wichtigsten Lieferanten waren (die SU für Kuba und Nicaragua), setzte eine Diversifizierung der Waffenversorger ein: Besonders Israel lieferte Flugzeuge, Maschinengewehre und Ausbilder, die in Honduras und Guatemala tätig waren. Darüber hinaus kamen Waffen aus Brasilien sowie den europäischen Staaten.

In den 1980er Jahren avancierte Kuba zu dem Land in der Region mit dem höchsten Grad an Militarisierung (gemessen an der Zahl der Bevölkerung unter Waffen sowie den Militärausgaben pro Kopf). Kuba war darüber hinaus eines der wenigen südlichen Länder, das eine beträchtliche Zahl von Soldaten in andere Staaten u.a. nach Mittelamerika und Afrika entsandte. Im Jahre 1981 sollen es 40.000 Personen gewesen sein.

Die USA hatten ihrerseits in zahlreichen mittelamerikanischen und karibischen Ländern Soldaten und Militärberater im Einsatz. Seit der Revolution in Nicaragua 1979 stieg die US-Militärhilfe für Zentralamerika sprunghaft. Damit entstand in Mittelamerika eine explosive Lage, wobei die Problematik der sozialen Ungleichheit durch den Ost-West-Gegensatz überlagert wurde. Der 1980 ermordete Erzbischof von San Salvador, Oscar

Tabelle 9: Bevölkerung, Wachstumstendenzen und Militär

	Bevölkerung (in Mio.), 2005	durchschnittl. jährl. Bevölkerungswachstum (in %) 1975-2005	BSP pro Kopf (PPP US-$), 2005	BSP durchschnittl. jährl. Zuwachs (in %) 1990-2005	Umfang der Streitkräfte (in Tausend) 1979	Umfang der Streitkräfte (in Tausend), 2007
Argentinien	38,7	1,3	14.280	1.1	132,9	72,0
Bolivien	9,2	2,2	2.819	1,3	22,5	46,0
Brasilien	186,6	1,8	8.402	1,1	281,0	288,0
Chile	16,3	1,5	12.027	3,8	85,0	76,0
Costa Rica	4,3	2,5	10.180	2,3	*	0
Dom. Republik	9,5	2,0	8.217	3,9	18,5	25,0
Ecuador	13,1	2,1	4.341	0,8	32,8	57,0
El Salvador	6,7	1,6	5.255	1,6	6,9	16,0
Guatemala	12,7	2,4	4.568	1,3	17,9	16,0
Guyana	0,7	0,0	4.508	3,2	5,0	1,0
Haiti	9,3	2,0	1.663	-2,0	6,6	...
Honduras	6,8	2,6	3.430	0,5	11,3	12,0
Jamaika	2,7	1,0	4.291	0,7	4,0	3,0
Kolumbien	44,9	1,9	7.304	0,6	67,5	209,0
Kuba	11,3	0,6	...	3,5	189,0	49,0
Mexiko	104,3	1,8	10.751	1,5	100,0	238,0
Nicaragua	5,5	2,2	3.674	1,8	8,3	14,0
Panama	3,2	2,1	7.605	2,2	...	0
Paraguay	5,9	2,5	4.642	-0,6	15,5	10,0
Peru	27,3	2,0	6.039	2,2	92,0	80,0
Uruguay	3,3	0,5	9.962	0,8	27,5	25,0
Venezuela	26,7	2,5	6.632	-1,0	41,5	82,0

* Militär 1949 abgeschafft. Paramilitärische Verbände.

Quelle: The International Institute for Strategic Studies (Hrsg.), *The Military Balance 1979 – 1980*, London 1979.
United Nations Development Programme, *Human Development Report 2007/2008*, New York 2007.
Entnommen aus: [http://hdr.undp.org/en/media/hdr_20072008_en_complete.pdf]

Arnulfo Romero, hatte sie folgendermaßen umschrieben: Eine Situation, in „der die Großmächte die Patronen stellen und die Mittelamerikaner die Toten".

Für den Rückgang der Rüstungsausgaben seit den 1980er Jahren waren nicht nur die leeren Kassen verantwortlich, sondern auch die Re-Demokratisierung und die Gründung des gemeinsamen Wirtschaftsraumes MERCOSUR. Lateinamerika kann damit auf dem Gebiet der Rüstungskontrolle erhebliche Erfolge vorweisen. Im Vertrag von Tlateloclo 1967 haben sich 33 Staaten zur atomwaffenfreien Zone erklärt. Die MERCOSUR-Staaten (Argentinien, Brasilien, Paraguay), Chile und Bolivien haben sich mit der Ushuaia-Erklärung von 1998 zur massenvernichtungsfreien Zone deklariert. Darüber hinaus haben einzelne Länder Weißbücher vorgelegt, z.B. Chile (1997 und 2002), Argentinien (1999) und vertrauensbildende Maßnahmen eingeleitet. Mittlerweile finden wieder gemeinsame Heeresmanöver zwischen Argentinien und Chile statt, ein argentinisch-chilenisches Blauhelmkontingent wurde nach Zypern entsandt.[22] Mittlerweile sind in den meisten Ländern die Verteidigungsminister Zivilisten, darunter mehrere Frauen.

Noch vor dem 11. September 2001 gab es allerdings Anzeichen für neue Aufrüstungstendenzen in einigen Staaten. So ist zwar die Mitgliederzahl der Streitkräfte nur gering gestiegen und in einzelnen Staaten sogar gesunken (Tab. 9). Dennoch haben sich in Brasilien und Venezuela zwischen 1985 und 2001 die Verteidigungsaufwendungen verdoppelt, in Mexiko verdreifacht und in Kolumbien sogar vervierfacht.[23]

6.4 Re-Demokratisierung und Aufarbeitung von Menschenrechtsverletzungen

Die Transition (transición) in Spanien als Vorbild

Seit dem spanischen Bürgerkrieg (1936-39) herrschte General Franco. Wie in allen Diktaturen stellte sich auch dort die Nachfolgefrage. Formell war das Land seit 1947 wieder Königreich, aber erst nach längerer Wartezeit verkündete der General 1969, dass er Prinz Juan Carlos de Borbón y Borbón zu seinem Nachfolger ernennen wolle. In der Eidesformel musste der

22 Michael Radseck, *Ein neuer Rüstungswettlauf? Militär- und Rüstungstendenzen im Cono Sur*, in: *Brennpunkt Lateinamerika*, (2003)20, S. 207.
23 Ebenda, S. 204.

Prinz Loyalität gegenüber Franco schwören. Das Jahr 1969 wird deshalb als Beginn der *pre-transición* bezeichnet, zum einen wegen der versuchten Nachfolgeregelung, zum anderen wegen der zunehmenden Opposition gegen das Regime und dem Auftauchen der baskischen Terrororganisation ETA.

Aus Altersgründen führte Franco auch das Amt eines Premierministers ein. Carrero Blanco wurde 1974 von der ETA ermordet, unter seinem Nachfolger Arías Navarro (1974-76) wurden die Anzeichen für eine politische Öffnung immer deutlicher. 1974 kündigte er eine *apertura*, d.h. eine kontrollierte Öffnung an; der Niedergang des griechischen Obristenregimes und die „Revolution der Nelken" am 25. April 1974 in Portugal entfalteten eine traumatische Wirkung auf den sog. Bunker, d.h. den engeren Kreis um Franco. Nach einer ersten Demokratisierungswelle nach dem Ersten Weltkrieg und einer zweiten Welle nach dem Ende des Zweiten Weltkrieges setzte 1974/75 eine dritte scheinbar globale Demokratisierungswelle ein. Sie begann mit dem Niedergang der letzten westeuropäischen Diktaturen in Griechenland, Portugal und Spanien, fand seit Anfang der 1980er Jahre ihre Fortsetzung zunächst in Süd- und später Mittelamerika, um schließlich in der Nachfolge des Revolutionsjahres 1989 in Osteuropa und Zentralasien zu kulminieren.[24]

In der Rückschau erscheint die *transición* (Transition) so reibungslos, als sei sie nach einem Drehbuch verlaufen. Es handelte sich nicht nur um eine gelungene Mischung von Pakten, Referenden und Wahlen, auch die handelnden Personen spielten eine Rolle, wobei sich die Ernennung von Adolfo Suárez zum Regierungschef 1976 als Glücksgriff erweisen sollte.[25] In dem Pakt von Moncloa beschlossen die im Parlament (*Cortes*) vertretenen Parteien 1977 ein Abkommen zur Ankurbelung der Wirtschaft. So waren in der Transition die verschiedenen Partner aufeinander angewiesen, gleichzeitig leitete sie einen kollektiven Lernprozess ein, der bereits vor dem Tod Francos 1975 einsetzte. Im Zusammenhang mit einem Aufruf des Königs zu einer „wirklichen nationalen Versöhnung" wurden 1976 zwei Amnestiegesetze erlassen, erst viel später und äußerst verhalten begann eine Aufarbeitung der Verbrechen der Franco-Diktatur.

In Lateinamerika und Ende der 1980er Jahre auch in Osteuropa wurde das politische Geschehen in Spanien genau verfolgt. Das Video von dem fehlgeschlagenen Tejero-Putsch 1981, bei dessen Niederschlagung sowohl

24 Wolfgang Merkel, *Transformation politischer Systeme*, in: Herfried Münkler (Hrsg.), *Politikwissenschaft. Ein Grundkurs*, Reinbek bei Hamburg 2003, S. 208.

25 Hans M. Enzensberger zählt ihn zu den „Helden des Rückzugs."

der Premierminister als auch der König mit ihrem beherztem Auftreten eine gute Figur abgaben, wurde häufig von Fernsehstationen lateinamerikanischer Länder ausgestrahlt. Der friedliche Übergang von der Diktatur zur Demokratie in Spanien gewann eine Vorbildfunktion. Bei Reisen in Lateinamerika wurde das Königspaar umjubelt, die spanische Diplomatie wusste ihrerseits diese neue Empathie geschickt zu nutzen. Manches in den Transitionen südamerikanischer Länder war damit dem spanischen Vorbild nachempfunden. Es gab jedoch auch Unterschiede:

- Mit der Ausnahme von Chile und Brasilien war die Militärherrschaft in ökonomischer Hinsicht ein Misserfolg, während die Endphase des Franco-Regimes von einem wirtschaftlichen Aufschwung begleitet wurde.
- Die Re-Demokratisierung in Lateinamerika fand unter ungünstigeren externen Bedingungen statt als in Spanien. Von der nordamerikanischen Regierung unter Ronald Reagan (1981-89) ging keine wesentliche Unterstützung aus, während Spanien den Beistand verschiedener europäischer Länder erhielt.
- In einigen lateinamerikanischen Ländern kam es im Verlaufe des 20. Jhs. mehrfach zu einem Wechsel zwischen autoritären und demokratischen Regimen. Deshalb wurde der Übergang auch nicht als ein so tiefer Einschnitt empfunden, wie dies in Spanien der Fall war, man kann sowohl von Re-Demokratisierung als auch von Demokratisierungsprozessen reden.

Mit der internationalen Transitionsforschung gelangten sozialwissenschaftliche Konzepte nach Lateinamerika (Konzertierung, Demokratisierung, Regierbarkeit), die dort zuvor noch nicht so häufig verwendet wurden. Dies führte zu gewissen „forschungslogischen Inkonsistenzen“ und zur Übertragung einer Begrifflichkeit, die teilweise in einen Widerspruch zu den Traditionen des sozialwissenschaftlichen Denkens vor Ort geriet.[26]

Der Niedergang der Diktaturen und die Re-Demokratisierung in Südamerika

Anfang der 1980er Jahre wurde die Krise der Diktaturen in Südamerika immer deutlicher. Die neoliberale Wirtschaftspolitik erwies sich mit der

26 Dieter Nohlen/Bernhard Thibaut, *Transitionsforschung zu Lateinamerika: Ansätze, Konzepte, Thesen*, in: Wolfgang Merkel (Hrsg.), *Systemwechsel 1. Theorien, Ansätze und Konzeptionen,* Opladen 1994, S. 198.

partiellen Ausnahme Brasiliens und Chiles als wenig erfolgreich. Der Verarmungsprozess bei Teilen der Mittelschichten hielt an. Es wurde deutlich, dass die Herrschaft der Generäle noch mehr Schwächen aufwies als die von ihnen so scharf kritisierten und gestürzten Politiker. Unter den meisten Diktaturen stieg die Korruption weiter an, gefördert durch Pressezensur und die Unterdrückung der Opposition. Die politische Öffnung/Liberalisierung einzelner Militärregime ab Ende der 1970er Jahre und die sich anschließende Re-Demokratisierung können in diesem Zusammenhang auch als eine Flucht der Offiziere zurück in die Kasernen interpretiert werden. Die Generäle haben dabei versucht, die Rückkehr zu demokratischen Verhältnissen nach ihren Vorstellungen zu beeinflussen und den Protest der Bevölkerung zu kanalisieren. Die Pläne für gelenkte oder kontrollierte Demokratien sind den Obristen jedoch im Zuge des Übergangs zum Teil aus der Hand geglitten. Dies gilt besonders für Argentinien, wo der verlorene Krieg um die Falkland/Malwinen 1982 zu einer so starken Diskreditierung der Streitkräfte führte, dass sie kaum noch in der Lage waren, den Verlauf in dem von ihnen gewünschten Maße zu bestimmen und Prozesse gegen die ehemaligen Junta-Generäle zu verhindern. In den Nachbarländern Uruguay und Chile konnten die Militärs mehr Einfluss nehmen.
Die Form und das Tempo des Übergangs sind von Land zu Land verschieden und müssen deshalb auch im jeweiligen Kontext analysiert werden.[27] Der Öffnungsprozess begann 1978/79 und ging bis 1990. Zu prüfen ist auch die Frage, wann es sich um Liberalisierung oder Dekompression (Re-Demokratisierung) oder bereits um eine Konsolidierung der Demokratie handelt. Die Übergänge zwischen Autoritarismus-, Transitions- und Konsolidierungsforschung in Lateinamerika sind fließend.[28]

Die Fälle nicht-revolutionärer oder nicht-kriegerischer Entwicklungen zur Demokratie sind in der europäischen Geschichte vor 1989 selten. So ging den meisten Übergängen zur Demokratie ein Regimezusammenbruch voraus (Deutschland, Japan, Österreich, Italien 1945 sowie mit gewissen Abstrichen Portugal 1974 und Griechenland). Charakteristisch für die südamerikanischen Länder ist hingegen eine langsame Liberalisierung und demokratische Öffnung, mit denen langjährige Diktaturen auf

27 Ein allgemeiner Überblick bei: Dieter Nohlen, *Militärregime und Re-Demokratisierung in Lateinamerika*, in: *APuZ*, (1986) B9, S. 3-16. Ausführlicher zum Vergleich demokratischer Öffnungsphasen: Derselbe, *Regimewechsel in Lateinamerika? Überlegungen zur Demokratisierung autoritärer Regime*, in: Klaus Lindenberg (Hrsg.), *Lateinamerika. Herrschaft, Gewalt und internationale Abhängigkeit*, Bonn 1982, S. 63-86.

28 Nohlen/Thibaut, *Transitionsforschung zu Lateinamerika*, S. 201.

Tabelle 10: Demokratische Transition

	Jahr der Transition	Jahre seit der Transition
Argentinien	1983	25
Bolivien	1982	26
Brasilien	1985	23
Chile	1990	18
Costa Rica	1948	60
Dom. Republik		
Ecuador	1979	29
El Salvador	1984 (1980)	24 (28)
Guatemala	1985 (1986)	23 (24)
Honduras	1982	26
Kolumbien	o.J.	-
Mexiko	2000	8
Nicaragua	1990	18
Panama	1989	19
Paraguay	1989	19
Peru	1980	28
Uruguay	1985	23
Venezuela	1958	50

Quelle: Payne, J. Mark et al. (Hrsg.): *Democracies in Development. Politics and Reform in Latin America*. Washington, D.C. 2002.

vergleichsweise friedliche Art und Weise zu Ende gingen. Drei Typen von Transition lassen sich unterscheiden:

1. Zusammenbruch eines Regimes – ansatzweise in Argentinien nach dem verlorenen Krieg um die Falkland/Malwinen, ansonsten in Lateinamerika die Ausnahme;
2. Wechsel der Eliten – zunächst ohne weitere Demokratisierung (ein Beispiel aus der Karibik: Haiti 1985);
3. Übergang zur Demokratie als langsamer und über einen gewissen Zeitraum von oben gelenkter Prozess.

In Südamerika trat seit Ende der 1970er Jahre vor allem der dritte Typus auf. Er zeichnete sich durch folgende, hier etwas schematisch dargestellt

Etappen aus: Die autoritären Herrscher und alten Eliten kontrollieren die erste Etappe. Es folgt eine langsame Liberalisierung des Regimes, wobei einzelne politische Akteure (etwa die kommunistischen Parteien) ausgeschlossen bleiben bzw. ihre aktive Teilnahme eingeschränkt wird. Die neue Regierung betreibt keinen offenen Revanchismus gegenüber den Anhängern des alten Regimes, der Bestand der Elite und gewisser nationaler Symbole über den Wechsel hinaus ist gesichert. Eine Diskussion über die Frage nach der historischen Berechtigung des autoritären Regimes wird von der neuen Regierung vermieden. Diese Merkmale sind in Spanien nach 1975 beinahe idealtypisch verwirklicht worden. In Südamerika kam Uruguay diesem Muster am nächsten.

Insgesamt lassen sich vor dem Hintergrund der Übergänge zur Demokratie einige Merkmale festhalten, die erfüllt sein müssen, damit die Re-Demokratisierung stattfinden kann:

1. Die alten Eliten müssen überzeugt werden oder zumindest nicht dagegen sein.
2. Ein möglichst großer Teil der Opposition und wichtige Interessengruppen sollten daran beteiligt sein.
3. Bei den Parteien müssen Kompromissbereitschaft und Pragmatismus vorherrschen.

Angesichts dieser Merkmale kann man nicht von einem revolutionären Umbruch sprechen, sondern von einer Art „paktierten" Übergang, der durch verschiedene Abkommen zwischen zum Teil konträren politischen Lagern oder Machtfaktoren eine langsame Öffnung in die Wege leiten soll.[29] Mit Blick auf Südeuropa und Südamerika wurde von Transitologie gesprochen, denn dort konnten seit den 1970er Jahren Transitionen erfolgen:[30]

- ohne Gewalt oder die Eliminierung der Vertreter der vorangegangenen Autokratie;
- ohne einen hohen Grad an wirtschaftlicher Entwicklung;
- ohne eine größere Umverteilung des Einkommens und des Reichtums;
- ohne das Vorhandensein eines starken Bürgertums;
- ohne eine Mehrheit von Demokraten vorauszusetzen.

29 Norbert Lechner, *Revolución o ruptura pactada?,* in: Fundación Pablo Iglesias (Hrsg.), *Caminos de la democracia en América Latina*, Madrid 1984, S. 287-298.

30 Philippe C. Schmitter, *Transitología: la ciencia o el arte de la democratización*, in: *Arenas,* 1(1997)2, S. 13-15.

Überlegungen zu einer „Theorie des Übergangs“ standen insofern vor einem Problem, als ihr Ausgang zunächst offen ist. Denn mit der geglückten demokratischen Öffnung fangen die Schwierigkeiten teilweise erst an, d.h. die Konsolidierung der Demokratie kann schwieriger sein als die Re-Demokratisierung. Insofern ist die Transitionsforschung sowohl praxisorientiert als auch normativ.

Die Aufarbeitung von Menschenrechtsverletzungen in ausgewählten Ländern

Fast ein Vierteljahrhundert nach dem Ende der meisten repressiven Militärdiktaturen in Lateinamerika spielt das Thema „Vergangenheitspolitik“ eine Rolle. Nach einem ersten Versuch zur Aufarbeitung unter den damals gegebenen Machtverhältnissen in den 1980er Jahren trat das Thema mit einem gewissen Abstand zum Regimewechsel erneut auf, zumal sich die rechtlichen Rahmenbedingungen teilweise erheblich verbessert haben. Man spricht von einem „Politikfeld Vergangenheitspolitik“, bei dem es um „die zukünftige Verankerung der Regimeverbrechen im kollektiven und kulturellen Gedächtnis der betroffenen Gesellschaften“ geht.[31] Anscheinend lässt sich kein direkter Zusammenhang zwischen der Art der Aufarbeitung von Menschenrechtsverletzungen und der Konsolidierung der Demokratie aufweisen, darüber hinaus scheint „Vergangenheitspolitik“ nur bedingt steuerbar.[32] Die umfangreichste Aufarbeitung von Menschenrechtsverletzungen fand zunächst in *Argentinien* statt, was zum einen an den massiven Menschenrechtsverletzungen lag und zum anderen an dem verlorenen Krieg im Südatlantik, der das Militär erheblich geschwächt hatte. Nach seinem Wahlsieg ließ Raúl Alfonsín 1983 die *Comisión Nacional sobre la Desaparición de Personas* (CONADEP, Nationale Kommission zur Klärung des Schicksals vermisster Personen) einsetzen. Ihr Präsident war der Schriftsteller Ernesto Sábato. Die Kommission tagte bis September 1984 und konnte fast 9.000 Fällen von Menschen belegen, die während der Diktatur verschwanden. Fast 70 % der Opfer waren zwischen 16 und 30 Jahren. Im Abschlussbericht wird jedoch darauf hingewiesen, dass die tatsächliche Zahl noch höher liegen dürfte. Menschenrechtsorga-

31 Ruth Fuchs/Detlef Nolte, *Politikfeld Vergangenheitspolitik: Zur Analyse der Aufarbeitung von Menschenrechtsverletzungen in Lateinamerika*, in: *Lateinamerika Analysen*, 9(2004), S. 59-92, hier S. 86.
32 Ebenda, S. 66 und S. 73.

nisationen – darunter die Mütter der *Plaza de Mayo* – sprachen von über 20.000 Verschwundenen.

Die Ergebnisse der Kommission wurden 1984 in dem ca. 500 Seiten langen Bericht *Nunca más* (Nie wieder) zusammengefasst. Bereits in den ersten zwei Monaten wurden 300.000 Exemplare des Buches verkauft, das 1987 in deutscher Übersetzung erschien. Im Vorwort heißt es: „Die Militärdiktatur ist verantwortlich für die größte und grausamste Tragödie in der Geschichte unseres Landes“.[33] Die Ausstrahlung des Films *Nunca más* im staatlichen Fernsehen hatte eine starke Wirkung in der Öffentlichkeit und führte zu Putschgerüchten.

Parallel dazu wurde ein Prozess gegen Mitglieder der Militärjuntas begonnen. Während des Verfahrens wurde die Zeit des *proceso* aufgerollt und Beweise für die Folterungen und Ermordungen auf Anweisung der Generäle vorgelegt. In seinem Schlussplädoyer gestand der Staatsanwalt Julio Strassera den Militärs zu, dass sich Argentinien Mitte der 1970er Jahre in einer Situation scharfer innenpolitischer Konflikte befand: „Die Terroristen entführten, folterten und töteten. Aber wie bekämpfte der Staat die Terroristen? Er entführte, folterte und tötete in einem unendlich größeren Ausmaß. Die Angeklagten überzogen das Land mit dem grausamen Netz ihrer Willkür und ihrer ungezügelten Machtbesessenheit.“[34] Das Urteil des Gerichtes vom Dezember 1985 sah lebenslänglich für zwei sowie längere Haftstrafen für drei Generäle vor, drei weitere wurden freigesprochen.

Unabhängige Menschenrechtsgruppen kritisierten diese Menschenrechtspolitik. Die Bildung einer parlamentarischen Kommission, um den Staatsterrorismus zu untersuchen, sei durch die Einsetzung der Sábato-Kommission verhindert worden. Auch wurden die ca. 1.300 Namen von Folterern und Mördern, die in einem Anhang zu dem Bericht enthalten waren, nicht von der Regierung veröffentlicht. Die unabhängige Zeitung *El Periodista* druckte sie Ende 1984 ab. In der Folgezeit begannen immer mehr Richter – auch in den Provinzen – Anklage gegen einzelne Offiziere

33 Hamburger Institut für Sozialforschung (Hrsg.), *Nie wieder! Ein Bericht über Entführung, Folter und Mord durch die Militärdiktatur in Argentinien*, Weinheim und Basel 1987, S. 13. Zur Arbeit der Kommission und zu den Wirkungen des Berichtes vgl. auch das „*Nachwort für deutsche Leser*“ von Thomas M. Scherrer, Ebenda, S. 249-270. Zu den Verhafteten und „Verschwundenen“ Deutschen vgl.: Tino Thun, *Menschenrechte und Außenpolitik. Bundesrepublik Deutschland – Argentinien 1976-1983,* Bremen 1985.

34 Julio Strassera zitiert nach Nikolaus Brender, *Eine Nation sitzt zu Gericht. Der historische Prozess gegen die Militärs*, in: Merian, *Argentinien,* 12/39(1986), S. 84.

zu erheben. Dies führte zu Unmut innerhalb der Streitkräfte. Deshalb unternahm Alfonsín kurz vor Weihnachten 1986 und damit unmittelbar vor den argentinischen Sommerferien einen Versuch, um die Lage zu entschärfen. In dem sog. *Ley del punto final* (Schlusspunktgesetz) sollte die Zahl derjenigen Militärs, die in Zukunft noch angeklagt werden könnten, stark begrenzt werden. Nach Unruhen im Militär kam es in der Osterwoche 1987 zu einer Meuterei (*motín*) eines Teils der Offiziere. Ein Staatsstreich war es nicht, denn die Oberkommandierenden der drei Waffengattungen sowie Generäle waren nicht aktiv an der Rebellion beteiligt und die Aufständischen unterließen den Versuch, die Rundfunkstationen und wichtige öffentliche Gebäude im Handstreich zu erobern. Ungewöhnlich für die argentinische Geschichte war jedoch weniger die Form der militärischen Rebellion, sondern die Reaktion der Parteien und der Bevölkerung. „Früher schalteten die Leute bei der ersten Nachricht von einem Putschversuch *Radio Colonia* ein, kauften Nudeln und Konserven und blieben zu Hause", wurde von zivilen Demonstranten vor dem Regierungssitz in den Ostertagen auf der *Plaza de Mayo* häufig wiederholt. „Nur die Tauben beobachteten hier sonst die Regierungswechsel", lautete eine andere Äußerung. Dieses Mal jedoch demonstrierten spontan Hunderttausende für die Regierung. Die Parole „Demokratie oder Diktatur" wurde nicht nur von dem gewählten Präsidenten Alfonsín ausgegeben, sondern entsprach der Stimmungslage der Mehrheit sowie der großen Parteien und Interessengruppen, die in einer in der republikanischen Geschichte Argentiniens noch nie da gewesenen Einmütigkeit zur Verteidigung der Regierung antraten. Anders als in der Vergangenheit blieben die Rebellen ohne Unterstützung der Zivilisten. Die Haltung des *No te metas* (Misch Dich nicht ein), die während der Zeit der Diktatur weit verbreitet war, wurde von einem Teil der Bevölkerung aufgegeben. Die massive Präsenz der Bürger vor dem Kongress und dem Regierungssitz wurde als *pueblazo* bezeichnet.

Dennoch war das Ergebnis der Osterunruhen zwiespältig: Präsident Alfonsín erließ unter dem Druck der Verhältnisse eine *Ley de obediencia debida* (Gesetz zum Befehlsnotstand) wonach sich mittlere Offiziere nicht der Menschenrechtsverletzungen schuldig gemacht hätten, wenn sie auf höhere Anordnung handelten. Dieses sog. „Gesetz zur nationalen Befriedung" sah ein Entgegenkommen gegenüber den Rebellen vor. Es beendete jedoch nur vorübergehend die Diskussion um die Opfer von Folterungen und das Anliegen der Angehörigen von Verschwundenen. Präsident Carlos Menem (1989-99) erließ 1990 einen Gnadenerlass und versuchte mit der *Ley de Reparación Histórica* eine Wiedergutmachung einzuleiten. Etwa

8.300 Betroffene bzw. Angehörige erhielten Reparationszahlungen.[35] 1995 entschuldigte sich der Stabschef des argentinischen Heeres in einer Fernsehansprache. Unter der Regierung von Präsident Nestor Kirchner (2003-2007) wurden einzelne Verfahren zu Menschenrechtsverletzungen wieder aufgerollt.

Die gravierenden Menschenrechtsverletzungen in Argentinien bzw. der Versuch ihrer Aufarbeitung haben in anderen lateinamerikanischen Staaten ähnliche Versuche gefördert. Seit den 1980er Jahren hat es in verschiedenen Ländern der Welt „Wahrheitskommissionen" gegeben, die teils auf die Initiative von Menschenrechtsorganisationen zurückgingen, teils von demokratisch gewählten Regierungen eingesetzt wurden. Entsprechend unterschiedlich fielen die Resultate aus. Anders als in früheren Phasen der lateinamerikanischen Geschichte sind jedoch die Aussichten der Militärs und Folterer gesunken, dass ihre Taten unbemerkt bzw. ungesühnt bleiben, was positive Auswirkungen auf Demokratisierungsprozesse haben kann.

Die Arbeit der „Wahrheitskommissionen" kann nicht im Detail geschildert werden. Generell lassen sich offiziell und nicht offiziell eingesetzte Kommissionen unterscheiden.[36] Die Wahrheit lässt sich auf der Grundlage unterschiedlichster Aussagen und Quellen rekonstruieren. Dazu gehören: Die Zeugenaussagen der Überlebenden von militärischen Operationen und die Berichte von Familienangehörigen der Opfer, die Dokumente und Archive von Menschenrechtsorganisationen, die Berichte und Sammlungen von Exilierten, die Archive der Kirchen, die mittlerweile teilweise zugänglichen Einsatzpläne und Publikationen der Militärs, dissidente und reumütige Personen in den Streitkräften, die Tagespresse und das Menschenrechtszentrum der Vereinten Nationen.[37]

In *Chile* setzte der gewählte Christdemokrat Patricio Aylwin 1990 die *Comisión Nacional de Verdad y Reconciliación* ein. Geleitet wurde sie von dem Anwalt und Ex-Senator Raúl Rettig, deshalb nannte man sie später die Rettig-Kommission. Ihre Aufgabe war es, Ereignisse zu untersuchen, die zwischen dem 11. September 1973 und dem 11. Mai 1990 geschahen und die zum Tod oder zum Verschwinden von Personen führten. Der Bericht umfasste drei Teile: Die Aufzählung der Menschenrechtsverletzun-

35 Thomas Fischer, *Die Rekonstruktion politischer Gewalt. Zur Rolle von Wahrheitskommissionen in Lateinamerika,* in: Ders./Michael Krennerich (Hrsg.), *Politische Gewalt in Lateinamerika,* Frankfurt a.M. 2000, S. 265.

36 Esteban Cuya, *Wahrheitskommissionen in Lateinamerika*, in: Detlef Nolte (Hrsg.), *Vergangenheitsbewältigung in Lateinamerika*, Frankfurt a.M. 1996, S. 33-66.

37 Ebenda, S. 38f.

gen, Empfehlungen zur Wiedergutmachung, die Auflistung der Opfer. Es wurden 2.279 Personen aufgeführt. Im Unterschied zu Argentinien wurden die Namen der Täter nicht bekannt gegeben. 1992 schuf die Regierung per Gesetz eine Einrichtung, um den Angehörigen von Opfern der Diktatur Wiedergutmachungsleistungen zukommen zu lassen. Der 30. Jahrestag des Putsches gegen Allende war 2003 Anlass für eine breite Debatte über Ursachen und Folgen der Machtübernahme durch das Militär.[38] Ein Ende 2004 fast 15 Jahre nach dem Ende der Militärdiktatur von dem chilenischen Präsidenten Ricardo Lagos vorgelegter Bericht dokumentiert auf 1.200 Seiten die Zeit vom 11. September 1973 bis zum 10. März 1990, d.h. dem Ende der Militärdiktatur von General Augusto Pinochet. Rund 28.000 Personen wurden als politische Gefangene anerkannt. Sie wurden an insgesamt 1.200 Orten inhaftiert und gefoltert. Präsident Lagos kündigte Entschädigungszahlungen an, die den anderthalbfachen Satz der Mindestrente betragen sollen, d.h. ca. 180 Euro.[39] Lange Zeit war General Pinochet nicht angetastet worden, zumal er bis 1998 den Posten des Oberkommandierenden des Heeres innehatte. Im Oktober wurde er in London von britischen Behörden auf ein spanisches Auslieferungsersuchen hin festgenommen. Nach 16 Monaten Hausarrest konnte er nach Chile zurückehren. Ende 2004 wurde der Ex-Diktator Pinochet wegen seiner Rolle bei sog. Operation Condor zur Tötung lateinamerikanischer Oppositioneller in den 1970/80er Jahren angeklagt. Damals hatten die Machthaber in Argentinien, Bolivien, Brasilien, Chile, Paraguay und Uruguay gezielt ca. 200 Anführer von Parteien und gesellschaftlichen Organisationen ermorden lassen.

Nach dreijährigen Verhandlungen zwischen der Regierung und dem *Frente Frabundo Martí para la Liberación Nacional* (FMLN) wurde 1992 in *El Salvador* ein Friedensabkommen unterzeichnet. Die vom Generalsekretär der Vereinten Nationen einberufene Kommission war rein international besetzt und sollte Gewaltakte aufklären, die sich nach 1980 ereigneten. Militär und Polizei wurden für die Ermordung und das Verschwindenlassen von 6.037 Personen verantwortlich gemacht, der FMLN für 342 Verbrechen. Bei der Übergabe des Berichts wurde die Einsetzung einer Kommission zur Aufklärung der Tätigkeiten und Verbrechen der Todesschwadron nach 1992 beschlossen.

38 Vgl. dazu den Themenschwerpunkt: *Der andere 11. September. 30 Jahre nach dem Militärputsch gegen Salvador Allende*, in: *Lateinamerika Analysen,* 6 (IIK) 2003.

39 Hildegard Stausberg, *Dokumente des Grauens*, in: *Die Welt*, 2. 12. 2004.

Tabelle 11: Opfer der Militärdiktaturen in Lateinamerika

	Durch Wahrheitskommissionen dokumentierte Opferzahlen	Schätzungen[1]
Argentinien	8.960 Verschwundene	12.000-15.000 [2]
Chile	3.068 Verschwundene und Ermordete[3]	
Uruguay	164 Verschwundene	
Brasilien	125 Verschwundene[4]	
El Salvador		70.000
Guatemala	200.000	140.000-200.000
Peru[5]	69.000	30.000

1 Schätzungen der Opferzahlen in El Salvador, Guatemala und Peru, zit. nach Roht-Arriaza/Gibson (1998).
2 Seit dem Bericht der CONADEP wurde durch das Untersekretariat die Zahl der Verschwundenen mit 30.000 veranschlagt).
3 Einschließlich der durch die Nachfolgeorganisation *Corporación Nacional de Reparación y Reconciliación* dokumentierten Opfer.
4 Die Zahl der Opfer hat sich seit der Veröffentlichung des Untersuchungsberichts der katholischen Kirche auf 339 erhöht, darunter 144 Verschwundene.
5 Ein Teil der Opfer entfällt auf den schmutzigen Krieg während der Präsidentschaft von Alan García (1985-1990).

Quelle: Ruth Fuchs/Detlef Nolte, *Politikfeld Vergangenheitspolitik. Zur Analyse der Aufarbeitung von Menschenrechtsverletzungen in Lateinamerika*, in: *Lateinamerika Analysen,* 9(2004), S. 63.

Peru durchlebte ab 1980 eine krisenhafte und gewalttätige Entwicklung. Eine in zunehmendem Maße auf terroristische Methoden zurückgreifende Guerillabewegung *Sendero Luminoso* (Leuchtender Pfad) forderte den Staat heraus. Folge des inneren Krieges waren 30.000 Tote und 5.000 Verschwundene.[40] Zur Aufklärung der Verbrechen und des Anteils der Streitkräfte daran wurden insgesamt fünf Kommissionen eingesetzt. Die Ergebnisse blieben ambivalent, denn sie hatten nicht immer den Rückhalt der Bevölkerung, waren nicht unparteiisch besetzt und darüber hinaus nicht in der Lage, später ihre Informanten zu schützen. Im Jahr 2003 legte eine „Kommission für Wahrheit und Versöhnung" ihren Abschlussbericht vor und gelangte zu dem Ergebnis, dass Aufstand und Aufstandsbekämpfung

40 Cuya, *Wahrheitskommissionen in Lateinamerika*, S. 47.

Tabelle 12: Amnestiegesetze und Begnadigungen in Lateinamerika

Argentinien	- 1983: *Ley de Pacificación Nacional* (erlassen unter der Militärregierung; 1984 durch das argentinische Parlament aufgehoben) - 1986: Schlusspunktgesetz (*Ley de Punto Final*) - 1987: Befehlsnotstandsgesetz (*Ley de Obediencia Debida*) - 1990: Begnadigungen (*Indultos*)
Chile	- 1978: Militär und Regimegegner (erlassen unter der Militärregierung)
Uruguay	- 1985: *Ley de Pacificación Nacional* (ausgenommen: schwerste Verbrechen) - 1986: *Ley de Caducidad* (1989 bestätigt durch Volksentscheid)
Brasilien	- 1979: Militär und Regimegegner (erlassen unter der Militärregierung)
El Salvador	- 1993: Mitglieder der Regierung und der Guerilla
Guatemala	- 1996: *Ley de Reconciliación Nacional* (ausgenommen: „Verschwindenlassen“, Folter, Völkermord)
Peru	- 1995: Personal des Militärs und der Sicherheitskräfte, Zivilpersonen (ausgenommen: Guerillamitglieder)

Quelle: Fuchs/Nolte, S. 70.

69.280 Todesopfer forderten und in 54 % der Fälle der *Sendero Luminoso* dafür verantwortlich gewesen sei.[41]

In *Guatemala* fand ein fast 36 Jahre dauernder gewaltsamer Konflikt statt, der insgesamt 200.000 Menschenleben gekostet hat. Die zivile politische Elite wurde durch Repression und Militarisierung dezimiert. Der Konflikt, der teilweise die Form eines Bürgerkrieges annahm, erreichte aus der Sicht der Insurgenten seinen Höhepunkt 1981 mit der Ausrufung einer „Endoffensive“. Im gleichen Jahr begann das Militär die ersten *Patrullas de Autodefensa Civil* (PAC), d.h. Patrouillen für zivile Selbstverteidigung zu organisieren. 1982 wurde die Gründung der *Unidad Revolucionaria Nacional de Guatemala* (URNG) als Dachorganisation aller revolutionären Kräfte angekündigt. Zu ersten Verhandlungen zwischen der guatemalteki-

41 IIK, *Tätigkeitsbericht 2003*, Hamburg 2004, S. 34.

schen Regierung und der URNG kam es 1987 in Madrid. Nach weiteren Verhandlungen in Oslo und Madrid wurde 1996 der Friedensvertrag unterschrieben. 1997 nahm eine Wahrheitskommission unter Leitung eines Ausländers und von zwei Guatemalteken ihre Tätigkeit auf und übergab Anfang 1999 ihren Bericht. Darin wurde festgehalten, dass es gegenüber Maya-Gruppen Formen des Völkermordes gegeben habe, die USA den rechtswidrigen Handlungen Unterstützung geleistet hätten und es notwendig sei, Polizei und Streitkräfte von Personen zu säubern, die Unrechtstaten begangen hätten.[42]

Die Wahrheitskommissionen stützten in Südamerika den Transitions- und in Mittelamerika den Friedensprozess. Ihre Wirkung und das Ausmaß der tatsächlichen Strafverfolgung waren jedoch von Land zu Land verschieden.

6.5 Das Ende der Militärherrschaft? Fazit und Ausblick

Anfang des 21. Jhs. werden alle lateinamerikanischen Länder mit der Ausnahme Kubas von demokratisch gewählten Präsidenten regiert. Die neueren Diktaturen führten zu einer Diskreditierung des Militärs, die knappen Haushaltskassen und das Ende des Kalten Krieges nach 1989 förderten die Abrüstung der Armeen. Seit den 1990er Jahren spielt die Frage der Demokratie eine größere Rolle in den internationalen Beziehungen. Verschiedene Indikatoren zeigen, dass die lateinamerikanischen Länder hier zum Teil erhebliche Fortschritte gemacht haben (Kap. 11).

Insofern lässt sich zumindest vorerst von einem Ende der Militärherrschaft sprechen. Dies schließt jedoch nicht aus, dass – wie bereits in der Vergangenheit – in freien Wahlen Ex-Militärs zum Präsidenten gewählt werden. Dies kann, wie das Beispiel Venezuela unter Hugo Chavéz seit 1999 zeigt, zu einer schleichenden Militarisierung des politischen Systems führen. Auch finden sich im In- und Ausland nicht wenige Menschen, die angesichts der scheinbar geringen Erfolge demokratischer Reformen erneut Sympathien für eine starke Führung im vermeintlichen Interesse breiter Bevölkerungsschichten an den Tag legen. Allerdings dürften die Zeiten, in denen das Militär als Institution in der Mehrheit der lateinamerikanischen Länder die Macht übernimmt und diktatorisch regiert, vorerst der Vergangenheit angehören.

42 Christian Tomuschat, *Eine Wahrheitskommission – Und was dann?*, in: *FAZ*, 17. 7. 2000.

Literatur-Empfehlungen

ai amnesty international, *Jahresbericht 2007,* Frankfurt a.M. 2004. Der Jahresbericht der 1961 gegründeten, überparteilichen Gefangenenhilfsorganisation mit Hauptsitz in London enthält eine Dokumentation über Menschenrechtsverletzungen in aller Welt (www.amnesty.org).

Klaus Bodemer/Sabine Kurtenbach/Klaus Meschkat (Hrsg.), *Violencia y regulación de conflictos en América Latina,* Caracas 2001. In dem Sammelband werden verschiedene Formen der Gewalt und der Militärpolitik vor allem in den 1990er Jahren behandelt.

Wolfgang S. Heinz, *Neue Demokratien und Militär in Lateinamerika. Die Erfahrungen in Argentinien und Brasilien (1983-1999)*, Frankfurt a.M. 2001. Das Buch schildert die Beziehungen zwischen den Streitkräften und den demokratischen Akteuren in den beiden größten südamerikanischen Ländern.

Klaus Lindenberg, *Zur militärischen Besetzung der Politik in Lateinamerika,* in: Friedemann Büttner u.a., *Reform in Uniform? Militärherrschaft und Entwicklung in der Dritten Welt,* Bonn 1976, S. 363-482. Der ausführliche Aufsatz vermittelt einen guten Überblick über zivil-militärische Beziehungen, verschiedene Regimetypen sowie insgesamt die militärische Besetzung der Politik in Lateinamerika bis in die 1970er Jahre.

Samuel P. Huntington, *The Third Wave. Democratization in the Late Twentieth Century,* Oklahoma 1991. Das Buch analysiert den Übergang von rund 30 Ländern von nicht-demokratischen zu demokratischen politischen Systemen in einer dritten Welle der Demokratisierung im 20. Jahrhundert. Die Studie steht am Anfang der Forschungen zur Systemwechsel- und Transformationsforschung.

Sabine Kurtenbach/Klaus Bodemer/Detlef Nolte (Hrsg.), *Sicherheitspolitik in Lateinamerika. Vom Konflikt zur Kooperation?* Opladen 2000. Nach dem Ende des Kalten Krieges werden die sicherheitspolitischen Probleme Lateinamerikas vor allem in der sozialen Ungleichheit, der alltäglichen und organisierten Kriminalität sowie den aus dem Drogenhandel resultierenden Konsequenzen gesehen.

Filme

Machuca, mein Freund, Chile u.a. 2004. 121 Min. Der Regisseur Andrés Wood nähert sich am Beispiel der Freundschaft zweier Schüler einem düsteren Kapitel chilenischer Vergangenheit. Der zwölfjährige Gonzalo stammt aus einer wohlhabenden Wohngegend in Santiago de Chile, der gleichaltrige Pedro Machuca wohnt im Armutsviertel am Mapochofluss. Die Freundschaft zwischen den beiden Schülern dient als Vorlage für ein Porträt der letzten Monate der Allende-Regierung und der Zeit unmittelbar nach dem Militärputsch von 1973 (vgl. auch critic.de).

Salvador Allende, Frankreich, Chile u.a. 2004, 100 Min. Patricio Guzmán hat älteres dokumentarisches Filmmaterial, eigene Aufnahmen und einige Interviews zu einem Film über die Person des beim Militärputsch vom 11. September 1973 ermordeten chilenischen Präsidenten vereint.

Worüber es zu diskutieren lohnt

- über die Unterschiede zwischen traditioneller Militärherrschaft und neueren Militärregimen
- über die Frage, ob es eine „Reform in Uniform“ geben kann
- über interne und externe Ursachen von Rüstungswettläufen in Lateinamerika
- über die Gründe für die Re-Demokratisierung und ihre Schwierigkeiten
- über die Merkmale der *transición* und die Unterschiede zwischen Transition, Re-Demokratisierung und Konsolidierung der Demokratie

7. Katholische Kirche und Religionen

Lateinamerika gilt als der katholische Kontinent. Als Folge der von Spanien und Portugal erzwungenen Christianisierung leben die meisten Katholiken auf der Welt dort, regelmäßig wird darüber spekuliert, dass der nächste und erste außereuropäische Papst ein Lateinamerikaner sein werde. Allerdings trifft die Vorstellung von dem katholischen Kontinent so nicht mehr zu, der katholische Glaube wies dort indessen schon in der Kolonialzeit eigenständige Züge auf. Nicht wenige Menschen gehören darüber hinaus noch anderen Religionsgemeinschaften an. Deshalb haben Soziologen von einem Synkretismus gesprochen, d.h. einer Vermischung verschiedener Religionen und Bekenntnisse. Besonders in der Zeit des Barock entfaltete der lateinamerikanische Katholizismus spezifische Merkmale, die ihren Niederschlag in Kunst und Literatur fanden. Die katholische Kirche verwendet seit einigen Jahren den Begriff Inkulturation zur Beschreibung dieses Sachverhaltes.
Sowohl in der Kolonialzeit als auch in der unabhängigen Geschichte Lateinamerikas hat die katholische Kirche eine zentrale Rolle gespielt. Aus den katholischen Privatschulen und Universitäten ging ein Teil der politischen Elite hervor. Die Einschränkung der Rechte und einzelner Privilegien der Kirche kann zu erheblichen Konflikten führen; die Geschichte des nachrevolutionären Mexiko (*cristero* Aufstand 1926-29) und das Ende der Amtszeit von Perón in Argentinien können als Fallbeispiele gelten. Im Verlaufe des 20. Jhs. hat die Kirche zwar an Bedeutung verloren, blieb aber ein Machtfaktor. Dies galt bzw. gilt einmal für die Stabilisierung der gesellschaftlichen Ordnung bzw. einzelner Regierungen, zum anderen seit 1968 mit der vom lateinamerikanischen Bischofsrat CELAM proklamierten „vorrangigen Option für die Armen" als Fürsprecher der unteren Bevölkerungsschichten. Unter den Militärdiktaturen übernahm ein Teil der Kirche in einigen Ländern eine dezidiert politische Rolle und ging in die Opposition. In Krisensituationen, etwa dem Konflikt in Mittelamerika in den 1980er Jahren, wirkte sie als politischer Vermittler, diese Rolle übernimmt sie nach wie vor in einzelnen Gesellschaften. Dabei war sie teils ein Bewahrer des gesellschaftlichen status quo, teils aber auch ein politischer Akteur im Sinne politischer Veränderungen.

7.1 Zur Geschichte

Die Katholiken haben somit durchaus eigene Wege beschritten. Schon in der Vergangenheit zeigte sich die Tendenz zu einem prophetischen Christentum, wie es der Dominikanermönch Bartolomé de las Casas (1474-1566) vertrat, der mit seinem „Bericht von der Verwüstung der westindischen Länder" einen Beitrag zur Indianerschutzgesetzgebung leistete. In den Unabhängigkeitsbewegungen von Spanien zu Beginn des 19. Jhs. haben einzelne Priester eine Rolle gespielt.

Während der Kolonialzeit war der Protestantismus verboten, erst nach der Unabhängigkeit von Spanien und Portugal konnte die Religionsfreiheit Raum gewinnen. Mit der Vorherrschaft des Liberalismus fanden englische und nordamerikanische Missionsgesellschaften Eingang nach Lateinamerika, hinzu kamen europäische Immigranten mit protestantischen Glauben. So galt der Protestantismus als Ideologie der Modernisierung, schon damals wurde eine Beziehung zu der sich abzeichnenden nordamerikanischen Vorherrschaft hergestellt. Dieser sog. historische Protestantismus, der in Kontakt zu europäischen Kirchen stand, verlor in der zweiten Hälfte des 20. Jhs. an Bedeutung gegenüber dem Aufschwung von pfingstlerischen und charismatischen Gruppen. Der „neue" Protestantismus findet sowohl bei den ländlichen als auch den städtischen Unter- und Mittelschichten erheblichen Zulauf und ist dabei, die religiöse Landkarte Lateinamerikas zu verändern.[1]

Die Katholische Soziallehre hat zunächst einen geringeren Stellenwert eingenommen als in Europa. So blieb die Kirchenhierarchie über weite Strecken des 20. Jhs. am gesellschaftlichen status quo orientiert, was Ansätze zur Sozialarbeit nicht ausgeschlossen hat. Zu einer neuen Bedeutung gelangte die Katholische Soziallehre erst in Reaktion und teilweise in Fortführung der aus der „Theologie der Befreiung" resultierenden Beiträge.[2]

In den 1960er Jahren wuchs die „Theologie der Befreiung" zu einer breiteren progressiven Strömung mit internationaler Ausstrahlung heran. Die „Theologien der Befreiung", von denen bald gesprochen wurde, zielten nicht allein auf eine „Erlösung" von der Sünde mit Blick auf das von vielen Christen angenommene Leben nach dem Tode, sondern auf eine

1 Jean-Pierre Bastian, *Geschichte des Protestantismus in Lateinamerika,* Luzern 1995.
2 Vgl. dazu die aus einem lateinamerikanisch-deutschen Dialogprogramm hervorgegangenen Bände: Peter Hünermann/Juan Carlos Scannone (Hrsg.), *Lateinamerika und die Katholische Soziallehre*, Mainz 1993, 3 Bde. Die spanische Ausgabe umfasst 5 Bde.

Befreiung von ungerechten gesellschaftlichen Strukturen und Ausbeutungsverhältnissen auf der Erde. Sie erlangte nicht nur eine erhebliche und weit über den Ursprungsort hinausgehende Resonanz, sondern führte auch zu Konflikten zwischen dem konservativen Vatikan und einzelnen progressiven Landeskirchen bzw. Gruppen von Priestern in Lateinamerika (Brasilien, Nicaragua).

7.2 Der lateinamerikanische Bischofsrat CELAM und das Aufkommen der „Theologie der Befreiung"

Mit dem 1955 auf der Ersten Generalversammlung der lateinamerikanischen Bischöfe in Rio de Janeiro gegründeten lateinamerikanischen Bischofsrat (*Consejo Episcopal Latinoamericano,* CELAM) besteht im Unterschied zu anderen Weltgegenden eine aktive Regionalorganisation der katholischen Kirche. Nach dem Zweiten Vatikanischen Konzil (1962-65) entwickelten lateinamerikanische Theologen eigene Positionen gegenüber den europäischen Kollegen. Wichtige Impulse gingen von der Sozialenzyklika von Papst Paul VI. *Populorum Progressio* (Über den Fortschritt der Völker) 1967 aus. Darin wurden die gesellschaftlichen Probleme angesprochen und auf die soziale Funktion des Eigentums verwiesen. Auf der Zweiten Generalversammlung der Bischöfe Lateinamerikas 1968 in Medellín/Kolumbien setzte eine Hinwendung der Kirche zur Gesellschaft ein. Damals wurde in dem Abschlussdokument die „vorrangige Option für die Armen" formuliert, d.h. die Kirche solle sich auf die Unterdrückten, die Armen und die Marginalen konzentrieren. Ein wichtiger Vordenker und Mitglied der Vorbereitungskommission von Medellín war der peruanische Theologe Gustavo Gutiérrez (geb. 1928), der den Begriff der „Theologie der Befreiung" aufbrachte. Gutiérrez, die Brasilianer Clodovis und Leonardo Boff und andere versuchten, der europäischen Theologie eine eigenständige Interpretation aus der Sicht der Peripherie entgegenzusetzen. Einflüsse zu dieser neuen befreiungstheologischen Strömung kamen von den *Dependencia*-Ansätzen, dem französischen Sozialkatholizismus und der katholischen Soziallehre. Die Befreiungstheologen hatten keine Berührungsängste gegenüber marxistischen Ansätzen und linken Gruppen, einige schlossen sich sogar der Guerilla an. Bekannt wurde der kolumbianische Priester Camilo Torres (1929-66), der beim ersten Gefecht erschossen und danach zum Mythos wurde.[3]

3 Camilo Torres, *Vom Apostolat zum Partisanenkampf. Artikel und Proklamationen,* Reinbek bei Hamburg 1969.

Ausgangsüberlegung war, dass die Theologie der Befreiung vom „hermeneutischen Ort Lateinamerika“ ausgehen müsse. Damit war sie von der Diskussion über Unterentwicklung und Abhängigkeit geprägt. Die Befreiungstheologie hat eine vergleichsweise kurze Geschichte, auch wenn ihre Anhänger in prophetischen Bischöfen und Priestern der Kolonial- und Unabhängigkeitszeit Vorläufer erblicken. Ab 1965 begann sich eine kleine Gruppe von Theologen in periodischen Abständen in verschiedenen Städten des Kontinents zu treffen. Unter ihnen waren der Peruaner Gustavo Gutiérrez und andere. Wie die meisten bekannt gewordenen Befreiungstheologen hatte er in Europa studiert. Neben der Katholischen Universität Löwen in Belgien[4] spielten auch Münster, Tübingen und andere katholische Fakultäten im deutschsprachigen Raum eine Rolle. Zur Verbreitung der befreiungstheologischen Ansätze trugen u.a. der Patmos Verlag und die kenntnisreiche Übersetzertätigkeit von einigen deutschsprachigen Theologen bei, genannt sei hier Horst Goldstein (1939-2003).

Entscheidend für das Aufkommen der Theologie der Befreiung war der politische und soziale Kontext Ende der 60er Jahre.[5] Neben den Nachwirkungen der kubanischen Revolution, dem Wahlsieg der Regierung der Volkseinheit in Chile 1970 sowie einem allgemeinen Aufschwung gesellschaftsverändernder Kräfte muss als ein weiterer Aspekt die in den 1960er Jahren geführte Debatte über den obligatorischen Zölibat der Priester Erwähnung finden. In einigen Ländern sollen bis zu 20 % der Priester als Folge dieser Krise ihr Amt aufgegeben haben.[6] Darunter waren auch Geistliche, die später in der Theologie der Befreiung eine wichtige Rolle spielen sollten. Hinzu kamen mehrere Priesterbewegungen wie die *curas villeros* (Priester aus den Armutsvierteln) und die „Priester der Dritten Welt“ in Argentinien, die Gruppe der „Achtzig“ in Chile, *Onis* in Peru, *Golconda* und später *Sal* in Kolumbien. Die meisten dieser Bewegungen hielten sich nicht länger als zwei oder drei Jahre, und viele der Mitglieder legten danach entmutigt ihr Priesteramt nieder.

4 Interessante Hinweise zur Bedeutung des Studiums in Europa für das Aufkommen der Befreiungstheologie enthält: Andrea-Isa Moews, *Eliten für Lateinamerika: Lateinamerikanische Studenten an der Katholischen Universität Löwen in den 1950er und 1960er Jahren*, Köln 2002.

5 Dies wird von allen lateinamerikanischen und europäischen Autoren betont. Vgl. statt anderer: Karl Rahner u.a. (Hrsg.), *Befreiende Theologie. Der Beitrag Lateinamerikas zur Theologie der Gegenwart*, Stuttgart 1977; Hans Schöpfer, *Lateinamerikanische Befreiungstheologie*, Stuttgart 1979, bes. S. 14-102.

6 José Comblin, *Kurze Geschichte der Theologie der Befreiung*, in: Hans-Jürgen Prien (Hrsg.), *Lateinamerika: Gesellschaft – Kirche – Theologie*, Göttingen 1981, Bd. 2, S. 13-38.

In der Anfangsphase waren die Einflüsse befreiungstheologischer Ansätze auf die Kirche erheblich. So wurden ab 1966 innerhalb der CELAM Texte europäischer Theologen aus lateinamerikanischer Perspektive neu interpretiert. Dieses Anliegen manifestierte sich im Dokument von Medellín 1968, wo es im Schlussappell der „Botschaft an die Völker Lateinamerikas“ heißt:

> „Wir glauben: an Gott
> an die Menschen
> an die Werte
> und an die Zukunft Lateinamerikas.“[7]

Sowohl der Text von Medellín als auch der von Puebla/Mexiko 1979 enthalten Aussagen zur politischen und sozialen Situation. Armut und Marginalisierung werden als „soziale Sünde“ und „Beleidigung des Geistes des Evangeliums“ bezeichnet.[8] Eine „Situation der Ungerechtigkeit“ wurde konstatiert, die „man institutionalisierte Gewalt nennen kann“ und die die fundamentalen Rechte der Völker verletze.[9] In Medellín wurde auf das Bestehen einer „institutionalisierten Ungerechtigkeit“ hingewiesen, in Puebla auf die „Anwesenheit vieler autoritärer Regime und sogar ... unterdrückender Regime“ (500). Aus der Analyse folgte, dass die katholische Kirche Anwalt der Besitz- und Rechtlosen sein solle.

Mit diesen Dokumenten hat der lateinamerikanische Bischofsrat CELAM selbst zur Verbreitung des Begriffes *liberación* beigetragen. Die *teología de liberación* war nicht einheitlich, man kann von verschiedenen Befreiungstheologien sprechen. Reinhard Frieling hat Anfang der 1980er Jahre folgende Klassifikation vorgeschlagen:

- Eine sozio-populistische Theologie der Befreiung. Sie möchte die Gesellschaft durch eine befreiende Bewusstseinsbildung zu einem „nationalen, demokratischen, lateinamerikanischen, humanistischen, christlichen und kritischen“ Sozialismus verändern.[10]
- Die marxistische Befreiungstheologie, die an linke *Dependencia*-Ansätze anknüpft. Bestandteil der *liberación* müsse eine sozialistische

7 ADVENIAT (Hrsg.), *Dokumente von Medellín*, Essen 1968, S. 12.

8 Sekretariat der Deutschen Bischofskonferenz (Hrsg.), *Die Kirche Lateinamerikas. Dokumente der II. und III. Generalversammlung des Lateinamerikanischen Episkopates in Medellín und Puebla,* Stimmen der Weltkirche 8, Bonn o.J., S. 28, S. 16.

9 Ebenda, S. 36f.

10 Reinhard Frieling, *Befreiungstheologien. Studien zur Theologie in Lateinamerika*, Göttingen 1984, S. 92.

Revolution sein, um die antagonistische Gesellschaftsstruktur zu überwinden. Neben den „Christen für den Sozialismus" zählten einzelne Intellektuelle zu dieser Gruppe, u.a. Hugo Assmann und damals Gustavo Gutiérrez.
- Die evangelisatorische Befreiungstheologie. Sie begreift *liberación* als „ganzheitliche menschliche Förderung"[11] und vermeidet eine klare politische Stellungnahme. Diese Position wurde und wird von dem lateinamerikanischen Bischofsrat CELAM und auch von Rom unterstützt.

Solche Typologien vermitteln nur einen allgemeinen Überblick und gelten vor allem für die 1970er Jahre. Auf die Frage, ob die Theologie der Befreiung eine theologische Strömung oder aber eine politische Bewegung darstellt, können sie keine genaue Auskunft erteilen. Auch fehlen Aussagen zum quantitativen Umfang der Strömungen innerhalb der Kirche bzw. der einzelnen Landeskirchen. Klassifikationsversuche werden dadurch erschwert, dass die Inflation des Wortes *liberación* dazu geführt hat, ganz unterschiedliche theologische Positionen mit diesem Begriff zu erfassen. Seit den 1980er Jahren haben sich die verschiedenen Strömungen noch weiter auseinander entwickelt bzw. an Bedeutung verloren.

Die Stärke der Theologie der Befreiung lag in der Anklage ungerechter Strukturen und der Forderung nach einer anderen, besseren Gesellschaft. Die Legitimation dafür schöpfte sie nicht zuletzt aus der Tatsache, dass sich die traditionelle Kirche, aber auch viele Wissenschaftler mit den bestehenden Verhältnissen abgefunden und arrangiert hatten und das sowohl Parteien als auch Gewerkschaften unter den Diktaturen verboten wurden. Eine Verbesserung der sozioökonomischen Lage mit Hilfe der gängigen Entwicklungsmodelle schien in den 1970er Jahren nicht in Sicht, so dass die Kritik der Befreiungstheologen auch bei Menschen auf Zustimmung stieß, die der Kirche ansonsten distanziert gegenüberstanden.

Die Schwäche der Theologie der Befreiung liegt in den nur vagen Angaben über den Weg zu und die Beschaffenheit der angestrebten gesellschaftlichen Ordnung. Auch über das zeitliche und räumliche Ausmaß der Umwälzungen sind keine genauen Vorstellungen vorhanden. Nicht zufällig findet sich in mehr als einer Veröffentlichung von oder über Befreiungstheologen der Satz des spanischen Dichters Antonio Machado (1875-1939) „Wanderer, es gibt keinen Weg. Man bahnt sich den Weg, indem man ihn geht." Eine politische Theorie fehlt den Schriften zur Befreiungstheologie,

11 Ebenda, S. 97.

der Gedanke einer Gewaltenteilung taucht nicht auf. Hier präzise Vorstellungen von den Befreiungstheologen zu fordern, greift indessen zu kurz. Dass die Befreiungstheologie eine wichtige Rolle gewann, war u.a. das Resultat autoritärer Situationen und mangelnder politischer Alternativen in den 1970er Jahren. Ein auf Gewaltenteilung beruhender politischer Entwurf kann von befreiungstheologischer Seite kaum erwartet werden: Zum einen basiert die katholische Kirche partiell selbst auf einer nicht-demokratischen Struktur, zum anderen steht der von einigen Befreiungstheologen verwendete populistische Volksbegriff im Widerspruch zur Idee einer Teilung der Gewalten.

Eine ausführliche Darstellung der innertheologischen Auseinandersetzung kann hier nicht erfolgen. 1984 veröffentlichte die Kongregation für die Glaubenslehre in Rom ihre „Instruktion über einige Aspekte der Theologie der Befreiung", die den Vorwurf des Marxismus, einer Verfälschung des Christentums und der Wahrheit enthielt. Zwei Jahre später folgte die „Instruktion über die christliche Freiheit und Befreiung", die einige Aspekte der Befreiungstheologie übernahm und dabei entschärfte. Neben den Einwänden Roms gab es auch in Lateinamerika Schriften, die eine theologische Kritik enthielten. Die Befreiungstheologie – so die Argumentation – ersetze die göttliche Offenbarung durch die Praxis.[12] Dadurch rücke die Theologie gegenüber der Befreiung in den Hintergrund. Diesseits und Jenseits würden in verwirrender und unzulässiger Weise vermischt, die Tradition der Schriftexegese vernachlässigt. Den Befreiungstheologen wurde die Bevorzugung des Alten Testamentes vorgeworfen. Im Exodus sahen sie den Bruch mit der alten Ordnung. So gerate bei ihnen der Exodus zum Prototyp für jene historisch-politische Erfahrung, die die Welt durchlaufe, mit einem Ausbeuter und Unterdrücker (Pharao), einem unterdrückten Volk (die Hebräer) und einem charismatischen Führer (Moses). Ähnlich einseitig sei die Deutung der Person von Jesus Christus. Sein Leben werde in den Vordergrund gerückt und seine Mission als die eines politischen Befreiers und Revolutionärs interpretiert.

Grundsätzliche Kritik wurde von nordamerikanischen Autoren geübt. In der Befreiungstheologie komme einmal mehr eine lateinamerikanische Antipathie gegen Handel und Unternehmertum zum Ausdruck. In ihrer Gegnerschaft zu einem „demokratischen Kapitalismus" sei die Befreiungstheologie sozialistisch, in den Zielvorstellungen bleibe sie vage und ver-

12 Roger Vekemans, *Teología de la liberación y cristianos por el socialismo*, Bogotá 1976.

träumt. Die Befreiungstheologen würden zwar viel zur Theologie sagen, aber wenig über die konkreten Zustände in ihren Ländern, über freiheitlichere politische Ordnungen und darüber, wie der ökonomische Reichtum vermehrt werden könne.[13] Im deutschsprachigen Raum kam es zu einer Kontroverse, die nur aus dem damaligen Zeitgeist erklärbar erscheint. Fürsprecher befreiungstheologischer Ansätze waren u.a. die Zeitschriften „Concilium" und „Publik-Forum", die Vertreter der Positionen der Amtskirche fanden sich in dem „Studienkreis Kirche und Befreiung."[14]

In den jeweiligen Landeskirchen nahmen die Befreiungstheologien unterschiedliche Ausprägungen an. Ein Grund war die Zusammensetzung des Klerus. Ein Teil der Kleriker (Priester, Ordensleute) kommt aus Europa. So finden sich gerade unter den Bischöfen und Priestern, die in armen Diözesen oder entlegenen Landesteilen ihren Dienst verrichten, viele Ausländer, die die sozialen Verhältnisse als außerordentlich ungerecht empfinden und in den 1970/80er Jahren befreiungstheologische Ansätze vertraten. Teile der einheimischen Kleriker bleiben entweder lieber in den Städten oder legten aufgrund ihrer Herkunft aus den Mittelschichten eine etwas größere Reserve gegenüber der Befreiungstheologie an den Tag. Denn die Mehrheit in den Bischofskonferenzen war und ist konservativ geprägt, schließlich erfolgt die Berufung der Bischöfe und der Kardinäle durch Rom. Der polnische Papst Wojtyla (1920-2005) hatte aufgrund seiner Herkunft wenig Verständnis für den Kommunismus und besetzte verschiedene Kardinalsposten mit konservativen Vertretern. Dies schließt übrigens nicht aus, dass die vom Papst empfohlene katholische Soziallehre in vielen Aspekten etwa den Unternehmerverbänden in süd- und mittelamerikanischen Ländern oder auch ausländischen Kapitalinteressen entschieden zu weit geht.

Nicht nur der Vatikan wandte sich in den 1970er Jahren gegen die Theologie der Befreiung, sondern auch die nordamerikanische Regierung. In diesem Zusammenhang wird immer wieder das, während der Amtszeit von Präsident Ronald Reagan (1981-89) verfasste, Dokument von Santa Fé zitiert. Es sei das Ziel der konservativen Kräfte gewesen, die Theologie der Befreiung und die besonders in Brasilien entstandenen Basisgemeinden

13 Michael Novak, *The Spirit of Democratic Capitalism*, New York 1982, S. 312.

14 Einen Eindruck von der Heftigkeit der innerhalb einer interessierten Fachöffentlichkeit aber teilweise auch in der überregionalen Presse ausgetragenen und mittlerweile der Vergangenheit angehörenden Debatte vermittelt: Wilhelm Weber (Hrsg.), *Angriff und Abwehr. Berichte, Kommentare und Dokumente zum Streit um ADVENIAT und die „Theologie der Befreiung"*, Aschaffenburg 1978.

(*Comunidades Eclesiales de Base,* CEB) zu schwächen, daran sei ihre weitere Ausbreitung in den 1980er Jahren gescheitert. Vieles deutet darauf hin, dass es nicht nur an der Eindämmungspolitik aus dem Ausland lag, sondern auch an dem im Kern aufklärerischen und zunächst wenig spirituellen Ansatz der Theologie der Befreiung, der bei einem großen Teil der Gläubigen nicht verfing. Deshalb haben im Zuge der Re-Demokratisierung in den 1980er Jahren die progressiven Gruppen an Einfluss verloren, gleichzeitig entstand der katholischen Kirche in Form der „Sekten" und Freikirchen eine neue und nicht erwartete Herausforderung. Von daher war es kein Zufall, dass die Dritte Vollversammlung der CELAM in Santo Domingo 1992 die Themen Volksreligiosität und Inkulturation in den Vordergrund rückte.

7.3 Der Konflikt zwischen Amtskirche und Befreiungstheologie in ausgewählten Gesellschaften

Allgemein wurde zwischen der Amtskirche, d.h. zumeist die Mehrheit der Bischofskonferenz und den Befreiungstheologen in den einzelnen Landeskirchen unterschieden. Die katholische Kirche weist in den Ländern unterschiedliche Traditionen und politische Ausrichtungen auf. So hat in Mexiko die von der Revolution durchgesetzte Trennung zwischen Kirche und Staat zu einer anderen Situation geführt als in den übrigen Ländern und eine starke Volksreligiosität gefördert. Die Jungfrau von Guadalupe gilt als „Patronin der beiden Amerikas". Gleichzeitig kann sie als typisch für eine lateinamerikanische Identitätskonstitution gelten, denn sie ist europäischen Ursprungs, wurde aber mit eigenen Wurzeln verknüpft.[15] In einigen Staaten spielt die Kirche traditionell eine große Rolle (z.B. Chile und Kolumbien), andernorts gilt die Bischofskonferenz als konservativ (Argentinien) und schließlich ist der tatsächliche Einfluss der Kirche in einzelnen Staaten entgegen der nach wie vor hohen formalen Zugehörigkeit der Bevölkerung zu katholischen Religion gering (Venezuela). Es empfiehlt sich also, die jeweiligen historischen Traditionen und die politische Situation genau zu betrachten. Neben den inhaltlichen Aussagen von *Medellín* und *Puebla* haben die Militärdiktaturen der 1960/70er Jahre zur Linksentwicklung innerhalb der Kirche beigetragen. Wie in anderen autoritären Systemen – etwa in Polen während der 1980er Jahre und unter

15 Gerhard Kruip, *Kirchen und Religionen in Lateinamerika*, in: Kaller-Dietrich/Potthast/Tobler (Hrsg.), *Lateinamerika*, S.214.

einem protestantischen Vorzeichen in der Endphase der DDR – rückte die Kirche vorübergehend in eine politische Rolle hinein. Im autoritären Kontext bildete sie einen Raum, in dem sich oppositionelle Kräfte sammeln und artikulieren konnten.

Zunächst haben sich Sozialwissenschaftler und Theologen mehr mit dem Wirken der Befreiungstheologen, einzelner Bischöfe oder der neu gegründeten Basisgemeinschaften beschäftigt und die amtskirchlichen Organisationsformen, wie sie sich in den Bischofskonferenzen präsentierten, vernachlässigt.[16] Die politische Rolle der Kirche setzte übrigens schon vor *Medellín* ein. Mehr oder weniger direkt war die Kirche am Sturz von Juan D. Perón in Argentinien 1955, von Gustavo Rojas Pinilla in Kolumbien 1957, von Marcos Pérez Jiménez in Venezuela 1958 und von Fulgencio Batista in Kuba 1959 beteiligt. In anderen Staaten – z.B. in Argentinien ab 1976 – hat sie in „unheiligen Allianzen" zum Bestand von Diktaturen beigetragen.[17]

Kirche in der Opposition: Brasilien bis 1985

In Brasilien ist die religiöse Vielfalt besonders ausgeprägt. Es haben sich Formen des Volkskatholizismus entwickelt mit Heiligenverehrung, Prozessionen und magischen Aspekten wie Medaillen, Bildern und Statuen.[18] Die katholische Kirche hat dennoch eine sehr wichtige Rolle gespielt und zwar besonders in der Zeit der Militärdiktatur. 1952 wurde die Nationale Bischofskonferenz Brasiliens (CNBB) gegründet, eine treibende Kraft dabei war Dom Hélder Camara (1909-99). Auf eine Initiative von Dom Hélder geht u.a. auch die Gründung des Lateinamerikanischen Bischofsrates (CELAM) 1955 zurück. Camara, dessen Sekretär 1969 unter der Militärdiktatur ermordet wurde, galt als „Bischof der Armen".[19]

Auch aufgrund des Priestermangels entstanden bereits 1963 Basisgemeinschaften in den ländlichen Gebieten. Zunächst wurden den Nonnen und Ordensleuten Aufgaben in den religiösen Zeremonien übertragen, dann erhielten sogar die Katecheten solche Funktionen. In der Folgezeit

16 Dazu: Christiano German, *Politik und Kirche in Lateinamerika. Zur Rolle der Bischofskonferenzen im Demokratisierungsprozess Brasiliens und Chiles*, Frankfurt a.M. 1999, S. 25.

17 Ebenda, S. 73.

18 Ebenda, S. 174ff.

19 Auf Deutsch sind zahlreiche Bücher von ihm erschienen. Hélder Câmara, *Revolution für den Frieden*, Freiburg 1969. Der Titel in Brasilien lautete präziser: *Revolução dentro de a paz*, Rio de Janeiro 1968.

trafen sich vor allem die Anhänger der Befreiungstheologie in sog. Basisgemeinschaften (CEB).

Beim Militärputsch 1964 nahm die Kirche eine durchaus ambivalente Rolle ein. Im Jahr 1966/67 waren von den damals 243 Bischöfen etwa 30 dem progressiven Flügel zuzuordnen. Ab 1969 begannen sowohl einzelne Bischöfe als auch die Bischofskonferenz in verschiedenen Kommuniqués Kritik an den Menschenrechtsverletzungen und der Doktrin der Nationalen Sicherheit zu äußern. Zwischen 1968-78 kam es zur Repression auch gegenüber Kirchenmitgliedern, und unter der Regierung des deutschstämmigen General Geisel (1907-96), der als erster Protestant von 1974-79 die Präsidentschaft ausübte, vertrat die Bischofskonferenz eine weitgehend einheitliche Position. Die Ermordung und Entführung u.a. von Kirchenleuten wurde angeklagt, ebenso die Zensur von kirchlichen Wochenzeitungen. In einem „Hirtenbrief an das Volk Gottes" von 1976 kritisierten die Bischöfe die ungerechte Verteilung des Bodens, die Doktrin der Nationalen Sicherheit und die Verletzung der Menschenrechte. Sie stellten jeweils Zitate aus päpstlichen Erklärungen vor die eigenen Ausführungen. Neben Bischof Camara avancierte Dom Evaristo Arns zum „Kardinal der Menschenrechte". In São Paulo trat er u.a. für die Rechte der Arbeiterschaft und der Gewerkschaft ein, er protestierte gegen die Verhaftung des damaligen Gewerkschaftsführers und seit 2003 amtierenden Präsidenten Luís Inâcio da Silva „Lula". Eine wichtige Figur der brasilianischen Kirche war Kardinal Aloisio Lorscheider (1924-2007), Erzbischof von Fortaleza und Präsident der CELAM.[20]

In den Jahren 1985-88 entwickelte die katholische Kirche Vorstellungen für eine demokratische Ordnung. Sie setzte sich für mehr Gerechtigkeit für die Indianer und veränderte Eigentumsverhältnisse im ländlichen Bereich ein. Auch das Problem der Diskriminierung der Schwarzen und der Straßenkinder wurde angesprochen.

Insgesamt propagierte die Kirche eine Strategie der Reform und nicht des Bruches (*ruptura*) mit dem alten Regime. Sie wirkte – sowohl in Brasilien als auch in Chile – als „Ersatzopposition". In beiden autoritären Regimen lassen sich drei Phasen unterscheiden, in denen sich unterschiedliche Strategien der Bischofskonferenzen in ihrer Rolle als politische Opposition ausmachen lassen:[21]

20 Verschiedene Beiträge brasilianischer Bischöfe und Befreiungstheologen in: Hildegard Goss-Mayer (Hrsg.), *Geschenk der Armen an die Reichen. Zeugnisse aus dem gewaltfreien Kampf der erneuerten Kirche in Lateinamerika*, Wien 1979.

21 German, *Politik und Kirche in Lateinamerika*, S. 411-426.

1. Die Phase nach der Machtübernahme des Militärs in Brasilien 1964 und Chile 1973.
   Die Bischofskonferenzen nahmen zunächst keine einheitliche Position ein. Weder in Brasilien noch in Chile wandten sie sich direkt gegen die Machtübernahme des Militärs. Einem großen Teil der Kirchenführung galt sie als ein Ausweg in einer manifesten Krisensituation und angesichts zunehmender Linksentwicklung. Offenbar rechnete man zunächst nur mit einer vorübergehenden Militärherrschaft. Dabei ging das chilenische Regime wesentlich härter gegen die Opposition vor und reagierte in geringerem Maße auf Stellungnahmen der Kirche.
2. Die Phase des „harten" Autoritarismus.
   Mit dem „Institutionellen Akt Nr. 5" 1968 in Brasilien, der eine autoritäre Verhärtung bedeutete, rückte die Kirche als Institution in eine Oppositionshaltung. Dieser Kurs festigte sich noch als Dom Aloísio Lorscheider den Vorsitz der Bischofskonferenz übernahm (1971-79). Dieser vorübergehende Personalwechsel in der Leitung fiel mit der verstärkten Repression 1968-75 zusammen. Zum einen appellierte die Kirche an die „Vernunft" der Herrschenden, zum anderen ging sie bis zur Exkommunikation von einzelnen Gewalttätern im Militär.
   Auch in Chile markierte der Wechsel an der Spitze der Bischofskonferenz eine gewandelte Haltung gegenüber dem Regime. Kardinal Silva Henríquez (1907-99) wandte sich gegen die Herrschaft von Pinochet, das *Comité Pro Paz* und später die *Vicaría de la Solidaridad* gewannen an Bedeutung. Mit einem Hirtenbrief über „Die Evangelisierung des Mapuche-Volkes" gelang es den Bischöfen, Veränderungen bei der von der Militärjunta geplanten Umwandlung des indianischen Gemeineigentums in Privatbesitz zu erreichen.
3. Die Phase der Öffnung und Demokratisierung.
   In Brasilien konnte nach der Machtübernahme von General Geisel 1974 die Kirche am Öffnungsprozess mitwirken. Durch ein Informationssystem verfügte sie über Angaben zu den Folterern, mit diesem Wissen konnte sie auf die sich konstituierende Öffentlichkeit und Teile des Militärs einwirken. Während sich in Brasilien die Möglichkeit einer Teilnahme an dem neuen Prozess der Verfassungsgebung eröffnete, konnte eine solche reformorientierte Strategie in Chile erst ab 1989 greifen, als sich die Wahlniederlage von Pinochet abzeichnete. Im Zuge des Öffnungsprozesses verlor die Kirche politisch an Bedeutung, eine relativ starke Wirkung entfaltete sie jedoch bei der Gesetzgebung zugunsten der Indianer.

In den autoritären Systemen geriet die Kirche in verschiedenen Ländern vorübergehend in die Rolle einer Ersatzopposition. Nach einer Zeit der Politisierung rückten sowohl in Osteuropa als auch in Lateinamerika die Kirchenleute wieder in die zweite Reihe. Allerdings übernahmen von der Befreiungstheologie beeinflusste Menschen in der Folgezeit wichtige politische Positionen. In Brasilien u.a. Ländern nimmt die Zugehörigkeit zur katholischen Religion ab, gleichzeitig steigt die Zahl derjeinigen, die zu den eher unpolitischen Freikirchen oder Evangelikalen gehören.

Tabelle 13: Religiöse Entwicklung in Brasilien

	1980	1991	2000
katholisch	89,2	83,3	73,3
evangelisch	6,6	9,0	15,4
spiritistisch	0,7	1,1	1,4
afro-brasilianisch	0,6	0,4	0,3
andere Religionen	1,3	1,4	1,8
ohne Religion	1,6	4,8	7,3

Quelle: Censos Estatísticos/IBGE, Entnommen aus: Apenas católicos, in: *Brazine*, 3(2005) 10, S. 19.

Kirche und Revolution: Nicaragua 1989/90

Nach der sandinistischen Revolution 1979 erlangte das kleine Land vorübergehend eine enorme Bedeutung. Für die nordamerikanische Regierung schien mit der Herrschaft der Kommandanten die Gefahr eines zweiten Kuba in der amerikanischen Hemisphäre unmittelbar gegeben; für Linke erhielt Nicaragua einen ähnlichen Stellenwert wie die Regierung der Volkseinheit in Chile Anfang der 70er Jahre, zumal mit der von der Revolutionsführung propagierten Verbindung von Christentum und Revolution die Hoffnung auf einen neuen Weg aufkam.

Schon 1968 waren „christliche Basisgemeinschaften" entstanden, die einen Bewusstseins- und Organisationsprozess bei der armen Bevölkerung anstrebten. Nach dem Erdbeben von Managua 1972 bildeten sich einige kirchliche Hilfsorganisationen, die – vor allem nach dem Bekannt werden der Veruntreuung internationaler Spendengelder durch Somoza – gesellschaftsverändernde Positionen einnahmen. Diese kirchlichen Hilfsorganisationen sollten später eng mit der Revolutionsregierung zusammenarbeiten. Unter anderem als Folge des Priestermangels gab es in den ländlichen Gebieten *Delegados de la Palabra* (Boten des Wortes, Laienprediger). Bei ihnen zeigten sich ebenso Einflüsse der Theologie der Befreiung wie bei *der Misa Campesina Nicaraguen*se oder in den Werken des Dichters und späteren Ministers in der Revolutionsregierung Ernesto Cardenal, etwa in seinem *Evangelium der Bauern von Solentiname.*

Am Kampf gegen die Somoza-Diktatur hatten viele Christen teilgenommen. Schon im Jahr nach der Revolution 1980 traten die in der Gesellschaft vorhandenen Spannungen auch in der Kirche auf. Der damalige Erzbischof von Managua und spätere Kardinal, Miguel Obando y Bravo (geb. 1926), der als Somoza-Gegner die Revolution zunächst begrüßt hatte, wurde zum wichtigsten Kritiker der neuen Regierung.

Für die anfängliche Aufgeschlossenheit der Bischöfe gegenüber der Revolution dürfte auch die kubanische Erfahrung eine Rolle gespielt haben. Dort war die Kirche bald auf Oppositionskurs zur neuen Regierungsmacht gegangen und hatte dadurch stark an gesellschaftlichem Einfluss verloren. Darüber hinaus standen die Bischöfe bei der Abfassung des Hirtenbriefes „Christliches Engagement für ein neues Nicaragua" vom November 1979 noch unter dem Eindruck der Theologie der Befreiung. Nach der Etablierung der Sandinisten an der Regierung und der Übernahme von Ministerposten durch mehrere Priester begann dieser Einfluss jedoch nachzulassen. Der Posten des Außenministers, des Kulturministers, des Sozialministers, der Vorsitz der Sandinistischen Jugendorganisation und die Repräsentation des Klerus im Staatsrat wurde von Priestern übernommen. Weitere 20 Priester arbeiteten in Dokumentationszentren oder Ministerien als Berater der Regierung. Die Bischofskonferenz forderte sie im Juni 1981 auf, unverzüglich von ihren Ämtern zurückzutreten, da sie sonst als Rebellen eingestuft würden. Nach Gesprächen der Bischöfe mit den betroffenen Priestern und Rom einigte man sich auf eine Kompromissformel: 1. Solange die Priester Regierungspositionen inne haben, dürfen sie ihr kirchliches Amt nicht ausüben; 2. Ihre Eigenschaft als Priester dürfe nicht zur Rechtfertigung staatlicher Politik dienen; 3. Sie sollten in Kontakt mit der Kirchenhierarchie bleiben. Der Papst schaltete sich in die Kontroverse ein und bezeichnete die „Volkskirche" (*iglesia popular*) als „eine gefährliche Abweichung vom Willen Gottes". Nicht zuletzt aufgrund der hohen Zahl ausländischer Priester und Ordensleute ging man davon aus, dass fast die Hälfte der Priester der „Volkskirche" nahe standen. Nach Meinung der aus Nicaragua stammenden Bischöfe waren es jedoch wesentlich weniger.

In den Beziehungen zwischen Kirche und Revolution lassen sich folgende Perioden unterscheiden: Auf die kurze Zeit des Einverständnisses zwischen Kirche und neuer Regierung folgte bereits im Frühjahr 1980 eine zweite Phase sog. theologischer und ideologischer Klarstellung. Die dritte Periode begann mit dem Eklat um den Papstbesuch 1983, den die sandinistische Führung im Zusammenhang mit dem US-Embargo für propagandistische Zielsetzungen umzufunktionieren trachtete; sie trägt durchaus Züge eines Kirchenkampfes und ging erst ab 1987 in eine Phase der Koexistenz über.[22]

Beim Besuch des Papstes 1983 kam es zu einer Zuspitzung. Der Aufenthalt wurde durch den Tod von 16 Mitgliedern der Sandinistischen Jugend überschattet, die wenige Tage zuvor einem Überfall gegenrevolutionärer Kräfte, kurz *contra* genannt, zum Opfer fielen. Mitglieder der Regierungsjunta verwiesen schon bei der Begrüßung auf die aggressive Politik der USA, die Rede des Papstes bei der Ankunft am Flughafen wurde mehrfach von Zwischenrufen („Wir wollen den Frieden") unterbrochen. Die Gegensätze zeigten sich noch deutlicher beim abschließenden Gottesdienst in Managua vor einer halben Million Menschen. Auf dem Podium war kein Kreuz aufgebaut, sondern die Porträts von Sandino und Carlos Fonseca (1936-76), dem Gründer der FSLN. Nachdem der Papst die „Schaffung von parallelen kirchlichen Dienstämtern" verurteilt hatte, kam es im zweiten Teil der Ansprache immer wieder zu Zwischenrufen, die sich für die Volkskirche und den Erhalt der Volksmacht aussprachen. Radio Vatikan verurteilte später die „Versuche der politischen Instrumentalisierung" des Besuches durch die Revolutionsregierung und sprach von „elektronischer Piraterie", da die Mikrofone manipuliert gewesen seien und nach dem Segen des Papstes eine Kassette mit der Revolutionshymne abgespielt wurde.

Ende der 1980er Jahre begann sich das Verhältnis zu entspannen. In der Rückschau entsteht der Eindruck, dass die Bedeutung der Volkskirche im Lande wesentlich geringer war, als ihre Rezeption im Ausland suggerierte. Entgegen den Fehleinschätzungen von der Stärke der Volkskirche erscheint sie als relativ loser und zu einzelnen Anlässen gut organisierter Verband von Personen und Institutionen verschiedener Konfessionen, die mit der

22 Dazu: Guido Heinen, *„Mit Christus und der Revolution". Geschichte und Wirken der „iglesia popular" im sandinistischen Nicaragua (1979-1990),* Stuttgart 1995.

Regierung sympathisierten. Beobachter sprachen sogar von einer „offiziösen sandinistischen Staatskirche“.[23]

Offensichtlich war die Volkskirche in Nicaragua nur im Kontext des Kalten Krieges in den 1980er Jahren in Mittelamerika zu verstehen. Ihre Rolle ergab sich aus dieser Konfliktsituation und weniger aus ihren eigenen theologischen Beiträgen oder der tatsächlichen Glaubenspraxis auf Gemeindeebene. Anlässlich der Feierlichkeiten zum 25. Jahrestag des Sieges über die Somoza-Diktatur im Jahr 2004 kam es in der neuen Kathedrale von Managua zu einer Versöhnung. In Anwesenheit von Daniel Ortega, Chef der FSLN, erklärte Miguel Obando y Bravo, der 1985 u.a. für seine Haltung gegenüber der Revolutionsregierung die Kardinalswürde erhielt: „Die Vergebung . . . ist notwendige Voraussetzung für einen echten und dauerhaften Frieden. Man darf nicht Gefangener der Vergangenheit bleiben.“[24] Im Wahlkampf 2006 folgte sogar eine Annäherung zwischen den beiden vormaligen Kontrahenten (vgl. Kap. 5.2).

7.4 Religion und Religiosität im 21. Jahrhundert

Zu Beginn des 21. Jhs. zeichnet sich ein religiöser Pluralismus ab. Die offiziellen Angaben über die Zahl der Katholiken dürften übertrieben sein; in einigen Ländern, zu denen keine Angaben vorliegen – wie Guatemala – wird die Anhängerschaft der Freikirchen und sog. Sekten auf über 30 % geschätzt (siehe Tab. 14), der schon in der Kolonialzeit vorhandene Synkretismus hat weiter zugenommen. So sind einmal die katholischen Kirchen in städtischen Regionen am Sonntag an manchen Orten fast so schwach besucht wie in Europa, gleichzeitig florieren vielerorts charismatische Freikirchen und sog. Sekten. Nicht wenige Menschen gehören neben der katholischen Kirche einer weiteren Glaubensgemeinschaft an. Eine Kirchensteuer oder eine formalisierte Kirchenzugehörigkeit wie in Deutschland, Österreich und der Schweiz sind in Süd- und Nordamerika unbekannt. Die Zuwendungen der Kirchen und Hilfswerke aus dem deutschsprachigen Raum spielen allerdings eine wichtige Rolle für die katholische und protestantische Kirche in Lateinamerika.[25]

23 Ebenda, S. 299.

24 *Die Tageszeitung*, 21.7.2004.

25 Zu den Hilfswerken in Deutschland gehören: *Adveniat, Brot für die Welt, Misereor, Missio, Sternsinger und Renovabis*. Die Hilfswerke haben Internetseiten, auf denen Sie sich über die Tätigkeitsfelder und laufende Projekte informieren können.

Tabelle 14: Bevölkerung und Religionszugehörigkeit 2005

	Bevölkerung (in Mio.) 2005	Bevölkerungsanteil nach Religionszugehörigkeit (in %)			
		Römisch-katholisch	Protestantisch	Jüdisch	Andere oder keine
Argentinien	38,7	92,0	2,0	2,0	4,0
Bolivien	9,2	95,0	5,0	-	-
Brasilien	186,6	73,6	15,4	-	11,0
Chile	16,3	70,0	15,1	-	15,0
Costa Rica	4,3	76,3	13,7	-	10,0
Dom.Republik	9,5	95,0	-	-	5,0
Ecuador	13,1	95,0	-	-	5,0
El Salvador	6,7	83,0	k.A.	-	17,0
Guatemala	12,7	k.A.	k.A.	-	k.A.
Guyana	0,7	christlich: 50,0			50,0
Haiti	9,3	80,0	16,0	-	4,0
Honduras	6,8	97,0	3,0	-	-
Jamaika	2,7	2,6	62,5	-	35,1
Kolumbien	44,9	90,0	10,0	-	-
Kuba	11,3	85,0	k.A	k.A.	k.A.
Mexiko	104,3	76,5	6,3	-	17,2
Nicaragua	5,5	72,9	k.A.	-	-
Panama	3,2	85,0	15,0	-	-
Paraguay	5,9	89,6	6,2	-	4,1
Peru	27,3	81,0	-	-	19,0
Uruguay	3,3	66	2	1	31
Venezuela	26,7	96	2	-	2

* - Es wurden keine Angaben bezüglich anderer Religionsgruppen gemacht.
k.A. - Es wurden keine Angabe bezüglich der Größe des Bevölkerungsanteils gemacht.

Quelle: United Nations Development Programme, *Human Development Report 2007/ 2008*, New York 2007.
Entnommen aus: [http://hdr.undp.org/en/media/hdr_20072008_en_complete.pdf]; *CIA World Factbook 2008* [http://www.cia.gov/cia/publications/factbook/fields/ 2122.html].

Die Theologien der Befreiung haben an Bedeutung verloren, ihre Nachwirkungen sind jedoch in mehreren Ländern erkennbar.[26] Unter der Regierung Lula in Brasilien rückten durch die Befreiungstheologie geprägte Personen in Regierungsämter. Frei Betto wurde Sonderberater für das Programm *fome zero* (Null Hunger). Bis Ende 2006 sollten alle Armen des Landes, d.h. schätzungsweise fast 50. Mio. Menschen, drei Mahlzeiten täglich erhalten. Ende 2004 traten sowohl Betto als auch Leonardo Boff von ihrem Amt als Präsidentenberater zurück. In vielen sozialen Bewegungen, den NROs und in einigen nationalen Bischofskonferenzen finden sich weiterhin Anhänger dieser Strömung.

Aus der Befreiungstheologie sind unterschiedliche Theologien hervorgegangen. Etwa die *teología feminista, teología india, teología negra, teología ecológica* u.a. Strömungen, die sich selbst als Befreiungstheologie verstehen, aber international nicht mehr die Resonanz finden wie in der Vergangenheit. Aktuell gewinnen Phänomene wie Migration und Interkulturalität in Theologie und Kirche an Bedeutung sowie ethische Beiträge.[27]

Der Bedarf an Religion besteht nach wie vor. Brasilien gilt mittlerweile als der größte Bibelproduzent und -exporteur der Welt. Im Rekordjahr 2002 wurden insgesamt 8,6 Mio. Bibeln gedruckt. Dies geht auf die Bibelarbeit der historischen Kirchen und auf den wachsenden Einfluss der protestantischen Freikirchen zurück, die rund 15 % der Einwohner des Landes umfassen sollen. Die evangelischen Bibelverlage, die u.a. Ausgaben in den indigenen Dialekten veröffentlichen, besitzen einen Marktanteil von 57 %.[28]

Anfang des 21. Jhs. zeichnet sich in Lateinamerika ein religiöser Pluralismus ab. Zu dem historischen Protestantismus, der mit den europäischen Einwanderern nach Lateinamerika gelangte, sind Evangelikale und Pfingstler gekommen. Sie machen in einzelnen Ländern bereits zwischen 15 und 25 Prozent der Bevölkerung aus. Diese Freikirchen sind schwer zu untersuchen und in ihrem Umfang einzuschätzen, da sie

1. nicht auf einer vergleichsweise einheitlichen Struktur und weniger auf Institutionen oder dem geschriebenen Wort basieren wie die katholische Kirche,

26 Norbert Ahrens, *Ein Schiffbruch mit vielen Überlebenden*, in: *Jahrbuch Lateinamerika* 26(2002), S. 104-118 (Themenschwerpunkt des Jahrbuches: *Religion und Macht*).

27 Michelle Becka, *Anerkennung im Kontext interkultureller Philosophie. Ein ethischer Beitrag im Ausgang von bolivianischen Liedtexten,* Frankfurt a.M. 2005.

28 Josef Oehrlein, *Der Buchclub des Herren*, in: *FAS,* 25.7.2004.

2. Züge einer „elektronischen Kirche“ aufweisen, d.h. sie residieren in ehemaligen Kinos, setzen Medien und Musik ein (Julio Iglesias-Syndrom, nach dem spanischen Schlagersänger) und bilden auch Fernsehgemeinden,
3. ihre Pastoren keine formalisierte Ausbildung besitzen und nicht zuletzt als „religiöse Unternehmer“ auftreten,
4. der Wechsel zwischen verschiedenen Kulten durchaus üblich ist.

Der Erfolg der Freikirchen und sog. Sekten hat in Zentralamerika und Brasilien wiederum charismatische Bewegungen innerhalb der katholischen Kirche gefördert. Die Pfingstkirchen und Evangelikalen vertreten moralisch eher konservativere Positionen als die katholische Kirche. Mittlerweile versuchen sie auch politischen Einfluss zu gewinnen und stellen Kandidaten bei Wahlen auf. Sie gehen dabei komplexe und von Personen abhängige Allianzen mit Parteien ein.

Wie lässt sich die Zunahme der Sekten und Freikirchen erklären? Eine erste Sichtweise läuft darauf hinaus, dass die „Sekten“ von nordamerikanischen Interessen und Freikirchen gesteuert würden, ihr Erfolg letztlich auf eine gute finanzielle Ausstattung und externe Unterstützung zurückzuführen sei. Als ein Indiz dafür wird angeführt, dass der Aufstieg dieser Bewegungen in Mittelamerika begann, wo nordamerikanische Missionare seit 1920 und verstärkt in den 1960er Jahren besonders aktiv waren. Nach einer mittlerweile jahrzehntelangen Ausbreitung dieser Gruppen wird deutlich, dass diese Interpretation zu kurz greift. Untersuchungen haben gezeigt, dass es auch Teile der unteren Mittelschicht sind, die sich den Freikirchen und sog. Sekten anschließen. Zu ihren Anziehungspunkten gehört zum einen die charismatische Ausstrahlungskraft der Pastoren, die auf die Zuwendungen der Gläubigen angewiesen sind und dafür einen „Zehnten“ erheben. Zum anderen wird die Zugehörigkeit zu Freikirchen auch deshalb angenommen, da sie eine „Theologie der Prosperität“ verkünden. Die Pastoren der evangelikalen Bewegung treten in moralischen Dingen konservativ auf, in Wirtschaftsfragen aber verhalten sie sich liberal. Eine Theologie der Befreiung oder auch eine kirchliche Soziallehre ist von ihnen nicht zu erwarten.

Eine pointierte Deutung des Religionssoziologen Jean Pierre Bastian lautet:[29] Lateinamerika ist eine doppelt geteilte Gesellschaft. Auf der einen

29 Jean Pierre Bastian, *Protestant Churches, Social Plurality and Civil Society in Latin America*, in: Gerhard Kruip/Helmut Reifeld (Hg.), *Church and Civil Society*, Sankt Augustin/Berlin 2007, S. 35-40.

Seite das am Westen orientierte Verfassungs- und Justizsystem, auf der anderen Seite eine traditionelle Gesellschaft mit Beziehungen, die auf einem patriarchalen Klientelismus beruhen. Die Gesellschaften sind wiederum in Reiche und Arme geteilt. Die häufigste Regierungsform bilden Diktaturen und Populismus, weshalb die Autonomie der Zivilgesellschaft gering bleibt. Zu den Kräften der Modernität seit dem 19. Jh. zählten der Staat und die katholische Kirche. Populistische Regime regieren über Pakte von oben nach unten. Da die Linke nicht zu einem modernen demokratischen Ordnungsentwurf gelangte, die katholische Kirche sich 1968 bei der Bischofskonferenz in Medellín für die „Option für die Armen" und ein Teil der Intellektuellen für die Theologie der Befreiung entschied, wählen die Armen die Pfingstbewegung. Seit den 1970er Jahren entstanden hunderte von Gruppen, die auf charismatischer Führerschaft basieren, wozu sie geschickt die Medien nutzen. Damit leisten sie nur einen relativen Beitrag zur Demokratisierung, denn in diesen Gruppen bleibt das Individuum in ein Kollektiv eingebunden.

Die religiöse Vielfalt ist damit allerdings noch nicht vollständig umschrieben. Gerade in den karibischen Ländern bestehen unterschiedliche Kulte und Riten, die sich teilweise mit der Zugehörigkeit zum katholischen Glauben verbinden lassen. Hierzu gehören die Santeria in Kuba und der Maria Lionza Kult in Venezuela. Auch einzelne Präsidenten sollen sich des Rates der Zauberer versichert haben und zu verschiedenen heiligen Orten gepilgert sein. Der Fortbestand solcher Kulte in scheinbar stark modernisierten Ländern wie Kuba und Venezuela zeigt, dass neben der offiziellen Wirklichkeit eine magische Realität in Lateinamerika besteht. Auch wenn der Einfluss der katholischen Amtskirche nachlässt, bleibt Amerika stark religiös geprägt. Gleichzeitig tauchen als Folge der neuen Migrationsbewegungen katholische Einwanderer in dem bislang vorwiegend protestantisch bzw. freikirchlich geprägten religiösen Markt Nordamerikas auf.

Unabhängig von verschiedenen Schüben der Säkularisierung behalten religiöse Symbole in Lateinamerika ihren Einfluss. Viele Kirchen und Prozessionen zeigen Formen einer starken Volksreligiosität, die sich in den Opfergaben, synkretistischen Kulten und lokalspezifischen Anbetungen niederschlagen. Auffällig ist eine starke Marienverehrung. Nach jahrzehntelangen politischen Enttäuschungen vertraut die Mehrheit der Mexikaner vor allem der Jungfrau von Guadalupe und den Ergebnissen der nationalen Lotterie, hat Octavio Paz einmal festgehalten.

Gleichzeitig tauchten und tauchen religiöse Symbole bei der Linken und bei einzelnen populistischen Politikern auf. So nimmt der venezolanische Präsident Chávez neben dem Befreiungshelden Simón Bolívar auch auf Christus Bezug, den er als ersten und obersten Revolutionär bezeichnet. In vielen Romanen, *telenovelas* und neueren Filmen finden sich religiöse Themen. Trotz einiger Verfehlungen besitzt die katholische Kirche nach den Ergebnissen von Umfragen eine vergleichsweise hohe Akzeptanz bei den ärmeren Schichten und in manifesten Krisensituationen (vgl. Kap. 13).

Literatur-Empfehlungen

Jean-Pierre Bastian, *Geschichte des Protestantismus in Lateinamerika*, Luzern 1995. Der Autor untersucht die Geschichte des Protestantismus als Minderheitsreligion und geht neben dem „historischen" Protestantismus auf die freikirchlichen und pfingstlerischen Gruppen ein.

Jean-Pierre Bastian, u.a., *Religiöser Wandel in Costa Rica: Eine sozialwissenschaftliche Interpretation*, Mainz 2001, enthält eine sowohl analytische als auch empirische Untersuchung zum Anwachsen von Freikirchen in Costa Rica.

Leonardo Boff, *Aus dem Tal der Tränen ins Gelobte Land*, Düsseldorf 1984 (2. Aufl.). Der Band versammelt Aufsätze des der populistischen Strömung der Befreiungstheologie zugeordneten Brasilianers.

Enrique Dussel, *Die Geschichte der Kirche in Lateinamerika*, Mainz 1988, gibt einen Überblick über die Geschichte der Kirche Lateinamerikas aus befreiungstheologischer Sicht.

Freddy Dutz/Bärbel Fünfsinn/Sabine Plonz (Hrsg.), *Wir tragen die Farben der Erde. Neue theologische Beiträge aus Lateinamerika,* Hamburg 2004. Die Beiträge behandeln u.a. die Theologie von Frauen, Interreligiosität und Multi-Kulturalität in Fortführung befreiungstheologischer Ansätze.

Gustavo Gutiérrez, *Theologie der Befreiung*, München 1973. Das in vielen Auflagen erschienene Buch markiert den Beginn der Befreiungstheologie und stellt nach wie vor das Schlüsselwerk dar. Interessant ist ein Vergleich der Veränderungen in der 10. Auflage von 1992 mit einer Absetzung von der Dependenztheorie.

Peter Hünermann/Juan Carlos Scannone (Hrsg.), *Lateinamerika und die Katholische Soziallehre. Ein lateinamerikanisch-deutsches Dialogprogramm*, Mainz 1993, 3 Bde. Es geht um Berührungspunkte und Gemeinsamkeiten zwischen der Theologie der Befreiung und der katholischen Soziallehre.

Karl Kohut/Albert Meyers (Hrsg.), *Religiosidad popular en América Latina*, Frankfurt a.M. 1988. Verschiedene Aspekte der Volksreligiosität und des Synkretismus in ausgewählten Ländern werden dargestellt.

Andreas Lienkamp/Christoph Lienkamp (Hrsg.), *Die „Identität" des Glaubens in den Kulturen. Das Inkulturationsparadigma auf dem Prüfstand*, Würzburg 1997.

In dem Sammelband geht es um die Frage, wie sich die „Identität“ des christlichen Glaubens in der multikulturellen Realität vermitteln lässt.

Johann Baptist Metz/Peter Rottländer (Hrsg.), *Lateinamerika und Europa. Dialog der Theologen,* München 1988. Der Tagungsband stellt die unterschiedlichen Positionen lateinamerikanischer und europäischer Theologen auf dem Höhepunkt der Kontroverse um die Theologie der Befreiung gegenüber und sucht nach Formen der Synthese.

Hans-Jürgen Prien, *Die Geschichte des Christentums in Lateinamerika*, Göttingen 1978. Die von einem protestantischen Historiker geschriebene Geschichte des Christentums in der Region gibt einen umfassenden Überblick, die besonders den Protestantismus berücksichtigt.

Ulrich Theodor Timpte, *In der Bannmeile von Buenos Aires. Eine Gemeinde entsteht,* München 2004. In Briefen berichtet ein Priester von der Gründung einer neuen Gemeinde in dem Arbeitervorort Quilmes in der argentinischen Hauptstadt und den dort vorhandenen Problemen.

Nikolaus Werz, *Theologie der Befreiung in Lateinamerika*, in: Bernd Oferdorfer/Peter Wattmann (Hrsg.), *Die Dombualenz des Religiösen Religierens als Friedensstifter und Gewalterzeuger*, Freiburg i. Br./Gerlin/Wien 2008, S. 107-132 enthält eine neuere Einschätzung der Theolgie der Befreiung.

Filme/Videos

Adveniat . . . über die Kirche in Lateinamerika, *Filme/Videos/Dias*, Essen 2003. Die Broschüre enthält Hinweise und kurze Inhaltsangaben auf ca. 30 Filme bzw. Videos und acht Diaserien, die bei 25 im Anhang angegebenen kirchlichen Verleihstellen ausgeliehen werden können. Sie sind im Durchschnitt 30 Minuten lang und behandeln sozialkritische und religiöse Themen.

La misión/The Mission, USA 1986, Direktor: Roland Joffé. 2003 Warner Home Video. Der zwei Stunden lange Film, der 1986 in Cannes eine Auszeichnung erhielt, nimmt Bezug auf den sog. Jesuitenstaat in Paraguay. 400 Patres hatten eigene Reduktionen geschaffen. Sie versuchten auch, die Indios vor der Ausbeutung zu schützen. Es bestanden Formen des Gemeineigentums, die Gebete und Gesänge wurden auf lateinisch gelehrt, ansonsten wurde das landesübliche *Guaraní* gesprochen. 1767 erfolgte die Vertreibung, nachdem die Gesellschaft in einen Gegensatz zu den spanischen und portugiesischen Königen, dem Papsttum, den anderen Orden und wirtschaftlichen Handelsinteressen geraten waren. Die Ruinen der Kirchen und Werkstätten sind teilweise noch vorhanden. Der aufwändige Film handelt in der Urwaldregion um die Wasserfälle von Iguazú. Ein konvertierter Menschenhändler und der Anführer der Jesuiten versuchen mit unterschiedlichen Mitteln die Verteidigung der Indios gegen die Konquistadoren des 18. Jhs. zu organisieren. Auf der DVD findet sich ein Kommentar des Regisseurs und ein Dokumentarfilm zu den Dreharbeiten.

El crimen del Padre Amaro, Mexiko 2002, Direktor: Carlos Carrera. Grundlage bildet der portugiesische sozialkritische Roman „Das Verbrechen des Paters Amaro“ von 1875. In dem Film kommt ein junger Pater in eine kleinstädtische Gemeinde Mexikos. Vier der in der dortigen Diözese tätigen Geistlichen zeigen unterschiedliche Facetten, Verstrickungen und Verfehlungen der katholischen Kirche in Mexiko. Natalio steht der Befreiungstheologie nahe, der Vorwurf mit der Guerilla zu sympathisieren führt zu Berufsverbot und zur Androhung der Exkommunikation. Der Pfarrer ist für den Bau des Krankenhauses Verbindungen sowohl mit der PRI als auch der Drogenmafia eingegangen, damit wird u.a. auf den Verdacht angespielt, bei der Errichtung von sozialen Einrichtungen würden u.a. Narcogelder gewachsen. Padre Amaro, der zunächst als Hoffnungsträger erscheint, beginnt ein Verhältnis mit einer jungen Katechetin, die schließlich nach einer Abtreibung in einer klandestinen „Klinik“ verblutet. Am Ende zelebriert Padre Amaro, der sie in die „Klinik“ gebracht hatte, die Totenmesse. Auch aufgrund der heftigen Reaktion der Bischofskonferenz gilt er als meistgesehener mexikanischer Film.

Worüber es zu diskutieren lohnt

- über den Begriff des religiösen Synkretismus und seine Bedeutung für Lateinamerika
- über die Gründe für das Aufkommen der Theologie der Befreiung
- über die Entwicklung zu verschiedenen Theologien der Befreiung
- über den Wandel vom katholischen Kontinent zur religiösen Pluralisierung
- über die Ursachen von und die Funktion von Freikirchen und sog. Sekten
- über die Bedeutung von religiösen Symbolen in der lateinamerikanischen Politik und politischen Kultur

8. Entwicklung der Unterentwicklung?

Die Länder der sog. Dritten Welt werden oft lediglich unter ökonomischen Gesichtspunkten analysiert, die entsprechenden Studien jedoch nicht von Wirtschaftswissenschaftlern verfasst. Entgegen dem ersten Eindruck ist die ökonomische Geschichte Lateinamerikas wenig erforscht. Hinzu treten Annahmen, die von einer Kontinuität der Ausbeutung von Kolumbus bis General Motors ausgehen.

Eine solche Sichtweise wird der Geschichte und Gegenwart des amerikanischen Halbkontinentes indessen nicht gerecht. Zum einen haben lateinamerikanische Länder Auswanderer aufgenommen. „Reich wie ein Argentinier", hieß es Ende des 19. Jhs., nicht wenige Europäer und Deutsche folgten damals den Verheißungen der neuen Welt. Mitte des 20. Jhs. praktizierten dann mehrere Staaten eine großzügige Aufnahmepolitik mit Blick auf europäische Flüchtlinge in den Jahren von Faschismus und Totalitarismus. Zum anderen verlief die ökonomische Entwicklung nicht einheitlich. Sowohl im 19. als auch im 20. Jh. gab es Zeitabschnitte, in denen andere Wirtschaftspolitiken versucht wurden, die teilweise durchaus Erfolge erzielten. Hier sei auf die Rolle der lateinamerikanischen Wirtschaftskommission CEPAL verwiesen. Und schließlich erscheint im Unterschied zu anderen Regionen der südlichen Länder weniger die Armut als das Hauptproblem, sondern die ungleiche Verteilung des Wohlstandes sowie Formen der Fehlentwicklung. Wirtschaftshistoriker müssen also zum einen der Frage nachgehen, warum Lateinamerika trotz früher Unabhängigkeit und teilweise günstigen Ausgangsbedingungen im Vergleich zu anderen Weltregionen und den industrialisierten Ländern seit dem 19. Jh. zurückgefallen ist, zum anderen müssen sie nach Erklärungen für die Unterschiede zwischen den einzelnen Staaten suchen. Wichtig zum Verständnis der wirtschaftlichen Entwicklung bleibt die Tatsache, dass es sich um Länder handelt, die vor allem vom Export von Rohstoffen abhängig waren und sind. Bulmer-Thomas spricht in diesem Zusammenhang von *commodity lottery* (Warenlotterie), d.h. einige Produkte erfordern eine stärkere Bearbeitung, z.B. der Fleischexport, und schaffen entsprechende Arbeitsplätze und Fertigkeiten, während etwa die Ausfuhr von Bananen weniger aufwendig ist.[1] Die Prosperität eines Landes und sogar der Rück-

1 Victor Bulmer-Thomas, *The Economic History of Latin America since Independence,* Cambridge 1994, S. 11 und S.15.

halt einer Regierung können von der jeweiligen Nachfrage und der kurzfristigen Entwicklung der Preise auf dem Weltmarkt abhängen.

Auch bei der Wirtschaft wird der Beobachter mit europäischem Hintergrund dazu neigen, die eigenen Erfahrungen mit den Zuständen in Lateinamerika zu vergleichen. Vorsicht ist hier jedoch geboten, denn trotz Ähnlichkeiten in der Ideengeschichte und Politik herrschen in den meisten Gesellschaften im Wirtschaftsleben eher die rauen Verhältnisse der USA als die Gepflogenheiten des in der deutschen Nachkriegsgeschichte entstandenen sozialstaatlichen Modells. Was wir mit dem Begriff Ordnungspolitik beschreiben, blieb in Lateinamerika weitgehend unbekannt.

8.1 Wirtschaft und Weltmarktintegration im historischen Überblick

Nach der frühen Unabhängigkeit von Spanien und Portugal waren hohe Erwartungen mit Blick auf die Zukunft der Länder vorhanden. Bis in die Gegenwart gilt die Loslösung von den Kolonialmächten als Großtat, die in einer heroisierenden Geschichtsschreibung überhöht dargestellt wird. Die eher ernüchternde soziale und ökonomische Entwicklung in den formal souveränen Staaten kommt dagegen nur am Rande vor.[2] Bis Mitte des 19. Jhs. kennzeichneten Staatszerfall, wirtschaftliche Stagnation und ein Rückgang der Exporte die Lage in den nur formal konstituierten Nationalstaaten. Ab 1860 setzte in einigen Ländern ein gewisser Aufschwung ein, und nach 1870 etablierte sich unter dem Vorzeichen des Liberalismus ein „Export-Import-System“.[3] Damit blieb bis zur Weltwirtschaftskrise von 1929 eine von liberalen Annahmen geprägte Außenhandelspolitik vorherrschend. Der Subkontinent geriet in eine primär ökonomische Abhängigkeit, die allerdings für einzelne Schichten und Gruppen eine durchaus vorteilhafte Integration in den Weltmarkt brachte.

Ab 1930 datiert man die von lateinamerikanischen Sozialwissenschaftlern vielfach beschriebene Phase selektiver Industrialisierung und nationaler Importsubstitution, die zunächst die größeren Staaten erfasste. Was die nationale und soziale Integration anbelangte, konnte sie trotz Schwächen bei der wirtschaftlichen Effektivität und Wettbewerbsfähigkeit Erfolge vor-

2 Am Beispiel einzelner Länder: Michael Riekenberg (Hrsg.), *Lateinamerika. Geschichtsunterricht, Geschichtslehrbücher, Geschichtsbewusstsein*, Frankfurt 1990.

3 Dieter Boris, *Zur Politischen Ökonomie Lateinamerikas. Der Kontinent in der Weltwirtschaft des 20. Jahrhunderts*, Hamburg 2001, S. 17.

weisen. Im Unterschied zur vorherigen Phase einer „Entwicklung nach außen“, deren politischer Ausdruck die Vorherrschaft der sog. „liberalen Oligarchie“ war, galt sie als „Entwicklung nach innen“, weshalb sie in der *Dependencia*-Literatur wesentlich positiver dargestellt wurde (vgl. 8.3).

Als erneuter Wendepunkt – nach 1860/70 und 1930/40[4] – gelten die Jahre 1982/85, als sich wieder eine Hinwendung zum Weltmarkt durchsetzte, die mit gewissen Modifikationen bis in die Gegenwart anhält.

Während in der englisch- und spanischsprachigen Literatur einige Gesamtdarstellungen zur Wirtschaft in Lateinamerika publiziert wurden, fehlen sie im deutschsprachigen Raum nahezu, obwohl nicht wenigen Studien aus den 1970er Jahren ein ökonomisch-politischer Ansatz zugrunde lag, der von einer anhaltenden Außenorientierung und Abhängigkeit der Länder ausgeht. Walther L. Bernecker konstatiert in der einschlägigen Literatur in diesem Zusammenhang vier Argumentationsmuster:[5] 1. Ausländische Mächte hätten entscheidenden Einfluss auf die Außenwirtschaft der Länder genommen und deren Handelspolitik zumindest mitbestimmt. 2. Die einheimischen Eliten verbündeten sich mit den ausländischen Interessen. 3. Die schwachen lateinamerikanischen Staaten konnten der freihändlerischen Politik Englands und später der USA wenig entgegensetzen. 4. Die vor allem im 19. Jh. und dann erneut zum Ende des 20. Jhs. vorherrschende liberale Strömung habe bei einem erheblichen Teil der Akademiker dazu geführt, „für ihre Länder schon früh im Rahmen der internationalen Arbeitsteilung die Juniorpartner-Rolle eines Rohstofflieferanten und Manufakturwarenempfängers zu akzeptieren.“[6] Kritiker der *Dependencia*-Ansätze haben darauf hingewiesen, dass sowohl in der Kolonialzeit als auch in der ersten Hälfte des 19. Jhs. sowie in der Phase der Importsubstitution des 20. Jhs. eine Binnenmarktorientierung vorhanden war.[7]

4 Ebenda, S. 7.
5 Walther L. Bernecker, *Die wirtschaftliche Entwicklung Lateinamerikas in der Neuzeit*, in: Ders., u. a. (Hrsg.), *Lateinamerika*, S. 58.
6 Ebenda.
7 Vor allem D. C. M. Platt, *Dependency and the Historian: Further Objections*, in: C. Abel/C. M. Lewis (Hrsg.) *Latin America. Economic Imperialism and the State*, London 1985, S. 29-39.

Tabelle 15.1: Wachstum des BIP (in %)

	1900-29	1900-13	1913-29	1929-45	1945-72	1972-81	1981-96	1900-80	1900-96
Argentinien	3,8	6,3	4,1	3,4	3,8	2,5	1,9	3,5	3,3
Brasilien	4,2	4,1	5,1	4,4	6,9	6,6	2,4	5,5	5,5
Chile	2,9	3,6	3,7	3,0	4,1	3,6	5,4	3,2	3,3
Ecuador		5,0	4,1	3,3	5,3	7,0	2,6	4,8	4,8
Kolumbien	4,5	4,4	4,9	3,8	5,1	5,0	4,0	4,7	4,7
Mexiko	3,4	3,4	1,4[a]	4,2	6,5	5,5	1,5	5,2	5,0
Peru	4,5	4,5	5,3	2,8	5,3	3,4	0,4	4,2	3,9
Venezuela	5,0	2,3	9,2	4,2	5,7	4,7	2,2	6,5	5,9
LA-8	3,6	4,3	3,3	3,8	5,6	5,2	2,3	4,3	4,3
Mittelamerika			3,8[b]	2,9	5,4	3,8	2,7	4,2[b]	4,0[b]
Lateinamerika					5,3	3,7	2,2		

LA-8 setzt sich aus den oben aufgeführten Ländern zusammen. Mittelamerika umfasst Costa Rica, Guatemala, Honduras, El Salvador und Nicaragua.

[a] Die Zahlen für Mexiko beinhalten in diesem Zeitabschnitt nicht die Jahre der Revolution (1911-1920)

[b] Daten ab 1920

Entnommen aus: Rosmary Thorp, *Progress, Poverty and Exclusion. An Economic History of Latin America in the 20th Century*, Washington 1998.

Tabelle 15.2: Wachstum des BIP (in %)

	1998	2000	2002	2003	2004	2005	2006	2007*
Argentinien	3,9	-0,8	-10,9	8,8	9,0	9,2	8,5	8,6
Brasilien	0,0	4,3	2,7	1,1	5,7	2,9	3,7	5,3
Chile	3,2	4,5	2,2	3,9	6,0	5,7	4,0	5,3
Ecuador	2,1	2,8	4,2	3,6	8,0	6,0	3,9	2,7
Kolumbien	0,6	2,9	1,9	3,9	4,9	4,7	6,8	7,0
Mexiko	5,0	6,6	0,8	1,4	4,2	2,8	4,8	3,3
Peru	-0,7	3,0	5,0	4,0	5,1	6,7	7,6	8,2
Venezuela	0,3	3,7	-8,9	-7,8	18,3	10,3	10,3	8,5
LA-8	1,8	3,4	-0,4	2,4	7,7	6,0	6,2	6,1
Mittelamerika	4,7	3,5	2,5	3,4	3,9	4,2	5,4	5,2
Lateinamerika	2,4	3,9	-0,5	2,1	6,2	4,6	5,5	5,6

LA-8 setzt sich aus den oben aufgeführten Ländern zusammen. Mittelamerika umfasst Costa Rica, Guatemala, Honduras, El Salvador und Nicaragua.

* Vorläufige Zahlen

Quelle: CEPAL, *Preliminary Overview of the Economies of Latin America and the Caribbean 2007.*

Das 19. Jahrhundert: Wirtschaftliche Stagnation und langsame Entwicklung der Marktwirtschaft

Während der Kolonialzeit beruhte die Ökonomie vor allem auf Land- und Viehwirtschaft sowie dem Bergbau. Der Silberexport aus Mexiko und Peru war die wichtigste Einnahmequelle für Spanien. Potosí, das damals zu Peru gehörte, erlebte einen Aufschwung, der auf der Ausbeutung menschlicher Arbeitskraft beruhte. Die Männer wurden zur Arbeit in den Bergwerken gezwungen, die Frauen mussten ihre Versorgung gewährleisten. Während der Kolonialzeit war eine industrielle Entwicklung kaum möglich, die produktiven Aktivitäten wurden vom Ausland bestimmt und konzentrierten sich auf die Nachfrage nach Edelmetallen, tropischen Früchten und Hölzern. Es kam zur Spaltung zwischen einem auf den Export und einem auf den lokalen Markt bzw. die Eigenversorgung konzentrierten Sektor mit geringer Rentabilität.

Im 17. Jh. machte sich die in Spanien auftretende Depression auch im späteren Lateinamerika bemerkbar, im 18. Jh. setzte ein gewisser wirtschaftlicher Aufschwung ein, für den der Schmuggel und beginnende Freihandel mit England und Frankreich mitverantwortlich waren. Nicht zuletzt die ausländischen Sklavenschiffe führten zur Ausbreitung des Schmuggels. Städte, die abseits des spanischen Interesses lagen, wie Buenos Aires, gewannen in diesem Zusammenhang an Relevanz, die größer gewordenen Schiffe ermöglichten ein umfangreicheres Volumen beim Handelsaustausch. Nach der Unabhängigkeit von Spanien verlor das Minenwesen an Bedeutung, während sich der Großgrundbesitz im Zuge liberaler Reformen ab Mitte des Jhs. auf Kosten des indianischen Gemeineigentums und durch die Übernahme von Teilen des Kirchenbesitzes ausdehnte. In einzelnen Ländern war ein Aufschwung von Exportprodukten zu verzeichnen. Brasilien erbrachte um 1850 fast 40 % der weltweiten Kaffeeproduktion nach dem ökonomischen Niedergang von Haiti. Auch in Costa Rica, Venezuela und Zentralamerika gewannen Kaffee und Kakao an Bedeutung. Argentinien wiederum verzeichnete eine Zunahme der Viehwirtschaft, die Zahl der Schafe wuchs von 2 Mio. im Jahr 1830 auf 61. Mio. im Jahr 1880.[8] In Puerto Rico und Kuba wurde verstärkt Zuckeranbau betrieben, was dort u.a. zur Entwaldung führte. In Brasilien und Kuba war die Skla-

8 José del Pozo, *Historia de América Latina y del Caribe 1825-2001*, Santiago 2002, S. 32.

venarbeit eine Ursache des wirtschaftlichen Aufschwungs, weshalb diese Länder erst 1888 bzw. 1886 die Sklaverei abschafften.

Der Abbau im Minenwesen ging nach der Unabhängigkeit zurück, in Mexiko erlangte die Silberproduktion erst um 1880 wieder den Stellenwert, den sie in der Kolonialzeit eingenommen hatte. Chile avancierte zum wichtigsten Kupferproduzenten und exportierte vor allem nach Großbritannien, Peru wurde zu einem bedeutenden Exporteur von Guano.

Gewisse protektionistische Maßnahmen förderten die Eisenherstellung in Brasilien und Paraguay, wo dieser Produktionszweig nach dem Krieg mit der Tripelallianz 1865-70 jedoch eingestellt wurde. In einzelnen Ländern lässt sich ein Ausbau der auf den internen Markt ausgerichteten Textilindustrie konstatieren. Halperin Donghi bezeichnet die Periode bis zur Jahrhundertmitte als „langes Warten",[9] bei dem die Länder, die abseits der spanischen Kolonialinteressen gelegen hatten, besser abschnitten als z.B. Mexiko und Peru. Chile, Argentinien und Brasilien konnten ihre Exporte bis 1880 vervielfachen. Englische Handelsfamilien begannen die alteingesessenen Namen zu ersetzen. 1837 wurde in Kuba die erste Eisenbahn gebaut, in den 1850er Jahren folgten andere Länder. Um diese Zeit wurden auch die ersten Banken gegründet.

Während des 19. Jhs. koexistierten verschiedene Arbeitssysteme und Formen der Ausbeutung. Neben der vor allem in Brasilien und Kuba noch bestehenden Sklaverei gab es freie Arbeitskräfte. Die Abschaffung der Sklaverei führte in einigen Staaten zur Anwerbung chinesischer und italienischer Arbeiter. Vielerorts wurden *peones* (Tagelöhner) beschäftigt, die formal frei, aber von den Eigentümern abhängig waren. Der Mangel an Arbeitskräften förderte die Immigration, die zwar insgesamt zahlenmäßig geringer war als in den USA, prozentual aber stärker ins Gewicht fiel. Zumindest in den Ländern des *Cono Sur* kam es in Folge der Immigration nicht nur zu einem Bevölkerungszuwachs, sondern auch zu einer Ausweitung des Binnenmarktes, einer verstärkten Urbanisierung und zum Entstehen einer mittleren Schicht. Das Export-Import-System brachte für einzelne Länder also eine ökonomische Entwicklung (Tab. 15.1), so dass die in der frühen *Dependencia*-Literatur vertretene Ansicht, dass die Industrialisierung erst mit der Weltwirtschaftskrise 1929 einsetzte, einer Korrektur bedarf.[10]

9 Tulio Halperin Donghi, *Geschichte Lateinamerikas von der Unabhängigkeit bis zur Gegenwart*, Frankfurt a.M. 1994, S. 154-238.

10 Walther L. Bernecker, *Die wirtschaftliche Entwicklung Lateinamerikas in der Neuzeit*, S. 64f. und Dieter Boris, *Zur Politischen Ökonomie Lateinamerikas*, S. 24.

Das Jahr 1900 markierte in Lateinamerika ebenso wenig eine Zäsur wie 2000. Die Zeit von der Jahrhundertwende bis zur Weltwirtschaftskrise war insofern eine Transformationsphase, als sich die USA als wichtigster Kapitalinvestor und Handelspartner der meisten lateinamerikanischen Staaten durchsetzte. Davor hatte England eine dominierende Position, ein Fünftel der englischen Investitionen ging nach Lateinamerika, davon allein die Hälfte nach Argentinien, das in diesem Zeitraum hohe Wachstumsraten erzielte. 1914 war Argentinien der größte Produzent von Fleisch, Mais und Leinsamen, zweiter bei der Wolle und an dritter Stelle beim Weizen. Die Investitionstätigkeit des Auslands nahm in einigen Ländern rasant zu. Mit dem „Börsenkrach" in New York 1929 sank dann die Nachfrage nach Exporten aus Lateinamerika erheblich. Je nach Art der Weltmarkteinbindung waren die Länder unterschiedlich betroffen, vor allem in Chile, Mexiko und Peru kam es zu starken Einbußen.

Nach der Abwertung der einheimischen Währungen und der Verteuerung der Importe setzte eine Neuorientierung der Wirtschaftspolitik ein, die schon in den 1930er Jahren wieder zu Wachstum führte. Die lateinamerikanische Wirtschaftskommission CEPAL hat mit der sog. „Entwicklung nach innen" eine Begründung dieses Ansatzes geliefert. Importe wurden substituiert, d.h. durch eigene Produkte ersetzt. Zur importsubstituierenden Industrialisierung (ISI) gehörten eine nationale Zoll- und Währungspolitik, der Aufbau von Staatsunternehmen und die Einrichtung von Entwicklungsbanken. Die Außenabhängigkeit ging zurück, durch die Vergrößerung des Binnenmarktes wuchs der Industriesektor. Dieser Prozess war in den Groß- und Mittelstaaten Südamerikas stärker ausgeprägt, in Mittelamerika setzten solche Veränderungen erst mit Verzögerung in den 1940/50er Jahren ein. Ihren Höhepunkt erreichte die Importsubstitutionspolitik in den Jahren nach dem Zweiten Weltkrieg, als die Nachfrage nach Rohstoffprodukten außereuropäischer Länder hoch war und die südamerikanischen Staaten die vom Krieg in Mitleidenschaft gezogenen Ökonomien in Europa belieferten. Nur vor dem Hintergrund der hohen Exporteinnahmen lässt sich der Anfangserfolg der ISI verstehen. Nach dem Korea-Boom 1951/52 und im Zuge der nachlassenden Nachfrage in Europa wurden die Schwächen der Importsubstitutionspolitik deutlich. Denn es gelang nach der sog. einfachen Phase der Importsubstitution nicht, nahtlos zur schwierigen, zweiten Phase überzugehen, die u.a. technologische Innovationen erfordert.

Trotzdem gilt es zu berücksichtigen, dass zwischen 1950 und 1980 das Bruttoinlandsprodukt gesamtregional um 5,5 % pro Jahr zunahm, dies entsprach einem Pro-Kopf-Einkommenszuwachs von jährlich 2,7 %.[11] Dieses Wachstum bezog sich vor allem auf den Binnenmarkt, der Anteil Lateinamerikas am Weltmarkt nahm von 12,5 % im Jahr 1950 auf nur noch 5 % Ende der 1970er Jahre ab. Politisch fiel diese Phase mit den Regimen des klassischen Populismus zusammen, die eine nationale Industrialisierung propagierten, so dass der staatliche Anteil an der Wirtschaft z. T. nach Nationalisierungen zunahm. Große Staatsunternehmen entstanden in Chile nach der Gründung der *Corporación de Fomento de la Producción* (CORFO), in Brasilien mit dem Aufbau einer staatlichen Stahlindustrie und sogar noch 1975/76 in Venezuela durch die Nationalisierung der Öl- und Aluminiumindustrien. Gleichzeitig vernachlässigten die populistischen Regime aber den Agrarbereich. Agrarreformen erfolgten nicht, die Einnahmen ergaben sich vornehmlich aus der Besteuerung der Ausfuhrerlöse. Die interventionistischen Regime waren an niedrigen Preisen für Lebensmittel interessiert, was die Agrarproduzenten daran hinderte, in die Modernisierung ihres Bereichs zu investieren.

Erst in den 1960er Jahren begann sich die Lage im ländlichen Bereich zu verändern. Der verstärkte Einsatz von Traktoren und Düngemitteln sowie eine Ausweitung des Anbaus führten zu mehr als einer Verdoppelung der agrarisch genutzten Fläche, die auf 120 Mio. Hektar im Jahr 1980 anstieg. Die Anbaufläche von Weizen, Mais und Kartoffeln verdoppelte sich, die Fleischproduktion vervierfachte sich sogar. Eine Kehrseite war, dass es besonders im brasilianischen Urwald bei Rodungen zum Raubbau kam.

Ausländisches Kapital investierte verstärkt in der Region. Neben den USA wurden deutsche Investoren bevorzugt in Brasilien tätig, wo Volkswagen seit den 1960er Jahren zum größten Automobilhersteller aufstieg und von dort in die Nachbarländer exportierte.

Von dem jähen Anstieg der Ölpreise ab 1973 profitierten Exportländer wie Venezuela, Ecuador, Kolumbien und Mexiko. „Das Erdöl aussäen" (*sembrar el petroleo*) lautete schon seit 1936 die Maxime in Venezuela, das „schwarze Gold" erwies sich indessen als schlecht wachsende Pflanze. In dem ölreichen Staat führte der Boom zwar zu einem rasanten Anstieg der Einnahmen, Ergebnis war aber auch ein unproduktives Versanden der Petro-Dollars und die in der politischen Essayistik aufkom-

11 Boris, *Zur Politischen Ökonomie Lateinamerikas*, S. 47.

mende Klage über die Eigenschaften des *facilismo* (Leichtlebigkeit) und *despilfarro* (Verschwendung). Bemerkenswerterweise waren es gerade die Ölstaaten, die in die Schuldenfalle gerieten und wo Teile des staatlichen Geldes teils unproduktiv versandeten, teils auf privaten Konten im Ausland landete.[12]

Wenn man von Argentinien, Brasilien und einigen anderen absieht, dann erwiesen sich nicht zuletzt die zu kleinen Märkte als ein Hindernis für die weitere Industrialisierung. U.a. aus diesem Grunde wurde 1960 der Zentralamerikanische Gemeinsame Markt (*Mercado Común Centroamericano*, MCCA) gegründet, der in den ersten sechs Jahren zu einer Verdoppelung des interregionalen Handelsvolumens führte. Die Lateinamerikanische Freihandelsvereinigung (*Asociación Latinoamericana de Libre Comercio*, ALALC) geht auf den Vertrag von Montevideo 1960 zurück. Vorgesehen war die vollkommene Liberalisierung des innerregionalen Handels binnen zwölf Jahren, d.h. bis 1973. Ein Problem bildeten die schwierigen Verkehrs- und Transportbedingungen; die relativ weit entwickelten Staaten Argentinien, Brasilien und Mexiko verloren nicht zuletzt aufgrund ihrer industriellen Überlegenheit zunächst das Interesse an weiter reichenden Integrationsplänen. Die Andenstaaten gründeten 1968 wegen der geringen Möglichkeiten, die eigene Industrie zu entwickeln, den Andenpakt (*Pacto Andino*), den Chile während der Militärdiktatur 1976 verließ. Zur Andengemeinschaft gehören Bolivien, Ecuador, Kolumbien, Peru und Venezuela. 1980 benannte sich die ALALC in ALADI (*Asociación Latinoamericana de Integración*) um. 1973 ging die Karibische Gemeinschaft (*Caribbean Common Market*, CARICOM) aus der Karibischen Freihandelsvereinigung (CARIFTA, *Caribbean Free Trade Area*) hervor. Dazu zählen: Antigua und Barbuda, Bahamas, Barbados, Belize, Dominica, Grenada, Guayana, Jamaika, Montserrat, St. Kitts und Nevis, St. Lucia, St. Vincent und die Grenadinen, Trinidad und Tobago sowie Surinam.

Mit dem Mercado Común del Sur (Mercosur) haben Argentinien, Brasilien, Paraguay und Uruguay seit 1991 eine Freihandelszone geschaffen. Die Zollunion sollte bis 2006 verwirklicht und dann der freie Verkehr von Gütern, Dienstleistungen, Kapital und Arbeit innerhalb eines Marktes von 200 Mio. Verbrauchern möglich sein. Die Freihandelszone ist noch immer unvollständig. Wichtige Güter wie Kfz-Teile und Fleisch können noch

12 Klaus Esser, *Lateinamerika. Industrialisierungsstrategien und Entwicklung*, Frankfurt a.M. 1979, S. 158-207.

immer nicht frei gehandelt werden. Die Verhandlungen der EU stagnieren wegen fehlender Einigkeit auf der einen und mangelnder Bereitschaft zum Abbau von Agrarsubventionen auf der anderen Seite.

Wie bei der EU wechselt der Vorsitz alle sechs Monate unter den Mitgliedsländern, der Sitz des Sekretariates ist Montevideo. Die EU ist der bedeutendste Wirtschaftspartner des Mercosur.

In den Programmen revolutionärer bzw. reformorientierter Parteien tauchen vielfach etatistische oder sozialistische Vorstellungen auf. Weitgehende Eingriffe in die Wirtschaft sind bislang nur begrenzt erfolgreich gewesen: Die Verteilungspolitiken unter Juan Domingo Perón haben Nachwirkungen auf die argentinische Politik gehabt, die bis in die Gegenwart andauern. Das sozialistische Experiment in Chile (1970-1973) führte gerade aufgrund der Eingriffe in die Wirtschaft zu Kontroversen und endete in einer Militärdiktatur. In Nicaragua war die wirtschaftliche Entwicklung unter den Sandinisten (ab 1979) kein Modell, wobei dort wie in Kuba schwer abzuschätzen ist, welchen Einfluss die Embargomaßnahmen der US-Regierungen auf die interne Entwicklung genommen haben.[13]

Aufgrund eines allgemeinen Rückgangs der Exporte nahmen die Vorwürfe der lateinamerikanischen Länder gegenüber den USA und Europa zu. Die Außenminister forderten 1969 in einem gemeinsamen Dokument, dem *Consenso de Vi-a del Mar*, eine stärkere Öffnung des US-Marktes für die eigenen Exportprodukte.

Anfang der 1980er Jahre wurde deutlich, dass die Auslandsschuld wesentlich schneller wuchs als die Fähigkeit zur Rückzahlung. Im August 1982 musste Mexiko, das als eines der stabilsten Länder galt und mit Argentinien, Brasilien und damals auch Venezuela zu den vier Entwicklungspolen der Region gezählt wurde,[14] seine Unfähigkeit zur Bedienung der Auslandsschuld bekennen und verfügte die Verstaatlichung der Banken. Die Schuldenkrise erfasste die unterschiedlichsten Länder und zwar unabhängig von der Form des politischen Regimes. Fast die Hälfte des BIP musste in verschiedenen Gesellschaften dafür aufgebracht werden. Ein gemeinsames Vorgehen misslang, aber fast alle Staaten sahen sich in der Folgezeit zu einer Restrukturierung ihrer Wirtschaft gezwungen, wobei der IWF mit seinen Auflagen eine zentrale Rolle einnahm. Die öffentlichen

13 Eine vergleichende Analyse von drei Ländern bei: Carmelo Mesa-Lago, *Buscando un modelo económico en América Latina. Mercado, socialista o mixto? Chile, Cuba y Costa Rica,* Caracas 2002.

14 Wolf Grabendorff, *Entwicklungsperspektiven und Entwicklungspole Lateinamerikas*, in: *APuZ*, (1979) B13, S. 3-17.

Ausgaben mussten gekürzt, Subventionen abgebaut und die Währungen abgewertet werden. Anfang der 1980er Jahre ging damit eine Wachstumsperiode zu Ende, Inflationsprozesse setzten ein und die Arbeitslosigkeit stieg teilweise auf 20 %. Um die Einnahmen zu erhöhen, mussten die Länder die Ausfuhren steigern und die Importe drosseln, was zwar zur vorübergehenden Entlastung des jahrzehntelangen Handelsbilanzdefizits führte, allerdings durch die Verringerung der Importe eine Vernachlässigung der Modernisierung von Industrien zur Folge hatte. Deshalb gelten die 1980er Jahre in Lateinamerika als „verlorenes Jahrzehnt".

Die „informelle Wirtschaft" gewinnt in diesem Kontext weiter an Bedeutung. Arbeitslose werden als ambulante Händler tätig oder gründen informelle Betriebe. Teilweise war dies eine Reaktion auf die Überregulierung der Wirtschaft durch staatliche Vorgaben. Zu solchen informellen Tätigkeiten gehört auch der verstärkte Anbau und Handel mit Koka und Kokain; um die 200.000 Personen sollen allein in Bolivien in diesem Bereich tätig sein.

Diese Ergebnisse stellten das zwischen 1930 und 1950 umgesetzte lateinamerikanische Entwicklungsmodell mit dem Schwerpunkt auf Industrialisierung und einzelnen protektionistischen Maßnahmen in Frage. Unter den Militärdiktaturen der 1960/70er Jahre kam es zu einer Reorientierung und Öffnung der Ökonomien, die von den demokratisch gewählten Regierungen fortgeführt wurde. Zu den problematischen Aspekten der vorangegangenen ISI gehörten Preisverzerrungen durch protektionistische Maßnahmen, eine wachsende Inflation, die Enge der Märkte und die mangelnde internationale Konkurrenzfähigkeit der hergestellten Produkte.

8.2 Die Rolle der lateinamerikanischen Wirtschaftskommission CEPAL

Die 1948 als UN-Kommission gegründete *Comisión Económica para América Latina* (CEPAL) stellte unter ihrem ersten Leiter Raúl Prebisch (1901-86) in den 1950er und 1960er Jahren das Zentrum der wirtschafts- und sozialwissenschaftlichen Diskussion dar. Die UN-Wirtschaftskommission für Lateinamerika (engl. ECLA) hat nicht nur auf dem eigenen Kontinent eine größere Bedeutung erlangt als die entsprechenden Organisationen in Afrika und Asien, sondern mit den Schriften ihres langjährigen Leiters, des Argentiniers Prebisch, auch die internationale Debatte über Entwicklung und Unterentwicklung beeinflusst. Deshalb hat man die CEPAL als „eine Ausnahme in der internationalen Bürokratie" bezeich-

net.[15] Zu ihren Aufgaben gehören die Analyse der Entwicklung in der Region, die Beratung von Regierungen und die Förderung der lateinamerikanischen Integration.
Von Seiten der CEPAL versuchte man, die klassischen Handelstheorien aus lateinamerikanischer Sicht zu überdenken und neu zu formulieren.[16] Prebisch hat es folgendermaßen ausgedrückt: „Der periphere Kapitalismus ist Teil des Weltsystems, hat aber seine eigenen Besonderheiten. Aufgrund dieser Charakteristika zeichnen sich die in den Zentren entwickelten Theorien aus der Sicht der Peripherie durch einen falschen Universalitätsanspruch aus."[17]

In einigen Punkten standen solche Überlegungen in der Tradition des wirtschaftspolitischen Denkens in Lateinamerika, das schon zwischen den beiden Weltkriegen eine verstärkte Rolle des Staates im Entwicklungsprozess gefordert hatte. Die CEPAL ging von wirtschaftlichen, globalen und sozialen Aspekten aus: Wo liegen die Gründe für unseren Rückstand? Müssen sie in den Gesellschaften oder in den Außenbeziehungen gesucht werden? Ist die Imitation ausländischer Vorbilder oder aber ein eigener Weg notwendig? Die Auseinandersetzung mit diesen Fragen findet sich in den 1949 veröffentlichten *Estudio Económico de América Latina*, das später – wohl in Anspielung auf das Kommunistische Manifest – als das *CEPAL-Manifest*[18] bezeichnet wurde. Sein eigentlicher Autor war Prebisch, der schon zu Lebzeiten als wichtigster lateinamerikanischer Ökonom galt. Von 1935 bis 43 war er Leiter der Zentralbank seines Landes und vertrat in dieser Eigenschaft Argentinien u.a. bei den später umstrittenen Wirtschaftsverhandlungen mit England. Ausgehend von der Beobachtung, dass die große Depression in Argentinien eine Zeit industriellen Wachstums war, gelangte er zu der Feststellung einer ungleichzeitigen Entwicklung der Industriestaaten und der vorwiegend Rohstoffe exportierenden Länder. 1944 begann er in Vorträgen erstmals von dem Gegensatz Zentrum

15 Manfred Wilhelmy von Wolff, *CEPAL und die entwicklungspolitische Debatte in Lateinamerika*, in: Inge Buisson/Manfred Mols (Hrsg.), *Entwicklungsstrategien in Lateinamerika in Vergangenheit und Gegenwart*, Paderborn 1983, S. 225; Dieter Nohlen, *Raúl Prebisch (1901-1986). Das Zentrum-Peripherie-Modell der internationalen Wirtschaftsbeziehungen,* in: *E+Z,* (1999)11, S. 316-319.

16 Vgl. dazu den Aufsatz von Fernando H. Cardoso, *The Originality of a Copy: CEPAL and the Idea of Development*, in: *CEPAL-Review*, (1977)2, S. 7-40.

17 Raúl Prebisch, *Capitalismo periférico. Crisis y transformación*, Mexiko 1981, S. 31.

18 So von Albert O. Hirschman, *Ideologies of Economic Development in Latin America*, in: Ders., *A Bias for Hope*, New Haven 1971, S. 280.

und Peripherie zu sprechen, ab 1946 tauchen diese Begriffe in seinen Schriften auf.[19]

Die als *Cepalismo*[20] bezeichneten Positionen beginnen mit einer Kritik der klassischen Außenhandelstheorie. Zu ihren Konzepten gehörten damals:

- Das Zentrum-Peripherie-Modell. Der Handelsaustausch zwischen Industrie- und Entwicklungsländern verläuft ungleich mit dem Ergebnis, dass vor allem die Länder des Zentrums davon profitieren. Zwischen beiden Ländergruppen bestehen strukturelle Unterschiede: Während sich die Gesellschaften des Zentrums durch innere Homogenität und eine Diversifizierung der Außenhandelsstrukturen auszeichnen, sind die Länder der Peripherie durch Heterogenität und einseitige Spezialisierung auf einige Exportprodukte gekennzeichnet.
- Ausschlaggebend dafür sind die *terms of trade*, die sich über längere historische Zeiträume zu ungunsten der Peripherie entwickelt haben. Prebisch hat dies, zunächst ausgehend von den argentinischen Erfahrungen, nachzuweisen versucht und eine erhebliche Wirkung erzielt.
- Die Wirtschaftsgeschichte Lateinamerikas lässt sich unter dem Blickwinkel der Außenbeziehungen zu den jeweils dominierenden Zentren in drei große Phasen unterteilen: Entwicklung nach außen (*desarrollo hacia fuera*) = klassisches Exportmodell (1860-1930); Entwicklung nach innen (*desarrollo hacia adentro*) = im Wesentlichen die Phase der Importsubstitution (1930-60); Stagnation = Krise des Importsubstitutionsmodells (seit 1960) und in den 1980er Jahren eine verstärkte Öffnung gegenüber dem Weltmarkt.
- Die Stagnationsphase lässt sich nicht nur durch Marktmechanismen allein, sondern nur durch eine Reihe von Veränderungen in den Volkswirtschaften überwinden. Dazu gehören die staatlich geförderte Industrialisierung, Agrarreformen, Diversifizierung der Produktionsstruktur, Steigerung der Beschäftigung und gezielte Exportförderung. Um den Industrialisierungsprozess anzukurbeln, ist eine staatliche Protektionspolitik mit dem Ziel der Importsubstitution notwendig.
- Der Gedanke der lateinamerikanischen Integration, um so einen ausreichend großen Markt zu schaffen, gewann seit den 1960er Jahren zunehmend an Bedeutung.

19 Raúl Prebisch, *Die Rohstoffexporte und die Verschlechterung der terms of trade*, in: Michael Bohnet (Hrsg.), *Das Nord-Süd-Problem. Konflikte zwischen Industrie- und Entwicklungsländern*, München 1971, S. 115-123.

20 Nohlen (Hrsg.), *Lexikon Dritte Welt,* S. 150f.

Die von der CEPAL gemachten Vorschläge wichen vor allem in drei Aspekten von der gängigen Außenhandelstheorie ab:

1. Die Gründe für das Zurückbleiben gegenüber den Industrienationen wurden bevorzugt im internationalen Handelssystem lokalisiert.
2. Externe Ungleichgewichte, Verschlechterung der Austauschbeziehungen und Arbeitslosigkeit wurden nicht als Restbestände traditioneller Gesellschaftsstrukturen betrachtet – wie in der Modernisierungstheorie –, sondern als Begleiterscheinungen des Industrialisierungsprozesses in der Peripherie.
3. Die Überwindung der vorhandenen Schwierigkeiten könne nur durch eine aktive Rolle des Staates gelingen, u.a. durch eine „programmierte" Entwicklung.[21]

Die Zukunftssicht der CEPAL war bis Ende der 1950er Jahre sehr optimistisch. Sie stellte eine abstraktere Form des Denkens dar, das damals von den populistischen Regimen vertreten wurde. Wie die Populisten gingen die frühen CEPAL-Untersuchungen davon aus, dass der Staat die Nation verkörpere und zwar sowohl gegenüber dem Ausland als auch gegenüber der einheimischen Oligarchie. Veränderungen im CEPAL-Denken setzten in den 1960er Jahren ein. Sie waren eine Reaktion auf die von der CEPAL diagnostizierte Krise der Importsubstitution. Agrarreformen, Maßnahmen zur Einkommensverteilung und gezielte staatliche Planungen sollten das Wirtschaftswachstum begleiten. Ende der 1960er Jahre wurden verstärkt sozialpolitische Überlegungen aufgenommen. Sie kamen in einer Debatte über Entwicklungsstile in Lateinamerika zum Ausdruck sowie in einer Strategie der gezielten Exportförderung. Die Überlegungen der CEPAL wurden von vielen Parteien und Wirtschaftsexperten übernommen. Das Zentrum-Peripherie-Modell sowie der Hinweis auf die ungleiche Entwicklung der Industrie- und Entwicklungsländer gehen also nicht erst auf die Ende der 1960er Jahre aufgekommenen *Dependencia*-Ansätze zurück.

Kritik an den CEPAL-Ideen erfolgte sowohl von konservativen wie marxistischen Positionen. Die Vorstellung, der Staat sei der eigentliche Motor des Entwicklungsprozesses und könne ihn koordinieren und leiten, wurde zunächst in der angelsächsischen Literatur in Zweifel gezogen. Die CEPAL habe sich zu sehr Projektionen und Modellen verschrieben und die pragmatische Wirtschaftspolitik vernachlässigt. Tatsächlich hat die CEPAL z. B. die Verschuldungsproblematik erst zu einem sehr späten Zeitpunkt erkannt.

21 CEPAL (Hrsg.), *El pensamiento de la CEPAL*, Santiago de Chile 1969, S. 31.

Aus der *Dependencia*-Perspektive wurde der CEPAL vorgehalten, sie verkenne den historisch-strukturellen Charakter der Abhängigkeit und zeige keine Perspektiven auf, wie man die bestehende Situation überwinden könne.[22] Es bleibe unklar, wie die geforderte Kapitalakkumulation und eine Verbesserung des Lebensstandards der armen Bevölkerung erfolgen sollten.

Allerdings ging es der CEPAL nicht um eine eigene Entwicklungstheorie. Sie wollte eine Erklärung für die Ungleichheit zwischen nationalen Wirtschaften im Weltmaßstab geben, die durch den internationalen Handel noch verstärkt wurde. Die sozialen und kulturellen Faktoren und die Eigentumsverhältnisse blieben weitgehend unberücksichtigt. Charakteristisch für den Ansatz der CEPAL war ein etatistischer Grundzug. Der Staat sollte eine größere Autonomie von den sozialen Schichten und Gruppen erhalten. Zu zentralen Fragen – etwa den Alternativen freie Marktwirtschaft oder Sozialismus – nahm die CEPAL eine neutrale Position ein. In seinen späteren Schriften strebte Prebisch im Prozess der Transformation eine Synthese zwischen Sozialismus und Liberalismus an, bei der die ökonomische die politische Freiheit voraussetze. In einer Studie über die „Theorie der Unterentwicklung der CEPAL" heißt es, dass sie eine Art lateinamerikanischer Ergänzung zu den bestehenden Theorien darstelle.[23]

Bis in die 1960er Jahre gaben die meisten Regierungen bei der CEPAL Wirtschaftsanalysen in Auftrag. Das Vorhandensein ähnlicher Begriffe im wirtschaftspolitischen Diskurs vieler lateinamerikanischer Länder lässt sich u.a. darauf zurückführen.

Andere wichtige Organisationen im interamerikanischen Verhältnis gingen auf politische Ereignisse zurück. So wurde die *Inter-American Development Bank* (IDB) 1960 u.a. als eine Reaktion auf die kubanische Revolution gegründet und 1961 mit der Charta von Punta del Este die „Allianz für den Fortschritt" ins Leben gerufen, ein groß angelegtes Entwicklungs- und Reformprogramm unter Leitung der USA, das teilweise Themen aufgriff, die die CEPAL seit den 1950er Jahren vertreten hatte. Die USA versprachen, „die friedliche Revolution der Hoffnung" (John F. Kennedy) mit mehreren Mrd. US-$ zu unterstützen, tatsächlich versiegten die Gelder Ende der 1960er Jahre. Der ursprüngliche Reformimpetus der Allianz ging verloren, sie erwies sich de facto eher als ein Mittel zur Förderung der US-Interessen in Lateinamerika.

22 Fernando H. Cardoso, *Die Entwicklung auf der Anklagebank*, in: *Peripherie,* (1981)5/6, S. 13f.

23 Octavio Rodríguez, *La teoria del subdesarrollo de la CEPAL*, Mexiko 1980, S. 298.

Zwar veröffentlichte die CEPAL schon 1989 ein Dokument mit dem Titel *Transformación con Equidad* (Wirtschaftlicher Strukturwandel mit sozialem Ausgleich), in den 1990er Jahren konnte die Organisation jedoch keine eigene und von den neoliberalen Position von IWF und Weltbank unabhängige Position entwickeln.[24]

8.3 *Dependencia y desarrollo* – Abhängigkeit und Entwicklung

Das 1969 in Mexiko mit dem Titel *Dependencia y desarrollo en América Latina. Ensayo de interpretación sociológica* erschienene Werk bildete einen der Ausgangspunkte für die in Lateinamerika und international geführte *Dependencia*-Debatte (*dependencia* = Abhängigkeit). Der 1931 in Rio de Janeiro geborene Sozialwissenschaftler Fernando H. Cardoso hatte den 200-seitigen Text im Exil gemeinsam mit dem chilenischen Soziologen Enzo Faletto (1935-2003) verfasst. In einem in der deutschen Ausgabe knapp 20 Seiten langen Nachwort versuchten sie ihre Methode genauer zu beschreiben. Cardoso, der sich zunächst mit der Geschichte der Sklaverei und der Industrialisierung in Brasilien beschäftigt hatte, ging nach dem Militärputsch von 1964 ins Exil nach Santiago de Chile, wo sich die Niederlassung der lateinamerikanischen Wirtschaftskommission (CEPAL) sowie weitere Forschungsinstitute in Zentren der *Dependencia*-Diskussion verwandelten. Während sich Faletto auf die akademische Laufbahn konzentrierte, verbanden sich bei Cardoso in der Folgezeit wissenschaftliche und politische Ambitionen. 1983 zog er erstmals in den brasilianischen Senat ein, 1992 wurde er Außenminister, 1993 Finanzminister, von 1995 bis Ende 2002 war er Präsident Brasiliens. Eine Verfassungsreform ermöglichte 1998 seine Wiederwahl. Cardoso, ursprünglich Anhänger eines staatszentrierten Entwicklungskonzeptes, förderte während seiner Präsidentschaft Liberalisierung und Deregulierung der Wirtschaft unter Berücksichtigung sozialer Aspekte.[25]

Das Buch beginnt mit einer Kritik an rein ökonomischen Interpretationen. Notwendig sei vielmehr eine integrierte bzw. „umfassende Analyse von Entwicklung" (S. 15), die interne und externe wirtschaftliche Fakto-

24 Jörg Freiberg-Strauss, *Ein Bürgerrecht auf gleiche Chancen und Optionen. Umrisse eines neuen „Cepalismo"*, in: *E+Z*, (2002)5, S. 136-139.

25 Fernando Henrique Cardoso, *Charting a New Course: the Politics of Globalization and Social Transformation* (hrsg. und eingl. von Mauricio A. Font), Maryland/Oxford 2001.

ren, strukturelle Gegebenheiten und die historische Situation mitberücksichtige. In den lateinamerikanischen Ländern sei eine „Situation der Abhängigkeit" vorhanden, die Auswirkungen auf die Klassen- und Machtstruktur habe. Die Geschichte der heute industrialisierten Nationen könne sich in den Entwicklungsländern nicht wiederholen. Lateinamerika stelle also nicht nur eine Abweichung vom europäischen Vorbild dar, sondern sei aufgrund seiner peripheren Situation ein ganz anders gelagerter Fall.

Dem Text liegt ein historisch-struktureller Ansatz zugrunde. Zunächst wird die Lage in der Phase der „äußeren Expansion", d.h. im 19. Jh. geschildert. Anschließend werden Entwicklung und sozialer Wandel in einer Übergangsperiode dargestellt, in der die nationalen Ökonomien an Bedeutung gewinnen. Zu einer Konsolidierung des Binnenmarktes kam es in der Phase von Nationalismus und Populismus, d.h. seit Mitte der 1940er Jahre. Auf die Expansion hin zum Weltmarkt folgt im 20. Jh. also eine Phase der Konsolidierung des internen Marktes und der Herausbildung eines entwicklungsorientierten (desarrollistischen) Staates (*desarrollo* = Entwicklung). Die damals jüngste Etappe sei durch eine „Internationalisierung des Marktes" sowie „einen neuen Charakter der Abhängigkeit gekennzeichnet", der einer nationalen Industrialisierung Grenzen setze.

Die beiden Autoren bezeichnen die *Dependencia* nicht als eine Theorie, sondern als eine Perspektive. Im Nachwort zur deutschen Ausgabe ordnen sie die Studie der „radikal-kritischen lateinamerikanischen Richtung" (S. 209) zu. Das wichtigste Anliegen ihrer historisch-strukturellen Analyse sei es, „die Momente signifikanter struktureller Veränderungen in den durch unterschiedliche Abhängigkeitssituationen gekennzeichneten Ländern Lateinamerikas zu beschreiben" (S. 215). Abhängigkeit und Imperialismus sehen sie nicht als die allein bestimmenden Faktoren, wodurch „die internen Aspekte auf ein bloßes 'Epiphänomení reduziert werden" (S. 217).

Sie wollten keine „Theorie des abhängigen Kapitalismus" formulieren, sondern sprachen von Situationen der Abhängigkeit. Damit setzten sie sich u.a. von Andre Gunder Franks Buch „Entwicklung der Unterentwicklung" (1966) ab, das die Unterentwicklung in der Peripherie als die Kehrseite der Entwicklung in der Metropole sah. Von einer Dissoziation vom Weltmarkt ist nicht die Rede; Cardoso und Faletto sahen ihre Arbeit durchaus im Kontext von Überlegungen zur Modernisierung. Schon bei einer Tagung 1970 in Santiago wies Cardoso in einem Kommentar zu anderen *Dependencia*-Strömungen darauf hin, dass die Dependenz nicht zu einem totalisierenden Konzept werden dürfe und es sich nicht um eine Revolutionstheorie handele.[26] Er betonte die Notwendigkeit einer strukturgeschichtlichen Analyse von Situationen der Abhängigkeit. Cardoso und Faletto grenzten sich damit sowohl von dem radikalen Flügel der *Dependencia* ab, der aus einer zwangsläufigen „Entwicklung der Unterentwicklung" (Andre Gunder Frank) die Schlussfolgerung einer sozialistischen Revolution gezogen hatte, als auch von dem nationalistischen Flügel, der eine nachholende Industrialisierung propagierte.

Obwohl von Sozialwissenschaftlern verfasst, enthält der Text vor allem ökonomische Aussagen. Verschiedene Länder werden miteinander verglichen, ohne dass die Autoren – zumindest in diesem Buch – selbst empirische Studien durchgeführt hätten. Die dabei verwendete Begrifflichkeit und Periodisierung wurde in der Folgezeit von vielen Sozialwissenschaftlern aufgegriffen. Offenbar lag die Anziehungskraft darin, dass sie mit vergleichsweise einfachen Mitteln einen Interpretationsansatz für Abhängigkeit, Unterentwicklung und Modernisierungsrückstand liefern. Die dabei verwendeten Begriffe waren nicht sehr präzise. Im Unterschied zu anderen *Dependencia*-Autoren hatten Cardoso/Faletto jedoch selbst eher von einer Perspektive und nicht von einer Theorie gesprochen. Die allgemein gegenüber den *Dependencia*-Ansätzen erhobenen Vorwürfe einer ökonomischen Verkürzung, einer mangelnden empirischen Überprüfbarkeit und einer Entlastungsfunktion, da alle negativen Einwirkungen den kapitalistischen Zentren oder dem Weltmarkt angelastet werden, treffen deshalb auf dieses Werk nur partiell zu.

Viele der Beiträge, die in den USA und Europa als Reaktion auf die Verunsicherung durch die *Dependencia-Literatur* entstanden sind, haben es sich zum Ziel gesetzt, die These von der Abhängigkeit mit empirischen Mitteln zu überprüfen oder zu widerlegen. Eine rein wirtschaftswissenschaftliche Perspektive greift indessen zu kurz, denn für das Aufkommen dieser Interpretationen ist das Bedürfnis nach einem identitätsstiftenden und eigenem entwicklungstheoretischen Ansatz zur Erklärung der Realität von großer Bedeutung. Die Beiträge müssen im Kontext eines lateinamerikanischen Entwicklungsnationalismus und als Versuch zur eigenen Standortbestimmung und Abgrenzung von den Modernisierungstheorien gesehen werden.[27] Denn es fällt auf, dass ein erheblicher Teil der Schriften sich

26 Fernando Henrique Cardoso, *¿"Teoría de la dependencia"o análisis concretos de situaciones de dependencia?*, in: Ders., *Estado y sociedad en América Latina,* Buenos Aires 1972, S. 150.

27 Tilman Evers/Peter von Wogau, *„dependencia": lateinamerikanische Beiträge zur Theorie der Unterentwicklung*, in: *Das Argument*, 79(1973)4-6, S. 404-454.

mehr mit der Kritik der gängigen Modernisierungsansätze und einem angestrebten eigenen Wissenschaftsverständnis beschäftigt als mit der Frage, wie sich Abhängigkeit konkret belegen und erforschen lässt.

Charakteristisch für alle *Dependencia*-Überlegungen ist die Verbindung von soziologischer und historischer Interpretation. Da der Weltmarkt mitberücksichtigt werden müsse, sprechen die Anhänger dieses Ansatzes von einer umfassenden und integrierten Analyse im Unterschied zu einer aus ihrer Sicht bloß partiellen Sichtweise der Modernisierungstheorien.

Vereinfachend und ohne auf zahlreiche Untergruppen einzugehen, kann man folgende Thesen der „Dependenztheoretiker" festhalten:

- Das internationale System ist hierarchisch gegliedert und Ergebnis der Expansion des Kapitalismus. Im kapitalistischen Weltsystem kommt den unterentwickelten Ländern eine untergeordnete Funktion zu.
- Die Unterschiede im Entwicklungsstand zwischen den armen Staaten und den Industrienationen resultieren nicht aus einer zeitlichen Differenz – im Sinne verschiedener historischer Etappen –, sondern aus der ungleichen Machtverteilung.
- Die Modernisierungstheorien sind falsch, da sie eine Entwicklungsrichtung für alle Länder und Zeiten vorgeben. In Wirklichkeit sind Entwicklung und Unterentwicklung nur zwei Seiten eines gemeinsamen, universellen Prozesses.
- Es besteht ein Spannungsverhältnis zwischen dem Weltmarkt und der nationalstaatlichen Organisation. Die Folge sind Souveränitätsverluste und eine eingeschränkte Handlungsfähigkeit der lateinamerikanischen Länder.
- Die Situation der Abhängigkeit bildet ein gemeinsames Charakteristikum der lateinamerikanischen Gesellschaften und spiegelt sich auch im Inneren der Länder wieder.

Über das tatsächliche Ausmaß, in dem die externen Abhängigkeiten die Innenpolitik bestimmen, herrscht kein Konsens. Um der unterschiedlichen Behandlung dieser Frage gerecht zu werden, sprach man von einem marxistischen und einem nationalistischem Flügel innerhalb der *Dependencia*-Debatte. Für die *nationalistische Richtung* bildete der Nationalstaat den Bezugsrahmen, Ziel blieb eine wirkliche Industrialisierung. Bis in die 1950er Jahre sei die Industrialisierung mit ausländischem Kapital durchaus viel versprechend verlaufen, seitdem hätten jedoch transnationale Unternehmen einen übermäßigen Einfluss erhalten und den Prozess nationaler Desintegration gefördert.[28] Zu den Zielvorstellungen dieser Gruppe gehörten die Konsolidierung des Nationalstaates und eine wirkliche Industrialisierung.

Für den *marxistischen Flügel* gab es keine klare Trennung zwischen intern und extern, da es sich im Rahmen des kapitalistischen Weltsystems um eine Wechselbeziehung handele. Die innere Geschichte der lateinamerikanischen Staaten sei darüber hinaus gleichsam die Summe externer Beeinflussungen durch ausländische Mächte und fremde kulturelle Faktoren. Zu den damals marxistisch inspirierten Autoren gehörte André Gunder Frank (1929-2005), der in einem Aufsatz mit dem in der Folgezeit häufig wiederholten Titel „Die Entwicklung der Unterentwicklung" schrieb: „Die gegenwärtige Unterentwicklung Lateinamerikas ist das Resultat seiner Jahrhunderte langen Beteiligung am Prozess der kapitalistischen Weltentwicklung."[29] Um aus dieser Sackgasse zu entkommen, müsse die arme Mehrheit der Lateinamerikaner einen wirklichen Umbruch anstreben. „Für sie ist offensichtlich der einzige Weg aus der lateinamerikanischen Unterentwicklung die bewaffnete Revolution, die zur sozialistischen Entwicklung führt", so lautete der Schlusssatz eines seiner in den späten 1960er Jahren in studentischen Kreisen einflussreichen Bücher.[30]

Vor allem die marxistischen *Dependencia*-Ansätze kamen „über eine spiegelbildliche Umkehrung der alten Modernisierungstheorien nicht hinaus."[31] Während für die Modernisierungstheorien mit der europäischen Expansion eine weltweite Diffusion von Modernität einsetzte, begann aus der *Dependencia*-Perspektive die „Entwicklung der Unterentwicklung." Historische Besonderheiten, kulturelle Aspekte und die Autonomie des Politischen kommen dabei zu kurz. Die *Dependencia*-Ansätze haben in der internationalen wissenschaftlichen Diskussion an Bedeutung verloren. In der Öffentlichkeit lateinamerikanischer Länder erfreuen sich verschiedene

28 So Osvaldo Sunkel, *Transnationale kapitalistische Integration und nationale Desintegration: Der Fall Lateinamerika*, in: Dieter Senghaas (Hrsg.), *Imperialismus und strukturelle Gewalt. Analysen über abhängige Reproduktion*, Frankfurt 1973, (2. Aufl.), S. 258-315.

29 André Gunder Frank, *Die Entwicklung der Unterentwicklung*, in: Ders. u.a., *Kritik des bürgerlichen Anti-Imperialismus,* Berlin 1969, S. 35.

30 André Gunder Frank, *Kapitalismus und Unterentwicklung in Lateinamerika*, Frankfurt 1968. Das Buch besteht, wie eigentlich alle Arbeiten Franks, aus einer Aufsatzsammlung und enthält wenig empirisches Material. Seine These, dass Lateinamerika quasi von Anfang an kapitalistisch gewesen sei, führte zu kritischen Reaktionen. Sie finden sich z.T. in: André Gunder Frank, *Critique and Anticritique. Essays on Dependence and Reformism*, London 1984.

31 Andres Boeckh, *Entwicklungstheorien,* in: *Lexikon der Politik, Bd. 1* (hrsg. von Dieter Nohlen), München 1995, S. 71f.

populärwissenschaftliche Thesen nach wie vor einer erheblichen Beliebtheit, zumal sie eine einfache Erklärung für die wirtschaftliche Unterentwicklung zu liefern scheinen.

8.4 Die Öffnung und Neuorientierung der Wirtschaft seit den 1980er Jahren

Ein auslösendes Moment für die Neuausrichtung der Wirtschaftspolitiken war die Schuldenkrise (1982-90). Mehrere Faktoren wirkten zusammen: In den 1970/80er Jahren verfügten die privaten Großbanken nach dem Ölboom über erhebliche Mittel, die sie gerade den lateinamerikanischen Ländern zunächst zinsgünstig zur Verfügung stellten. Bezeichnenderweise gehörten Brasilien, Mexiko und Argentinien zu den Hauptschuldnerländern der gesamten sog. Dritten Welt. Zu den externen Faktoren zählten der zweite Ölpreisschock 1979/80, der zu einer Verteuerung der Importe der Entwicklungsländer führte, die Hochzinspolitik der USA, die neue Kapitalimporte und Kredite verteuerte sowie eine Zunahme des Protektionismus der Industrieländer. Zu den internen Faktoren gehörten Fehlinvestitionen in Prestigeprojekte und Kapitalflucht.[32] Zu den Gründen für die Kapitalflucht gehören u.a. die Entwertung der Binnenwährungen, Wechselkurskontrollen, mangelnde Rechtssicherheit und korrupte Praktiken. So soll die Gruppe um Präsident Carlos Menem in Argentinien ca. 43 Mrd. US-$ außer Landes geschafft haben. Die auf Auslandskonten geschätzten Guthaben von Lateinamerikanern übertreffen in der Regel die jeweilige Auslandsschuld der Länder. Nach Angaben des *Instituto Nacional de Estadísticas y Censos* (INDEC) nahmen die argentinischen Guthaben im Ausland zwischen 2002 und 2003 um 8.000 Mio. US $ zu und machten 56 % der Auslandsschuld aus.[33] Die Schuldendienstquote, d.h. die für Tilgung und Zinsen aufzubringenden Anteile der Exporte, ist dabei in Lateinamerika die höchste auf der Welt (2000 = 38,7 %).

Die Schuldenkrise in Lateinamerika und der Dritten Welt war ein Grund für das Aufkommen neoliberaler Wirtschaftspolitiken. Eine weitere Ausdehnung der Staatstätigkeit sowie der Ausbau sozialer Dienstleistungen und Sicherungssysteme waren in den allermeisten Ländern nicht mehr möglich. Daneben spielte der internationale Kontext eine Rolle. Die

32 Vgl. dazu *„Schuldendienst" und „Verschuldung"*, in: Nohlen (Hrsg.), *Lexikon Dritte Welt*, S. 707f. und 854-859.

33 *El País*, 23.7.2004.

Regierungen unter Margaret Thatcher in England (ab 1979) und Ronald Reagan in den USA (ab 1981) gingen zu neoliberalen Wirtschaftspolitiken über. Als Neoliberalismus bezeichnet man eine anti-interventionistische Wirtschaftstheorie und angebotsorientierte Wirtschaftspolitik; in Lateinamerika wird der Begriff umgangssprachlich für alles verwendet was mit Marktwirtschaft und Kapitalismus zu tun hat.

Für Lateinamerika wurde das wirtschaftliche Maßnahmenpaket, das in der Öffentlichkeit der meisten Länder einen schlechten Klang hat, im sog. Konsens von Washington zusammengefasst. Geprägt wurde der Begriff von John Williamson vom *Institute for International Economics*/Washington. Das Konzept wurde von IWF, der Weltbank, der US-Regierung und international operierenden Finanzinstituten propagiert.[34] Die Ursachen der Krise wurden in einem übermäßigen Staatsinterventionismus, der Protektionismus, Überregulierung und einen aufgeblähten Staat zur Folge hatte sowie im ökonomischen Populismus diagnostiziert. Dies hatte eine mangelnde fiskalpolitische Disziplin zur Folge und eine geringe Bereitschaft, die Haushaltsdefizite zu korrigieren.[35] Als Kernelemente der Reformen galten: makroökonomische Stabilisierung, Privatisierung staatlicher Unternehmen, Deregulierung der Märkte sowie Liberalisierung der nationalen Kapitalmärkte und Öffnung gegenüber dem Ausland.

Bolivien, Chile, Costa Rica, Mexiko, Uruguay und Kolumbien begannen als *major reformers*[36] Mitte der 1980er Jahre mit diesen Maßnahmen. Die Außenzölle wurden erheblich gesenkt und die Restriktionen für ausländische Investitionen abgebaut. In einigen Ländern kamen neue landwirtschaftliche Exportprodukte hinzu – wie Sojabohnen, Orangen bzw. andere Fruchtsäfte, frisches Gemüse und Schnittblumen. Im Zuge der Globalisierung haben sich Nischen aufgetan, die einzelne Länder nutzen konnten. So wurde Ecuador – wie bereits zuvor Kolumbien – zu einem Blumenexporteur. In 2.300 Metern Höhe wachsen die Rosen unter dem Äquator offenbar besonders gut, weshalb die Bauern die Viehzucht aufgaben, Gewächshäuser aus Plastikfolie aufstellten und mit speziellen Anbaumethoden für den internationalen Markt produzieren. Bis zu 50.000 vor allem weibliche Beschäftigte sollen an der Produktion für den täglichen „Rosenbomber" beteiligt sein. Die Hersteller erhalten nur 25 Cent pro Stängel, in Deutsch-

34 Nuscheler, *Entwicklungspolitik, S.* 83.
35 Susana Sottoli, *Sozialpolitik und entwicklungspolitischer Wandel in Lateinamerika: Konzepte und Reformen im Vergleich*, Opladen 1999, S. 41.
36 John Williamson (Hrsg.), *The Progress of Policy Reform in Latin America*, Washington 1990, S. 404.

land kostet die Rose aus Ecuador zwischen zwei und drei Euro, wobei der Löwenanteil auf die Transportkosten entfällt.[37]

Die Öffnungs- und Privatisierungspolitik beinhaltete weit reichende Veränderungen.[38] Zum einen kam es zur Privatisierung einer Reihe von Staatsbetrieben in Argentinien, Brasilien und anderen Ländern, wobei der Eindruck entstand, dass die staatlichen Monopole teilweise an Privatleute übergingen. In der Folgezeit kamen immer wieder Vorwürfe auf, dass es bei den Privatisierungsprozessen zu Unregelmäßigkeiten gekommen sei und sich einzelne Politiker dabei bereichert hätten. Zum anderen stellte sie auch politische Traditionen in Frage. So wurde in Mexiko mit der Revolution das indianische Gemeineigentum wieder eingeführt, die sog. *ejidos*. Das Verbot eines Verkaufs von *ejidos* wurde in der *Ley 27* von 1992 aufgehoben, womit einer Privatisierung des Agrarbereichs Tür und Tor geöffnet wurde. Durch den Verkauf von Land durch die Kleinbauern nahm die Abwanderung in die Städte weiter zu.

Die Liberalisierung in der Wirtschaft förderte den Regionalisierungsprozess. Zum 1.1.1994 trat Mexiko dem *North American Free Trade Agreement* (NAFTA) bei, d.h. einem von Kanada und den USA 1989 begründetem Freihandelabkommen. Im Rahmen von Bushs *Initiative for the Americas* wurden 1990 die Verhandlungen zur NAFTA aufgenommen. Als Folge einer Reihe von regionalen und bilateralen Abkommen stieg der Handelsaustausch zwischen den lateinamerikanischen Ländern stark an. Im Rahmen der *Free Trade Area of the Americas* (FTAA) kam es 1994 zu einem Treffen in Miami, 1998 in Santiago und 2001 in Québec. Allerdings ist die FTAA (spanisch = *çrea de Libre Comercio de las Américas*, ALCA) in Lateinamerika mittlerweile umstritten, so dass noch unklar ist, ob und wann sie in Kraft treten kann.

Zu den Krisenmomenten der 1990er Jahre gehört die Finanzkrise 1994 in Mexiko, die mit ihren Auswirkungen in dem sog. *Tequila*-Effekt auf andere Länder übergriff. Zu kleineren Krisen kam es 1998 in Brasilien und 1999 in Argentinien. Trotz dieser Krisenerscheinungen gelang es den Ländern im Verlaufe der 1990er Jahre den Inflationsprozess zurückzuführen. Entsprechende Erfolge, etwa wie der von Präsident Cardoso in Brasilien mit dem *Plan Real*, wurden von den Bürgern offenbar auch bei Wahlen honoriert.

Trotz eines gesamtwirtschaftlichen Wachstums in Lateinamerika in den 1990er Jahren von durchschnittlich 2,8 % pro Jahr (1980 = nur 1,1 %) und

37 *Financial Times Deutschland*, 20.8.2004.

38 Als Einstieg: Kurt Weyland, *Assessing Latin American Neoliberalism*, in: *LARR*, 39(2004)3, S. 143-149.

einer relativen Geldwertstabilität zeigten sich im wirtschaftlichen Anpassungsprozess Krisenerscheinungen (Tab. 15.2). So waren die Importaufwendungen höher als die insgesamt gestiegenen Exporte. Durch die verstärkten Importe sollte u.a. der technologische Rückstand der 1980er Jahre aufgehoben werden. Eine Bestandsaufnahme am Ende der 1990er Jahre konnte festhalten, dass die Liberalisierung des Außenhandels relativ weit vorangeschritten war, die überfällige Reform des Steuerwesens hingegen noch in den Anfängen steckte.[39] Betont wurde deshalb die Notwendigkeit einer „zweiten Generation" von Wirtschaftsreformen, die Reformen der Arbeitsbeziehungen, der sozialen Sicherungssysteme und der Bildungs- und Ausbildungssysteme beinhalten solle.

Anfang der 1990er Jahre schien vieles darauf hinzudeuten, dass das bisherige Entwicklungsmodell „Rohstoffexport plus industrielle Importsubstitution" überholt war. Ein vorsichtiger Optimismus kam auf, dass durch verstärkte Kooperation und Integration die Binnenmarktpotentiale vergrößert und ein neues Wirtschaftswachstum eingeleitet werden könnte.[40] Die wirtschaftliche Entwicklung verbesserte sich im Verlauf der 1990er Jahre, es wurden aber auch Schwachstellen und neue Aufgaben im Reformprozess erkennbar (Tab. 18). Dazu gehören Investitionen in das „Humankapital", d.h. besonders Reformen der Erziehungs-, Gesundheits- und Finanzsysteme, Verwaltungsreformen des öffentlichen Dienstes, Effizienzsteigerung der staatlichen Budgetsysteme sowie Verbesserung der rechtlichen Rahmenbedingungen für den privaten Sektor.[41] Bezeichnungen wie Protektionismus, Importsubstitution und Intervention wurden zu *dirty words*, zu einer Art schwarzen Legende der Nachkriegsentwicklung Lateinamerikas.[42] Allerdings verlief die wirtschaftliche Entwicklung zwischen 1997 und 2002 ungünstig, so dass von einem „verlorenen Jahrfünft" die Rede war. Es wurde darüber spekuliert, ob „Lateinamerika zu den Verlierern im Prozess wirtschaftlicher Globalisierung" gehört.[43] Zwar nahmen die Direktinvestitionen als Folge der Privatisierungen und der Integrationsbe-

39 Hartmut Sangmeister, *Aktuelle Problemfelder und Handlungserfordernisse der Wirtschaftspolitik in Lateinamerika,* in: *Brennpunkt Lateinamerika,* 1999(21), S. 188.

40 Hartmut Sangmeister, *Reformpolitik in Lateinamerika. Chancen und Risiken des wirtschaftspolitischen Paradigmenwechsels*, in: *APuZ,* (1991)B39, S. 3-17.

41 Hartmut Sangmeister, *Chile als Modell für Lateinamerika? Die Wirtschaftsreformen in Argentinien, Brasilien und Chile im Vergleich*, in: *APuZ,* (1989)B39, S. 40.

42 So in der Einleitung von: Enrique Cárdenas/José Antonio Ocampo/Rosemary Thorp, *The Economic History of the Twentieth-Century Latin America, Vol. 3. Industrialization and the State in Latin America: The Postwar Years,* Oxford 2000, S.1.

43 Detlef Nolte, *Gehört Lateinamerika zu den Verlierern im Prozeß wirtschaftlicher Globalisierung?* in: *Brennpunkt Lateinamerika,* (1999)7, S. 51- 58.

strebungen zu, das Sparaufkommen und die Investitionsneigung liegen in Lateinamerika jedoch deutlich unter der in Südostasien. Erst 2003 setzte wieder ein leichter Aufschwung ein, der sich in den folgenden Jahren fortgesetzt hat.[44] Nachdem die Euphorie über die neoliberalen Wirtschaftspolitiken verraucht ist, kann eine nüchterne Bestandsaufnahme erfolgen, zumal nun Studien zu den Auswirkungen der Reformen und den Auswirkungen auf die Einkommensverteilung vorliegen. Demnach verbesserte sich die Einkommensverteilung in den 1970er Jahren, verschlechterte sich in den 1980ern und blieb in den 1990ern relativ konstant. Nur in Argentinien und Venezuela erfolgte in den 1990er Jahren eine deutliche Verschlechterung. Die Region zeigt sich auch in dieser Hinsicht heterogen.[45] Im Zuge der sinkenden Akzeptanz von marktwirtschaftlichen Reformen ertönt allenthalben der Ruf nach einem *Post-Washington-Consensus*.

Bei den Direktinvestitionen hat es Veränderungen gegeben. In den 1990er Jahren und erneut ab 2000 lässt sich ein starker Anstieg feststellen, der sicherlich auch mit dem Verkauf von über 1.000 Staatsbetrieben zu tun hatte. Während deutsche Unternehmen noch bis in die 1990er Jahre nach den US-Firmen als zweitwichtigster Investitionspartner Lateinamerikas galten, lagen sie 1999 hinter den USA, Spanien, den Niederlanden und Frankreich an fünfter Stelle (Tab. 17). Diese Zahlen vermitteln indessen kein vollständiges Bild, denn deutsche Unternehmen haben in bestimmten Branchen Schlüsselpositionen inne und finanzieren notwendige Investitionen teilweise aus den eigenen Einnahmen. Ein Teil der deutschen Investitionen stammt wiederum aus anderen Drittländern und kann nicht genau erfasst werden. Etwa 2.000 deutsche Unternehmen sind mit Direktinvestitionen in der Region vertreten. Ihr Produktionsvolumen soll den gesamten deutschen Export in die Region um mehr als das dreifache übersteigen.[46]

Einzelne Länder gingen zur offiziellen Dollarisierung über. 2000 beschloss man in Ecuador, den Sucre durch den US-Dollar als gesetzliches Zahlungsmittel zu ersetzen. El Salvador und Guatemala gingen in den folgenden Monaten in eine ähnliche Richtung.[47] Ökonomen weisen darauf

44 Hartmut Sangmeister, *Lateinamerikas gesamtwirtschaftliche Entwicklung 2004: Licht am Ende des Tunnels?* in: *Brennpunkt Lateinamerika,* (2004)1, S. 1-11.

45 Samuel A. Morley, *La distribución del ingreso en América Latina y el Caribe,* Mexiko/Chile 2000, S. 183ff.

46 Peter Rösler, *Deutsche Direktinvestitionen in Lateinamerika,* in: *Brennpunkt Lateinamerika,* (2000)16, S. 179.

47 Jonas Wolff, *Bestimmungsfaktoren und Konsequenzen der offiziellen Dollarisierung in Lateinamerika. Eine politökonomische Analyse unter besonderer Berücksichtigung Ecuadors,* Hamburg 2003, S. 11.

Tabelle 16: Direktinvestitionsbestände der EU in Lateinamerika 1999

	Bestände am Jahresende in Mrd. Euro	Anteil am DI-Gesamtbestand der EU in %
Lateinamerika	136,3	11,5
davon: Mexiko	11,5	1,0
Chile	12,6	1,1
Mercosur	87,2	7,3
davon: Brasilien	48,2	4,1
Argentinien	38,1	3,2
AKP-Länder der Karibik	3,0	0,3
LAC	139,3	11,7
Extra-EU insgesamt	1187,0	

Quelle: Eurostat, entnommen aus: Günther Maihold, *Brücken über den Atlantik*, in: Hans-Peter Burmeister/Joachim Lange (Hrsg.), *Lateinamerika und Europa, Perspektiven der wirtschaftlichen, politischen und kulturellen Beziehungen*, Rehburg-Loccum, 2003, S. 97.

hin, dass es einen Währungsblock, der große Teile Nord- und Südamerikas umfasste, vor über 200 Jahren de facto bereits einmal gegeben hat. Denn 1792 bestimmte der nordamerikanische Kongress den Dollar als gesetzliches Zahlungsmittel, der mit einem Wechselkurs von 1:1 an den *peso fuerte de plata*, d.h. den hispanoamerikanischen Peso, gebunden war. Fast 100 Jahre zirkulierten Dollars und Pesos auf dem amerikanischen Kontinent mit unveränderter Parität.[48] Derzeit zeigen sich jedoch auch rückläufige Tendenzen: Im Jahr 2002 vollzog Argentinien die Abkehr von der festen Eins-zu-eins Bindung des Peso an den Dollar. Ab 2004 erzielte die Region ein Wachstum zwischen 4 und 6 %. Es lässt sich weitgehend auf das günstige außenwirtschaftliche Umfeld und die hohen Preise für die exportierten Rohstoffe zurückführen. Allerdings nahm die Auslandsverschuldung nur in wenigen Staaten ab; mit rund 727,6 Mrd. US$ blieb Lateinamerika auch 2006 die höchst verschuldete Region.

Der Rohstoffhunger hat dazu geführt, dass China als Handelspartner Lateinamerikas mittlerweile auf Rang drei steht, es ist sogar der zweit-

48 Hartmut Sangmeister, *US-Dollars für alle in Lateinamerika?* in: *Brennpunkt Lateinamerika*, (2000)7, S. 68.

Tabelle 17: Deutsche Direktinvestitionen 1980-2002 (in Mio. Euro)

	1980	1985	1990	1995	2000	2001	2002
Lateinamerika	n.v.	n.v.	6.977	12.602	26.405	29.971	22.310
Argentinien	721	821	868	1.077	2.993	2.390	1.318
Bolivien	6,6	6,1	3,6	2	7	10	16
Brasilien	2.693	4.193	3.394	6.322	8.608	8.495	5.489
Chile	52,2	72,6	103,3	385,5	811	858	818
Costa Rica	5,1	17,9	17,9	15,3	41	67	63
Dom. Republik	1,5	n.v.	2,6	4,1	25	28	24
Ecuador	31,2	35,8	18,4	28,6	118	127	117
El Salvador	17,9	25,1	12,8	33,2	69	79	69
Guatemala	19,9	56,2	23	43,5	82	98	87
Honduras	1	n.v.	n.v.	3,1	10	6	16
Jamaika	n.v.	n.v.	n.v.	n.v.	n.v.	n.v.	n.v.
Kolumbien	64,9	145,7	124,2	280,7	543	553	430
Mexiko	675,9	505,2	1.371	1.531	5.915	6.802	5.629
Nicaragua	7,7	n.v.	n.v.	n.v.	6	6	5
Panama	216,8	48,6	57,3	47,6	143	169	n.v.
Paraguay	10,2	7,7	4,1	26,6	10	13	13
Peru	34,3	n.v.	36,8	21	104	162	96
Uruguay	29,7	23	29,7	44	185	129	89
Venezuela	119,1	86,4	64,4	97,1	922	1.010	928

Quelle: Dresdner Bank Lateinamerika, 2004. (Neuere Zahlen waren nicht zu erhalten, zu einzelnen Ländern veröffentlicht das Wirtschaftsministerium jährlich aktuelle Zahlen; www.bmwi.de).

wichtigste Handelspartner Mexikos und Perus. China verfolgt seit Anfang der 1990er Jahre eine Strategie zur Diversifizierung der Märkte und strebt mit Wirtschaftsabkommen chinesisch-lateinamerikanische Kooperationen im Rohstoff- und Infrastrukturbereich an. 2006 trat ein Freihandelsabkommen mit Chile in Kraft, China ist derzeit der weltgrößte Kupferkonsument. Allerdings erwächst den lateinamerikanischen Ökonomien mit dem chinesischen Markt ein Konkurrent: schon bald wurden beispielsweise brasilianische Produkte in China nachgebaut; die chinesische Textilindustrie überschwemmt den mexikanischen Markt und konkurriert mit mexikanischen Exporten in den USA.[49]

8.5 Zusammenfassung

Eine Bilanz der wirtschaftlichen Lage Lateinamerikas bis 2003 fällt ernüchternd aus: Der Anteil der Region am globalen BIP lag im Jahr 2000 mit 6,4 % unter dem Stand von 1980 und der an den weltweiten Warenexporten betrug nur 5,6 %. Die Volkswirtschaften mussten sich Finanzkapital weltweit borgen, das vorhandene Humankapital ist nur begrenzt wettbewerbsfähig, das Sozialkapital an Vertrauen und Gemeinsinn erodiert in Folge von Kriminalität und Korruption weiter und schließlich wird das Naturkapital des amerikanischen Subkontinentes durch transnational agierende Unternehmen übernutzt.[50] Somit sind die Ergebnisse der wirtschaftlichen Reformen und Privatisierungsprozesse ambivalent (Tab. 19). Die erhoffte effizientere Ressourcenallokation durch die Liberalisierung von Märkten und das Austrocknen der durch protektionistische Maßnahmen entstandenen Renteneinkommen sowie die Schaffung von neuen Einnahmequellen für geringer Qualifizierte haben sich nur partiell eingestellt. Zwar wurde ein moderates Wachstum erzielt, von einem nachhaltigen Wachstum kann jedoch nicht die Rede sein, der Anteil der Erwerbsbevölkerung im informellen Sektor ist im Verlaufe der 1990er Jahre weiter gestiegen und die technologische Dynamik ausgeblieben.[51] Um die systemische Wettbewerbsfähigkeit zu stärken, müsste Lateinamerika nach Meinung von Altenburg/von Haldenwang die wissensbasierten Wettbewerbsvorteile ausbauen u.a durch leistungsfähige und sozial durchlässige Bildungssysteme, durch die Stärkung von Eigentumsrechten, die Modernisierung und Integration des ländlichen Raumes sowie den Anschluss an moderne und international wettbewerbsfähige Produktionssysteme. Empfohlen wird in diesem Zusammenhang eine Reform der poli-

49 Vera Lehmann, *China und Lateinamerika – Neue Chancen oder neue Abhängigkeit?*, in: *Jahrbuch Lateinamerika 31. Rohstoffboom mit Risiken*, Münster 2007, S. 141-158.

50 So die kritische Bilanz von Hartmut Sangmeister, *Eine soziale Marktwirtschaft für Lateinamerika,* in: Dieter Nohlen/Hartmut Sangmeister (Hrsg.), *Macht, Markt, Meinungen. Demokratie, Wirtschaft und Gesellschaft in Lateinamerika,* Wiesbaden 2004, S. 112. Ferner: Ders., *Wirtschaftliche Entwicklung und Umweltbelastung in Lateinamerika*, in: *Brennpunkt Lateinamerika*, (2004)19, S. 205-215.

51 Tilman Altenburg/Christian von Haldenwang, *Wirtschaftliche Entwicklung auf breiter gesellschaftlicher Basis – eine Reformagenda für Lateinamerika,* in: ebenda, S. 128f.

tischen Institutionen, eine Dezentralisierung und Modernisierung der Verwaltung.

Die „systemische Wettbewerbsfähigkeit“[52] ist gegenüber anderen Regionen weiter niedrig. Die Sparquote liegt mit der Ausnahme Chiles unter der asiatischer Länder. Lateinamerika steht vor einem doppelten Handicap: einerseits eine geringe technologische Kompetenz, andererseits eine extrem ungleiche Verteilung der Einkommen. In neueren Beiträgen propagiert die CEPAL eine Politik der sozialen Integration, die die Armen mit einer Sozialpolitik integrieren, einer Wirtschaftspolitik, die die strukturelle Heterogenität zwischen den Sektoren reduzieren und gleichzeitig die Bürgerrechte armer Bevölkerungsgruppen stärken möchte.[53]

Literatur-Empfehlungen

Bertelsmann Stiftung (Hrsg.), *Bertelsmann Transformation Index 2008. Politische Gestaltung im internationalen Vergleich*, Gütersloh 2008. Der Bertelsmann Transformation Index (BTI) informiert über den Stand von Demokratie und Marktwirtschaft im internationalen Vergleich (Status-Index) und bietet Vergleichsdaten über die Qualität der politischen Gestaltungsleistung in 125 Transformationsländern im Zeitraum von 1998 bis 2003 (Management-Index) (vgl. Tab. 20). Hinter Ostmittel- und Südosteuropa nimmt Lateinamerika den zweiten Platz ein.

Victor Bulmer-Thomas, *The Economic History of Latin America since Independence,* Cambridge 1994.

Hans-Jürgen Burchardt, *Zeitenwende – Politik nach dem Neoliberalismus*, Stuttgart 2004. Der Band beschreibt mögliche Wege vom Neo- zum Sozialliberalismus und die Suche nach einem ‘Post-Washington Consensus.

Ricardo French-Davis, *Reforming the Reforms in Latin America: Macroeconomics, Trade, Finance*, New York 2000 analysiert die wirtschaftliche Entwicklung und die Öffnungsprozesse seit Ende der 1980er Jahre.

Patrick Heenan/Monique Lamontagne (Hrsg.), *The South America Handbook,* London/Chicago 2002. Das in der Reihe *Regional Handbooks of Economic Development* erschienene Handbuch behandelt eingangs die Wirtschaftsgeschichte im Überblick, es folgen Länderartikel sowie im dritten Teil ein Ausblick auf das 21. Jh. unter Berücksichtigung wirtschaftlicher und integrationspolitischer Aspekte.

52 Zu diesem Konzept, das sich als Alternative zur neoliberal geprägten wirtschafts- und industriepolitischen Ausrichtung versteht, vgl.: Klaus Eßer u.a., *Systemische Wettbewerbsfähigkeit und Entwicklung*, in: Reinold E. Thiel (Hrsg.), *Neue Ansätze zur Entwicklungstheorie*, Bonn: DSE 2001 (2. Aufl.).

53 Freiberg-Strauss, *Ein Bürgerrecht auf gleiche Chancen und Optionen, S.* 138.

Tabelle 18: *Übersicht der ökonomischen Jahresdaten 1980 – 2003*

	BIP (in Mrd. US-$)	BIP-Veränderung (real)*	Inflation**	Ausländische Nettodirektinvestitionen (Mio. US-$)	Bruttoauslandsschuld (Mio. US-$)	Auslandsschuldendienst (Mio. US-$)
1980	820	n.v.	72,7	5809,2	218819	44213,1
1981	888	0,2	69,9	8049,6	275596	51787,6
1982	746,1	-1,3	103,1	6042,1	326648	63406,6
1983	646,7	-2,6	161,9	4806,3	343451	49576,6
1984	682,8	3,5	221,6	4031,9	361743	48241,7
1985	678,6	2,6	211,9	5958	380434	50698
1986	697,8	3,9	73	4251,7	403599	49826,4
1987	728,1	3,2	229,2	3432,8	435875	48028,5
1988	893,3	0,5	606,3	7387,2	420143	53403,7
1989	914,9	0,7	1620,1	6149,7	449997	52707,2
1990	1011,1	0,6	1136,4	6626	474616	60191,2
1991	1152,8	4,3	224	10707,4	499445	59473
1992	1277,4	3,6	463,7	12392,7	530138	64983,7
1993	1351,5	4,2	1013,8	11176,9	576450	63413,3
1994	1552,6	5,5	381,3	24300,8	621509	71566,9
1995	1639,2	0,2	25,9	25784,9	672782	87757,6
1996	1777,3	3,7	17,5	37003	693405	103863,7
1997	1948,2	5,6	10,3	50261,5	716395	112363,8
1998	1955,6	2,4	10	53634	726091	129000
1999	1723	0,2	8,9	68800	739000	148000
2000	1912,7	4,5	8,3	68921,6	722412,4	139087
2001	1892,2	0,5	5,5	69089,7	743204,6	150200
2002	1663,9	-0,2	11,4	42288,6	754395,8	141300
2003	1702,1	1,2	6,6	30835,4	781346,5	165900

* zu Preisen von 1999 **Veränderungsrate ggb. Vorjahr in %

Quelle: Dresdner Bank Lateinamerika 2004.

Tabelle 19: Sozioökonomische Charakteristika 18 lateinamerikanischer Länder

	BIP pro Kopf in US$ (2005)[a]	BIP pro Kopf in PPP US$ (2005)[a]	Bev. in Mio. (2005)[a]	Erwerbsbev. nach Sektoren in % (2005)[c]			HDI (2005)[a]	Sozialversi-cherte in % der Bev. (1989-98)[d]	Gini-K. der Einkommens-verteilung (2007)[a]	Armut in % der Bev. (Ende der 90er Jahre)[b]
				LW	IN	DL				
Mexiko	7.454	10.751	104,3	13,9	25,7	60,4	0,829	58	46,1	31,7
Chile	7.073	12.027	16,3	13,1	23,9	62,9	0,867	93	54,9	13,7
Venezuela	5.275	6.632	26,7	9,7	20,8	69,5	0,792		48,2	30,2
Uruguay	4.848	9.962	3,3	4,6	22,0	73,4	0,852	88	44,9	18,5
Panama	4.786	7.605	3,2	19,3	17,0	63,7	0,812		56,1	30,8
Argentinien	4.728	14.280	38,7	1,1	23,5	75,4	0,869	80	51,3	21,0
Costa Rica	4.627	10.180	4,3	15,0	21,6	63,4	0,846	86	49,8	19,0
Brasilien	4.271	8.402	186,8	19,6	21,6	58,8	0,800		57,0	33,3
Dom. Rep.	3.317	8.217	9,5	14,7	22,5	62,8	0,779		51,6	44,5
Peru	2.838	6.039	27,3	37,5	13,4	49,1	0,773	24	52,0	44,5
Ecuador	2.758	4.341	13,1	30,3	17,6	52,1	0,772		53,6	39,9
Kolumbien	2.682	7.304	44,9	20,9	19,8	59,4	0,791	16	58,6	46,8*
Guatemala	2.517	4.568	12,7	36,2	20,2	43,7	0,689		55,1	60,2**
El Salvador	2.467	5.255	6,7	18,4	23,9	57,7	0,735	16	52,4	47,5*
Paraguay	1.242	4.642	5,9	31,1	16,1	52,8	0,755		58,1	60,5*
Honduras	1.151	3.340	6,8	36,3	21,8	41,9	0,700		53,8	71,5
Bolivien	1.017	2.819	9,2	32,3	21,6	46,0	0,695	21	60,1	63,9*
Nicaragua	954	3.674	5,5	29,0	18,4	52,6	0,710		43,1	69,4**

Quelle und Anmerkungen: Rangordnung der Länder nach Höhe des Pro-Kopf-Einkommens; a: United Nations Development Programme, *Human Development Report 2007/2008*, New York 2007. Entnommen aus: [http://hdr.undp.org/en/media/hdr_20072008_en_complete.pdf]; b: CEPAL, Social Panorama of Latin America 2007, S.11.; c: CEPAL, *Statistical Yearbook for Latin America and the Caribbean 2006*, S.42.; d: Mesa-Lago 2000.

(Entnommen aus: Heinrich-W. Krumwiede, *Soziale Ungleichheit und Sozialstruktur in Lateinamerika*, in: Petra Bendel/Michael Krennerich (Hrsg.), *Soziale Ungerechtigkeit. Analysen zu Lateinamerika*, Frankfurt a. M., 2002, S.59.)

Tabelle 20: Entwicklungsstand der Marktwirtschaft, 2008

Entwickelte Markt-wirtschaft	Funktions-fähige Markt-wirtschaft	Marktwirtschaft mit Funktionsdefiziten		Schlecht funk-tionierende oder nur rudimentäre Markt-wirtschaft
(10 bis 8)	(< 8 bis 7)	(< 7 bis 6)	(< 6 bis 5)	(< 5 bis 3)
Chile	Costa Rica Uruguay Brasilien Mexiko Panama	Argentinien El Salvador Jamaika Kolumbien Peru Dominikanische Republik	Honduras Paraguay Nicaragua Ecuador Kuba Bolivien	Guatemala Venezuela Haiti

Die Tabelle gibt einen Überblick über die Bewertungen im Bereich der marktwirtschaftlichen Transformation.

Quelle: Bertelsmann Transformation Index 2008.

Investitionsführer Lateinamerika (Argentinien bis Venezuela) Berliner Bank u.a. 1998. Der Investitionsführer gibt zunächst einen Überblick über die Wirtschaftsentwicklung, es folgen Einzeldarstellungen der Länder sowie der rechtlichen Rahmenbedingungen.

Rupert F.J. Pritzl, *Korruption und Rent-Seeking in Lateinamerika. Zur politischen Ökonomie autoritärer politischer Systeme,* Baden-Baden 1997. Die interdisziplinär angelegte Studie analysiert verschiedene Aspekte von Korruption und *Rent-Seeking* und erblickt darin die Ursachen für mangelnde Entwicklungserfolge.

Hartmut Sangmeister, *Lateinamerikas Wirtschaft erwartet 2007 ein weiteres gutes Jahr,* in: *GIGA Focus* 2007/1.

Susana Sottoli, *Sozialpolitik und entwicklungspolitischer Wandel in Lateinamerika: Konzepte und Reformen im Vergleich,* Opladen 1999. Auf der Grundlage der Leitlinien internationaler Organisationen wird der jüngere wirtschaftliche und soziale Wandel in Lateinamerika am Beispiel von Argentinien und Chile dargestellt.

Rosemary Thorp, *Progress, Poverty and Exclusion. An Economic History of Latin America in the 20Th Century,* New York 1998. Das Buch vermittelt einen guten Überblick über die ökonomische und soziale Entwicklung Lateinamerikas während der vergangenen 100 Jahre und zeigt die unterschiedliche Form der Weltmarktintegration auf.

Joseph S. Tulchin/Allison M. Garland (Hrsg.), *Social Development in Latin America: the Politics of Reform,* Boulder 2000. Der Sammelband beschreibt eingangs die Lage und die Reformversuche im Bereich der Sozialpolitik, der zweite Teil enthält Länderbeispiele in Argentinien, Chile, Mexiko und Venezuela.

Kurt Weyland, *The Politics of Market Reform in Fragile Democracies,* Princeton 2002. Am Beispiel von Argentinien, Brasilien, Peru und Venezuela analysiert das Buch die Umsetzung von marktwirtschaftlichen Reformen.

Worüber es zu diskutieren lohnt

- über Begriff und Bedeutung der Importsubstitution (ISI)
- über die Begriffe Abhängigkeit und Entwicklung im lateinamerikanischen Kontext
- über die möglichen politischen Implikationen besonders des linken Flügels der *Dependencia*-Ansätze
- über die Ursachen für das Entstehen der Schuldenkrise
- über Merkmale und Charakteristiken des „Konsenses von Washington"

9. Staat, Präsidentialismus, Formen der Rechtsstaatlichkeit

In der Bundesrepublik Deutschland gehen wir nach wie vor von einem Sozial-, Wohlfahrts- und Rechtsstaat aus. Unsere Tradition war vom Ende des 19. Jhs. bis Ende des 20. Jhs. etatistisch. Anfang des 21. Jhs. werden die Auswirkungen von Globalisierung und liberaler Wirtschaftspolitik auch in Europa erkennbar. Wie verlief die Entwicklung in Lateinamerika? Im Zuge der frühen Unabhängigkeit von Spanien und Portugal wurden die lateinamerikanischen Länder Anfang des 19. Jhs. laut den Verfassungen zu Demokratien, obwohl sie gar keine Rechtsstaaten waren. In Deutschland war es eher umgekehrt, im Kaiserreich funktionierte der Rechtsstaat durchaus, auch wenn es sich nicht um eine parlamentarische Demokratie handelte. Zu den weiteren Paradoxien des Staates in Lateinamerika gehört die Tatsache, dass er sich im Laufe des 20. Jhs. zum Motor des gesellschaftlichen und ökonomischen Wandels entwickelte, gleichzeitig aber nicht in der Lage war, sich selbst grundlegend zu modernisieren.

Ein wichtiger Unterschied beim Vergleich zwischen Deutschland und Lateinamerika liegt darin, dass dort präsidentielle Systeme vorherrschen. Die Person des Regierungschefs besitzt eine hohe Bedeutung, historisch sind die Länder darüber hinaus durch den Zentralismus geprägt.

9.1 Staat

Bevor auf die Entwicklungskapazität des Staates im lateinamerikanischen Umfeld eingegangen wird, seien einige Aspekte genannt, die seinen Wirkungsgrad begrenzen.[1] Als erstes muss hier die *Souveränität*, d.h. eines der konstitutiven Elemente für den Staat, genannt werden.[2] Durch ausländische Interventionen war vor allem in Mittelamerika und der Karibik die Souveränität des Staates eingeschränkt. Dies galt auch im Bereich der

1 Marcos Kaplan, *Formación del Estado Nacional en América Latina,* Santiago de Chile 1969.

2 Manfred Mols, *Der Staat in vergleichender Perspektive: Regionalistische Forschung als Korrektur politikwissenschaftlicher Fehlentwicklungen*, in: *Lateinamerika: Gesellschaft – Raum – Kooperation (Festschrift für Achim Schrader),* Frankfurt a.M. 1999, S. 145-154.

Wirtschaft aufgrund der anhaltenden ökonomischen Abhängigkeit der meisten Länder. Die *Dependencia*-Ansätze gingen von einer begrenzten Souveränität Lateinamerikas aus, sie wird wiederum besonders deutlich bei den Kleinstaaten Zentralamerikas, deren Wohlstand teilweise von den Preisen eines einzigen oder einiger weniger Exportprodukte abhängt.

Der zweite Aspekt betrifft das *Gewaltmonopol des Staates*, das eine Voraussetzung für Rechtsstaatlichkeit und Demokratie bildet. Es hat sich in Lateinamerika erst sehr spät und dann nur teilweise etablieren können. Bis ins 20. Jh. hatten in einigen Staaten lokale und regionale Führer eine erhebliche Macht inne. In vielen Ländern wartet der Rechtsstaat bis heute auf seine Durchsetzung. Für die Mehrheit der Lateinamerikaner und besonders die Armen bleibt es schwierig, Recht zu erhalten; die Käuflichkeit der Politik ist in schwachen Demokratien hoch.

Wenn wir die drei Elemente *Volk, Gebiet* und *Staatsgewalt* berücksichtigen, lassen sich deutliche Unterschiede zur (west-)europäischen Entwicklung erkennen: Die jeweilige Bevölkerung, in der Vergangenheit gerne mit dem Begriff *pueblo* (Volk) angesprochen, hat sich erst im 20. Jh. als Staatsvolk konstituiert, in einigen Gesellschaften blieb dieser Vorgang unvollständig. Fehlende rechtsstaatliche Regelungen für die Mehrheit der Bevölkerung machen die Menschen nach wie vor empfänglich für die Sirenengesänge alter und neuer Populisten. Gerade die Armen haben häufig Verbesserungen von einem paternalistischen Staat oder einem einzelnen Politiker erfahren.

Das Staats*gebiet* wurde spät und ungleichzeitig erschlossen. Die Bevölkerung konzentriert sich in den Küsten- und/oder Hauptstadtregionen, zumindest Mega-Hauptstädte wie Mexiko gleichen eher Ansammlungen von Inseln als einer geschlossenen urbanen Form. Ein bei 75 % liegender Urbanisierungsgrad und weite Räume im Landesinneren haben die Vorstellung vieler lateinamerikanischer Regierungen beflügelt, dass ihre Länder unterbevölkert seien. Gleichwohl ist die Bevölkerung in den vergangenen hundert Jahren von rund 60 Mio. (1900) auf über 500 Mio. angestiegen. Die Verteidigung der Souveränität einzelner Landesteile – etwa des Amazonas-Gebietes – ist Bestandteil nationalistischen Diskurses der jeweiligen Regierungen.

Die *Staatsgewalt*, im Sinne eines gesellschaftlich kontrollierten Herrschaftsmonopols, hat sich nicht durchgehend etablieren können. Späte Nationalstaatsbildung, langjährige militärische Ausnahmeherrschaft in etlichen Ländern und eine seit den 1980er Jahren im Zuge der Privatisierungsprozesse einsetzende Schwächung des Staates haben das Aufkommen von Privatpolizeien, Selbsthilfeinitiativen unterschiedlicher Couleur bis hin zu Quasi-Nebenregierungen gefördert. Am auffälligsten ist in diesem Zusammenhang das Drogenproblem: Von den insgesamt 28 wichtigsten Drogen produzierenden und exportierenden Staaten lagen Ende des 20. Jhs. 16 in Lateinamerika und der Karibik. Die meisten Handelsrouten verlaufen durch die Andenländer und die Anrainerstaaten des karibischen Beckens.[3] Beklagenswert ist das Aufkommen einer sog. Narcoguerilla. In Kolumbien beherrschte die Guerilla, zum Teil unterstützt durch die Drogenbarone, ein Gebiet von der Größe der Schweiz; auch in anderen Ländern haben die Drogenbosse massiv in die Politik und die Wahlkämpfe eingegriffen. Man hat das Drogenkartell als erfolgreichsten Multi Lateinamerikas bezeichnet. Die Verfilzung mit den herrschenden Kreisen ist teilweise so stark, dass Verfahren gegen Mitglieder der Drogenmafia im Ausland bzw. den USA erfolgen. Seit Mitte 2002, als in Kolumbien Alvaro Uribe die Präsidentschaft übernahm, hat die dortige Regierung 230 Personen an die USA ausgeliefert, Ende 2004 z.B. Gilberto Rodríguez Orejula, den Chef des Kartells von Cali.[4]

Obwohl die Handlungskapazität des Staates durch die hier nur angedeuteten Faktoren eingeschränkt wird, hat er im Verlaufe des 20. Jhs. in den politischen Programmen eine wichtige Rolle eingenommen. Bis in die 1920er Jahre dominierte das sog. „Wachstum nach außen“, das auf der Dominanz einer vergleichsweise kleinen Schicht beruhte und auch als oligarchische Herrschaft bezeichnet wurde. Dann setzte in einigen Ländern eine Industrialisierung ein; seit dem Schock der Weltwirtschaftskrise der 1930er Jahre begannen protektionistische Bestrebungen der größeren Regierungen. Es folgt die sog. „Entwicklung nach innen“, die ab 1948 von der als Unterorganisation der UNO gegründeten „Wirtschaftskommission für Lateinamerika“ (CEPAL, *Comisión Económica para América Latina*), gefördert wurde (Kap. 8). Bis zum Beginn der manifesten Wirtschaftskrise in den 1980er Jahren erlebte der Halbkontinent ein durchschnittliches Wachstum von 6,1 %. Die internationale Verschuldungskrise der 1980er Jahre führte dann zu einem Aufkommen neoliberaler Wirtschaftskonzepte und dem Versuch eines Rückbaus des Staates. Allerdings schwankt die staatliche Politik in einigen Staaten nach wie vor zwischen einem nationalpopulistischen Verstaatlichungskonzept und einem weltmarktorientierten Privatisierungskurs.

3 Manfred Wöhlcke, *Lateinamerika als Produzent und Exporteur von Drogen,* SWP-AP 3139, Ebenhausen 2000, S. 55.

4 *El Pais*, 5. 12. 2004.

In den Programmen der nationalistischen und antiimperialistischen Parteien wurde seit den 1920er Jahren dem Staat eine tragende Rolle zugewiesen. Er sollte sich als Entwicklungsstaat konstituieren und die Interessen der einheimischen Bürger und der Ärmeren gegenüber dem Ausland vertreten. Die Rolle als Motor und Akteur im Entwicklungsprozess spielte er seit der Großen Depression und besonders seit den 1950er Jahren unter dem Einfluss der CEPAL.[5] Besonders die klassischen populistischen Regime begannen mit unterschiedlichem Erfolg reformorientierte, distributive und teilweise auch redistributive Funktionen zu übernehmen. Nach der kubanischen Revolution 1959 erfolgte erstmals in einem Staat die Sozialisierung der Produktionsmittel. Unter der Regierung der Volkseinheit in Chile (1970-73) wurde der staatliche Sektor ebenfalls ausgeweitet. Erstaunlicherweise gilt dies auch für einige der Militärdiktaturen der 1960er Jahre in Südamerika, obwohl sie angekündigt hatten, einen neoliberalen Kurs einzuschlagen. Am deutlichsten war dies in Brasilien, wo ab 1964 die Militärs den staatlichen Sektor teilweise weiter ausbauten, während die Diktatur in Chile ab 1973 den Staatssektor in einigen Bereichen zurückführte, die Kontrolle über den Kupfer jedoch behielt.

Über das gesamte 20. Jh. sind die Staatsverwaltungen in ihrem Umfang gestiegen. Auf den „oligarchischen Staat" folgte der „populistische Staat", dann der sog. „desarrollistische Staat".[6] Charakteristisch ist in diesem Zusammenhang, dass praktisch alle gesellschaftlichen Gruppen sich in den Staat integrierten und an ihm teilzuhaben versuchten. Charles W. Anderson hat Lateinamerika einmal als „lebendiges Museum" bezeichnet, da praktisch keine soziale Schicht durch eine neue ausgeschaltet würde, sondern jeweils neue Schichten zu den alten hinzutreten.[7] Dies zeigt sich besonders auch bei den Staatsverwaltungen, die sich „im allgemeinen keiner besonderen Reputation" erfreuen, „sie gelten als aufgebläht, ineffektiv und korrupt."[8] Untersuchungen belegen, dass die Verwaltungen etlicher Länder eine sehr hohe Zahl von politisch besetzten Posten an der Spitze aufweisen und gleichzeitig eine vergleichsweise hohe Arbeitsplatzsicherheit auf der unteren Ebene. In Mexiko reichten die Angaben über politische Posten 2000 von 15.000 bis 50.000 bei insgesamt 750.000 Staatsangestellten. Ein

5 Dieter Nohlen/Mario Fernández B., *Wirtschaft, Staat und Sozialpolitik in Lateinamerika*, in: Manfred G. Schmidt (Hrsg.), *Staatstätigkeit*, Opladen 1988, S. 406-437.

6 Ebenda, S. 414.

7 Charles W. Anderson, *Politics and Economic Change in Latin America. The Governing of Restless Nations*, Princeton 1967.

8 Manfred Mols, *Demokratie in Lateinamerika*, Stuttgart 1985, S. 147.

großer Teil der Arbeiter bei der Zentral- und der Lokalregierung ist gewerkschaftlich organisiert. Immer wieder kommen Vermutungen auf, dass ein Teil dieser Angestellten nur ein Gehalt bezieht. Deshalb hat man von einem Klientelismus für die Eliten und einem Klientelismus für die Masse gesprochen, die dann wiederum ein wesentlich geringeres Gehalt erhalten. Eine Ausnahme bildet Chile, wo die Zahl der Staatsangestellten von 305.000 im Jahr 1973 auf 130.000 im Jahr 1990 gesunken ist.[9] Weil sich die staatliche Verwaltung als ineffektiv erwiesen hat, wurden zusätzliche sog. dezentrale Agenturen errichtet. Dies macht den Verwaltungsablauf überaus kompliziert, darüber hinaus entstehen Merkmale einer „dualen Bürokratie".

Nach dem Zweiten Weltkrieg verkündeten die meisten südamerikanischen Staaten Entwicklungspläne, die zum Teil nach sozialistischem Vorbild entstanden, sie blieben jedoch weitgehend Makulatur. Ein Hinweis dafür ist die Tatsache, dass es bei Recherchen vor Ort relativ schwer fällt, alte Entwicklungspläne aufzufinden und das Wissen um ihre Existenz auch zur Zeit ihrer Gültigkeit gering gewesen sein dürfte. Da die Statistiken der Länder zum Teil unvollständig waren oder sind, lässt sich ohnehin nur schwer überprüfen, ob der Plan eingehalten werden konnte.[10]

Paradoxerweise besteht in vielen Ländern neben einer zentralisierten auch eine dezentralisierte Verwaltung, weshalb man sowohl „die übermäßige, nationale Zentralisierung" als auch „die exzessive funktionale Dezentralisierung" antrifft.[11] Der Staat versucht die Entwicklung voranzutreiben und greift deswegen in die Wirtschaft ein, gleichzeitig schafft er mit dem Ziel einer Modernisierung neue dezentrale Einrichtungen, statt die alte Verwaltung zu reformieren. Die Verwaltung ist unübersichtlich und schwer kontrollierbar, zumal viele Stellen vor allem in der Ära des Populismus nach politischen bzw. persönlichen Gesichtspunkten vergeben wurden. Es setzte sich die Vorstellung durch, dass einmal besetzte Stellen erhalten bleiben, was bei einem Regierungswechsel in einigen Demokratien zu einer zusätzlichen Vermehrung von Posten führte. Dies war in Venezuela der Fall, wo die ab 1958 einsetzende demokratische Herrschaft proporzdemokratische Züge annahm, was bei einem Nachlassen der Devi-

9 George Philip, *Democracy in Latin America*, Cambridge 2003, S. 44ff.

10 Detaillierte Studien zur Verwaltung in Lateinamerika sind selten. Als Ausnahme: Jürgen H. Wolff, *Bürokratische Politik: Der Fall Kolumbien*, Berlin 1984.

11 Allan A. Brewer-Carías, *Die Probleme der öffentlichen Verwaltung und der Handlungsspielraum des Staates in Lateinamerika*, in: Manfred Mols/Josef Thesing (Hrsg.), *Der Staat in Lateinamerika*, Mainz 1995, S. 161-193.

seneinnahmen in den 1980er Jahren zu einer heftigen Parteien- und später Systemkritik führte, die den Aufstieg eines Populisten an die Macht einleitete.

Die Dezentralisierung in den 1980er Jahren war Folge der wirtschaftlichen Anpassungsprogramme und fiel in den einzelnen Ländern unterschiedlich aus.[12] Ausmaß und Auswirkungen der Dezentralisierung lassen sich noch nicht eindeutig einschätzen. Allerdings erhielt die lokale Ebene mehr Mittel von der Zentralregierung zugewiesen, wobei die Zahlenangaben zwischen 10 bis 40 % des nationalen Haushaltes schwanken.[13] Ein Autor spricht in diesem Zusammenhang sogar von einer „stillen Revolution", bei dem das Autonomiestatut in Spanien als Vorbild gewirkt habe, ferner die Ausrichtung der Entwicklungshilfe aus den USA und Europa sowie eine gewisse Schwerpunktsetzung der deutschen Parteienstiftungen und der GTZ zugunsten der lokalen Ebene. Auch die brasilianische Verfassung von 1988 und das bolivianische Gesetz zur Partizipation von 1994 haben Wirkung gezeigt. Weit fortgeschritten ist die Dezentralisierung bzw. Dekonzentration in Chile. Dies geschah dort zunächst mit autoritären Mitteln und war somit Ergebnis zentralistischer Vorgaben. Mit der Re-Demokratisierung gelang es ab 1990, die Modernisierung der Verwaltung durch eine stärkere Partizipation zu ergänzen. In Mexiko erfolgte dieser Übergang in gradueller Weise. Bei den Wahlen von 1988 verlor die PRI wichtige urbane Zentren an oppositionelle Parteien, die ihrerseits eine Dezentralisierung und stärkere Beteiligung an der nationalen Ebene einforderten. Im Prozess einer spontanen „Dekonzentration" konnten eine Reihe von Städten Zuwächse im Wachstum erzielen, durch Gesetzesänderungen sollen in Mexiko 20 % der Einnahmen jedes Staates an die Gemeinden fließen.

Die neuere Dezentralisierung hat den Bürgermeistern eine größere Bedeutung verliehen. Über weite Teile des 20. Jhs. kontrollierte die nationale Exekutive die lokale Regierung in den Hauptstädten. Bis in die 1980er Jahre lag die Besetzung dieses Postens meist in der Hand des Präsidenten. Während des Zeitraumes 1944-62 wurden lediglich in vier Hauptstädten bzw. Großstädten die Bürgermeister gewählt, 1978 wurden nur in zwei

12 Einen Überblick bei: Wilhelm Hofmeister, *Dezentralisierung in* Lateinamerika, in: *APuZ,* (1992) B 28, S. 3-13. Vgl. ferner die beiden Fallstudien in: Christian von Haldenwang, *Dezentralisierung und Anpassung in Lateinamerika. Argentinien und Kolumbien*, Münster/Hamburg 1994.

13 Tim Campbell, *The Quiet Revolution. Decentralization and the Rise of Political Participation in Latin America Cities*, Pittsburgh 2003, S. 4.

Hauptstädten (Havanna, Buenos Aires) die Stadtoberhäupter nicht gewählt. Damit verwandelten sie sich in wichtige Akteure des politischen Systems, denn der Bürgermeister der Hauptstadt kann sich für höhere Ämter empfehlen.[14]

Neben dem parteipolitischen Einfluss spielt der *personalismo* in der Verwaltung eine Rolle. In Abwesenheit eines staatlichen Beamtentums bleibt ein effizientes Verwaltungshandeln in nicht wenigen Ländern entweder von sog. Beschleunigungsgeldern oder von persönlichen Bekannten abhängig. Dieses System folgt durchaus einer gewissen Rationalität und Logik, da die Gehälter für die Verwaltungsangestellten meist niedrig sind und die Bezahlung unregelmäßig erfolgt. Übrigens sind die offiziellen Ministergehälter in vielen Ländern so bemessen, dass sich die meisten Amtsinhaber eigentlich nicht den Lebensstil leisten können, den sie an den Tag legen. Ganz offensichtlich wird also bei der Festlegung der Gehälter in Kauf genommen, dass die beim Staat Tätigen zusätzliche Einnahmen erhalten.

Daneben haben sich persönliche Beziehungssysteme auch in den modernen Verwaltungen gehalten. Die bevorzugte Bearbeitung eines Verwaltungsvorganges kann zu einem *favor* (Gunst, Gefälligkeit) unter Freunden werden, bei dem stillschweigend vorausgesetzt wird, dass man sich bei Gelegenheit und in einem anderen Kontext erkenntlich zeigen dürfte. Deshalb basiert dieses Beziehungsgeflecht nicht nur auf direkter Korruption. Selbst wenn die Polizei vielfach als bestechlich gilt, ist sie dies keineswegs überall.[15] In Chile z.B. sind solche Fälle selten. Ein direkter Bestechungsversuch (*coima, soborno*) kann auch andernorts zu gegenteiligen Reaktionen führen, meist folgt auf eine Gesetzesüberschreitung (z.B. im Verkehr) ein längeres Gespräch bei dem anschließend – sozusagen im gegenseitigen Einvernehmen – eine Zahlung erfolgt. Dabei sind gewisse ungeschriebene, aber landesübliche Regeln zu beachten. Meist ist das Ausmaß der abzuführenden Gelder zumal bei Geschäften bekannt. Vielerorts gilt es als selbstverständlich, dass sich Klassenkameraden, Nachbarn und Freunde direkt an einen gewählten Politiker wenden, selbst wenn dieser nicht der eigenen parteipolitischen Linie angehört. Solche Verhaltensweisen basieren auf ungeschriebenen Regeln. Einem Außenstehenden erscheint dies jedoch

14 David J. Meyers/Henry A. Dietz (Hrsg.), *Capital City Politics in Latin America. Democratization and Empowerment*, London 2002, S. 11ff.

15 Peter Waldmann, *Gewalt, Demokratisierung und die Rolle der Polizei*, in: *Lateinamerika Jahrbuch 1994*, S. 45-56. Carola Schmid, Korruption, *Gewalt und die Welt der Polizisten. Deutschland, Chile, Bolivien und Venezuela im Vergleich*, Frankfurt a.M. 2007.

extrem verwirrend, undurchschaubar und zeitaufwendig. Es ist möglich, dass die Erstellung eines Visums oder die Verlängerung eines Passes mehrere Wochen oder Monate in Anspruch nimmt. Das gleiche gilt in noch stärkerem Maße für die Gründung eines Betriebes oder eines Unternehmens. Untersuchungen haben gezeigt, dass es viele Monate dauern kann und viele Verwaltungsgänge erfordert. Von daher sei es folgerichtig, so Hernando de Soto, wenn die Menschen in den informellen Sektor abwandern. Deshalb ist der informelle Sektor nicht nur ein Überlebenssektor, sondern auch ein Bereich, in dem ein nicht unerheblicher gesellschaftlicher Wohlstand erwirtschaftet wird.[16]

In Lateinamerika kann man von reichen Gesellschaften und armen Staaten sprechen. Der Grund muss nicht zuletzt in der systematischen und erfindungsreichen Steuerhinterziehung gesucht werden, weshalb die tatsächlichen Einnahmen weit unter den möglichen bleiben. Schätzungen der Inter-Amerikanischen Entwicklungsbank gehen davon aus, dass in Lateinamerika insgesamt ca. 40 % aller statutenmäßigen Steuern hinterzogen werden.[17] Nur wenige Regierungen wagen eine Steuerreform.

9.2 Präsidentialismus

El Se-or Presidente, so lautet ein Buchtitel von Miguel Angel Asturias. Der Roman „Der Herr Präsident“ wurde bereits 1932 verfasst, er konnte jedoch erst 14 Jahre später in Mexiko erscheinen. Als Vorbild diente der guatemaltekische Diktator Manuel Estrada Cabrera (reg. 1898-1920), es könnte sich aber auch um das Regime des Obersten Ubico in den 1930er Jahren oder eines anderen Gewaltherrschers handeln.

Nur ein Teil der Präsidenten waren auch Diktatoren. Der Regierungschef besitzt jedoch in allen Ländern eine herausragende Bedeutung. Allerdings zeigt ein genauerer Blick, dass die Präsidenten gar nicht so stark sind, wie die Verfassungen und auch ihr eigenes Auftreten suggerieren. Aufgrund einer zentralistischen Tradition[18] und Staatsstruktur besitzt der Präsident und Regierungschef eine herausragende Position. Die meisten Länder verstehen sich als Einheitsstaaten im Gegensatz zum Bundesstaat. Dies hat unmittelbare Konsequenzen: Zum einen blieben die Rechte und Zuständig-

16 Hernando de Soto, *Marktwirtschaft von unten. Die unsichtbare Revolution in Entwicklungsländern*, Zürich/Köln 1992.

17 Dazu: Andreas Boeckh/Mónica Rubiolo, *Finanzkrisen, Steuerblockaden und Finanzreformen in Lateinamerika,* in: *Peripherie,* 19(1999)73/74, S. 53-76.

18 Claudio Veliz, *The Centralist Tradition in Latin America*, Princeton 1980.

keiten der Provinzen lange Zeit gering, zum anderen erhielten sie zur Erfüllung ihrer Aufgaben nur geringe finanzielle Mittel und blieben vom Zentralstaat abhängig. Deshalb entfalteten die Einzelstaaten zunächst politisch ein geringes Gewicht, was sich erst in den 1980er Jahren zu ändern begann, als immer mehr Gouverneure direkt vom Volk gewählt wurden.

Die traditionelle Staatsstruktur wurde durch die vorherrschenden Entwicklungsvorstellungen zusätzlich gestärkt. Gerade nationalreformerische Parteien sahen in einem handlungsfähigen Staat eine Voraussetzung, um eine Modernisierung mit Zentralisierung durchzuführen. Unter den Militärdiktaturen seit den 1960er Jahren kam es zu einer erneuten Re-Zentralisierung. Auch Revolutionen wie die in Mexiko, Bolivien, Kuba und Nicaragua haben den Zentralismus gefördert.

In den meisten Industriestaaten finden wir parlamentarische Demokratien. Die lateinamerikanischen Demokratien haben dagegen ein präsidentielles System gewählt, das sich an der Präsidialverfassung der Vereinigten Staaten orientiert. Einige wenige Länder unternahmen Versuche mit parlamentarischen Systemen, sie waren wenig erfolgreich. In den karibischen Ländern, die früher zur britischen Krone gehörten, orientierte man sich am britischen Vorbild. Während im parlamentarischen System die Regierung und der Regierungschef aus dem Parlament hervorgehen, sind im präsidentiellen Systemen Präsident und Parlament unabhängig voneinander. Der Präsident ist dem Parlament gegenüber politisch nicht verantwortlich. Das Parlament bzw. der Kongress kann ihn nur bei bestimmten strafrechtlichen Vergehen anklagen und eventuell seines Amtes entheben. Dies ist seit den 1980er Jahren in mehreren lateinamerikanischen Ländern (Brasilien, Venezuela, Peru) geschehen. Bei diesen Anlässen wurde das aus den USA bekannte Verfahren des *Impeachment* in Gang gesetzt.

Der Präsident verfügt über das Recht, die Minister zu ernennen und zu entlassen. Eine Folge ist eine sehr hohe Fluktuation, die meisten Minister üben darüber hinaus das Amt nur einmal aus, so dass sie – im Unterschied zu den meisten parlamentarischen Demokratien – nur über eine geringe Regierungspraxis verfügen. Bei der Gesetzgebungskompetenz hat der Präsident de facto Vorrang vor dem Parlament.

Im Vergleich zu dem nordamerikanischen Präsidentialismus ergeben bzw. ergaben sich zwei wesentliche Unterschiede: 1) Die politische Macht ist stärker beim Präsidenten konzentriert, da ein funktionierendes System von *checks and balances*, wie es im nordamerikanischen Präsidentialismus aufgrund der ausgeprägteren Rolle und dem finanziellen Gewicht der Einzelstaaten gegeben ist, nicht funktioniert und die Parlamente zumeist keine starke Rolle besitzen. 2) Nach der mexikanischen Revolution galt in den meisten lateinamerikanischen Ländern über viele Jahrzehnte des 20. Jhs. das Prinzip der absoluten Nicht-Wiederwahl (*no re-elección*). Damit wollte man einer Verfestigung an der Macht vorbeugen, eine nicht berücksichtigte Folge war jedoch die Tatsache, dass sich die gewählten Präsidenten weniger um eine gute Amtsführung bemühen mussten, da ohnehin keine Chance bestand, wieder gewählt zu werden. Einer geordneten Amtsübergabe stand dieses Prinzip auch insofern im Wege, da ein Regierungswechsel meist zu einem Austausch der gesamten Führungsspitze führte und eine geregelte Aktenübergabe nicht überall stattfindet.

Der lateinamerikanische Präsidentialismus

Orientierung an der Präsidialverfassung der USA.
Im Präsidentialismus besitzen Präsident (Regierung) und Parlament jeweils eine eigene Legitimation. Im Präsidentialismus dominiert die Gewaltenteilung.
Der Präsident ist dem Parlament politisch nicht verantwortlich, das Parlament kann ihn nur wegen bestimmter Vergehen – meist strafrechtlicher Natur – anklagen und ggf. seines Amtes entheben.
Die Exekutive im präsidentiellen System obliegt dem Präsidenten.
Der Präsident kann Minister ernennen und entlassen.
Die durchschnittliche Amtsdauer der Minister in Lateinamerika lag zwischen den Jahren 1940 und 1980 bei weniger als 20 Monaten.
Die zuständigen Minister können nicht gleichzeitig Parlamentsmitglieder sein (sog. Inkompabilität von Ministeramt und Parlamentsmandat).

Aufgrund der Verfassungen und der zentralistischen Tradition könnte man von einer sehr starken Stellung des Präsidenten ausgehen. Allerdings sieht die Verfassungswirklichkeit anders aus. Nur in den wenigsten Fällen verfügen die Präsidenten auch über eine parlamentarische Mehrheit. Damit müssen sie sich die Mehrheiten über die Parteigrenzen hinweg suchen. Der Präsidentialismus schwächt darüber hinaus die Bedeutung der Parteien. Innerhalb der Regierungspartei beginnt bald nach dem Amtsantritt eine Auseinandersetzung um den aussichtsreichsten Kandidaten für die nächste Präsidentschaftswahl. Die Aspiranten versuchen sich dabei von dem amtierenden Präsidenten abzusetzen. Seit den 1980er Jahren wurde jedoch in den meisten Ländern die Möglichkeit zur Wiederwahl eröffnet. Dabei dürfte der Gedanke einer Verstetigung an der Macht eine größere Rolle gespielt haben als das sinnvolle Prinzip einer demokratischen Wiederwahl als Folge guter Amtsführung.

Noch aus einem anderen Grund ist die Macht des Präsidenten – wie teilweise auch in den USA – de facto eingegrenzt. Zwar kann er aufgrund seiner Machtfülle eine Reihe von Posten mit seinen eigenen Leuten besetzen. Er muss aber auf Zusagen im Wahlkampf Rücksicht nehmen, was seine Machtfülle beeinträchtigen kann. Somit sind die politischen Systeme zwar zum einen stark auf den Präsidenten zugeschnitten, zum anderen ist er jedoch schwächer als angenommen.

Im Zuge des Modernisierungsprozesses, der Zunahme der Bevölkerung und der Entwicklung einzelner Landesteile hat sich der traditionelle Zentralismus als ein Hemmschuh für die Entwicklung erwiesen. Mit der neoliberalen Öffnung und Wirtschaftspolitik kam es seit den 1980er Jahren zu Dezentralisierung und Reformversuchen, die in einzelnen Ländern jedoch zur Instabilität geführt haben. Deutlich wurde dies im Fall von Venezuela, wo das Scheitern einer Kommission zur Staatsreform (COPRE, *Comisión Para la Reforma del Estado*) den Aufstieg von populistisch auftretenden Präsidenten förderte. Die traditionellen Parteien hätten damit, so die pointierte Position eines Autors, gleichsam Harakiri begangen.[19] Dagegen besitzen in Brasilien die Gouverneure eine starke Stellung.

Unter dem neuen Populismus ist in einzelnen Ländern die Tendenz erkennbar, das Parlament aufzulösen, um in Neuwahlen eine Mehrheit zu erzielen. Mit erheblichem Erfolg im Sinne des Machterhalts hat Präsident Chávez in Venezuela diesen Weg ab 1999 eingeschlagen. Die Präsidenten Evo Morales seit 2006 in Bolivien und Rafael Correa seit 2007 in Ecuador haben dieses „Modell" teilweise übernommen, eine „Neubegründung der Republik" angekündigt und verfassungsgebende Versammlungen einberufen. Dies hat zu einem Konflikt mit den Provinzregierungen in Bolivien und einem Machtkampf zwischen Präsident und Parlament in Ecuador geführt.

Zur Diskussion um Präsidentialismus und Parlamentarismus

Ende der 1980er Jahre kam es zu einer Debatte über die Vor- und Nachteile von Präsidentialismus und Parlamentarismus in Lateinamerika. Juan Linz skizzierte zwei Hauptschwächen der präsidentiellen Demokratie:[20]

19 Richard O. Lalander, *Suicide of the Elephants? Venezuelan Decentralization between Partyarchy and Chavismo*, Stockholm 2004.

20 Juan J. Linz, *Presidential or Parliamentary Democracy: Does it make a Difference?*, in: Juan J. Linz/Arturo Valenzuela (Hrsg.), *The Failure of Presidential Democracy*, Baltimore 1994, S. 3-87.

Zum einen die duale Legitimation, d.h. sowohl das Parlament als auch der Präsident sind demokratisch legitimiert. Damit ist nicht klar, wer in Konfliktsituationen entscheidet. Auch fehlt das Instrument eines (konstruktiven) Misstrauensvotums, was z.B. in der spanischen Verfassung von 1985 nach dem Vorbild des deutschen Grundgesetzes übernommen wurde. Zum anderen ging Linz zunächst davon aus, dass die Präsidialdemokratie im Vergleich zur parlamentarischen Demokratie rigider bzw. weniger flexibel sei. Als Negativ-Beispiel wurde die Situation in Chile 1973 angeführt. Dort wurde eine Regierung gestürzt, die sich nur auf 37 % der gültigen Stimmen stützen konnte. Linz und Valenzuela nahmen an, dass es bei einem parlamentarischen System möglicherweise keinen Sturz der Regierung von Salvador Allende gegeben hätte.

Parlamentarisches System	Präsidentielles System
Regierung vom Parlament abhängig	Regierung und Parlament institutionell getrennt
Regierungschef geht aus dem Parlament hervor	Legitimation des Präsidenten durch Volkswahl
Regierungschef und Staatsoberhaupt getrennt	Regierungschef ist auch Staatsoberhaupt
Zugehörigkeit der Regierung zum Parlament zulässig und politisch notwendig	Zugehörigkeit zum Parlament verboten (Inkompatibilitätsgebot)
Rücktrittsverpflichtung im Fall eines Misstrauensvotums	Fortbestand der Regierung unabhängig von parlamentarischer Mehrheit
Fraktionsdisziplin unerlässlich	Partei des Präsidenten relativ unabhängig vom Präsidenten

Die Gegenposition vertrat besonders Dieter Nohlen. Frühzeitig verwies er darauf, dass die präsidentialistische Tradition in Lateinamerika nicht nur ein rein institutionelles Phänomen sei, sondern in den Werten und Verhaltensmustern der lateinamerikanischen Gesellschaften tief verwurzelt sei.[21] Präsidentielle Regime seien nicht notwendig instabiler als parlamentari-

21 Dieter Nohlen, *Präsidentialismus versus Parlamentarismus in Lateinamerika,* in: *Lateinamerika Jahrbuch 1992, S.* 90. Ders., *Presidencialismo, sistemas electorales y sistemas de partidos en América Latina*, in: Ders./Mario Fernández Baeza (Hrsg.), *Presidencialismo renovado. Instituciones y cambio político en América Latina*, Caracas 1998, S. 171-195.

sche. Darüber hinaus handele es sich um eine idealtypische Diskussion. De facto seien präsidentielle Regierungssysteme im lateinamerikanischen Kontext innovationsfähiger und entsprächen im Übrigen stärker der eigenen politischen Kultur und Tradition. Die Übernahme der parlamentarischen Demokratie könne dazu führen, die Verfassungswirklichkeit in der Region zu verkennen. Die Alternative Präsidentialismus versus Parlamentarismus gehe von dem Vorhandensein eines quasi magischen Rezeptes aus. In Wirklichkeit sei das Problem komplizierter, die Geschichte vielfältiger und die Handlungsfähigkeit des Parlamentarismus geringer als angenommen.

Mittlerweile haben sich die beiden Positionen angenähert. Allerdings liegen nur wenige neuere Analysen zu dem Funktionieren der einzelnen Systeme vor.[22] Der historisch-empirische Ansatz von Dieter Nohlen und seinen Schülern kann als „neuer Institutionalismus" gelten; er betrachtet im Unterschied zum alten Institutionalismus die Institutionen nicht als alleinigen Erklärungsfaktor und berücksichtigt im stärkeren Maße soziologische Aspekte. Mit Hilfe eines vergleichenden Ansatzes erhebt er nicht den Anspruch eines *best system approach*, sondern strebt umsetzbare Lösungen an.[23]

Nur in Brasilien stand die Frage der Ablösung des präsidentiellen durch ein parlamentarisches System auf der Tagesordnung. 1993 fand eine Volksabstimmung über die Frage der Staatsform (Monarchie oder Republik) und der Regierungsform (Präsidentialismus oder Parlamentarismus) statt. Das Ergebnis war eindeutig: 66 % votierten für die Republik, nur 10 % für die Monarchie. 55 % sprachen sich für die Beibehaltung des Präsidentialismus aus, nur rund 25 % plädierten für den Parlamentarismus.[24]

22 Vor allem: Bernhard Thibaut, *Präsidentialismus und Demokratie in Lateinamerika*, Opladen 1996. Mit einer gewissen Präferenz für das parlamentarische System: Judith Schulz, *Präsidentielle Demokratie in Lateinamerika: Eine Untersuchung der präsidentiellen Regierungssysteme von Costa Rica und Venezuela*, Frankfurt a.M. 2000. Zu ausgewählten Ländern: Wilhelm Hofmeister (Org.), *Reformas políticas en América Latina*, Rio de Janeiro 2004.

23 Eine Zusammenstellung verschiedener Aufsätze sowie eine Beschreibung des Ansatzes im Unterschied zu Juan Linz und Giovanni Sartori in: Dieter Nohlen, *El contexto hace la diferencia: reformas institucionales y el enfoque histórico-empírico*, Mexiko 2003.

24 Stefan Jost, Bolivien: *Politisches System und Reformprozess 1993-1997*, Opladen 2003, S. 67f. Im gleichen Buch finden sich Ausführungen zur Diskussion um Modernisierung, Präsidentialismus und Parlamentarismus mit knappen Länderanalysen (S. 51-86).

9.3 Formen des Rechtsstaates

Als Rechtsstaat gilt ein Staat, in dem eine Rechtsordnung errichtet und garantiert ist und bestimmte materielle Grundsätze – wie Gewaltenteilung, Achtung der Individualsphäre, Rechtsgleichheit, Rechtmäßigkeit der Gewaltausübung, Rechtsschutz durch unabhängige Gerichte – in die geschriebene oder ungeschriebene Verfassung aufgenommen wurden. Hieraus ergibt sich die Unterscheidung zwischen einem formellen und einem materiellen Rechtsstaat. Über die Verbreitung des Rechtsstaates gehen die Meinungen auseinander. Georg Brunner konstatierte, dass der Rechtsstaat eine für den deutschen Rechtskreis typische Begriffsprägung sei, die ansonsten lediglich in Österreich, der Schweiz, den Niederlanden und Italien Wurzeln geschlagen habe.[25]

In der lateinamerikanischen Geschichte rangierte die Idee des Nationalstaates vor der des Rechtsstaates. Auch in der Fachliteratur waren Bedenken vorhanden, ab wann und in welchem Ausmaß der Begriff Rechtsstaat auf die dortige Realität angewandt werden könne. Karl Loewenstein rechnete die lateinamerikanischen Konstitutionen dem Typus einer bloß nominalen Verfassung zu.[26] Auch verschiedene lateinamerikanische Autoren äußerten bis in die 1980er Jahre Zweifel, ob der Rechtsstaat und die liberale Demokratie aufgrund der gesellschaftlichen Voraussetzungen überhaupt realisiert werden könnten. Während sich dieses Argument vor allem auf den ökonomischen und gesellschaftlichen Entwicklungsstand bezog, verwiesen andere auf die Diskrepanz zwischen Verfassung und Verfassungswirklichkeit und betonten die „Vorherrschaft ungeschriebener Verträge"[27] in der personenorientierten Politik Lateinamerikas. Hinzu kam, dass erst in den 1980er Jahren mit der Re-Demokratisierung institutionelle Fragen bzw. solche der politischen Ordnung wieder stärker ins Blickfeld rückten.[28]

Zur Geschichte der Verfassungen

Bis Anfang des 19. Jhs. galt das spanische Recht mit einigen Sonderbestimmungen, wie den *Leyes de Indias*. Wichtige Impulse für die ersten Konstitutionen gingen – neben der nordamerikanischen und französischen

25 Georg Brunner, *Vergleichende Regierungslehre, Bd. 1*, Paderborn 1979, S. 168f.

26 Karl Loewenstein, *Verfassungslehre*, Tübingen 1959.

27 Gustavo Beyhaut, *Süd- und Mittelamerika II. Von der Unabhängigkeit bis zur Krise der Gegenwart*, Frankfurt a.M. 1976, S. 138.

28 Joachim Betz (Hrsg.), *Verfassungsgebung in der Dritten Welt*, Hamburg 1997.

Verfassung – auch von der spanischen Verfassung von Cádiz von 1812 aus. Erste Verfassungen in Lateinamerika stammten schon aus dem Jahre 1811, ab 1820 zeigte sich eine größere konstitutionelle Stabilität, die zur Verfassungsgebung in vielen Staaten führte.

Eine Besonderheit war die Proklamation des katholischen Glaubens als dominierende Religion. Keine der Verfassungen des 19. Jhs. erwähnt die politischen Parteien, was allerdings auch andernorts nicht der Fall war. Die frühen Verfassungen von Venezuela, Mexiko, die argentinische Verfassung von 1853 und die brasilianische Verfassung 1891 waren stark von der nordamerikanischen beeinflusst. Mitte des Jahrhunderts kam es zu den Kodifikationen[29] im Bereich des Zivilrechts. Da das Recht Spaniens als Recht der ehemaligen Kolonialmacht weitgehend ausschied, orientierte man sich zur Schaffung einheitlicher nationaler Zivilgesetzbücher am französischen *Code Civil*.

Frühzeitig zeigte sich der Widerspruch zwischen Verfassungen und Verfassungswirklichkeit, denn die unabhängig gewordenen Staaten gaben sich moderne Verfassungen, die sich an den fortgeschrittensten Vorbildern orientierten. Die Kluft zwischen diesen fortschrittlichen Texten und einer rückständigen sozialen Wirklichkeit wurde bereits von Simón Bolìvar erkannt. Er sprach von den „Traumrepubliken“, in die sich die Verfassungsväter hineinversetzt hätten, und kritisierte besonders das föderative System, das in den auseinander strebenden Staaten fatale Folgen haben müsse. Und in einem Brief des argentinischen Befreiers San Martín vom September 1833 heißt es: „Ich bin fest überzeugt, dass die Übel, die die neuen Staaten Amerikas heimsuchen, nicht so sehr von ihren Bewohnern abhängen wie von ihren Verfassungen. Wenn diejenigen, die sich Gesetzgeber in Amerika nennen, vor Augen gehabt hätten, dass man den Völkern nicht die besten Gesetze geben soll, sondern die besten, die ihrem Charakter angepasst sind, würde die Lage unseres Landes eine andere sein – aber sprechen wir darüber nicht weiter, denn es hieße, sich in ein unabsehbares Chaos zu begeben“.[30]

Vor allem zwei Faktoren begrenzten die Wirkungskraft der neuen Verfassungen: Erstens waren die notwendigen wirtschaftlichen und sozialen Voraussetzungen, darunter die Existenz einer breiteren bürgerlichen

29 Als Kodifikation gilt die nach systematischen Gesichtspunkten zusammenfassende Gesetzgebung für ein großes Sachgebiet, wie sie vor allem in der zweiten Hälfte des 19. und zu Beginn des 20. Jhs. erfolgte.

30 *Brief San Martíns an O'Higgins vom 13. September 1833*, in: Richard Konetzke, *Lateinamerika seit 1492*. (Quellen- und Arbeitshefte zur Geschichte und Politik), Stuttgart 1971, S. 62f.

Schicht, nicht vorhanden. Die traditionelle Agraroligarchie als gesellschaftlich dominierende Schicht hielt sich nur bedingt an Verfassungsregeln -eine Haltung, die in der Folgezeit von Teilen der Oberschicht übernommen wurde. Als weiteres Manko erwies sich, dass der Mehrheit der Bevölkerung eine abstrakte Vorstellung vom Staat fehlte, was u.a. dazu beitrug, dass sie sich regionalen und später nationalen *caudillos* (Anführern) anschlossen. Zweitens mangelte es – bis ins 20. Jh. – an dem Bewusstsein, in einem Nationalstaat zu leben. Aufgrund dieser geringen gesellschaftlichen Integration waren die Verfassungen über weite Zeiträume nicht geeignet, das politische Leben zu strukturieren. Die Schwäche der zivilen Gesellschaft wurde als Grund für die geringe Bedeutung des Rechtsstaates angeführt. Fernando Gonzalbo konstatiert: „In Lateinamerika beschränkt die Gesellschaft den Staat in einer völlig anderen Art und Weise. Die Gesellschaft verhindert nämlich, dass die staatliche Herrschaft in unpersönlicher oder universeller, oder schlicht ausgedrückt, legaler Form Gestalt annimmt; d.h., dass sie die Existenz des Rechtsstaates behindert. Und ein Fehlen der bürgerlichen Gesellschaft bedeutet gleichzeitig auch die Nichtexistenz des Staates, weil jeder Pol die Existenz des anderen bedingt."[31]

Der Grund für die geringe Wirkung der Verfassungen liegt auch in den Texten. Sie zeichnen sich streckenweise durch eine hochfliegende Rhetorik aus sowie durch die Tatsache, dass Aussagen aufgenommen wurden, die eigentlich in Regierungserklärungen gehören. Einige Verfassungen sind überlang; so besitzt etwa die Verfassung Uruguays von 1966, d.h. des kleinsten südamerikanischen Staates, ganze 332 Artikel. Andere enthalten unrealisierbare oder von den Regierungen seit Jahrzehnten nicht eingelöste Versprechen – etwa die Ankündigung einer Agrarreform und eines Sozialstaates in der venezolanischen Verfassung von 1961.

Bis in die 1960er Jahre hatte es z.B. in Bolivien fast im Jahresrhythmus eine neue Verfassung gegeben. Auch wenn die Zahl der Änderungen in anderen Ländern deutlich niedriger lag, so manifestiert sich auch in manchen der jüngeren Reformen neben positiven Errungenschaften die Tendenz, die Verfassung nicht als Rechtsgrundlage, sondern als Machtinstrument zu betrachten. Vor allem in der ersten Hälfte des 20. Jhs. erfolgten Verfassungsänderungen mit dem Ziel einer Amtszeitverlängerung, d.h. sie dienten dem sog. *continuismo.* Mit Änderungen der Verfassung wurde also

31 Fernando Escalante Gonzalbo, *Die bürgerliche Gesellschaft und die Grenzen des Handlungsspielraumes des Staates*, in: Mols/Thesing (Hrsg.), *Der Staat in Lateinamerika*, S. 211f.

nicht auf eine gewandelte gesellschaftliche Situation reagiert, es standen vielmehr politische und persönliche Ambitionen des amtierenden Präsidenten im Vordergrund. Verfassungsänderungen mit dem Ziel einer zweiten Amtszeit unter dem Präsidenten Fujimori in Peru 1993, Menem in Argentinien 1994 und Chávez in Venezuela 1999 belegen, dass so etwas nach wie vor geschieht.

Die Grenzen von Recht und Rechtsstaat

Ein Satz aus der spanischen Kolonialzeit lautet: „Man ehrt die Gesetze, aber man befolgt sie nicht." Oder in noch krasserer Form: „Für unsere Freunde alles, für Fremde nichts und für Feinde – das Gesetz!" Solche Äußerungen verweisen darauf, dass die Rechtskultur eine spezifische Ausprägung angenommen hat. Dies steht nicht im Widerspruch zu der Tradition legalistischen Denkens in Lateinamerika, welches durch Idealismus, Paternalismus, Formalismus, aber auch den Mangel an einer wirklichen Ausbreitung des Rechts gekennzeichnet war. Auch die Juristenausbildung war stark formalistisch geprägt.

Eine Betrachtung des politischen Stils und des Klientelismus vor allem populistischer Bewegungen nährt die Vermutung, dass die traditionellen Patron-Klient-Beziehungen im Verlaufe des 20. Jhs. teilweise auf den Staat als neuen Patron übertragen wurden. Mit Blick auf die Funktionen und die Grenzen des Rechts können wir in Anlehnung an Garzón Valdés folgende Feststellungen treffen:[32]

- In vielen Ländern regelt die aus der Verfassung hervorgegangene oder von de-facto-Regierungen erlassene Rechtsordnung kaum die Erwartungen von Institutionen und Individuen. Dies bedeutet nicht, dass generell Zustände der Rechtlosigkeit herrschen. Selbst in Armutsvierteln, die zumeist durch einen illegalen Akt, d.h. die Besetzung entstanden, berufen sich die Bewohner später auf die Gesetze. Diejenigen, die ein Haus errichtet haben, zeigen Interesse an Gemeindeentwicklung und an Eigentumsformen.
- Die verfassungsgemäße Rechtsordnung war über weite Strecken der Geschichte nicht ausschlaggebend für die Handlungen der Machthaber. In Zeiten von Militärdiktaturen wurde die politische Ordnung nicht von Verfassungen, sondern durch sog. „institutionelle bzw. konstitutionelle

32 Ernesto Garzón Valdés, *Rechtswissenschaft*, in: Nikolaus Werz (Hrsg.), *Handbuch der deutschsprachigen Lateinamerikakunde*, Freiburg 1992, S. 126f.

Akte“ bestimmt. Einige demokratisch gewählte Präsidenten regieren mit Dekreten.

- In einzelnen Ländern (Kolumbien, Bolivien) löst sich die bestehende Rechtsordnung und Staatsautorität in einigen Gebieten aufgrund des Wirkens der Drogenkartelle und bewaffneter Gruppen auf. Nur mit Einschränkung lässt sich dort von einem staatlichen Gewaltmonopol sprechen.
- Juristen und Richter haben somit einen schweren Stand, da sie praktisch ein Recht von nicht existierender Geltungskraft umsetzen und die Unterschiede zwischen verfassungsgemäß sanktioniertem Recht und dessen praktischer Anwendung bagatellisieren müssen.
- Eine Reduzierung des Staates auf einen Minimalstaat bleibt für Lateinamerika eine problematische Angelegenheit, da der populistische und paternalistische Staat bei all seinen Schwächen in mancher Hinsicht ein Anwalt der armen Bevölkerung war.
- Einzelne Bereiche des lateinamerikanischen Rechts bedürfen vordringlich einer Reform, was besonders für das Steuerrecht gilt. Auch wenn nach ersten Reformen das Steueraufkommen in den letzten Jahren gestiegen ist, bleibt doch die Umgehung der Steuer vielerorts Volkssport; Verfahren wegen Fiskaldelikten werden zu fast 80 % eingestellt.[33] Die Liberalität des Gesellschaftsrechtes einzelner Länder erscheint besonders Ausländern schon seit langem als ein Vorzug. So ist es seit vielen Jahren möglich, den statuarischen, nicht aber den effektiven Verwaltungssitz einer ausländischen Handelsgesellschaft nach Panama zu verlegen. Das Land ist auch wegen seines liberalen Schifffahrtsrechts und der Möglichkeit zur Gründung sog. Parallelgesellschaften beliebt.

Auf die Re-Demokratisierung in den 1980er Jahren folgten in den 1990er Jahren Versuche zu tief greifenden Rechtsreformen. Dazu zählen die Einrichtung einer konzentrierten und spezialisierten Verfassungsgerichtsbarkeit, die Schaffung von Menschenrechtsbeauftragten und Richterräten, die Einführung des Mündlichkeitsprinzips in die nationalen Verfahrensrechte, die weitgehende Aufgabe des Inquisitionsprinzips im Strafverfahren, die Anerkennung der Staatshaftung und viele weitere Reformen.[34]

33 DSE, *Estado de derecho, seguridad jurídica y reforma política en America Latina*, Berlin 1996, S. 12.

34 Norbert Lösing, *Scheitert der Rechtsstaat in Lateinamerika? Ein Überblick über die rechtsstaatliche Entwicklung der letzten Jahre,* in: *Lateinamerika Jahrbuch 2004*, S. 204.

Die Neuerungen werden in einzelnen Ländern dadurch konterkariert, dass sie teilweise wieder aufgehoben oder gar nicht erst durchgesetzt wurden. Das Bewusstsein der Bevölkerung und die Erkenntnis der eigenen Möglichkeiten in diesem Bereich sind jedoch in erheblichem Maße gestiegen.

9.4 Extrakonstitutionelle Formen der Politik

Die Verfassung bildet also nicht den zentralen Bezugsrahmen, d.h. neben den konstitutionellen steht der weite nicht-konstitutionelle Bereich der lateinamerikanischen Politik. Bis in die Gegenwart bleibt die Vergesellschaftung des Herrschaftsmonopols umstritten. Für das 19. Jh. und das frühe 20. Jh. gilt dies für die landbesitzenden Eliten; im 20. Jh. haben sich Teile des Militärs, einzelne Parteien und Gegen-Eliten nicht an den bestehenden institutionellen Rahmen gehalten. Dazu gehören Militärputsche, die in der Vergangenheit häufig Ergebnis zivil-militärischer Allianzen waren, aber auch Gewaltpolitik, die ideologisch oder sozial motivierte Guerillabewegungen, aber auch solche Gruppen ausüben können, denen es nur um Geländegewinne im politischen Raum geht, um danach in einen Verhandlungsprozess mit der Regierung bzw. mit anderen Machtgruppen einzutreten. Zu solchen Gruppen gehören u. a. die Drogenmafia und Kokainkartelle. Sie bauen damit eine Machtposition in einem Bereich auf, der sich außerhalb der Rechtsstaatlichkeit befindet, gleichwohl nach gewissen Regeln funktioniert. Im kleineren Maßstab gilt dies ebenfalls für Formen extra-legaler Herrschaft in den Armutsvierteln, durch sog. *malandros* (Spitzbuben) oder andere Gruppen, wobei diese in ihrem Umfeld durchaus Ordnungs- und Schutzfunktionen übernehmen können.

Eine weitere Schwächung der Verfassungen und der Demokratie hatte sich in der Vergangenheit aus der Dekretierung des *estado de sitio*, d.h. des Ausnahmezustandes, ergeben. Nach Ansicht weiter Teile der Bevölkerung schienen Verfassungen ohne größere Relevanz zu sein. Mit dem Nachlassen der politischen und ideologischen Gegensätze nach 1989 und als Folge der Tätigkeit von Menschenrechtsgruppen hat jedoch ein Wandel eingesetzt.

Der Ausnahmezustand wurde in der Vergangenheit von den Streitkräften bzw. Teilen des Militärs dekretiert. Diese Unterscheidung ist wichtig, denn zum einen besitzen die Streitkräfte nicht immer eine einheitliche Position, zum anderen sind die meisten Staatsstreiche in der Vergangenheit Ergebnis zivil-militärischer Allianzen gewesen, d.h. einzelne Parteiflügel oder Politiker haben sich daran beteiligt.

Zunächst zu den Streitkräften: Staatsstreiche erfolgten nach einem gewissen Drehbuch. Die Putschisten mussten herausfinden, welche Truppenteile sich möglicherweise nicht an einem Staatsstreich gegen die verfassungsmäßige Regierung beteiligen würden. Ein Mittel dazu war der sog. *pre-golpe*, der Vorputsch. Vor dem eigentlichen Putsch erfolgte eine Art Probelauf, der Aufschluss darüber geben sollte, ob und wenn ja, welche Truppenteile sich dem angestrebten Regierungswechsel anschließen würden. Einen solchen Vorputsch hatte es 1973 in Chile gegeben, dann folgte am 11. September des gleichen Jahres die Machtübernahme unter General Pinochet. Der klassische lateinamerikanische Staatsstreich war im Unterschied zu dem in Chile eine weitgehend unblutige Angelegenheit. Anders als eine Revolution zielt er auf eine Änderung der Regierungsführung und wird nicht von den Massen getragen. Um zu gelingen, muss der Staatsstreich von einer zahlenmäßig kleinen Gruppe vorbereitet und durchgeführt werden, die sich in einer Art Handstreich des Staates bemächtigt. Dieses schlagartige Manöver konzentriert sich meist auf die Hauptstadt und die zentralen Einrichtungen. Dazu gehören neben dem Präsidentenpalast die wichtigsten Ausfallstrassen – in Zeiten der Massenmedien auch die Fernsehstationen. Als Folge der vielen privaten Kanäle und gewachsenen Informationsmöglichkeiten sind die Rahmenbedingungen zur Durchführung eines Staatsstreiches komplizierter geworden. Auch kann es passieren, dass die erfolgreiche Ausführung wegen Kleinigkeiten misslingt. Bei dem Versuch, die gewählte Regierung 1992 in Venezuela zu stürzen, sollen die Anhänger von Hugo Chávez u.a. daran gescheitert sein, dass ein vorbereitetes Video nicht das richtige Format besaß und deshalb nicht ausgestrahlt werden konnte. Wenig später konnte der damals amtierende Präsident Carlos Andrés Pérez auf Sendung gehen und damit zur Aufgabe der Insurgenten beitragen.

Im lateinamerikanischen Kontext werden neben dem Wort *golpe de estado* (Staatsstreich) *asonada, revuelta, cuartelazo, levantamiento* u.a.m. verwendet. Zwar werden solche Regierungswechsel von den neuen Machthabern gerne als *revolución* bezeichnet, tatsächlich handelt es sich um Palastrevolutionen und Regierungsumstürze.[35] Die Regierung wurde für abgesetzt erklärt, die Streitkräfte intervenierten die Rundfunk- und Fernsehstationen, für einige Tage herrschte Ausgangssperre, im Radio ertönten Märsche und klassische Musik und nach kurzer Zeit nahm die Bevölkerung wieder normal ihre Arbeit auf. „Das Orchester wechselt, die Musik

35 Peter Waldmann, *Strategien politischer Gewalt*, Stuttgart 1977.

bleibt die Gleiche“, lautete mit leicht resignativem Unterton eine Feststellung in vom Putsch geplagten Ländern. Es kam nicht zu Massenmobilisierungen und auch nicht zur Verteidigung der gewählten Regierungen. Dies lag nicht zuletzt daran, dass manche Parteien an solchen *golpes* zumindest indirekt beteiligt waren und die eigene Anhängerschaft nicht zur Verteidigung der gewählten Regierung aufriefen.

Nach der langen Phase der Militärdiktaturen hat sich dies geändert. Schlechte wirtschaftliche Resultate und massive Menschenrechtsverletzungen haben zum Ansehensverlust des Militärs in den meisten Ländern beigetragen. Auch das internationale Umfeld sieht seit dem Ende des Kalten Krieges anders aus. Bereits zuvor gab es mit der nach dem venezolanischen Präsidenten Rómulo Betancourt (1960-64) benannten Betancourt-Doktrin einen Versuch, dass andere lateinamerikanische Staaten einer aus einem Staatsstreich hervorgegangenen Militär- oder de facto Regierung die Anerkennung verweigern sollten. Mittlerweile hat sich ein solches Prinzip in der OAS-Charta durchgesetzt und wird auch – mit gewissen Abstrichen – von der nordamerikanischen Regierung eingehalten. Der Sturz einer gewählten Regierung führt damit zur Isolation der neuen Machthaber, was mit dazu beigetragen hat, dass in den vergangenen zwei Jahrzehnten praktisch keine erfolgreichen Militärputsche mehr stattfanden.

Sehr viel häufiger als von den Militärs wurde in den vergangenen Jahren eine unpopuläre oder schlechte Präsidentschaft von aufgebrachten Bürgern beendet. Der Sturz von Regierungen wird nicht mehr oder zumindest nicht allein vom „Säbelrasseln“ der Streitkräfte herbeigeführt, sondern durch soziale Protestbewegungen. Dies war der Fall in Ecuador 2000, wobei Teile des Militärs den indigenen Aufstand unterstützten sowie bei den Rücktritten des argentinischen Präsidenten Fernando de la Rúa (Dezember 2000) und des bolivianischen Präsidenten Gonzalo Sánchez de Losada (Oktober 2003). In Venezuela scheiterten mehrere Anläufe, den bei Teilen der besser gestellten Bevölkerung unpopulären Präsidenten Chávez zum Abdanken bzw. zur Abhaltung eines in der Verfassung vorgesehenen Referendums zu zwingen, schließlich kulminierten sie im April 2002 in einem Putschversuch. Nur zwei Tage nach seiner „Absetzung“ war Chávez wieder im Amt, u.a. nachdem es starke Demonstrationen zu seinen Gunsten gegeben hatte. Mit Blick auf eine Konsolidierung der Demokratien sind die erwähnten neueren Entwicklungen nicht unproblematisch. Der Druck der Straße kann ein hohes Ausmaß annehmen und zur De-Institutionalisierung der Politik beitragen.

Der Kompromissstaat (Estado de compromiso)

In gefestigten Demokratien herrscht ein hohes Ausmaß an Institutionalisierung. Dies fehlt in einigen Ländern trotz der erheblichen Fortschritte bei der Wahladministration und der internationalen Wahlbeobachtung. Ein Grund liegt in dem sog. *Estado de compromiso* (Kompromissstaat). Seine Existenz deutet darauf hin, dass nicht eine soziale Schicht den Ton angibt bzw. die Regierung stellt, sondern dass ganz unterschiedliche Gruppen aus historisch verschiedenen Zeiten Einfluss nehmen. Neben den formalen institutionellen Strukturen spielen informelle Mechanismen eine gewichtige Rolle. Die verschiedenen Machtfaktoren wirken auf den jeweiligen Präsidenten ein; dazu gehören internationale Organisationen wie der IWF und die Weltbank, aber auch und gerade die nordamerikanische Regierung. Besonders ausgeprägt ist eine solche Einflussnahme in den mittelamerikanischen Kleinstaaten, jedoch kann auch die von den USA propagierte Politik zur Eindämmung des Drogenanbaus dazu führen. Die Politik wird intransparent, eine weitere Unterhöhlung der institutionellen Strukturen kann eine Folge sein.

Damit spielen die Institutionen und gängige politische Akteure (Parteien, Gewerkschaften) partiell eine andere Rolle als in konsolidierten Demokratien. Weitere externe und interne Aspekte müssen mitberücksichtigt werden. Der Präsident muss Kompromisse schließen, was nicht nur für die hergebrachten Macht- und Einflussgruppen gilt, sondern auch für sein Verhältnis zu neuen Akteuren – etwa dem vergleichsweise neuen Phänomen der *piqueteros* in Argentinien. Angesichts des eingeschränkten Wirkungsgrades von Parteien und der Kongresse kann sich ein außerparlamentarischer Weg oder eine Verbindung zwischen den formellen und informellen, bewegungsorientierten Strukturen der Politik als geeignete Strategie erweisen, um Machtgewinne im politischen Raum zu erzielen. Die Verbindungen zwischen dem vormaligen Bauernführer Evo Morales vom MAS, *Movimiento al Socialismo* und den *cocaleros* in Bolivien sind ein Beispiel dafür. Ein gewählter Abgeordneter setzt zumindest phasenweise auf eine außerparlamentarische Bewegung, die sogar gezielt die Symbole der repräsentativen Demokratie angreift und kann damit in die Politik eingreifen.

Zum Kompromissstaat gehört auch, dass Gegner des repräsentativen Systems sehr viel schneller als in der westeuropäischen Politik wieder in das politische System reintegriert werden. Ex-Guerilleros wurden in einzelnen Ländern innerhalb eines Jahrzehnts pazifiziert, d.h. in Venezuela saßen ehemalige Guerilleros nach einer vorzeitigen Freilassung relativ bald wieder als Abgeordnete oder Senatoren im Kongress. Knapp zwanzig Jahre später stiegen die Ex-Guerilleros der „Bewegung zum Sozialismus" (MAS) sogar in Ministerämter auf. Die Konsolidierung einer ehemaligen Linkspartei an der Macht kann allerdings dazu führen, dass eine neue Gruppierung auf der Linken entsteht und sich der bereits einmal erfolgte Vorgang unter veränderten Vorzeichen wiederholt.

9.5 "Unsicherheit als Alltagserfahrung"[36]

In wesentlich stärkerem Maße als die Menschen in Europa müssen die Lateinamerikaner mit Unwägbarkeiten und Gefahren leben. Die Unsicherheiten erstrecken sich auf die unterschiedlichsten Bereiche, bis auf wenige ganz Reiche sind eigentlich alle Schichten davon betroffen. Sie resultieren u.a. aus dem Fehlen eines sozialen Rechtsstaates in den meisten Ländern. Wohlfahrtsstaatliche Elemente waren nur in Costa Rica und Uruguay relativ ausgeprägt. Auch Chile besitzt, mit Ausnahme der Pinochet-Diktatur, eine lange rechtsstaatliche Tradition.

Aber es tragen noch andere Faktoren dazu bei: In allen Gesellschaften bestehen Unterschiede zwischen Land und Stadt. Während in ländlichen Gebieten und Kleinstädten Formen des Gemeinsinns und der sozialen Kontrolle vorhanden sind, bergen die in den vergangenen Jahrzehnten rasant gewachsenen Großstädte vielfältige Unsicherheitsmomente. Sie ergeben sich aus einem chaotischen Wachstum, den krassen Einkommensunterschieden sowie der schlechten Ausstattung und unzureichenden Bezahlung der Sicherheitskräfte. Polizisten müssen teilweise einer zusätzlichen Tätigkeit bei privaten Sicherheitsdiensten nachgehen oder sie bessern ihr Gehalt durch andere „Nebeneinnahmen" auf. Bei Verkehrsdelikten werden Strafgebühren zuweilen informell und ohne Beleg erhoben. Auch bei der staatlichen Verwaltung besteht die Neigung sog. Beschleunigungsgelder zu kassieren, z.B. wenn man schnell einen Telefonanschluss erhalten möchte. Dies war einer der Gründe, warum in den 1980/90er Jahren die Privatisierung staatlicher Telefon-, Elektrizitäts- und Wasserversorger von vielen zunächst begrüßt wurde, bis die höheren Preise auf der pünktlich eingeforderten Rechnung auftauchten. In den ärmeren Vierteln hatten sich zuvor manche Bewohner schwarz ans Netz gehängt, mit dem Ergeb-

36 Peter Waldmann, *Unsicherheit als Alltagserfahrung in Lateinamerika*, in: *APuZ*, (1980) B 13, S.31-38.

nis, dass die Telefonnetze chronisch überlastet waren und es häufig zu Stromausfällen kam. Jedoch gilt es auch hier vor Verallgemeinerungen zu warnen. In einigen Ländern funktionieren die staatlichen Firmen recht gut und preiswerter als private Anbieter.

Die Defizite bei der Versorgung und bei der Gewährleistung von Sicherheit, was ja zu den vornehmsten Aufgaben des Staates gehört, erhöhen die Notwendigkeit des persönlichen Zusammenhalts und haben frühzeitig zu privaten Initiativen geführt. Briefe und Pakete werden in den meisten Ländern von *motorizados* (Boten auf Motorrädern) ausgefahren.[37] Wohlhabende Wohnviertel verfügen über mit westlichen Industriegesellschaften vergleichbaren Dienstleistungen, die von privaten Firmen erbracht werden. Angesichts der Gefahr von Einbrüchen und Entführungen von Personen gehören dazu gerade Sicherheitsdienste. Die Einfahrt in ein besseres Wohnviertel markiert zuweilen eine Schranke, zu schnelles Fahren auf Nebenstraßen wird durch eingebaute Schwellen unterbunden, in Brasilien werden sie bezeichnenderweise *quebra molas* (Federbrecher) genannt. Selbst in Hochhäusern sind vor den Türen und Fenstern Gitter angebracht, um ungebetene Besucher fernzuhalten. Die meisten Hausversammlungen in den besseren Wohnblocks dienen dazu, Fragen der Sicherheit zu diskutieren und entsprechende Vorsorge zu treffen. Aufgrund der Kostensteigerung bei Privathäusern haben gepflegte Wohnanlagen und Hochhäuser bei den Mittel- und Oberschichten an Zuspruch gewonnen. Dadurch können Kosten gesenkt werden, gleichzeitig entsteht ein umgrenztes und vergleichsweise sicheres Umfeld. Solche Blocks werden in den USA als *gated communities* bezeichnet.

Das urbane Leben wird dadurch beeinträchtigt. Vielerorts gelten die Innenstädte als weniger empfehlenswert, sie werden von fliegenden Händlern und nach Einbruch der Dunkelheit von unsicheren Kantonisten bevölkert. Die kaufkräftige Schicht trifft sich in den *centros comerciales* oder *malls*, d.h. Einkaufszentren, die der Besucher mit dem Auto ansteuern kann. Dort finden sich neben Lebensmittelgeschäften weitere Möglichkeiten zum Einkauf und zum Restaurantbesuch. Die Sicherheitsprobleme sind in diesen Scheinwelten gering, denn die soziale Wirklichkeit wird ausgegrenzt. Allerdings lauern auch in solchen umhegten Räumen Gefahren, die bei dem Brand in einem Einkaufszentrum in Asunción/Paraguay 2004 schlagartig deutlich wurden. Nach dem Ausbruch eines Feuers hatte der

37 Mittlerweile gibt es als Folge von Privatisierungsprozessen auch in Deutschland Kurierdienste.

Besitzer die Schließung des Gebäudes durch Sicherheitskräfte angeordnet, damit niemand das Einkaufszentrum ohne entsprechende Bezahlung der Waren verlassen sollte. Über zweihundert Menschen wurden Opfer der Flammen.

Damit sind die städtischen Räume nach unterschiedlichen sozialen Schichten aufgeteilt. Zum Teil grenzen die Armutsviertel jedoch unmittelbar an teure Wohnanlagen. Während in den besseren Wohngebieten relativ gute Sicherheitsbedingungen vorhanden sind, gestaltet sich die Lage in den ärmeren Vierteln problematisch. Nach Einbruch der Dunkelheit können manche Gegenden nicht betreten werden, tagsüber wird zuweilen eine Art Wegezoll erhoben, Gewalt und Kriminalität schnellen besonders an den Wochenenden in die Höhe, was u.a. an der hohen Zahl von Schusswaffen liegt. Aus einigen Armutsvierteln in Rio de Janeiro oder Caracas hat sich die Polizei zurückgezogen, dort übernehmen Gangs und bewaffnete Gruppen de facto die Macht. In dem brasilianischen Film *City of God* (2003) wird dies in ebenso erschreckender wie eindruckvoller Weise geschildert.

Zu den Unsicherheiten des Alltages gehört auch die Gefahr von Entführungen mit politischem oder kriminellem Hintergrund. Politische Entführungen waren ein Kampfmittel, das Guerillaorganisationen seit den 1960er Jahren verwendeten. Schon 1958 verschleppten kubanische Revolutionäre in einer spektakulären Aktion den argentinischen Automobilrennfahrer und mehrfachen Weltmeister Juan Manuel Fangio (1911-95), um auf ihr Anliegen aufmerksam zu machen. In der Folgezeit gerieten die Entführungen (*secuestros*) u.a. zu einem Mittel der Finanzierung. Durch die Gefangennahme ausländischer Botschafter wurde die Freilassung inhaftierter politischer Gefangener und Linker erzwungen. Dies geschah 1969 in Brasilien, wo der nordamerikanische Botschafter u.a. im Gegenzug für José Dirceu, der Jahrzehnte später zum wichtigsten Berater von Präsident Lula da Silva aufstieg, freigelassen wurde. 1974 erpresste die links-nationalistische Guerillabewegung *Montoneros* in Argentinien 60 Mio. US$ für die Industriellen Jorge und Juan Born. Die Guerilleros sollen das Geld teilweise nach Kuba gebracht oder in Immobilien angelegt haben. Nach dem Ende der politisch motivierten Guerilla hat es Fälle gegeben, dass Ex-Guerilleros auf eigene Faust weitermachten, wodurch die Übergänge zwischen Politik und Geschäft auch auf dieser Seite des politischen Spektrums fließend wurden. Umgekehrt gilt dies für vormalige Mitglieder paramilitärischer Einsatzkräfte, die während der Militärdiktaturen gegen die Guerilla und Teile der Bevölkerung vorgingen. Die Zahl der Entführungen stieg in verschiedenen Ländern in den 1990er Jahren an, um nach 2000 wieder etwas abzusinken. Die Zahlenangaben sind jedoch ungenau. Viele Fälle von Kidnapping werden nicht angezeigt, obendrein versuchen sich die Opfer und die Täter unabhängig von den staatlichen Sicherheitskräften zu einigen, beide Seiten haben kein Interesse über solche Vorfälle zu sprechen. Stark zugenommen haben um die Jahrtausendwende die sog. Express-Entführungen (*relámpago*), d.h. die Opfer werden einige Stunden bzw. über Nacht festgehalten, um in der Zwischenzeit an Bankautomaten entsprechende Geldbeträge abzuheben. Zu solchen Blitzentführungen kommt es vor allem in Großstädten wie Buenos Aires, Rio de Janeiro, São Paulo, Mexiko-Stadt und Caracas.

Die meisten Fälle von Menschenraub waren im Jahr 2000 in Kolumbien feststellbar, wobei die Zahl seit Ende der 1980er Jahre zu steigen begann. Setzt man die Zahl der Entführungen in Verhältnis zur Einwohnerzahl, so ergibt sich ein verändertes Bild, dann steht Trinidad & Tobago an erster Stelle. Neben den Verschleppungen traten in den 1990er Jahren vor allem in Kolumbien auch sog. Fischzüge (*pesca milagrosa*) auf. Während kurzfristiger Straßensperrungen oder bei den häufigen Verkehrsstaus wurden zahlreiche Autos von Guerilleros oder gewöhnlichen Kriminellen ausgeraubt.

Die Entführungen haben zu Gegenstrategien geführt. In Kolumbien fährt die Regierung Álvaro Uribe seit 2002 einen harten Kurs und kann einen Rückgang solcher Vorfälle verbuchen. Aus- und inländische Firmen schließen ihrerseits hohe Versicherungen für ihre Manager ab und beauftragen z.T. internationale Spezialfirmen mit den Verhandlungen im Entführungsfall. Die Meinungen über solche Formen der Absicherung gehen auseinander. Für die potentiell betroffenen Familien bedeuten sie einen vermeintlichen Schutz. Kritiker wenden dagegen ein, dass sie die staatliche Autorität weiter unterhöhlen und Formen der Gesetzlosigkeit fördern. Die Verhandlungen zwischen ausländischen Firmen und den Kidnappern schwächen den jeweiligen Nationalstaat und führen zur Ungleichbehandlung zwischen in- und ausländischen Verschleppungsopfern.

Neben den Entführungen sind in einigen Ländern nahezu gleichrangig die Erpressungen zu nennen. Sie werden von der Guerilla manchmal auch als „revolutionäre Steuern" bezeichnet, etwa von der FARC in Kolumbien, die nach dem revolutionären Gesetz (*Ley 002*) auf alle Personen mit einem Besitz von mehr als 1 Mio. US$ eine Steuer von 10 % erhebt. Dieser Vorgang wird auch als Impfung (*vacuna*) bezeichnet.

Die tägliche Unsicherheit hat zum Aufblühen spezialisierter Firmen und „Privatpolizeien" geführt. Ratgeber, Schulungskurse und individueller Waffenbesitz sind die Folge. Allgemein wird bei einfachen Raubüberfällen oder den Blitz-Entführungen empfohlen, den Kriminellen alles auszuhändigen, um Schaden an Leib und Seele abzuwenden.

Als Folge des fehlenden Rechtsstaates und der Unsicherheiten besitzen Familien- und Freundschaftsbande im lateinamerikanischen Kontext einen enormen Stellenwert. Nicht nur in Brasilien wird grundsätzlich zwischen *casa* (Heim, zu Hause) und *rua* (draußen, auf der Straße) unterschieden.[38] Mit dem häuslich-familiären Bereich wird Sicherheit, Geborgenheit und Harmonie verbunden. Eine Voraussetzung dafür ist, dass man bei allen anfallenden Schwierigkeiten auf die Großfamilie, die Hausangestellten und die Freunde zählen kann. Im Unterschied zu den persönlich-affektiven Beziehungen ist die öffentliche Sphäre anonym und tendenziell feindlich. „Draußen" – etwa auch im Straßenverkehr und als Fußgänger – muss man alle Sinne schärfen und immer auf der Hut sein. Hier gelten andere und schwer kontrollierbare Regeln. Auch aus diesem Grunde sind die Gewinnung und der Erhalt von Freundschaften lebenswichtig. Bekannte und *amigos* können eine Hilfe in den verschiedensten Bereichen sein, durch die Ableistung eines Freundschaftsdienstes (*favor*) entstehen gegenseitige Verpflichtungen. Das brasilianische Dankeschön (*obrigado*) bringt dies zum Ausdruck. Wörtlich übersetzt lautet es: „Ich bin verpflichtet" oder „Ich stehe in der Schuld."[39]

Im Falle eines Falles müssen die Familienmitglieder bzw. der Freundeskreis zusammenrücken. Dies zeigt sich etwa bei einem Unfall, wenn es um Blutspenden geht, da entsprechende Konserven in den meisten Krankenhäusern fehlen. Die Familienbande und die anhaltende Kommunikation zwischen den Verwandten wirken in allen sozialen Schichten: Mit den verstärkten Migrationsbewegungen in die USA und nach Europa gewannen die Rücküberweisungen von „Gastarbeitern" im Ausland, sog. *remesas,* eine immer größere Bedeutung. Diesen sozialen Hintergrund gilt es zu berücksichtigen, um zu verstehen, warum etwa die Besetzung von Posten

38 Der brasilianische Anthropologe Roberta DaMatta weist auf diese Unterscheidung hin. Dazu und zu vielen Aspekten der brasilianischen Alltagskultur die anschaulichen Ausführungen von Bruno Speck, *Verhalten in Brasilien,* Zentralstelle für Auslandskunde: Bad Honnef 1993, S. 2ff.

39 Ebenda, S. 11.

in Regierung und Verwaltung mit Familienangehörigen unabhängig von der Ausrichtung einer Regierung ausgeprägt ist.

Literatur-Empfehlungen

Helen Ahrens/Detlef Nolte (Hrsg.), *Rechtsreformen und Demokratieentwicklung in Lateinamerika,* Frankfurt a.M. 1999. Der Sammelband analysiert Beschaffenheit, Reformpotenzial und Grenzen des Rechtstaates in Lateinamerika aus politikwissenschaftlicher und juristischer Sicht.

Marcos Kaplan, *Formación del Estado Nacional en América Latina*, Santiago de Chile 1969. Das Buch gibt einen historischen Abriss zur Entwicklung des Staates Lateinamerika, geht auf die neuere Diskussion um Präsidentialismus und Parlamentarismus allerdings nicht ein.

Heinrich W. Krumwiede/Detlef Nolte, *Die Rolle der Parlamente in den Präsidialdemokratien Lateinamerikas,* Hamburg 2000. Die Studie beschreibt die verfassungsrechtliche Kompetenzaufteilung zwischen Präsident und Parlament, die Parlamentsarbeit sowie die Rolle von Legislative und Exekutive im politischen Prozess.

Wolfgang Paul (Hrsg.), *Korruption in Brasilien und Deutschland,* Aachen 2002 enthält Aufsätze zur Korruption in Brasilien und anderen Ländern sowie eine Liste über Korruption im Spiegel der lateinamerikanischen Umgangssprache.

Manfred Mols/Joseph Thesing (Hrsg.), *Der Staat in Lateinamerika*, Mainz 1995. Der Sammelband der ADLAF-Tagung von 1992 enthält verschiedene Aufsätze zur Entwicklung des Staates und seiner Rolle in einzelnen Ländern.

Dieter Nohlen, *Sistema de Gobierno, Sistema Electoral y Sistema de Partidos Políticos. Opciones institucionales a la luz del enfoque histórico-empírico,* Mexiko 1999. Der Band vereinigt verschiedene Vorträge u.a. zu dem Verhältnis zwischen Regierungs-, Wahl- und Parteiensystemen, der Frage Präsidentialismus und Parlamentarismus, den Transitionen zur Demokratie und den Wahlystemen etc.

Carola Schmid, *Korruption, Gewalt und die Welt der Polizisten. Deutschland, Chile, Bolivien und Venezuela im Vergleich,* Frankfurt a.M. 2007 vergleicht polizeiliche Gewalt und Korruption in vier Ländern.

Transparency International, *Gobal Corruption Report 2007,* Cambridge geht auf Korruption und Justizprobleme ein.

Peter Waldmann, *Der anomische Staat. Über Recht, öffentliche Sicherheit und Alltag in Lateinamerika*, Opladen 2002. Das Buch enthält verschiedene Aufsätze zu Gewalt, Unsicherheit und Anomie.

Worüber es zu diskutieren lohnt

- über die zentralistische Tradition in Lateinamerika
- über die Rolle der Verfassungen sowie den Unterschied zwischen Verfassung und Verfassungswirklichkeit
- über die Unterschiede zwischen Parlamentarismus und Präsidentialismus
- über die Merkmale des Präsidentialismus in den USA und Lateinamerika
- über die Eignung des Parlamentarismus für die politischen Systeme Lateinamerikas
- über „Unsicherheit als Alltagserfahrung“ in Lateinamerika
  und ihre Auswirkungen

10. Politische Parteien und Parteiensysteme

Funktionierende Demokratien sind auf Parteien und Parteiensysteme angewiesen. Da man sich in Lateinamerika an den modernsten Verfassungsvorbildern orientierte, bildeten sich schon im 19. Jh. parteiähnliche Gruppierungen. Was ihr Funktionieren, ihre Dauerhaftigkeit und die programmatische Ausrichtung anbelangt, weisen sie spezifische Züge auf. Der Personalismus der politischen Kultur Lateinamerikas zeigt sich auch bei den Parteien, ebenso ein Zentralismus und eine vergleichsweise geringe innerparteiliche Demokratisierung. Trotz der Verbote unter Diktaturen haben sich die Parteien halten können, seit den 1990er Jahren sind viele neue Parteien entstanden.

10.1 Zur Rolle der Parteien

Einzelne südamerikanische Länder können auf eine fast ebenso lange Parteien- und Wahlgeschichte zurückblicken wie verschiedene westliche Demokratien. Dennoch haben Parteien ihre Position in den politischen Systemen nur in wenigen Fällen (Costa Rica, Kolumbien, Venezuela; Chile und Uruguay mit Unterbrechungen) über längere Zeiträume konsolidieren können. Charakteristisch für die Parteien bis Anfang der 1980er Jahre war vielmehr, dass sie sich in einer Konkurrenzsituation mit anderen Machtfaktoren, besonders dem Militär befanden, das in den 1970ern noch in den meisten südamerikanischen Staaten herrschte.

Selbst in autoritären Systemen mit manipulierten Wahlen behielten Parteien eine gewisse Bedeutung (Brasilien bis 1985). Durch Vereinbarungen mit anderen politischen Akteuren und Interessengruppen konnten sie zur demokratischen Öffnung beitragen, wobei sie teilweise Kompromisse mit den Militärs schließen mussten.

Aufgrund der Vielfalt der Parteien und des wechselhaften politischen Geschehens in Lateinamerika besitzen länderübergreifende Typologien und Klassifikationsversuche nur begrenzte Aussagekraft. Die aus der Analyse der europäischen Parteiensysteme gewonnene Terminologie (Klassen-, Volks-, Weltanschauungspartei) greift zu kurz. Im 19. Jh. bestanden lediglich Honoratiorenparteien. Zu Beginn des 20. Jhs. bildeten sich größere gesellschaftliche Interessengruppen. Mit ihrer Entstehung und einer wachsenden Partizipation der Mittel- und Unterschichten fällt das Aufkommen von Massenparteien zusammen. Die neueren Parteien weisen in der Regel eine polyklassistische Mitgliederschaft auf, wenden sich aber programmatisch zum Teil an bestimmte soziale Schichten.

Eine Unterscheidung zwischen „Statuspartei, Reformpartei und revolutionärer Partei“[1] ist nur im Einzelfall und für begrenzte Zeiträume möglich. Ebenso ist die Einordnung von Parteien nach ihren Entwicklungsfunktionen oder dem Grad ihrer Modernität problematisch: Erstens wird der Aspekt der Machtausübung weitgehend ausgeblendet, zweitens vermischen sich in den Parteien traditionelle und moderne Elemente und drittens sind die Form und der Bestand von Parteiensystemen nicht unmittelbar von dem Grad gesellschaftlicher Modernisierung abhängig. Um Besonderheiten zu berücksichtigen, wurde auf die Notwendigkeit eines „lateinamerikanischen Parteibegriffs“ (Lindenberg) bzw. von provisorischen Begriffen für nicht gefestigte Parteiensysteme verwiesen.[2] Es bleibt allerdings fraglich, ob ein spezielles theoretisches Instrumentarium für die dortigen Parteien erforderlich ist. Verschiedene Parteien haben sich historisch an europäischen Gruppierungen orientiert und gehören multinationalen Parteiverbänden an, z.B. der *Sozialistischen Internationale* (SI) oder der *Christdemokratischen Internationale* (CDI). Zum einen weisen also die Parteien selbst einen internationalen Bezug auf, zum anderen liegt der Politikwissenschaft ein vergleichender Ansatz zugrunde.

10.2 Entstehung, historischer Überblick und politische Familien

Mit dem Ziel einer Periodisierung lassen sich sechs geschichtliche Zeiträume der Parteienentwicklung festhalten.[3]

1. Während der Unabhängigkeitsbewegung von Spanien bildeten sich erste Gruppierungen um militärische Führer (sog. *Caudillos*) in Form von Gefolgschaften. Ab 1840 entstanden dann in nahezu allen Staaten zwei Parteien, die *Konservativen* und die *Liberalen*. Sie besaßen eher

1 Klaus Lindenberg, *Politische Parteien in Lateinamerika*, in: Wolf Grabendorff (Hrsg.), *Lateinamerika – Kontinent in der Krise*, Hamburg 1973, S. 140.

2 Giovanni Sartori, *Parties and Party Systems. A Framework for Analysis*, Cambridge 1976, S. 244f.

3 Jean-Pierre Bernard (u.a.), *Tableau des partis politiques en Amérique du Sud*, Paris 1969; Alfredo Ramos Jiménez, *Los partidos políticos en las democracias latinoamericanas*, Mérida 1995; Torcuato S. di Tella, *History of Political Parties in Twentieth-Century Latin America*, London 2004.

den Charakter von Honoratiorenclubs der besitzenden Schichten, zumal das aktive und passive Wahlrecht bis Ende des 19. Jhs. eingeschränkt blieb. Die Unterschiede lagen in der angestrebten Staatsform: Die vor allem von den Grundbesitzern getragenen *Konservativen* plädierten für eine starke Zentralregierung und setzten sich für den Erhalt kirchlicher Privilegien ein. Die *Liberalen*, die besonders von städtischen Schichten unterstützt wurden, forderten föderative Elemente und einen freien Außenhandel. Gegen Ende des Jhs. entstanden in Argentinien, Chile und Uruguay die vom neuen Mittelstand getragenen *Radikalen*, die für eine Demokratisierung des Wahlrechts und der Gesellschaft eintraten.

2. Im Zuge von Verstädterung, nationalstaatlicher Konsolidierung und wachsender Partizipation formierten sich ab Ende der 1920er Jahre „national-revolutionäre" Parteien mit antiimperialistischen und sozialreformerischen Zielsetzungen. Sie waren von den Ideen der mexikanischen Revolution (1910-17) und der Universitätsreform von Córdoba/ Argentinien (1918) beeinflusst. Eine gewisse Orientierungsfunktion übernahm die 1924 gegründete *Alianza Popular Revolucionaria Americana* (APRA) in Peru. Neben diesen polyklassistischen Parteien, die sich zu den ersten Massen- und Volksparteien auf dem Subkontinent entwickelten, erfolgte die Gründung von kleineren kommunistischen und sozialistischen Gruppierungen.
3. Nach der Weltwirtschaftskrise 1929 kamen in den südamerikanischen Großstaaten starke populistische Bewegungen auf, bei denen sich charismatisch-autoritäre und durch Wahlen legitimierte Herrschaftselemente verbanden (Kap. 5). In Argentinien und Brasilien förderten populistische Präsidenten mit staatlichen Mitteln „von oben" den Aufbau von Parteien. Auch die mexikanische *Partei der Institutionellen Revolution* (PRI) durchlief eine populistische Phase. Nach dem Niedergang des historischen Populismus in den 50er Jahren gewannen sozialdemokratisch ausgerichtete Parteien und die lateinamerikanischen Christdemokraten an Bedeutung, sie räumten der programmatischen Arbeit einen gewissen Stellenwert ein. Die in der Phase des historischen Populismus gegründeten Parteien blieben jedoch bestehen, häufig wurden sie nach dem ersten Parteiführer benannt.
4. Unter dem Eindruck der kubanischen Revolution (1959) trat in den 1960er Jahren eine Radikalisierung des politischen Geschehens ein. Parteien sahen sich nicht nur der Repression durch Diktaturen ausgesetzt, sondern wurden zuvor auch von Guerillabewegungen und von Intellektuellen in Frage gestellt, die radikale Veränderungen anstrebten

und eine bloß formale Demokratie kritisierten. Besonders bei den ursprünglich „nationalrevolutionären" Parteien und im geringeren Maße bei den Christdemokraten (Chile) kam es zur Abspaltung der linksorientierten Parteijugend. In mehreren Ländern entstand die sog. Bewegung der revolutionären Linken (MIR, *Movimiento de Izquierda Revolucionaria*).

5. Nach langjähriger Militärherrschaft begann in den 1980er Jahren eine Re-Demokratisierung. Als Folge eines Lernprozesses und nachlassender Polarisierung stieg die Konsensbereitschaft zwischen den Parteien. Die Zusammenarbeit zwischen ihnen im Prozess der demokratischen Konsolidierung hat zunächst zivil-militärische Allianzen verhindert, die in der Vergangenheit eine Voraussetzung für Staatsstreiche des Militärs bildeten. Allerdings gingen die Parteien organisatorisch nicht gestärkt aus dem gesellschaftspolitischen Wandel hervor. Auf die Euphorie im Prozess der Transition zur Demokratie folgte eine Phase der Ernüchterung (*desencanto*) und vielerorts ein Rückzug der Bürger aus der Politik. Einige Parteien klagten über Nachwuchsprobleme und sahen sich Korruptionsvorwürfen ausgesetzt, über die die Medien im Unterschied zu früher offen berichten. In den 1990er Jahren sind neue Bündnisse entstanden, deren genaue Einordnung noch nicht möglich ist.
6. Mit der Kritik an den dürftigen Resultaten liberaler Wirtschaftspolitiken kamen die nationalistischen und antiimperialistischen Traditionen im lateinamerikanischen politischen Denken wieder zum Vorschein. Nutznießer waren auch populistisch auftretende Politiker und Präsidenten unterschiedlicher Couleur, die es verstanden, den in sozialen Bewegungen und bei Wahlen artikulierten Willen der Bevölkerung aufzufangen. Nach dem Wahljahr 2006 wurden von den zwei „Linken" in Lateinamerika gesprochen: In Peru, Uruguay und Brasilien wurden moderat linke Kräfte gewählt bzw. wiedergewählt.[4] In Bolivien, Ecuador und Nicaragua kamen im Ergebnis der Wahlen linksnationalistische und anti-neoliberal auftretende Politiker an die Regierung. Nach venezolanischem Vorbild streben sie über eine Verfassungsgebende Versammlung eine „Neugründung" der Republik, Formen plebiszitärer Demokratie und größere Rechte für die indigene Bevölkerung an. In einzelnen Andenländern lässt sich der Übergang von indigenen Bewegungen zu Parteien feststellen, Präsident Chávez fördert „von oben"

4 Jorge Castañeda/Patricio Navia, *The Year of the Ballot*, in: *Current History* 106(2007)697, S. 51-57.

den Aufbau einer Vereinigten Sozialistischen Partei Venezuelas (PUSV).

Einzelne Aspekte bei der Entwicklung von Parteien lassen sich aus einer strukturellen Perspektive mit der in Europa vergleichen und mit dem Konzept der politischen Konfliktlinien (*political cleavages*) erhellen. Vor allem für die national-revolutionären Volksparteien verlief eine wichtige Konfliktlinie jedoch nicht innerhalb der eigenen Gesellschaft, sondern bezog sich auf den Abbau externer Abhängigkeit und richtete sich programmatisch gegen den (nordamerikanischen) Imperialismus. Mit dem Ziel einer Konsolidierung der Demokratie schlossen Parteien darüber hinaus regelrechte Systempakte (z.B. in Venezuela 1958). Das Aussetzen des politischen Wettbewerbs mittels eines Elitenkonsenses kann allerdings zu Erstarrungstendenzen und politischer Immobilität im Parteiensystem führen. Relativ gut lässt sich das *cleavage*-Konzept auf Chile anwenden, dessen Parteiensystem starke Ähnlichkeiten mit europäischen Parteiensystemen aufweist.[5] Dagegen handelt es sich beim Peronismus um eine Bewegung *sui generis*, die sich nicht leicht mit den traditionellen Kriterien der Parteienforschung erklären lässt.

Trotz möglicher Vergleiche mit der historischen Entwicklung in Europa, wie sie etwa im Übergang von den Honoratiorenclubs zu den Parteien der Mittelschicht bzw. der vergleichsweise kleinen Arbeiterklasse und schließlich zu Allerweltsparteien (*partido atrápaló todo*) zum Ausdruck kamen, bleiben Unterschiede: Sie resultieren zum einen aus dem Populismus mit seinem Bewegungscharakter (*movimentismo*), dem Personalismus und dem lange Zeit vorherrschenden etatistischen Entwicklungskonzept. Zum anderen gleichen die Parteien eher lockeren Zusammenschlüssen und weisen eine geringe Partei- und Fraktionsdisziplin auf.

Politische Familien

Die politischen Familien sind im Vergleich zu Europa in Lateinamerika etwas anders ausgeprägt. Die Namen stimmen nicht immer mit den Inhalten und dem Verhalten der Partei überein. Trotzdem weisen die Parteien einige programmatische Gemeinsamkeiten auf: Dazu gehören eine auf Modernisierung abzielende Entwicklungsstrategie und die Ankündigung

5 Ingrid Wehr, *Lipset und Rokkan „a la latina": Einige Überlegungen anhand des chilenischen Parteiensystems*, in: Ulrich Eith/Gerd Mielke (Hrsg.), *Gesellschaftliche Konflikte und Parteiensysteme*, Wiesbaden 2001, S. 233-245.

von Reformen zugunsten der Armen. Im Rückblick sind folgende Unterscheidungen möglich:

1. *Konservative Parteien*: Im 20. Jh. haben diese Parteien ihren vormaligen Einfluss eingebüßt. Parteien mit einer eindeutig konservativen Programmatik sind selten; einzelne bedeutungslose Gruppierungen – eine Ausnahme bildet die Konservative Partei Kolumbiens – tragen allerdings noch diesen Namen.
2. *Liberale* und *radikale Parteien*: Auch die Liberalen verloren an Bedeutung. Eine Ausnahme bilden Kolumbien und Honduras, deren liberale Parteien mit den Gruppierungen des 19. Jh. jedoch nicht mehr viel gemeinsam haben. So genannte radikale Parteien, die von der städtischen Mittelschicht getragen wurden, entstanden um die Wende zum 20. Jh. in Argentinien, Chile und Uruguay, wo sie für eine Demokratisierung und die Begrenzung des kirchlichen Einflusses eintraten.
3. *Christdemokratische Parteien*: Sie gingen nach dem Zweiten Weltkrieg entweder aus zunächst falangistisch-korporatistischen Parteien hervor (Chile, Venezuela) oder entstanden in den 1950er Jahren als Neugründungen. Programmatisch wurden sie von den päpstlichen Sozialenzykliken sowie von der französischen katholischen Soziallehre beeinflusst. Besonders in Chile, Venezuela und in geringerem Maße auch in El Salvador sind bzw. waren die Christdemokraten Massenparteien. Sie sind in der ODCA (*Organización Democrata Cristiana de América*) zusammengeschlossen, die zunächst in Caracas angesiedelt war, danach in Santiago de Chile und derzeit ihren Sitz in Mexiko hat.
4. *Sozialdemokratisch ausgerichtete Parteien*: In den 1930er Jahren wurden sie als „national-revolutionäre" Parteien bezeichnet. Kennzeichnend war ihre ursprünglich antiimperialistische, antifeudalistische und nationalistische Ausrichtung; sie plädierten für eine aktive Rolle des Staates und für Nationalisierungen. In Costa Rica und Venezuela gelangten in den 1950er Jahren mit der *Partido Liberación Nacional* (PLN) und der *Acción Democrática* (AD) Parteien dieser Gruppe an die Macht. Die Regierungsübernahme führte schrittweise zur Aufgabe der ursprünglich weit reichenden Reformprogramme. Derzeit sind ein Teil dieser Parteimitglieder in der *Sozialistischen Internationale* (SI),[6] andere haben sich, wie die Partei der Arbeiter in Brasilien (PT), der sozialdemokratischen Programmatik angenähert.

6 Aus kritischer Perspektive: FDCL (Hrsg.), *Sozialdemokratie und Lateinamerika*, Berlin 1982.

5. *Kommunistische Parteien*: Obwohl die KPs in vielen Staaten zu den ersten Parteien gehörten (Gründungszeitraum 1919-30), konnten die Moskau-orientierten Kommunisten keinen größeren Einfluss entfalten. Sie bemühten sich um Volksfrontbündnisse und propagierten nur in Ausnahmefällen die bewaffnete Machtergreifung. So wurde die kubanische Revolution von Aufständischen durchgeführt, die erst später den Kontakt zur KP Kubas (PCC, *Partido Comunista Cubano*) suchten und sie dann zur Staatspartei ausbauten. In den 1960er Jahren kam es zu Spaltungen bei den KPs als Folge einer Kontroverse zwischen dem damals gesamtlateinamerikanischen Revolutionskonzept Kubas und dem eher verhaltenen Kurs der kommunistischen Parteien in Süd- und Mittelamerika.[7]
6. *Sozialistische Parteien*: Vor allem in den Staaten des Südzipfels entstanden Anfang des Jahrhunderts sozialistische Parteien, die von der Arbeiterschaft (besonders in Chile) getragen wurden. Auch in den karibischen Kleinstaaten und den französischen Kolonialgebieten wurden nach 1930 sozialistische Parteien gegründet, die in den 1970er Jahren in mehreren Ländern die Regierung übernahmen.
7. *Revolutionäre Parteien* (Anarchisten, Trotzkisten, Maoisten): Eine relativ starke anarchistische Bewegung gab es zu Beginn des Jhs. unter italienischen und spanischen Einwanderern in Argentinien. Trotzkistische Gruppierungen tauchten später in Chile, Bolivien, Argentinien und Mexiko auf. Neben einer kleinen legalen oder halblegalen politischen Organisation bestanden sie – wie die Maoisten in Peru – aus einer Guerilla.

Nach dem Ende des Kalten Krieges und mit der Globalisierung verloren die alten politischen Familien an Einfluss. In der Regierungs- und Wirtschaftspolitik dominieren de facto liberale Vorstellungen, ohne dass dies unmittelbar aus den Parteiprogrammen und -namen hervorgeht. Der Abschied von der Utopie und der Trend zum Pragmatismus zeigten sich bei der Linken besonders in Chile nach Pinochet. Mit der Partei der Arbeiter (PT, *Partido dos Trabalhadores*) in Brasilien, der *Causa R* in Venezuela, dem PRD (*Partido Revolucionario Democrático*) in Mexiko, FREPASO (*Frente País Solidario*) in Argentinien und dem *Frente Amplio* in Uruguay gingen seit den 1980er Jahren Gruppierungen aus Basisbewegungen hervor, die in Abgrenzung von den traditionellen Parteien eine moderate „linke" Politik verfolgen. Auf der „rechten" Seite sind die PAN (*Par-*

7 Boris Goldenberg, *Kommunismus in Lateinamerika*, Stuttgart 1971.

tido Acción Nacional) in Mexiko, *FREDEMO* in Peru, die UCD (*Unión del Centro Democrático*) in Argentinien, der PAN (*Partido Avanzada Nacional*) in Guatemala (gegr. in den 1980er Jahren, an der Regierung von 1996 bis 2000) und die ARENA (*Alianza Republicana Nacionalista*) in El Salvador (gegr. 1980, an der Regierung seit 1989) als Vertreter eines neuen Wirtschaftsliberalismus zu nennen.

10.3 Parteiorganisationen und innerparteiliche Demokratie

Die lateinamerikanischen Parteien gleichen eher lockeren Zusammenschlüssen oder „Konglomeraten von Gruppen“[8] und bezeichnen sich selbst teilweise als Bewegungen. Ein weiteres Merkmal sind ihre Organisationsschwäche und die geringe interne Demokratie. Dies liegt einmal an der politischen Instabilität und den Parteiverboten in der Vergangenheit. Hinzu kommen strukturelle Gründe: Die diffuse Sozialschichtung lateinamerikanischer Gesellschaften und die eingeschränkten Partizipationschancen der Unterschichten kommen auch in den Parteien zum Ausdruck. Zwar handelt es sich nach Mitglieder- und Wählerschaft meist um Volksparteien (*partidos populares*); innerhalb der Organisationen dominiert jedoch ein kleiner Führungskern oder ein Politiker. Nicht nur bei den vormals „national-revolutionären“ Parteien herrscht eine Art demokratischer Zentralismus, der u.a. darin zum Ausdruck kommt, dass die Gründergeneration oder andere kleine Gruppen die obersten Ämter einnehmen. Die Personalisierung der Macht geht auch daraus hervor, dass interne Strömungen nicht selten den Namen des jeweiligen Anführers tragen. Die Ausrichtung auf einzelne Personen wird durch die Präsidialverfassungen gefördert; die in unregelmäßigen Abständen abgehaltenen Parteitage besitzen kaum Kontroll- und Entscheidungsfunktionen. Die in einigen Ländern nach nordamerikanischem Vorbild etablierten Vorwahlen führen nur in begrenztem Ausmaß zu mehr Demokratie oder einem Mehr an innerparteilicher Stabilität.

Zur Schwächung der Organisationen trägt die in Lateinamerika ausgeprägte Mediengesellschaft mit einem personenorientierten Journalismus bei. Nur ganz wenige Zeitungen oder Zeitschriften können und wollen sich einen investigativen Journalismus leisten. Meistens werden Äußerungen von Parteipolitikern oder vorbereitete Presseerklärungen kommentarlos abgedruckt. Seit den 1990er Jahren lässt sich in einigen Ländern eine pau-

8 Wolfgang Hirsch-Weber, *Politik als Interessenkonflikt*, Stuttgart 1969, S. 211.

schale Parteienkritik feststellen, die zur Abwertung der Parteienherrschaft beigetragen hat, was aus den Umfragen hervorgeht.

Selten wurde die Rolle der Opposition genauer untersucht.[9] Auch aufgrund der Präsidialsysteme ist die Fraktionsdisziplin nicht sehr ausgeprägt. Die Parteien werden teilweise erst zu den Wahlen aktiv. In einigen Ländern zeichnen sich die Wahlkämpfe durch Überlänge und enorm hohe Kosten aus. Gerade in diesem Bereich setzte frühzeitig eine Professionalisierung ein. Schon in den 1960er Jahren wurden z.B. in Venezuela nordamerikanische und europäische Wahlkampfexperten tätig.

Immer wieder kommt der Verdacht auf, dass Drogengelder in den Wahlkämpfen gewaschen werden. Die meisten Parteien verfügen nur über minimale Mitgliedereinnahmen und sind von privaten oder staatlichen Zuwendungen abhängig. Verantwortlich für die Einwerbung einer Finanzierung sind insbesondere die Spitzenkandidaten. In den Systemen mit staatlicher Parteifinanzierung handelt es sich meist um eine Erstattung der Wahlkampfkosten. Auch aus diesem Grunde beschränken sich die Aktivitäten der Parteien weitgehend auf den Wahlkampf. Nach einem Wahlsieg werden staatliche Gelder und Posten für die Anhänger zum wichtigsten Finanzierungsinstrument (Klientelismus). Staatliche Gelder für politische Bildung sind in Lateinamerika kaum vorhanden, allerdings engagieren sich internationale und deutsche Stiftungen in diesem Bereich.[10]

10.4 Parteiensysteme

Trotz politischer Regimewechsel und längerer Phasen autoritärer Herrschaft weisen die Parteiensysteme eine gewisse Kontinuität auf. Nach der Re-Demokratisierung entstanden zunächst ähnliche Parteiensysteme wie vor der autoritären Phase, deren Institutionalisierungsgrad in Südamerika ausgeprägter ist als in Mittelamerika.[11] Mainwaring/Scully gehen davon aus, dass ein Parteiensystem in Lateinamerika dann als institutionalisiert gelten kann, wenn die politischen Spielregeln Bestand haben, die Parteien Wurzeln in der Gesellschaft besitzen, die Legitimität der Parteien und Wahlen gesichert ist und relativ starke Organisationen vorhanden sind.[12]

9 Sandra Carreras, *Die Rolle der Opposition im Demokratisierungsprozess Argentiniens. Der Peronismus 1983-1989,* Frankfurt a.M. 1999.

10 Peter Fischer-Bollin, *Lateinamerikas politische Parteien im Wandel*, in: *KAS/Auslandsinformationen,* (2003)10, S. 79-89.

11 Petra Bendel, *Parteiensysteme in Zentralamerika. Typologien und Erklärungsfaktoren*, Heidelberg 1996.

12 Scott Mainwaring/Timothy R. Scully (Hrsg.), *Building Democratic Institutions: Party Systems in Latin America*, Stanford 1995.

Die Institutionalisierung eines Parteiensystems kann durch die Untersuchung der Volatilität der Wählerschaft, des Alters der Parteien sowie deren Fragmentierung und Polarisierung festgestellt werden. Folgende Typen lassen sich auch in historischer Perspektive unterscheiden:

1. *Systeme mit einer dominanten Partei*: In Mexiko hatte die PRI *(Partido Revolucionario Institucional*) durch Wahlmanipulationen und eine Verquickung von Staat und Revolutionspartei der Opposition bei gleichzeitig bestehender Presse- und Organisationsfreiheit so enge Grenzen gesetzt, dass ein Machtwechsel über Jahrzehnte praktisch ausgeschlossen war. Im Jahre 2000 beendete Vicente Fox von der PAN mit seinem Wahlsieg die Herrschaft der PRI.[13] Nach der Revolution in Nicaragua entwickelte sich die Sandinistische Befreiungsfront (*Frente Sandinista de Liberación Nacional,* FSLN) zur dominanten Regierungspartei, sie gab 1990 nach freien Wahlen mit internationaler Wahlbeobachtung die Macht ab. Ende 2006 wurde sie wieder gewählt. Kuba ist nach der Verfassung von 1976 ein sozialistischer Staat, in dem sich der *Partido Comunista Cubano* (PCC) seit den 1970er Jahren zu einer Stütze des Regimes entwickelte, auch wenn die personalistische Herrschaft der Castros eine größere Rolle spielt als die kommunistische Partei.
2. *Zweiparteiensysteme*: Sie beruhten entweder auf proportionalen Regelungen, die die Machtverteilung zwischen den Parteien festschreiben („Nationale Front" in Kolumbien ab 1958), oder auf einem speziellen Wahlverfahren, wie früher in Uruguay. Allerdings waren die Parteien jeweils in Gruppen mit zum Teil eigenen Kandidaten aufgesplittert, so dass man nicht von einem reinen Zweiparteiensystem sprechen konnte. Die Entwicklung geht in Richtung von Drei- bzw. Mehrparteiensystemen.
3. *Mehrparteiensysteme*: Sie bestehen in den meisten Ländern, es dominiert ein gemäßigter Pluralismus. Tendenzen zur Fragmentierung resultieren weniger aus ideologischer Polarisierung, wie in Chile unter der Allende-Regierung (1970-73), sondern aus nachlassender Bindekraft der Traditionsparteien sowie einem stärkeren regionalen Wählerverhalten.

Ende der 1990er Jahre kam es im Zeichen von Wirtschaftskrise und Populismus zu einem Niedergang von Parteiensystemen in Peru und Venezuela. Mittlerweile regiert jedoch ein aus der Traditionspartei APRA her-

13 Zur PAN: Soledad Loaeza, *El Partido Acción Nacional: la larga marcha, 1939-1994*, Mexiko 1999.

vorgegangener Präsident. Seit seinem Wahlsieg von 1998 hat der populistische Präsident Chávez das alte System umgeformt und andere Gruppierungen mit einem Anti-Parteien-Diskurs geschwächt. 2007 hat er mit dem Aufbau der *Vereinigten Sozialistischen Partei Venezuelas* (PSUV) begonnen.

10.5 Die Entwicklung seit der Re-Demokratisierung

Analysen zur Rolle der Parteien im Prozess der Re-Demokratisierung und Transition zeigen starke Länderunterschiede. In Südamerika entstanden die Parteien teilweise entlang von sozialen Konfliktlinien, die Situation in den 1980er Jahren brachte zunächst keine substantielle Änderung. In *Chile* und *Uruguay* zählten die Parteien zu den Antriebskräften der Demokratisierung und waren selber wichtige Akteure bei der ausgehandelten Transition. In *Argentinien* erfolgte der Übergang nach der Niederlage im Falklands/Malvinas Krieg durch einen Kollaps und ohne längere Verhandlungen. Zumindest in den drei Ländern ergeben sich die Aussagen vor allem aus „qualitativen Kontextanalysen“ und weniger aus „Polarisierungs- und Fragmentierungsindizes“.[14] Ähnlich fällt in dieser Hinsicht der Befund für Zentralamerika aus. Offenbar lassen „sich kaum kontextunabhängige Wirkungen spezifischer Konfigurationen von Parteiensystemen im Hinblick auf die Konsolidierung ausmachen.“[15]

Die schmerzhaften wirtschaftlichen Anpassungsprozesse und der Versuch einer demokratischen Konsolidierung durch Verfassungsreformen haben den Blick stärker auf die Wahlen und die Institutionalisierung von Parteiensystemen[16] als auf einzelne Gruppierungen gelenkt. Manche Parteiprogramme datieren aus den 1960er Jahren, obwohl sich die Welt rapide verändert hat. Die in den 1980er Jahren eingeschlagene Politik der Entstaatlichung schwächte u.a. die Regierungs- und Traditionsparteien, da Patronagefunktionen nun partiell ausfallen. Ebenso bewirkten die Dezentralisierung und die Wahlrechtsreformen eine Veränderung hergebrachter Parteistrukturen, ohne dass schnell neue und stabile Formen sichtbar wur-

14 Klaus Bodemer/Sandra Carreras, *Die politischen Parteien im demokratischen Transitions- und Konsolidierungsprozeß in Südamerika: Argentinien, Chile und Uruguay im Vergleich,* in: Wolfgang Merkel/Eberhard Sandschneider (Hrsg.), *Systemwechsel 3. Parteien im Transformationsprozeß,* Opladen 1997, S. 203.

15 Petra Bendel, *Parteien, Parteiensysteme und Demokratisierung in Zentralamerika: El Salvador, Guatemala, Honduras und Nicaragua im Vergleich,* in: Ebenda, S. 244.

16 Dieter Nohlen (Hrsg.) *Elecciones y sistemas de partidos en América Latina*, San José 1993.

den. Der Abbau des Staatsanteils und der marktwirtschaftliche Kurs förderten die Informalisierung der Politik; gegenüber transnational agierenden Unternehmen befinden sich die Parteien in einer schwächeren Position, zumal die internationalen Parteienverbände an Bedeutung verloren haben. Die Christdemokraten hatten sich bereits in den 1960er Jahren z.B. in Chile engagiert, die *Sozialistische Internationale* (SI) verstärkte 1976 mit der „Konferenz von Caracas" ihre Aktivitäten.[17]

Dieser generelle Eindruck einer Parteienschwäche schließt indessen länderspezifische Entwicklungen nicht aus, bei denen es zur Erneuerung alter bzw. dem Aufkommen neuer Parteien gekommen ist. Ein Blick auf die Entwicklung seit der Rückkehr zur Demokratie ergibt ein differenziertes Bild:[18]

Zunächst kann festgehalten werden, dass die mit den autoritären Regimen verbundenen Parteien bei Wahlen schlecht abschnitten. So verlor die chilenische Rechte die Wahlen von 1989 trotz einer guten Wirtschaftsentwicklung, in Nicaragua erhielt die regierende FSLN 1990 keine Mehrheit. Bei den ersten freien Wahlen nach den autoritären Regimen bevorzugten die Bürger offenbar Parteien, die Distanz zu den Machthabern hielten. In Argentinien gewann 1983 mit der Radikalen Bürgerunion (UCR) diejenige Partei, die sich deutlicher von den Militärs distanzierte als die Peronisten, 1980 setzte sich Fernando Belaúnde in Peru gegenüber der APRA durch und in Bolivien war Hernán Siles Suazo an der Spitze eines Linksbündnisses erfolgreich.

Auch in Lateinamerika wurden und werden Parteien abgestraft, die ihre Wahlversprechen oder die Reformerwartungen nicht erfüllten. Dies war der Fall beim Wahlverlust der PRD 1986 in der Dominikanischen Republik, der Christdemokraten (PDC) 1989 in El Salvador und in Guatemala 1990, der APRA in Peru 1990 und der *Acción Democrática* in Venezuela 1993.

Die schlechte wirtschaftliche Lage dürfte ebenfalls eine Rolle gespielt haben. Dies kann sowohl bei dem Verlust an Wählerstimmen der UCR in

17 Vgl. dazu das Themenheft „Parteienföderationen in Lateinamerika", in: *Zeitschrift für Lateinamerika Wien*, (1987)33. Mit Ausführungen u.a. zur Rolle der SI im Mittelamerikakonflikt: Eusebio Mujal-León/Ann-Sofie Nilsson, *Die Sozialistische Internationale in den 80er Jahren: Dritte-Welt-Politik zwischen den Blöcken*, Paderborn 1995.

18 Jorge I. Dominguez/Jeanne Kinney Giraldo, *Constructing Democracies: Parties, Institutions, Market Reforms, the Military and the International Environment*, in: Jorge I. Dominguez (Hrsg.), *Democratic Politics in Latin America and the Caribbean*, Baltimore/London 1998, S. 63-99.

Argentinien 1989 als auch bei den Niederlagen der Christdemokraten in El Salvador 1989 und Guatemala vermutet werden. Die seit dem Ende der Militärherrschaft 1985 regierenden brasilianischen Präsidenten erhielten nur selten Rückenwind durch die ökonomische Entwicklung, erst Fernando Henrique Cardoso wurde 1998 nach einer vorangegangenen Verfassungsänderung wiedergewählt.

Noch schwieriger fällt die Antwort aus, wenn es um Korruptionsvorwürfe geht. Der argentinische Präsident Carlos Menem konnte entsprechende Anschuldigungen Mitte der 1990er Jahre noch vergleichsweise leicht beiseite drücken, weil die ökonomische Entwicklung positiv verlief. In Venezuela half indessen auch eine gewisse wirtschaftliche Erholung Carlos Andrés Pérez nicht, seine zweite Amtszeit regulär zu beenden. Offensichtlich wurde er an seiner ersten Präsidentschaft gemessen, als Venezuela sich im Ölboom befand. Nach einem Amtsenthebungsverfahren musste er vorzeitig 1993 die Macht abgeben. Sowohl in Venezuela als auch in zehn von 13 Staaten der anglophonen Karibik ging die Wahlbeteiligung in den 1990er Jahren erheblich zurück.

Wie in anderen Weltregionen verlieren die Traditionsparteien an Bedeutung, gleichzeitig erfolgen jedoch neue Parteigründungen. Eine Besonderheit ist der Wandel von Guerillaorganisationen und paramilitärischen Gruppen zu Parteien. Dieser Vorgang erfolgte in mehreren Ländern, er steht am Ende eines Prozesses, bei dem sich die Einsicht durchsetzt, dass eine reale Möglichkeit besteht, an der Regierung beteiligt zu werden. Einen Anfang machte in dieser Hinsicht die „Bewegung zum Sozialismus" (MAS) in Venezuela, die nach einer Zeit in der Guerilla über die Pazifizierungspolitik in der ersten Amtsperiode von Rafael Caldera (1969-74) in den Kongress zurückkehrte, um dann in der zweiten Präsidentschaft Calderas (1994-99) Minister zu stellen. In Kolumbien entschied sich die Guerillagruppe M-19 zur Demobilisierung, und erreichte 12,5 % bei den Präsidentschaftswahlen 1990 und damit das beste Ergebnis für eine Linkspartei in der kolumbianischen Geschichte. Dort wurde mit der Verfassung von 1991 sowie der Parteien- und Wahlgesetzgebung von 1994 der Versuch unternommen, zuvor ausgeschlossene Gruppen in das politische System zu integrieren. Vormalige Guerillaorganisationen und indigene Gemeinschaften bekamen im Rahmen von *positiv action*-Maßnahmen Mandate zugesprochen, die über ihrer Stimmenzahl lagen.[19] Vom Regime der „Nationa-

19 Linda Helfrich-Bernall, *Das kolumbianische Parteiensystem. Die Transformation nach den Reformen der 90er Jahre*, in: Oliver Diehl/Linda Helfrich-Bernall (Hrsg.), *Kolumbien im Focus*, Frankfurt a.M. 2001, S. 65f.

len Front“, in dem die Mitte des 19. Jhs. gegründete liberale und konservative Partei dominierte, erfolgte ein Übergang zu einem fragmentierten Parteiensystem. Allerdings wurden viele Mitglieder der linksgerichteten *Unión Patriótica* von Paramilitärs ermordet.

In Nicaragua wandelte sich die FSLN von einer Befreiungsbewegung an der Macht in eine politische Kraft. In El Salvador wurde der *Frente Farabundo Martí de Liberacíon Nacional* (FMLN) nach dem Friedensabkommen von 1992 bei den Wahlen 1994 zur zweitstärksten Partei. Dort ging die rechtsgerichtete ARENA-Partei aus einer Allianz zwischen den Todesschwadronen und Teilen der Wirtschaftsinteressen hervor, denn ihr Parteiführer Roberto DíAubuisson war eine Schlüsselfigur bei den paramilitärischen Verbänden. ARENA gelangte an die Regierung in El Salvador und wurde, was selten vorkommt, 2004 in Wahlen bestätigt.

Es lassen sich noch weitere Gründe für das Aufkommen von Parteien nennen: So zum Beispiel, wenn eine oder mehrere Parteien in Form eines Paktes die eigene Herrschaft zu verlängern oder auf Dauer zu stabilisieren versuchen. Der bekannteste Fall ist die Herrschaft der Partei der Institutionellen Revolution (PRI) in Mexiko. Im Zuge der Demokratisierungs- und Dezentralisierungstendenzen konnten der *Partido de Acción Nacional* und der PRD zunächst Erfolge in den Einzelstaaten erringen, 2000 übernahm der PAN dann sogar die Regierung.

In *Venezuela* kamen nach der versuchten Abkehr von einem etatistisch-populistischen Entwicklungskonzept zunächst neue Linksparteien in einigen Staaten auf – wie die *Causa Radical*. Sowohl Präsident Rafael Caldera (1994-99) als auch Hugo Chávez (ab 1999), bildeten aus Unzufriedenen anderer Parteien und aus kleineren Gruppen eine Bewegung. Dies reicht zwar für einen Wahlsieg, erleichtert jedoch nicht das Regieren und das Umsetzen von wirtschaftlichen Reformen.[20]

Mexiko und Venezuela zeigen somit unterschiedliche Reaktionen: In *Mexiko* führte eine Öffnung des bisherigen nationalistisch-etatistischen Kurses zu Veränderungen in der PRI und zum Aufschwung von Parteien, die eine neoliberale Öffnungspolitik betrieben. Eine neue Linkspartei, der *Partido Revolucionario Democrático* (PRD) zunächst unter der Führung von Cuauhtémoc Cárdenas, dem Sohn des legendären populistischen Präsidenten in den 1940er Jahren, sammelte sowohl Dissidenten aus der PRI als auch Unterstützer aus den kleineren Linksparteien.

20 Javier Corrales, *Presidents without Parties: the Politics of Economic Reform in Argentina and Venezuela in the 1990s,* Pennsylvania 2002.

Neben den Tendenzen zur Festsetzung von einzelnen Parteien an der Macht, in polemischer Absicht auch als *partidocracia* bezeichnet, muss das Nachlassen der Programmatik erwähnt werden. Offensichtlich haben neue Parteiengruppierungen, die auf Initiativen der zivilen Gesellschaft zurückgehen, bessere Aussichten als solche, die vor allem aus Dissidenten einer regierenden Partei bestehen.

Brasilien weist traditionell eine schwache Institutionalisierung des Parteiensystems auf, zumal keine der größeren Parteien aus der Zeit vor 1964 weiter besteht. Es entwickelte sich von einem System fragmentierter und fluider Parteien seit Ende der 1970er Jahre zu einem stabileren Parteiengefüge. Aus den neuen Gewerkschaften, den sozialen Bewegungen und Gruppen mit einem befreiungstheologischen Hintergrund ging die 1981 gegründete Partei der Arbeiter (PT) hervor, die zur stärksten und innovativsten Linkspartei in Lateinamerika avancierte. Bei den Wahlen von 1990, 1994 und 1998 kam Luis Inácio da Silva „Lula" jeweils an die zweite Stelle. Die zweite Partei ist der 1988 gegründete *Partido da Social Democracia Brasileira* (PSDB), an dessen Gründung Fernando Henrique Cardoso beteiligt war. Als Finanzminister hatte er den *Plan Real* eingeführt, einen Plan zur Sanierung der Wirtschaft, mit dem die Hyperinflation gestoppt werden konnte. Dies war auch ein wichtiger Grund für den Sieg von Cardoso im ersten Wahlgang sowohl 1994 als auch 1998. Bei den Wahlen von 2002 rückte der PT mehr in die Mitte, Lula erreichte mit 46 % fast die absolute Mehrheit im ersten Wahlgang. Im ländlichen Raum spielt aufgrund der geringen Institutionalisierung der Parteien die Bewegung der Landlosen (*Movimento des Trabalhadores Rurais Sem Terra,* MST) eine Rolle.

Eine Öffnung hin zu marktwirtschaftlicher Politik vollzogen auch die Peronisten, die nach der schnellen Re-Demokratisierung 1983 in *Argentinien* zunächst nicht zum Zuge gekommen waren. 1989 übernahm Carlos Saúl Menem, der im Wahlkampf bei den um fünf Monate vorgezogenen Wahlen eine „produktive Revolution" versprochen hatte, die Regierung. Deutlicher als er es im Wahlkampf angekündigt hatte, öffnete Menem in der Folgezeit das Land gegenüber dem ausländischen Kapital, propagierte die Entstaatlichung und suchte die Annäherung an die USA. 1995 wurde er wiedergewählt, ab 1999 regierte mit Fernando de la Rúa wieder ein Vertreter der UCR. Angesichts einer heftigen Regierungskrise versuchte de la Rúa im Dezember 2001 die Unterstützung der Peronisten zu gewinnen, was ihm jedoch nicht gelang. Vor aufgebrachten Demonstranten musste er schließlich seinen Amtssitz mit dem Hubschrauber verlassen. In einer turbulenten Zwischenphase amtierten im Jahreswechsel 2001/02 fünf Präsidenten, bei den Wahlen 2003 gewann Néstor Kirchner von den Peronisten. In Argentinien mit einer vergleichsweise langen Parteiengeschichte zurückblicken, dennoch hat der soziale Protest im Zuge neoliberaler Reformen seit den 1990er Jahren zugenommen. Offensichtlich können Länder mit einem institutionalisierten Parteiensystem Veränderungen besser auffangen als andere. Mit den neoliberalen Reformen erfolgte in einigen Staaten ein Übergang von der institutionalisierten Auseinandersetzung zu weniger bzw. nicht-institutionalisierten Konfliktformen. Auch in *Bolivien* erweist sich das Parteiensystem als schwach institutionalisiert, die sozialen bzw. auf Gruppeninteressen beruhenden Protestbewegungen dagegen als hoch organisiert. An dem Aufstieg von Evo Morales zum Präsidenten 2006 waren sie maßgeblich beteiligt. Von auf sozialen Klassen und Schichten basierenden Organisationen ist man zu direkten Formen der kollektiven Aktion übergegangen. Sie sind eher lokal und auf Identitäten bezogen. Im Unterschied zur organisierten Arbeiterschaft sind die neuen Vereinigungen fragmentierter und können leichter gegeneinander ausgespielt werden.

Einigen politischen Parteien gelang indessen eine Erneuerung. *Chile* verfügt seit dem gescheiterten Plebiszit Pinochets 1988 über das stabilste Parteiensystem. Die in der Transition entstandene Zusammenarbeit (*concertación*) zwischen Christdemokratie, Sozialisten und PPD wurde über drei Legislaturperioden fortgesetzt. Eine gewisse Gefahr liegt darin, dass die Konsensdemokratie zu einem Bedeutungsverlust der Parteien und zur „Nordamerikanisierung" des Parteiensystems führt.[21] Nach dem Niedergang der christlich-sozialen COPEI in Venezuela ist der PDC mittlerweile die stärkste christdemokratische Partei Lateinamerikas.

Im Zuge von Popularitätseinbußen und politischen Krisenerscheinungen wurden teilweise neue Parteiengesetze erlassen, die die Zulassung von Parteien erleichterten und damit eine weitere Proliferation der Parteiensysteme einleiteten (Tab. 21). Aufgrund der in den 1990er Jahren erfolgten Dezentralisierung ist die Vielfalt der Parteien auf regionaler Ebene meist noch ausgeprägter als auf nationaler.

Als Folge von Korruption und Klüngelei besteht vielerorts ein Anti-Parteien-Affekt, die Wahlbeteiligung lässt nach und vorhandene Milieus verlieren an Bindungskraft. Ein Ergebnis sind sog. „Wahlphänomene" und ein neuer Personalismus, bei dem Präsidentschaftskandidaten ohne wirkliche

21 Ingrid Wehr, *Das Parteiensystem des nach-autoritären Chile: Vom polarisierten Pluralismus zur Nordamerikanisierung,* in: Peter Imbusch/Dirk Messner/Detlef Nolte (Hrsg.), *Chile heute,* Frankfurt a.M. 2004, S. 397.

Tabelle 21: Parteienproliferation

	Parteien	1.000 Einwohner pro Partei
Peru	51	557
Guatemala	41	292
Argentinien	39	955
Venezuela	37	666
Brasilien	32	5.573
Haiti	28	291
El Salvador	27	244
Uruguay	27	126
Guayana	28	25
Nicaragua	24	236
Ecuador	23	596
Kolumbien	22	1.992
Costa Rica	21	191
Mexiko	20	5.248
Dom. Republik	16	552
Paraguay	16	387
US	16	5.819
Chile	15	1.044
Bolivien	14	613
Kanada	13	2.448
Panama	11	273
Kuba	9	1.238
Jamaika	4	678

Quelle: Daten zusammengestellt vom Centro de Estudios Nueva Mayoria (Georgetown University) und dem Population Bureau, entnommen aus: *Latin American Weekly Report*, 28. September 2004, S. 4.

Parteien agieren und ihren Aufstieg zunächst der Aufmerksamkeit in privaten Fernsehkanälen und populistischen Versprechungen verdanken. Unter dem Eindruck des Ansehensverlustes unternehmen die Parteien Anstrengungen zur programmatischen Aktualisierung und innerparteilichen Demokratisierung. Zur Verbesserung der Situation können ein größeres Vertrauen in die Wahladministration, eine Offenlegung der Finanzen

(Stichwort: Drogengelder), eine effektvollere Parlamentsarbeit und nicht zuletzt eine gute Regierungsführung beitragen.

10.6 Anti-Politiker, Outsider und Neopopulisten

Seit den 1980er Jahren hat der Aufstieg sog. neuer *Caudillos*, von Anti-Politikern, Outsidern und politischen Unternehmern stattgefunden. Am verbreitetsten sind zwei Bezeichnungen:

Anti-Politiker: Sie prangern die Existenz einer Parteienoligarchie (*partidocracia*) an, zu der sie selbst natürlich nicht gehören wollen. Sie sind nicht gegen die Demokratie, sondern nur gegen die politische Klasse. Einmal an der Regierung, kann es sein, dass sie eine relativ normale Politik betreiben, die allerdings bald im Widerspruch zu den eigenen vollmundigen Wahlversprechen gerät. Meist hat der anti-politische Diskurs zur Folge, dass die Institutionen geschwächt und wegen der Nichteinhaltung von Versprechen die Politikverdrossenheit gefördert wird.

Neopopulisten: Sie werden deshalb so genannt, weil sie im Unterschied zum historischen Populismus nur in einzelnen Ländern auf den Staat als Instrument der Politik zurückgreifen können. In den 1980er Jahren war zunächst eine Koinzidenz zwischen wirtschaftlichem Neoliberalismus und Neopopulismus vorhanden, der auf einer gemeinsamen Distanz zu den Parteien beruhte. Zu den Gemeinsamkeiten gehörten erstens die Kritik an dem bestehenden politischen System und der direkte Appell ans „Volk". Zweitens neigen Neoliberale und Neopopulisten zur Stärkung der Präsidialmacht und zur Schaffung neuer Agenturen, um den Einfluss der Gruppen zurückzudrängen, die bislang vom Staatsinterventionismus und dem eingeschränkten Wettbewerb profitiert haben.[22]

Seit den 1990er Jahren war es in vielen Gesellschaften vielversprechender als Anti-Politiker aufzutreten, denn als herkömmlicher Politiker. Manche der neuen Populisten erlangten Bekanntheit durch die Inszenierung eines Skandals und gezielte Medienpräsenz, einmal im Amt betrieben sie eine ziemlich normale Politik: So hielt der ehemalige Rektor der Universität Bogotá Antanas Mockus 1993 einer Gruppe unaufmerksamer Studenten das nackte Hinterteil entgegen, was Magnifizenz zwar die Stelle kos-

22 Kurt Weyland, *Neopopulism and Neoliberalism in Latin America: Unexpected Affinities,* in: *Studies in Comparative International Development,* 31(1996)1, S. 3-31. Ferner: Jolle Demmers/Alex E. Fernández Jilberto/Barbara Hogenboom, *Miraculous Metamorphoses: The Neoliberalization of Latin American Populism,* New York 2001, S. 12.

tete, aber 1994 und erneut 2000 indirekt zum Erfolg bei der Bürgermeisterwahl in der kolumbianischen Hauptstadt beigetragen haben mag. Zu seinen exzentrischen Auftritten gehörten u.a. das Entleeren von Wassergläsern auf den Anzügen von Mitdiskutanten und die Verkleidung als *superbarrio*, d.h. eines Supermannes, der in den Armutsvierteln für Ordnung sorgt.

Eine zunächst vergleichsweise erfolgreiche Erscheinung unter den neuen Populisten war *Carlos Menem*, von 1989-99 Präsident Argentiniens. Als Mitglied der peronistischen Partei regierte er längere Zeit die Provinz La Rioja, bis er Aspirationen auf das Präsidentenamt zeigte. Menem trat im Wahlkampf mit dem Guemes-Poncho und im Stile eines Provinzcaudillos auf: „*Síganme*- Folgt mir!" lautete ein Wahlkampfslogan, dazu fuhr er im *menemóvil* durch die Straßen und beendete seine Reden mit der Anrufung Gottes und der Jungfrau Maria. Menem ist insofern interessant, als er zwar gegen das Establishment auftrat, aber nicht mit einem Anti-Parteien-Affekt. Nach seinem Wahlsieg blieb der prognostizierte Rückfall in einen etatistischen Populismus aus. Menem setzte eine Politik der Privatisierung und Liberalisierung durch, die bis Mitte der 1990er Jahre einige Erfolge brachte, ab 2001 wurden dann die Krisensymptome immer deutlicher. Der seit 2003 amtierende argentinische Präsident Néstor Kirchner sieht sich eher in der Tradition des nationalistischen Peronismus.

In *Peru* präsentierte sich *Alberto Fujimori* im Wahlkampf 1990/91 als Outsider und Vertreter der unteren Bevölkerungsschichten. Vorangegangen war eine krisenhafte Wirtschaftsentwicklung und eine Zunahme terroristischer Aktivitäten. Entgegen vorheriger Ankündigungen übernahm Fujimori das Wirtschaftsprogramm seines unterlegenen Konkurrenten Mario Vargas Llosa. Im April 1992 löste er mit einem Selbstputsch (*autogolpe*) den Kongress auf, wofür er die Duldung des Militärs und breite Unterstützung bis hinein in die Mittelschichten erhielt. In den Begründungen war „von der neuen Rolle des Volkes als staatsbürgerliches Subjekt, das nunmehr direkt mit dem Führer kommuniziert, ohne die verzerrende Vermittlung der verbrauchten Politikerklasse" und der Parteien die Rede.[23] 1994 wählte ihn *Time Magazine* zum „Mann des Jahres" in Lateinamerika, Fujimori stand im Zenit seines Erfolges. Die 2000 durchgeführten Präsidentschaftswahlen waren umstritten, da die Opposition und zunehmend auch das Ausland davon ausgingen, dass sich der Amtsinhaber gar nicht erneut

23 Mario Vargas Llosa, *Der Fisch im Wasser. Erinnerungen,* Frankfurt a.M. 1995, S. 675.

zur Wahl stellen könne. Nach Unregelmäßigkeiten und Manipulationsversuchen bei der Stimmenauszählung kam es zu Massenprotesten. Die ungeklärten Drogengeschäfte des sagenumwitterten Geheimdienstchefs Vladimiro Ilich Montesinos sowie der von ihm praktizierte und mit erpresserischer Absicht mittels verdeckter Video-Kamera aufgenommene Stimmenkauf zahlreicher Abgeordneter dürften ein Grund dafür gewesen sein, dass die USA ihm den Rückhalt entzog. Ende 2000 nutzte der „peruanische Chinese" *Fujimori* eine Asien-Reise, um sich nach Japan abzusetzen.

In einigen Ländern sind gewählte Populisten des Amtes enthoben oder zum Abdanken gezwungen worden. 1989 wurde bei den ersten freien Präsidentschaftswahlen in *Brasilien* Fernando Collor de Mello zum Staatsoberhaupt gewählt, obwohl er noch ein Jahr zuvor weitgehend unbekannt war. Er präsentierte sich im Wahlkampf als Gegner überkommener Parteistrukturen und als *cazador de marajás* (Maharadscha-Jäger), womit seine selbst bekundete Gegnerschaft zu überbezahlten Beamten gemeint war. Seinen Wahlsieg verdankte er nicht zuletzt seiner sportlichen und telegenen Erscheinung sowie der massiven Unterstützung durch den viertgrößten Fernsehsender der Welt *TV Globo*. Nachdem er unter Korruptionsverdacht geriet, kam er 1992 einem drohenden *Impeachment*-Verfahren zuvor und trat nach Massendemonstrationen zurück. Für die sich in der Folgezeit konsolidierende Demokratie in Brasilien blieb Collor ein Übergangsphänomen.

Ecuador hat eine lange populistische Tradition. „Gebt mir einen Balkon und das Land ist mein", lautet ein bekannter Ausspruch von José María Velasco Ibarra, der seit den 1930er Jahren insgesamt fünfmal Präsident Ecuadors war, allerdings nur eine Amtsperiode regulär beendete. Er begründete einen politischen Stil der Massenmobilisierung und plebiszitären Scheinbeteiligung, der sich von der bisherigen Form der Bürgerpartizipation einer relativ kleinen Schicht unterschied. Einer seiner Nachfolger, Abdalá Bucarám, beherrschte die gesamte Palette populistischer Mittel und bot im Wahlkampf 1996 Brot und Spiele: Zu den musikalischen Darbietungen der uruguayischen Popgruppe *Los Iracundos* sang der Sohn libanesischer Einwanderer und tanzte mit der Kandidatin für die Vizepräsidentschaft, die – im Unterschied zu ihm – aus den oberen sozialen Schichten kam. Er präsentierte sich qua seiner Herkunft als Opfer und benutzte verschiedene religiöse Symbole bis hin zum Predigtstil der neueren Fernsehevangelisten. Meist trat er mit einem Anti-Eliten-Habitus auf, stilisierte sich als Vertreter einer mestizischen Volkskultur mit machistischen

Gehabe und gab vor, all diejenigen zu vertreten, die nicht an der Macht waren.[24] Aufgrund miserabler Regierungsführung und Korruption bildete sich schon sechs Monate nach seinem Wahlsieg eine Massenbewegung, die Anfang Februar 1997 in einer Demonstration von über 1 Mio. Menschen seine Absetzung forderte. Im Unterschied zu Peru, wo Fujimori das Parlament auflöste, setzte das Parlament in Ecuador Bucarám wegen geistiger Umnachtung ab.

An der Regierung festgesetzt haben sich eher Populisten, die auch auf staatliche Ressourcen zurückgreifen und traditionelle Formen von Klientelpolitik betreiben können, was bei Privatisierungsprozessen zumeist schwierig ist. In dem Ölland Venezuela war es Hugo Chávez hingegen möglich, seit 1999 einen weitgehenden Umbau des politischen Systems einzuleiten, es auf seine Person zuzuschneiden und gleichzeitig Formen eines Verteilungspopulismus zugunsten der unteren Schichten durchzuführen. Er verwendet einen gegen den Neoliberalismus und die USA gerichteten Diskurs und hat eine starke Annäherung seines Landes an Kuba eingeleitet, das verbilligtes Erdöl erhält.

Bei einem Vergleich zwischen den historischen Populisten (Kap. 5.1) und den neuen Populisten kann festgehalten werden:

1. Es bestehen Unterschiede in der Wirtschaftspolitik. Den neueren Populisten fehlt ein nationalistisch protektionistischer Wirtschaftskurs, meist haben sie die von ihren Vorgängern begonnene wirtschaftliche Öffnung gegenüber dem Weltmarkt fortgesetzt, auch wenn sie gleichzeitig den Weltmarkt anprangern. Venezuela bildet wegen seiner hohen Öleinnahmen eine Ausnahme, weshalb der Aufstieg von Chávez auch mit dem von Perón ab Mitte der 1940er Jahre verglichen wurde.
2. Mit dem traditionellen populistischen Diskurs verwandt sind Freund-Feind-Schemata. In der rhetorischen Präsentation verläuft die Konfliktlinie zwischen der alten Parteioligarchie und jeweils dem neuen Politiker. Der Neopopulismus hat die Merkmale einer Anti-Bewegung: Er ist gegen Parteien, gegen traditionelle Politik und – verbal – gegen Korruption. Auch hier geht der radikale Populismus von Chávez weiter, weil er einen anti-oligarchischen Diskurs führt.
3. Ähnlichkeiten bestehen bei der Personalisierung: „Ich bin ehrlich, komme aus dem Volk, trete gegen die Korrupten auf und habe starke

24 Vgl. dazu die über den ecuadorianischen Fall hinaus beachtenswerte Studie von Carlos de la Torre, *Populist Seduction in Latin America: the Ecuadorian Experience,* Ohio 2000, S. 80-111.

Feinde" – so lauten Parolen und Begründungen zur Wahl alter und neuer Populisten. Wie in der Vergangenheit präsentieren sie sich als *homines novi*. Sie kommen aus mittleren und unteren Schichten, dem Landesinneren oder aus sozialen bzw. ethnischen Gruppen, die bislang selten an die Regierung gelangten. Allerdings haben sie größere Schwierigkeiten als in der Vergangenheit Parteien oder Gewerkschaften „von oben" aufzubauen und eine tragfähige Koalition zusammenzuhalten.

4. Ein wichtiger Unterschied liegt schließlich im veränderten innen- und außenpolitischen Umfeld: In den meisten Gesellschaften gehen die privaten Medien und vor allem die Presse nach anfänglicher Aufmerksamkeit für neue Gesichter bald in Opposition zu den neuen Populisten.[25] Aufgrund der neuen Bedeutung der Demokratie in der Außenpolitik werden populistische Politiker kritischer betrachtet.

Ausblick

Parteien sehen sich in Lateinamerika wie andernorts der Kritik von links und rechts ausgesetzt. Sie sollten in politischen Systemen folgende Funktionen erfüllen:

1. die Zielfindungsfunktion (Ideologie und Programmatik);
2. die Artikulation und Aggregation gesellschaftlicher Interessen;
3. die Mobilisierungs- und Sozialisierungsfunktion;
4. die Elitenrekrutierungs- und Regierungsbildungsfunktion.[26]

Zu den Leistungen der Parteien zählen in der ersten Hälfte des 20. Jhs. die Durchsetzung von Wahlrechts- und politischen Reformen. Dies war besonders in den Ländern des Südkegels der Fall. Nach dem Zweiten Weltkrieg galten die national-revolutionären bzw. sozialdemokratisch ausgerichteten Parteien sowie die Christdemokratie als Reformparteien. In den zwei stabilsten und erfolgreichsten Demokratien Lateinamerikas – Costa Rica und mit Unterbrechungen Chile – regierten sie über Jahre. Auch in Venezuela amtierten solche Parteien, die übergreifende Verständigung und Proporzregelungen zwischen ihnen führten jedoch zur Krise des Parteiensystems. Die „Reformparteien" waren im Machterwerb zunächst erfolgreich und bauten den staatlichen Sektor aus. Bei der Armutsbekämpfung

25 Peter Peetz, *Neopopulismus in Lateinamerika. Die Politik von Alberto Fujimori (Peru) und Hugo Chávez (Venezuela) im Vergleich,* Hamburg 2001.

26 Klaus von Beyme, *Parteien in westlichen Demokratien,* München 1982, S. 25.

und den Steuerreformen zeigten sie jedoch deutliche Schwächen. Zumindest in einigen Ländern haben die Parteien die oben genannten Funktionen erfüllen können. Schwächen weisen sie derzeit bei der Erarbeitung von Programmen, bei der Aggregation gesellschaftlicher Interessen angesichts zunehmender Informalität und bei der Mobilisierungsfunktion auf.

Nach der kubanischen Revolution betrachtete ein Teil der Linken die repräsentative Demokratie als ungeeignet, um die Entwicklungsprobleme Lateinamerikas zu lösen. Seit den 1980er Jahren haben diese Organisationen wieder die Re-Integration in die politischen Systeme gesucht und im Zuge der Pazifizierung in Mittelamerika den bewaffneten Kampf mit dem um die Wählerstimmen eingetauscht. Eine ambivalente Rolle gegenüber den Parteien nehmen schließlich die Populisten ein. Zunächst kritisieren sie die bestehende *partidocracia* und bezeichnen sie als Parteioligarchie, einmal an der Regierung versuchen sie eine auf die Person des Präsidenten zugeschnittene Bewegung aufzubauen.

In der Vergangenheit formulierten ausländische Beobachter nach der Auflistung der Mängel lateinamerikanischer Parteien fast so etwas wie eine Wunschliste. Die dortigen Parteien sollten die eigene Vergangenheit kritisch evaluieren, eine moderne und doch stabile Organisationsstruktur schaffen, neue Grundsatzprogramme entwerfen, die politische Bildung verstärken und durch Eigenfinanzierung die Abhängigkeit vom Staat vermindern. In den Ländern mit staatlicher Parteienfinanzierung handelt es sich meist um eine Erstattung der Wahlkampfkosten, auch deswegen beschränken sich die Aktivitäten der Parteien weitgehend auf den Wahlkampf. Uneingestandenes Vorbild bei solchen Ratschlägen waren dabei die europäischen Parteien, was erstaunlicherweise auch für viele der nordamerikanischen Politikwissenschaftler galt. Angesichts der zunehmenden Informalisierung und des Mitgliederschwundes von Parteien treffen einige der kritisierten Punkte mittlerweile auch auf die Industriegesellschaften zu.

Noch in den 1980er Jahren betrachteten einzelne Sozialwissenschaftler die politischen Parteien als Auslaufmodelle und setzten dagegen auf soziale Bewegungen. Die Entwicklung in den 1990er Jahren hat zumindest in der Andenregion gezeigt, dass eine Krise der Parteien nicht nur zu neuen Formen der Assoziation führt, sondern den Aufstieg populistisch auftretender Führerfiguren begünstigen kann, die eine Demokratie ohne Parteien bzw. plebiszitäre Formen anstreben. Nicht zuletzt vor diesem Hintergrund muss der erneute Hinweis auf die zentrale Bedeutung von Parteien gesehen werden. „Eine Demokratie ohne Parteien ist eine hochgradig chaotische Veranstaltung“, warnte Giovanni Sartori u.a. mit Blick auf den Niedergang der Parteiensysteme in Peru und Venezuela sowie einer sich in Lateinamerika abzeichnenden Videopolitik und Telekratie.[27]

Literatur-Empfehlungen

Manuel Alcántara Saez/Flavia Freidenberg (Hrsg.), *Partidos Políticos en América Latina*, Salamanca 2001, 3 Bde. In den drei Bänden, die den Andenraum, den *Cono Sur* sowie Zentralamerika, Mexiko und die Dominikanische Republik behandeln, findet der Leser einen guten und relativ aktuellen Überblick über die Parteienentwicklung in den einzelnen Ländern.

Manuel Alcántara Sáez, *¿Instituciones o máquinas ideologicas? Origen, programa y organización de los partidos políticos latinoamericanos*, Barcelona 2004. Auf der Grundlage der oben zitierten drei Bände analysiert das Buch die Parteienentwicklung im Zeitraum 1990-2000 und fasst die quantitativen Befunde in Schaubildern und Tabellen zusammen.

Robert J. Alexander (Hrsg.), *Political Parties of the Americas. Canada, Latin America, and the West Indies*, Westport 1982, 2 Bde. Die beiden Bände geben einen Überblick über die Parteienentwicklung in den nord- und südamerikanischen Ländern (mit Ausnahme der USA) bis Anfang der 80er Jahre. Die vormaligen englischen, französischen und holländischen Kolonien und Parteien sind ebenfalls enthalten.

Charles D. Ameringer (Hrsg.), *Political Parties of the Americas, 1980s to 1990s. Canada, Latin America and the West Indies,* Westport/London 1992. Das Buch versteht sich als Fortsetzung und Ergänzung der Bände von Robert J. Alexander.

Marcelo Cavarozzi/Juan Manuel Abal Medina (Hrsg.), *El asedio a la política. Los partidos latinoamericanos en la era neoliberal,* Buenos Aires 2002. Der Sammelband behandelt die Situation der Parteien im Zeichen neoliberaler Anpassungspolitik in vergleichender Perspektive sowie am Beispiel von Länderstudien.

Guy Hermet, *Les populismes dans le monde. Une histoire sociologique XIXe-XXe siecle,* Paris 2001, S. 207-247 spricht von einem konsolidierten Populismus Lateinamerikas.

Scott Mainwaring/Timothy R. Scully (Hrsg.), *Building Democratic Institutions: Party Systems in Latin America*, Stanford 1995. Der Sammelband geht von den Parteiensystemen aus, die individuelle Parteienentwicklung wird nur am Rande behandelt.

27 Giovanni Sartori, *Hay que terminar con las ideas sobre la democracia que primaron en 1968,* in: Diego Archard/Manuel Flores (Hrsg.), *Gobernabilidad: Un reportaje desde América Latina,* Mexiko 1997, S. 310-323.

Detlef Nolte, *Die Institutionalisierung politischer Parteien in Lateinamerika: Kontinuität und Wandel,* in: *KAS-Auslandsinformationen* (2006)1, S. 93-122 geht in international vergleichender Perspektive auf die Parteien ein.

Hans-Jürgen Puhle, *Zwischen Protest und Politikstil: Populismus, Neopopulismus und Demokratie,* in: Nikolaus Werz (Hrsg.), *Populismus. Populisten in Übersee und Europa,* Opladen 2003, S. 15-44. Der Aufsatz zeigt verschiedene Varianten des Populismus in Geschichte und Gegenwart auf und beleuchtet sein Verhältnis zu Formen plebiszitärer Demokratie und zur Informationsgesellschaft.

Bogdan Szajkowski, *Political Parties of the World,* London 2005 zählt zu den wenigen neueren Nachschlagewerken.

Torcuato S. di Tella, *History of Political Parties in Twentieth-Century Latin America,* New Brunswick 2004. Das Buch behandelt die Geschichte lateinamerikanischer Parteien sowohl in historischer als auch systematischer Perspektive.

www.psr.keele.ac.uk/parties.htm. Enthält links zu den Parteien in einzelnen Ländern, die Liste ist allerdings nicht komplett.

www.electinworld.org. Enthält Wahlergebnisse und links zu politischen Parteien.

Worüber es zu diskutieren lohnt

- über die je verschiedene Rolle von Parteien in parlamentarischen und präsidentiellen Systemen
- über die Gründe für die hohe Zahl von Kleinstparteien (sog. Taxiparteien)
- über die Fragmentierung von Parteiensystemen und den ausgeprägten Personalismus
- über die Rolle der internationalen Parteienverbände bei der Re-Demokratisierung
- über den Wandel von revolutionären bzw. reformorientierten Parteien zu Status-Parteien
- über Gemeinsamkeiten und Unterschiede alter und neuer Populisten

11. Demokratie und Wahlen

Erst in den beiden letzten Jahrzehnten stieg die Zahl der Publikationen über die Demokratie in Lateinamerika. Frühe Ausnahmen stammten eher von politischen Essayisten. Bezeichnenderweise heißt das Werk des peruanischen Schriftstellers und Diplomaten F. Garcia-Calderón „Die lateinischen Demokratien Amerikas".[1] Im Titel ist also nicht von Demokratie in Lateinamerika die Rede, sondern von lateinischer Demokratie in Amerika – ein früher Versuch für eine Konkretisierung des Begriffes im regionalen Kontext. Dieses Buch, in Europa einst fast eine Pflichtlektüre für das Studium einer damals fernen Region, wurde erst 1979 dem spanischen Sprachraum zugänglich. Eine 1919 in Lateinamerika erschienene Schrift heißt „Demokratischer Caesarismus" und erkannte in den Sozialstrukturen sowie den Mentalitäten der damals weitgehend ländlichen Bevölkerung den vermeintlichen Grund für den Wunsch nach starker Führung.[2]

Aus einer modernisierungsorientierten *Developing Democracy*-Perspektive veröffentlichten nordamerikanische Autoren im Zeichen der von Präsident John F. Kennedy (1961-63) proklamierten „Allianz für den Fortschritt" Studien über die Demokratie.[3] Mit der Re-Demokratisierung kam dann in Südamerika eine umfangreiche Demokratiedebatte auf,[4] und für den deutschsprachigen Raum veröffentlichte Manfred Mols die erste Monographie.[5] Die Beschäftigung nahm in der Folgezeit unter demokratietheoretischer und institutioneller Perspektive einen anhaltenden Aufschwung. In dem wichtigen *Journal of Democracy* sind viele Politikwissenschaftler aus der Region vertreten. An der Debatte beteiligen sich im übrigen Regionalforscher, komparativ argumentierende Politikwissen-

1 Die französische Fassung erschien 1911, die deutsche 1913 in Leipzig.

2 Laureano Vallenilla Lanz, *Cesarismo Democrático. Estudio sobre las bases sociológicas de la Constitución efectiva de Venezuela*, Caracas 1961 (6. Aufl.). Die erste Auflage war 1919.

3 Dazu gehören verschiedene Bücher von Robert Alexander. Ferner: Russel H. Fitzgibbon, *Measuring Democratic Change in Latin America*, in: *Journal of Politics*, 29(1967), S. 129-166.

4 Norbert Lechner, *De la révolution à la démocratie. Le débat intellectuel en Amérique du Sud*, in: *Esprit,* (1986)116, S. 1-13. Schon vorher aus eher ideengeschichtlicher Perspektive der Essay von Octavio Paz, *Lateinamerika und die Demokratie*, in: *Merkur,* 37(1983)417, S. 243-258.

5 Manfred Mols, *Demokratie in Lateinamerika*, Stuttgart 1985.

schaftler und Länderexperten mit dem Ergebnis, dass sie als Labyrinth bezeichnet wurde.[6]

11.1 Historische Grundlagen

Vor dem Hintergrund der lateinamerikanischen Geschichte finden wir unterschiedliche Positionen über die Chancen der Demokratie. Die Optimisten verweisen auf die frühe Unabhängigkeit, das Bekenntnis zur westlichen Welt und die Erfolge seit den 1980er Jahren. Bei den Pessimisten sind zwei Strömungen erkennbar: Die einen gehen von einer antiliberalen und anti-aufklärerischen iberisch-katholischen Tradition aus, deren Nachwirkungen bis in die Gegenwart bemerkbar seien. Die anderen sehen aufgrund von Unterentwicklung und Abhängigkeit nur eingeschränkte Chancen für eine Demokratie. Dieser Einwand wurde besonders in den 1970er Jahren von dem linken Flügel der *Dependencia*-Ansätze und den Anhängern der Guerillabewegungen erhoben. Auch gewählte Regierungen galten ihnen als bloße „Fassadendemokratien".

Beide Positionen sowie insgesamt die Kritik an der repräsentativen Demokratie wurden in den letzten Jahren weiter entkräftet.[7] Der erfolgreiche wirtschaftliche Aufschwung in Portugal und Spanien mit der Integration in die EU unterstreicht einmal mehr, dass es keine ewigen „iberischen" Eigenschaften gibt. Der Bestand der Demokratie nicht nur in kleineren Staaten wie Costa Rica, das über keinen großen Reichtum, wohl aber über eine vergleichsweise ausgeglichene soziale Verteilung verfügt und die Befürwortung der Demokratie durch die Mehrheit der Lateinamerikaner in Umfragen, relativieren die Behauptung von der Unmöglichkeit repräsentativer Demokratien auf dem Halbkontinent. Allerdings ist kein klarer Pfad hin zur Demokratie vorgezeichnet.

In historischer Perspektive zeigt sich eine Entwicklung sowohl zu mehr Wahldemokratie als auch einer gewissen gesellschaftlichen Demokratisierung: Im 19. Jh. bestand ein Widerspruch zwischen Verfassung und Verfassungswirklichkeit, denn im Gegenteil zu den liberalen Konstitutionen dominierten autokratische Regime. Während des 20. Jhs. begann sich die

6 Vgl. den kritischen Aufsatz von Sandra Carreras, *15 Jahre im Labyrinth: Wegmarken und Aporien der Debatte über die Demokratie in Lateinamerika*, in: *Lateinamerika Jahrbuch 1998*, S. 35-53.

7 Einen Überblick mit vielen Hinweisen besonders auf die deutschsprachige Literatur vermittelt: Michael Krennerich, *Demokratie in Lateinamerika. Eine Bestandsaufnahme nach der Wiedergeburt vor 25 Jahren*, in: *APuZ,* (2003)B 38/39, S. 6-13.

Kluft anzunähern, auch wenn es immer wieder zu Phasen autoritärer Involution kam, so wie ab 1964 unter den Militärregimen.

Zu den frühen Demokratien gehören einzelne südamerikanische Länder.[8] Nach der sog. Parlamentarischen Republik (1891-1924) in Chile sowie in der Nachfolge des sozialfortschrittlichen Präsidenten José Battle y Ordónez (1903-07 und 1911-15) in Uruguay etablierte sich die Demokratie in beiden Staaten zwischen den Weltkriegen. Costa Rica folgte in den 1940er Jahren, in Venezuela und Kolumbien gelang Ende der 1950er Jahre die Festigung der Demokratie zunächst durch sog. Elitenpakte und Proporzregelungen zwischen den großen Parteien. Neben diesen frühen Demokratien, zu deren Erkennungsmerkmal u.a. ein reibungsloser Wechsel zwischen gewählten Präsidenten gehört, bestanden Länder, die eher durch politische Instabilität oder sogar autoritäre Regime geprägt blieben. Aber auch in den meisten Diktaturen erfolgte ein Bekenntnis zur formalen Demokratie; autoritäre Regime wie das der PRI in Mexiko gewährten Freiräume u.a. für die Pressefreiheit. Bis in die 1950er Jahre galt in den meisten südamerikanischen Ländern eine vergleichsweise liberale Praxis gegenüber politischen Gegnern. Gestürzte Präsidenten, ihre engsten Verwandten und Mitarbeiter erhielten Asyl in ausländischen Botschaften und/oder konnten das Land verlassen. Die neueren Militärdiktaturen gingen wesentlich repressiver gegen Politiker und Andersdenkende vor.

In Südamerika erfolgte die Rückkehr zur Demokratie (deshalb Re-Demokratisierung) teilweise durch paktierte Übergänge, in Mittelamerika hat man aufgrund der langen autokratischen Herrschaft von einer „Neuerrichtung statt der Wiedererrichtung der Demokratie“[9] gesprochen, dabei spielten die USA und internationale Verhandlungen eine wichtigere Rolle. Ende der 1990er Jahre hatten bis auf Mexiko, wo 2000 erstmals mit der PAN eine Oppositionspartei die Wahlen gewann, Kuba sowie mit Einschränkungen Haiti und Paraguay alle Länder diesen Wandel vollzogen.

Das Aufkommen einer Wahldemokratie war meist das Ergebnis eines Paktes zwischen Eliten. Da in Lateinamerika nur selten die alten Eliten ausgeschaltet werden, läuft die Beteiligung unterschiedlicher Elitensektoren auf eine Verwässerung der ursprünglichen Reformvorhaben hinaus. Wenn allerdings eine wichtige Kraft aus dem politischen Prozess ausgeschlossen bleibt, führt dies in der Regel zu Instabilität, wie die Entwick-

8 John Peeler, *Building Democracy in Latin America*, Boulder 1998.

9 Klaus-D. Tangermann, *Mittelamerikas ungefestigte Demokratien*, in: Ders. (Hrsg.), *Demokratisierung in Mittelamerika*, Münster 1998, S. 19.

lung in Argentinien während der 1960er Jahre veranschaulicht, als die Peronisten nicht an den Wahlen teilnehmen durften.

11.2 Zur Entwicklung und Organisation von Wahlen

Dank der Forschungen von Dieter Nohlen und seiner Arbeitsgruppe haben die Kenntnisse über Wahlen stark zugenommen. Seit 1993 liegt mit dem „Handbuch der Wahldaten Lateinamerikas und der Karibik" ein Nachschlagewerk vor, seit 2005 eine völlig überarbeitete Fassung in englischer Sprache. Darin wurden die nach unterschiedlichen Standards der Wahlorganisation erhobenen Daten zusammengeführt. Zu einigen Perioden der lateinamerikanischen Geschichte liegen keine verlässlichen Wahldaten vor; denn das statistische Material der jeweiligen nationalen Erhebungen ist nicht einheitlich. So dient in der internationalen Wahlstatistik westlicher Industrienationen „die Zahl der abgegebenen gültigen Stimmen, in der Mehrzahl der lateinamerikanischen Länder die Zahl der abgegebenen Stimmen als Bezugsgröße."[10]

Es lassen sich nicht-kompetitive, semi-kompetitive und kompetitive Wahlen unterscheiden.[11] In einigen Ländern fanden schon frühzeitig kompetitive Wahlen statt (Uruguay, Chile, Costa Rica). Aber auch autoritäre Regime wie das nachrevolutionäre Mexiko unter der PRI-Herrschaft oder die brasilianische Militärdiktatur ließen kontrollierte Wahlen zu. Über Jahrzehnte lieferten die lateinamerikanischen Länder damit „ein hervorragendes Demonstrationsmaterial für die Bedeutungs- und Funktionsvielfalt von Wahlen".[12] Seit den späten 1980er Jahren hat die Zahl der kompetitiven Wahlen enorm zugenommen. In der Vergangenheit besaßen die Wahlen zuweilen einen tentativen Charakter, da nicht klar war, ob die Militärs und alle Politiker das Ergebnis anerkennen würden.

Partizipation

Trotz der seit Anfang des 19. Jhs. vorhandenen Verfassungen, blieb die große Mehrheit lange von den Wahlen ausgeschlossen, wie in vielen Ländern Europas. Das Wahlrecht galt nur für Männer, es war von Besitzkrite-

10 Dieter Nohlen (Hrsg.), *Handbuch der Wahldaten Lateinamerikas und der Karibik*, Opladen 1993, S. 14.
11 Dieter Nohlen, *Wahlsysteme der Welt*, München 1978.
12 Dieter Nohlen (Hrsg.), *Wahlen und Wahlpolitik in Lateinamerika*, Heidelberg 1984, S. 9.

rien abhängig, häufig fanden Wahlen öffentlich statt. Noch zu Beginn des 20. Jhs. konnten nur 2 bis 3 % der Bevölkerung daran teilnehmen.[13] Für das 20. Jh. lassen sich vereinfacht drei Phasen bei der Demokratisierung des Wahlrechtes festhalten:

1. Im Zeitraum von 1910 bis 1930 entfielen mit der Ausweitung der Mittelschichten zunächst in Südamerika die Beschränkungen für Männer. Unter Präsident Saenz Peña wurde 1912 in Argentinien das geheime, obligatorische Männerwahlrecht eingeführt, in Uruguay brachte die Verfassung von 1918 das allgemeine Wahlrecht für Männer. Mit diesen Veränderungen stieg der Anteil der wahlberechtigten Bürger in Lateinamerika auf ca. 15 %.
2. Eine zweite Phase lässt sich von 1940 bis 1960 datieren. Durch das Frauenwahlrecht und eine Demokratisierung verdreifachte sich die Zahl der Wahlberechtigten. Einzelne Länder führten erstmals kompetitive Wahlen durch (Venezuela 1945 bzw. 1958), andere erlangten die Unabhängigkeit (Jamaika 1962). Unter den populistischen Regimen in Argentinien und Brasilien stieg insgesamt die Wahlbeteiligung. Als Folge der Militärdiktaturen sank dann die Wahlpartizipation in den 1960er Jahren (Schaubild 4).

Schaubild 4: Wahlpartizipation in Lateinamerika
Wahlpartizipation 1900-1990 (abgegebene Stimmen bei Präsidentschaftswahlen in Prozenten der Gesamtbevölkerung, ungewichtete Mittelwerte von 22 Ländern)

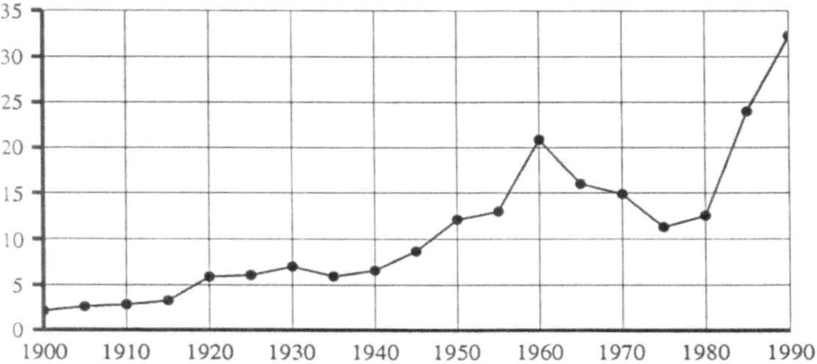

Quelle: Suter, a.a.O., S. 195.

13 Christian Suter, *Gute und schlechte Regimes: Staat und Politik Lateinamerikas zwischen globaler Ökonomie und nationaler Gesellschaft*, Frankfurt a.M. 1999, S. 195.

3. Mit der Re-Demokratisierung der 1980er Jahre ging eine zunächst hohe Partizipation bei Wahlen einher. Das Interesse an politischer Beteiligung war bemerkenswert, darüber hinaus hob man 1988 in Brasilien die Wahlbeschränkung für Analphabeten auf. Seitdem wurde die Wahladministration kontinuierlich verbessert. Die Akzeptanz der Wahlresultate, sowohl durch die Bevölkerung als auch durch in- und ausländische Machtgruppen, stieg seit 1980.

Ein wichtiges Kriterium für Analyse und Gewichtung von Wahlergebnissen bleibt die Wahlbeteiligung. Hier gilt es zwischen der Gesamtbevölkerung, den registrierten Wählern und den tatsächlich abgegebenen Stimmen zu unterschieden. In zwölf der in Tabelle 22 aufgeführten Länder besteht eine Pflicht zu Wählerregistrierung. Sie erfolgt aber nur in Brasilien und Ecuador automatisch. In sechzehn von achtzehn Ländern besteht Wahlpflicht – nur in Kolumbien und Nicaragua ist dies nicht der Fall.

Im internationalen Vergleich rangiert Lateinamerika bei der Wahlbeteiligung hinter Mittel- und Osteuropa sowie Ostasien, aber vor Südasien, dem Nahen Osten und Afrika.

Die durchschnittliche Wahlbeteiligung lag in Südamerika im Zeitraum von 1978 bis 2000 bei den Präsidentschaftswahlen bei rund 73 %, bei den Kongresswahlen bei rund 71 %. Auffällig ist, dass die Wahlbeteiligung in Chile und Uruguay traditionell hoch, in den stärker von Krisen betroffenen Ländern wie Kolumbien und El Salvador jedoch niedrig ausfällt (vgl. Tabelle 26).

Es kann vermutet werden, dass in einigen der elf Länder der sog. *desencanto* eine Rolle gespielt hat, d.h. eine Ernüchterung, die sich im Zuge der Re-Demokratisierung einstellte. Bei Präsidentschaftswahlen fällt die Beteiligung traditionell höher aus als bei den Kongresswahlen. Die Wähler ziehen es vor, ihre Stimme einem potenziellen Gewinner zu geben, dieser Vorgang wird in einigen Ländern als *economía del voto* (die sog. Wahlökonomie) bezeichnet. Dort, wo die Präsidentschafts- und die Kongresswahlen an ein und demselben Tag erfolgen, führt dies zu einer Bevorzugung der größeren Parteien bzw. aussichtsreicheren Kandidaten.

Wahlsysteme

Die unabhängigen Staaten orientierten sich bei der Wahlgesetzgebung an der nordamerikanischen Verfassung von 1787. Deshalb bestanden zunächst vorwiegend Zweikammersysteme. Zurzeit sind noch neun von 18

Tabelle 22: Registrierung und Wahlen

	Wählerregistrierung			Wahl	
	Pflicht	Automatisch	Freiwillig	Pflicht	Freiwillig
Argentinien	X			X[1]	
Bolivien	X			X	
Brasilien		X		X[2]	
Chile			X	X[3]	
Costa Rica			X	X	
Dom. Republik	X			X	
Ecuador		X		X[4]	
El Salvador	X			X	
Guatemala	X			X	
Honduras	X			X	
Kolumbien			X		X
Mexiko	X			X	
Nikaragua	X				X
Panama	X			X	
Paraguay	X			X	
Peru			X	X[5]	
Uruguay	X			X	
Venezuela	X			X	

1 Wählen ist obligatorisch bis zum Alter von 70.
2 Wählen ist obligatorisch für alle zwischen 18 und 70, die des Lesens und Schreibens kundig sind, und optional für alle mit 16-17 und über 70 Jahren, oder Analphabeten.
3 Wählen ist nur für registrierte Bürger obligatorisch.
4 Wählen ist obligatorisch für alle, die des Lesens und Schreibens kundig sind und nicht älter als 65 Jahre.
5 Wählen ist obligatorisch für alle, die des Lesens und Schreibens kundig sind, bis zum Alter von 70 Jahren.

Quelle: J. Mark Payne u.a. (Hrsg.): *Democracies in Development. Politics and Reform in Latin America*. Washington, D.C. 2002, S. 49.

Demokratien Zweikammersysteme, in Mittelamerika waren sie immer die Ausnahme.[14]

14 Detlef Nolte/Mariana Llanos, *Starker Bikameralismus? Zur Verfassungslage lateinamerikanischer Zweikammersysteme*, in: *ZParl*, 35(2004)1, S. 113-131.

Mehrheitlich gilt das Verhältniswahlrecht. Charakteristisch ist die Wahl über starre Wählerlisten, d.h. der Wähler kann nur über die gesamte Kandidatenliste entscheiden, die Reihenfolge der Listenplätze ist nicht veränderbar. Die Parteiführer und damit vielfach die Präsidenten haben meist einen großen Einfluss auf die Kandidatennominierung. In einigen wenigen Staaten gilt mittlerweile die personalisierte Verhältniswahl.

Als eine Folge der mexikanischen Revolution bestand bis in die 1980er Jahre als lateinamerikanische Besonderheit das Prinzip der Nicht-Wiederwahl des Präsidenten (*no-reelección*). Zu Beginn des 21. Jhs. ist in 15 von 19 Ländern die unmittelbare Wiederwahl nicht möglich (Schaubild 5). Regierungschef und Staatsoberhaupt werden direkt vom Volk gewählt, was die Bedeutung der Parteien und Parlamente schmälert und die Gefahr einer dualen Legitimation mit sich bringt. In der Regel finden die Präsidentschafts- und Parlamentswahlen zum gleichen Termin statt. Bei den Präsidentschaftswahlen gilt das Prinzip der absoluten Mehrheit oder der qualifizierten Mehrheit in zwei Wahlgängen oder aber das der relativen Mehrheit (Schaubild 6).

Die absolute Mehrheit erfordert 50 % plus eine Stimme; in einigen Ländern ist eine qualifizierte Mehrheit von mehr als 40 % (Costa Rica), eine nicht unter 45 % liegende Mehrheit (Nicaragua) oder eine Kombination von beiden (Argentinien und Ecuador) erforderlich. Wo die absolute Mehrheit gilt, kann dies im ersten Wahlgang zu einer Vielzahl von Kandidaten führen. Die Wähler wählen teilweise ihren bevorzugten Politiker im ersten Wahlgang mit Blick auf die dann einsetzenden Verhandlungen und Allianzen für den zweiten Wahlgang. Das System der absoluten Mehrheit ermöglicht eine stärkere Unterstützung des gewählten Präsidenten zumindest in der Anfangsphase. Hingegen kann das System der relativen Mehrheit dazu führen, dass ein Präsident z.B. mit 35 % gewählt wird, d.h. dass 65 % ihm nicht ihre Stimme gaben.

Nach dem Schaubild ist in 14 Ländern eine absolute oder qualifizierte Mehrheit im ersten Wahlgang notwendig. Historisch verläuft die Tendenz in Lateinamerika von einem System mit relativer Mehrheit zu einem System mit absoluter Mehrheit, die in der Regel zwei Wahlgänge erforderlich macht.[15] Seit den 1990er Jahren erfolgte nicht zuletzt aus machtpolitischem Kalkül in mehreren Ländern wieder die Einführung der Möglichkeit einer zweiten Amtsperiode. Es lassen sich indessen auch unter demo-

15 José Enrique Molina, *Los sistemas electorales de América Latina*, San José 2000, S. 44.

Schaubild 5: Wiederwahlmöglichkeiten der lateinamerikanischen Präsidenten

Keine	Nach Ablauf einer Legislaturperiode	Nach Ablauf zweier Legislaturperioden	Unmittelbare Wiederwahl
Costa Rica (Art. 132)	Bolivien (Art. 87)	Panama (Art. 173)	Argentinien (Art. 90)[b]
Guatemala (Art. 187)	Chile (Art. 25)		Brasilien (Art. 82)[b]
Honduras (Art. 239)	Dom. Rep. (Art. 49)		Peru (Art. 112)[b]
Kolumbien (Art. 197)	Ecuador (Art. 98)		Venezuela (Art. 230)[c]
Mexico (Art. 83)	El Salvador (Art. 152)		
Paraguay (Art. 229)	Nicaragua (Art. 147,4a)		
	Uruguay (Art. 152)		

a Einmalige Wiederwahl erlaubt.
b Einmalige unmittelbare Wiederwahl und erneute Wiederwahl nach Ablauf einer Legislaturperiode erlaubt.
c In Venezuela wird durch die neue Verfassung (1999) die einmalige unmittelbare Wiederwahl ermöglicht. Unter der Verfassung von 1961 war eine Wiederwahl nach Ablauf von zwei Legislaturperioden statthaft (Art. 185).

Entnommen aus: Krumwiede/Nolte, a.a.O., S. 28.

kratietheoretischen Gesichtspunkten Gründe für eine zweite Amtszeit anführen. Denn unter den Bedingungen der absoluten Nicht-Wiederwahl gibt es für den Regierungschef kaum einen Anreiz, auf eine mittelfristige Politik (*responsible government*) hinzuarbeiten (Schaubild 5), da er ohnehin nicht wieder antreten kann.

In Argentinien unter Carlos Menem (1989-95, 1995-2000) und Peru wurde sogar eine dritte Amtszeit angestrebt. Nach einer umstrittenen Wiederwahl musste Fujimori seinen Posten aufgrund von Protesten 2000 abgeben. Zwar waren Geldgeschenke und Erpressungen von Abgeordneten bekannt geworden. Mit der Möglichkeit der Wiederwahl ging eine Verkürzung der Amtszeit von sechs auf fünf oder vier Jahre einher; eine Ausnahme bildet mittlerweile Venezuela, wo 1999 eine neue Verfassung eine

Schaubild 6: Mehrheitsanforderungen bei den Präsidentschaftswahlen in Lateinamerika

		absolute Mehrheit	
relative Mehrheit	qualifizierte Mehrheit (bei Nichterreichen: Stichwahl)	bei Nichterreichen: Stichwahl	bei Nichterreichen: Wahl durch das Parlament
Dom. Rep. (Art. 49)	Argentinien (Art. 97f)[a]	Brasilien (Art. 77)	Bolivien (Art. 90)[e]
Honduras (Art. 236)	Costa Rica (Art. 138)[b]	Chile (Art. 26)	
		Dom. Rep. (Art. 90)	
Mexico (Art. 81)	Ecuador (Art. 165)[c]	El Salvador (Art. 80)	
Panama (Art. 172)	Nicaragua (Art. 147)[d]	Guatemala (Art. 184)	
		Haiti (Art. 134)	
Paraguay (Art. 230)		Kolumbien (Art. 190)	
Venezuela (Art. 228)[f]		Peru (Art. 111)	
		Uruguay (Art. 151)	

a Entweder 45 % der gültigen Stimmen oder mindestens 40 % mit einem Mindestabstand von 10 % zum Zweitplazierten.
b Mindestens 40 % der gültigen Stimmen.
c Mindestens 40 % der gültigen Stimmen mit einem Mindestabstand von 10 % zum Zweitplazierten.
d Mindestens 45 % der gültigen Stimmen.
e Unter den beiden Kandidaten mit den meisten Stimmen (vor 1994: unter den *drei* Kandidaten mit den meisten Stimmen).
f Die venezolanische Verfassung von 1961 bekannte sich zum gleichen Prinzip (Art. 183).

Entnommen und leicht ergänzt aus: Heinrich W. Krumwiede/Detlef Nolte: *Die Rolle der Parlamente in den Präsidialdemokratien Lateinamerikas*, Hamburg 2000, S. 28.

Amtszeitverlängerung auf sechs Jahre brachte und darüber hinaus die Möglichkeit einer Wiederwahl besteht. Präsident Chávez, gegen den 2004 ein von der Opposition betriebenes Referendum zur Abwahl scheiterte, hat jedoch erklärt, dass er noch länger amtieren wolle (Tabelle 23). Die Teilnehmer an einem Referendum Ende 2007 lehnten jedoch die uneingeschränkte Wiederwahl sowie die diffusen Pläne zum Aufbau des „Sozialismus des 21. Jahrhunderts" ab.

Tabelle 23: Amtszeit der Präsidenten

	Gegenwärtige Amtszeit	Vorherige Amtszeit	Jahr der Änderung
Argentinien	4	6	1994
Brasilien	4	5	1994
Costa Rica	4	4	
Dom. Republik	4	4	
Ecuador	4	4	
Guatemala	4	5	1993
Honduras	4	4	
Kolumbien	4	4	
Bolivien	5	4	1994
El Salvador	5	5	
Nicaragua	5	6	1994
Panama	5	5	
Paraguay	5	5	
Peru	5	5	
Uruguay	5	5	
Chile	6	8	1993
Mexiko	6	6	
Venezuela	6	5	1999
Durchschnitt	4,7	5,0	

Quelle: Payne et al. (Hrsg.), a.a.O., S. 78.

Die Parteien verfügen mit wenigen Ausnahmen über das Monopol der Kandidatenaufstellung. Im Zeichen wachsender Parteienkritik lässt sich verstärkt in den 1990er Jahren die Tendenz zur Schaffung neuer Parteien bzw. lockeren Wahlbündnissen konstatieren. In fast allen Staaten bestehen Frauenquoten. So wurde in Costa Rica 1990 eine sukzessive Quotenregelung für politische Ämter eingeführt. Meist überwachen nationale Wahlkommissionen, ob der in der Regel bei 20 oder 30 % liegende Frauenanteil bei den Kandidatenlisten eingehalten wird.

Nach der Ausweitung des Wahlrechts im ersten Drittel des Jahrhunderts begannen sich mit einiger Verzögerung Verbesserungen bei der Wahlorganisation durchzusetzen. Seit den 1920er Jahren wurden zentralisierte und spezialisierte Wahlorgane geschaffen, die von der Exekutive und Legislative unabhängig sein sollten. In Costa Rica, Uruguay und Venezuela erlangten die obersten Wahlbehörden einen hohen Stellenwert. Hingegen wurde der obersten Wahlbehörde in Nicaragua 1962 von Somoza zwar der Rang einer vierten Staatsgewalt eingeräumt, sie blieb jedoch ohne Relevanz.[16] Dort, wo es sich letztlich um oligarchische Demokratien handelte, blieben die Wahlen ohne wirkliche Bedeutung und der Wahlbetrug stand auf der Tagesordnung.

Bei der Wahlorganisation hat es erhebliche Fortschritte gegeben.[17] Sie sind u.a. auf die Demokratiebewegung, die internationale Wahlbeobachtung durch das *Carter Center*, die OAS und die EU zurückzuführen. Mittlerweile gelten in Lateinamerika die internationalen Standards. Mit der in Costa Rica ansässigen Organisation (CAPEL – *Center for Electoral Promotion*) und aufgrund der Aktivitäten internationaler Institutionen und Wahlbeobachter verbesserte sich die Qualität von Wahlen erheblich.

Umfragen, die nicht immer als seriös einzuschätzen sind, spielen eine wachsende Rolle im politischen Leben und Wahlkampf.[18] Mit den genauen Wahlergebnissen, einer verbesserten Wahlsystematik und dem Ausbau von Umfrageinstituten hat die wissenschaftliche Wahlforschung einen Aufschwung genommen.

Die Wahlkämpfe sind in der Regel stark personalisiert und konzentrieren sich auf die Spitzenkandidaten. Sie zeichnen sich häufig durch ihre

16 Juan Jaramillo, *Wahlbehörden in Lateinamerika*, Opladen 1994, S. 243.

17 Michael Krennerich, *Wahlen in Lateinamerika: Eine demokratische Routine*, in: *Brennpunkt Lateinamerika,* (1999)18, S. 151-161.

18 Friedrich Welsch/Frederick C. Turner (Hrsg.), *Opinión pública y elecciones en América*, Caracas 2000.

Überlänge aus und fallen – gemessen an der sozialen Ungleichheit – ziemlich kostspielig aus. In einigen Staaten werden nordamerikanische und europäische Wahlkampfberater eingeflogen. Die Massenmedien spielen eine zentrale Rolle, programmatische Aussagen sind – mit länderspezifischen Ausnahmen – weniger wichtig. Die Parteienfinanzierung bleibt weitgehend eine Wahlkampf- und Kandidatenfinanzierung, die politischen Bildungsaufgaben der Parteien sind im Vergleich mit einzelnen europäischen Ländern schwach ausgeprägt. Einen höheren Stellenwert als staatliche Zuwendungen besitzen private Mittel. In einigen Ländern wurden Vorwürfe erhoben, dass Drogengelder im Wahlkampf verwendet bzw. gewaschen wurden.

Die Durchführung von Wahlen

Für die Abhaltung der Wahlen, den Transport der Wahlurnen und die Gewährleistung der öffentlichen Sicherheit am Wahltag ist in den meisten Ländern das Militär verantwortlich. Zumeist erfolgen die Wahlen mit erheblichem logistischem Aufwand. Die Schulen, in denen in der Regel die Wahllokale eingerichtet werden, bleiben teilweise mehrere Tage geschlossen. Am Wahltag herrscht die *ley seca* (das trockene Gesetz), d.h. Alkohol darf weder verkauft noch konsumiert werden. Dies war auch eine Reaktion auf „großzügige Alkoholspenden“ und von Parteien organisierte „Abholdienste“ am Wahltag.

Da die Staaten in Amerika kein mit dem der Bundesrepublik vergleichbares Einwohnermeldeamt kennen, besteht zumindest die Möglichkeit, dass die Wähler an mehreren Orten wählen. Schon die Aufstellung von Wählerlisten hat deshalb zu Kontroversen geführt. Neben der Kontrolle im eingeschriebenen Wählerregister greift man deshalb mancherorts auf Tinte zurück, in die die Bürger nach Abgabe der Stimme einen Finger tunken. Im Zuge der Modernisierung erfolgt dies mittlerweile teilweise durch einen computerisierten Fingerabdruck. In Venezuela, Brasilien und andern Orts wurden bei den neueren Wahlen Automaten verwendet, die nach Anfangsproblemen funktionieren. Ursprünglich hatte es Manipulationsvorwürfe gegeben, etwa bei der Wahl 1988 in Mexiko, wo das zentrale Computersystem ausfiel. Kritiker gehen davon aus, dass sich der damalige Sieg der PRI darauf zurückführen lässt. Unregelmäßigkeiten beim Wahlvorgang – wie sie etwa bei den Präsidentschaftswahlen in den USA im Jahr 2000 auftauchten – sind in den letzten Jahren in Lateinamerika selten geworden.

Ein nach wie vor in einigen Ländern vorhandenes Misstrauen gegenüber der Stimmenauszählung führt dazu, dass sog. *testigos electorales* in den Wahllokalen eine hohe Bedeutung besitzen. Die Parteien stellen dafür Mitglieder ab, die die Auszählung der Wählerstimmen beobachten und den „Stimmenklau" verhindern sollen. Für kleinere Parteien und unabhängige Bewerber kann es sich als ein Nachteil erweisen, wenn sie nicht genügend Wahlzeugen nominieren können und damit in ländlichen Wahllokalen nicht vertreten sind. Dies mag einer der Gründe sein, warum die Vorbehalte gegen Computersysteme in Lateinamerika geringer sind als etwa in Deutschland.

11.3 Demokratie und Demokratisierung

Seit den 1980er Jahren fand in allen süd- und später in den mittelamerikanischen Staaten ein Wandel von autoritären Regimen hin zu präsidentiellen Demokratien statt (vgl. 6.4). Der politische Wandel erfolgte trotz schlechter sozioökonomischer Rahmenbedingungen, was einige Annahmen modernisierungstheoretischer Ansätze, die von der Gleichung erst Entwicklung – dann Demokratie ausgingen, relativierte. Zusammenfassend können als Gründe angeführt werden:

- Die Militärjuntas, die in den 1970er Jahren mit der Ausnahme Kolumbiens und Venezuelas Südamerika beherrschten, scheiterten mit ihren „bürokratisch-autoritären" Entwicklungskonzepten. Entgegen den eigenen Absichtserklärungen hatten die Streitkräfte mit der partiellen Ausnahme Chiles und Brasiliens weder die wirtschaftliche Dynamik sichern, noch eine Modernisierung des Staates erzielen können.
- Die Kritik von Menschenrechtsgruppen, sozialen Bewegungen, den Parteien und Teilen der katholischen Kirche an den autoritären Regimen nahm zu. Es kam zu Massendemonstrationen für eine direkte Volkswahl des Präsidenten (Brasilien), zu wohl organisierten Bürgerprotesten (Chile) sowie zur Kooperation zwischen Parteien und Teilen des Militärs mit dem Ziel eines „paktierten Übergangs" (Uruguay, Chile).
- Als Folge der langjährigen Diktaturen und der Exilerfahrung setzte bei den Intellektuellen ein Umschwung von der „Revolution zur Demokratie" (Norbert Lechner) ein. Nach dem *Dependencia*-Denken der 1970er Jahre prägte ein neuer Pragmatismus die intellektuelle Diskussion. Die Vorzüge liberaler Demokratie werden hervorgehoben, eine partielle Entstaatlichung der Ökonomie akzeptiert.[19]

Bemerkenswert ist, dass die Re-Demokratisierung in Südamerika deutlich vor 1989 einsetzte und die endogenen Faktoren eine größere Rolle spielen als die „dritte Welle" der Demokratisierung (Samuel Huntington). Eher kann man von einem demokratischen Domino-Effekt sprechen. Eine empirische Analyse der Zyklen demokratisch gewählter Regierungen im 20. Jh. zeigt, dass sie gegen Ende des 20. Jhs. zunehmen und in Südamerika wesentlich verbreiteter sind als in Mittelamerika und Mexiko, d.h. den Ländern, die sich im unmittelbaren Einflussbereich der USA befinden.[20]

Die Regierungswirklichkeit in Lateinamerika wurde lange Zeit mit einer Art Kreislaufmodell beschrieben, d.h. man ging von einem zyklischen Wechsel zwischen Demokratie und Diktatur aus. Die Transitions- bzw. Transformationsforschung sieht dagegen eine Entwicklung von der Liberalisierung autoritärer Regime bis hin zu Konsolidierung der Demokratie.[21]

Die erfolgreichen Transitionen in Lateinamerika[22] und Osteuropa sowie die Teilnahme an der internationalen Debatte führten im deutschsprachigen Raum seit 1994 zur sog. Systemwechselforschung. Sie hat es sich u.a. zum Ziel gesetzt, die Beschränkung auf Regional- und Länderanalysen zu überwinden sowie Gemeinsamkeiten und Unterschiede in den Großregionen der Welt herauszuarbeiten.[23] Transformation bedeutet hier den politischen Systemwechsel von autokratischer zu demokratischer Herrschaft,[24] es wird also ein Übergang von einer Situation zur anderen vorausgesetzt. Merkel/Puhle unterscheiden drei Phasen: Ablösung des autokratischen Regimes, Institutionalisierung der Demokratie, Konsolidierung der Demokratie.[25] Im lateinamerikanischen Kontext kann die Bezeichnung System-

19 Jürgen Rüland/Nikolaus Werz, *Mehr Chancen für Demokratie in der Dritten Welt?*, in: Peter J. Opitz (Hrsg.), *Grundprobleme der Entwicklungsländer*, München 1991, S. 246f.

20 Peter H. Smith, *Los ciclos de democracia electoral en América Latina 1900-2000,* in: *Política y gobierno*, 11(2004)2, S. 191-230.

21 Juan J. Linz/Alfred Stepan, *Problems of Democratic Transition and Consolidation. Southern Europe, South America, and Post-Communist Europe*, Baltimore/London 1996.

22 Eine frühe Verteidigung des Transitionsansatzes bei Dieter Nohlen (Hrsg.), *Democracia y neocrítica en América Latina. En defensa de la transición*, Frankfurt a.M. 1995.

23 Merkel, *Vorwort*, in: Ders. (Hrsg.), *Systemwechsel 1*, S. 7.

24 Klaus von Beyme/Dieter Nohlen, *Systemwechsel*, in: Dieter Nohlen (Hrsg.), *Lexikon der Politik*, Bd. 1, München 1995, S. 636-649.

25 Wolgang Merkel/Hans-Jürgen Puhle, *Von der Diktatur zur Demokratie: Transformationen, Erfolgsbedingungen, Entwicklungspfade*, Opladen/Wiesbaden 1999, S. 13. Ausführlich und alle Weltregionen einschließend: Wolfgang Merkel, *Systemtransformation. Eine Einführung in die Theorie und Empirie der Transformationsforschung*, Opladen 1999.

Schaubild 7: Grundlegende Begriffe der Transformationsforschung nach Linz/Stepan

Liberalisierung: Lockerung der Kontroll- und Repressionsmechanismen des autoritären Systems (z.B. Aufhebung von Zensur, mehr Spielräume für zivilgesellschaftliche Aktivitäten). *Demokratisierung:* Garantie spezifisch *politischer Partizipationsrechte* (freie Wahlen etc.). *Transition:* Übergangsphase vom autoritären zum demokratischen System; freie Wahlen sind eine notwendige, aber keine hinreichende Voraussetzung für den Abschluss der Transition; die Kontrolle der demokratisch legitimierten Regierung über den Staat darf nicht durch Sonderrechte nicht demokratisch legitimierter Machtfaktoren (z.B. Militär) eingeschränkt sein. *Konsolidierung:* Demokratie wird zum *only game in town*: Keine signifikante Gruppe versucht ernsthaft, das Regime zu destabilisieren; die überwältigende Mehrheit der Bevölkerung ist davon überzeugt, dass jeder zukünftige politische Wandel in einem demokratischen Rahmen ablaufen sollte; die politischen Akteure haben sich daran gewöhnt, dass politische Konflikte mittels etablierter Normen gelöst werden und Verstöße gegen diese Normen ineffektiv und kostspielig sind.

Entnommen aus: Peter Birle/Christoph Wagner: *Vergleichende Politikwissenschaft: Analyse und Vergleich politischer Systeme*, in: Manfred Mols/Hans-Joachim Lauth/Christian Wagner (Hrsg.): *Politikwissenschaft: Eine Einführung*, 5. aktualisierte Auflage, Paderborn 2006, S. 128.

wechsel insofern zu gewissen Irritationen führen, da es im Unterschied zu den osteuropäischen Ländern nicht zu einem Wechsel in der Wirtschaftsordnung kam. Dies wäre dann der Fall, wenn z.B. im sozialistischen Kuba eine Transformation einsetzen würde.

Einzelne RegionalexpertInnen erhoben frühzeitig Einwände gegen die „Transitologen", möglicherweise weil diesem Ansatz die Analyse der weitgehend geglückten Übergänge in Südeuropa (Griechenland, Portugal, Spanien) und Südamerika zugrunde liegt.[26] Die zunächst aus der Sicht der osteuropäischen Regionalforschung formulierte Kritik wurde mit leichter Verzögerung in der neueren demokratietheoretischen Debatte aufgegriffen. Schon 1996 hatte Guillermo OíDonnell vor „Illusionen" mit Blick auf eine schnelle Konsolidierung nach dem Vorbild des Nordens gewarnt.[27] 2002

26 Vallerie Bunce, *Should Transitologists be Grounded?*, in: *Slavic Review,* 54(1995)1, S. 111-127.

27 Guillermo O'Donnell, *Illusions about Consolidation*, in: *Journal of Democracy*, 7(1996)2, S. 34-51. Ähnlich: Larry Diamond, *Is the Third Wave of Democratization over? An Empirical Assessment*, University of Notre Dame 1997 (Working Paper # 236).

postulierte Carothers das Ende des Transitionsparadigmas, das er durch fünf generalisierende Annahmen gekennzeichnet sieht:[28]

1. Jedes Land, das eine Diktatur hinter sich lässt, befindet sich in Transition zur Demokratie;
2. Es wird von gewissen Etappen ausgegangen (Liberalisierung, Demokratisierung, Konsolidierung);
3. Wahlen besitzen entscheidende Bedeutung;
4. Geschichte, Ökonomie, ethnische Faktoren und andere strukturelle Merkmale scheinen weniger wichtig zu sein;
5. Das Paradigma geht davon aus, dass dabei auf schon vorhandene Institutionen zurückgegriffen werden kann.

Tatsächlich befinden sich aber von den hundert Transitionsstaaten nur ca. 20 auf einem guten Weg, die meisten dagegen in einer „grauen Zone". Diese würden in einem inflationären Sprachgebrauch zu den „Demokratien mit Adjektiven" gezählt.[29] Carothers schlägt vor, die Staatsbildung nicht als sekundär im Vergleich zur Demokratiebildung anzusehen. Man solle nicht mehr danach fragen, wie verläuft die Transition, sondern was passiert in der Politik, z.B. in den Parteien.[30]

In der deutschsprachigen Diskussion wurde von „defekten Demokratien" gesprochen[31] und analog zu den fünf Bänden zum „Systemwechsel" eine Reihe aufgelegt.[32] Als „defekte Demokratien" werden politische Systeme bezeichnet, die zwar als demokratisch gelten, gegenüber liberalen und rechtsstaatlichen Demokratien aber Defekte aufweisen. Aus dieser Perspektive geht es nicht mehr um den Gegensatz Diktatur und Demokratie; untersucht wird die Grauzone dazwischen.[33] Der Erkenntnisgewinn bei der Bildung von zahlreichen Zwischenstufen ist jedoch diskussionswürdig, zumal wenn praktisch alle politischen Systeme Südamerikas bis auf Uru-

28 Thomas Carothers, *The End of the Transition Paradigma,* in: *Journal of Democracy*, 13(2002)1, S. 5-21.

29 Dazu: David Collier/Steven Levitsky, *Democracy with Adjectives. Conceptual Innovation in Comparative Research*, in: *World Politics,* 49(1997), S. 430-451. Die Autoren nennen eine Vielzahl von Subtypen. Ferner: Siegmar Schmidt, *„Demokratien mit Adjektiven". Die Entwicklungschancen defekter Demokratien*, in: *E+Z,* (2001)7/8, S. 219-223.

30 Eine verhaltene Verteidigung der Transitologen von: Guillermo O'Donnell, *In Partial Defense of an Evanescent „Paradigm"*, in: *Journal of Democracy*, 13(2002)3, S. 6-12.

31 Wolfgang Merkel, *Defekte Demokratien*, in: Ders./Andreas Busch (Hrsg.), *Demokratie in Ost und West (Für Klaus von Beyme),* Frankfurt a.M. 1999, S. 361-381.

32 Wolfgang Merkel u.a., *Defekte Demokratie. Bd. 1: Theorie*, Opladen 2003.

33 Petra Bendel/Aurel Croissant/Friedbert W. Rüb (Hrsg.), *Zwischen Demokratie und Diktatur. Zur Konzeption und Empirie demokratischer Grauzonen,* Opladen 2002.

guay als defekte Demokratien angesehen werden.[34] Es besteht also die Gefahr, dass der Terminus überdehnt wird.[35] Die verschiedenen Beiträge u.a. zu sog. hybriden Regimen können hier nicht aufgeführt werden. Wichtig ist indessen der Hinweis, dass die Herrschaftslegitimation hybrider Regime oft auf einer identitären Konzeption der Demokratie beruht. „Sie bevorzugen jedoch in der Regel die *plebiszitäre Komponente* demokratischer Legitimität, die weniger anspruchsvoll ist als die repräsentative. Sie gehen von einem *a priori* existierenden Gemeinwohl aus, das Ausdruck des plebiszitär ermittelten Volkswillen ist und einen einstufigen Prozess der Delegation von politischer Macht an einen Machtträger vorsieht, in der Regel an den direkt gewählten Staatspräsidenten," schreibt Friedbert W. Rüb.[36] Dies trifft sowohl bei den meisten alten als auch den neuen Populisten zu. Mittlerweile wird der Einwand erhoben, dass die vielen neuen Begrifflichkeiten und Zwischentypen auch zum „Ende des Transitionsparadigmas" und zur Rückkehr der weniger ambitiösen Bezeichnung politischer Entwicklung führen könnte, wie sie bis Anfang der 1990er Jahre angewandt wurde.[37]

Ein Blick auf die politische Landkarte Lateinamerikas zeigt zunächst einen starken Rückgang der militärischen Staatsstreiche. Zwischen 1930 und 1980 fanden in 37 Ländern 277 Regierungswechsel statt, davon 104, d.h. 37,5 % durch Militärputsch. Zwischen 1980 und 1990 waren von 37 Regierungswechseln nur sieben Resultat militärischer Intervention.[38] Die Streitkräfte sind also nicht mehr der größte Faktor der Instabilität, dennoch sind sie nach wie vor vorhanden. Die Ursachen für die Instabilität müssen aber bei dem Verhalten der politischen Akteure, dem Funktionieren der Institutionen und der Umsetzung wirtschaftlicher Anpassungsprogramme gesucht werden. Arturo Valenzuela erwähnt vierzehn Präsidenten, die zwischen 1985 und 2004 ihr Amt vorzeitig aufgegeben haben. Ausschlagge-

34 So bei Diego Garrido, *Die defekte Demokratie in Südamerika*, Münster 2003 (Arbeitshefte des Lateinamerika-Zentrums Nr. 85).

35 Zur Diskussion darüber vgl. u.a. Stefan Kalitz, *Staatsformen im 20. Jahrhundert II: Demokratische Systeme,* in: Alexander Gallus/Eckhard Jesse (Hrsg.), *Staatsformen. Modelle politischer Ordnung von der Antike bis zur Gegenwart. Ein Handbuch,* Köln 2004, S. 295ff.

36 Friedbert W. Rüb, *Hybride Regime-Politikwissenschaftliches Chamäleon oder neuer Regimetypus? Begriffliche und konzeptionelle Überlegungen zum neuen Pessimismus in der Transitologie,* in: Bendel/Croissant/Rüb, S. 107.

37 In diese Richtung: Heidrun Zinecker, *Regime-Hybridität in Entwicklungsländern*, in: *Zeitschrift für internationale Beziehungen*, 11(2004)2, S. 239-272.

38 David Scott Palmer zit. in: Arturo Valenzuela, *Latin American Presidencies Interrupted*, in: *Journal of Democracy*, 15(2004)4, S. 5ff.

bend war ein geringer Rückhalt im Kongress, in zunehmendem Maße aber auch und gerade der Protest der Straße, der teilweise gewaltsame Formen annahm und jenseits von Parteien sowie teilweise auch der etablierten Gewerkschaften erfolgte.

11.4 Rankings und Demokratiemessung

Eine Möglichkeit, um Aussagen über die Qualität von Demokratien zu gewinnen, sind sog. Rankings. In Deutschland haben sie sich in den letzten Jahren eingebürgert, in den USA sind sie schon länger vorhanden. Das älteste Ranking geht auf den nordamerikanischen Politikwissenschaftler Russel Fitzgibbon zurück.[39] Er bat 1945 zehn bekannte Lateinamerikawissenschaftler in den USA, eine Rangfolge unter 20 Staaten zu erstellen und nannte ihnen dafür 15 Kriterien: 1. Bildungsniveau; 2. Lebensstandard; 3. innere Einheit; 4. politische Reihe; 5. Freiheit von ausländischer Beherrschung; 6. Pressefreiheit etc.; 7. freie Wahlen; 8. Parteienorganisation; 9. Justiz; 10. Einsatz von öffentlichen Mitteln; 11. Sozialgesetzgebung; 12. zivile Oberhoheit; 13. kirchliche Verwaltung; 14. staatliche Verwaltung; 15. lokale Administration.

Später wurde die Zahl der Evaluatoren erhöht, an dem Ranking von 2000 nahmen mehr als 100 Experten teil. Mittlerweile liegen zwölf Erhebungen vor (Tabelle 24), auf dieser Basis kann man ein Gesamtranking von 1945 bis 2000 erstellen.

Unter dem Eindruck der sich nach 1989 verstärkenden Transformation hin zu Demokratie und Marktwirtschaft wurde 2004 erstmals der *Bertelsmann-Transformations-Index* 2003 (BTI) veröffentlicht. „Auf dem Weg zur marktwirtschaftlichen Demokratie“, lautet der Untertitel. Diese Entwicklungsrichtung war in den vormals staatssozialistischen Ländern in klarerer Form vorgegeben als in Lateinamerika, wo – mit der Ausnahme Kubas – Formen der Marktwirtschaft bestehen, die aber teilweise schlecht funktionieren. Die Analyse von insgesamt 116 südlichen und östlichen Ländern gelangt u.a. zu dem Ergebnis, dass dreizehn Staaten als klar fortgeschrittene marktwirtschaftliche Demokratien im Konsolidierungsprozess bewertet werden können. Aus Lateinamerika haben sich drei Vertreter (Costa Rica, Uruguay, Chile) in der Spitzengruppe platziert.[40] Von den 116

39 Phil Kelly, *Fifty-Five Years of Measuring Democracy*, in: *ReVista. Harvard Review of Latin America*, 2(2002)1, S. 13-15.

40 Bertelsmann-Stiftung (Hrsg.), *Bertelsmann-Transformations-Index 2003. Auf dem Weg zur marktwirtschaftlichen Demokratie*, Gütersloh 2004, S. 24f.

*Tabelle 24: Gesamtbewertung nach dem Fitzgibbon-Index, 1945-2000**

1.	Costa Rica	17
2.	Uruguay	38
3.5	Chile	65
3.5	Mexiko	65
5.	Argentinien	70
6.	Venezuela	71
7.	Kolumbien	75
8.	Brasilien	93
9.	Panama	124
10.5	Kuba	129
10.5	Ecuador	129
12.	Peru	132
13.	El Salvador	158
14.	Nicaragua	168
15.	Dom. Republik	170
16.	Guatemala	182
17.	Honduras	186
18.	Bolivien	194
19.	Paraguay	222
20.	Haiti	230

* beruht auf insgesamt zwölf Rankings von 1945 bis 2000
** sog. 'tied ranking'

Quelle: Kelly, a.a.O., S. 15.

untersuchten Ländern sind insgesamt 71 Demokratien, d.h. 61 %. Diejenigen aus Mittel- und Osteuropa und aus Lateinamerika sind auf dem Weg zu Marktwirtschaft und Demokratie am weitesten fortgeschritten.[41] Über herkömmliche Indexe geht der BTI insofern hinaus, als er einen Management-Index enthält (Tab. 25).

41 Ebenda, S. 39.

Tabelle 25: Entwicklungsstand der Demokratie, 2008

Demokratien	defekte Demokratien		stark defekte Demokratien	Autokratien
(10 bis 8)	(< 8 bis 7)	(< 7 bis 6)	(< 6)	(< 4)
Uruguay Costa Rica Chile Jamaika	Brasilien Argentinien Panama Dominikanische Republik Mexiko El Salvador	Paraguay Honduras Nicaragua Peru Bolivien Ecuador	Guatemala Kolumbien Venezuela Haiti	Kuba

Die Tabelle gibt einen Überblick über die Bewertungen im Bereich der demokratischen Transformation. Der Wert „Demokratie Gesamt“ ist der Mittelwert der fünf Einzelbewertungen in diesem Bereich. Er kennzeichnet den Stand der Demokratie Anfang 2003.

Entnommen aus: *Bertelsmann Transformations Index 2008.*

Dabei wurde auch das Kriterium „Schwierigkeitsgrad“ eingeführt, um besser einschätzten und bewerten zu können, wie die einzelnen Länder mit den Herausforderungen umgegangen sind. Der Ansatz ist im Unterschied zu den ökonomisch-politischen *Dependencia*-Konzepten der 1970er Jahre akteursspezifisch und honoriert kluges politisches Regierungshandeln. Er kann auch Hinweise geben für „gute Regierungsführung“ (*Good Governance*), die seit 1991 bei der Vergabe von Fördermitteln des BMZ berücksichtigt wird. Das BMZ legt fünf Kriterien zugrunde: 1. Achtung der Menschenrechte; 2. Beteiligung der Bevölkerung; 3. Rechtsstaatlichkeit und Rechtssicherheit; 4. Schaffung einer „marktfreundlichen“ Wirtschaftsordnung; 5. Entwicklungshilfeorientierung des staatlichen Handelns.[42]

Vergleichbare „downloadbare“ Daten sind bei der Weltbank und der UNDP vorhanden. *Freedom House* veröffentlicht seit 1978 den Jahresbericht *Freedom in the World 2005*, der die Lage in den Ländern der Welt nach den Kriterien *Free*, *Partly Free* und *Not Free* unterscheidet. Die Konrad-Adenauer-Stiftung hat seit 2003 ebenfalls einen Demokratieindex Lateinamerika zusammengestellt (*www.idd-lat.org*).

42 Siegmar Schmidt, *Transformation und Entwicklung messen. Zur Relevanz des Bertelsmann-Transformationsindexes für die Entwicklungspolitik*, in: *Internationale Politik*, (2004)11-12, S. 111.

U.a. widmet sich der Arbeitskreis „Interkultureller Demokratievergleich“ in der DVPW diesem Thema. Bei der Demokratiemessung ergibt sich das Problem, dass die im informellen Bereich angesiedelten Defekte nicht leicht aufgezeigt werden können.[43]

11.5 Perspektiven

Die neuere Demokratiedebatte hat der Analyse der Institutionen und der Wahlen hohe Aufmerksamkeit gewidmet. Dagegen wurde das Funktionieren der Politik weitaus seltener analysiert. Während bei der Qualität der Wahlen und der Regelmäßigkeit ihrer Abhaltung erhebliche Fortschritte erkennbar sind, scheinen sich bei dem Verwaltungshandeln und im politischen Stil Konstanten zu zeigen, die die jüngste Welle der Re-Demokratisierung überdauert haben. Die Diskussion zur Demokratiemessung und zu den „defekten Demokratien“ steht erst am Anfang; entsprechende Rankings können die Dynamik des politischen Prozesses nur partiell einfangen. Eine parallele Entwicklung von Marktwirtschaft und Demokratie muss nicht erfolgen. Vielmehr ist es möglich, dass gleichzeitig freie Wahlen, marktwirtschaftliche Reformen, Entwicklungsversagen und eine demokratische Nicht-Konsolidierung stattfinden.

Literatur-Empfehlungen

Werner Böhler/Stefan Hofmann (Hrsg.), *Quo vadis, Lateinamerika?* Sankt Augustin 2003. Die von der KAS herausgegebene Studie analysiert Krisenaspekte der neuen Demokratien in Lateinamerika, wobei besonders auf Peru und Venezuela eingegangen wird.

FLACSO, *Gobernabilidad en América Latina. Informe regional 2004,* Santiago de Chile bietet eine Analyse der Krise der demokratischen Institutionen. *http://www.flacso.cl/flacso/biblos.php?code=836*

Manfred Mols, *Demokratie in Lateinamerika*, Stuttgart 1985. Analysiert die Grundlagen der Demokratie sowie die autoritären Legate und Traditionen. Vgl. vom gleichen Autor:

Hans-Joachim Lauth/Gert Pickel/Christian Welzel (Hrsg.), *Demokratiemessung. Konzepte und Befunde im internationalen Vergleich,* Wiesbaden 2000. Der Sam-

43 Hans-Joachim Lauth, *Informelle Institutionen und die Messung demokratischer Qualität in Lateinamerika,* in: *Lateinamerika Analysen,* (2004)7, S. 121-146.

Tabelle 26: Wahlbeteiligung in Lateinamerika, 1978-2000

	Präsidentschaftswahlen			Parlamentswahlen	
	Einbezogene Wahlen	Beteiligung (% der registrierten Wähler)	Beteiligung (% der Bevölkerung im Wahlalter)	Einbezogene Wahlen	Beteiligung (% der registrierten Wähler)
Chile	1989, 93, 97	92,0	80,3	1989, 93, 99	92,0
Uruguay	1984, 89, 94, 99	89,8	95,6	1984, 89, 94, 99	90,0
Argentinien	1983, 89, 95, 01	83,6	81,9	1983, 85, 87, 89, 91, 93, 95, 97, 99	83,0
Brasilien	1989, 94, 98	82,9	76,0	1986, 90, 94, 98	85,3
Nicaragua	1990, 96	81,3	75,9	1990, 96	81,7
Peru	1980, 85, 90, 95, 00	80,9	67,8	1980, 85, 90, 95, 00	73,4
Costa Rica	1978, 82, 85, 90, 94, 98	79,6	79,8	1978, 82, 85, 90, 94, 98	79,1
Panama	1989, 94, 99	75,6	71,1	1994, 99	74,0
Honduras	1981, 85, 89, 93, 97	74,7	70,9	1981, 85, 89, 93, 97	72,3
Bolivien	1980, 85, 89, 93, 97	74,7	58,0	1980, 85, 89, 93, 97	74,7
Dom. Republik	1978, 82, 86, 90, 94, 96, 00	73,2	61,2	1978, 82, 86, 90, 94, 98	67,0
Venezuela	1978, 83, 88, 93, 98, 00	72,9	61,8	1978, 83, 88, 93, 98, 00	71,0
Ecuador	1978, 84, 88, 92, 96, 98	72,7	61,7	1979, 84, 86, 88, 90, 92, 94, 96, 98	69,4
Paraguay	1989, 93, 98	68,0	54,2	1989, 93, 98	65,5
Mexiko	1982, 88, 94, 00	66,5	58,3	1982, 85, 88, 91, 94, 97, 00	65,0
Guatemala	1985, 90, 95, 99	56,6	41,4	1985, 90, 95, 99	49,0
El Salvador	1989, 94, 99	47,7	41,9	1988, 91, 94, 97, 00	50,2
Kolumbien	1978, 82, 85, 90, 94, 98	44,1	39,3	1978, 82, 86, 90, 91, 94, 98	41,1
Durchschnitt		73,2	65,5		71,2

Quelle: Payne u.a. (Hrsg.), a.a.O., S. 5

melband behandelt typologische, konzeptuelle und quantitative Aspekte der Demokratiemessung.

Dieter Nohlen (Hrsg.), *Handbuch der Wahldaten Lateinamerikas und der Karibik,* Opladen 1993 enthält die Wahlergebnisse bis Anfang der 1990er Jahre.

Dieter Nohlen (Hrsg.), *Elections in the Americas,* Oxford 2005. In zwei Bänden werden die Wahlen und Wahlsysteme in Amerika analysiert.

George Philip, *Democracy in Latin America,* Cambridge 2003. Der an der *London School of Economics* lehrende Politikwissenschaftler sieht in Patrimonialismus und Klientelismus die wichtigsten Gründe für die seiner Meinung nach nichtkonsolidierten Demokratien in Lateinamerika.

Die *Political Database of the Americas* an der Georgetown Universität in Washington enthält Daten, alle Verfassungen und Literaturhinweise zu Lateinamerika bzw. einzelnen Ländern. *http://www.georgetown.edu/pdba/Elecdata/elecdata.html*

Peter H. Smith, *Democracy in Latin America. Political Change in Comparative Perspective,* New York/Oxford 2005, untersucht die Demokratisierung in Lateinamerika von 1900 bis 2000. Er verbindet dabei historische und empirische in einer Studie, die bis zu dem Aufstieg der „illiberalen Demokratie“ reicht. Sie enthält umfangreiches Zahlenmaterial.

Worüber es zu diskutieren lohnt

- über die historische Entwicklung der Demokratie in Lateinamerika und ihre Interpretationen
- über die Rahmenbedingungen der Re-Demokratisierung in Südamerika und der Einrichtung von Demokratien in Mittelamerika
- über Wahlorganisation, Wahlbeteiligung und internationale Wahlbeobachtung
- über den Erklärungswert und die Grenzen von Transformationsforschung und Demokratiemessung

12. Interessengruppen

Im politischen Prozess kommt sozialen Schichten und Interessengruppen eine wichtige Bedeutung zu. Für die Geschichte der europäischen Parteiensysteme lässt sich in der Rückschau feststellen, dass Parteien entlang gewisser Konfliktlinien entstanden (*cleavages*), dieser Vorgang lässt sich in den meisten lateinamerikanischen Ländern nur schwer nachweisen. Ein Grund liegt in der strukturellen Heterogenität dieser Gesellschaften. Die Abhängigkeit vom Ausland und der Antiimperialismus nationalistischer Bewegungen führten zu klassenübergreifenden Allianzen. Die Wahrnehmung der Interessen von bestimmten Schichten lassen sich also auch im Rückblick nicht leicht feststellen.

Als Folge dieser komplizierten Lage blieben sozialistische und kommunistische Parteien und Gewerkschaften im 20. Jh. vergleichsweise schwach. Zwischen den Theoretikern der Kommunistischen Internationale und den Vertretern nationalistisch-antiimperialistischer Bewegungen kam es zu politischen Kontroversen. Vielfach gelang es Populisten mit größerem Geschick, die Interessen der unteren Schichten aufzugreifen und zu kooptieren. Die Ober- und Mittelschichten verzichteten teilweise auf eine öffentliche Artikulation ihrer Interessen nach pluralistischen Regeln bzw. über Parteien und suchten die Allianz mit den Machtträgern, d.h. Teilen der Kirche und des Militärs.

Somit gibt die soziale Schichtung in den einzelnen Gesellschaften ein überaus kompliziertes Bild ab, was auch an der unterschiedlichen ethnischen Zusammensetzung der Länder liegt. Mit dem Erstarken von Nicht-Regierungs-Organisationen (NRO) und religiösen Basisgruppen, die ihrerseits internationale Kontakte aufgebaut haben, sind zum Ende des 20. Jhs. neue Akteure hinzugekommen. Dies gilt ebenfalls für Menschenrechts- und Frauengruppen sowie indianische Organisationen.

12.1 Unternehmerverbände

Die Interessengruppen sind in Lateinamerika weniger deutlich ausgeprägt als in westlichen Industriegesellschaften. Eine Ursache dafür ist die Tatsache, dass im 20. Jh. ein paternalistischer bzw. populistischer Staat eine wichtige Funktion bei der Vermittlung von Konflikten einnahm. Ein weiterer Grund dürfte sein, dass sich eine pluralistische Gesellschaft nicht durchgängig hat etablieren können. Aufgrund der Fragmentierung lässt sich eher von pluralen Gesellschaften sprechen. Während Unternehmerverbände und Gewerkschaften in den Ländern des *Cono Sur* aufgrund des Industrialisierungsgrades eine wichtige Rolle einnahmen, war ihre Bedeutung in den Andenstaaten geringer.[1]

Unternehmerverbände

Zu den einflussreichsten Interessengruppen gehören die Vereinigungen der Landbesitzer sowie die Unternehmerverbände. Übergreifende Aussagen zu den Grundbesitzern und Agrariern sind schwierig, das Thema ist wenig erforscht. In Argentinien haben die *Sociedad Rural Argentina* (gegr. 1866) und der von der Oberschicht frequentierte *Jockey Club* (gegr. 1882) eine wichtige Rolle gespielt.

Die Unternehmerorganisationen sind nicht einheitlich, für die Vergangenheit lassen sich national und international ausgerichtete Verbände unterscheiden. Die Unternehmerverbände entstanden vor den Interessenorganisationen der Arbeiterschaft. Entsprechend der wirtschaftlichen Entwicklung kamen zunächst agrarische Interessenverbände in Argentinien (1866), Chile (1867), Kolumbien und Uruguay (1871) auf, es folgte die Gründung von Handelskammern.[2] Einwanderergruppen gründeten eigene Industrie- und Handelskammern, die teilweise ihre Geschichte dokumentiert haben.[3] Industrieverbände entstanden in den letzten Jahrzehnten des 19. Jhs., wobei wiederum die Länder im Südzipfel eine Vorreiterrolle einnahmen (Argentinien 1875, Chile 1883). In anderen Staaten erfolgten die Verbandsgründungen erst um die Jahrhundertwende in den kleinen und mittleren Staaten teilweise erst in der zweiten Hälfte des 20. Jhs.

1 Selten werden beide gemeinsam behandelt: Peter Birle, *Die südamerikanischen Gewerkschaften und Unternehmerverbände im Systemwechsel – Eine historisch-vergleichende Betrachtung,* in: Wolfgang Merkel/Eberhard Sandschneider (Hrsg.), *Systemwechsel 4. Die Rolle von Verbänden im Transformationsprozeß*, Opladen 1999, S. 181-219.

2 Peter Imbusch, *Unternehmer,* in: Dieter Nohlen u.a. (Hrsg.), *Lexikon der Politik*, Bd. 4, 1997, S. 608f.

3 Zum Beispiel: *Deutsch-argentinische Industrie- und Handelskammer*, 1916-1991, Buenos Aires 1991. *Club Alemán en Buenos Aires, su sesquicentenario: un recorrido por sus 150 años de vida,* Buenos Aires 2005. Insgesamt zu den Beziehungen: Flavio Cannilla et.al., *Argentina-Alemania 150 anos: un recorrido a lo largo de 150 años de relaciones bilaterales,* Buenos Aires 2007.

Vor allem zwei Motive führten zu den Gründungen: Einerseits machten die aufkommende soziale Frage, die Sozialgesetzgebung des Staates und die Aktivitäten der Gewerkschaften die Schaffung eigener Organisationen der Unternehmer erforderlich. Andererseits waren die Regierungen an der Schaffung von Unternehmerverbänden interessiert, nicht zuletzt um Ansprechpartner für die Einbindung der privaten Wirtschaft in die staatlichen Entwicklungsstrategien zu haben. Die Aktivitäten der Unternehmerschaft sind erst vergleichsweise spät analysiert worden. Frühe Arbeiten setzten sich mit der Rolle der Industriellen in abhängigen Gesellschaften auseinander,[4] weitere Untersuchungen behandeln die Rolle der Unternehmer in den politischen Systemen und im Demokratisierungsprozess.[5] Mit Blick auf die Gestaltung betrieblicher Arbeitsbeziehungen lässt sich eine zunehmende Heterogenität konstatieren: Während einige Unternehmen Tarifverhandlungen und Kollektivverträge respektieren, besitzen sie für andere allenfalls eine untergeordnete Bedeutung. Eine wachsende Anzahl von Betrieben präsentiert sich „gewerkschaftsfrei" und sieht sich nicht an Kollektivverträge gebunden.[6]

Die Annahme, dass die Unternehmerschaft autoritäre Regime bevorzugen würde, lässt sich nicht durchgehend bestätigen. In Chile waren Unternehmerverbände Anfang der 1970er Jahre eine treibende Kraft bei der Destabilisierung der Allende-Regierung und unterstützten praktisch bis zum Ende seiner Amtszeit die „autoritäre Modernisierung" unter General Pinochet.[7] Mit der Re-Demokratisierung stiegen die Aktivitäten von Unternehmerorganisationen, lediglich in Chile, Mexiko und Peru zeigten sie sich reservierter gegenüber dem Demokratisierungsprozess.[8] Im Zuge wirtschaftlicher Liberalisierung in den 1990er Jahren erlebte die Privatwirtschaft zunächst eine gewisse und eher kurzfristige Imageverbesserung.

4 Fernando H. Cardoso, *Ideologías de la burguesía industrial en sociedades dependientes. Argentina y Brasil*, Mexiko 1971.

5 Peter Birle, *Argentinien: Unternehmer, Staat und Demokratie*, Frankfurt a.M. 1995.

6 Peter Birle, *Arbeitsbeziehungen in Südamerika: Zwischen Tradition und Reform*, in: *Atención!* Wien 2000 (Jahrbuch des Österreichischen Lateinamerika-Instituts, Bd. 3), S. 103.

7 Birle 1999, a.a.O., S. 198. Detlef Nolte, *Zur Strategie konterrevolutionärer Eliten: Die Politik der chilenischen Unternehmerverbände während der Regierungszeit von Salvador Allende,* in: *JbLA,* 22(1985), S. 477-511.

8 Eduardo Silva/Francisco Durand (Hrsg.), *Organized Business and Politics in Latin America*, Miami 1998, S. 31.

12.2 Gewerkschaften

Bei den Rahmenbedingungen für die Gewerkschaften gilt es, die strukturelle Heterogenität und die unterschiedlichen Formen der Arbeit zu beachten.[9] In Lateinamerika finden sich sehr viel stärkere Differenzierungen innerhalb der Arbeiterschaft als in der europäischen Geschichte. Die Strukturvielfalt der Volkswirtschaften bot keine guten Voraussetzungen für die Entfaltung von Gewerkschaften. Vielmehr waren sie durch Zersplitterung und Richtungskämpfe gekennzeichnet. Zusammenschlüsse und Einheitsgewerkschaften – wie in Argentinien und Mexiko Mitte des 20. Jhs. – gingen meist „von oben" aus (Tab. 27).

Die ersten Gewerkschaften entstanden unter den Hafenarbeitern und Eisenbahnern. Meist waren die Einwanderer aus Europa, die ab Mitte des 19. Jhs. „Hilfsvereine der Gegenseitigkeit" gründeten. Darunter waren Anarchisten, Anarchosyndikalisten und Sozialisten. Im Zuge der Weltwirtschaftskrise 1929/30 kam es zu einer Neuformierung. Soziale Ideen wurden nun nicht mehr allein von den vergleichsweise kleinen sozialistischen Parteien in den Ländern des Südzipfels artikuliert, sondern von den populistischen Bewegungen, meist aber von einzelnen Präsidenten „von oben" durchgesetzt. Die meisten Fortschritte bei der Sozialgesetzgebung erfolgten in der Ära des klassischen Populismus. Bei den großen Gewerkschaften in Mexiko mit ihrer engen Verbindung zur PRI und bei der peronistischen CGT in Argentinien kam es zu Bürokratisierungstendenzen und zu Korruptionsvorwürfen. Während in der Phase des Ausbaus gewerkschaftlicher Organisationen ein deutlicher Paternalismus vorherrschte, waren sie unter den Militärdiktaturen ab 1964 dann starker Repression ausgesetzt.

Auch die Organisation der Gewerkschaften ist vielfältig. Nicht nur abhängig Beschäftigte, sondern auch Selbständige (Taxifahrer, Kleinbauern, Händler) schließen sich in Gewerkschaften zusammen. Gleichzeitig kann ein Teil der abhängig Beschäftigten (Dienstpersonal, Saisonarbeiter etc.) nicht in Gewerkschaften eintreten. Genaue Statistiken liegen nicht vor. 1960 ging man von einem statistischen Durchschnittswert von 17 % aus, 1984 lag der Organisationsgrad nur noch bei 10 %. Die Gründe müssen im Bevölkerungswachstum, der Zunahme des informellen Sektors und der Unterdrückung durch die Diktaturen gesucht werden. Nach Schätzungen sank der Organisationsgrad in Gewerkschaften in einigen zentralamerikanischen und andinen Gesellschaften auf 5 %.

9 Peter Waldmann, *Lateinamerika,* in: Siegfried Mielke (Hrsg.), *Internationales Gewerkschaftshandbuch,* Opladen 1983, S. 119-147.

Tabelle 27: Entwicklung der Gewerkschaften

	wirtschaftliche Entwicklung	gewerkschaftliche Entwicklung	Haltung des Staates
zweite Hälfte 19. Jh. bis Weltwirtschaftskrise (1930)	Wachstum nach außen; Export-Importwirtschaft	Formierung	teils Unterdrückung, teils Entgegenkommen
1930 bis Mitte der 1960er Jahre	Industrialisierung durch Importsubstitution	Wachstum und Konsolidierung	Begünstigung der Gew. und Beteiligung an der Macht (Populismus)
Mitte der 1960er Jahre bis zu den 1980er Jahren	vertiefte ökonom. Abhängigkeit; Stagnation nation. Industrie; Einflussgewinn multinationaler Unternehmen	keine weitere Ausdehnung; institutionelle Schwächung	Auflösung und Unterdrückung der Gew., Verfolgung ihrer Führer
Re-Demokratisierung in den 1980er Jahren	Öffnung nach außen; neoliberale Reformen, Ausweitung des informellen Sektors	weiterer Rückgang (einzelne Ausnahmen: Brasilien)	Rückkehr zur Demokratie, Privatisierung

Zusammengestellt und leicht ergänzt nach: Waldmann, in: Mielke (Hrsg.), a.a.O., S. 123.

Unter programmatischen Gesichtspunkten formierten sich in der Vergangenheit zwei Dachverbände: die der Kommunisten und die der Christdemokraten. Von der Handlungsorientierung war man bestrebt, die einmal erreichten Positionen zu verteidigen. Adressat der Aktionen sind nicht nur die Arbeitgeber, sondern vor allem der Staat. In dem Maße, wie der informelle Sektor steigt, verlieren die Gewerkschaften weiter an Bedeutung. Allerdings finden sich auch hier Gegenbeispiele: In Brasilien konnte der sog. *novo sindicalismo* in den 1990er Jahren fast 5. Mio. Menschen organisieren. Ansonsten sinkt jedoch die Macht der nationalen Dachverbände; hingegen steigt die Bedeutung der betrieblichen und branchenspezifischen Gewerkschaften.

Eine wichtige Veränderung ergab sich in den 1990er Jahren besonders im mittelamerikanischen und karibischen Raum mit dem Aufkommen der *Maquila*-Betriebe. Im Spanischen bedeutet *maquila* in etwa Mahlgeld. Damit wird darauf Bezug genommen, dass in der Vergangenheit die Bauern den Weizen an einen Müller ablieferten, der für das Mahlen bezahlt wurde. „Dieses Prinzip des Auslagerns von Produktionsetappen ist das, was die *Maquila*-Industrie kennzeichnet."[10] Teile der Produktion werden in ärmere Länder ausgelagert, die Teilarbeit wird von multinational operierenden Unternehmen gesteuert. In weltmarktorientierten Produktionsstätten in Lateinamerika bzw. in südlichen oder östlichen Regionen erfolgt die arbeitsintensive Teilfertigung, wobei das Lohngefälle ausgenutzt wird, denn der Verkauf und die Vermarktung finden vor allem in den Industrienationen statt. *Maquiladoras* traten zunächst im Grenzgebiet zwischen den USA und Mexiko auf. Ciudad Juarez wuchs u.a. durch Auslagerung von Computerindustrien zur Großstadt heran. Die Arbeitsbedingungen in den *maquiladoras* sind schlecht, Gewerkschaften wurden zunächst ausgeschlossen, vor allem Frauen sind in diesem Bereich beschäftigt.

12.3 Zivilgesellschaft

Unter Zivilgesellschaft (*sociedad civil*) „wird in Lateinamerika die Gesamtheit der zwischen Privatsphäre (Individuum, Familie) und Staat angesiedelten Vereinigungen, Gruppen, Organisationen und Netzwerke bezeichnet, die über ein Mindestmaß an Autonomie gegenüber dem Staat verfügen und deren Zielsetzung sich im weitesten Sinne an öffentlichen Belangen orientieren".[11] Der Begriff hat in der Endphase der neueren Militärdiktaturen und im Zuge der Re-Demokratisierung der 1980er Jahre einen Aufschwung erlebt. An vielen Orten entstanden Menschenrechts- und Selbsthilfegruppen, die gegen die autoritären Regime protestierten und eine Aufklärung über Gewaltverbrechen forderten. Aus Argentinien sind die *Madres de la Plaza de Mayo*, d.h. die Mütter der Plaza de Mayo, die dort wöchentlich auf das Schicksal ihrer unter der Militärdiktatur verhafteten/verschwundenen Kinder hinwiesen, in Brasilien die im Umkreis der Arbeiterpartei (PT) entstandenen Gruppen bekannt geworden. Darü-

10 Leo Gabriel, *Moderne Sklaverei. Die Arbeit in den Maquila-Betrieben als Folge des neoliberalen Umbaus*, in: *Atención!*, a.a.O., S. 181f.

11 Peter Birle, *Zivilgesellschaft: Lateinamerika*, in: Dieter Nohlen (Hrsg.) *Lexikon der Politik*, Bd. 4, *Die östlichen und südlichen Länder*, München 1997, S. 647.

ber hinaus erfolgte im Zuge eines Sinneswandels der lateinamerikanischen Linken von leninistischen Organisationsmodellen hin zu demokratisch offeneren Formen eine Rückbesinnung auf den italienischen Marxisten Antonio Gramsci (1891-1937) und sein Konzept der *societa civile*. Die Zivilgesellschaft erschien vielen als besserer Anwalt der Bevölkerung und Motor der Demokratisierung als die vielerorts diskreditierten Parteien. Schließlich entdeckten auch die Anhänger des Neoliberalismus ihr Interesse für die Zivilgesellschaft, da sie sich von ihr stärkere Impulse erhofften als von dem aufgeblähten Staat.

Die Zivilgesellschaft und die Nichtregierungsorganisationen (NROs) sind jedoch teilweise überschätzt worden. Beim informellen Sektor, den einzelne Autoren zur Zivilgesellschaft rechneten, handelt es sich weitgehend um einen Überlebenssektor, d.h. sowohl der Organisationsgrad als auch die Dauerhaftigkeit solcher Zusammenschlüsse sind gering. Die NROs vertreten ihrerseits zum Teil partikulare Interessen, d.h. indigene Gruppen, Frauenbewegungen etc. und besitzen keinen Entwurf für die Gesamtgesellschaft. Nur in wenigen Ländern hat das Zusammenspiel zwischen NROs und einer politischen Partei vergleichsweise gut funktioniert wie in Brasilien mit der Arbeiterpartei PT.

Die NROs weisen einen Auslandsbezug auf. Häufig finanzieren sie sich aus Mitteln der internationalen Entwicklungshilfe. Dies gibt ihnen einerseits Autonomie vom Staat und stärkt die Zivilgesellschaft, andererseits kann es aber auch zur weiteren Fragmentierung der Gesellschaft beitragen und Ansätze zu staatlicher Ordnungspolitik unterlaufen. Weder die Zivilgesellschaft noch die NROs haben – mit einigen Ausnahmen – die hohen Erwartungen erfüllen können, die man seit den 1980er Jahren in sie gesetzt hatte. In den Ländern, wo es zu einem Zusammenbruch bestehender Parteiensysteme kam (Venezuela, Peru), waren die Nichtregierungsorganisationen und die Zivilgesellschaft nicht in der Lage, die anfallenden Aufgaben zu übernehmen. Sie standen entweder in Opposition zu den neuen Machthabern oder wurden von ihnen mediatisiert.

Die Rolle und die Möglichkeiten der Zivilgesellschaft haben eine Diskussion in den Sozialwissenschaften ausgelöst. Für die einen waren sie ein wichtiger Schritt von der politischen zur gesellschaftlichen Demokratisierung und ein Hilfsmittel bei der Auflösung des staatszentrierten Modells in Lateinamerika. Gerade auch die NROs räumten ihnen einen enormen Stellenwert ein, die vorhandenen Institutionen wurden dabei häufig ausgeblendet. Kritiker haben den analytischen Wert des Konzepts „Zivilgesellschaft“ in Frage gestellt, auf dessen Überschätzung hingewiesen und die Gefahr im Namen der Zivilgesellschaft die tatsächlichen sozialen Konflikte auszusparen.[12]

12.4 Eliten

Allgemein wird als Elite „die zahlenmäßig kleine Gruppe der mächtigsten Personen einer Gesellschaft gefasst, deren Macht institutionalisiert und an Positionen oder Funktionen gebunden ist".[13] Zur Beschreibung von Eliten werden im europäischen Kontext zumeist drei Verfahren verwendet: die Positions-, die Reputations- und die Entscheidungsmethode. Ein solches Vorgehen lässt sich in lateinamerikanischen Gesellschaften nur mit Einschränkungen anwenden, denn: 1) die Eliten sind weniger institutionalisiert, es überwiegen familiäre und informelle Beziehungen, 2) es liegen nur wenige Elitenstudien und vor allem zu einzelnen Ländern vor, 3) der Begriff der Funktions- und Positionselite wird kaum verwendet. Da er von dem Idealtypus einer rationalen Verwaltung und von stabilen Systemen ausgeht, würde er im lateinamerikanischen Kontext viele Personen und Beziehungsnetze ausschließen.

Die Geschichte seit der Unabhängigkeit kann unter der Perspektive der Elitenpolitik interpretiert werden. So stammten die Anführer der Loslösung von Spanien aus der kreolischen Oberschicht. Im Zuge der internen Auseinandersetzungen des 19. Jhs. stiegen einzelne Caudillos in politische Führungspositionen auf, gesellschaftlich bestimmend wurde jedoch die landbesitzende Oligarchie, die auslandsorientiert war oder sogar aus Übersee kam. Deshalb spricht man für das 19. Jh. von einer „oligarchischen Herrschaft" (vgl. Kap. 2 Oligarchie und Oberschicht etc). Die Haziendas wurden teilweise von Verwaltern geführt. In vielen Romanen taucht der Typus des dandyhaften *caballero* auf, der seine elegante Existenz bevorzugt in der Stadt oder Europa auslebte. Das Monopol der Oligarchie wurde durch die mexikanische Revolution ab 1910, das Aufkommen von reformorientierten Massenparteien seit 1930 und den klassischen Populismus relativiert. Jedoch wurden die Oberschichten mit Ausnahme von Brasilien und Chile nicht zu Eliten von etablierten Nationalstaaten, sie erschienen

12 Klaus Meschkat, *Zur Ideologie der „Zivilgesellschaft"*, in: Peter Hengstenberg/Karl Kohut/Günther Maihold (Hrsg.), *Zivilgesellschaft in Lateinamerika*, Frankfurt a.M. 2000, S. 49f.

13 Peter Imbusch, *Konjunkturen, Probleme und Desiderata sozialwissenschaftlicher Elitenforschung,* in: Stefan Hradil/Peter Imbusch (Hrsg.), *Oberschichten-Eliten-Herrschende Klassen,* Opladen 2003, S. 18.

als „Fremde im eigenen Land". Damit blieb die Wirkungskraft des (nationalen) Bürgertums begrenzt. Ein Teil des Vermögens wurde im Ausland angelegt, wodurch sich der internationale Bezug der Eliten verstärkte. Hinzu kam die Orientierung an ausländischen Vorbildern. Einzelne europäische Beobachter sprechen deshalb von einer Heriodanisierung der lateinamerikanischen Eliten – Herodes lebte physisch in Palästina, kulturell aber in Rom. Es seien Gesellschaften entstanden, „die letzten Endes nur noch physisch in Lateinamerika beheimatet sind, jedoch intellektuell und kulturell, ökonomisch und politisch ‚eigentlich' in den jeweiligen Hegemonialzentren leben".[14] Diese Feststellung stimmt nicht ganz: Denn zum einen ist die Integrations- und Prägekraft südamerikanischer Länder wie Argentinien, Brasilien und Chile groß, wie die Assimilation von Einwanderern zeigt, zum anderen stellt sich die Frage in Zeiten transnationaler Migrationen von Lateinamerikanern neu. Mittlerweile findet eine „Globalisierung von unten" statt, da auch die Mittel- und Unterschichten sich auf Arbeitssuche in die USA und nach Europa begeben (vgl. Kap. 14.5).

Ein weiterer Aspekt sind die technokratischen Eliten. Die Bezeichnung tauchte erstmals bei den mexikanischen *científicos* (vgl. Kap. 5.2) und dann unter dem brasilianischen Militärregime auf, die sich als „bewaffnete Technokraten" verstanden. Nach der Demokratisierung spricht man vor allem mit Blick auf Chile und Mexiko von Technokraten. Gemeint sind vor allem die Absolventen nordamerikanischer Universitäten, die mit liberalen Wirtschaftskonzepten zurückkehren und Führungspositionen in den Regierungen übernehmen.

In den 1990er Jahren, nach der ersten Phase der Re-Demokratisierung, nahm die Kritik an den politischen Eliten und den Parteien stark zu. Von einem Elitenversagen war im In- und Ausland die Rede – besonders in Venezuela. Die neuen Populisten, die dort und später in Bolivien und Ecuador in freien Wahlen an die Regierung gelangten, haben einen Elitenwechsel eingeleitet. An die Stelle der alten europäisch geprägten Eliten treten in Venezuela und Bolivien neue Politiker aus den Unter- und Mittelschichten. Ob sie tatsächlich einen gesellschaftlichen Wandel einleiten oder nach einer Übergangsphase in das lateinamerikanische politische System integriert werden, ist offen.

14 Gerhard Sandner/Hanns-Albert Steger, *Fischer Länderkunde. Lateinamerika,* Frankfurt a.M. 1972, S. 28.

12.5 Perspektiven

Die Rolle der Interessengruppen lässt sich offensichtlich für die Vergangenheit leichter rekonstruieren als in der Gegenwart. Mit dem Übergang von dem ländlichen zu einen stark urbanisierten Lateinamerika haben die Organisationen der Landbesitzer an Bedeutung verloren. Nur in einigen Ländern gewannen die Gewerkschaften eine zentrale Position. Aufgrund der wichtigen Rolle des Staates nach dem Zweiten Weltkrieg und der populistischen Herrschaft ergaben sich spezifische Konfliktmuster. Die Gewerkschaften appellierten und verhandelten häufig unmittelbar mit dem Staat und nicht mit der Unternehmerschaft.

Mit der neoliberalen Wende seit den 1980er Jahren wurden die Gewerkschaften geschwächt. Der informelle Sektor ist gewachsen, damit haben sich die Bedingungen für eine gewerkschaftliche Organisation weiter erschwert. Aufgrund der hohen Zahl von Gruppen im informellen Sektor sind übergreifende Aussagen zur Rolle von Gewerkschaften und Arbeitnehmerorganisationen in Lateinamerika schwierig. Vor allem in der Phase des Überganges von den Diktaturen zur Demokratie entstanden NROs. Sie agieren zu punktuellen Fragen und weisen mittlerweile ein breites Spektrum auf.

Mit dem „Linksruck" Anfang des 21. Jhs. hat die Elitenkritik zugenommen. Der Oligarchie-Vorwurf, der gegenüber den etablierten Parteien erhoben wird, erinnert an den Diskurs klassischer Populisten. Es fällt auf, dass sich der Elitenwechsel in Bolivien und Venezuela bislang auf die kulturelle und politische Sphäre beschränkt.

Literatur-Empfehlungen

Peter Birle u.a. (Hrsg.), *Elites en América Latina,* Frankfurt a.M. 2007 enthält die Beiträge der ADLAF-Tagung 2004 bei der KAS und Aufsätze mit zahlreichen Literaturhinweisen zu dem Thema.

Dieter Boris, *Arbeiterbewegung in Lateinamerika*, Marburg 1990. Das Buch beschreibt die Entstehung der Arbeiterklasse und die Arbeiterbewegung vor allem in Argentinien, Brasilien und Mexiko.

Petra Bendel/Michael Krennerich (Hrsg.), *Soziale Ungleichheit. Analysen zu Lateinamerika*, Frankfurt a.M. 2002. Der Sammelband enthält Beiträge zur sozialen Ungleichheit und den Auswirkungen des Neoliberalismus.

Rainer Dombois u.a. (Hrsg.), *Neoliberalismus und Arbeitsbeziehungen in Lateinamerika*, Frankfurt a.M. 1997. In Übersichtsartikeln und Länderstudien schildert der Band die Auswirkungen der neoliberalen Wende auf die Arbeitsbeziehungen.

Hartmut Grewe/Manfred Mols (Hrsg.), *Staat und Gewerkschaften in Lateinamerika,* Paderborn 1994. In dem Sammelband wird die Entwicklung im Zeichen der Re-Demokratisierung und marktwirtschaftlichen Öffnung in fünf Länderstudien (Argentinien, Bolivien, Brasilien, Paraguay und Uruguay) analysiert.

Peter Hengstenberg/Karl Kohut/Günther Maihold (Hrsg.), *Zivilgesellschaft in Lateinamerika. Interessenvertretung und Regierbarkeit*, Frankfurt a.M. 2000. Der Band versammelt die Beiträge einer ADLAF-Tagung zum Thema Zivilgesellschaft. Die verschiedenen Aspekte und die Kritik an dem Konzept werden von zahlreichen Autoren beleuchtet, im Schlussteil steht u.a. ein Artikel des amtierenden brasilianischen Präsidenten Lula zum Thema.

Worüber es zu diskutieren lohnt

- über Ausmaß und politischen Stellenwert der Zivilgesellschaft
- über den Bedeutungsverlust der Gewerkschaften
- über den Wandel und die Merkmale von Interessengruppen

13. Politische Kultur in Lateinamerika

Der Begriff der politischen Kultur hat an Bedeutung bei der Analyse politischer Systeme und Prozesse gewonnen. Allgemein und auch mit Blick auf Lateinamerika wird zwischen zwei Varianten unterschieden: 1. Im Sinne mehr oder weniger feststehender bzw. angenommener Merkmale in der Bevölkerung. Solche Annahmen von politischer Kultur werden u.a. literarischen Schlüsseltexten, nationalen Traditionen und individuell beobachteten Verhaltensweisen entnommen. Früher sprach man in einer mittlerweile vor allem in Deutschland überholten Terminologie von „Nationalcharakteren“.[1] Studien, die von ausländischen Beobachtern verfasst wurden, gehen teilweise von einer eher autoritätsfixierten, personalistischen und korporatistischen politischen Tradition in Lateinamerika aus, die sich trotz der Modernisierung gehalten habe und auf die iberisch-katholischen Einflüsse zurückgeführt wird. 2. Als ein neutral-beschreibender Begriff und als Bezeichnung der Gesamtheit der Werte, Glaubensüberzeugungen und Einstellungen der Bürger gegenüber der Politik. Im Unterschied zu der ersten Variante sind solche Einstellungen mit Hilfe von Methoden der Umfrageforschung empirisch messbar. Seit 1995 liegen mit dem *Latinobarómetro* vergleichende Daten vor, die wissenschaftliche Aussagen zu den politischen Einstellungen der Bürger erlauben.

Trotz der Vergleichbarkeit solcher Befunde mit dem Eurobarometer bzw. den umfangreichen Befunden zur politischen Kultur der Industrieländer sollten die unterschiedlichen Bedingungen von Demokratie in der Region mit berücksichtigt werden. Geschichten, Gerüchte und Mythen nehmen einen hohen Stellenwert ein. „Dem gesprochenen Wort wird – noch – mehr getraut als dem geschriebenen,“[2] Diese Aussage in einem Buch zu Brasilien trifft auf die meisten Gesellschaften zu. Lateinamerika gilt als ein Kontinent des Wortes. Die Einstellungen fallen indessen im Kontext instabiler politischer Verhältnisse volatil aus, d.h. sie können sich vergleichsweise schnell ändern.

1 Als ein Text zur Selbstbeschreibung Mexikos kann trotz neuerer Einwände der Essay von Octavio Paz, *Das Labyrinth der Einsamkeit,* Frankfurt a.M 1970 gelten.

2 Alex Bellos, *Futebol. Fußball. Die brasilianische Kunst des Lebens,* Berlin 2004, S. 10.

13.1 Zum Begriff politische Kultur und zur Kulturdebatte in Lateinamerika

Nicht alle Studien, die den Begriff „politische Kultur" im Titel führen, haben sozialwissenschaftlichen Charakter. Vor allem älteren Texten lagen ideengeschichtliche bzw. völkerpsychologische Ansätze zugrunde. Den Autoren, bei denen es sich um Kenner der Region handelt, geht es um ein tieferes Verstehen, darüber hinaus mussten sie auf empirische Umfragen verzichten. Gleichwohl enthalten solche Publikationen wichtige Feststellungen zu politischen Verhaltensweisen in Lateinamerika, auch wenn sie dazu neigen, historische Kontinuitäten zu überbewerten. Dies gilt für die Vorstellung von einer zentralistischen Tradition[3] und die u.a. daraus resultierenden hohen Erwartungen, die die Menschen in den Präsidenten setzen. Deshalb wird in der Abkehr von der Vorstellung eines hierarchischen Zentrums im Zuge der beschleunigten Durchsetzung einer Marktgesellschaft auch ein Grund für das neuere „Unbehagen an der Politik"[4] gesehen. Howard Wiarda wiederum geht von einer spezifisch iberischen Tradition aus und vertritt die Ansicht, dass sich die Verhaltensweisen der Ibero-Amerikaner grundsätzlich von denen der Anglo-Amerikaner unterscheiden. In einer Art Gegenbewegung zu der ahistorischen Vorgehensweise der Modernisierungstheorien legt er einen lateinamerikanischen Entwicklungsweg zugrunde, der ein eigenes Erklärungsmodell als Brücke zu einem neuen „Verstehen" erfordere. Aufgrund ihrer Flexibilität und Anpassungsfähigkeit haben sich seiner Meinung nach die aus der Kolonialzeit stammenden korporatistischen, patrimonialen, semifeudalen und autoritären Elemente über die Jahrhunderte als Grundmuster politischen Verhaltens gehalten und moderne Verfassungsformen geschickt integriert. Da der Korporatismus das eigentliche politische Strukturprinzip bilde und Lateinamerika in eine „Vierte Welt"[5] verwandle, könne man die politische Dynamik nicht mit der Hilfe von modernisierungstheoretischen oder marxistischen Ansätzen erfassen. Deshalb spielen die historische Dimension und der ideengeschichtliche Hintergrund eine wichtige Rolle. Im deutsch-

3 Claudio Veliz, *The Centralist Tradition in Latin America*, Princeton 1980.

4 Norbert Lechner, *Das Unbehagen an der Politik – Eine lateinamerikanische Skizze,* in: Wolfgang Jäger/Hans-Otto Mühleisen/Hans-Joachim Veen (Hrsg.), *Republik und Dritte Welt (Festschrift für Dieter Oberndörfer)*, Paderborn 1994, S. 202.

5 Howard Wiarda, *Social Change, Political Development and the Latin American Tradition,* in: Ders. (Hrsg.), *Politics and Social Change in Latin America: The Distinct Tradition,* Massachusetts 1974, S.7.

sprachigen Raum hat H.C.F. Mansilla solche Überlegungen mit dem Ansatz von der autoritären Persönlichkeit verbunden.[6]

Solche Auslegungen laufen teilweise Gefahr charakteristische politische Verhaltensformen einer demokratiefremden kulturellen Tradition zuzuschreiben,[7] d.h. Freiheit und Demokratie dem angelsächsischen Nordamerika und autoritär-paternalistische Eigenschaften Lateinamerika. Davon muss die neuere Kulturdebatte in Lateinamerika unterschieden werden. Hier lassen sich zwei Etappen bzw. Strömungen festhalten: Eine ältere Tradition im politischen und sozialwissenschaftlichen Denken ging von einer lateinamerikanischen Identität bzw. der Suche nach ihr aus (vgl. Kap. 1.5). Sie galt es in den Texten der politischen Essayisten, der Nationalisten, Sozialreformer oder Revolutionäre bzw. der Schriftsteller zu rekonstruieren. Solche Argumentationsmuster verlieren nach 1992 an Aussagekraft, als in vielen Beiträgen zur Wiederkehr der 500jährigen Entdeckung/Eroberung auf die kulturelle Vielfalt verwiesen wurde, sie tauchen aber nach wie vor im Diskurs einzelner Populisten auf. An die Stelle einer lateinamerikanischen Identität treten in den kulturwissenschaftlichen Beiträgen fragmentierte und hybride Identitäten u.a. von indianischen, ethnischen oder sog. subalternen Gruppen. Nun geht es nicht mehr um die Rekonstruktion einer originalen Kultur und Tradition, die einer „fremden" Moderne gegenübersteht, sondern „um eine angemessene Beschreibung von gegenwärtigen Wirklichkeit(en)."[8] Eine viel zitierte Sammlung von Essays des in Mexiko lebenden Argentiniers Néstor García Canclini erschien unter der Bezeichnung *Culturas híbridas*.[9] Bezeichnenderweise leitet er das Programm „Stadtkultur" an der *Universidad Autónoma Metropolitana*, das sich nicht mit autochthonen Kulturen beschäftigt, sondern mit neuen Mischformen unter dem Einfluss der Massenmedien. Kulturelle Modernisierung und Ungleichzeitigkeit stehen im Mittelpunkt seiner

6 Hugo C. F. Mansilla, *Bleibende Aspekte der iberisch-katholischen Erbschaft im heutigen Lateinamerika,* in: *Zeitschrift für Politik,* 38(1991)1, S. 64-86. Allgemein dazu: Victor Alba, *Die Lateinamerikaner. Ein Kontinent zwischen Stillstand und Revolution*, Zürich 1973 und Richard M. Morse, *The Heritage of Latin America,* in: Wiarda (Hrsg.), *Politics and Social Change in Latin America*, S. 25-70.

7 Ulrich Fanger, *Demokratieverständnis und Partizipation,* in: Josef Thesing (Hrsg.), *Politische Kultur in Lateinamerika,* Mainz 1994, S. 109f.

8 Benjamin Schwenn, *Lateinamerika und der Begriff der politischen Kultur. Ein Beitrag zur Dezentrierung der Demokratietheorie*, Frankfurt a.M. 2003, S. 89. In der Studie geht es um die jüngeren kulturtheoretischen Ansätze, sowohl traditionelle ideengeschichtliche Interpretationen als auch empirische Forschungen zur politischen Kultur kommen praktisch nicht vor.

9 Néstor García Canclini, *Culturas híbridas. Estrategias para entrar y salir de la modernidad*, Mexiko 1989. Eine englische Fassung liegt vor. ???

Untersuchungen, ebenso die neuen und unter dem Eindruck massenmedialer Vermittlung stehenden Volkskulturen und ihr Kulturkonsum. Nicht die Schriftkultur, sondern die hybriden Formen der Populärkultur und die Realität audiovisueller Medien rücken in den Vordergrund. Mestizisierung wird nicht als ethnisch-kulturelle Mischung verstanden, wie in dem Entwurf von José Vasconcelos mit seiner „kosmischen Rasse“, sondern als kulturelle Zwischenräume zwischen Tradition und einer eigenständigen lateinamerikanischen Moderne.[10]

Der Argumentationsgang dieser Kultur- und Kommunikationswissenschaftler kann verkürzt folgendermaßen beschrieben werden:[11] Im Zuge des Globalisierungsprozesses verliert der Nationalstaat und damit seine Geschichtserzählung an Gewicht. Neue und fragmentierte Identitäten kommen auf, eine Folge dieser Transformation sind die De-Institutionalisierung und der Einflussverlust von Normen. Die Kultur ersetzt nun gewissermaßen die Politik. Folgerichtig erscheint die (Massen-) Kultur in diesen Beiträgen nicht als Ausdruck einer Bewusstseinsindustrie, sie gewinnt – im Unterschied zur kulturkritischen Interpretation der Frankfurter Schule – einen Freiraum. Sie ist keine bloße Widerspiegelung von Wirtschaft und Politik. Vor allem die neue Konsum- und Populärkultur, die sich in den zu fast 80 % urbanisierten Ländern im Bereich von Fernsehen, Video und Musik manifestiert, wird berücksichtigt und weniger die noch vorhandene autochthone Kultur. Die Frage „national oder ausländisch“, die im Nationalismus wichtig war, erscheint in diesen Beiträgen irrelevant. Ein entterritorialisierter Kulturbegriff herrscht vor, im globalisierten Kontext erscheint Kultur transkulturell. Da die westliche Modernität nicht erreichbar zu sein scheint, werden nun sozusagen die eigenen Hybridformen der Modernität herausgestrichen. In der historischen Entwicklung sei es Lateinamerika nicht gelungen durch Assimilation, später dem *mestizaje* oder durch das Konzept einer multikulturellen Gesellschaft, eine kulturelle Synthese zu erreichen. Vielmehr besteht in der Region eine Koexistenz hybrider Identitäten, der Staat bzw. die nationale Politik wirkten über Jahre hinweg als Klammer. Als Folge der nachlassenden Integrationskraft des Staates falle diese Aufgabe nun dem kulturellen Raum zu, der nicht auf die Grenzen des Nationalstaates beschränkt bleibt.

10 Ein weiterer zu berücksichtigender Autor ist der in Kolumbien lebende Jesús Martín-Barbero, *De los medios a las mediaciones. Comunicación, cultura y hegemonía*, Mexiko 1987.

11 Manuel Antonio Garretón (Koord.), *El Espacio Cultural Latinoamericano. Bases para una política cultural de integración*, Santiago de Chile 2003.

Von älteren Ansätzen unterscheiden sich solche Überlegungen durch das weitgehende Fehlen eines historischen Bezuges, die geringe Berücksichtigung zentraler Werke der jeweiligen Nationalliteratur und durch den Hinweis auf die neueren indigenen Bewegungen. Kritiker, die nach wie vor von einer Rolle der Nation ausgehen, haben ihnen eine postmoderne/neoliberale Ausrichtung, eine Vorliebe für die Kommunikationswissenschaft und den Verzicht auf einen literarischen Kanon vorgehalten.[12]

13.2 Empirische Untersuchungen zur politischen Kultur

Auch in Lateinamerika lagen die Anfänge der Meinungsforschung im kommerziellen Bereich. Die Gründe dafür müssen in Verhältnissen gesucht werden, die eine regelmäßige Befragung zu politischen Themen verhinderten oder aufgrund von Diktaturen als wenig sinnvoll erscheinen ließen.

Die meisten Umfragen wurden in der Vergangenheit in Venezuela durchgeführt, ein Land, das ab 1958 zunächst eine vergleichsweise stabile Demokratie hatte und durch die Präsenz nordamerikanischer Berater bei kostspieligen Wahlkämpfen einen entsprechenden Markt aufwies. Meinungsumfragen und der politische Umgang mit ihnen erlangten in der venezolanischen Öffentlichkeit in Wahlkampfzeiten einen hohen Stellenwert. Daneben haben sie besonders in Mexiko, Costa Rica, Argentinien, Brasilien und seit den 1980er Jahren erneut in Chile an Bedeutung gewonnen. Mit der Demokratisierung gewann die öffentliche Meinung einen höheren Stellenwert. Bis Anfang der 1980er Jahre war vielfach die Vorstellung vorherrschend, dass die Entscheidungsmacht beim Militär bzw. den Eliten läge, so dass eine Erkundung der Einstellungen in der Bevölkerung ein wenig aussichtsreiches Unterfangen sei.

Die Zunahme von Umfragen hängt neben der Häufigkeit von Wahlen mit dem Entwicklungsstand und der Ausrichtung der Politikwissenschaft zusammen. Während des Exils in den 1970/80er Jahren beschäftigen sich viele Sozialwissenschaftler mit empirischer Sozialforschung. Durch die Kenntnis der Forschungen zu politischen Einstellungen in industrialisierten Demokratien wuchs das Interesse, diese Methoden im Heimatland anzuwenden.

12 Grínor Rojo/Alicia Salomone/Claudia Zapata, *Postcolonialidad y nación*, Santiago de Chile 2003.

Seit 1995 wird in Anlehnung an das seit 1973 bestehende Eurobarometer ein *Latinobarómetro* abgefragt. Zunächst waren es acht Länder, seit 1996 wurden in 17 und seit 2004 in 18 Staaten entsprechende Umfragen realisiert. Nur in Kuba können keine Umfragen erfolgen. In der Anfangsphase leistete die Europäische Union eine nicht unerhebliche finanzielle Unterstützung. Der Sitz von *Latinobarómetro* ist in Santiago de Chile. Seit 2000 gibt es neben einem Afrobarometer (1998) auch ein Barometer für Asien, die Daten können mittlerweile unter *www.globalbarometer.org* vergleichend eingesehen werden.

Nach den Ergebnissen des *Latinobarómetro* sank die Zahl der Befürworter der Demokratie zwischen 2000 (60 %) und 2007 (54 %) um 6 % (Tabelle 28).[13] Gleichzeitig wuchs die Zahl derjenigen, die sich gegenüber dem politischen System indifferent verhalten. Bei der Wertschätzung der Demokratie bestehen Unterschiede: In Honduras, El Salvador und Peru sank die Zahl der Befürworter der Demokratie seit 2000 um 26, 25 bzw. 17 %. Nach Regierungswechseln zeigt sich – wie andernorts – in der Regel ein Plus an Zustimmung – siehe die Resultate für Bolivien, Ecuador, Mexiko und Venezuela. Eine Ausnahme bildet in diesem Kontext Chile, wo einige schon vorher geplante, unpopuläre Maßnahmen offenbar der Regierung Bachelet angelastet wurden.

Paraguay stellt das einzige Land dar, in dem es eine Präferenz für den Autoritarismus gab. In den meisten Staaten sind unter 20 % der Bevölkerung unter bestimmten Bedingungen für eine autoritäre Regierung.

Der Befund, dass immerhin 64 % im Durchschnitt 2004 für eine starke politische Führung eintraten – bei deutlichen länderspezifischen Unterschieden – bedeutet nicht, dass sie Anhänger einer Militärregierung wären. Dies dürfte mit dem Präsidialsystem zusammenhängen und dem verbreiteten Wunsch nach *líderazgo.* In Amerika ist der Begriff der politischen Führung nicht negativ besetzt. Wie in anderen Weltregionen zeigt sich darüber hinaus, dass die Zahl der Befürworter der Demokratie wesentlich höher ausfällt, als die Zufriedenheit mit dem tatsächlichen Funktionieren der gewählten Regierungen (Tabellen 29 und 30) Gerade bei solchen Resultaten müssen die Länderentwicklungen herangezogen werden: Nach dem Präsidentenwechsel in Argentinien schnellte die Zustimmung von bloß 8 % (2002) auf 34 % (2003/04) und sogar 50 % (2006). 2007 zeigte sich die geringste Zufriedenheit in Peru (17 %) und Paraguay (9 %), in vier Ländern (Bolivien, Costa Rica, Nicaragua, Uruguay und Venezuela) lässt

13 Informe-Resumen, *Latinobarómetro 2007.* www.latinobarometro.org.

Tabelle 28: Befürworter von Demokratie und autoritären Systemen in Lateinamerika 2000-2007 Anteil (in %) der überzeugten Demokraten und Anteil (in %) der Befragten, die unter bestimmten Bedingungen eine autoritäre Regierung vorziehen würden.

	Demokratie[1]								
	2000	2001	2002	2003	2004	2005	2006	2007	2007-00
Nicaragua	64	43	63	51	39	57	56	61	-3
Paraguay	48	35	41	40	39	32	41	33	-15
Bolivien	62	54	52	50	45	49	62	67	5
Peru	64	62	55	52	45	40	55	47	-17
Guatemala	45	33	45	33	35	32	41	32	-13
Kolumbien	50	36	39	46	46	46	53	47	-3
Costa Rica	83	71	77	77	67	73	75	83	0
Panama	62	34	55	51	64	52	55	62	0
Brasilien	39	30	37	35	41	37	46	43	4
Argentinien	71	58	65	68	64	65	74	63	-8
Ecuador	54	40	47	46	46	43	54	65	11
El Salvador	63	25	40	45	50	59	51	38	-25
Uruguay	84	79	77	78	78	77	77	75	-9
Mexiko	45	46	63	53	53	59	54	48	3
Chile	57	45	50	51	57	59	56	46	-11
Honduras	64	57	57	55	46	33	51	38	-26
Venezuela	61	57	73	67	74	76	70	67	6
Dom. Rep.	-	-	75	-	65	60	71	64	na
Gesamt	60	48	56	53	53	53	58	54	-6

	Autoritäres System[2]					
	2000	2001	2002	2006	2007	2007-00
Argentinien	16	21	17	16	20	4
Bolivien	13	17	20	18	14	1
Brasilien	24	18	15	18	17	-7
Chile	19	19	14	13	21	2
Costa Rica	6	8	8	9	5	-1
Ecuador	12	23	18	21	13	1
El Salvador	10	10	16	15	20	10
Guatemala	21	21	12	35	33	12
Honduras	15	8	14	12	17	2
Kolumbien	23	16	11	16	12	-11
Mexico	34	35	20	15	14	-20
Nicaragua	6	22	12	14	10	4
Panama	18	23	16	19	13	-5
Paraguay	39	43	38	30	36	-3
Peru	13	12	16	20	22	9
Uruguay	9	10	10	10	10	1
Venezuela	24	20	12	11	14	-10

Quellen:

1 *Latinobarómetro* 2004-2007.

2 *Latinobarómetro* 2000-2002, zusammengestellt nach: Nolte 2002, a.a.O., S. 160.;

sich eine bei 40 % und darüber liegende Zufriedenheit konstatieren. In diesem Bereich zeigen die Umfragen schnelle Stimmungswechsel, die zum einen auf die hohen Erwartungen an eine neue Regierung verweisen und auf eine erhebliche Volatilität als Folge der Amtsführung.

Schaubild 8: *Anhänger einer starken Führung**

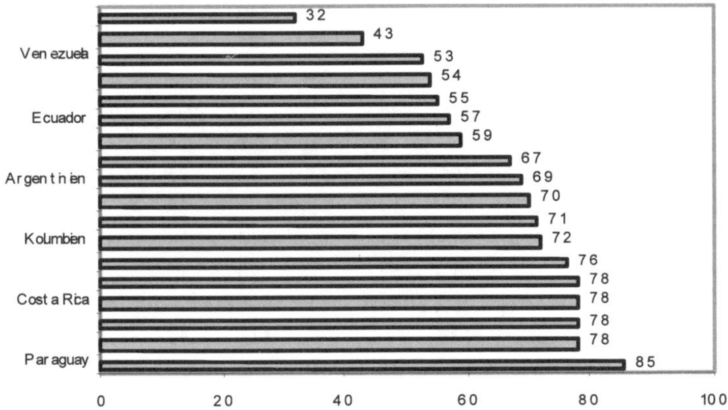

* P. Hay gente que dice que un poco de mano dura del gobierno no viene mal a los (nacionalidad). Otros dicen que no se necesita mano dura del gobierno. ¿Cuál frase está más cerca de su manera de pensar? Aquí 'Un poco de mano dura del gobierno no viene mal'

Quelle: *Latinobarómetro* 2004.

Das Vertrauen in das Rechtssystem und die politischen Parteien ist gering (Tabelle 30). Allerdings wird ihre Notwendigkeit für die Demokratie akzeptiert (Tabelle 31). .

Wie steht es mit den Verhaltensweisen gegenüber der Politik? Bei der Frage „Würden Sie sich mit Ihrem besten Freund über politische Themen streiten?" sind die Venezolaner mit 49 % klarer Spitzenreiter, was ein Ausdruck der konfliktiven innenpolitischen Lage im Jahr des Referendums 2004 gegen Chávez gewesen sein dürfte. In anderen Ländern ist die Bereitschaft, mit Freunden wegen politischer Fragen zu streiten, deutlich geringer.

Zwischen 30 und 40 % der Befragten vertritt die Meinung, dass man mit der Wählerstimme keinen wirklichen Wechsel einleiten kann. Seit 2000

*Tabelle 29: Zufriedenheit mit der Demokratie 2000-2007**

	2000	2001	2002	2003	2004	2005	2006	2007
Argentinien	46	20	8	34	34	34	50	33
Bolivien	22	16	24	25	16	24	39	41
Brasilien	18	21	21	28	28	22	36	30
Chile	35	23	27	33	40	43	42	36
Costa Rica	61	51	75	47	48	39	48	47
Ecuador	23	15	16	23	14	14	22	35
El Salvador	27	21	38	33	37	37	25	33
Guatemala	35	16	35	21	21	28	31	30
Honduras	44	36	62	37	30	26	34	31
Kolumbien	27	10	11	22	30	29	33	32
Mexiko	37	26	18	18	17	24	41	31
Nicaragua	16	24	59	31	20	18	26	43
Panama	47	21	44	24	35	20	40	38
Paraguay	12	10	7	9	13	17	12	9
Peru	24	16	24	11	7	13	23	17
Uruguay	69	55	53	43	45	63	66	66
Venezuela	55	41	40	38	42	56	57	59

* P. En general, diría Ud. que esta muy satisfecho, más bien satisfecho o nada satisfecho con el funcionamiento de la democracia en (país)? Aqui sólo suma de „Muy satisfecho" y „Más bien satisfecho"

Quelle: *Latinobarómetro* 2000-2007

sank die Zahl derjenigen, die angaben, dass sie eine bestimmte Partei wählen würden, auf 45 %; dagegen bekundeten 55 % zum Zeitpunkt der Umfrage, dass sie es nicht tun würden, und zwar in elf Ländern. Dies kann als ein Anzeichen dafür gewertet werden, warum Einzelkandidaten und populistisch auftretende Politiker Chancen haben. Gerade die weniger Gebildeten gaben an, dass sie die Politik in immer geringerem Maße verstehen, was ebenfalls als ein Indiz gelten kann, dass sie empfänglich für Populisten sein können.

Die Befunde verweisen darauf, dass in Lateinamerika Vertrauen eher gegenüber gewissen Netzwerken und einzelnen Organisationen entsteht, nicht aber im Verhältnis zur Gesellschaft insgesamt. An erster Stelle steht

Tabelle 30: Vertrauen in verschiedene Institutionen in Lateinamerika 2000-2007

	2000	2001	2002	2003	2004	2005	2006	2007	2007-00
Streitkräfte	43	38	38	30	40	42	44	51	8
Polizei	29	30	33	29	37	37	37	39	10
Rechtssystem	34	27	25	20	32	31	36	30	-4
Parlament	28	24	23	17	24	28	27	29	1
pol. Parteien	20	19	14	11	18	18	22	20	0

Quelle: *Latinobarómetro* 2007

Tabelle 31: Es kann keine Demokratie ohne Parlament/ohne politische Parteien geben (Befürworter der Aussage in Prozent)*

	2000	2002	2005	2006
Keine Demokratie ohne Parlament	56	52	59	58
Keine Demokratie ohne politische Parteien	55	52	54	55

* P. Hay gente que dice que sin partidos políticos/Congreso Nacional no puedo haber democracia, mientras que hay otra gente que dice que la democracia puede funcionar sin partidos políticos/Congreso Nacional.

Quelle: *Latinobarómetro* 2006.

in allen Ländern die katholische Kirche mit noch 70 %, es folgten – im Mittel 1996-2004 – das Fernsehen, mit unter 40 %, dann die Streitkräfte, die Großunternehmen, der Präsident, die Banken, die Munizipien, die Polizei, die Justiz, die Regierung, das Parlament und die Parteien.

Auf die Frage „In welche Richtung geht das Land?“ zeigt sich in einigen Ländern eine erschreckend schlechte Momentaufnahme. Hier überrascht 2004 indessen das gute Abschneiden Argentiniens; 2001 fiel das Resultat sowohl dort als auch in Ecuador anders aus, was einmal mehr auf die Volatilität der Befragungen im lateinamerikanischen Kontext verweist.

Abgenommen hat ebenfalls die Zufriedenheit mit der Marktwirtschaft (2004 = 19 %) und mit den Ergebnissen von Privatisierungen, mit ihnen waren 75 % „weniger zufrieden“. Dennoch stiegen die persönlichen

Zukunftserwartungen. Nur 30 % meinen, dass die ökonomische Lage des jeweiligen Landes im kommenden Jahr besser ausfallen wird, 41 % hoffen jedoch auf eine Verbesserung der eigenen Situation. Zur Erklärung dieser Diskrepanz wird in der internationalen Umfrageforschung auch von einer „Betroffenheitslücke" gesprochen. Die Menschen könnten ihre eigene Situation unmittelbar beurteilen, dagegen seien sie bei der Einschätzung der komplizierten konjunkturellen Entwicklung vor allem auf die Berichterstattung in den Medien angewiesen. Nach dem *Latinobarómetro* sind zwischen 2001-2004 die negativen Erfahrungen mit Drogenkonsum, Korruption und Verbrechen etwas zurückgegangen.

Lateinamerika ist nach dem *Globalbarometer* weltweit die Region, in der das Vertrauen zwischen den Menschen am geringsten ist. „Die einzige Form der Gemeinschaft, mit der sich der Lateinamerikaner identifizieren kann, ist die Familie." Diese etwas lapidar klingende Aussage von Victor Alba kann nach wie vor Gültigkeit beanspruchen. Auch in der transnationalen Migration behält die (Teil-) Familie einen hohen Stellenwert, was in den Rücküberweisungen (*remesas*) der in den USA und Europa tätigen LateinamerikanerInnen zum Ausdruck kommt.[14]

Auch beim interpersonellen Vertrauen fand in den letzten zehn Jahren bis auf fünf Länder eine Verschlechterung statt, die aus Tabelle 32 hervorgeht:

Die Schlussfolgerungen der Autoren des *Latinobarómetro* um Marta Lagos sind vorsichtig: Weder beim Vertrauen und der Unterstützung für die Demokratie noch bei den widersprüchlichen Haltungen ihr gegenüber sehen sie starke Veränderungen in den vergangenen zehn Jahren. Die Bürger möchten vor allem ihre Probleme gelöst sehen, sie glauben nicht an die Effizienz der Streitkräfte und würden eine Militärregierung nicht unterstützen. Die Mehrheit der Bevölkerung ist nicht gegen die Marktwirtschaft, zeigt sich aber unzufrieden mit ihrem Funktionieren. Sie bleibt der Meinung, dass es in den Ländern nicht gerecht zugeht und nicht im Interesse der Bevölkerungsmehrheit regiert wird.

Bei der Frage „Demokratie oder autoritäres System?" wird deutlich, dass die Lateinamerikaner bei aller Kritik Anhänger der Demokratie bleiben. Kritisiert wird also nicht die Demokratie an sich, sondern bloß ihr schlechtes bzw. sogar mangelhaftes Funktionieren. Die Anhänger von autoritären Systemen liegen – mit der Ausnahme von Paraguay – konstant

14 Victor Alba, *Die Lateinamerikaner. Ein Kontinent zwischen Stillstand und Revolution*, Zürich 1973, S. 285.

*Tabelle 32: Interpersonelles Vertrauen, 1998-2007**

	1998	2000	2001	2002	2003	2004	2006	2007	2007-98
Venezuela	16	15	17	12	13	17	29	26	10
Peru	13	11	13	15	15	16	22	14	1
Chile	15	13	15	13	10	19	13	9	-6
Kolumbien	20	15	14	18	13	22	20	9	-11
Ecuador	22	16	18	24	20	19	29	12	-10
Costa Rica	34	13	12	14	11	8	17	8	-26
Bolivien	21	18	14	28	21	14	23	21	0
Mexiko	21	43	40	34	36	22	28	20	-1
Panama	25	20	18	15	24	28	13	23	-2
Honduras	25	28	16	9	12	15	23	16	-9
Brasilien	11	5	5	4	2	3	5	6	-5
El Salvador	23	30	21	16	14	21	17	20	-3
Argentinien	23	18	23	11	16	22	24	14	-9
Nicaragua	20	35	11	11	31	17	21	21	1
Uruguay	33	31	34	23	24	36	32	27	-6
Guatemala	28	29	26	17	11	14	33	31	3
Paraguay	23	9	13	17	17	6	13	6	-17
Dom. Rep.		-	-	-	-	19	27	20	NA

* P. Hablando en general, ¿Diría Ud. que se puede confiar en la mayoría de las personas o que uno nunca es lo suficientemente cuidadoso en el trato con los demás? Aquí sólo 'Se puede confiar en la mayoría de las personas'

Quelle: *Latinobarómetro* 1996-2004. *Latinobarómetro* 2004-2007.

bei unter 20 %. Dies verweist erneut darauf, dass politische Instabilität, populistische Versuchungen und sogar eine Rückentwicklung zu autoritären Regimen möglich sind, solche Systeme aber auf Dauer kaum Bestand haben dürften.

Eine im April 2004 vom *United Nations Development Programme* (UNDP, spanisch PNUD) veröffentlichte Analyse, die auf einer Umfrage unter 18.643 Bürgern und 231 Politikern basierte, zeigt schlechtere Resultate und verweist auf eine Vertrauenskrise.[15] Demnach unterstützten 43 % der Lateinamerikaner die Demokratie, 30,5 % zeigten sich ambivalent und

15 PNUD, *La democracia en América Latina: hacia una democracia de ciudadanas y ciudadanos*, Buenos Aires 2004. Internet-Zugang unter: www.democracia.undp.org.

26,5 % äußerten nicht-demokratische Positionen. Mehr als die Hälfte der Lateinamerikaner (54,7 %) erklärten, sie würden ein autoritäres einem demokratischen Regime vorziehen, wenn es denn die ökonomischen Probleme lösen könne. In diesem Zusammenhang wird erwähnt, dass sechs gewählte Präsidenten seit 2000 ihre Position aufgrund massiven Entzugs der Unterstützung durch die Bevölkerung vorzeitig aufgeben mussten. Als eine Ursache lässt sich anführen, dass die erste Generation, die in funktionierenden Wahldemokratien aufwuchs, kein Wirtschaftswachstum erlebte – bis zum Zeitpunkt der Umfrage. 59 % der befragten Politiker bekundeten, dass die Parteien nicht die ihnen zugedachte Rolle erfüllen würden.

Die Untersuchung gelangt zu dem Ergebnis, dass in den 18 analysierten Ländern „Wahldemokratien" vorhanden seien, zwischen 1990 und 2002 hätten saubere Wahlen stattgefunden. Allerdings verweisen die Daten darauf, dass

- die Präferenz für die Demokratie relativ niedrig ist;
- die Mehrheit die Förderung der Entwicklung höher einschätzt als die Demokratie;
- die Personen mit nicht-demokratischen Einstellungen aus den unteren Bevölkerungsschichten stammen und geringe Chancen auf soziale Mobilität besitzen;
- in den Gesellschaften mit geringer sozialer Ungleichheit die Bürger eher die Demokratie unterstützen, sich allerdings nicht unbedingt in politischen Organisationen engagieren.

Die hier nur kurz dargestellte Untersuchung der PNUD gilt es insofern kritisch zu betrachten, als sie nur eine Momentaufnahme darstellt. Für vergleichende Analysen empfiehlt es sich, den *Latinobarómetro* heranzuziehen.

13.3 Ausblick

Die empirischen Untersuchungen zur politischen Kultur in Lateinamerika erlauben es, die zuvor eher essayistischen und auf den Nationalcharakter konzentrierten Studien wissenschaftlich zu fundieren. Allerdings bleiben noch viele Fragen. Sie resultieren aus der hohen Volatilität bei den politischen Einstellungen in vielen lateinamerikanischen Ländern, die sich u.a. aus den wirtschaftlichen Krisen und verschiedensten Unsicherheitsfaktoren ergeben. Hinzu tritt das in den Umfragen erkennbare, geringe interpersonale Vertrauen, das zu einem Hindernis für größere politische Assoziationen und damit insgesamt für das Funktionieren der Demokratie werden kann. Dies muss nicht im Widerspruch dazu stehen, dass die Mehrheit der Lateinamerikaner in Umfragen für die Demokratie eintritt.

Literatur-Empfehlungen

Dieter Nohlen, *Demokratie ohne Vertrauen: Herausforderung für die Zivilgesellschaft in Lateinamerika*, in: *Internationale Politik und Gesellschaft,* (2004)2, S. 80-106. Der Aufsatz analysiert die jüngsten Einbrüche bei der Einschätzung der Demokratie in Umfragen und stellt die Frage, wie tragfähig die sog. Zivilgesellschaft sein kann.

Detlef Nolte, *Demokratie kann man nicht essen – Zur politischen Lage in Lateinamerika,* in: *Lateinamerika Analysen*, (2002)3, S. 149-172.

Detlef Nolte, *Lateinamerika: Politische Institutionen in der Krise?* in: *Brennpunkt Lateinamerika*, (2005) 8, S. 89-104, analysiert auf der Basis von Umfrageergebnissen die Einschätzung von Institutionen.

Josef Thesing (Hrsg.), *Politische Kultur in Lateinamerika*, Mainz 1994. Der Sammelband enthält historische, zeitgeschichtliche und sozialwissenschaftliche Beiträge lateinamerikanischer und deutscher Autoren sowie einzelner Politiker zu Fragen von Tradition und Modernität. Empirische Untersuchungen fehlen.

PNUD, *La democracia en América Latina*, Buenos Aires 2004. Die auch im Netz zugängliche Studie vermittelt auf Umfragebasis ein Stimmungsbild von der Einschätzung der Demokratie durch lateinamerikanische Bürger und gibt auf der Grundlage qualitativer Interviews ein Meinungsbild der politischen Elite wieder.

www.globalbarometer.net. Hier finden Sie Hinweise auf Umfrageergebnisse im Weltmaßstab und auf das *Latinobarómetro.*

Worüber es zu diskutieren lohnt

- über die Auswirkungen von „Unsicherheit als Alltagserfahrung" auf das politische Handeln und die politischen Verhaltensweisen
- über die Vorstellung von nationalen politischen Kulturen und das postmoderne Konzept der sog. hybriden Kulturen
- über die Gründe für das hohe Ansehen der katholischen Kirche und der Medien in Umfragen (vgl. Kap. 9.5)
- über die Gründe für das niedrige Ansehen von Parteien und Politikern

14. Außenpolitik und Integrationsbemühungen

Trotz der frühen Entdeckung der neuen Welt lag Lateinamerika am Rand des internationalen Systems. Während des 19. Jhs. kann man nur in Brasilien und Chile von gefestigten Staaten und einer halbwegs kohärenten Außenpolitik sprechen. Periodisch erfolgten Interventionen der europäischen Mächte und der USA. Im 20. Jh. blieb Lateinamerika jedoch nicht allein ein „Spielball der Mächtigen“ (Arnim Bollinger). Trotz wirtschaftlicher Abhängigkeit erlangten die Groß- und Mittelstaaten Handlungsspielräume und betrieben mit unterschiedlichem Geschick eine eigene Außenpolitik.

Zu Beginn des 20. Jhs. dominierten noch die europäischen Mächte in Südamerika, mit dem Zweiten Weltkrieg etablierten sich die Vereinigten Staaten als Vormacht. Während der 1970er Jahre setzte eine Phase der Diversifizierung der Außenbeziehungen lateinamerikanischer Länder ein, auf die in den 1990ern wieder eine vorübergehende Annäherung an die USA folgte. Als außenpolitische Macht in Südamerika kann sich allein *Brasilien* profilieren und betreibt eine an nationalen Interessen orientierte Außenwirtschaftspolitik. Einzelne lateinamerikanische Länder haben in der Vergangenheit jedoch aufgrund weltpolitischer Ereignisse eine gewisse internationale Bedeutung erlangt: Nach der Revolution verfolgte *Mexiko* eine unabhängige Außenpolitik, da es Spanien unter der Diktatur von General Francisco Franco (1936-75) nicht anerkannte, in den 1940er Jahren die Nationalisierung der Ölvorkommen durchführte und lange Zeit gute Beziehungen zum revolutionären Kuba unterhielt. *Kuba* wiederum erlangte aufgrund seiner strategischen Lage vor Nordamerika, des revolutionären Engagements in einigen lateinamerikanischen Ländern sowie im Entkolonialisierungsprozess in Afrika einen Platz in der Weltpolitik, der weit über seine Größe hinausgeht. *Chile* erreichte wegen der Anwesenheit internationaler Organisationen bzw. Handelskonferenzen und einer in vieler Hinsicht vorbildhaften politischen Entwicklung bis 1973 eine Bedeutung, an die das Land nach der Re-Demokratisierung 1990 wieder anknüpfen konnte. Und schließlich hat Präsident Chávez in Venezuela den Anstieg der Ölpreise seit 1999 genutzt, um eine gegen die US-Regierung gerichtete „Paralleldiplomatie der Völker“ zu betreiben.

Lateinamerika ist als Mittelschicht der Nationen bezeichnet worden und hat im Nord-Süd-Konflikt eine vermittelnde Rolle eingenommen. Diese Zugehörigkeit zur westlichen Hemisphäre hat den Gedanken einer triangularen Kooperation zwischen Lateinamerika, Westeuropa und den USA aufkommen lassen.[1] Bislang fehlt allerdings die Konkretisierung dieser Idee.

14.1 Geographie, Geschichte und Konflikte

Geographische, sozio-ökonomische und kulturelle Unterschiede spielen eine Rolle bei der Außenpolitik. Südamerika umfasst allein 85 % der Landfläche Lateinamerikas, die restlichen 15 % liegen in der Karibik und Mittelamerika. Der Stellenwert solcher Faktoren sei am Beispiel von drei Ländern kurz erläutert:

- *Brasilien*, der größte Staat mit 40 % der Landfläche Lateinamerikas, vertritt eine eigenständige Außenpolitik. Es kann eine teilweise weit entwickelte Wirtschaft vorweisen, besitzt mit 187 Mio. Einwohnern einen enormen Markt und war in den 1980er Jahren ein wichtiger Rüstungsexporteur. Mittlerweile werden dort u.a. Flugzeuge und Mobiltelefone für den internationalen Markt produziert.[2]
- *El Salvador*, das kleinste Land auf dem Festland in Mittelamerika, ist zu einer eigenständigen Außenpolitik kaum in der Lage. Jeder dritte Einwohner arbeitet derzeit im Ausland und trägt mit Rücküberweisungen zum Einkommensniveau bei.
- Die Bedeutung der geographischen Faktoren wird auch dann deutlich, wenn man vom kleinsten Staat auf dem Festland zur kleinsten Insel übergeht: *Grenada*. Nach internen Unruhen, bei denen der linksgerichtete Regierungschef Maurice Bishop (1944-83) von der JEWEL-Bewegung (*Joint Endeavour for Welfare, Education and Liberation*) ermordet wurde, intervenierten die USA Ende 1983 mit Hilfskontingenten aus sieben karibischen Staaten, um einem angeblichen Eingreifen Kubas zuvorzukommen. Der außenpolitische Spielraum solcher Kleinstaaten bleibt gering.

Es bestehen offensichtlich Unterschiede zwischen Süd- und Mittelamerika, was die Intervention ausländischer Mächte anbelangt. Während Mit-

1 Wolf Grabendorff/Riordan Roett (Hrsg.), *Lateinamerika – Westeuropa – Vereinigte Staaten: Ein atlantisches Dreieck?*, Baden-Baden 1985.
2 Bernd Rill (Hrsg.), *Brasilien. Großmacht in Lateinamerika,* München 2007 (www.hss.de).

telamerika und die Karibik häufig den Eingriffen externer Mächte, besonders der USA, ausgesetzt waren und sind (1989 in Panama), blieben die Groß- und Mittelstaaten Südamerikas mehr auf sich gestellt. Sie sind im Übrigen geographisch fast gleich weit entfernt von den USA wie von Europa, was frühzeitig zu einer Diversifizierung der Außenbeziehungen beigetragen hat.

Genauere Darstellungen zu den Außenbeziehungen lateinamerikanischer Länder sind erst seit den 1980er Jahren erschienen.[3] Dafür lassen sich folgende Gründe anführen:

1. Der außenpolitische Handlungsspielraum galt als eingeschränkt, viele der kleineren Länder wurden als regelrechte Klientelstaaten der USA eingeschätzt, was für Länder wie Argentinien und Brasilien jedoch nie zutraf.
2. Bis zur kubanischen Revolution (1959) und der Kuba-Krise (1961) spielte Lateinamerika nach dem Zweiten Weltkrieg keine Rolle in der Weltpolitik. Der Kalte Krieg fand in anderen heißen Regionen statt (Korea, Indochina). Sowohl Afrika als auch der Nahe und Mittlere Osten wiesen ein viel höheres Ausmaß an zwischenstaatlicher Gewaltanwendung auf. Erst durch die politische Konfliktsituation im mittelamerikanischen und karibischen Raum in den 1980er Jahren wurde es vorübergehend zur Krisenregion.
3. Die sog. Dritte-Welt-Forschung war bis Ende der 1970er Jahre stärker an ökonomischen und entwicklungspolitischen Fragen orientiert, den politischen Aspekten und den Außenbeziehungen wurde ein relativ geringer Stellenwert eingeräumt.

Im Vergleich zu den Verhältnissen in Europa zwischen den beiden Weltkriegen galt Lateinamerika sogar als vorbildlich. Als Gründe für die geringe Zahl von zwischenstaatlichen Konflikten lassen sich die späte und ungleichzeitige Herausbildung von Nationalstaaten, die gemeinsamen sprachlichen und kulturellen Traditionen sowie das Vorherrschen von innergesellschaftlichen vor den außenpolitischen Spannungen nennen (vgl. Kap. 4.4). Tatsächlich hat es weitaus weniger zwischenstaatliche Konflikte gegeben als in Europa. Zu den Kriegen der Vergangenheit gehören:

3 Dieter Nohlen/Mario Fernandez/Alberto von Klaveren (Hrsg.), *Demokratie und Außenpolitik in Lateinamerika,* Opladen 1991. Konzise Überblicke zu den Außenpolitiken finden sich in dem von Jürgen Bellers u.a. hrsg. *Handbuch der Außenpolitik* (s. Literatur-Empfehlungen).

- 1830 entstand Uruguay auf englisches Betreiben als Pufferstaat zwischen Argentinien und Brasilien.
- In den 1860er Jahren kam es zu einem Krieg der sog. Tripel-Allianz (Argentinien, Brasilien und Uruguay) gegen Paraguay, das damals einen vergleichsweise hohen wirtschaftlichen Entwicklungsstand erreicht hatte. Der Krieg wurde blutig geführt, über ein Drittel der männlichen Bevölkerung Paraguays getötet.
- Bolivien musste zwischen 1879 und 1938 nach kriegerischen Auseinandersetzungen über die Hälfte seines ursprünglichen Territoriums an fünf Nachbarstaaten abgeben und verlor den Zugang zum Pazifik. Die Forderung nach einem Meereszugang wurde Anfang des 21. Jhs. erneut gegenüber Chile erhoben.

Neben den direkten Konflikten bestand eine Rivalität zwischen den sog. ABC-Staaten (Argentinien, Brasilien, Chile). Chile strebte die Vorherrschaft am Pazifik an und führte zwei Kriege gegen Peru, das sich mit Bolivien zu einer Union zusammengeschlossen hatte. Nach 1860 veränderte sich dann die Machtbalance, denn in Argentinien setzte nach der nationalstaatlichen Einigung ein rascher wirtschaftlicher Aufschwung ein. Noch um die Wende zum 20. Jh. verglich man sich in Argentinien mit den USA.

Als einziges Land neben Chile betrieb Brasilien frühzeitig eine gezielte und kohärente Außenpolitik. Ab 1851 konnte es von allen Nachbarländern zusätzliche Territorien erlangen. Brasilien verfügt seit längerem über einen gut ausgestatteten und ausgebildeten diplomatischen Dienst, es stellt darüber hinaus einen interessanten Markt und Wirtschaftsraum dar.[4]

Während bei den Konflikten der südamerikanischen Länder eher indirekt englische oder andere ausländische Wirtschaftsinteressen mit hineinspielten, erfuhr Mexiko die direkte Intervention fremder Mächte: Die Niederlage im Krieg gegen die USA (1846/47) reduzierte das mexikanische Territorium erheblich, nach der französischen Besetzung (1860-65) kam das Land nicht mehr zur Ruhe. Der Diktator Porfirio Díaz hatte das geographische Dilemma einmal in den viel zitierten Satz gefasst: „Armes Mexiko; so fern von Gott und so nahe an den Vereinigten Staaten!“ Seit der zweiten Hälfte des 19. Jhs. gestaltete sich der Einfluss des übermächtigen Nachbarn jedoch friedlicher und manifestierte sich vor allem in der

4 Vgl. dazu: Gilberto Calcagnotto/Detlef Nolte (Hrsg.), *Südamerika zwischen US-amerikanischer Hegemonie und brasilianischem Führungsanspruch*, Frankfurt a.M. 2002.

wirtschaftlichen Penetration des Landes durch US-Kapital. An diesem Zustand konnte auch die mexikanische Revolution ab 1910 wenig ändern. Im 20. Jh. sind Kriege noch seltener gewesen:

- 1948 gab es einen Grenzkonflikt zwischen Costa Rica und Nicaragua.
- 1969 ereignete sich der sog. Fußball-Krieg zwischen Honduras und El Salvador.
- 1941, 1981und 1995 kam es zu Grenzkonflikten zwischen Peru und Ecuador.
- 1982 fand der Falkland/Malvinas-Krieg zwischen Argentinien und Großbritannien statt.

Die anderen Kriege waren interne Konflikte zwischen Guerilla und Militär bzw. paramilitärischen Gruppen. Wie in Europa hat die Kriegshäufigkeit nach dem Zweiten Weltkrieg stark nachgelassen.

14.2 Die Außenbeziehungen Lateinamerikas: Ein Überblick

Aufgrund ihres hohen Stellenwertes steht zumeist das Verhältnis zwischen den USA und Lateinamerika im Vordergrund.[5] Noch Anfang des 20. Jhs. war der europäische Einfluss jedoch wichtiger. Im Verlaufe des vergangenen Jahrhunderts waren die Beziehungen zwischen Lateinamerika und den USA durch eine Hassliebe gekennzeichnet. Nationalisten und Antiimperialisten haben die USA für viele Fehlentwicklungen verantwortlich gemacht, Teile der Mittelschichten orientierten sich jedoch sowohl in ökonomischer als auch in kultureller Hinsicht an dem großen Nachbarn.[6] Miami gilt mittlerweile als heimliche Hauptstadt zumindest der Karibik und Mittelamerikas. Wer mit dem Flugzeug dorthin fliegt, musste zumindest bis zum 11. September 2001 meist den Weg über Florida nehmen.

Die Außenbeziehungen seit der Unabhängigkeit von Spanien lassen sich in fünf Perioden unterteilen:

5 Die Literatur zum Verhältnis USA – Lateinamerika ist umfangreich. Neben einschlägigen Monographien gilt es auch Publikationen zu beachten, die aus Unternehmerkreisen oder aus dem Umfeld der Regierung hervorgingen. Vgl. etwa: Nelson Rockefeller, *The Rockefeller Report on the Americas,* New York 1969 oder Henry Kissinger, *Report of the National Bipartisan Commission on Central America,* Washington D.C. 1984. Ehemalige US-Botschafter haben Bücher vorgelegt. Z.B.: Mauricio Soláun, *U.S. Intervention and Regime Change in Nicaragua,* Nebraska 2005, der von 1997-99 Botschafter in Nicaragua war.

6 Dies gilt selbst für das an Europa orientierte Chile: Stefan Rinke, *Begegnungen mit dem Yankee. Nordamerikanisierung und sozio-kultureller Wandel in Chile (1898-1990),* Köln 2004.

1. Das 19. Jh. ist durch die Vorherrschaft der europäischen Mächte gekennzeichnet. Großbritannien, das u.a. mit Waffenlieferungen die Unabhängigkeitsbewegung gefördert hatte, nahm bald eine dominierende Rolle ein. Die Anführer der Unabhängigkeitsbestrebungen erhofften sich Vorteile von einer Allianz mit England, das Símón Bolívar als „Königin des Universums“ galt.

Zwei Drittel des Handels wurden im 19. Jh. mit Europa abgewickelt. Bestimmend blieb Großbritannien, ein Versuch zur Kolonisation erfolgte nicht. Die einzige Neuerwerbung blieben 1833 die vor Argentinien gelegenen *Islas Malvinas*, die in Falklandinseln umbenannt wurden. Weitere schon vorher erworbene Besitzungen waren British Guyana, Trinidad und einzelne Karibik-Inseln. Großbritannien errichtete in Argentinien eine Art „informelles Empire“, dazu gehörten der Eisenbahnbau, Import- und Exportgeschäfte und der Handel mit Fleischprodukten. Die dortige Wirtschaft war in diesem Konzept praktisch nur eine Ergänzung zur britischen Ökonomie: „Wir exportierten die Äpfel und Früchte, um später die Marmelade aus England zu importieren“, hieß es in Argentinien. Diese Form finanzieller Abhängigkeit wurde als „Freihandelsimperialismus“ bezeichnet. Einen formellen Imperialismus suchten die USA zu verhindern, so wurde Lateinamerika „das klassische Betätigungsfeld des informellen Imperialismus“ (Gregor Schöllgen). Oberstes Ziel der europäischen Politik war die Ausweitung des Handels sowie der Schutz der eigenen Staatsbürger und Unternehmen.

Verschiedentlich griffen die europäischen Mächte sogar direkt ein: Erwähnt seien die Intervention Frankreichs mit Spanien 1861 in Mexiko sowie zahlreiche europäische und nordamerikanische Eingriffe in der Karibik von 1871 bis 1879. Die Vereinigten Staaten von Nordamerika meldeten ihrerseits mit der *Monroe-Doktrin* (1823) eigene Ansprüche in der Region an. Mit ihr signalisierten die USA, dass sie kein Interesse an Europa hätten, gleichzeitig aber die Schaffung neuer Kolonien in der westlichen Hemisphäre ebenso wenig zulassen würden wie den Transfer von Gebieten von einer europäischen Kolonialmacht zur anderen. Die Monroe-Doktrin blieb zunächst weitgehend auf dem Papier stehen: Weder bei der Besetzung der Falklandinseln/Malvinas (1833) noch bei der französischen Blockade Mexikos und Argentiniens (1838) oder anlässlich der englisch-französischen Intervention am Rio de la Plata (1845) beriefen sich die USA auf die Doktrin. Vorerst konzentrieren sich die USA auf ihre unmittelbare Umgebung. Mit dem Kauf von Louisiana 1803 erwarben die Vereinigten Staaten erstmals ein Küstengebiet an der Karibik, 1819 kauften sie

Spanien Florida ab. 1845 folgte die Annexion von Texas, als Mexiko sich in einer innenpolitisch schwachen Lage befand, womit sich die südliche Küste der USA bis zum Rio Grande ausweitete.

Bis zum Ende des 19. Jhs. bestand in den südamerikanischen Staaten kein manifester Anti-Nordamerikanismus; von einer engeren Anbindung an die USA erhoffte man sich sogar Vorteile. Der europäische Einfluss war Ende des 19. Jhs. noch erheblich. Die Karibik galt als europäisches Gewässer, die Interessenunterschiede mit den USA zeigten sich u.a. in der Venezuela-Krise 1895-97. Nach dem spanisch-amerikanischen Krieg von 1898 annektierten die USA dann Puerto Rico, etablierten ein Protektorat über Kuba und begannen mit dem Bau des 1914 eingeweihten Panamakanals.

2. Die zweite Ära reicht von 1890 bis zum Zweiten Weltkrieg. In diesen Zeitraum fällt der definitive „Aufstieg des amerikanischen Imperialismus“[7] mit dem Resultat, dass die USA nach 1945 zur eindeutigen Vormacht auf dem Halbkontinent heranwuchsen und sowohl England als auch Deutschland verdrängt wurden. Das deutsche Reich stand 1913 beim Import- und Exportgeschäft mit Lateinamerika immerhin an dritter Stelle – hinter Großbritannien und den USA. Deutsche Offiziere und Berater spielten eine wichtige Rolle bei der Modernisierung und Professionalisierung einiger südamerikanischer Armeen (besonders in Chile).

Unter Präsident Theodor Roosevelt (1901-09) erfolgte mit dem sog. Roosevelt Corollary ein Zusatz zur Monroe-Doktrin, wonach die USA in Lateinamerika intervenieren könnten, um einem europäischen Eingriff zuvorzukommen. Von seinem Nachfolger, Präsident William Howard Taft (1909-13), wurde sie zur sog. Dollar-Diplomatie ausgeweitet. Nordamerikanische Truppen landeten 1906 in Kuba, 1911 in Honduras und 1912 in Nicaragua. Die USA avancierten damit zu Beginn des 20. Jhs. zur dominierenden Kraft in der Karibik. Wichtig war die Generation der „Expansionisten von 1898“. Besonders der spätere Admiral Mahan plädierte für eine starke Seemacht und den Ausbau eines Kanals durch Mittelamerika. Nach der Expansion in der Karibik (1890-1920) begann der Aufbau einer Hemisphärenpolitik (1920-40), mit der die USA u.a. ihren Einfluss in Argentinien und Brasilien verstärken wollten.

3. Die dritte Phase ist die des Kalten Krieges, während der die USA die unangefochtene Vormacht auf dem Halbkontinent stellten. Nun wurde der

7 Dazu: Hans-Ulrich Wehler, *Grundzüge der amerikanischen Außenpolitik 1750-1900*, Frankfurt a.M. 1984.

„Kampf gegen den Kommunismus" zur Begründung von militärischen Aktionen herangezogen: So 1954 in Guatemala, 1961 in der Schweinebucht-Affäre in Kuba sowie bei der Intervention in der Dominikanischen Republik 1965. Trotz der Vorherrschaft der USA kam es mit der kubanischen Revolution (1959) zu einer folgenreichen Veränderung. Mit Kuba scherte erstmals ein Land aus der amerikanischen Hemisphäre und dem etablierten interamerikanischen Sicherheitssystem aus. Die in den 1960er Jahren von verschiedenen Militärdiktaturen propagierte Doktrin der nationalen Sicherheit wurde im Kontext des Kalten Krieges von den USA gefördert, sie ging teilweise aber auf eigene Militärdoktrinen in den jeweiligen Ländern zurück (vgl. Kap. 6.1).

In der Akte von Chapultepec von 1945 wurde festgehalten, dass jeder Angriff auf einen amerikanischen Staat von einer Macht außerhalb der Hemisphäre als ein Angriff auf alle gelten solle. 1947 hatten die USA und die lateinamerikanischen Staaten das Interamerikanische Beistandsabkommen (TIAR, *Tratado Interamericano de Asistencia Recíproca*) unterzeichnet, das unter dem Namen Rio-Pakt bekannt wurde. Die Signatarstaaten verpflichteten sich darin zur kollektiven Verteidigung gegen direkte kriegerische Aggressionen oder auch indirekte Bedrohungen (Kommunismus) unabhängig davon, ob diese von außer- oder innerhalb der Hemisphäre erfolgten. Bestandteil waren verschiedene Militärabkommen, zu denen auch die Ausbildung von Offizieren in der 1946 gegründeten *US Armys School of the Americas* in der Panamakanal-Zone gehörte. Sie zog 1984 nach Fort Benning, in Georgia um und wurde 2001 in *Western Hemisphere Institute for Security Cooperation* umbenannt. Das Ausbildungszentrum wurde auch „Schule für Putschisten" genannt,[8] da etliche seiner Abgänger später als Militärmachthaber amtierten. 1948 wurde in Bogotá die Organisation Amerikanischer Staaten (OAS) als Regionalorganisation innerhalb der UNO gegründet. Darin verpflichteten sich die amerikanischen Staaten zur friedlichen Beilegung von Konflikten. Mehr und mehr bildet die OAS die zentrale Institution des interamerikanischen Systems. Während die USA mehr den sicherheitspolitischen Aspekt betonten, d.h. die Abwehr des Kommunismus, sahen die lateinamerikanischen Länder sie eher als ein Instrument zur wirtschaftlichen und sozialen Entwicklung sowie zur Einhaltung der Menschenrechte.

8 Peter Calvert, *Relations with the United States,* in: *The South America Handbook,* 2002, S. 232.

4. Schon vor dem Abflauen des Kalten Krieges begann eine vierte Phase in den Außenbeziehungen der süd- und mittelamerikanischen Staaten. Von einem „lateinamerikanischen Subsystem“ war die Rede, denn mit dem Wandel der internationalen Beziehungen und der neuen Bedeutung Europas wurde die unangefochtene Vormachtstellung der USA relativiert. Anfang der 1970er Jahre schien Lateinamerika eine größere Unabhängigkeit von externen Mächten erlangt zu haben, was zum Aufkommen des Schlagwortes von der „peripheren Autonomie“ führte. Vorsichtigere Autoren sprachen von einer Diversifizierung der Abhängigkeit bzw. im Falle Argentiniens eines „peripheren Realismus“ (Carlos Escude). Die künftige Entwicklung schien mehr von internen Faktoren der lateinamerikanischen Staaten und ihren regionalen Kooperationsversuchen auszugehen als von äußeren Mächten. Erneut wurde die Diskussion aufgegriffen, ob Lateinamerika überhaupt zur Dritten Welt zu rechnen sei oder ob es nicht vielmehr eine Art internationale Mittelschicht im Weltmaßstab bilden würde.

Unter US-Präsident Jimmy Carter (1977-81) erhielten die Betonung der Menschenrechte und die Rückkehr zur Demokratie einen hohen Stellenwert. 1977 wurden die Panamakanal-Verträge ausgehandelt, die bis Ende 1999 die Rückgabe des Kanals implizierten, womit eine Jahrzehnte alte Forderung antiimperialistischer und nationalistischer Kräfte in Erfüllung ging. 1979 wurde der Interamerikanische Gerichtshof für Menschenrechte in San José, Costa Rica eingerichtet.

In den 1980er Jahren verlagerte sich das Interesse auf Mittelamerika und die Karibik. Nach dem Sturz der Somoza-Diktatur in Nicaragua und der Regierungsübernahme durch die Sandinistische Befreiungsfront (FSLN) 1979 entwickelten sich die Konflikte in Mittelamerika entlang des Ost-West-Gegensatzes und ließen die These von einer größeren Autonomie in den Hintergrund treten. Unter Präsident Ronald Reagan (1981-88) unterstützten die USA die gegen die sandinistische Regierung kämpfenden *contras*, d.h. gegenrevolutionäre paramilitärische Gruppierungen. Einigen lateinamerikanischen Staaten gelang es jedoch mit der 1983 gebildeten Contadora-Initiative[9] eine politische Verhandlungslösung zu finden. Insgesamt zeigte die Regierung Reagan wenig Interesse für Südamerika.

5. Die wirtschaftliche Anpassungspolitik der vergangenen beiden Jahrzehnte mit der Schwächung des Staates führte zu Verlusten bei der Ver-

9 Mitgliederstaaten waren Mexiko, Kolumbien, Panama und Venezuela. Als sog. Unterstützungsgruppe kamen 1985 Argentinien, Brasilien, Chile und Peru hinzu. Später wurden sie als „Gruppe der Acht“ (wegen der Anzahl der Mitglieder) bekannt.

handlungsautonomie der lateinamerikanischen Länder. Nach dem Zusammenbruch des Ostblocks 1989 bilden der Kampf gegen die Drogen, die Förderung der Demokratie und die Liberalisierung des Handels die bestimmende Rolle in der US-Außenpolitik gegenüber Lateinamerika. Unter US-Präsident George Bush sen. (1989-93) erfolgte 1989 eine bewaffnete Intervention in Panama zur Absetzung von General Manuel Antonio Noriega, der Kontakte zur Drogenmafia unterhielt, wozu der Bankenplatz Panama entsprechende Möglichkeiten bot. Im Februar 1990 fand ein Treffen zwischen Präsident George Bush sen. und seinen Kollegen aus Bolivien, Kolumbien und Peru statt. Die Deklaration von Cartagena/Kolumbien sah die Bekämpfung des illegalen Kokainhandels mit finanzieller Unterstützung der USA vor. Der 2000 vom US-Kongress verabschiedete „Plan Colombia" beinhaltet eine militärische Präsenz und Einflussnahme der USA in dem Land, ähnliches wird bei dem „Plan Mexico" vermutet.

Unter US-Präsident Bill Clinton (1993-2001) setzte ein gewisser Wandel ein. Er pflegte einen wesentlich kooperativeren Politikstil als sein Vorgänger George Bush und führte regelmäßige Gipfeltreffen mit den 34 demokratisch gewählten Staats- und Regierungschefs Amerikas durch.[10] Er bat die Guatemalteken 1999 um Entschuldigung für die nordamerikanische Mitverantwortung an Menschenrechtsverletzungen nach dem Sturz der Regierung Arbenz 1954. In der Folgezeit kam es zu Interventionen mit dem Ziel einer Förderung der Demokratie: 1994 ermöglichten die USA mit eigenen Truppen die Wiedereinsetzung von Präsident Jean-Bertrand Aristide in Haiti, waren aber ebenfalls 2004 an seinem Rücktritt beteiligt. Bei Regierungskrisen bzw. Regierungswechseln in Paraguay (1996) und Ecuador (2000) stützten sie jeweils die gewählten Repräsentanten. Lediglich bei einem Putschversuch im April 2002 gegen den demokratisch gewählten Populisten Chávez in Venezuela kamen Zweifel an der Haltung der damaligen nordamerikanischen und spanischen Regierungen auf.

Die neuere nordamerikanische Außenpolitik gegenüber Lateinamerika

Nach dem Wahlsieg von George Bush jun. (2001) wurde zunächst eine stärkere Annäherung zumindest an Mexiko erwartet, zumal sein erster Staatsbesuch ihn dorthin führte. Der 11. September 2001 in New York

10 Holger Schrader, *Die Lateinamerikapolitik der USA unter Präsident Clinton: Anspruch und Wirklichkeit,* Berlin 2007, S. 248f gelangt zu dem Ergebnis, dass Präsident Clinton trotz eines veränderten Stils in traditionellen Mustern verharrte.

führte jedoch zu Veränderungen in der Außenpolitik der USA. Der Halbkontinent spielt im Kontext des Kampfes gegen den Terror eine geringe Rolle, gleichzeitig kam es zu Abschottungstendenzen. Eine klare Lateinamerikapolitik der Bush-Administration ist nicht erkennbar, die wichtigsten Posten wurden überdies mit Hardlinern aus der Regierungszeit von Ronald Reagan oder Bush sen. besetzt.[11]

Insgesamt haben sich die Bedingungen nach dem Rückzug des „externen Rivalen“, d.h. der Sowjetunion seit Anfang der 1990er Jahre aus Sicht der USA zunächst verbessert, zumal die historisch gewachsenen Beziehungen zwischen Europa und Lateinamerika zumindest vorübergehend an Gewicht verloren.[12] Bei den ökonomischen und kulturellen Kontakten gewannen die USA an Einfluss.

An den nordamerikanischen Bildungseinrichtungen steigt das Interesse an der spanischen Sprache und der *latino*-Kultur nicht zuletzt aufgrund der veränderten Zusammensetzung der Bevölkerung in den USA, gleichzeitig sinkt die Neigung, Deutsch oder Französisch zu erlernen. 2006 weisen amtliche Statistiken die 43,1 Mio. *latinos* als größte Minderheit in den USA aus, sie umfassen ca. 15 % der Bevölkerung. Dabei sind die Spanisch sprechenden Bewohner Nordamerikas unterrepräsentiert: Lediglich der Gouverneur von Neu Mexiko ist hispanischer Herkunft und nur 22 von 435 Kongressabgeordneten vertraten bislang diese Gruppe, im Senat war kein einziger Vertreter vorhanden. Bei der Wahl 2004 erhöhte sich die Wahlbevölkerung der *latinos* auf 6 % (2000=5,4 %). Sowohl die Republikaner, die 2000 ca. 35 % der hispanischen Wählerstimmen gewonnen haben sollen, als auch die Demokraten warben um sie. Mittlerweile sind die USA selbst eines der größten spanischsprachigen Länder und Los Angeles die zweitgrößte spanischsprachige Stadt der Welt geworden. Fast 350 Tageszeitungen und Zeitschriften erscheinen in spanischer Sprache mit steigenden Auflagenzahlen. Von den auf zwischen acht und 12 Mio. geschätzten *indocumentados* in den USA soll die Mehrheit aus Mexiko kommen. Nach einer demografischen Prognose der *US-Census*-Behörde wird 2050 das „weiße“ Nordamerika seine Mehrheit eingebüßt haben. 49,5 % der 430 Mio. starken Bevölkerung würden dann sog. Minoritäten sein, darunter 102,6 Mio. *latinos*. Diese Perspektiven führen in den USA

11 Detlef Nolte/Anika Oettler, *Lateinamerika: Der vergessene Hinterhof der USA?*, in: *APuZ*, (2003)B38-39, S. 22.

12 Peter Birle, *Die Amerikas auf dem Weg zur strategischen Partnerschaft?*, in: Ders. u.a. (Hrsg.), *Globalisierung und Regionalismus. Bewährungsproben für Staat und Demokratie in Asien und Lateinamerika*, Opladen 2002, S. 293.

zu Debatten, nachdem Samuel P. Huntington die *hispanics* als Problem ausgemacht haben will: Ihr massiver Zustrom stelle die sprachliche und kulturelle Einheit Amerikas in Frage. Denn die Führungskräfte von Unternehmen, Akademiker und Technokraten würden statt der nationalen zunehmend eine kosmopolitische Identität betonen.[13] Nicht ohne Folgen bleibt auch das ungleiche Bevölkerungswachstum. Noch 1960 gab es etwa so viele Lateinamerikaner wie Nordamerikaner, d.h. 200 Mio., nunmehr sind es doppelt so viele. Die US-Exporte nach Lateinamerika stiegen in den 1990er Jahren.

Tabelle 33: Anteil der US-Exporte in die westlichen Hemisphäre und nach Lateinamerika (in %)

	1991	1996	2000	2002
Westliche Hemisphäre	35,2	38,9	44,7	44,7
NAFTA	28,1	30,6	37,1	37,3
Kanada	20,2	21,5	22,9	23,2
Mexiko	7,9	9,1	14,2	14,1
Lateinamerika und Karibik (ohne Mexiko)	7,1	8,3	7,6	7,4
Lateinamerika und Karibik (einschließlich Mexiko)	15,0	17,4	21,8	21,5

Quelle: U.S. Department of Commerce, International Trade Administration (http://www.ita.doc.gov), entnommen aus: Detlef Nolte/Anika Oettler: *Lateinamerika: Der vergessene Hinterhof der USA*?, in: *APuZ*, (2003)B38-39, S. 21.

Nach 1989 kamen Hoffnungen auf, dass Lateinamerika einen größeren Stellenwert in der US-Politik einnehmen könne. Ein Aufsatz in *Foreign Affairs* trug den paradigmatischen Titel *Rediscovering Latin America*. Mit dem Fall der Mauer und dem Ende des Kalten Krieges sei die Chance für ein neues und aktiveres Verhältnis gegeben, denn nun sei die Region kein Thema der Sicherheitspolitik mehr, sondern müsse unter dem Blickwinkel nordamerikanischer Innenpolitik betrachtet werden, wobei Fragen der Migration und des Außenhandels zentrale Bedeutung zukomme.[14] Diese

13 Samuel P. Huntington, *Who Are We? Der Verlust der amerikanischen Identität*, Hamburg 2004.

14 Abraham F. Lowenthal, *Rediscovering Latin America*, in: *Foreign Affairs*, 69(1990)4, S. 27-41.

Erwartungen haben sich nur teilweise bestätigt. Argentinien, Kolumbien und Venezuela avancierten aus nordamerikanischer Sicht zu Krisenländern, die wirtschaftliche Reformpolitik geriet ins Stocken und nach dem 11. September 2001 begannen sich die USA nach außen abzuschotten.[15] Mit Mexiko kam es deshalb zu gewissen Spannungen. Im Zuge der Linksentwicklung kam sogar die Vermutung auf, die USA seien dabei, den Subkontinent zu verlieren.[16] Auch wenn diese Annahme überzogen scheint, es ist offenkundig, dass der politische Einfluss der USA in Lateinamerika zurückgeht. Als relativ enge Verbündete können derzeit allenfalls Mexiko und Kolumbien gelten; 2007 wurden vom US-Kongress 1,4 Mrd. Dollar für den *Plan Mexico* zur Drogenbekämpfung bewilligt.

Schaubild 9: Die Beziehungen zwischen LA und den USA im historischen Kontext

Merkmale	Imperiale Ära 1790-1930	Kalter Krieg 1940-80	Zeitalter der Ungewissheiten 1990-
Machtverteilung	multipolar	bipolar	unipolar/ multipolar
Interessen	territorial kommerziell	geopolitisch ideologisch	ökonomisch, sozial
Rahmenbedingungen	Balance verschiedener Mächte	globale Eindämmung	unspezifisch neue Akteure (China)

Quelle: Smith 2000, a.a.O., S. 357

14.3 Deutschland und Lateinamerika

Die Beziehungen zwischen Lateinamerika und Deutschland gelten traditionell als ausgezeichnet. Deutschland hatte keine manifesten kolonialen Interessen in der Region, und die deutschen Auswanderer seit Mitte des 19. Jhs. bzw. ihre Nachfahren genießen Ansehen, auch wenn sie mancher

15 Jorge G. Castañeda, *The Forgotten Relationship,* in: *Foreign Affairs,* 82(2003)3, S. 67-81.

16 Peter Hakim, *Is Washington losing Latin America?,* in: *Foreign Affairs,* 85(2006)1, S. 39-53.

Orts wegen ihrer Besonderheiten auf sympathische Weise belächelt wurden. Nach Schätzungen leben in der Region rund 6 Mio. Menschen mit deutschen Vorfahren, von denen 2 Mio. noch Deutsch sprechen sollen.[17] Vor fast 60 Jahren, d.h. nach dem Zweiten Weltkrieg, erfolgte die letzte Auswanderungswelle – vor allem in den Südzipfel Amerikas. Wie ausgeprägt nicht nur die sprachliche Assimilationskraft der lateinamerikanischen Gesellschaften ist, zeigt sich u.a. in dem Rückgang deutschsprachiger Periodika bzw. in deren Umwandlung von Tages- zu Wochenzeitungen. Noch in den 1960er Jahren gab es in Argentinien mit der „Freien Presse" und dem „Argentinischen Tageblatt" zwei deutschsprachige Tageszeitungen. Mittlerweile erscheint nur noch das „Argentinische Tageblatt" in einer Wochenausgabe.[18]

Die Auslandsdeutschen waren als „Vereinsmeier" recht erfolgreich. Von Kegel-, Gesangs- und Sportvereinen über die deutschen Klubs bis hin zu Kulturvereinigungen mit intensiven Kontakten zu den Gastländern reicht die Palette ihrer Aktivitäten, die sich zunehmend von den nationalistischen Anfängen entfernt haben. Eine zentrale Rolle spielt nach wie vor das Auslandsschulwesen, das einen erheblichen Zuschuss aus den Schulfonds des Kulturhaushalts im Auswärtigen Amt erhält. Traditionell bekommt Lateinamerika den größten Anteil für kulturpolitische Zusammenarbeit mit Entwicklungs- und Schwellenländern und gilt darüber hinaus als Schwerpunktregion des deutschen schulischen Engagements im Ausland.[19]

Nach 1945 stand die Wiederaufnahme von diplomatischen Kontakten im Vordergrund, 1951 wurde in Brasilien als erstem Land eine deutsche Botschaft wiedereröffnet.[20] In der Zeit des Kalten Krieges und der Hallstein-Doktrin wurden lediglich mit Kuba nach Eröffnung einer Botschaft der DDR in Havanna 1963 die diplomatischen Beziehungen abgebrochen, eine Wiederaufnahme erfolgte 1975. 1970 hatte Chile diplomatische Beziehungen zur DDR aufgenommen, ohne dass es zum Abbruch der Beziehungen

17 Ein Überblick bei: Hartmut Fröschle (Hrsg.), *Die Deutschen in Lateinamerika. Schicksal und Leistung,* Tübingen/Basel 1979. Aus populärwissenschaftlicher Sicht: Josef-Thomas Göller, *Auf der Suche nach El Dorado. Südamerika – die Geschichte eines deutschen Traums,* Bergisch Gladbach 1992.

18 Flavio Cannilla u.a., *Argentina-Alemania 150 años,* Buenos Aires 2007, S. 73ff.

19 Umfassend zu den wechselseitigen Beziehungen und zur gegenseitigen Rezeptionsgeschichte: Karl Kohut/Dietrich Briesemeister/Gustav Siebenmann (Hrsg.), *Deutsche in Lateinamerika – Lateinamerika in Deutschland*, Frankfurt a.M. 1996. AA, *Bericht zur Auswärtigen Kulturpolitik 2006/2007,*Berlin (o.J.), *S.* 10.

20 Zur Periodisierung vgl.: Natalja Karthaus, *Lateinamerika als Bezugsfeld der (bundes)deutschen Außenpolitik*, in: Manfred Mols/Christoph Wagner (Hrsg.), *Deutschland – Lateinamerika*, Frankfurt a.M. 1994, S. 57ff.

mit der Bundesrepublik kam. Bis in die 1960er Jahre waren die diplomatischen Kontakte der Bundesrepublik noch nicht sehr ausgeprägt. 1964 besuchte Bundespräsident Heinrich Lübke erstmals vier südamerikanische Länder, 1979 reiste Helmut Schmidt als erster Bundeskanzler in die Region. Bereits zuvor hatten verschiedene bundesdeutsche Außenminister Lateinamerika besucht. In den 1970er Jahren kam es im Zuge der Entspannungspolitik zu einer Verstärkung der außenpolitischen Aktivitäten, woran die dortigen Länder im Kontext eigener Autonomiebestrebungen Interesse zeigten. Die Besuchsdiplomatie nahm weiter zu, die deutschen parteinahen Stiftungen eröffneten Büros, so dass Ende der 1970er Jahre in Lateinamerika nach Europa und den USA das dichteste Netz an Niederlassungen bestand. Mit dem Nuklearvertrag zwischen Brasilien und Deutschland 1975 kam es erstmals zu einem diplomatischen Konflikt mit Washington.

Noch in den 1980er und frühen 1990er Jahren nahm der Stellenwert des Halbkontinents in der deutschen Außenpolitik zu. Im Zentralamerika-Konflikt spielte die Bundesregierung unter Außenminister Hans-Dietrich Genscher eine Rolle, so kam es 1984 in Kooperation mit dem Präsidenten Costa Ricas Luis Alberto Monge (1982-86) zu einem Treffen europäischer und mittelamerikanischer Staaten, an dem auch die 1983 entstandene Contadora-Gruppe teilnahm. Sie bemühte sich um eine friedliche Lösung des Zentralamerika-Konflikts. Damit setzte 1984 der sog. San-José-Dialog ein, der zu jährlichen Außenministertreffen und wirtschaftlichen Kooperationsabkommen führte.

Seit Ende der 1970er Jahre verstärkten sich nicht nur die Aktivitäten im Bereich der Entwicklungspolitik und der Parteienstiftungen, es wurde auch der Versuch unternommen, eine Lateinamerika-Politik zu entwerfen.[21] 1992 erstellte das BMZ ein „Konzept für die Entwicklungszusammenarbeit mit Lateinamerika", bei einer Botschafterkonferenz im Oktober 1993 wurden „Thesen zur Lateinamerikapolitik" formuliert.[22] 1995 verabschiedete das Bundeskabinett ein „Lateinamerikakonzept der Bundesregierung" und unternahm damit den Versuch, Vorgaben für die Beziehungen

21 Vgl. den Aufsatz des damaligen Staatssekretärs im AA: Peter Hermens, *Aspekte und Perspektiven der deutschen Lateinamerika-Politik,* in: *Europa-Archiv,* 34(1979)14, S. 421-430.

22 Die Dokumente finden sich in: *Deutsche Lateinamerikapolitik 1993. Dokumentation,* (hrsg. vom Auswärtigen Amt), Bonn 1993. Zur Intensivierung der Lateinamerikapolitik: Wilhelm Hofmeister, *Deutschland und Lateinamerika. Für mehr als unverbindliche Freundschaft,* in: *APuZ,* (1998)B39, S. 3-10. Die „Leitlinien für die deutsche Außenpolitik gegenüber Lateinamerika und der Karibik" stehen auf der Website des Auswärtigen Amtes.

aufzustellen. Bereits 1994 war eine Lateinamerikainitiative der deutschen Wirtschaft ins Leben gerufen worden.

Das Engagement der Parteien in Lateinamerika erfolgt u.a. über die politischen Stiftungen. In der Endphase des Kalten Krieges blickte die deutsche Außenpolitik nahezu parteiübergreifend in die südlichen Länder. Die Niederlassungen der parteinahen politischen Stiftungen hatten und haben noch in der Gegenwart einen nicht zu unterschätzenden Einfluss. Manchmal war sogar von regelrechten „Nebenbotschaften" die Rede. Dazu gehören: Friedrich-Ebert-Stiftung (FES), Konrad-Adenauer-Stiftung (KAS), Friedrich-Naumann-Stiftung (FNSt), Hanns-Seidel-Stiftung (HSS), Heinrich-Böll-Stiftung (HBS); früher Stiftungsverband Regenbogen und seit dem 1. Januar 2000 die Rosa-Luxemburg-Stiftung (RLS). In Lateinamerika sind vor allem die FES, KAS, FNSt und HSS vertreten. Ziel der Stiftungen ist es, einen Beitrag zur Festigung demokratischer Strukturen, der Partizipation der Bevölkerung und zur wirtschaftlichen Eigenständigkeit der Partnerländer zu leisten. Schwerpunkte ihrer entwicklungspolitischen Tätigkeiten sind die Stärkung von Gewerkschaften und Parteien durch Förderung ihrer Bildungseinrichtungen, Parlamentsberatung, die Unterstützung von Selbsthilfeorganisationen in ländlichen Gebieten, gesellschaftspolitische Erwachsenenbildung sowie der Erhalt der sozialwissenschaftlichen Forschungskapazität in den Partnerländern. Die Bundesregierung hat 2005 zur Unterstützung entwicklungspolitischer Vorhaben der politischen Stiftungen in den Partnerländern (einschließlich der sog. Transformationsländer im Osten) rund 181 Mio. Euro bereitgestellt.[23]

Diese Stiftungen konstituieren eine Besonderheit der deutschen Außenpolitik. Sie befinden sich im Grenzbereich zwischen Staaten- und Gesellschaftswelt und gelten als erfolgreiches Instrument ziviler Außenpolitik. Ihre hohe Bedeutung in Lateinamerika zeigte sich zunächst während der Militärdiktaturen. Im Unterschied zu den deutschen Botschaften konnten die Stiftungen politischer agieren, in einzelnen Staaten mussten Stiftungsvertreter sogar vorübergehend das Land verlassen. In Chile standen Oppositionelle im engen Kontakt mit den Niederlassungen der Stiftungen, dies galt auch für die Rolle des dortigen Goethe-Institutes während der Pinochet-Diktatur. Die weitaus meisten Aktivitäten der Stiftungen zielen nicht auf direkte Parteienförderung, sondern auf die Abhaltung von Seminaren, die häufig mit internationaler Beteiligung stattfinden sowie auf die Durchführung bzw. Auftragsvergabe von Studien und deren Publikation. Damit

23 BMZ (Hrsg.), *Medienhandbuch Entwicklungspolitik 2006/2007*, Berlin 2006, S. 80.

leisten sie einen Beitrag zum Aufbau und Erhalt der sozialwissenschaftlichen Forschungslandschaft, deren Finanzierung in Lateinamerika traditionell unsicher ist. Eine wichtige Funktion übernahmen sie im Mittelamerika-Konflikt, wo es gelang, unterschiedliche Partner an den Verhandlungstisch zu bringen und einen Beitrag zur friedlichen Konfliktlösung zu leisten. Die FES und die KAS vertraten z.B. im Mittelamerika-Konflikt und besonders zu Nicaragua gegensätzliche Positionen, die sogar in der deutschen Öffentlichkeit und Presse ausgetragen wurden. Der Vorzug während des Friedensprozesses lag indessen gerade in den Kontakten der Stiftungen mit ganz unterschiedlichen Partnern und auch solchen, die außerhalb des legalen Rahmens operierten.

Die beiden Stiftungen FES und KAS haben in fast allen lateinamerikanischen Staaten Niederlassungen. Die HSS ist in Argentinien, Bolivien, Chile, Ecuador, El Salvador, Guatemala, Honduras, Kolumbien, Kuba, Peru und Venezuela vertreten. Die FNSt unterhält Niederlassungen in Buenos Aires, San José, Guatemala, Lima, Managua, Mexiko und São Paulo. Die HBS hat Regionalbüros in Brasilien, Mexiko und El Salvador, und die RLS unterhält ein Büro in São Paulo und Argentinien. Die starke Präsenz in Lateinamerika haben die Parteienstiftungen nicht in vollem Umfang beibehalten können, sondern teilweise abbauen müssen. Das Interesse verlagerte sich in Richtung Osten.[24]

Die auswärtige Kulturpolitik, in der Lateinamerika zunächst einen hohen Stellenwert einnahm, wird seit den 1970er Jahren als „Zweibahnstraße“ betrachtet. Auswärtige Kulturpolitik (AKP) geht mittlerweile von einer Gleichrangigkeit der Kulturen aus, zu ihren Aufgaben gehört es demnach u.a., die Präsenz der lateinamerikanischen Kultur in Deutschland zu fördern. Vor allem entwicklungspolitische Überlegungen trugen zu diesem Sinneswandel bei. Die meisten der sog. Mittlerorganisationen der AKP dienen dem interkulturellen Dialog. Dazu gehören die Wissenschaftsbeziehungen, die Tätigkeit der 15 Goethe-Institute und acht Goethe-Zentren, der Informationsaustausch und die Besucherprogramme der Bundesrepublik durch *Inter Nationes*, die Aktivitäten der deutschen Parteienstiftungen sowie der kirchlichen Hilfswerke. Diesem interkulturellen Dialog liegt ein „erweiterter Kulturbegriff“ zugrunde, d.h. es geht nicht nur um die Hochkultur und die klassische deutsche Kultur, sondern um die Vermittlung der Vielfalt der in Deutschland vorhandenen Kultur. Beide

24 Swetlana W. Pogorelskaja, *Die parteinahen Stiftungen als Akteure und Instrumente der deutschen Außenpolitik,* in: *APuZ*, (2002)B6/7, S. 29-38.

Konzepte haben aber auch problematische Aspekte: Der interkulturelle Dialog schreibt in mancher Hinsicht gewisse Merkmale fest und geht von dem Vorhandensein nationaler Kulturen bzw. autochthoner Regionalkulturen aus. Die deutschen Wirtschafts- und Kulturinteressen konzentrieren sich darüber hinaus auf einige südamerikanische Staaten und Mexiko.

Unter dem Eindruck einer schnellen Ausbreitung des Englischen als Wissenschaftssprache und der neuen Kommunikationsmöglichkeiten könnte es fast so erscheinen, als würde die Informationsgesellschaft an die Stelle eines Kulturaustausches, der von dem Ziel eines tiefgehenden Verstehens ausgeht, treten. Dies ist jedoch ein Irrtum, da die Tatsache, dass wir mittlerweile morgens lateinamerikanische Zeitungen im Internet lesen können, noch nicht gewährleistet, dass wir auch wirklich begreifen, was in den jeweiligen Gesellschaften geschieht. In diesem Zusammenhang sei an den kulturwissenschaftlichen Ansatz erinnert, wie ihn Autoren in der deutschsprachigen Wissenschaftstradition betrieben haben, der das „Verstehen" anderer Kulturen versucht. Gemeint war nicht ein völliges Begreifen, aber doch eine vertiefte Beschäftigung mit anderen Kulturen. Voraussetzung dafür waren und sind Sprachkenntnisse, Lektüre und Reisen mit entsprechender Vorbereitung. Hanns-Albert Steger hat frühzeitig auf das Verhältnis von „Weltzivilisation und Regionalkulturen" hingewiesen und darauf, dass „Kultur- und Entwicklungspolitik als Lehrplan für andere [. . .] keine sinnschaffende Perspektive mehr sein kann."[25]

Nach 1989/90 rückten in Europa andere Fragen in den Mittelpunkt politischen Interesses. Der Osten begann den Süden als Objekt der Entwicklungs- und Kulturpolitik zu verdrängen. Das Jahr 1992, als die Entdeckung/Eroberung Amerikas 500 Jahre zurücklag, war Anlass für retrospektive Betrachtungen über Nord und Süd in Amerika teils unter einer wissenschaftlichen Perspektive, teils aber auch in Form einer Aufarbeitung europäischer Schuld. Die letztgenannte Sicht, die verständlicherweise von Minderheiten aufgegriffen wurde und zu den Formen indigenen Erwachens im Verlaufe der 1990er Jahre beitrug, war in ihrer Intensität im deutschsprachigen Kontext überraschend, zumal zeitgleich die deutsche Vereinigung erfolgte.

Mit der Regierung Schröder/Fischer und den neuen Sparmaßnahmen erfolgte zwischen 1998 und 2005 ein Wechsel in der Auswärtigen Kulturpolitik (AKP). Unter dem Eindruck des Kosovo-Konflikts und des 11. Sep-

25 Hanns-Albert Steger, *Kultur – Kulturtransfer – Gesellschaft. Anmerkungen zur Problematik kooperativer Entwicklung*, in: Klaus Lindenberg (Hrsg.), *Lateinamerika: Herrschaft, Gewalt und Internationale Abhängigkeit*, Bonn 1982, S. 165.

tembers 2001 war von einem „erweiterten Sicherheitsbegriff" die Rede, d.h. die sog. Mittlerorganisationen sollten einen erkennbaren Beitrag zur Konfliktprävention leisten. „Mit Kultur gegen Krisen" hieß es nun, wobei die entfalteten Aktivitäten vor allem auf den Balkan und auf die islamische Welt abzielten und weniger auf Lateinamerika, mit dem traditionell ausgezeichnete Beziehungen bestehen.[26] Die Kulturabteilung im Auswärtigen Amt wurde 2002 in „Abteilung für Kultur- und Bildungspolitik" (AKBP) umbenannt. Rund 12 % der AKBP-Ausgaben flossen 2002 nach Lateinamerika. Aufgrund der zusätzlichen Aufgaben nach 1989 im Osten, den Entwicklungen seit dem 11. September 2001 und einem neuen Interesse am Krisenkontinent Afrika hat die Region für die deutsche Außenpolitik an Bedeutung verloren. Die Mittel für die Entwicklungszusammenarbeit in Lateinamerika sanken, das spanisch- und portugiesischsprachige Hörfunkprogramm der Deutschen Welle wurde eingestellt, die Auslandsschulen wurden mit Kürzungsplänen konfrontiert und die Goethe-Institute in Brasilia, Belo Horizonte und San José wurden ebenso geschlossen wie die Generalkonsulate in Córdoba und Curitiba.[27] Unter der Regierung der Großen Koalition wurden 2007 neue Mittel für die AKBP und vor allem die Auslandsschulen versprochen.

Eine intensive Koordination der in Lateinamerika tätigen deutschen Akteure erfolgt nicht. Die Regionalkonzepte des AA und des BMZ für Lateinamerika sind nicht identisch. Beim Regionalkonzept des BMZ lauten die drei Schwerpunktbereiche: Minderung der Armut, Umwelt- und Ressourcenschutz sowie Modernisierung von Staat und Gesellschaft. In der Entwicklungszusammenarbeit (EZ) haben in den letzten Jahren die GTZ und NROs an Bedeutung gewonnen. In vielen Ländern liegt die GTZ, die mittlerweile Projekte zur Dezentralisierung und vielen politischen Fragen durchführt, sowohl von ihrem finanziellen Volumen her als auch von der Zahl der entsandten Mitarbeiter vor den Parteienstiftungen.

Die Entwicklungs- und Außenpolitik der Europäischen Union gewinnt in den Beziehungen mit Lateinamerika an Bedeutung. Besonders Spanien und Portugal haben in diesem Bereich Initiativen entfaltet und präsentieren sich mit Erfolg als Fürsprecher dieser Länder in Brüssel. Noch ist unklar,

26 Vgl. dazu die Themenausgabe der *Zeitschrift für Kulturaustausch,* (2001)2 mit einem Aufsatz von Außenminister Joseph Fischer.

27 Günther Maihold, *Brücken über den Atlantik – Herausforderungen an die lateinamerikanisch-europäischen Beziehungen,* in: Hans-Peter Burmeister/Joachim Lange (Hrsg.), *Lateinamerika und Europa,* Rehburg-Loccum 2003, S. 116f. Vgl. dazu den *„Themenschwerpunkt: Deutsche Außenpolitik und Lateinamerika,"* in: *Lateinamerika Analysen* 15(2006)3.

welchen Stellenwert die traditionell intensiven deutsch-lateinamerikanischen Beziehungen im Gesamtkontext der europäischen Außenpolitik einnehmen werden. 1999 verabschiedete die EU eine neue Strategie für die Zusammenarbeit mit Lateinamerika.

Der Stellenwert Lateinamerikas in der deutschen Außenpolitik ist gesunken. Im Kontext einer „globalen Strukturpolitik" konzentriert sich die Bundesregierung nach eigenen Angaben vor allem auf Armutsbekämpfung, es folgen Umwelt- und Ressourcenschutz sowie Modernisierung von Staat und Gesellschaft. Schwerpunktländer sind Bolivien, Peru, Nicaragua, El Salvador und Honduras, die kritische Frage, ob dies die richtigen Partner Deutschlands zur Lösung regionaler oder globaler Probleme sind, darf gestellt werden.[28] 2004 zeichnete sich indessen eine leichte Zunahme des Interesses ab, u.a. nachdem die Opposition eine Kleine Anfrage zur Bilanz deutscher Lateinamerika-Politik seit 1998 gestartet hatte.[29] Das AA veröffentlichte im Herbst 2004 Leitlinien zu Lateinamerika, auch die deutsche Besuchsdiplomatie in Süd- und Mittelamerika nahm etwas zu.

14.4 Integrationsversuche in Lateinamerika

Unter anderem als Folge langjähriger Abhängigkeitsbeziehungen von Europa und den USA und aufgrund einer schwierigen Geographie sind die Integrationsbestrebungen zwischen den lateinamerikanischen Staaten schwächer gewesen als im Kontext sprachlicher Affinitäten erwartet werden könnte. Es gilt allerdings zu berücksichtigen, dass in Europa erst nach der Erfahrung von zwei europäischen Kriegen und dem Ende der Bipolarität die Europäische Union einen nachhaltigen Aufschwung erhielt. Zwischen Ende der 1940er und Mitte der 1980er Jahre trafen sich die lateinamerikanischen Präsidenten nur zweimal und zwar 1956 in Panama und 1967 in Punta del Este, Uruguay. Die Einladung ging von Washington aus. Seit den 1990er Jahren treffen sich die Präsidenten jährlich in der Rio Gruppe und seit 1991 bei den Iberoamerikanischen Treffen der spanisch-portugiesischsprachigen Länder. Damit hat die Intensität der Kontakte erheblich zugenommen. Gleichzeitig wuchs die Unabhängigkeit von den USA. Schon 1979 scheiterten die USA bei dem Versuch, eine Sondermission der OAS zu initiieren und diese interamerikanische Truppe nach Nicaragua zu entsenden.

28 Dirk Messner, *Globalisierungsanforderungen an Institutionen deutscher Außen- und Entwicklungspolitik*, in: *APuZ*, (2001) B18-19, S. 30-38.
29 http://www.bundestag.de/bic/hib/2004/2004_128/03.

In Lateinamerika kann man von einer „Globalisierung mit Regionalisierung“ sprechen.[30] Die Schaffung (sub)regionaler Integrationsräume erfolgt mit dem Ziel, die Marktpotenziale zu vergrößern. Aufgrund der Lage auf dem amerikanischen Kontinent stellt sich die Frage: Nord-Süd-Kooperation oder Süd-Süd-Kooperation? Als einziges lateinamerikanisches Land hat bisher Mexiko 1994 mit dem Beitritt zur nordamerikanischen Freihandelszone *North American Free Trade Agreement* (NAFTA) eine Nord-Süd-Kooperation erreicht. Die Süd-Süd-Kooperationen lateinamerikanischer Integrationsbündnisse seit den 1990er Jahre sind einem „offenen Regionalismus“ verpflichtet – im Unterschied zu dem eher „geschlossenen Regionalismus“ der EU. Dazu gehört beispielsweise die *Asociación Latinoamericana de Integración* (ALADI) mit elf lateinamerikanischen Mitgliedstaaten und damit als das Integrationsabkommen mit der größten regionalen Reichweite. Wirtschaftlich und politisch am wichtigsten ist das Süd-Süd-Integrationsprojekt Mercosur unter der Führung Brasiliens.[31] Bemerkenswert erscheint vor allem die Zunahme des grenzüberschreitenden Warenverkehrs, der innerhalb der beteiligten Staaten inzwischen über 25 % der Gesamtexporte ausmacht. Die USA streben eine *Area de Libre Comercio de las Américas* (ALCA) an, womit die weltweit größte Freihandelszone entstehen könnte. Schon 1990 kündigte Präsident George Bush sen. (1989-93) die *Enterprise for the Americas Initiative* (EAI) zur Schaffung einer Freihandelszone von Alaska bis Feuerland an. 1994 trafen sich in Fortführung der EAI 34 Staats- und Regierungschefs Nord- und Lateinamerikas sowie karibischer Staaten zum ersten „Gipfel der Amerikas“ in Miami, auf dem Präsident Bill Clinton (1993-2001) den Lateinamerikanern eine „Partnerschaft für den Wohlstand“ anbot. Nach einem dort unterzeichneten Aktionsplan sollten bis zum Jahr 2005 Verhandlungen über die Schaffung einer die gesamte Hemisphäre umfassenden Freihandelszone erfolgen, in der englischen Bezeichnung *Free Trade Area of the Americas* (FTAA, spanisch ALCA), die nach dieser Planung dann 850 Mio. Menschen umfasst hätte.[32] Die ALCA ist (vorerst) gescheitert. Allerdings ist der Freihandel

30 Hartmut Sangmeister, *Lateinamerikas wirtschaftliche Entwicklung im Zeitalter der Globalisierung*, in: Wolfgang Hirsch-Weber/Detlef Nolte (Hrsg.), *Lateinamerika. Ökonomische, soziale und politische Probleme im Zeitalter der Globalisierung*, Hamburg 2000, S. 17.

31 Wolfram Klein, *Der Mercosur: wirtschaftliche Integration, Unternehmer und Gewerkschaften,* Freiburg 1996. Zu den Außenbeziehungen: Udo Diedrichs, *Die Politik der Europäischen Union gegenüber dem Mercosur,* Opladen 2003.

32 Detlef Nolte, *Der amerikanische Kontinent wächst zusammen*, in: Sabine Kurtenbach u.a. (Hrsg.), *Sicherheitspolitik in Lateinamerika. Vom Konflikt zur Kooperation?* Opladen 2000, S. 29.

nach wie vor auf dem Vormarsch, die USA streben Freihandelsabkommen mit einzelnen Ländern an.

Ende 2004 gründeten zwölf Staaten Südamerikas eine Südamerikanische Gemeinschaft der Nationen (CSN, *Comunidad Sudamericana de Naciones*), die 2007 in *Unión Sudamericana de Naciones* umbenannt wurde. Für das anspruchsvolle Vorhaben wurde kein Zeitrahmen genannt. Die Pläne zielen vorerst vor allem auf Infrastrukturprojekte und eine bessere Vernetzung der Volkswirtschaften. Die UNASUR umfasst rund 370 Mio. Menschen.

14.5 Migration aus Lateinamerika

In der Vergangenheit waren einige südamerikanische Groß- und Mittelstaaten Einwanderungsländer. „Die Mexikaner kommen von den Azteken, die Peruaner von den Inkas, die Argentinier von den Schiffen“, hat der Mexikaner Octavio Paz geschrieben. Einwanderer aus Italien, Spanien, den deutschsprachigen Ländern sowie aus Japan und China kamen nach Lateinamerika. Fern der Heimat organisierten sie sich in Clubs und gründeten private Schulen, die heute vielerorts zu den begehrtesten Bildungseinrichtungen gehören. Im Verlaufe der 1950er Jahre setzte eine verstärkte Binnenmigration ein, die sich in Urbanisierungs- und Metropolisierungsprozessen niederschlug. Es folgten Migrationen aufgrund besserer Verdienstmöglichkeiten in die Nachbarländer (etwa von Kolumbien in das Venezuela des Ölbooms). Mit den Militärdiktaturen der 1960er Jahre begann der Exodus von politisch Exilierten und kritischen Wissenschaftlern.[33]

Seit den 1980er Jahren hat eine Umkehr der Wanderungsströme eingesetzt. Aufgrund des wirtschaftlichen Erfolges der Europäischen Union und der demokratischen Transition in Portugal und Spanien kehrten zunächst Nachfahren der früheren Auswanderer zurück, von denen viele ein Anrecht auf den Pass eines Landes der Europäischen Union haben. Bei den jüngeren internationalen Migrationsprozessen kommen unterschiedliche Aspekte zusammen: Die europäischen Länder zeichnen sich durch eine älter werdende Bevölkerung aus. Selbst Spanien – traditionell eher ein Auswanderungsland – zeigt angesichts der drohenden Entvölkerung von

33 Stefan Schirm, *Südamerika,* in: Peter J. Opitz (Hrsg.), *Der globale Marsch. Flucht und Migration als Weltproblem,* München 1997, S. 291-309. Ein neuerer Überblick als Ergebnis einer Jahrestagung der ADLAF: Ingrid Wehr (Hrsg.), *Un continente en movimiento. Migraciones en América Latina,* Madrid/Frankfurt a.M 2006.

Gebieten im Landesinneren nun Interesse an einer Einwanderung aus Südamerika. In argentinischen Tageszeitungen erschienen Inserate für eine Bewerbung im spanischen Militär oder für die Ansiedlung in kleinen Ortschaften.[34] Vor allem in Ecuador, Mexiko und jüngst auch in Bolivien wuchs angesichts der Wirtschaftskrise und der alltäglichen Unsicherheit die Bereitschaft von Menschen, dass Schicksal in die eigene Hand zu nehmen. Die gesunkenen Flugpreise, die neuen Kommunikationsmöglichkeiten und das Vorhandensein von Netzwerken im Ausland zu einer rasanten Zunahme der Migration in die USA und nach dem 11. September 2001 auch nach Europa geführt. Es entstehen „transnationale Haushalte", in denen die im Ausland Tätigen zur Finanzierung der Familie in lateinamerikanischen Gesellschaften beitragen. Ein Ende 2004 von der mexikanischen Regierung veröffentlichter „Migranten-Führer" macht deutlich, dass einige Regierungen verstärkt auf den „Export" von Arbeitslosen und den Dollar-Rückfluss aus den USA setzen. Die 31 Seiten starke, kostenlose Fibel ist im Comic-Format gehalten, enthält praktische Hinweise für Illegale und erschien in einer Auflagenhöhe von 1,5 Mio. Auf entsprechende Nachfragen von Abgeordneten des US-Kongresses betonten mexikanische Beamte den aufklärerischen und humanitären Charakter des kleinen Handbuches – immerhin seien im vorangegangenen Jahr 300 Menschen beim versuchten Grenzübertritt gestorben.[35]

Die Tabelle 34 zeigt die offiziellen Zahlen der Zuwanderer in europäischen Ländern. Die Angaben sind unvollständig und lückenhaft. Dies gilt besonders für Spanien, wo 2004 ganze 39 % der registrierten Ausländer aus Lateinamerika kamen. Etwa ein Drittel der Einwanderer hat einen spanischen Pass, bei manchen Nationalitäten sind es sogar 40 %. Aber auch in Deutschland steigt die Zuwanderung: 2002 lag die Zahl der offiziell melderechtlich registrierten Lateinamerikaner bei 97.764 (davon 63.528 Frauen). Es wird davon ausgegangen, dass eine mindestens ebenso große Zahl irregulärer MigrantInnen hier lebt.[36] In Spanien wird die Zahl der Lateinamerikaner auf über 1.2 Mio. geschätzt, wobei rund eine halbe Million aus Ecuador kommt. Auffällig ist insgesamt die hohe Zahl der Frauen unter den MigrantInnen, deshalb wird von einer „Feminisierung der Migration" gesprochen.

34 Ernesto Garzón Valdés/Nikolaus Werz, *Die Besten zuerst – Argentinien: Vom Einwanderungsland zum Auswanderungsland,* in: *FAZ,* 12.2.2002.

35 *SZ,* 14.1.2005.

36 Patricia Cerda-Hegerl, *„Wo gehst du hin?" Motivationen und Strategien in der Migration von Lateinamerikanerinnen nach Deutschland,* in: *Lateinamerika Analysen* 14(2006)2, S. 37-63.

Tabelle 34: Lateinamerikaner, wohnhaft in den EU-15 Staaten

	Deutschland 2000	Belgien 2000	Dänemark 1999	Spanien 1999	Finnland 2000	Griechenland 1998
Total	58.873	4.357	2.646	84.678	612	2.108
Argentinien	4.766	0	203	17.007	43	229
Bolivien	1.681	0	50	1.148	42	19
Brasilien	22.390	1.621	870	7.012	172	719
Chile	6.408	1.258	568	5.827	112	323
Ecuador	3.256	0	119	7.046	30	51
Guyana	137	0	40	16	1	14
Kolumbien	7.964	847	245	10.412	70	334
Peru	7.825	631	297	24.879	107	148
Paraguay	835	0	17	512	0	49
Surinam	39	0	3	1	0	1
Uruguay	764	0	99	3.907	14	60
Venezuela	2.808	0	133	6.911	21	161
Andere	0	0	2	0	0	0

Fortsetzung Tabelle 34:

	Holland 2000	Italien 2000	Portugal 2000	GB 1999	Schweden 2000	TOTAL
Total	16.351	76.073	25.494	47.213	17.038	335.443
Argentinien	335	7.496	412	3.575	460	34.526
Bolivien	127	975	31	0	585	4.658
Brasilien	2.597	17.307	20.887	6.048	1.430	81.053
Chile	939	3.138	181	1.342	10.762	30.858
Ecuador	463	7.110	56	0	225	18.356
Guyana	254	18	18	2.648	29	3.175
Kolumbien	1.790	7.656	223	16.155	1.000	46.696
Peru	467	27.639	174	0	1.993	64.160
Paraguay	43	390	19	0	40	1.905
Surinam	8.665	13	4	0	0	8.726
Uruguay	90	1.143	77	0	319	6.473
Venezuela	578	3.188	3.412	2.793	195	20.200
Andere	3	0	0	14.652	0	14.657

Quelle: A. Pellegrino, *Migration from Latin America to Europe: Trends and Challenges*, Ginebra, IOM, IOM Migration Research Series, Nr. 16, zusammengestellt nach: Jorge Martínez Pizarro/Miguel Villa/Joan J. Pujadas, a.a.O., S. 24.

In Berlin u.a. deutschen Städten erscheinen mittlerweile lateinamerikanische Magazine und Anzeigenblätter. An Orten, wo viele Lateinamerikaner anzutreffen sind, liegen Blätter aus mit Tipps, wie man Geld nach Hause überweisen kann.[37] Die Interamerikanische Entwicklungsbank (BID) schätzte für das Jahr 2001 die Gesamtsumme der Geldüberweisungen lateinamerikanischer Migranten auf ca. 23 Mrd. US$.[38] Nun entstehen regelrechte *Transnational Communities,* d.h. länderübergreifende soziale Veflechtungszusammenhänge.[39]

14.6 Zusammenfassung und Ausblick

In den vergangenen Jahren hat die Organisation Amerikanischer Staaten (OAS) an Bedeutung gewonnen. Noch unter dem Eindruck des Endes der Pinochet-Diktatur verabschiedeten die Mitglieder der OAS in Santiago de Chile 1991 eine Resolution, die zu einem Wechsel in den interamerikanischen Normen führte. Jede Unterbrechung einer demokratischen oder konstitutionellen Regierung gilt seitdem als Thema von regionaler Bedeutung und erfordert eine hemisphärische Antwort. Diese Resolution bildet auch den Grundstein für die 2001 in Lima/Peru verabschiedete *Inter-American Democratic Charter.*

Zu den traditionellen Akteuren und Staaten mit ihrer jeweiligen Lateinamerikapolitik sind in den vergangenen Jahren neue hinzugekommen. Dies gilt gerade auch für die Politik der EU gegenüber Lateinamerika,[40] die zu den bestehenden binationalen Beziehungen hinzu getreten ist. Zu den transnationalen Akteuren, die stärker an die Ebene zwischennationaler Gesellschaften gebunden bleiben, gehören Kirchen und Parteien, deren Bedeutung indessen sinkt. Zunehmend geht es im Verhältnis Europa-Lateinamerika um Fragen grundsätzlicher internationaler und globaler Gestaltung. Es fällt allerdings schwer, langfristige strategische Überlegungen auf beiden Seiten des Atlantiks festzustellen. Weder ist eine gemeinsame europäische noch eine lateinamerikanische Außenpolitik erkennbar. So werden die Beziehungen von 15 europäischen sowie 33 lateinamerikanischen und karibischen Ländern u.a. von den beiden supranationalen

37 Z.B. *RIA envía;* http://www.brazine.de; http://www.clavelatina.de.

38 Andreas Steinhauf, *Migration in Lateinamerika: Krise oder Entwicklungspotenzial?* in: *Brennpunkt Lateinamerika,* (2002) 16, *S.* 166.

39 Ludger Pries, *Transnationale soziale Räume zwischen Nord und Süd,* in: *Lateinamerika. Analysen und Berichte 23, Migrationen* (1999), S. 39-54.

40 Manfred Mols, *Die Europäische Union und Lateinamerika,* in: Werner Weidenfeld (Hrsg.), *Europa-Handbuch,* Gütersloh 2002, S. 665.

Akteuren Europäische Kommission und Europäisches Parlament geprägt.[41] Daneben findet sich die nichtstaatliche Ebene der Kooperation zwischen Unternehmern, Gewerkschaften, Nichtregierungsorganisationen etc., weshalb von einer „inter-regionalen Mehrebenenpolitik" ausgegangen wird. Nach Susanne Gratius lassen sich unterscheiden:

1. *Interregionale Kooperation*: Dazu zählen neben den Gipfeltreffen zwischen Staats- und Regierungschefs, Kontakte auf Außenministerebene sowie verschiedene Kooperationsabkommen der EU.
2. *Subregionale und individuelle Zusammenarbeit*: Dies gilt im Bereich der Freihandelszonen und des politischen Dialogs mit Mexiko, Chile und dem Mercosur sowie unterschiedlichen Kooperationen.

Spanien verfügt traditionell über ausgezeichnete Beziehungen, von einem „iberoamerikanischen Raum" ist die Rede. Dem dienen u.a. die jährlichen iberoamerikanischen Gipfeltreffen.

Gleichzeitig findet Lateinamerikapolitik auch im europäischen Rahmen statt. Hierbei fällt auf, dass z.B. bei der Demokratieförderung in Mittelamerika die EU insgesamt mit 139.6 US$ Mio. deutlich vor den USA mit 86.8 US$ Mio. lag. Bemerkenswert ist das starke Engagement nordeuropäischer Länder und der Niederlande. Während die EU bevorzugt Nicht-Regierungs-Organisationen (NROs) unterstützt, setzen die USA stärker auf die demokratischen Institutionen, wozu die jeweiligen Kongresse, die Parlamentsberatung und das Justizwesen zählen.[42]

Zu Beginn des 21. Jhs. möchten einige lateinamerikanische Länder ihren außenpolitischen Spielraum gegenüber den USA erweitern. Der venezolanische Präsident Chávez artikuliert nicht nur eine antiimperialistische Rhetorik, er versucht auch dem nordamerikanischen ALCA-Projekt mit der *Alternativa Bolivariana para las Américas* (ALBA) eine Alternative entgegenzusetzen. Sie entstand 2005 aus einer Kooperation zwischen Venezuela und Kuba, 2006 trat Bolivien und 2007 Bolivien bei, Anfang 2008 auch der Inselstaat Dominica. Das Kürzel ALBA ist beziehungsreich und bedeutet auf spanisch auch Morgenröte. Mit Blick auf Kuba vertritt er eine offene Politik, die Unterstützung von Seiten anderer lateinamerikanischer Staaten findet. Präsident Hugo Chávez in Venezuela, der 2002 gewählte brasilianische Präsident „Lula", der ab 2003 in Argentinien regierende Néstor Kirchner bzw. die seit 2007 amtierende Christina Fernández de

41 Susanne Gratius, *Spielt Europa in Lateinamerika noch eine Rolle?* in: *APuZ*, (2003) B38-39, S. 39.

42 Richard Youngs, *The European Union and Democracy in Latin America*, in: *Latin American Politics and Society,* 44(2002)3, S. 111-140.

Kirchner und einige andere Staatschefs plädieren für eine Reintegration Kubas in das interamerikanische System. Das Regime der Castros hat trotz des Zusammenbruchs des sozialistischen Lagers überlebt. Kubanische Ärzte, Lehrer, Sporttrainer und an einigen Orten auch Militärexperten arbeiten in verschiedenen lateinamerikanischen Ländern. Am stärksten ausgeprägt ist diese Präsenz in Venezuela. 2000 unterzeichneten Venezuela und Kuba einen zunächst auf fünf Jahre befristeten Vertrag zur Zusammenarbeit. Venezuela liefert Kuba täglich rund 90.000 Fass Erdöl oder Erdölderivate. Über 30.000 kubanische Ärzte, Krankenpfleger und Sicherheitsleute waren zwischenzeitlich in Venezuela tätig.

Das mehrere Jahrzehnte stabile Venezuela hat sich wie der gesamte Andenraum zu einer Krisenregion in Lateinamerika entwickelt. Im Vergleich zu Mittelamerika handelt es sich jedoch um größere Staaten mit ganz unterschiedlichen Konflikten und Möglichkeiten.[43]

Für Südamerika hat mittlerweile Brasilien eine Führungsrolle erlangt,[44] in Mittelamerika ist die Rolle Mexikos weniger deutlich als in der Vergangenheit, zumal sich das Land wirtschaftlich und im Zuge transnationaler Migrationsströme den USA annäherte.

Literatur-Empfehlungen

G. Pope Atkins, *Encyclopedia of the Inter-American System,* Westport/London 1997. Das Nachschlagewerk enthält wichtige Ereignisse, nennt Entscheidungsträger und Merkmale des Interamerikanischen Systems.

Jürgen Bellers/Thorsten Benner/Ines M. Gerke (Hrsg.), *Handbuch der Außenpolitik,* München 2001. Auf ca. 130 Seiten enthält der Sammelband Artikel zu den Außenpolitiken lateinamerikanischer und ausgewählter karibischer Länder.

Klaus Bodemer u.a. (Hrsg.), *El Triángulo Atlántico: América Latina, Europa y Estados Unidos en un sistema internacional cambiante*, Sankt Augustin 2002. Der Tagungsband versammelt Beiträge zum sog. Atlantischen Dreieck, d.h. den Kooperationsformen zwischen Lateinamerika, Europa und den USA.

Klaus Bodemer/Susanne Gratius (Hrsg.), *Lateinamerika im internationalen System*, Opladen 2003. Der Sammelband behandelt den „neuen Regionalismus“, die

43 Sabine Kurtenbach/Mechthild Minkner-Bünjer/Andreas Steinhauf (Hrsg.), *Die Andenregion – Neuer Krisenbogen in Lateinamerika,* Frankfurt a.M. 2004. Ferner: Sabine Kurtenbach, *Gewalteindämmendes Engagement externer Akteure in Kolumbien,* Hamburg 2004.

44 *Themenschwerpunkt: Brasilien unter Lula: Tendenzen der Außen- und Wirtschaftspolitik,* in: *Lateinamerika Analysen 13*(2006)1.

Beziehungen zu anderen regionalen Partnern und die Herausforderungen der Globalisierung.

Demetrio Boersner, *Relaciones internacionales de América Latina. Breve historia,* Caracas 1990 (4. Aufl.). Eine der wenigen Gesamtdarstellungen zur Internationalen Politik von einem Autor aus Lateinamerika, der im diplomatischen Dienst Venezuelas tätig war.

Europa und Lateinamerika. Auf dem Weg zu strategischer Partnerschaft ? 24. Sinclair-Haus-Gespräch, Herbert-Quandt-Stiftung: Bad Homburg 2005. Der Tagungsband mit den Beiträgen und der Diskussion lateinamerikanischer und europäischer Autoren geht der Frage nach dem Beziehungsdreieck zwischen Lateinamerika, Europa und den USA nach.

www.foreignaffairs-esp.org enthält Artikel zu den Außenbeziehungen lateinamerikanischer Staaten aus der spanischen Ausgabe von *Foreign Affairs.*

Jorge Domínguez (Komp.), *Conflictos territoriales y democracia en América Latina*, Buenos Aires 2003. In dem Sammelband geht es um die Frage, warum es trotz Grenz- und Territorialstreitigkeiten so wenige Kriege in der Region gegeben hat und welche Rolle dabei die Demokratie gespielt haben könnte.

Kerstin Hein, *Hybride Identitäten. Bastellbiografien im Spannungsverhältnis zwischen Lateinamerika und Europa,* Bielefeld 2006. Die chilenisch-deutsche Autorin untersucht Biografien im transnationalen Kontext und diskutiert am Beispiel dieser „positiven Diskriminierung“ Ansätze zu sog. hybriden Identitäten und kulturellen Zwischenräumen.

Gerhard Holley, *Von Río nach Wien. Eine Bestandsaufnahme der interregionalen Beziehungen zwischen der EU und den Staaten Lateinamerikas und der Karibik vor dem Gipfel von Wien (Mai 2006),* Wien 2006.

Karl Kohut u.a. (Hrsg.), *Deutsche in Lateinamerika – Lateinamerika in Deutschland,* Frankfurt a.M. 1996. Das Buch behandelt die deutsch-lateinamerikanischen Kulturbeziehungen sowie die jeweilige Rezeptionsgeschichte in Vergangenheit und Gegenwart.

Günther Maihold (Hrsg.), *Ein „freudiges Geben und Nehmen“? Stand und Perspektiven der Kulturbeziehungen zwischen Lateinamerika und Deutschland,* Frankfurt a.M. 2001. Der Sammelband beleuchtet verschiedene Aspekte der Kultur- und Wissenschaftsbeziehungen und geht auf die neueren Kürzungspläne ein.

Anthony P. Maingot/Wilfredo Lozano (Hrsg.), *The United States and the Caribbean,* New York 2005 behandelt die Entwicklung seit dem Ende des Kalten Krieges.

Manfred Mols, *Lateinamerika,* in: Siegmar Schmidt/Gunther Hellmann/Reinhard Wolf (Hrsg.), *Handbuch zur deutschen Außenpolitik,* Opladen 2007, S. 545-558 zeigt die Möglichkeiten und Grenzen im deutsch-lateinamerikanischen Engagement und die europäische Dimension deutscher Lateinamerika-Politik.

Stefan Schirm, *Macht und Wandel. Die Beziehungen der USA zu Mexiko und Brasilien. Außenpolitik, Wirtschaft und Sicherheit,* Opladen 1994. Das Buch zeigt den

Wandel in den Außenbeziehungen mit den beiden wichtigsten lateinamerikanischen Schwellenländern.

Peter H. Smith, *Talons of the Eagle. Dynamics of US-Latin American Relations,* New York 2000, ist ein Standardwerk zu den Beziehungen zwischen den USA und Lateinamerika.

www.hiik.de. Das Heidelberger Institut für Internationale Konfliktforschung e.V. veröffentlicht seit 1995 einen Konfliktbarometer.

Filme

Neuere Filme greifen diese Thematik auf. Vgl. *de Nadie*, Mexiko 2005. Der Dokumentarfilm des jungen mexikanischen Regisseurs Tin Dirdamal schildert den Versuch von Mittelamerikanern, Mexiko auf dem Weg in die USA mit dem Zug (*La Bestia en Hierro*) zu durchqueren. Sie sind dabei den Übergriffen der Polizei und der *maras* (Jugendbanden) ausgesetzt. Der Film war Teil der ADVENIAT-Kampagne zur Migration im Jahr 2006, in der u.a. auf die Tätigkeit der *casa del migrante* in Mexiko verwiesen wird. Dazu heißt es: „Die großen Wanderbewegungen in die USA drohen nicht nur Mexiko auszubluten – sie stellen einen ganzen Kontinent vor die Zerreißprobe. Mit der Migration in den reichen Norden greift ADVENIAT ein Thema auf, dass auch in Deutschland hochaktuell ist."

Der spanisch-französische Kinofilm *Princesas* 2005 (113 Min.) von Fernando León de Aranoa erzählt von der Freundschaft zwischen einer Spanierin und einer Dominikanerin, die in Madrid als Prostituierte arbeiten. Er schilderte die Spannungen zwischen den Einheimischen und den Migranten, zeigt die Übergriffe der Freier und einzelner Polizisten. Der mit dem spanischen Preis Goya ausgezeichnete Film behandelt das Thema der Rücküberweisungen am Beispiel der schönen Zulema, die am Ende in die Dominikanische Republik zu ihrem fünfjährigen Sohn zurückkehrt. Die Filmmusik ist von Manu Chao.

Worüber es zu diskutieren lohnt

- über die Gründe der vergleichsweise geringen Zahl von zwischenstaatlichen Konflikten in Lateinamerika (vgl. Kap. 4)
- über die unterschiedlichen Phasen der nordamerikanischen Außenpolitik im Verhältnis zu Lateinamerika
- über die Lateinamerikapolitik europäischer Staaten und die Ansätze zu einer europäischen Lateinamerikapolitik
- über das Verhältnis zwischen Deutschland und Lateinamerika

15. Zusammenfassung und Ausblick: Politik in Lateinamerika

Ist Lateinamerika ein „vergessener Kontinent" – wie Michael Reid 2007 in seiner Darstellung behauptet? Für Deutschland mag dies ansatzweise gelten, denn das Interesse unser Politiker und Entwicklungszusammenarbeit (EZ) gilt besonders Afrika. Die auf den Entwicklungsaspekt beschränkte Sichtweise wird indessen der in den letzten Jahren sichtbar werdenden kulturellen und wirtschaftlichen Dynamik in den lateinamerikanischen Demokratien nicht gerecht. In politischer Hinsicht ergeben sich neue Optionen und eine Linksentwicklung, auch wenn die Analyse gezeigt hat, dass sich dahinter teilweise lange Traditionen und „alte Hüte" verbergen. Länder wie Brasilien, Chile und Mexiko sehen sich im Übrigen nicht als Verlierer der Globalisierung, sondern versuchen die Chancen zu nutzen.[1]

Interpretationen zu den politischen Systemen in Lateinamerika müssen differenziert ausfallen. Vereinfachend können wir zwischen denjenigen unterscheiden, die von einem allgemeinen und weltweiten Trend zu Transformation und Demokratie ausgehen und solchen Autoren, die spezifische Traditionen und Merkmale der Politik in der Region konstatieren. Wiederum simplifizierend kann man also einen Unterschied zwischen universalen und in der Tradition der Regionalforschung (*area studies)* stehenden Ansätzen festhalten: Die Vorzüge universaler Ansätze liegen in ihrer allgemeinen Anwendbarkeit und Vergleichbarkeit. Denn die neueren Indexe zur Demokratie, wie sie zunächst in den USA und mittlerweile ebenfalls im deutschsprachigen Raum vorgelegt wurden, ermöglichen es, Länder und Regionen im internationalen Kontext zu verorten und eine Art *ranking* herzustellen (vgl. die Angaben zum BTI bei den Literatur-Empfehlungen in Kap. 8). Zunehmend dürften sie auch in Deutschland eine wichtigere Rolle bei der Beurteilung der Außenbeziehungen z.B. bei der Vergabe von Mitteln des BMZ und der GTZ spielen. Ein Nachteil kann darin liegen, dass die Traditionen und Besonderheiten der Politik in den jeweiligen Ländern und Regionen zu kurz kommen. Demokratie-Indexe vermitteln bislang

1 Vgl. den Aufsatz des früheren brasilianischen Präsidenten Fernando Henrique Cardoso, *Caminos nuevos? Reflexiones sobre algunos desafíos de la globalización,* in: *Revista de Occidente* (2007)318, S. 54-84.

eine Momentaufnahme und besitzen nur eine begrenzte prognostische Aussagekraft. Wie bei den Modernisierungstheorien, die sich am westlichen Vorbild orientieren, gehen sie von einer Entwicklungsrichtung (Transformation) aus, ein Rückfall gilt eher als Ausnahme bzw. Abweichung von dem allgemeinen Entwicklungspfad.

Die Ansätze aus der Regionalforschung neigen wiederum dazu, die Geschichte, die Tradition und die (politische) Kultur in den Vordergrund zu rücken, globale Tendenzen scheinen weniger wichtig zu sein. Auch wenn dadurch der Länderexperte einen hohen Stellenwert gewinnt, liegt ein Vorteil darin, dass Modetrends in den Sozialwissenschaften oder eine übermäßige eurozentrische Ausrichtung eine Korrektur erfahren können.

Am sinnvollsten erscheint eine Kombination universaler und auf die Region bezogener Ansätze. Ein solches Vorgehen impliziert zwar einen größeren Arbeitsaufwand, man kann jedoch vorschnelle Urteile vermeiden.

In einer älteren Studie wird Lateinamerika als „lebendiges Museum“ bezeichnet.[2] Eine solche Sichtweise geht davon aus, dass die Politik das Geschäft einer Minderheit ist, ferner dass alte und neue Schichten und Akteure nebeneinander bestehen. Die außerordentliche Überlebensfähigkeit von Machtgruppen und Eliten liegt zum einen daran, dass echte Revolutionen die Ausnahme blieben, zum anderen an der erstaunlichen Adaptationsfähigkeit der herrschenden Kreise. Neue Gruppen und alternative Eliten werden in die vorhandenen Systeme kooptiert. Ein Beispiel dafür ist die relativ schnelle Integration von ehemaligen Guerillakämpfern nach ihrer Pazifizierung in die Präsidialsysteme und ihr Aufstieg in hohe Ämter. Dies impliziert meistens, dass sie den Willen zu einer wirklichen gesellschaftlichen Veränderung aufgeben. In zahlreichen Ländern erfolgten Quasi-Proporzregelungen zwischen Parteien und Machtgruppen, u.a. mit dem Ziel, die Demokratie zu stabilisieren. Proporzmechanismen können längerfristig indessen das genaue Gegenteil hervorrufen und aufgrund des Ausschlusses von neuen Kräften zum Auftauchen von Populisten oder sogar zur Destabilisierung führen. Der Niedergang des Zwei-Parteiensystems und der Aufstieg von Hugo Chávez in Venezuela ab 1999 sowie die Entwicklung in Peru während der 1990er Jahre können als negative Beispiele dienen.

2 Charles W. Anderson, *Politics and Economic Change in Latin America. The Governing of Restless Nations,* Princeton 1967.

Einzelne Autoren gehen von einer *distinct tradition,* d.h. einer spezifischen Tradition Lateinamerikas aus, als Ursache nennen sie kulturelle und historische Merkmale. Erst in den 1920/30er Jahren sei das „Mittelalter" zu Ende gegangen, danach seien eine Vielzahl von neuen Ideologien und Regierungsmodellen ausprobiert worden. Trotz Veränderungen bleibe die iberisch-korporatistische Tradition einflussreich. Die Entwicklung sei so wechselhaft verlaufen, dass sogar das Konzept des politischen Systems mit Vorsicht zu verwenden sei.[3] Ein zu starkes Herausstreichen historischer und regionaler Besonderheiten greift indessen ebenfalls zu kurz. Die erfolgreiche Integration von Portugal und Spanien in die EU zeigen die geringe wissenschaftliche Aussagekraft der Annahme von iberischen Eigenschaften, darüber hinaus verläuft die Entwicklung in den lateinamerikanischen Ländern zu unterschiedlich, um sie auf ein historisch-kulturelles Muster festzulegen.

Zu den in den vergangenen drei Jahrzehnten erfolgten Veränderungen gehören:

Die *katholische Kirche und Religion* verlieren an Bedeutung. Auch wenn die Volksreligiosität hoch und Amerika insgesamt ein religiöser Kontinent bleibt, praktizieren teilweise in den urbanen Gebieten nur noch 10 bis 15 % den Glauben in den historischen Kirchen, gleichzeitig haben neue Religionen und Freikirchen an Bedeutung gewonnen. In einzelnen Ländern liegt der Anteil der Bevölkerung, der sich zu Freikirchen oder „Sekten" bekennt, bei über 20 %. Dennoch besitzen katholische Traditionen und Bildungseinrichtungen u.a. für die Rekrutierung der politischen Eliten nach wie vor eine erhebliche Bedeutung.

Mit dem Einflussverlust der Kirche hat auch der Glaube an eine *„gottgegebene" Ordnung bzw. den status quo* nachgelassen. Dies heißt nicht, dass sich gesellschaftsverändernde Kräfte im Aufwind befänden, aber die hergebrachten Autoritäten stehen unter einem wesentlich höheren Begründungszwang als in der Vergangenheit. Die lange Zeit ziemlich konservativen lateinamerikanischen Gesellschaften haben sich stark verändert, auch wenn diese Impulse nicht mehr unbedingt von den traditionellen politischen Kräften ausgehen, sondern von den Medien, Teilen der Zivilgesellschaft und den Implikationen der Globalisierung gefördert werden.[4]

3 So Howard J. Wiarda, *The Soul of Latin America: the Cultural and Political Tradition,* New Haven 2001, S. 285.

4 Am Beispiel Brasiliens: Rafael Sevilla/Sérgio Costa/Martin Coy (Hrsg.), *Brasilien in der postnationalen Konstellation,* Tübingen 2003.

Manche Autoren gehen davon aus, dass die Phase des *Nationalstaates* sich in Lateinamerika ihrem Ende nähert.[5] Stattdessen gewinnen die Hauptstädte und einzelne Regionen eine noch größere Bedeutung. Während die Globalisierung den Bestand des Nationalstaates von außen relativiert, führte die neoliberale Wende in Ländern mit einem hohen Anteil indigener Bevölkerung zur Stärkung von Autonomiebestrebungen. Als ein Nachteil erweist sich nun, dass die unabhängigen Staaten vor allem das Werk von Kreolen und „Mischlingen" blieben und die indigenen Völker kaum daran beteiligt waren.

Die Vorstellung von dem Kontinent des *mestizaje* („Rassenmischung") verliert an Aussagekraft. Länder wie Brasilien und Mexiko sahen sich im offiziellen Selbstverständnis in einer Modellfunktion. Im vergangenen Jahrzehnt nahmen ethnische Spannungen zu, ohne indessen ein Ausmaß wie auf anderen Kontinenten zu erreichen. Einzelne Konflikte der Vergangenheit wurden mit Blick auf mögliche ethnische Ursachen reinterpretiert.

Die *Einkommensverteilung* bleibt extrem ungleich, dennoch stieg das Pro-Kopf-Einkommen zwischen 1960 und 1990 in einigen Ländern um das Vierfache, dies war erneut seit 2003 der Fall. Mittlerweile lebt die große Mehrheit der Lateinamerikaner in den Städten, die Zahl der Analphabeten ist gesunken. Auch wenn die Hälfte der Bevölkerung jünger als 20 Jahre ist, nimmt auch die Zahl der Älteren zu. Die Lebenserwartung liegt derzeit bei 70 Jahren. Für das Jahr 2050 wird eine Population von 783 Mio. prognostiziert. Als Folge des *gesellschaftlichen Wandels* haben sich die alten Strukturen verändert und teilweise aufgelöst. Einige Schichten (wie die *campesinos*) verloren – mit der Ausnahme von Ländern wie Bolivien und Guatemala – an Bedeutung, die städtischen Mittelschichten, aber ebenso die Marginalgruppen und Informellen nahmen zu. Die Gesellschaften sind nicht nur multikulturell, zunehmend kommt dies auch in der Gesetzgebung und dem Selbstverständnis zum Ausdruck. Die neoliberalen Reformen in der Wirtschaft haben einige politische Akteure geschwächt – wie die Parteien und Gewerkschaften. Gleichzeitig sind mit den NROs neue Akteure und Ansätze entstanden, insgesamt ist die gesellschaftliche Analyse komplizierter geworden.

Lateinamerika gilt nicht mehr uneingeschränkt als der „Kontinent der Zukunft." Aus dem Einwanderungs- wurde ein *Auswanderungskontinent.*

5 Marie-France Prévot Schapira/Hélène Rivière D'Arc (Hrsg.), *Les territoires de l'état-nation en Amérique Latine (a Claude Bataillon),* Paris 2001.

Gerade Menschen aus den unteren Schichten erwarten nicht mehr viel von den eigenen Nationalstaaten, eher noch von einzelnen Politikern, immer mehr nehmen ihr Schicksal selbst in die Hand. In einer Globalisierung „von unten“ machen sich viele auf in die USA oder nach Europa. Es entstehen transnationale Migrationsströme und Räume, die Rücküberweisungen der im Ausland lebenden Landsleute bilden in kleineren Staaten eine zentrale Einnahmequelle.

Die *Integrationstendenzen* beziehen sich bislang vor allem auf den Austausch von Waren und eine Zunahme des Handels. Im politischen und rechtlichen Bereich sind sie sehr viel weniger ausgeprägt als in der EU. Darüber hinaus bestehen verschiedene und eher zu viele Integrationszusammenschlüsse und Projekte nebeneinander.

Nach den Militärdiktaturen zwischen 1960 bis 1980 gelten die *Streitkräfte* als politisch diskreditiert. Die Erinnerung an die Menschenrechtsverletzungen und die Ausgrenzung während der Zeit der Diktaturen war ein wichtiger Rückhalt für die Stabilisierung der Demokratie. Erst seit Ende der 1990er Jahre konnten einzelne national-populistische Militärs, die in freien Wahlen an die Regierung gelangten, wieder an Bedeutung gewinnen.

Schon vor 1989 hatten der *Marxismus-Leninismus* und *extreme Positionen* an Anhängerschaft verloren. In dem Maße, wie an Programmen orientierte politische Gruppen an Bedeutung einbüssten, nahm die Zahl der zivilgesellschaftlichen Akteure zu, gleichzeitig wuchs die Gefahr von anomischen, d.h. regellosen Verhältnissen. Sie ereignen sich meistens in Form von Revolten in den Städten oder entlang von Verkehrswegen. Nach einer Phase der Anomie kommt es jedoch meist wieder zu einer Normalisierung der Verhältnisse. Bei Regimewechseln hat es bereits in der Vergangenheit vielfach anomische Verhältnisse gegeben.

Auffällig an der *Re-Demokratisierung* in Südamerika war, dass sie im Kontext einer ungünstigen wirtschaftlichen und sozialen Lage erfolgte. Einige Faktoren sprechen für einen Trend hin zu *Konsolidierung der Demokratie*: Neben der in allen Umfragen betonten Wertschätzung der Demokratie durch die Lateinamerikaner sind dies vor allem das Eintreten der OAS, der USA und der internationalen Gemeinschaft für gewählte Regierungen. Der *internationale Zusammenhang* erweist sich also als förderlich für die Demokratie.[6] Positiv wirkt sich offenbar das Wirtschafts-

6 Francis Adams, *Democracy, Global Governance and Political Reform in Latin America,* Westport 2003.

wachstum der vergangenen fünf Jahre aus, was sich etwa in der Wiederwahl von Präsidenten in Brasilien, Kolumbien und Venezuela 2005/2006 bzw. von regierenden Parteien und Koalitionen in Mexiko und Chile zeigte.

Die politischen Reformen waren mit Blick auf die Etablierung von *gewählten Regierungen* erfolgreich. Bei der Wahladministration und der Akzeptanz von Wahlen hat es große Fortschritte gegeben. Im Unterschied zu den 1960/70er Jahren, als die Debatte um Modernisierung und Abhängigkeit (*dependencia*) im Vordergrund stand, hat die Frage nach der Gestaltung der politischen Ordnung und einer guten Regierungsführung mittlerweile einen höheren Stellenwert, allerdings bleiben die alten politischen Interpretationsmuster vielerorts und an einigen Universitäten bestehen.

Die Schwachpunkte liegen in den *internen und sozialen Verhältnissen.* Erheblicher Reformbedarf besteht beim Steuersystem, im Justizwesen, Kommunalbereich und staatlichen Sektor. Schwächen weisen – wie in anderen Weltregionen – die Parteien auf; die Zivilgesellschaft ist nicht so stark, wie die Anhänger dieses Konzepts es sich wünschen und die öffentlichen Angelegenheiten sind wenig transparent. Die Korruption bleibt in vielen Ländern ein Problem, ebenso die hohen Kriminalitätsraten. Der Marktwirtschaft fehlt die soziale und durch Formen des Rechtsstaates abgesicherte Komponente. Die in den 1990er Jahren aufgekommenen Reformen der sog. zweiten Generation zeugen zwar von der Erkenntnis der Notwendigkeit zu institutionellen Veränderungen, sie sind jedoch intern nicht leicht durchzusetzen. Dies mag daran liegen, dass das „Ende der Politik“ sich auch auf dem Halbkontinent bemerkbar macht.[7] Soziale Proteste finden unabhängig von den etablierten Parteien statt und richten sich gegen die Regierenden. Präsident Raúl Cubas Grau wurde 1999 in *Paraguay* von seinen konservativen Parteifreunden aus dem Amt gehievt, der Vize-Präsident zuvor ermordet. Ein Putschversuch von General Oviedo scheiterte ein Jahr später. 2000 mussten Jamil Mahuad in *Ecuador* und der Autokrat Alberto Fujimori in *Peru* ihr Amt aufgeben, 2005 suchte der ecuadorianische Präsident Lucio Gutiérrez Asyl in der Botschaft Brasiliens. 2001 sah sich der *Argentinier* Fernando de la Rúa zur Abdankung gezwungen, das Land hatte fünf Präsidenten in nur zwölf Tagen. Dennoch wurde die Verfassung respektiert. 2003 setzte sich der *Bolivianer* Gonzalo Sánchez de Losada nach Miami ab. Als Meister im Machterhalt erweist sich

7 Forrest D. Colburn, *Latin America and the End of Politics,* Princeton/Oxford 2002.

bislang Hugo Chávez Frías in *Venezuela*, der 2002 einen Putschversuch überstand und 2004 ein Referendum über die Frage einer vorzeitigen Amtsenthebung zu seinen Gunsten entscheiden konnte.

Was lässt sich aus dem oben Gesagten schlussfolgern? Wie könnte die Zukunft Lateinamerikas im 21. Jh. aussehen?

Zunächst sei daran erinnert, dass ein Überblick über die Politik in der Region die Gefahr von Verallgemeinerungen impliziert. Die Entwicklung in einzelnen Ländern kann – ausgelöst von schlechten Regierungen und wirtschaftlichen Einbrüchen – eine gewisse Abweichung von dem Gesamttrend mit sich bringen. Als Beispiele im vergangenen Jahrzehnt seien die vergleichsweise positive Entwicklung in Chile und der 2001/02 krisenhafte Verlauf in den potenziell wohlhabenden Ländern Argentinien und Venezuela genannt.

Eingangs wurde Lateinamerika als eine Verlängerung des Westens, als „extremer Westen" bezeichnet. Dies heißt aber auch, dass in Lateinamerika die Ergebnisse der Modernisierung andere Formen annehmen als in Europa und den USA. Einzelne Merkmale der elitären und autoritären Tradition Lateinamerikas sind durchaus mit Formen von Wahldemokratie vereinbar. Von daher sollten die Chancen für eine wirkliche Konsolidierung der Demokratie und von Fortschritten auf dem Weg zum Rechtsstaat realistisch eingeschätzt werden. Für einen Teil der neueren indianischen Bewegungen spielt die Zugehörigkeit zum Westen keine Rolle.

Nach Krisenerscheinungen bei den liberalen Wirtschaftsreformen sind in den letzten Jahren in mehreren Ländern links orientierte Präsidenten gewählt worden, u.a. in Chile, Venezuela, Brasilien, Argentinien, Uruguay, Bolivien, Ecuador und Guatemala. Bei der Regierungsführung und in der Wirtschaftspolitik bestehen von Land zu Land erhebliche Unterschiede. Das Militär hält sich anders als in den 1960/70er Jahren, als mit sozialistischen und antiimperialistischen Parteien sowie einer mit politischen Programmen auftretenden Guerilla eine radikale Alternative zum System bestand, zurück. Charakteristisch für die vergangenen beiden Jahrzehnte ist das Phänomen der *failed presidencies*, d.h. die relativ hohe Zahl von gewählten Präsidenten, die ihre verfassungsmäßige Amtszeit z.T. nach massiven Protesten vorzeitig beenden mussten (Tab. 35). Allerdings hat dieser Trend nachgelassen, seitdem sich das Wirtschaftswachstum bemerkbar macht.

Obwohl sich die beiden Amerikas nicht zuletzt aufgrund der neueren Migrationsbewegungen in kultureller Hinsicht weiter annähern,[8] wird die politische Einflussnahme der USA stärker in Frage gestellt als in der Ver-

Tabelle 35: Failed Presidencies 1985-2005

Präsident	Land	Vorzeitiges Ende der Amtszeit
Hernán Siles Zuazo	Bolivien	1985
Raúl Alfonsín	Argentinien	1989
Jean-Bertrand Aristide	Haiti	1991
Fernando Collor de Mello	Brasilien	1992
Carlos Andrés Pérez	Venezuela	1993
Jorge Serrano	Guatemala	1993
Joaquín Balaguer	Dom. Rep.	1996
Abdalá Bucaram	Ecuador	1997
Raúl Cubas	Paraguay	1999
Jamil Mahuad	Ecuador	2000
Alberto Fujimori	Peru	2000
Fernando de la Rúa	Argentinien	2001
Gonzalo Sánchez de Lozada	Bolivien	2003
Jean-Bertrand Aristide	Haiti	2004
Lucio Gutiérrez	Ecuador	2005

Quelle: Valenzuela 2004, S. 8-9 und Detlef Nolte, *Lateinamerika: Politische Institutionen in der Krise*? in: *Brennpunkt Lateinamerika*, (2005)8, S. 96.

gangenheit. Wahrscheinlich war Lateinamerika noch nie so „unabhängig" wie in einer zunehmend polyzentrischen Welt. Dies zeigt sich in den außenpolitischen Erklärungen einzelner Präsidenten, der wachsenden Kooperation mit China und anderen asiatischen Ländern als Folge einer starken Nachfrage nach landwirtschaftlichen Produkten aus Lateinamerika und einem größeren Handlungsspielraum z.B. bei der Wahl des Präsidenten der OAS.

Seit 2003 verläuft die wirtschaftliche Entwicklung in der Region positiver als in den vorangegangenen Jahren, denn die ressourcenreichen Rohstoffländer können von der weltwirtschaftlichen Konjunktur profitieren. Dies bedeutet indessen nicht, dass das Einkommen auch gerechter verteilt würde. Selbst wenn Lateinamerika nicht mehr als Kontinent der Zukunft

8 Dazu unter Berücksichtigung historischer Aspekte: Felipe Fernández-Armesto, *The Americas. The History of a Hemisphere,* London 2003.

gelten kann, so werden doch viele Lateinamerikaner die bemerkenswerte Neigung behalten, Optimisten zu sein. Wie heißt es doch im größten Land auf dem Kontinent: „Brasilianer, Beruf Hoffnung.“[9]

Literatur-Empfehlungen

Current History 2008 die Februarausgabe enthält jeweils eine Sondernummer über Lateinamerika.

Wolf Grabendorff, *Lateinamerika. Viel Demokratie, wenig Staat und kaum sozialer Fortschritt,* Berlin 2007 (www.fes.de/kompass2020) ist eher skeptisch und sieht die Gefahr von zwischenstaatlichen Konflikten als Folge von Vormachtsbestrebungen.

Manfred Mols, *Das politische Lateinamerika. Profil und Entwicklungstendenzen,* München 2007 (www.hss.de) sieht Lateinamerika zwischen „Kontinent der Hoffnung und der re-aktiven Stagnation“.

Michael Reid, *Forgotten Continent. The Battle for Latin America's Soul,* Bury St Edmunds 2007. Der Leiter des Lateinamerika-Büros von *The Economist* zeichnet – entgegen dem Titel – ein recht positives Bild der neueren Entwicklung auf dem Halbkontinent.

Worüber es zu diskutieren lohnt

- über das Verhältnis von universalen und in der regionalspezifischen Tradition stehenden Ansätzen zur Erklärung der politischen Entwicklung in Lateinamerika
- über die in den vergangenen drei Jahrzehnten erfolgten Veränderungen in Gesellschaft und Politik
- über die Frage nach Alternativen und ihre Erscheinungsformen von der Anomie bis zum neuen Populismus
- über das vorzeitige Ende der Amtszeit verschiedener gewählter Präsidenten
- über die Veränderungen in den Beziehungen zwischen Nord- und Südamerika
- und schließlich darüber, in welchem Ausmaß Lateinamerika nach wie vor eine Verlängerung des Westens ist, ob sich die Länder auf dem Weg

9 Zit. nach Christiano German, *Brasilien: Autoritarismus und Wahlen*, München 1983, S. 240.

vom Nationalstaat zu „multikulturellen Gesellschaften" befinden und welche Rolle der langjährige „Kontinent der Hoffnung" im 21. Jahrhundert spielen kann

16. Index